国会議事堂・霞ヶ関周辺 地下鉄出入口ご案内

最寄地下鉄出入口

● 合同庁舎1号館　霞ヶ関駅 A5 A6 A7 A9 A10
農林水産省・林野庁・水産庁

● 合同庁舎2号館　霞ヶ関駅 A2 A3
警察庁・国家公安委員会・総務省・消防庁・国土交通省(分館)

● 合同庁舎3号館　霞ヶ関駅 A3　桜田門駅2
国土交通省・海上保安庁

● 合同庁舎4号館　霞ヶ関駅 A13
内閣法制局・内閣府(分館)・消費者庁・復興庁・公害等調整委員会

● 合同庁舎5号館　霞ヶ関駅 B3b B3a
内閣府(分館)・厚生労働省・環境省

● 合同庁舎6号館　霞ヶ関駅 B1　桜田門駅5
法務省・検察庁・出入国在留管理庁・公安調査庁・公正取引委員会

● 合同庁舎7号館　虎ノ門駅 11
文部科学省・スポーツ庁・文化庁・金融庁・会計検査院

● 合同庁舎8号館　国会議事堂前駅 3
内閣府・内閣人事局

● 経済産業省別館　霞ヶ関駅 C2
中小企業庁・資源エネルギー庁

三宅坂

記念館
施設

憲政記念館
(工事中)

国会前庭園北地区
(洋式庭園)

国会前庭園南地区
(和式庭園)

桜田濠

有楽町線桜田門駅

警察総合庁舎

警視庁

合同庁舎
3号館

合同庁舎
2号館

丸ノ内線

日比谷線

合同庁舎
6号館

裁判所合同庁舎

(B棟)
公正取引委員会

弁護士
合同庁舎

外務省

日比谷線霞ヶ関駅

丸ノ内線霞ヶ関駅

合同庁舎
1号館

千代田線

農林水産省

財務省

千代田線霞ヶ関駅

農林水産省
別館

経済産業省

桜田通り

経済産業省
別館

銀座線
虎ノ門駅

0　　100　　200m

国会の勢力分野

（令和5年1月23日現在）

（政党別）

（　）内は女性議員で、内数です。

衆議院	政党名	参議院		
		令元	令4	計
260 (20)	自由民主党	55(10)	63(13)	118(23)
96 (13)	立憲民主党	22(9)	16(8)	38(17)
40 (4)	日本維新の会	9(1)	12(3)	21(4)
32 (4)	公明党	14(2)	13(2)	27(4)
10 (2)	日本共産党	7(3)	4(2)	11(5)
10 (1)	国民民主党	5(1)	5(2)	10(3)
3 (2)	れいわ新選組	2(1)	3(0)	5(1)
1 (0)	社会民主党	0	1(1)	1(1)
0	NHK党	1(0)	1(0)	2(0)
0	参政党	0	1(0)	1(0)
10 (0)	無所属（諸派を含む）	9(3)	5(3)	14(6)
3	欠員	0	0	0
465 (46)	計	124(30)	124(34)	248(63)

※衆参の正副議長は無所属に含む

（会派別）

衆議院	会派名	参議院		
		令元	令4	計
260 (20)	自由民主党	55(10)	63(13)	118(23)
97 (13)	立憲民主党	22(9)	18(10)	40(19)
40 (4)	日本維新の会	9(1)	12(3)	21(4)
32 (4)	公明党	14(2)	13(2)	27(4)
10 (1)	国民民主党	7(2)	6(2)	13(4)
10 (2)	日本共産党	7(3)	4(2)	11(5)
5 (0)	有志の会	—	—	—
3 (2)	れいわ新選組	2(1)	3(0)	5(1)
—	NHK党	1(0)	1(0)	2(0)
—	沖縄の風	1(0)	1(0)	2(0)
5 (0)	無所属	6(2)	3(2)	9(4)
3	欠員	0	0	0
465 (46)	計	124(30)	124(34)	248(64)

（注）立憲民主党は衆院で「立憲民主党・無所属」、参院で「立憲民主・社民」。国民民主党は衆院で「国民民主党・無所属クラブ」、参院で「国民民主党・新緑風会」。

IDナンバー　A0502768618

HPアドレス▶ www.kokuseijoho.jp

※上記IDナンバーは一つの端末のみご利用になれます。

国会関係所在地電話番号一覧

■ 総理大臣官邸 〒100-0014 千, 永田町2-3-1 ☎3581-0101

■ 衆議院 〒100-8960 千, 永田町1-7-1 ☎3581-5111
議 長 公 邸 〒100-0014 千, 永田町2-18-1 ☎3581-1461
副 議 長 公 邸 〒107-0052 港, 赤坂8-11-40 ☎3423-0311
赤坂議員宿舎 〒107-0052 港, 赤坂2-17-10 ☎5549-4671
青山議員宿舎 〒106-0032 港, 六本木7-1-3 ☎3408-4911

■ 参議院 〒100-8961 千, 永田町1-7-1 ☎3581-3111
議 長 公 邸 〒100-0014 千, 永田町2-18-2 ☎3581-1481
副 議 長 公 邸 〒106-0043 港, 麻布永坂町25 ☎3586-6741
麹町議員宿舎 〒102-0083 千, 麹町4-7 ☎3237-0341
清水谷議員宿舎 〒102-0094 千, 紀尾井町1-15 ☎3264-1351

■ 衆議院議員会館
第 一 議 員 会 館 〒100-8981 千, 永田町2-2-1 ☎3581-5111(右)
☎3581-4700(篇)
第 二 議 員 会 館 〒100-8982 千, 永田町2-1-2 ☎3581-5111(右)
☎3581-1954(篇)

■ 参議院議員会館
参議院議員会館 〒100-8962 千, 永田町2-1-1 ☎3581-3111(右)
☎3581-3146(篇)

国立国会図書館 〒100-8924 千, 永田町1-10-1 ☎3581-2331
憲 政 記 念 館 〒100-0014 千, 永田町1-1-1 ☎3581-1651

要覧アプリ
配信中!
左記IDにて登録

目　　次

省庁幹部職員抄録

目　　次

第2次岸田改造内閣・大臣・秘書官（令和4年8月10日発足）

	大　　臣	秘書官	秘書官室
内閣総理大臣	岸　田　文　雄　衆(自)	嶋　田　　隆	3581-0101
総　務　大　臣	松　本　剛　明　衆(自)	梅　津　徳　之	5253-5006
法　務　大　臣	齋　藤　　　健　衆(自)	福　田　かおる	3581-0530
外　務　大　臣	林　　　芳　正　衆(自)	宮　本　賢　一	3580-3311(代)
財　務　大　臣 内閣府特命担当大臣 (金　融) デフレ脱却担当	鈴　木　俊　一　衆(自)	鈴　木　俊太郎	3581-0101 3581-2716
文部科学大臣 教育未来創造担当	永　岡　桂　子　衆(自)	大　越　貴　陽	6734-2101
厚生労働大臣	加　藤　勝　信　衆(自)	乗　原　雄　尚	3595-8226
農林水産大臣	野　村　哲　郎　参(自)	碇　本　博　一	3502-8111(代)
経済産業大臣 原子力経済被害担当 ＧＸ実行推進担当 産業競争力担当 ロシア経済分野協力担当 内閣府特命担当大臣 (原子力損害賠償・ 廃炉等支援機構)	西　村　康　稔　衆(自)	岸　本　吉　生	3501-1601 1602
国土交通大臣 水循環政策担当 国際園芸博覧会担当	斉　藤　鉄　夫　衆(公)	城　戸　一　興	5253-8019
環　境　大　臣 内閣府特命担当大臣 (原子力防災)	西　村　明　宏　衆(自)	髙　木　哲　哉	3580-0241
防　衛　大　臣	浜　田　靖　一　衆(自)		5269-3240
内閣官房長官 沖縄基地負担軽減担当 拉　致　問　題　担　当 ワクチン接種推進担当	松　野　博　一　衆(自)	小　澤　貴　仁	3581-0101
デジタル大臣 内閣府特命担当大臣 (デジタル改革 消費者及び食品安全) 国家公務員制度担当	河　野　太　郎　衆(自)	盛　　　純　二	4477-6775(代)
復　興　大　臣 福島原発事故再生総括担当	渡　辺　博　道　衆(自)	井　本　　昇	6328-1111(代)
国家公安委員会委員長 国土強靱化担当 領土問題担当 内閣府特命担当大臣 (防災 海洋政策)	谷　　　公　一　衆(自)	磯　　　篤　志	3581-1739
こども政策担当 少子化社会対策担当 女性活躍担当 孤独・孤立対策担当 内閣府特命担当大臣 (少子化対策 男女共同参画)	小　倉　將　信　衆(自)	前　田　茂　人	5253-2111(代)
経済再生担当 新しい資本主義担当 スタートアップ担当 新型コロナ対策健康危機管理担当 全世代型社会保障改革担当 内閣府特命担当大臣 (経済財政政策)	後　藤　茂　之　衆(自)	波多野泰史	5253-2111(代)
経済安全保障担当 内閣府特命担当大臣 (知的財産戦略 科学技術政策 宇宙政策 経済安全保障)	高　市　早　苗　衆(自)	高　市　知　嗣	5253-2111(代)
内閣府特命担当大臣 (沖縄及び北方対策 地方創生 規制改革 クールジャパン戦略 国際博覧会 アイヌ施策) デジタル田園都市国家構想担当 行政改革担当	岡　田　直　樹　参(自)	谷　端　臣　文	5253-2111(代)

（令和5年1月10日現在）

副大臣・大臣政務官・事務次官一覧

省庁	副大臣	副大臣室	大臣政務官	大臣政務官室	事務次官
デジタル庁	大串正樹（自）	4477-6775	尾﨑正直（自）	4477-6775	
復興庁	小島敏文（衆自） 竹谷とし子（公） 石井浩郎（参自）	6328-1111	中野英幸（衆自） 山本左近（衆自） 里見隆治（衆公） 西田昭二（衆自）	6328-1111	石田 優
内閣府	藤丸 敏（衆自） 星野剛士（衆自） 和田義明（衆自） 大串正樹（衆自） 伊佐進一（衆） 中谷真一（衆自） 太田房江（参自） 石井浩郎（参自） 小林茂樹（衆自） 井野俊郎（衆自）	5253-2111	鈴木英敬（衆自） 自見はなこ（参自） 中野英幸（衆自） 尾﨑正直（衆自） 本田顕子（参自） 長峯 誠（参自） 里見隆治（参公） 西田昭二（衆自） 柳本 顕（衆自） 木村次郎（衆自）	5253-2111	田和 宏
総務省	尾身朝子（衆自） 柘植芳文（参自）	5253-5111	国光あやの（衆自） 中川貴元（衆自） 長谷川淳二（衆自）	5253-5111	山下哲夫
法務省	門山宏哲（自）	3581-1940	高見康裕（衆自）	3592-7833	川原隆司
外務省	武井俊輔（衆自） 山田賢司（衆自）	5501-8007 5501-8010	秋本真利（衆自） 髙木 啓（衆自） 吉川ゆうみ（参自）	3580-3311（代）	森 健良
財務省	井上貴博（自） 秋野公造（自）	3581-2713 3581-2714	金子俊平（自） 宮本周司（自）	3581-7622 3581-7600	茶谷栄治
文部科学省	井出庸生（衆自） 簗 和生（衆自）	6734-3301 6734-2103	伊藤孝江（参公） 山本左近（衆自）	6734-3503 6734-3501	柳 孝
厚生労働省	羽生田 俊（衆） 伊佐進一（衆）	5253-1111	畦元将吾（衆自） 本田顕子（参自）	5253-1111	大島一博
農林水産省	勝俣孝明（衆自） 野中 厚（衆自）	3591-2722 3591-2051	角田秀穂（衆公） 藤木眞也（参自）	3591-5561 3591-5730	横山 紳
経済産業省	中谷真一（衆自） 太田房江（参自）	3501-1603 3501-1604	長峯 誠（参自） 里見隆治（参公）	3501-1221 3501-1222	多田明弘
国土交通省	豊田俊郎（参自） 石井浩郎（参自）	5253-8021 5253-8020	古川 康（衆自） 清水真人（参自） 西田昭二（衆自）	5253-8023 5253-8024 5253-8976	藤井直樹
環境省	山田美樹（衆自） 小林茂樹（衆自）	3580-0247	国定勇人（衆自） 柳本 顕（衆自）	3581-3362 3581-4912	和田篤也
防衛省	井野俊郎（衆自）	5229-2121	小野田紀美（参自） 木村次郎（衆自）	3267-0336 5229-2122	鈴木敦夫
内閣官房副長官	木原誠二（衆） 磯﨑仁彦（参） 栗生俊一	3581-0101 5532-8615 3581-1061			

衆・参各議院役員等一覧

第211回国会（令和5年1月23日～6月21日）（1月23日現在）

【衆議院】

議　　長	細田博之（無）
副議長	海江田万里（無）

常任委員長

内　　閣	大西英男（自）
総　　務	浮島智子（公）
法　　務	伊藤忠彦（自）
外　　務	黄川田仁志（自）
財務金融	塚田一郎（自）
文部科学	宮内秀樹（自）
厚生労働	三ッ林裕巳（自）
農林水産	笹川博義（自）
経済産業	竹内　譲（公）
国土交通	木原　稔（自）
環　　境	古賀　篤（自）
安全保障	鬼木　誠（自）
国家基本政策	塩谷　立（自）
予　　算	根本　匠（自）
決算行政監視	江田憲司（立）
議院運営	山口俊一（自）
懲　　罰	大串博志（立）

特別委員長

災害対策	江藤　拓（自）
倫理公選	平口　洋（自）
沖縄北方	松木けんこう（立）
拉致問題	下条みつ（立）
消費者問題	稲田朋美（自）
東日本大震災復興	長島昭久（自）
原子力問題調査	鈴木淳司（自）
地域活性化・こども政策・デジタル社会形成	橋本　岳（自）

憲法審査会会長	森　英介（自）
情報監視審査会会長	小野寺五典（自）
政治倫理審査会会長	逢沢一郎（自）
事務総長	岡田憲治

【参議院】

議　　長	尾辻秀久（無）
副議長	長浜博行（無）

常任委員長

内　　閣	古賀友一郎（自）
総　　務	河野義博（公）
法　　務	杉　久武（公）
外交防衛	阿達雅志（自）
財政金融	酒井庸行（自）
文教科学	高橋克法（自）
厚生労働	山田　宏（自）
農林水産	山下雄平（自）
経済産業	吉川沙織（立）
国土交通	蓮　舫（立）
環　　境	滝沢　求（自）
国家基本政策	室井邦彦（維）
予　　算	末松信介（自）
決　　算	佐藤信秋（自）
行政監視	青木　愛（立）
議院運営	石井準一（自）
懲　　罰	鈴木宗男（維）

特別委員長

災害対策	三浦信祐（公）
ODA・沖縄北方	三原じゅん子（自）
倫理選挙	古川俊治（自）
拉致問題	山谷えり子（自）
地方創生・デジタル社会	鶴保庸介（自）
消費者問題	松沢成文（維）
東日本大震災復興	古賀之士（立）

調査会長

外交・安全保障	猪口邦子（自）
国民生活・経済及び地方	福山哲郎（立）
資源エネルギー・持続可能社会	宮沢洋一（自）

憲法審査会会長	中曽根弘文（自）
情報監視審査会会長	有村治子（自）
政治倫理審査会会長	松下新平（自）
事務総長	小林史武

カッコ内は会派名。自＝自由民主党、立＝立憲民主党・無所属（衆院）、立憲民主・社民（参院）、維＝日本維新の会、公＝公明党、無＝無所属

委員長一覧

衆 議 院

選挙区	選挙当日有権者数 投票率	選挙得票数・得票率 (比は比例代表との重複立候補者、比当 は比例代表での当選者)

選挙区割

氏　名 <small>ふり</small> <small>がな</small>

党派*(会派)　　　　　　当選回数
出身地　　　　　　　　生年月日
勤続年数(うち❸年数)(初当選年)
勤続年数は令和5年2月末現在

略　　歴　{現職はゴシック。但し大臣・副大臣・政務官、委
員会及び党役職のみ。年齢は令和5年2月末現在}

〒　地元　住所　　　　　　☎
〒　中央　住所　　　　　　☎

*新…当選1回の議員、前…直近の衆議院解散により衆議院議員を失職した人、
元…衆議院議員の経験があり、直近の衆議院議員総選挙に落選した人、ある
いは、出馬しなかった人
(注)比例代表で復活当選した議員の小選挙区名を〈 〉内に示した。

○ 常任委員会

内閣委員会……………………	**内閣委**	国土交通委員会………………	**国交委**
総務委員会……………………	**総務委**	環境委員会……………………	**環境委**
法務委員会……………………	**法務委**	安全保障委員会………………	**安保委**
外務委員会……………………	**外務委**	国家基本政策委員会…………	**国家基本委**
財務金融委員会………………	**財金委**	予算委員会……………………	**予算委**
文部科学委員会………………	**文科委**	決算行政監視委員会…………	**決算行監委**
厚生労働委員会………………	**厚労委**	議院運営委員会………………	**議運委**
農林水産委員会………………	**農水委**	懲罰委員会……………………	**懲罰委**
経済産業委員会………………	**経産委**		

○ 特別委員会

災害対策特別委員会……………………………………………………	**災害特委**
政治倫理の確立及び公職選挙法改正に関する特別委員会 ………	**倫選特委**
沖縄及び北方問題に関する特別委員会 ………………………………	**沖北特委**
北朝鮮による拉致問題等に関する特別委員会 ……………………	**拉致特委**
消費者問題に関する特別委員会 ……………………………………	**消費者特委**
東日本大震災復興特別委員会 ………………………………………	**復興特委**
原子力問題調査特別委員会 …………………………………………	**原子力特委**
地域活性化・こども政策・デジタル社会形成に関する特別委員会 …	**地域・こども特委**

○ 審査会

憲法審査会……………………………………………………………	**憲法審委**
情報監視審査会………………………………………………………	**情報監視審委**
政治倫理審査会………………………………………………………	**政倫審委**

※所属の委員会名は、1月23日現在の委員部資料及び議員への取材に基づいて掲載しています。

衆議院議員・秘書名一覧

議員名	党派(会派)	選挙区	政策秘書名 第1秘書名 第2秘書名	館別号室	直通 FAX	略歴頁
あ あかま二郎 （じろう）	自[麻]	神奈川14	鈴木久恵 飯田則恭 神﨑慶子	1 421	3508-7317 3508-3317	86
あべ俊子 （としこ）	自[無]	比例 中国	竹山直子	1 514	3508-7136 3508-3436	148
安住 淳 （あずみ じゅん）	立	宮城5	泉 貴仁 遠藤裕美 髙木万莉子	1 1003	3508-7293 3508-3503	61
安倍晋三 （あべしんぞう）		山口4	（令和4年7月8日死去）			147
足立康史 （あだちやすし）	維	大阪9	斉藤 巧 川口元気 植田まゆみ	1 1016	3508-7100 3508-6410	129
あ 阿部 司 （あべ つかさ）	維	比例 東京	両角 稜 國井百合子 津田郁也	2 321	3508-7504 3508-3934	101
阿部知子 （あべともこ）	立	神奈川12	石塚淳子 齊藤剛彦 横山弓彦	1 424	3508-7303 3508-3303	86
阿部弘樹 （あべひろき）	維	比例 九州	高岡英一	1 1102	3508-7480 3508-3360	166
逢沢一郎 （あいさわいちろう）	自[無]	岡山1	三谷正史 藤井章文 足立 輝	1 505	3508-7105 3508-0319	143
青柳仁士 （あおやぎひとし）	維	大阪14	小島英治 綾田博樹 上山博史	1 723	3508-7609 3508-3989	130
青柳陽一郎 （あおやぎよういちろう）	立	比例 南関東	仲長武男 高久下信 宮 佳	1 1013	3508-7245 3508-3515	90
青山周平 （あおやましゅうへい）	自[安]	比例 東海	佐藤彰亮 中田大也 須賀竜一	2 616	3508-7083 3508-3089	119
青山大人 （あおやま やまと）	立	比例 北関東	―――――	2 201	3508-7039 3508-3839	77
赤木正幸 （あかぎ まさゆき）	維	比例 近畿	佐藤秋則 戸谷太郎	2 506	3508-7505 3508-3935	137
赤澤亮正 （あかざわりょうせい）	自[無]	鳥取2	来間誠司 佐藤 亨 秋田和子	2 1022	3508-7490 3508-3370	142
赤羽一嘉 （あかばかずよし）	公	兵庫2	治井邦弘 川元揚二郎 御影まき	2 414	3508-7079 3508-3769	132
赤嶺政賢 （あかみねせいけん）	共	沖縄1	竹内 真 佐々木森夢 新庄沙穂	1 1107	3508-7196 3508-3626	162
秋葉賢也 （あきばけんや）	自[茂]	比例 東北	高嶋佳恵 西 憲太郎 五十嵐 隆	1 823	3508-7392 3508-3632	64
秋本真利 （あきもとまさとし）	自[無]	比例 南関東	―――――	1 1209	3508-7611 3508-3991	88

※内線電話番号は、第1議員会館は5＋室番号、6＋室番号（3～9階は5、6のあとに0を入れる）。
第2議員会館は7＋室番号、8＋室番号（2～9階は7、8のあとに0を入れる）

議員名	党派(会派)	選挙区	政策秘書名／第1秘書名／第2秘書名	館別号室	直通／FAX	略歴頁
あさかわよしはる 浅川義治	維	比例 南関東	持丸優一／碇慎一恵／森幸	2 803	3508-7197 3508-3627	91
あさの さとし 浅野 哲	国	茨城5	森田亜希／川中弘和／大田洋一	1 406	3508-7231 3508-3231	68
あずま くによし 東 国幹	自(茂)	北海道6	武末仁織／森川原／吉和沙正浩	2 1020	3508-7634 3508-3264	54
あぜもとしょうご 畦元将吾	自(岸)	比例 中国	竹若／重林吉仁／晃美	1 501	3508-7710 3508-3343	148
あそう たろう 麻生太郎	自(麻)	福岡8	佐々木隆治／島口誠勇／原田人	2 301	3508-7703 3501-7528	156
あまり あきら 甘利 明	自(麻)	比例 南関東	河野一郎／田雅彦昌／柴高大	2 514	3508-7528 3502-5087	88
あらい ゆたか 荒井 優	立	比例 北海道	荻野あおい／秋元恭平／運上一兵	2 602	3508-7602 3508-3982	57
あらかきくにお 新垣邦男	社	沖縄2	塚田大志／宮城海美／久保睦	2 711	3508-7157 3508-3707	163
いがらし きよし 五十嵐 清	自(茂)	比例 北関東	上田野忠彦／濱貴章／崎絵美子	2 915	3508-7085 3508-3865	76
いさか のぶひこ 井坂信彦	立	兵庫1	佐藤利信昭／谷山智晃／万高	2 1216	3508-7082 3508-3862	131
いで ようせい 井出庸生	自(麻)	長野3	高橋澄江／出内泰充／竹生	2 721	3508-7469 3508-3299	107
いの としろう 井野俊郎	自(茂)	群馬2	川崎陽子／城下田樹／齊田直	2 921	3508-7219 3508-3219	70
いのうえしんじ 井上信治	自(麻)	東京25	臼井悠人／岩崎百合紀／竹本美	1 317	3508-7328 3508-3328	99
いのうえたかひろ 井上貴博	自(麻)	福岡1	伊藤茂雄治／大野谷口賢三	1 323	3508-7239 3508-3239	155
いのうえひでたか 井上英孝	維	大阪1	石広橋映子／瀬田能久／小田優子	1 404	3508-7333 3508-3333	127
いばやしたつのり 井林辰憲	自(麻)	静岡2	福井正直／木勝哉／高島島克之	1 919	3508-7127 3508-3427	113
いはら たくみ 井原 巧	自(安)	愛媛	松田貢一／曽我部尾拓／押也	2 207	3508-7201 3508-3201	152
いさしんいち 伊佐進一	公	大阪6	湯浅憲一／小西菅泰瑞／夫人	1 1004	3508-7391 3508-3631	128
いとうのぶひさ 伊東信久	維	大阪19	永田千昌／武舩冨則／則夫	1 916	3508-7243 3508-3513	131
いとうよしたか 伊東良孝	自(二)	北海道7	魚住純也／児玉雅裕／大志保夕果奈	1 623	3508-7170 3508-7177	54

い

※内線電話番号は、第1議員会館は5＋室番号、6＋番号（3～9階は5、6のあとに0を入れる）、
　第2議員会館は7＋室番号、8＋番号（2～9階は7、8のあとに0を入れる）

議　員　名	党派 (会派)	選挙区	政策秘書名 第1秘書名 第2秘書名	館別 号室	直通 FAX	略歴頁
いとうしゅんすけ 伊藤俊輔	立	比例 東京	東　恭弘 月原大輔	2 1122	3508-7150 3508-3640	100
いとうしんたろう 伊藤信太郎	自 [麻]	宮城4	大谷津　篤 熊谷守広 田中貴美子	2 205	3508-7091 3508-3871	60
いとうただひこ 伊藤忠彦	自 [二]	愛知8	上田恵利 宮島隆志	2 222	3508-7003 3508-3803	116
いとうたつや 伊藤達也	自 [茂]	東京22	山中真喜子 内川直樹 福井裕康	2 524	3508-7623 3508-3253	98
いとうわたる 伊藤渉	公	比例 東海	中島勉 本村豊貴 北澤匡貴	1 921	3508-7187 3508-3617	122
いけしたたく 池下卓	維	大阪10	上野寿朗	1 907	3508-7454 3508-3284	129
いけだよしたか 池田佳隆	自 [安]	比例 東海	柿沼和宏子 丹羽葉舞 坂本	2 511	3508-7616 3508-3996	120
いけはたこうたろう 池畑浩太朗	維	比例 近畿	野　敏義 及川崎智	2 509	3508-7520 3508-3950	137
いしいけいいち 石井啓一	公	比例 北関東	杉戸研介 川勝成典 橋高	1 411	3508-7110 3508-3229	77
いしいたく 石井拓	自 [安]	比例 東海	藤原原子 小林哲光 嶋田三紗	2 209	3508-7031 3508-3813	119
いしかわあきまさ 石川昭政	自 [無]	比例 北関東	大塚史久 川浩敬浩	2 1014	3508-7159 3508-3709	76
いしかわかおり 石川香織	立	北海道11	亀井政貴 桑家督浩 福和	2 512	3508-7512 3508-3942	55
いしだまさとし 石田真敏	自 [岸]	和歌山2	山崎紀仁 今西康治 上泰	2 313	3508-7072 3581-6992	135
いしばしげる 石破茂	自 [無]	鳥取1	吉村麻央 淵瀬資水 谷長正	2 515	3508-7525 3502-5174	142
いしばしりんたろう 石橋林太郎	自 [岸]	比例 中国	田丸志野明 植村恭明 吉岡政小路	1 1221	3508-7901 3508-3409	147
いしはらひろたか 石原宏高	自 [岸]	比例 東京	佐藤紀人 夏目勧嗣 星野顕仁	1 813	3508-7319 3508-3319	100
いしはらまさたか 石原正敬	自 [岸]	比例 東海	市川淀内幸 髙島島篤史	1 910	3508-7706 3508-3321	120
いずみけんた 泉健太	立	京都3	田中栄一 野本菜生 泰田和明	1 817	3508-7005 3508-3805	126
いずみだひろひこ 泉田裕彦	自 [二]	比例 北陸信越	早智敬 横絵理 高木英明	2 914	3508-7640 3508-3270	109
いちたにゆういちろう 一谷勇一郎	維	比例 近畿	柴田翔平 山木薫	2 507	3508-7300 3508-3373	137

※内線電話番号は、第1議員会館は5＋室番号、6＋室番号（3〜9階は5、6のあとに0を入れる）、
第2議員会館は7＋室番号、8＋室番号（2〜9階は7、8のあとに0を入れる）

議員名	党派(会派)	選挙区	政策秘書名第1秘書名第2秘書名	館別号室	直通FAX	略歴頁
いちむらこういちろう**市村浩一郎**	維	兵庫6	康本昭赫渡智恵子	21203	3508-71653508-3715	133
いなだともみ**稲田朋美**	自(安)	福井1	大河内茂太藤田千恵子斉藤恭子	21115	3508-70353508-3835	106
いなつひさし**稲津久**	公	北海道10	布川和義男戸内康人一谷内直樹	2413	3508-70893508-3869	55
いなとみしゅうじ**稲富修二**	立	比例九州	神古山洋介屋伴朗	21004	3508-75153508-3945	165
いまえだそういちろう**今枝宗一郎**	自(麻)	愛知14	田淵雄三木曽智弘	1422	3508-70803508-3860	118
いまむらまさひろ**今村雅弘**	自(二)	比例九州	無津呂智臣木下明仁	21210	3508-76103597-2723	163
いわたかずちか**岩田和親**	自(岸)	比例九州	峯崎恭輔	2206	3508-77073508-3203	164
いわたにりょうへい**岩谷良平**	維	大阪13	三好新治森森田一愛也	1906	3508-73143508-3314	130
いわやたけし**岩屋毅**	自(麻)	大分3	山口明浩久岩屋青木恒隆幸	21209	3508-75103509-7610	160
うえすぎけんたろう**上杉謙太郎**	自(安)	比例東北	中川博登大見祐子	21111	3508-70743508-3764	65
うえだえいしゅん**上田英俊**	自(茂)	富山3	大瀧幸雄藤井開	2811	3508-70613508-3381	105
うえのけんいちろう**上野賢一郎**	自(森)	滋賀2	原島潤浅山禎信野中みゆき	1621	3508-70043508-3804	124
うきしまともこ**浮島智子**	公	比例近畿	柏木本佳淳竹本佳恵	2820	3508-72903508-3740	139
うめたにまもる**梅谷守**	立	新潟6	瀧澤直樹子岡村祐直人杉山	2403	3508-74033508-3883	105
うらのやすと**浦野靖人**	維	大阪15	藤鷹英雄大河内国光池側純二	1405	3508-76413508-3271	130
うるまじょうじ**漆間譲司**	維	大阪8	長嶋雅代志川面篤志高田祐也	1912	3508-72983508-3508	128
えさきてつま**江﨑鐵磨**	自(二)	愛知10	若山慎司江﨑琢磨	21002	3508-74183508-3898	117
えだけんじ**江田憲司**	立	神奈川8	大塚亜紀子町田融哉	2610	3508-74623508-3292	85
えとあきのり**江渡聡徳**	自(麻)	青森1	鈴木貴司高渕正賢齊藤晃晃	21021	3508-70963508-3961	58
えとうたく**江藤拓**	自(無)	宮崎2	三野晃三川小西尊秀	21207	3508-74683591-3063	161

※内線電話番号は、第1議員会館は5+室番号、6+室番号（3～9階は5、6のあとに0を入れる）、
　第2議員会館は7+室番号、8+室番号（2～9階は7、8のあとに0を入れる）

11

議員名	党派(会派)	選挙区	政策秘書名 第1秘書名 第2秘書名	館別号室	直通 FAX	略歴頁
衛藤征士郎 (えとうせいしろう)	自[安]	大分2	衛藤 孝成 増村 幸子 金高 桃子	1 1101	3508-7618 3595-0003	160
枝野幸男 (えだのゆきお)	立	埼玉5	枝野 佐智子 吉田 弘司 沼田 陽一	1 804	3508-7448 3591-2249	72
遠藤敬 (えんどうたかし)	維	大阪18	山中 栄一 下条 潤一彌 淵上 翔香	1 415	3508-7325 3508-3325	131
遠藤利明 (えんどうとしあき)	自[無]	山形1	須藤 孝治 帯刀 亮一 矢野 圭一	1 703	3508-7158 3592-7660	62
遠藤良太 (えんどうりょうた)	維	比例 近畿	松尾 和弥 栄村 孝弘 松松 かおり	1 516	3508-7114 3508-3225	137
おおつき紅葉 (くれは)	立	比例 北海道	竹富 正博 岡山 学 下 大輔	1 820	3508-7493 3508-3320	57
小川淳也 (おがわじゅんや)	立	香川1	坂本 広明 荒木 武 原田 佳枝	2 1005	3508-7621 3508-3251	151
小熊慎司 (おぐましんじ)	立	福島4	荻野 妙子 廣岡 久一 田代 秀	1 808	3508-7138 3508-3438	63
小倉將信 (おぐらまさのぶ)	自[二]	東京23	齋藤 佳伸 横藤 哲弥 遠藤 敦人	1 814	3508-7140 3508-3440	98
小里泰弘 (おざとやすひろ)	自[無]	比例 九州	金子 達也 今吉 美智子 原 範明	1 811	3508-7247 3502-5017	165
小沢一郎 (おざわいちろう)	立	比例 東北	宇田川 勲 川邊 嗣治 中村 敬太	1 605	3508-7175	65
小田原潔 (おだわらきよし)	自[安]	東京21	潮 麻衣子 吉田 直哉 伊集院 聡	2 1007	3508-7909 3508-3273	98
小野泰輔 (おのたいすけ)	維	比例 東京	岩本 優美子 大竹 一馬 大門 一樹	1 513	3508-7340 3508-3340	101
小野寺五典 (おのでらいつのり)	自[岸]	宮城6	鈴木 敦 加美山 不史 佐藤 丈寛	2 715	3508-7432 3508-3912	61
小渕優子 (おぶちゆうこ)	自[茂]	群馬5	石川 幸子 軽部 順也 渡部 慎也	2 823	3508-7424 3592-1754	71
尾﨑正直 (おざきまさなお)	自[二]	高知2	栗原 雄一郎 北村 強二 池田 誠二	2 901	3508-7619 3508-3999	153
尾身朝子 (おみあさこ)	自[安]	比例 北関東	滝 誠一郎 塩澤 正男	2 1201	3508-7484 3508-3364	75
越智隆雄 (おちたかお)	自[安]	比例 東京	渡辺 晴彦 米山 淳子 滝澤 修	1 1105	3508-7479 3508-3359	100
緒方林太郎 (おがたりんたろう)	無 (有志)	福岡9	大歳 はるか 髙橋 夕織 森 晶俊	2 617	3508-7119 3508-3426	157
大石あきこ (おおいし)	れ	比例 近畿	中島 浩 岸本 紗恵希 村田 加奈恵	2 417	3508-7404 3508-3884	140

※内線電話番号は、第1議員会館は5＋室番号、6＋室番号（3～9階は5、6のあとに0を入れる）、
　第2議員会館は7＋室番号、8＋室番号（2～9階は7、8のあとに0を入れる）

議員名	党派(会派)	選挙区	政策秘書名/第1秘書名/第2秘書名	館別号室	直通 FAX	略歴頁
おお おか とし たか **大岡敏孝**	自[二]	滋賀1	石橋広行 岸田郁佳 冨迫良代	1 619	3508-7208 3508-3208	124
おおかわら **大河原まさこ**	立	比例 東京	市来伴子 権野藤嗣 久茂	1 517	3508-7261 3508-3531	101
おお ぐし ひろ し **大串博志**	立	佐賀2	及川昭広 北島一夫 北島智孝	1 308	3508-7335 3508-3335	158
おお ぐし まさ き **大串正樹**	自[無]	比例 近畿	森本史功 大澤猛	1 616	3508-7191 3508-3621	138
おお ぐち よし のり **大口善徳**	公	比例 東海	山内基司 山中克則 久保田由美	2 308	3508-7017 3508-8552	122
おお しま あつし **大島敦**	立	埼玉6	稲垣雅明 永井紀幸 加藤幸一	1 420	3508-7093 3508-3380	73
おお つか たく **大塚拓**	自[安]	埼玉9	松井晴子 佐藤由美	1 710	3508-7608 3508-3988	73
おお にし けん すけ **大西健介**	立	愛知13	乾ひとみ 倉嶋弘元 伊関延夫	1 923	3508-7108 3508-3408	117
おお にし ひで お **大西英男**	自[安]	東京16	亀本正城 山田誠治 吉田晃樹	2 510	3508-7033 3508-3833	97
おお の けい たろう **大野敬太郎**	自[無]	香川1	奴賀裕行 横飛真 大谷まゆみ	1 1211	3508-7132 3502-5870	151
おお さか せい じ **逢坂誠二**	立	北海道8	谷口真弓 村宗平 野浜谷優香	2 517	3508-7517 3508-3947	55
おか だ かつ や **岡田克也**	立	三重3	金指樹良 安野啓司 村上幸	1 506	3508-7109 3502-5047	119
おかもと あき こ **岡本あき子**	立	比例 東北	村田実 家鈴義美 鈴木清	1 711	3508-7064 3508-3844	65
おか もと みつ なり **岡本三成**	公	東京12	坂本友明 佐藤希美子 宮木正雄	1 1005	3508-7147 3508-3637	96
おく した たけ みつ **奥下剛光**	維	大阪7	平松大輔 池内沙織 中濱健太	1 721	3508-7225 3508-3414	128
おく の しん すけ **奥野信亮**	自[安]	比例 近畿	水木野元晴行 木口岡善史行	2 1001	3508-7421 3508-3901	138
おくの そういちろう **奥野総一郎**	立	千葉9	西牟田勲 中野あかね昭 北村直	1 1119	3508-7256 3508-3526	82
おち あい たか ゆき **落合貴之**	立	東京6	星野菜穂子 京下野利治克	2 606	3508-7134 3508-3434	94
おに き まこと **鬼木誠**	自[森]	福岡2	大森一毅 平山康樹 濱崎耕太郎	1 715	3508-7182 3508-3612	155
か かとう あゆ こ **加藤鮎子**	自[無]	山形3	宮川岳	1 705	3508-7216 3508-3216	62

※内線電話番号は、第1議員会館は5＋室番号、6＋室番号（3～9階は5、6のあとに0を入れる）、
第2議員会館は7＋室番号、8＋室番号（2～9階は7、8のあとに0を入れる）

議員名	党派(会派)	選挙区	政策秘書／第1秘書／第2秘書	館別号室	直通 FAX	略歴頁
加藤勝信 （かとうかつのぶ）	自 [茂]	岡山5	加藤則和／杉原洋平／頭山晋太郎	2 1104	3508-7459 3508-3289	144
加藤竜祥 （かとうりゅうしょう）	自 [安]	長崎2	山岸直嗣／中西英雄／羽根里奈	2 1106	3508-7230 3508-3230	158
河西宏一 （かさいこういち）	公	比例東京	田邊清二／石井敏之／海野奈保子	2 503	3508-7630 3508-3260	101
海江田万里 （かいえだばんり）	無	比例東京	落合友崇／三雲崇正／上村正大	1 609	3508-7316 3508-3316	101
柿沢未途 （かきざわみと）	自	東京15	柚留木成人／帖地雅史／	2 611	3508-7427 3508-8807	96
笠井亮 （かさいあきら）	共	比例東京	向直也／佐田珠実／中平智之	2 621	3508-7439 3508-3919	102
梶山弘志 （かじやまひろし）	自 [無]	茨城4	木村義人／宇留野洋治／石黒理恵子	2 903	3508-7529 3508-7714	68
勝俣孝明 （かつまたたかあき）	自 [二]	静岡6	新井裕太／土倉隆平／村上祥	1 920	3508-7202 3508-3202	114
勝目康 （かつめやすし）	自 [無]	京都1	柴田真博／柳幸次史／綾部繁	2 615	3508-7615 3508-3995	125
門山宏哲 （かどやまひろあき）	自 [無]	比例南関東	中村寿城／石原裕久／竹脇亮太	2 1121	3508-7382 3508-3512	89
金子恵美 （かねこえみ）	立	福島1	中川誠一郎／来山佳子／	2 710	3508-7476 3508-3356	63
金子俊平 （かねこしゅんぺい）	自 [岸]	岐阜4	塚本信二／藤掛友裕／滝村尚人	2 913	3508-7060 3502-5853	112
金子恭之 （かねこやすし）	自 [岸]	熊本4	白石剛嗣／中村浩実／大串穂尭	2 410	3508-7410 3504-8776	160
金田勝年 （かねだかつとし）	自 [二]	比例東北	工藤衛／小田嶋希実	2 1009	3508-7053 3508-8815	65
金村龍那 （かねむらりゅうな）	維	比例南関東	上垣敬祐／	2 421	3508-7411 3508-3891	90
鎌田さゆり （かまたさゆり）	立	宮城2	横田ひろ子／石川良明／橋本俊博	1 313	3508-7204 3508-3204	60
上川陽子 （かみかわようこ）	自 [岸]	静岡1	西村谷康祐／松潮見士／藤田知士	2 305	3508-7460 3508-3290	112
神谷裕 （かみやひろし）	立	比例北海道	長内勇人／倉本さやか／	2 801	3508-7050 3508-3960	57
亀岡偉民 （かめおかよしたみ）	自 [安]	比例東北	亀岡まなみ／岡崎雄旭／	1 1006	3508-7148 3508-3638	64
川崎ひでと （かわさきひでと）	自 [無]	三重2	長嶺友之／笹井貴与彦／永田真巳	1 702	3508-7152 3502-5173	118

※内線電話番号は、第1議員会館は5＋室番号、6＋室番号（3〜9階は5、6のあとに0を入れる）、
　第2議員会館は7＋室番号、8＋室番号（2〜9階は7、8のあとに0を入れる）

議員名	党派(会派)	選挙区	政策秘書名 第1秘書名 第2秘書名	館別 号室	直通 FAX	略歴頁
神田憲次 (かんだけんじ)	自[安]	愛知5		1 1124	3508-7253 3508-3523	115
神田潤一 (かんだじゅんいち)	自[岸]	青森2	黒保浩介 貝吹敦志 藍澤奈緒子	2 812	3508-7502 3508-3932	58
菅直人 (かんなおと)	立	東京18	菅源太郎 岡戸正典 金子裕弥	1 512	3508-7323 3595-0090	97
菅家一郎 (かんけいちろう)	自[安]	比例 東北	中川廣文 佐原正純 大西勇太	1 503	3508-7107 3508-3407	64
木原誠二 (きはらせいじ)	自[岸]	東京20	川上昌克 西倉賢二 島﨑正也	1 915	3508-7169 3508-3719	98
木原稔 (きはらみのる)	自[茂]	熊本1	篠田了二 北岡浩治 勝久卓治	2 1116	3508-7450 3508-3970	159
木村次郎 (きむらじろう)	自[安]	青森3	村田尚也 山本幸之助 今岡陽子	2 809	3508-7407 3508-3887	59
吉良州司 (きらしゅうじ)	無(有志)	大分1	尾﨑美加	2 707	3508-7412 3508-3892	160
城井崇 (きいたかし)	立	福岡10	襲田憲右 早見はるみ 緒方文則	1 807	3508-7389 3508-3509	157
城内実 (きうちみのる)	自[無]	静岡7	安田年一 古田潤 南谷幸代	2 623	3508-7441 3508-3921	114
黄川田仁志 (きかわだひとし)	自[無]	埼玉3	石井あゆ子 川内昂哉 久永智徳	1 816	3508-7123 3508-3423	72
菊田真紀子 (きくたまきこ)	立	新潟4	鈴木明久之起 中村紀直 金子	2 802	3508-7524 3508-3954	104
岸信夫 (きしのぶお)	自[安]	山口2	小林憲史 永倉隆陸 吉下史彦	1 1203	3508-1203 3508-3237	146
岸田文雄 (きしだふみお)	自[岸]	広島1	山本高義 浮岸義晴 下岸征史	1 1222	3508-7279 3591-3118	144
岸本周平 (きしもとしゅうへい)		和歌山1	(令和4年9月1日辞職)			135
北神圭朗 (きたがみけいろう)	無(有志)	京都4	三ツ谷菜採 千葉一真	2 519	3508-7069 3508-3849	126
北側一雄 (きたがわかずお)	公	大阪16	橋本勝之 岡本章之 矢野博	1 508	3508-7263 3508-3533	130
北村誠吾 (きたむらせいご)	自[岸]	長崎4	神吉浩明 間村さつき 竹村道代	2 714	3508-7627 3508-3257	159
金城泰邦 (きんじょうやすくに)	公	比例 九州	大西章英 上地貴大	1 801	3508-7153 3508-3703	166
工藤彰三 (くどうしょうぞう)	自[麻]	愛知4	原澤直樹 酒井雄司	2 218	3508-7018 3508-3818	115

き

く

※内線電話番号は、第1議員会館は5+室番号、6+室番号(3～9階は5、6のあとに0を入れる)、
　　　　　　　　第2議員会館は7+室番号、8+室番号(2～9階は7、8のあとに0を入れる)

議員名	党派(会派)	選挙区	政策秘書名／第1秘書名／第2秘書名	館別号室	直通／FAX	略歴頁
日下正喜（くさかまさき）	公	比例中国	山田一成／木口勇二／濱岡貴史	2 920	3508-7021／3508-3821	149
櫛渕万里（くしぶちまり）	れ	比例東京繰	———	2 416	3508-7063／3508-3383	102
国定勇人（くにさだいさと）	自[二]	比例北陸信越	中溝篤司／赤堀大／松川徹也	1 1220	3508-7131／3508-3431	109
國重徹（くにしげとおる）	公	大阪5	山西博之／松元晋輔／福本彰律	2 716	3508-7405／3508-3885	128
国光あやの（くにみつ）	自[岸]	茨城6	越智章子／川又智佐子	2 304	3508-7036／3508-3836	68
熊田裕通（くまだひろみち）	自[無]	愛知1	山口伸夫／伊藤理歩／田辺絵	2 508	3508-7513	114
け 玄葉光一郎（げんばこういちろう）	立	福島3	浜秀夫／吉田誠幸／佐藤周一	1 819	3508-7252／3591-2635	63
源馬謙太郎（げんまけんたろう）	立	静岡8	小野隆朗／森口俊尚／本庄啓泰	1 624	3508-7160／3508-3710	114
こ 小泉進次郎（こいずみしんじろう）	自[無]	神奈川11	干場香名女／沼口祐季	1 314	3508-7327	85
小泉龍司（こいずみりゅうじ）	自[二]	埼玉11	原田祐一郎／松村重章／菊地綾子	2 1107	3508-7121／3508-3351	74
小島敏文（こじまとしふみ）	自[岸]	比例中国	山本秀一／鎌倉正樹／久松枝	1 1206	3508-7192／3508-3622	147
小寺裕雄（こてらひろお）	自[二]	滋賀4	新井勝美／吉田幸司／小寺超史	1 601	3508-7126／3508-3419	125
小林茂樹（こばやししげき）	自[二]	比例近畿	吉川英里／岩見祥志／大田誠	2 501	3508-7090／3508-3870	138
小林鷹之（こばやしたかゆき）	自[二]	千葉2	竹内仁美／藤原隆太／田中正憲	1 417	3508-7617／3508-3997	80
小林史明（こばやしふみあき）	自[岸]	広島7	小川麻理亜／平盛豊／宮越真帆	1 1205	3508-7455／3508-3630	146
小宮山泰子（こみやまやすこ）	立	比例北関東	有本和雄／八木昭次／川上偉策	1 607	3508-7184／3508-3614	77
小森卓郎（こもりたくお）	自[安]	石川1	髙谷均／岡育生	1 812	3508-7179／3508-3609	106
小山展弘（こやまのぶひろ）	立	静岡3	安田幸祐／伊藤健／羽田えみ	1 1113	3508-7270／3508-3540	113
古賀篤（こがあつし）	自[岸]	福岡3	堀井英樹／宮崎勇士／村井章子	2 216	3508-7081／3508-3861	155
後藤茂之（ごとうしげゆき）	自[無]	長野4	小林勇郎／三沢泰敏	1 704	3508-7702／3508-3452	108

※内線電話番号は、第1議員会館は5+室番号、6+室番号（3〜9階は5、6のあとに0を入れる）、
　第2議員会館は7+室番号、8+室番号（2〜9階は7、8のあとに0を入れる）

16

坂
※内線

議員名	党派(会派)	選挙区	政策秘書名／第1秘書名／第2秘書名	館別号室	直通／FAX	略歴頁
後藤祐一（ごとうゆういち）	立	神奈川16	藤巻浩／細野康輔／日沼勇	2　814	3508-7092／3508-3962	87
河野太郎（こうのたろう）	自(麻)	神奈川15	菊地陽介／山本亜希子／加藤睦美	2　1103	3508-7006／3500-5360	86
神津たけし（こうづたけし）	立	比例北陸信越	堀内由理一／上條研一大／新井泳	2　204	3508-7015／3508-3815	110
高村正大（こうむらまさひろ）	自(麻)	山口1	田中将祐／江木剛尊／荒	1　701	3508-7113／3502-5044	146
國場幸之助（こくばこうのすけ）	自(岸)	比例九州	渡邊純一明／市信宮智明	2　1016	3508-7741／3508-3061	164
穀田恵二（こくたけいじ）	共	比例近畿	山内聡子／窪田則子／元山小百合	620	3508-7438／3508-3918	140
興水恵一（こしみずけいいち）	公	比例北関東	藤村達彦／葛西正矩	307	3508-7076／3508-3766	77
近藤和也（こんどうかずや）	立	比例北陸信越	宮崎直広希／川辻森敏純	819	3508-7605／3508-3985	109
近藤昭一（こんどうしょういち）	立	愛知3	笘米地真理之／成川正也／坂野達	2　402	3508-7402／3508-3882	115
佐々木紀（ささきはじめ）	自(安)	石川2	田辺暢助／道券正横山大	301	3508-7059／6273-3012	106
佐藤公治（さとうこうじ）	立	広島6	神戸淳司／松前良次／門永健	1　1022	3508-7145／3508-3635	146
佐藤茂樹（さとうしげき）	公	大阪3	浮田広宣／清水信憲／斎藤藤楽	1　908	3508-7200／3508-3510	127
佐藤勉（さとうつとむ）	自(無)	栃木4	佐藤圭和／武正司／須崎	2　902	3508-7408／3597-2740	70
佐藤英道（さとうひでみち）	公	比例北海道	服部利／川島謙公／向田貴	2　717	3508-7457／3508-3287	57
斉藤鉄夫（さいとうてつお）	公	広島3	稲田則／小堀信明／小片博	1　412	3508-7308／3501-5524	145
斎藤アレックス（さいとう）	国	比例近畿	伊藤直子／安持英太郎／大崎俊英	2　405	3508-7637／3508-3267	140
齋藤健（さいとうけん）	自(無)	千葉7	安藤辰生／安藤晴彦	1　822	3508-7221／3508-3221	81
斎藤洋明（さいとうひろあき）	自(麻)	新潟3	田中悟／長谷川智希／若狭健太	1　407	3508-7155／3508-3705	104
坂井学（さかいまなぶ）	自(無)	神奈川5	李燁明／勝間田将／白井亮次	2　1119	3508-7489／3508-3369	84
本哲志（さかもとてつし）	自(森)	熊本3	山室絢／山本心久／北里久則	2　702	3508-7034／3508-3834	159

電話番号は、第1議員会館は5＋室番号、6＋室番号（3〜9階は5、6のあとに0を入れる）、第2議員会館は7＋室番号、8＋室番号（2〜9階は7、8のあとに0を入れる）

議員名	党派(会派)	選挙区	政策秘書名／第1秘書名／第2秘書名	館別号室	直通／FAX	略歴頁
さかもと ゆうのすけ **坂本祐之輔**	立	比例 北関東	今井省吾／黒澤幸拓／長澤司野	2 1221	3508-7449 3508 3969	77
さくらい しゅう **櫻井 周**	立	比例 近畿	藤原千也／桐山直光／齋藤尚	2 409	3508-7465 3508-3295	139
さくらだ よしたか **櫻田義孝**	自 [二]	比例 南関東	上野剛／小田原暁史／井田翔	2 1117	3508-7381 3508-3501	89
ささ がわ ひろ よし **笹川博義**	自 [茂]	群馬3	茂木和幸／礒崎守正／小嶋崇之	2 316	3508-7338 3508-3338	71
さわ だ りょう **沢田 良**	維	比例 北関東	松村東介／吉村豪／高野みずほ	2 323	3508-7526 3508-3956	78
し い かず お **志位和夫**（し）	共	比例 南関東	浜田文子／吉井芳弘／井岡	1 1017	3508-7285 3508-3735	91
しお かわ てつ や **塩川鉄也**	共	比例 北関東	山本陽子／岡田里志／浅野宝	2 905	3508-7507 3508-3937	78
しお ざき あき ひさ **塩崎彰久**	自 [安]	愛媛1	清水洋之／川崎晶子／溝江義一	1 1102	3508-7189 3508-3619	151
しお のや りゅう **塩谷 立**	自 [安]	比例 東海	渡辺桃子／山岡泰志／本直哉	2 1211	3508-7632 3508-3262	120
しげ とく かず ひこ **重徳和彦**	立	愛知12	藤原聖子／畔柳智章／磯谷	2 909	3508-7910 3508-3285	117
しな たけし **階 猛**	立	岩手1	河村匡庸／前村哲朗維／木川優	2 203	3508-7024 3508-3824	59
しの はら ごう **篠原 豪**	立	神奈川1	中山真吾／毛呂武史恵／大知恵	2 608	3508-7130 3508-3430	83
しの はら たかし **篠原 孝**	立	比例 北陸信越	岡本匡広／沓掛洋介／篠章一	1 719	3508-7268 3508-3538	109
しば やま まさ ひこ **柴山昌彦**	自 [安]	埼玉8	増井一朗／大塚隆浩／渡邊洋平	2 822	3508-7624 3508-7715	73
しまじり あい こ **島尻安伊子**	自 [茂]	沖縄3	宮城一郎／下地太一／伊波広貴	1 1111	3508-7265 3508-3535	163
しもじょう **下条みつ**	立	長野2	小川昌昭／百瀬秀之／白澤孝	1 806	3508-7271 3508-3541	107
しも むら はく ぶん **下村博文**	自 [安]	東京11	榮友里子／中村恭平／河野雄紀	2 622	3508-7084 3597-2772	95
しょうじ けん いち **庄子賢一**	公	比例 東北	早坂光／松野博志俊／九鬼秀	2 1224	3508-7474 3508-3354	66
しら いし よう いち **白石洋一**	立	比例 四国	沼田忠典／──／──	2 720	3508-7244 3508-3514	153
しん たに まさ よし **新谷正義**	自 [茂]	広島4	麻生満理子	2 805	3508-7604 3508-3984	

※内線電話番号は、第1議員会館は5＋室番号、6＋室番号（3～9階は5、6のあとに0）
　第2議員会館は7＋室番号、8＋室番号（2～9階は7、8のあと）

議員名	党派(会派)	選挙区	政策秘書名 第1秘書名 第2秘書名	館別号室	直通 FAX	略歴頁
新藤義孝 しんどう よしたか	自[茂]	埼玉2	天野 優子 飯嶋 頼康	1 810	3508-7313 3508-3313	72
す 末次精一 すえつぐ せいいち	立	比例 九州	佐浦 藤吉 伸一 川 栄	1 606	3508-7176 3508-3606	165
末松義規 すえまつ よしのり	立	東京19	奥本 村田 真弓之治 森 政悠	2 1008	3508-7488 3508-3368	97
菅 義偉 すが よしひで	自[無]	神奈川2	黄瀬 周作 新田 章文 長田 拓也	2 1113	3508-7446 3597-2707	83
杉田水脈 すぎた みお	自[安]	比例 中国	嘉悦 彩 石村 健	2 907	3508-7029 3508-3829	148
杉本和巳 すぎもと かずみ	維	比例 東海	野間 口雅彦 早川 茂夫 杉田 亜貴子	1 414	3508-7266 3508-3536	122
鈴木 敦 すずき あつし	国	比例 南関東	竹内 淳太郎 内田 美奈子 青山 明日香	2 1123	3508-7286 3508-3736	91
鈴木英敬 すずき えいけい	自[安]	三重4	寺岡 西田 弘行晴 中川 尚昭	1 614	3508-7269 3508-3539	119
鈴木馨祐 すずき けいすけ	自[麻]	神奈川7	黒田 幸輝紀 藤 芳	1 423	3508-7304 3508-3304	84
鈴木俊一 すずき しゅんいち	自[麻]	岩手2	清島 川田 健二治 堀 間悟	1 1001	3508-7267 3508-3543	59
鈴木淳司 すずき じゅんじ	自[安]	愛知7	安藝 仁司 三治 敦美 神崎 里	1 1110	3508-7264 3508-3534	116
鈴木貴子 すずき たかこ	自[茂]	比例 北海道	────	1 1202	3508-7233 3508-3233	56
鈴木憲和 すずき のりかず	自[茂]	山形2	田中 辰明美 佐藤 愛理徳 後	1 416	3508-7318 3508-3318	62
鈴木隼人 すずき はやと	自[茂]	東京10	丸山 響哉 唐橋 新明 菊池 秀	2 1215	3508-7463 3508-3293	95
鈴木庸介 すずき ようすけ	立	比例 東京	加藤 義直 加納 拓弥浩 岡 隆	1 1216	3508-7028 3508-3828	100
鈴木義弘 すずき よしひろ	国	比例 北関東	新井川 寛雄郎 山 英	1 713	3508-7282 3508-3732	78
住吉寛紀 すみよし ひろき	維	比例 近畿	橋本 淳里 金 千昭	2 303	3508-7415 3508-3895	136
せ 瀬戸隆一 せと たかかず	自[麻]	比例 四国繰	山﨑 香織弘 久 米 昭	1 1112	3508-7712 3508-3241	153
関 芳弘 せき よしひろ	自[安]	兵庫3	髙谷 理恵 守内 一浩 山形 昭	1 603	3508-7173 3508-3603	132
そ 薗浦健太郎 そのうらけんたろう		千葉5	(令和4年12月21日辞職)			81

※内線電話番号は、第1議員会館は5＋室番号、6＋室番号（3～9階は5、6のあとに0を入れる）
　　　　　　　　第2議員会館は7＋室番号、8＋室番号（2～9階は7、8のあとに0を入れる）

し・す・せ・そ

議　員　名	党派(会派)	選挙区	政策秘書名第1秘書名第2秘書名	館別号室	直通FAX	略歴頁
空本誠喜 (そらもと せい き)	維	比例中国	髙伊 山藤 智真 秀二	2 1202	3508-7451 3508-3281	149
た たがや 亮 (りょう)	れ	比例南関東	前後菅 田藤沼 正一一奏 志輝子	2 415	3508-7008 3508-3808	91
田嶋　要 (た じま かなめ)	立	千葉1	丸宮菊 尾崎池 圭活亮 祐二孔	1 1215	3508-7229 3508-3411	80
田所嘉徳 (た どころよし のり)	自[無]	比例北関東	中永中 山井川 嘉昌太 隆儀一	1 716	3508-7068 3508-3848	76
田中和德 (た なか かず のり)	自[麻]	神奈川10	細矢菅 田作谷 将真英 史子彦	1 1010	3508-7294 3508-3504	85
田中　健 (た なか けん)	国	比例東海	矢小鈴 原木木 光洋 弘樹智	1 712	3508-7190 3508-3620	123
田中英之 (た なかひでゆき)	自[無]	比例近畿	葛浅奥 城浅谷 直佳 樹剛代	2 604	3508-7007 3508-3807	138
田中良生 (た なかりょうせい)	自[無]	埼玉15	森福森 山山本 幹真一 郎樹吉	2 521	3508-7058 3508-3858	75
田野瀬太道 (た の せたいどう)	自[森]	奈良3	沖浦杉 之本下岡 功秀宏 一樹基	2 314	3508-7071 3591-6569	135
田畑裕明 (た ばたひろ あき)	自[安]	富山1	西村高岩 村寛原佐 一郎秀 郎理典	2 214	3508-7704 3508-3454	105
田村貴昭 (た むらたか あき)	共	比例九州	村山川 髙口遵 芳佳隆 樹織史	2 712	3508-7475 3508-3355	166
田村憲久 (た むらのりひさ)	自[無]	三重1	中世 村古 敏古丈 幸人	1 902	3508-7163 3502-5066	118
平　将明 (たいら まさあき)	自[無]	東京4	若山津 林森野 継寛仁 啓之美	1 914	3508-7297 3508-3507	94
高市早苗 (たかいち さ なえ)	自[無]	奈良2	蓮木木 実下下 守剛志守	1 903	3508-7198 3508-7199	135
髙階恵美子 (たかがいえみ こ)	自[安]	比例中国	佐々池 木田 木由和 美正	2 1208	3508-7518 3508-3948	148
髙木　啓 (たか ぎ けい)	自[安]	比例東京	杉浦川西渡 貴宏部修 和子知士	2 310	3508-7601 3508-3981	99
髙木　毅 (たか ぎ つよし)	自[安]	福井2	小泉あずさ 望月ますみ	1 1008	3508-7296 3508-3506	107
高木宏壽 (たか ぎ ひろ ひさ)	自[二]	北海道3	川村藤田井 村康千中知 博晴也	2 217	3508-7636 3508-3024	53
高木陽介 (たか ぎ ようすけ)	公	比例東京	亀髙天 岡野野 茂正明 一史美	2 1023	3508-7481 5251-3685	101
髙鳥修一 (たか とりしゅういち)	自[安]	比例北陸信越	勝丸 野山下 淳秀和 一明	1 1214	3508-7607 3508-3987	108

※内線電話番号は、第1議員会館は5＋室番号、6＋室番号（3～9階は5、6のあとに0を入れる）、第2議員会館は7＋室番号、8＋室番号（2～9階は7、8のあとに0を入れる）

議員名	党派(会派)	選挙区	政策秘書名 第1秘書名 第2秘書名	館別号室	直通 FAX	略歴頁
たかはしちづこ 高橋千鶴子	共	比例東北	永野保司 水野希美子 小谷祥司	2 904	3508-7506 3508-3936	66
たかはしひであき 高橋英明	維	比例北関東	増田仁 板倉勝教 池田惠	2 808	3508-7260 3508-3530	78
たかみやすひろ 高見康裕	自[茂]	島根2	小牧雅昭 小曽田一昇 吉本賢一郎	2 520	3508-7166 3508-3716	143
たけうちゆずる 竹内譲	公	比例近畿	包山國嘉介 山本大樹 田原大功	2 1223	3508-7473 3508-3353	139
たけいしゅんすけ 武井俊輔	自[岸]	比例九州	小松隆仁 小浦拓也 長倉充	2 1017	3508-7388 3508-3718	164
たけだりょうた 武田良太	自[二]	福岡11	平嶺孔貴 天野志郎 野村統	1 610	3508-7180 3508-3610	157
たけべあらた 武部新	自[二]	北海道12	後藤秀一 澤陽一平 小寒澤晶	2 1010	3508-7425 3502-5190	56
たけむらのぶひで 武村展英	自[無]	滋賀3	留川浩一 饗庭秀子 井上喜美子	1 602	3508-7118 3508-3418	125
たちばなけいいちろう 橘慶一郎	自[無]	富山3	吉田貢一 山中健 田里一枝	1 622	3508-7227 3508-3227	105
たなはしやすふみ 棚橋泰文	自[麻]	岐阜2	古田恭弘 和波佐江子 長島卓	2 713	3508-7429 3508-3909	111
たにこういち 谷公一	自[二]	兵庫5	津野田雄輔 渡辺浩二 森和水	2 810	3508-7010 3502-5048	132
たにがわとむ 谷川とむ	自[安]	比例近畿	早川加寿裕 家門保 石高大基	1 1104	3508-7514 3508-3944	139
たにがわやいち 谷川弥一	自[安]	長崎3	宮永龍典 三宅理美 小林恵季	1 1101	3508-7014 3506-0557	158
たまきゆういちろう 玉木雄一郎	国	香川2	井山哲 出水薫子 門脇永子	1 706	3508-7213 3508-3213	151
つしまじゅん 津島淳	自[茂]	比例東北	浅田裕之 石田純 清水眞	1 1204	3508-7073 3508-3033	64
つかだいちろう 塚田一郎	自[麻]	比例北陸信越	白石光治 木之本かづ美 石川祐也	1 302	3508-7705 3508-3455	109
つじきよと 辻清人	自[岸]	東京2	――	1 522	3508-7288 3508-3738	93
つちだしん 土田慎	自[麻]	東京13	小野寺洋二 管崎太郎 平野友紀子	1 1020	3508-7341 3508-3341	96
つちやしなこ 土屋品子	自[無]	埼玉13	佐々木太郎 豊田典子 高橋昌志	1 402	3508-7188 3508-3618	74
つつみかなめ 堤かなめ	立	福岡5	黛典子 室屋美香 水森香季	2 312	3508-7062 3508-3039	156

つ

※内線電話番号は、第1議員会館は5＋室番号、6＋室番号（3～9階は5、6のあとに0を入れる）、
第2議員会館は7＋室番号、8＋室番号（2～9階は7、8のあとに0を入れる）

議員名	党派(会派)	選挙区	政策秘書 第1秘書名 第2秘書名	館別号室	直通FAX	略歴頁
角田秀穂 つの だ ひで お	公	比例 南関東	江鈴木一隆織 大倉 功沙	2 309	3508-7052 3508-3852	91
て **手塚仁雄** て づか よし お	立	東京5	土橋雄輝宇太悠 柿澤貝	1 802	3508-7234 3508-3234	94
寺田 学 てら た まなぶ	立	比例 東北	井川田知雄真淳 島堀江	1 1014	3508-7464 3508-3294	65
寺田 稔 てら だ みのる	自 [岸]	広島5	迫田本坂智誠議明 山中	1 1213	3508-7606 3508-3986	145
と **土井 亨** ど い とおる	自 [安]	宮城1	山田朋広 佐藤 聖	1 1120	3508-7470 3508-3350	60
冨樫博之 と がし ひろ ゆき	自 [無]	秋田1	山田修市樹薫 田中澤	2 1019	3508-7275 3508-3725	61
渡海紀三朗 と かい き さぶろう	自 [無]	兵庫10	中嶋規人章子 加石橋友	1 1109	3508-7643 3508-3613	134
徳永久志 とく なが ひさ し	立	比例 近畿	川口良治徳宏 坂野田田武	2 609	3508-7250 3508-3520	140
な **中川貴元** なか がわ たか もと	自 [麻]	比例 東海	四反田淳子 ————	2 701	3508-7461 3508-3291	120
中川宏昌 なか がわ ひろ まさ	公	比例 北陸信越	大久保智広 藤増田正純田田美香	1 922	3508-3639 3508-7149	110
中川正春 なか がわ まさ はる	立	比例 東海	福原 勝	1 519	3508-7128 3508-3428	121
中川康洋 なか がわ やす ひろ	公	比例 東海	加賀友啓憲 石畑井和	2 919	3508-7038 3508-3838	122
中川郁子 なか がわ ゆう こ	自 [二]	比例 北海道	———— ————	1 309	3508-7103 3508-3403	56
中島克仁 なか じま かつ ひと	立	比例 南関東	山本田健仁一 朝金丸満智	2 723	3508-7423 3508-3903	90
中曽根康隆 なか そ ね やすたか	自 [二]	群馬1	加藤佑介充穂 大井山上里	2 923	3508-7272 3508-3722	70
中谷一馬 なか たに かず ま	立	比例 南関東	奈良甲介行 風鈴木敬	1 509	3508-7310 3508-3310	89
中谷 元 なか たに げん	自 [無]	高知1	豊田三仁亮 北原圭 山山	2 1222	3508-7486 3592-9032	152
中谷真一 なか たに しん いち	自 [茂]	山梨1	神園健也妃 古郡拓優 矢	2 215	3508-7336 3508-3336	87
中司 宏 なか つか ひろし	維	大阪11	山田大智子 梅鈴木憲	1 905	3508-7146 3508-3636	129
中西健治 なか にし けん じ	自 [麻]	神奈川3	吉村義裁 村林拳太 長谷川亮	1 303	3508-7311 3508-3377	83

※内線電話番号は、第1議員会館は5+室番号、6+室番号（3～9階は5、6のあとに0を入れる）
　　　　　　　　第2議員会館は7+室番号、8+室番号（2～9階は7、8のあとに0を入れる）

議　員　名	党派 (会派)	選挙区	政策秘書名 第1秘書名 第2秘書名	館別 号室	直通 FAX	略歴 頁
なか ね かず ゆき **中根一幸**	自 [安]	比例 北関東	犬飼俊郎 ――― ―――	2 1206	3508-7458 3508-3288	76
なか の ひで ゆき **中野英幸**	自 [二]	埼玉7	菊池　豪 金澤　將	2 220	3508-7220 3508-3220	73
なか の ひろ まさ **中野洋昌**	公	兵庫8	小谷村伸清人彦 能山田友崇	1 722	3508-7224 3508-3415	133
なかむら き しろう **中村喜四郎**	立	比例 北関東	谷中勝一 岡野一功	2 411	3508-7501 3508-3931	77
なか むら ひろ ゆき **中村裕之**	自 [麻]	北海道4	高橋知久巧 栗原仁伸川	2 406	3508-7406 3508-3886	54
なか やま のり ひろ **中山展宏**	自 [麻]	比例 南関東	松本達也士一 白宮崎鋭一	2 311	3508-7435 3508-3915	89
なが おか けい こ **永岡桂子**	自 [麻]	茨城7	矢部憲司 小池寿伴太郎 中村裕美子	1 714	3508-7274 3508-3724	69
なが さか やす まさ **長坂康正**	自 [麻]	愛知9	茶谷滋廣 長今川隆徳治	1 1007	3508-7043 3508-3863	116
なが しま あき ひさ **長島昭久**	自 [二]	比例 東京	及川哲央基 花咲宏史 野木大	1 510	3508-7309 3508-3309	100
なが つま　あきら **長妻　昭**	立	東京7	梶護太 二瓶真樹 中原翔	2 706	3508-7456 3508-3286	94
なが とも しん じ **長友慎治**	国	比例 九州	川添由香子 吉村大志郎 菊池史隆	2 912	3508-7212 3508-3212	167
に かい とし ひろ **二階俊博**	自 [二]	和歌山3	二階俊樹 二階伸康 小川珠美	2 223	3508-7023 3502-5037	136
に き ひろ ふみ **仁木博文**	無 (有志)	徳島1	小笠原博信 丸高眞宏 岩田元宏	2 213	3508-7011 3508-3811	150
に わ ひで き **丹羽秀樹**	自 [無]	愛知6	杉山健太郎 池真一 舟橋千尋	2 916	3508-7025 3508-3825	116
にし おか ひで こ **西岡秀子**	国	長崎1	高瀬千義	2 1124	3508-7343 3508-3733	158
にし だ しょう じ **西田昭二**	自 [岸]	石川3	井上貴義 奥村淳豊 土倉	1 523	3508-7139 3508-3439	106
にし の だい すけ **西野太亮**	自 [無]	熊本2	鹿島圭子 中生山敬之 中村直山	1 913	3508-7144 3508-3634	159
にし むら あき ひろ **西村明宏**	自 [安]	宮城3	谷弘三 二階堂充美 小平美美衣	2 324	3508-7906 3508-3873	60
にしむら ち な み **西村智奈美**	立	新潟1	高田一喜 佐藤真一 長島徹	2 404	3508-7614 3508-3994	103
にし むら やす とし **西村康稔**	自 [安]	兵庫9	田中実 橋山慎太郎	1 611	3508-7101 3508-3401	133

※内線電話番号は、第1議員会館は5＋室番号、6＋室番号（3〜9階は5、6のあとに0を入れる）、
　　　　　　　第2議員会館は7＋室番号、8＋室番号（2〜9階は7、8のあとに0を入れる）

議員名	党派(会派)	選挙区	政策秘書名／第1秘書名／第2秘書名	館別号室	直通／FAX	略歴頁
西銘恒三郎（にしめこうざぶろう）	自[茂]	沖縄4	大城和人／西銘浩平／末吉達俊	2 317	3508-7218／3508-3218	163
ぬ 額賀福志郎（ぬかがふくしろう）	自[茂]	茨城2	藤井　剛／平川大輔／秋山太三	2 824	3508-7447／3592-0468	67
ね 根本匠（ねもとたくみ）	自[岸]	福島2	六角陽佳／林美奈子／小松慎太郎	2 1213	3508-7312／3508-3312	63
根本幸典（ねもとゆきのり）	自[安]	愛知15	服部靖夫／川越憂貴／若林由利	2 906	3508-7711／3508-3300	118
の 野田聖子（のだせいこ）	自[無]	岐阜1	半田　亘／東海林和子／中森美恵子	1 504	3508-7161／3591-2143	111
野田佳彦（のだよしひこ）	立	千葉4	河井淳一／今窪照美／山本勇介	1 821	3508-7141／3508-3441	80
野中厚（のなかあつし）	自[茂]	比例北関東	柴山昭彦／中崎洋子／磯村玲子	1 419	3508-7041／3508-3841	75
野間健（のまたけし）	立	鹿児島3	久渡孝一／本芳修一／上薗雅登	2 601	3508-7027／3508-3827	162
は 長谷川淳二（はせがわじゅんじ）	自[無]	愛媛4	安藤　明／山下芳朗／松岡隆太朗	2 703	3508-7453／3508-3283	152
葉梨康弘（はなしやすひろ）	自[岸]	茨城3	池田芳宏／鎌田総太郎	1 1117	3508-7248／3508-3518	68
馬場伸幸（ばばのぶゆき）	維	大阪17	辻　修治／小寺輝士／山口　剛	1 511	3508-7322／3508-3322	131
馬場雄基（ばばゆうき）	立	比例東北	松木　香／佐藤凜幸	2 821	3508-7631／3508-3261	65
萩生田光一（はぎうだこういち）	自[安]	東京24	牛久保敏文／大竹恭明／鈴木悌介	1 1205	3508-7154／3508-3704	99
橋本岳（はしもとがく）	自[茂]	岡山4	矢吹彰康／藤村健行／高坂　隆	2 306	3508-7016／3508-3816	144
鳩山二郎（はとやまじろう）	自[二]	福岡6	立井尚友／江刺孝臣／上田峻也	2 221	3508-7905／3580-8001	156
浜田靖一（はまだやすかず）	自[無]	千葉12	大掘将和／小暮眞也／永田実和子	2 315	3508-7020／3508-7644	82
濱地雅一（はまちまさかず）	公	比例九州	吉田直樹／町田康幸／水濱幸光	1 803	3508-7235／3508-3235	165
早坂敦（はやさかあつし）	維	比例東北	常澤正史／山本真寿／長谷奈都美	2 704	3508-7414／3508-3894	66
林幹雄（はやしもとお）	自[二]	千葉10	渡辺淳一／山田巧磨／山津田康平	1 612	3508-7151／3502-5016	82
林芳正（はやしよしまさ）	自[岸]	山口3	河野恭子／小村　均／山村恭子	1 1201	3508-7115／3508-3050	147

※内線電話番号は、第1議員会館は5＋室番号、6＋室番号（3～9階は5、6のあとに0を入れる）、第2議員会館は7＋室番号、8＋室番号（2～9階は7、8のあとに0を入れる）

議員名	党派(会派)	選挙区	政策秘書名 / 第1秘書名 / 第2秘書名	館別号室	直通 / FAX	略歴頁
原口一博（はらぐち かずひろ）	立	佐賀1	池田勝 / 坂本裕二朗 / 山崎康弘	1-307	3508-7238 / 3508-3238	157
伴野豊（ばんの ゆたか）	立	比例東海	大坪俊且 / 三水見祥 / 一成子	2-910	3508-7019 / 3508-3819	121
平井卓也（ひらい たくや）	自[岸]	比例四国	寺井慶淳子 / 荒井 / 須永映里子	1-1024	3508-7307 / 3508-3307	153
平口洋（ひらぐち ひろし）	自[茂]	広島2	庄司輝光子 / 湯 / 廣瀬路典	2-804	3508-7622 / 3508-3252	145
平沢勝栄（ひらさわ かつえい）	自[二]	東京17	熊谷修二朗 / 植和翔 / 藤澤秀紀一	1-1115	3508-7257 / 3508-3527	97
平沼正二郎（ひらぬましょうじろう）	自[二]	岡山3	福井慎二明 / 高沼秀一子 / 平広	2-614	3508-7251 / 3508-3521	144
平林晃（ひらばやし あきら）	公	比例中国	西岡稔己 / 堀池克幸 / 児玉秀	1-507	3508-7339 / 3508-3339	149
深澤陽一（ふかざわ よういち）	自[岸]	静岡4	村上泰史 / 遠坂雅郎 / 道重之	1-1223	3508-7709 / 3508-3243	113
福重隆浩（ふくしげ たかひろ）	公	比例北関東	掛川信一 / 川原政雄 / 西口香	1-909	3508-7249 / 3508-3519	78
福島伸享（ふくしまのぶゆき）	無(有志)	茨城1	赤川貴大 / 渡邉雄司 / 稲葉二	2-419	3508-7262 / 3508-3532	67
福田昭夫（ふくだ あきお）	立	栃木2	板倉京 / 阿久津正典 / 高橋歩夢	1-708	3508-7289 / 3508-3739	69
福田達夫（ふくだ たつお）	自[安]	群馬4	石井琢郎 / 菊秀志 / 堤岳	1-1103	3508-7181 / 3508-3611	71
藤井比早之（ふじい ひさゆき）	自[無]	兵庫4	堀支津子 / 原田祐成	1-615	3508-7185 / 3508-3615	132
藤岡隆雄（ふじおか たかお）	立	比例北関東	財満慎太郎 / 土澤康敏 / 浅津敦史	1-608	3508-7178 / 3508-3608	76
藤田文武（ふじた ふみたけ）	維	大阪12	吉田直樹 / 中川慎也 / 松川志	1-312	3508-7040 / 3508-3840	129
藤巻健太（ふじまき けんた）	維	比例南関東	吉田新 / 杉川修一 / 緑川宣	2-320	3508-7503 / 3508-3933	90
藤丸敏（ふじまる さとし）	自[岸]	福岡7	原野隆博 / 松尾昭宏 / 廣松金悟	2-211	3508-7431 / 3597-0483	156
藤原崇（ふじわら たかし）	自[安]	岩手3	———	2-1015	3508-7207 / 3508-3721	59
太栄志（ふとり ひでし）	立	神奈川13	梶原博之	1-409	3508-7330 / 3508-3330	86
船田元（ふなだ はじめ）	自[茂]	栃木1	盛未来 / 山本光雄 / 間嶋秀樹	2-605	3508-7156 / 3508-3706	69

※内線電話番号は、第1議員会館は5＋室番号、6＋室番号（3〜9階は5、6のあとに0を入れる）
　第2議員会館は7＋室番号、8＋室番号（2〜9階は7、8のあとに0を入れる）

㊙議員秘書

ひ

ふ

は・ひ・ふ

議員名	党派(会派)	選挙区	政策秘書名／第1秘書名／第2秘書名	館別号室	直通／FAX	略歴頁
古川直季 （ふるかわなおき）	自[無]	神奈川6	荒井大樹／小林大蔵	2 1114	3508-7523 3508-3953	84
古川元久 （ふるかわもとひさ）	国	愛知2	阪口祥代／加藤麻紀／横田大	2 1006	3508-7078 3597-2758	115
古川康 （ふるかわやすし）	自[茂]	比例九州	澁田聡士／小松康剛／中尾輝彦	2 813	6205-7711 3508-3897	164
古川禎久 （ふるかわよしひさ）	自[茂]	宮崎3	西田育代／田中千麻／小坊綾	2 612	3508-7612 3506-2503	161
古屋圭司 （ふるやけいじ）	自[無]	岐阜5	渡辺博郎／古屋一穂／梶田誉	2 423	3508-7440 3592-9040	112
古屋範子 （ふるやのりこ）	公	比例南関東	深澤貴美子／中島順志／高野清一	2 502	3508-7629 3508-3259	91
ほ 穂坂泰 （ほさかやすし）	自[無]	埼玉4	酒井慶太／池夕妃／小神谷健	2 908	3508-7030 3508-3830	72
星野剛士 （ほしのつよし）	自[無]	比例南関東	宇野沢典子／中山和昭／山齋藤猛	2 708	3508-7413 3508-3893	88
細田健一 （ほそだけんいち）	自[安]	新潟2	楠原浩祐／山田孝枝	2 1220	3508-7278 3508-3728	104
細田博之 （ほそだひろゆき）	無	島根1	津川幸治／笛田修輔	2 513	3508-7443 3503-7530	143
細野豪志 （ほそのごうし）	自[二]	静岡5	佐藤公彦／高木いづみ／眞野卓	1 620	3508-7116 3508-3416	113
堀井学 （ほりいまなぶ）	自[安]	比例北海道	岩坂香織／笹嶋隆裕／石川丈	2 408	3508-7125 3508-3425	56
堀内詔子 （ほりうちのりこ）	自[岸]	山梨2	渡辺明紀／鈴木秀子／志村さおり	2 407	3508-7487 3508-3367	88
堀場幸子 （ほりばさちこ）	維	比例近畿	師岡孝明／神農美恵	2 422	3508-7422 3508-3902	137
堀井健智 （ほりいけんじ）	維	比例近畿	三品耕作／鐚木良子／西原茜	2 806	3508-7088 3508-3868	136
本庄知史 （ほんじょうさとし）	立	千葉8	細見一雄／芳野泰崇／矢口すみ	2 1219	3508-7519 3508-3949	81
本田太郎 （ほんだたろう）	自[無]	京都5	髙森眞由美／小谷典宏／西地康史	2 210	3508-7012 3508-3812	126
ま 馬淵澄夫 （まぶちすみお）	立	奈良1	片岡新／馬淵錦介／岩井禅	1 1217	3508-7122 3508-3051	134
前川清成 （まえかわきよしげ）	維	比例近畿	内ケ﨑雅俊／坊修司／大菅亜希子	2 815	3508-7625 3508-3255	137
前原誠司 （まえはらせいじ）	国	京都2	村田昭一郎／木元俊大／齋藤隆史	1 809	3508-7171 3592-6696	125

※内線電話番号は、第1議員会館は5＋室番号、6＋室番号（3〜9階は5、6のあとに0を入れる）、第2議員会館は7＋室番号、8＋室番号（2〜9階は7、8のあとに0を入れる）

議員名	党派(会派)	選挙区	政策秘書名／第1秘書名／第2秘書名	館別号室	直通／FAX	略歴頁
牧 義夫 (まき よしお)	立	比例東海	文朗子 礼史厚 村原瀬 北江成	1 305	3508-7628 / 3508-3258	121
牧島かれん (まきしま)	自[麻]	神奈川17	───	1 322	3508-7026 / 3508-3826	87
牧原秀樹 (まきはらひでき)	自[無]	比例北関東	二子 慎孝 廣田 末細	1 1116	3508-7254 / 3508-3524	76
松木けんこう (まつき)	立	北海道2	弘明英 征宜知 本浦井 岡梶櫻	1 324	3508-7324 / 3508-3324	53
松島みどり (まつしま)	自[安]	東京14	健造美 就真 田中仲 福田高網	1 709	3508-7065 / 3508-3845	96
松野博一 (まつのひろかず)	自[安]	千葉3	郎行久 陽一郎 我陽岳 曽伊山	1 502	3508-7329 / 3508-3329	80
松原 仁 (まつばら じん)	立	東京3	造太賢 慶勉 根池藤 関高伊	2 709	3508-7452 / 3580-7336	93
松本剛明 (まつもとたけあき)	自[麻]	兵庫11	渡文 路瀬博 大清	1 707	3508-7214 / 3508-3214	134
松本 尚 (まつもと ひさし)	自[安]	千葉13	樹径 雅学 野原 高金上	1 1009	3508-7295 / 3508-3505	83
松本洋平 (まつもとようへい)	自[二]	比例東京	宏章 原隆泰 柏関	1 1011	3508-7133 / 3508-3433	99
三木圭恵 (みきけえ)	維	比例近畿	樹樹 秀勇 山壁 森渡	2 1105	3508-7638 / 3508-3268	136
三反園訓 (みたぞのさとし)	無	鹿児島2	太彦真 賢克本 嶋本田 牛松村	2 924	3508-7511 / 3508-3941	162
三谷英弘 (みたにひでひろ)	自[無]	比例南関東	子満 百喜合 谷本 中楠	2 1120	3508-7522 / 3508-3952	88
三ッ林裕巳 (みつばやしひろみ)	自[安]	埼玉14	一博平 賢貴亮 村水藤 志清佐	2 522	3508-7416 / 3508-3896	75
美延映夫 (みのべてるお)	維	大阪4	───	1 1019	3508-7194 / 3508-3624	127
御法川信英 (みのりかわのぶひで)	自[無]	秋田3	理男希 真春由 毛藤木 石佐鈴	1 901	3508-7167 / 3508-3717	62
岬 麻紀 (みさき まき)	維	比例東海	志史美 淳将 田塚木 浅飯高	2 705	3508-7409 / 3508-3889	122
道下大樹 (みちしただいき)	立	北海道1	子太 陽修介 藤橋藤 佐市伊	2 516	3508-7516 / 3508-3946	53
緑川貴士 (みどりかわたかし)	立	秋田2	子典人 恵朋 池崎部 小長阿	2 202	3508-7002 / 3508-3802	61
宮内秀樹 (みやうちひでき)	自[二]	福岡4	人介 雅圭晴 原司井 上赤櫻	1 604	3508-7174 / 3508-3604	155

み

議員・秘書

ま・み

※内線電話番号は、第1議員会館は5＋室番号、6＋室番号（3～9階は5、6のあとに0を入れる）
　　　　　　　第2議員会館は7＋室番号、8＋室番号（2～9階は7、8のあとに0を入れる）

議員名	党派(会派)	選挙区	政策秘書名第1秘書名第2秘書名	館別号室	直通FAX	略歴頁
みやざき まさ ひさ 宮﨑 政久	自[茂]	比例九州	今井時右衛門大澤真弓	2 722	3508-7360 3508-3071	164
みやざわ ひろ ゆき 宮澤 博行	自[安]	比例東海	藤谷洋平鈴木翔士石川美由紀	1 1021	3508-7135 3508-3435	120
みや じ たく ま 宮路 拓馬	自[森]	鹿児島1	田中彰村粕谷訓史	1 311	3508-7206 3508-3206	161
みやした いちろう 宮下 一郎	自[安]	長野5	天野健太郎高橋達之行尾関正	1 1207	3508-7903 3508-3643	108
みや もと たけ し 宮本 岳志	共	比例近畿	田村幸恵隅田美清山古潔	1 1108	3508-7255 3508-3525	140
みや もと とおる 宮本 徹	共	比例東京	坂間和史松川尾野純平	1 1219	3508-7508 3508-3938	102
む とうよう じ 武藤 容治	自[麻]	岐阜3	野村真一小檜山千代久伊藤康男	2 1212	3508-7482 3508-3362	112
む たいしゅんすけ 務台 俊介	自[麻]	比例北陸信越	赤羽俊太郎村瀬元良五十嵐佐江子	1 403	3508-7334 3508-3334	109
むねきよこういち 宗清 皇一	自[安]	比例近畿	佐藤博之川中岡蓮健牧生	1 310	3508-7205 3508-3205	138
むら い ひで き 村井 英樹	自[岸]	埼玉1	二宮尚徳尾崎裕太相馬大作	1 911	3508-7467 3508-3297	71
むらかみせいいちろう 村上 誠一郎	自[無]	愛媛2	佐藤洋一村上信太郎田丸勇野人	1 1224	3508-7291 3502-5172	152
も て ぎ としみつ 茂木 敏充	自[茂]	栃木5	駒林裕康田真幸沼田代美和	2 1011	3508-1011 3508-3269	70
もとむら のぶ こ 本村 伸子	共	比例東海	綿貫隆奥田千尋村畑知代	1 1106	3508-7280 3508-3730	122
もりしま ただし 守島 正	維	大阪3	小林倫明奥豊五安本郎	1 720	3508-7112 3508-3412	127
もりやま まさ ひと 盛山 正仁	自[岸]	比例近畿	伊藤雅子中谷昌昌戸田眞太郎	1 904	3508-7380 3508-3629	139
もり えい すけ 森 英介	自[麻]	千葉11	坂本克実西谷昭彦伊橋裕樹	1 1210	3508-7162 3592-9036	82
もり た としかず 森田 俊和	立	埼玉12	木沢良一渡辺裕弘橋本光弘	2 1003	3508-7419 3508-3899	74
もりやま ひろ ゆき 森山 浩行	立	比例近畿	牧井有子阪本圭頼由圭	2 613	3508-7426 3508-3906	140
もりやま ひろし 森山 裕	自[森]	鹿児島4	森山友久美池田和弘船迫作章	1 515	3508-7164 3508-3714	162
や ぎ てつ や 八木 哲也	自[無]	愛知11	蜷川徹大崎さきえ池田由紀	2 319	3508-7236 3508-3236	117

※内線電話番号は、第1議員会館は5＋室番号、6＋室番号（3～9階は5、6のあとに0を入れる）、第2議員会館は7＋室番号、8＋室番号（2～9階は7、8のあとに0を入れる）

28

議員名	党派(会派)	選挙区	政策秘書名／第1秘書名／第2秘書名	館別号室	直通／FAX	略歴頁
谷田川 元（やたがわ はじめ）	立	比例南関東	上濱 亜希美／垣松 真美／髙栖 久	1-1208	3508-7292／3508-3502	90
保岡宏武（やすおか ひろたけ）	自[無]	比例九州	水村 元昌／篠原 幸顕／齋藤 顕	1-815	3508-7633／3508-3263	164
簗 和生（やな かずお）	自[安]	栃木3	————／根本 陽子	1-717	3508-7186／3508-3616	69
柳本 顕（やなぎもと あきら）	自[麻]	比例近畿	熊谷 志聖／阪本 保佑／細川 二紀	1-320	3508-7902／3508-3537	138
山岡達丸（やまおか たつまる）	立	北海道9	根岸 庸夫／森本 秀規／菊地 悟	1-306	3508-7306／3508-3306	55
山岸一生（やまぎし いっせい）	立	東京9	平野 隆志々至／草深 奈比呂至	1-1013	3508-7124／3508-3424	95
山際大志郎（やまぎわだい しろう）	自[麻]	神奈川18	倉持 佳代／小原 孝行	1-613	3508-7477／3508-3357	87
山口俊一（やまぐちしゅんいち）	自[麻]	徳島2	横田 泰隆／小杉 誠正／塩田 保正	2-412	3508-7054／3503-2138	150
山口 晋（やまぐち すすむ）	自[茂]	埼玉10	鈴木 邦彦／鈴木 勝三／鈴口 弘	2-1108	3508-7430／3508-3910	74
山口 壯（やまぐち つよし）	自[二]	兵庫12	山口 文生／三木 祥平／杉山 麻美子	2-603	3508-7521／3508-3951	134
山崎 誠（やまざき まこと）	立	比例南関東	黒須 裕章／松島 尚喜／鈴木 友美	1-401	3508-7137／3508-3437	90
山崎正恭（やまさき まさやす）	公	比例四国	室岡 利雄／山内 大志	2-1024	3508-7472／3508-3352	154
山下貴司（やました たかし）	自[茂]	岡山2	福島 拓介／荻野 也生／横山 和大	2-719	3508-7057／3508-3857	143
山田勝彦（やまだ かつひこ）	立	比例九州	藤田 真信／高柳 政也／大窪 浩章	2-401	3508-7420／3508-3550	165
山田賢司（やまだ けんじ）	自[麻]	兵庫7	荻野 浩次郎／佐々木 達二	1-617	3508-7908／3508-3957	133
山田美樹（やまだ みき）	自[安]	東京1	中島 貴彦／鈴木あきらこ／小室 圭	2-917	3508-7037／3508-3837	93
山井和則（やまのい かずのり）	立	京都6	吉澤 直樹／宮地 俊之／山下 恵理子	1-805	3508-7240／3508-8882	126
山本剛正（やまもと ごうせい）	維	比例九州	大塚 伸一／松田 晃二	2-302	3508-7009／3508-3809	166
山本左近（やまもと さこん）	自[麻]	比例東海	髙橋 洋樹／南田 直樹	1-304	3508-7302／3508-3302	121
山本ともひろ（やまもと）	自[無]	比例南関東	瀬戸 芳明／松本 飛	2-1110	3508-7193／3508-3623	89

※内線電話番号は、第1議員会館は5＋室番号、6＋室番号（3〜9階は5、6のあとに0を入れる）、
　第2議員会館は7＋室番号、8＋室番号（2〜9階は7、8のあとに0を入れる）

議　員　名	党派(会派)	選挙区	政策秘書名第1秘書名第2秘書名	館別号室	直通FAX	略歴頁
山本有二 やまもとゆうじ	自[無]	比例四国	前田真二郎 松村雄憲 石本和	1 316	3508-7232 3592-9069	153
ゆ 湯原俊二 ゆはらしゅんじ	立	比例中国	――― ――― ―――	1 1023	3508-7129 3508-3429	148
柚木道義 ゆのきみちよし	立	比例中国	――― ――― ―――	2 1217	3508-7301 3508-3301	148
よ 吉川赳 よしかわたける	無	比例東海	古賀真議 塚下一航 大木理	2 816	3508-7228 3508-3551	120
吉川元 よしかわはじめ	立	比例九州	伊藤剛 野丸眞敬 市丸子	2 505	3508-7056 3508-3856	165
吉田久美子 よしだくみこ	公	比例九州	岩野武彦 大澤城 立津伸	2 504	3508-7055 3508-3855	166
吉田統彦 よしだつねひこ	立	比例東海	兒玉篤志 深井稔公 村中隆之	2 322	3508-7104 3508-3404	121
吉田とも代 よしだとも よ	維	比例四国	――― ――― 相原絵美子	2 424	3508-7001 3508-3801	154
吉田豊史 よしだとよふみ	無	比例北陸信越	梅澤佳子 髙木幹隆 村隆志	2 1112	3508-7434 3508-3914	110
吉田宣弘 よしだのぶひろ	公	比例九州	柴田康一 荒井茂夫	1 1114	3508-7276 3508-3726	166
吉田はるみ よしだ	立	東京8	――― ――― ―――	2 607	3508-7620 3508-3250	95
吉野正芳 よしのまさよし	自[安]	福島5	野地誠 石川貴男 佐々木孟司	2 624	3508-7143 3595-4546	64
義家弘介 よしいえひろゆき	自[安]	比例南関東	佐々木由 髙橋愼一	1 1204	3508-7241 3508-3511	89
米山隆一 よねやまりゅういち	立	新潟5	橋口猛志 佐藤伸広 山﨑悦朗	2 724	3508-7485 3508-3365	104
り 笠浩史 りゅうひろふみ	立	神奈川9	今林正 花輪智彦 津田武	1 408	3508-3420 3508-7120	85
わ 早稲田ゆき わせだ	立	神奈川4	稲見圭 永瀬俊南 玉児康瑞	2 1012	3508-7106 3508-3406	84
和田有一朗 わだゆういちろう	維	比例近畿	藤島雄平 西島志	2 807	3508-7527 3508-3973	136
和田義明 わだよしあき	自[安]	北海道5	菅谷康子 嶋田哲也 知佳	1 410	3508-7117 3508-3417	54
若林健太 わかばやしけんた	自[安]	長野1	浜謙一 渡邉聖麿 齊藤拓	1 1002	3508-7277 3508-3727	107
若宮健嗣 わかみやけんじ	自[茂]	比例東京	荒木聡 山田拓也 川崎拓介	2 523	3508-7509 3508-3939	100

や・ゆ・よ・り・わ

㊙議員・秘書

議員名	党派(会派)	選挙区	政策秘書名 / 第1秘書名 / 第2秘書名	館別号室	直通 FAX	略歴頁
わし お えいいちろう 鷲尾英一郎	自 [二]	比例 北陸信越	横山卓司 山内和美 植木毅	2 208	3508-7650 3508-3062	108
わた なべ こう いち 渡辺孝一	自 [岸]	比例 北海道	朝比奈正倫 原田竜爾 澁谷皇将	1 520	3508-7401 3508-3881	56
わた なべ しゅう 渡辺周	立	比例 東海	大塚敏弘 山田幸宣 増山敬一	2 1109	3508-7077 3508-3767	121
わた なべ そう 渡辺創	立	宮崎1	荻山明美 谷口浩太郎 竹内絢	1 1015	3508-7086 3508-3866	161
わた なべ ひろ みち 渡辺博道	自 [茂]	千葉6	大森亜希	1 1012	3508-7387 3508-3701	81
わに ぶち よう こ 鰐淵洋子	公	比例 近畿	高坂友和 上松満義 中村久美子	1 924	3508-7070 3508-3850	139

衆議員秘書

わ

衆議院議員会館案内図

衆議院第1議員会館3階

藤田文武 維 大阪12区 3508-7040 当2	312		313	鎌田さゆり 立 宮城2区 3508-7204 当3
宮路拓馬 自[森] 鹿児島1区 3508-7206 当3	311	喫煙室	314	小泉進次郎 自[無] 神奈川11区 3508-7327 当5
宗清皇一 自[安] 比 近畿 3508-7205 当3	310	WC WC (男)(女)	315	
中川郁子 自[二] 比 北海道 3508-7103 当3	309		316	山本有二 自[無] 比 四国 3508-7232 当11
大串博志 立 佐賀2区 3508-7335 当6	308	EV ホール	317	井上信治 自[麻] 東京25区 3508-7328 当7
原口一博 立 佐賀1区 3508-7238 当9	307		318	議員会議室 (国民)
山岡達丸 立 北海道9区 3508-7306 当3	306		319	防災備蓄室
牧 義夫 立 比 東海 3508-7628 当7	305	EV ホール	320	柳本 顕 自[麻] 比 近畿 3508-7902 当1
山本左近 自[麻] 比 東海 3508-7302 当1	304		321	
中西健治 自[麻] 神奈川3区 3508-7311 当1	303	EV	322	牧島かれん 自[麻] 神奈川17区 3508-7026 当4
塚田一郎 自[麻] 比 北陸信越 3508-7705 当1	302		323	井上貴博 自[麻] 福岡1区 3508-7239 当4
麻生太郎 自[麻] 福岡8区 3508-7703 当14	301	WC WC (男)(女)	324	松木けんこう 立 北海道2区 3508-7324 当6

国会議事堂側

会館

32

衆議院第1議員会館4階

斉藤鉄夫 公 広島3区 3508-7308 当10	412		413	防災備蓄室	
石井啓一 公 比 北関東 3508-7110 当10	411	喫煙室	414	杉本和巳 維 比 東海 3508-7266 当4	
和田義明 自[安] 北海道5区 3508-7117 当3	410	WC WC (男)(女)	415	遠藤 敬 維 大阪18区 3508-7325 当4	
太 栄志 立 神奈川13区 3508-7330 当1	409		416	鈴木憲和 自[茂] 山形2区 3508-7318 当4	
笠 浩史 立 神奈川9区 3508-3420 当7	408	EV ホール	417	小林鷹之 自[二] 千葉2区 3508-7617 当4	
斎藤洋明 自[麻] 新潟3区 3508-7155 当4	407		418	議員会議室 (自民)	
浅野 哲 国 茨城5区 3508-7231 当2	406		419	野中 厚 自[茂] 比 北関東 3508-7041 当4	
浦野靖人 維 大阪15区 3508-7641 当4	405	EV ホール	420	大島 敦 立 埼玉6区 3508-7093 当8	
井上英孝 維 大阪1区 3508-7333 当3	404		421	あかま二郎 自[麻] 神奈川14区 3508-7317 当5	
務台俊介 自[麻] 比 北陸信越 3508-7334 当4	403	EV室	422	今枝宗一郎 自[麻] 愛知14区 3508-7080 当4	
土屋品子 自[無] 埼玉13区 3508-7188 当8	402		423	鈴木馨祐 自[麻] 神奈川7区 3508-7304 当5	
山崎 誠 立 比 南関東 3508-7137 当3	401	WC WC (男)(女)	424	阿部知子 立 神奈川12区 3508-7303 当8	

衆 会 館

国会議事堂側

33

衆議院第1議員会館5階

議員名	所属・選挙区	部屋番号
菅 直人	立 東京18区 3508-7323 当14	512
馬場 伸幸	維 大阪17区 3508-7322 当4	511
長島 昭久	自[二] 比 東京 3508-7309 当7	510
中谷 一馬	立 比 南関東 3508-7310 当2	509
北側 一雄	公 大阪16区 3508-7263 当10	508
平林 晃	公 比 中国 3508-7339 当1	507
岡田 克也	立 三重3区 3508-7109 当11	506
逢沢 一郎	自[無] 岡山1区 3508-7105 当12	505
野田 聖子	自[無] 岐阜1区 3508-7161 当10	504
菅家 一郎	自[安] 比 東北 3508-7107 当4	503
松野 博一	自[安] 千葉3区 3508-7329 当8	502
畦元 将吾	自[岸] 比 中国 3508-7710 当2	501

喫煙室
WC(男) WC(女)
EV(ホール)
EV(ホール)
EV

部屋番号	議員名	所属・選挙区
513	小野 泰輔	維 比 東京 3508-7340 当1
514	あべ 俊子	自[無] 比 中国 3508-7136 当6
515	森山 裕	自[森] 鹿児島4区 3508-7164 当7
516	遠藤 良太	維 比 近畿 3508-7114 当1
517	大河原 まさこ	立 比 東京 3508-7261 当2
518	議員会議室 (維新)	
519	中川 正春	立 比 東海 3508-7128 当9
520	渡辺 孝一	自[岸] 比 北海道 3508-7401 当4
521	防災備蓄室	
522	辻 清人	自[岸] 東京2区 3508-7288 当4
523	西田 昭二	自[岸] 石川3区 3508-7139 当2
524	議員予備室	

会館

国会議事堂側

34

衆議院第1議員会館6階

左側	号室		号室	右側
林　幹雄 自[二]　千葉10区 3508-7151　当10	612	階段	613	山際大志郎 自[麻]　神奈川18区 3508-7477　当6
西村康稔 自[安]　兵庫9区 3508-7101　当7	611	喫煙室	614	鈴木英敬 自[安]　三重4区 3508-7269　当1
武田良太 自[二]　福岡11区 3508-7180　当7	610	WC(男) WC(女)	615	藤井比早之 自[無]　兵庫4区 3508-7185　当4
海江田万里 無　　比東京 3508-7316　当8	609	階段	616	大串正樹 自[無]　比近畿 3508-7191　当4
藤岡隆雄 立　　比北関東 3508-7178　当1	608	EVホール	617	山田賢司 自[麻]　兵庫7区 3508-7908　当4
小宮山泰子 立　　比北関東 3508-7184　当7	607		618	議員会議室 （立憲）
末次精一 立　　比九州 3508-7176　当1	606		619	大岡敏孝 自[二]　滋賀1区 3508-7208　当4
小沢一郎 立　　比東北 3508-7175　当18	605	EVホール	620	細野豪志 自[二]　静岡5区 3508-7116　当8
宮内秀樹 自[二]　福岡4区 3508-7174　当4	604	階段	621	上野賢一郎 自[森]　滋賀2区 3508-7004　当5
関　芳弘 自[安]　兵庫3区 3508-7173　当5	603	EV	622	橘　慶一郎 自[無]　富山3区 3508-7227　当5
武村展英 自[無]　滋賀3区 3508-7118　当4	602	WC(男) WC(女)	623	伊東良孝 自[二]　北海道7区 3508-7170　当5
小寺裕雄 自[二]　滋賀4区 3508-7126　当2	601		624	源馬謙太郎 立　　静岡8区 3508-7160　当2

衆 会館

国会議事堂側

衆議院第1議員会館7階

田中 健 国 比東海 3508-7190 当1	712		713	鈴木義弘 国 比北関東 3508-7282 当3
岡本あき子 立 比東北 3508-7064 当2	711	喫煙室	714	永岡桂子 自[麻] 茨城7区 3508-7274 当6
大塚 拓 自[安] 埼玉9区 3508-7608 当5	710	WC(男) WC(女)	715	鬼木 誠 自[森] 福岡2区 3508-7182 当4
松島みどり 自[安] 東京14区 3508-7065 当7	709		716	田所嘉徳 自[無] 比北関東 3508-7068 当4
福田昭夫 立 栃木2区 3508-7289 当6	708	EVホール	717	築 和生 自[安] 栃木3区 3508-7186 当4
松本剛明 自[麻] 兵庫11区 3508-7214 当8	707		718	議員会議室 (公明)
玉木雄一郎 国 香川2区 3508-7213 当5	706		719	篠原 孝 立 比北陸信越 3508-7268 当7
加藤鮎子 自[無] 山形3区 3508-7216 当3	705	EVホール	720	守島 正 維 大阪2区 3508-7112 当1
後藤茂之 自[無] 長野4区 3508-7702 当7	704		721	奥下剛光 維 大阪7区 3508-7225 当1
遠藤利明 自[無] 山形1区 3508-7158 当9	703	EV	722	中野洋昌 公 兵庫8区 3508-7224 当4
川崎ひでと 自[無] 三重2区 3508-7152 当1	702	WC(男) WC(女)	723	青柳仁士 維 大阪14区 3508-7609 当1
高村正大 自[麻] 山口1区 3508-7113 当2	701		724	防災備蓄室

国会議事堂側

衆議院第1議員会館8階

議員	室			議員
小森卓郎 自[安] 石川1区 3508-7179 当1	812	階段	813	石原宏高 自[岸] 比 東京 3508-7319 当5
小里泰弘 自[無] 比 九州 3508-7247 当6	811	喫煙室	814	小倉將信 自[二] 東京23区 3508-7140 当4
新藤義孝 自[茂] 埼玉2区 3508-7313 当8	810	WC WC (男)(女)	815	保岡宏武 自[無] 比 九州 3508-7633 当1
前原誠司 国 京都2区 3508-7171 当10	809	階段	816	黄川田仁志 自[無] 埼玉3区 3508-7123 当4
小熊慎司 立 福島4区 3508-7138 当4	808	EV ホール	817	泉 健太 立 京都3区 3508-7005 当8
城井 崇 立 福岡10区 3508-7389 当4	807		818	議員会議室 (立憲)
下条みつ 立 長野2区 3508-7271 当5	806		819	玄葉光一郎 立 福島3区 3508-7252 当10
山井和則 立 京都6区 3508-7240 当8	805	EV ホール	820	おおつき紅葉 立 比 北海道 3508-7493 当1
枝野幸男 立 埼玉5区 3508-7448 当10	804	階段	821	野田佳彦 立 千葉4区 3508-7141 当9
濱地雅一 公 比 九州 3508-7235 当4	803	EV	822	齋藤 健 自[無] 千葉7区 3508-7221 当5
手塚仁雄 立 東京5区 3508-7234 当5	802	WC WC (男)(女)	823	秋葉賢也 自[茂] 比 東北 3508-7392 当7
金城泰邦 公 比 九州 3508-7153 当1	801		824	議員予備室

国会議事堂側

衆
会
館

37

衆議院第1議員会館9階

議員名	部屋番号		部屋番号	議員名
漆間譲司 維　大阪8区 3508-7298　当1	912		913	西野太亮 自[無]　熊本2区 3508-7144　当1
村井英樹 自[岸]　埼玉1区 3508-7467　当4	911	喫煙室	914	平　将明 自[無]　東京4区 3508-7297　当6
石原正敬 自[岸]　比 東海 3508-7706　当1	910	WC（男）WC（女）	915	木原誠二 自[岸]　東京20区 3508-7169　当5
福重隆浩 公　比 北関東 3508-7249　当1	909		916	伊東信久 維　大阪19区 3508-7243　当3
佐藤茂樹 公　大阪3区 3508-7200　当10	908	EVホール	917	防災備蓄室
池下卓 維　大阪10区 3508-7454　当1	907		918	議員会議室 （自民）
岩谷良平 維　大阪13区 3508-7314　当1	906		919	井林辰憲 自[麻]　静岡2区 3508-7127　当4
中司宏 維　大阪11区 3508-7146　当1	905	EVホール	920	勝俣孝明 自[二]　静岡6区 3508-7202　当4
盛山正仁 自[岸]　比 近畿 3508-7380　当5	904		921	伊藤渉 公　比 東海 3508-7187　当5
高市早苗 自[無]　奈良2区 3508-7198　当9	903	EV	922	中川宏昌 公　比 北陸信越 3508-3639　当1
田村憲久 自[無]　三重1区 3508-7163　当9	902		923	大西健介 立　愛知13区 3508-7108　当5
御法川信英 自[無]　秋田3区 3508-7167　当6	901	WC（男）WC（女）	924	鰐淵洋子 公　比 近畿 3508-7070　当2

国会議事堂側

会館

38

衆議院第1議員会館 10階

議員	号室		号室	議員
渡辺博道 自[茂] 千葉6区 3508-7387 当8	1012		1013	山岸一生 立 東京9区 3508-7124 当1
松本洋平 自[二] 比 東京 3508-7133 当5	1011	喫煙室	1014	寺田　学 立 比 東北 3508-7464 当6
田中和德 自[麻] 神奈川10区 3508-7294 当9	1010	WC WC (男)(女)	1015	渡辺　創 立 宮崎1区 3508-7086 当1
松本　尚 自[安] 千葉13区 3508-7295 当1	1009		1016	足立康史 維 大阪9区 3508-7100 当4
髙木　毅 自[安] 福井2区 3508-7296 当8	1008	EV ホール	1017	志位和夫 共 比 南関東 3508-7285 当10
長坂康正 自[麻] 愛知9区 3508-7043 当4	1007		1018	議員会議室 (維新)
亀岡偉民 自[安] 比 東北 3508-7148 当5	1006		1019	美延映夫 維 大阪4区 3508-7194 当2
岡本三成 公 東京12区 3508-7147 当4	1005	EV ホール	1020	土田　慎 自[麻] 東京13区 3508-7341 当1
伊佐進一 公 大阪6区 3508-7391 当4	1004		1021	宮澤博行 自[安] 比 東海 3508-7135 当4
安住　淳 立 宮城5区 3508-7293 当9	1003	EV	1022	佐藤公治 立 広島6区 3508-7145 当4
若林健太 自[安] 長野1区 3508-7277 当1	1002		1023	湯原俊二 立 比 中国 3508-7129 当2
鈴木俊一 自[麻] 岩手2区 3508-7267 当10	1001	WC WC (男)(女)	1024	平井卓也 自[岸] 比 四国 3508-7307 当8

会館

国会議事堂側

衆議院第1議員会館 11階

議員名	所属・選挙区	電話	部屋番号		部屋番号	議員名	所属・選挙区	電話
瀬戸隆一	自[麻] 比 四国 繰	3508-7712 当3	1112		1113	小山展弘	立 静岡3区	3508-7270 当3
島尻安伊子	自[茂] 沖縄3区	3508-7265 当1	1111	喫煙室	1114	吉田宣弘	公 比 九州	3508-7276 当3
鈴木淳司	自[安] 愛知7区	3508-7264 当6	1110	WC(男) WC(女)	1115	平沢勝栄	自[二] 東京17区	3508-7257 当9
渡海紀三朗	自[無] 兵庫10区	3508-7643 当10	1109		1116	牧原秀樹	自[無] 比 北関東	3508-7254 当5
宮本岳志	共 比 近畿	3508-7255 当5	1108	EVホール	1117	葉梨康弘	自[岸] 茨城3区	3508-7248 当6
赤嶺政賢	共 沖縄1区	3508-7196 当8	1107		1118	議員会議室 (共用)		
本村伸子	共 比 東海	3508-7280 当3	1106		1119	奥野総一郎	立 千葉9区	3508-7256 当5
越智隆雄	自[安] 比 東京	3508-7479 当5	1105	EVホール	1120	土井亨	自[安] 宮城1区	3508-7470 当5
谷川とむ	自[安] 比 近畿	3508-7514 当3	1104		1121	議員予備室		
福田達夫	自[安] 群馬4区	3508-7181 当4	1103	EV	1122	議員予備室		
塩崎彰久	自[安] 愛媛1区	3508-7189 当1	1102		1123	防災備蓄室		
衛藤征士郎	自[安] 大分2区	3508-7618 当13	1101	WC(男) WC(女)	1124	神田憲次	自[安] 愛知5区	3508-7253 当4

衆 会館

国会議事堂側

衆議院第1議員会館 12階

	1212		1213	寺田　稔 自[岸] 広島5区 3508-7606 当6
大野敬太郎 自[無] 香川3区 3508-7132 当4	1211	喫煙室	1214	髙鳥修一 自[安] 比 北陸信越 3508-7607 当5
森　英介 自[麻] 千葉11区 3508-7162 当11	1210	WC WC (男)(女)	1215	田嶋　要 立　千葉1区 3508-7229 当7
秋本真利 自[無] 比 南関東 3508-7611 当4	1209		1216	鈴木庸介 立　比 東京 3508-7028 当1
谷田川　元 立　比 南関東 3508-7292 当3	1208	EV ホール	1217	馬淵澄夫 立　奈良1区 3508-7122 当7
宮下一郎 自[安] 長野5区 3508-7903 当6	1207		1218	議員会議室 (自民)
小島敏文 自[岸] 比 中国 3508-7192 当4	1206		1219	宮本　徹 共　比 東京 3508-7508 当3
小林史明 自[岸] 広島7区 3508-7455 当4	1205	EV ホール	1220	国定勇人 自[二] 比 北陸信越 3508-7131 当1
義家弘介 自[安] 比 南関東 3508-7241 当4	1204		1221	石橋林太郎 自[岸] 比 中国 3508-7901 当1
岸　信夫 自[安] 山口2区 3508-1203 当4	1203	EV	1222	岸田文雄 自[岸] 広島1区 3508-7279 当10
鈴木貴子 自[茂] 比 北海道 3508-7233 当4	1202	WC WC (男)(女)	1223	深澤陽一 自[岸] 静岡4区 3508-7709 当2
林　芳正 自[岸] 山口3区 3508-7115 当1	1201		1224	村上誠一郎 自[無] 愛媛2区 3508-7291 当12

国会議事堂側

衆議院第2議員会館2階

左側	室番号	中央	右側	室番号
特別室	212	EV	訴追委員会事務室／訴追委員会次長室兼資料室／訴追委員会委員長室／訴追委員会会議室	
藤丸　敏 自[岸] 福岡7区 3508-7431 当4	211	喫煙室	**仁木博文** 無(有志) 徳島1区 3508-7011 当2	213
本田太郎 自[無] 京都5区 3508-7012 当2	210	WC(男) WC(女)	**田畑裕明** 自[安] 富山1区 3508-7704 当4	214
石井　拓 自[安] 比 東海 3508-7031 当1	209		**中谷真一** 自[茂] 山梨1区 3508-7336 当4	215
鷲尾英一郎 自[二] 比 北陸信越 3508-7650 当6	208	EVホール	**古賀　篤** 自[岸] 福岡3区 3508-7081 当4	216
井原　巧 自[安] 愛媛3区 3508-7201 当1	207		**高木宏壽** 自[二] 北海道3区 3508-7636 当3	217
岩田和親 自[岸] 比 九州 3508-7707 当4	206		**工藤彰三** 自[麻] 愛知4区 3508-7018 当4	218
伊藤信太郎 自[麻] 宮城4区 3508-7091 当7	205	EVホール	**防災備蓄室**	219
神津たけし 立 比 北陸信越 3508-7015 当1	204		**中野英幸** 自[二] 埼玉7区 3508-7220 当1	220
階　猛 立 岩手1区 3508-7024 当6	203	EV	**鳩山二郎** 自[二] 福岡6区 3508-7905 当3	221
緑川貴士 立 秋田2区 3508-7002 当2	202	WC(男) WC(女)	**伊藤忠彦** 自[二] 愛知8区 3508-7003 当5	222
青山大人 立 比 北関東 3508-7039 当2	201		**二階俊博** 自[二] 和歌山3区 3508-7023 当13	223

国会議事堂側

⊗ 会館

42

衆議院第2議員会館3階

堤　かなめ 立　福岡5区 3508-7062　当1	312	313	石田真敏 自[岸] 和歌山2区 3508-7072　当7
中山展宏 自[麻] 比南関東 3508-7435　当4	311	314	田野瀬太道 自[森] 奈良3区 3508-7071　当4
髙木　啓 自[安] 比東京 3508-7601　当2	310	315	浜田靖一 自[無] 千葉12区 3508-7020　当10
角田秀穂 公　比南関東 3508-7052　当2	309	316	笹川博義 自[茂] 群馬3区 3508-7338　当4
大口善德 公　比東海 3508-7017　当9	308	317	西銘恒三郎 自[茂] 沖縄4区 3508-7218　当6
輿水恵一 公　比北関東 3508-7076　当3	307	318	議員会議室 (れいわ)
橋本　岳 自[茂] 岡山4区 3508-7016　当5	306	319	八木哲也 自[無] 愛知11区 3508-7236　当4
上川陽子 自[岸] 静岡1区 3508-7460　当7	305	320	藤巻健太 維　比南関東 3508-7503　当1
国光あやの 自[岸] 茨城6区 3508-7036　当2	304	321	阿部　司 維　比東京 3508-7504　当1
住吉寛紀 維　比近畿 3508-7415　当1	303	322	吉田統彦 立　比東海 3508-7104　当3
山本剛正 維　比九州 3508-7009　当2	302	323	沢田　良 維　比北関東 3508-7526　当1
佐々木紀 自[安] 石川2区 3508-7059　当4	301	324	西村明宏 自[安] 宮城3区 3508-7906　当6

喫煙室

WC(男) WC(女)

EVホール

EVホール

EV

WC(男) WC(女)

会館

国会議事堂側

43

衆議院第2議員会館4階

山口俊一 自[麻] 徳島2区 3508-7054 当11	412	413 稲津 久 公 北海道10区 3508-7089 当5
中村喜四郎 立 比 北関東 3508-7501 当15	411	414 赤羽一嘉 公 兵庫2区 3508-7079 当9
金子恭之 自[岸] 熊本4区 3508-7410 当8	410	415 たがや 亮 れ 比 南関東 3508-7008 当1
櫻井 周 立 比 近畿 3508-7465 当2	409	416 櫛渕万里 れ 比 東京繰 3508-7063 当2
堀井 学 自[安] 比 北海道 3508-7125 当4	408	417 大石あきこ れ 比 近畿 3508-7404 当1
堀内詔子 自[岸] 山梨2区 3508-7487 当4	407	418 議員会議室 (立憲)
中村裕之 自[麻] 北海道4区 3508-7406 当4	406	419 福島伸享 無(有志) 茨城1区 3508-7262 当3
斎藤アレックス 国 比 近畿 3508-7637 当1	405	420 防災備蓄室
西村智奈美 立 新潟1区 3508-7614 当6	404	421 金村龍那 維 比 南関東 3508-7411 当1
梅谷 守 立 新潟6区 3508-7403 当1	403	422 堀場幸子 維 比 近畿 3508-7422 当1
近藤昭一 立 愛知3区 3508-7402 当9	402	423 古屋圭司 自[無] 岐阜5区 3508-7440 当11
山田勝彦 立 比 九州 3508-7420 当1	401	424 吉田とも代 維 比 四国 3508-7001 当1

国会議事堂側

喫煙室

WC(男) WC(女)

EVホール

EV

会館

衆議院第2議員会館5階

石川香織 立　北海道11区 3508-7512　当2	512		513	細田博之 無　島根1区 3508-7443　当11
池田佳隆 自[安]　比 東海 3508-7616　当4	511	喫煙室	514	甘利　明 自[麻]　比 南関東 3508-7528　当13
大西英男 自[安]　東京16区 3508-7033　当4	510	WC（男）WC（女）	515	石破　茂 自[無]　鳥取1区 3508-7525　当12
池畑浩太朗 維　比 近畿 3508-7520　当1	509		516	道下大樹 立　北海道1区 3508-7516　当2
熊田裕通 自[無]　愛知1区 3508-7513　当4	508	EV ホール	517	逢坂誠二 立　北海道8区 3508-7517　当5
一谷勇一郎 維　比 近畿 3508-7300　当1	507		518	議員会議室 （自民）
赤木正幸 維　比 近畿 3508-7505　当1	506		519	北神圭朗 無(有志)　京都4区 3508-7069　当4
吉川　元 立　比 九州 3508-7056　当4	505	EV ホール	520	高見康裕 自[茂]　島根2区 3508-7166　当1
吉田久美子 公　比 九州 3508-7055　当1	504		521	田中良生 自[無]　埼玉15区 3508-7058　当5
河西宏一 公　比 東京 3508-7630　当1	503	EV	522	三ッ林裕巳 自[安]　埼玉14区 3508-7416　当4
古屋範子 公　比 南関東 3508-7629　当7	502		523	若宮健嗣 自[茂]　比 東京 3508-7509　当5
小林茂樹 自[二]　比 近畿 3508-7090　当3	501	WC（男）WC（女）	524	伊藤達也 自[茂]　東京22区 3508-7623　当9

国会議事堂側

衆 会館

衆議院第2議員会館6階

古川禎久 自[茂] 宮崎3区 3508-7612 当7	612			613	森山浩行 立 比 近畿 3508-7426 当3
柿沢未途 自 東京15区 3508-7427 当5	611	喫煙室		614	平沼正二郎 自[二] 岡山3区 3508-7251 当1
江田憲司 立 神奈川8区 3508-7462 当7	610	WC(男) WC(女)		615	勝目 康 自[無] 京都1区 3508-7615 当1
徳永久志 立 比 近畿 3508-7250 当1	609			616	青山周平 自[安] 比 東海 3508-7083 当4
篠原 豪 立 神奈川1区 3508-7130 当3	608	EVホール		617	緒方林太郎 無(有志) 福岡9区 3508-7119 当3
吉田はるみ 立 東京8区 3508-7620 当1	607			618	議員会議室 (共用)
落合貴之 立 東京6区 3508-7134 当3	606			619	防災備蓄室
船田 元 自[茂] 栃木1区 3508-7156 当13	605	EVホール		620	穀田恵二 共 比 近畿 3508-7438 当10
田中英之 自[無] 比 近畿 3508-7007 当4	604			621	笠井 亮 共 比 東京 3508-7439 当6
山口 壯 自[二] 比 近畿 3508-7521 当7	603	EV		622	下村博文 自[安] 東京11区 3508-7084 当9
荒井 優 立 比 北海道 3508-7602 当1	602			623	城内 実 自[無] 静岡7区 3508-7441 当6
野間 健 立 鹿児島3区 3508-7027 当3	601	WC(男) WC(女)		624	吉野正芳 自[安] 福島5区 3508-7143 当8

国会議事堂側

衆 会 館

衆議院第2議員会館7階

田村貴昭 共　比九州 3508-7475　当3	712			713		棚橋泰文 自[麻]　岐阜2区 3508-7429　当9
新垣邦男 社(立憲)　沖縄2区 3508-7157　当1	711	喫煙室		714		北村誠吾 自[岸]　長崎4区 3508-7627　当8
金子恵美 立　福島1区 3508-7476　当3	710	WC WC (男) (女)		715		小野寺五典 自[岸]　宮城6区 3508-7432　当8
松原　仁 立　東京3区 3508-7452　当8	709			716		國重　徹 公　大阪5区 3508-7405　当4
星野剛士 自[無]　比南関東 3508-7413　当4	708	EV ホール		717		佐藤英道 公　比北海道 3508-7457　当4
吉良州司 無(有志)　大分1区 3508-7412　当6	707			718		議員会議室 (自民)
長妻　昭 立　東京7区 3508-7456　当8	706			719		山下貴司 自[茂]　岡山2区 3508-7057　当4
岬　麻紀 維　比東海 3508-7409　当1	705	EV ホール		720		白石洋一 立　比四国 3508-7244　当3
早坂　敦 維　比東北 3508-7414　当1	704			721		井出庸生 自[麻]　長野3区 3508-7469　当4
長谷川淳二 自[無]　愛媛4区 3508-7453　当1	703	EV		722		宮﨑政久 自[茂]　比九州 3508-7360　当4
坂本哲志 自[森]　熊本3区 3508-7034　当7	702	WC WC (男) (女)		723		中島克仁 立　比南関東 3508-7423　当4
中川貴元 自[麻]　比東海 3508-7461　当1	701			724		米山隆一 立　新潟5区 3508-7485　当1

国会議事堂側

衆
会
館

衆議院第2議員会館8階

神田潤一 自[岸] 青森2区 3508-7502 当1	812			813	古川　康 自[茂] 比 九州 6205-7711 当3
上田英俊 自[茂] 富山2区 3508-7061 当1	811	喫煙室		814	後藤祐一 立 神奈川16区 3508-7092 当5
谷　公一 自[二] 兵庫5区 3508-7010 当7	810	WC WC (男)(女)		815	前川清成 維　比 近畿 3508-7625 当1
木村次郎 自[安] 青森3区 3508-7407 当2	809			816	吉川　赳 無　比 東海 3508-7228 当3
高橋英明 維　比 北関東 3508-7260 当1	808	EV ホール		817	防災備蓄室
和田有一朗 維　比 近畿 3508-7527 当1	807			818	議員会議室 (立憲)
掘井健智 維　比 近畿 3508-7088 当1	806			819	近藤和也 立 比 北陸信越 3508-7605 当3
新谷正義 自[茂] 広島4区 3508-7604 当4	805	EV ホール		820	浮島智子 公　比 近畿 3508-7290 当4
平口　洋 自[茂] 広島2区 3508-7622 当5	804			821	馬場雄基 立　比 東北 3508-7631 当1
浅川義治 維　比 南関東 3508-7197 当1	803	EV		822	柴山昌彦 自[安] 埼玉8区 3508-7624 当7
菊田真紀子 立　新潟4区 3508-7524 当7	802	WC WC (男)(女)		823	小渕優子 自[茂] 群馬5区 3508-7424 当8
神谷　裕 立　比 北海道 3508-7050 当2	801			824	額賀福志郎 自[茂] 茨城2区 3508-7447 当13

国会議事堂側

㊝
会
館

48

衆議院第2議員会館9階

長友慎治 国 比九州 3508-7212 当1	912		913	金子俊平 自[岸] 岐阜4区 3508-7060 当2
	911	喫煙室	914	泉田裕彦 自[二] 比北陸信越 3508-7640 当2
伴野 豊 立 比東海 3508-7019 当6	910	WC(男) WC(女)	915	五十嵐清 自[茂] 比北関東 3508-7085 当1
重徳和彦 立 愛知12区 3508-7910 当4	909		916	丹羽秀樹 自[無] 愛知6区 3508-7025 当6
穂坂泰 自[無] 埼玉4区 3508-7030 当2	908	EVホール	917	山田美樹 自[安] 東京1区 3508-7037 当4
杉田水脈 自[安] 比中国 3508-7029 当3	907		918	議員会議室 (自民)
根本幸典 自[安] 愛知15区 3508-7711 当4	906		919	中川康洋 公 比東海 3508-7038 当2
塩川鉄也 共 比北関東 3508-7507 当8	905	EVホール	920	日下正喜 公 比中国 3508-7021 当1
高橋千鶴子 共 比東北 3508-7506 当7	904		921	井野俊郎 自[茂] 群馬2区 3508-7219 当4
梶山弘志 自[無] 茨城4区 3508-7529 当8	903	EV	922	防災備蓄室
佐藤勉 自[無] 栃木4区 3508-7408 当9	902	WC(男) WC(女)	923	中曽根康隆 自[二] 群馬1区 3508-7272 当2
尾﨑正直 自[二] 高知2区 3508-7619 当1	901		924	三反園訓 無 鹿児島2区 3508-7511 当1

国会議事堂側

衆議院第2議員会館10階

早稲田ゆき 立　神奈川4区 3508-7106　当2	1012		1013	青柳陽一郎 立　比 南関東 3508-7245　当4
茂木敏充 自[茂]　栃木5区 3508-1011　当10	1011	喫煙室	1014	石川昭政 自[無]　比 北関東 3508-7159　当4
武部　新 自[二]　北海道12区 3508-7425　当4	1010	WC WC (男)(女)	1015	藤原　崇 自[安]　岩手3区 3508-7207　当4
金田勝年 自[二]　比 東北 3508-7053　当5	1009		1016	國場幸之助 自[岸]　比 九州 3508-7741　当4
末松義規 立　東京19区 3508-7488　当7	1008	EV ホール	1017	武井俊輔 自[岸]　比 九州 3508-7388　当4
小田原　潔 自[安]　東京21区 3508-7909　当4	1007		1018	議員会議室 (公明)
古川元久 国　愛知2区 3508-7078　当9	1006		1019	冨樫博之 自[無]　秋田1区 3508-7275　当4
小川淳也 立　香川1区 3508-7621　当6	1005	EV ホール	1020	東　国幹 自[茂]　北海道6区 3508-7634　当1
稲富修二 立　比 九州 3508-7515　当3	1004		1021	江渡聡徳 自[麻]　青森1区 3508-7096　当8
森田俊和 立　埼玉12区 3508-7419　当2	1003	EV	1022	赤澤亮正 自[無]　鳥取2区 3508-7490　当6
江﨑鐵磨 自[二]　愛知10区 3508-7418　当8	1002	WC WC (男)(女)	1023	高木陽介 公　比 東京 3508-7481　当9
奥野信亮 自[安]　比 近畿 3508-7421　当6	1001		1024	山崎正恭 公　比 四国 3508-7472　当1

国会議事堂側

衆議院第2議員会館 11 階

左側	部屋番号		部屋番号	右側
吉田豊史 無 比 北陸信越 3508-7434 当2	1112		1113	菅 義偉 自[無] 神奈川2区 3508-7446 当9
上杉謙太郎 自[安] 比 東北 3508-7074 当2	1111	喫煙室	1114	古川直季 自[無] 神奈川6区 3508-7523 当1
山本ともひろ 自[無] 比 南関東 3508-7193 当5	1110	WC WC (男)(女)	1115	稲田朋美 自[安] 福井1区 3508-7035 当6
渡辺 周 立 比 東海 3508-7077 当9	1109		1116	木原 稔 自[茂] 熊本1区 3508-7450 当5
山口 晋 自[茂] 埼玉10区 3508-7430 当1	1108	EV ホール	1117	櫻田義孝 自[二] 比 南関東 3508-7381 当8
小泉龍司 自[二] 埼玉11区 3508-7121 当7	1107		1118	議員会議室 (自民)
加藤竜祥 自[安] 長崎2区 3508-7230 当1	1106		1119	坂井 学 自[無] 神奈川5区 3508-7489 当5
三木圭恵 維 比 近畿 3508-7638 当2	1105	EV ホール	1120	三谷英弘 自[無] 比 南関東 3508-7522 当3
加藤勝信 自[茂] 岡山5区 3508-7459 当7	1104		1121	門山宏哲 自[無] 比 南関東 3508-7382 当4
河野太郎 自[麻] 神奈川15区 3508-7006 当9	1103	EV	1122	伊藤俊輔 立 比 東京 3508-7150 当2
阿部弘樹 維 比 九州 3508-7480 当1	1102		1123	鈴木 敦 国 比 南関東 3508-7286 当1
谷川弥一 自[安] 長崎3区 3508-7014 当7	1101	WC WC (男)(女)	1124	西岡秀子 国 長崎1区 3508-7343 当2

国会議事堂側

衆議院第2議員会館 12階

武藤容治 自[麻] 岐阜3区 3508-7482 当5	1212	1213	根本 匠 自[岸] 福島2区 3508-7312 当9
塩谷 立 自[安] 比 東海 3508-7632 当10	1211	1214	防災備蓄室
今村雅弘 自[二] 比 九州 3508-7610 当9	1210	1215	鈴木隼人 自[茂] 東京10区 3508-7463 当3
岩屋 毅 自[麻] 大分3区 3508-7510 当9	1209	1216	井坂信彦 立 兵庫1区 3508-7082 当3
髙階恵美子 自[安] 比 中国 3508-7518 当1	1208	1217	柚木道義 立 比 中国 3508-7301 当6
江藤 拓 自[無] 宮崎2区 3508-7468 当7	1207	1218	議員会議室 (自民)
中根一幸 自[安] 比 北関東 3508-7458 当5	1206	1219	本庄知史 立 千葉8区 3508-7519 当1
萩生田光一 自[安] 東京24区 3508-7154 当6	1205	1220	細田健一 自[安] 新潟2区 3508-7278 当4
津島 淳 自[茂] 比 東北 3508-7073 当4	1204	1221	坂本祐之輔 立 比 北関東 3508-7449 当3
市村浩一郎 維 兵庫6区 3508-7165 当4	1203	1222	中谷 元 自[無] 高知1区 3508-7486 当11
空本誠喜 維 比 中国 3508-7451 当2	1202	1223	竹内 譲 公 比 近畿 3508-7473 当6
尾身朝子 自[安] 比 北関東 3508-7484 当3	1201	1224	庄子賢一 公 比 東北 3508-7474 当1

国会議事堂側

第49回総選挙（小選挙区比例代表並立制）
（令和3年10月31日施行／令和7年10月30日満了）

議 長	細田博之 ほそ だ ひろ ゆき	秘書	椎名 雄一 石川 真一	☎3581-1461
副議長	海江田万里 かい え だ ばん り	秘書	清家 弘司 中川 浩史	☎3423-0311

勤続年数は令和5年2月末現在です。

北海道1区	450,946 59.13

当118,286 道下大樹 立前（45.3）
比106,985 船橋利実 自前（41.0）
比35,652 小林 悟 維新（13.7）

札幌市（中央区、北区の一部
（P169参照）、南区、西区の一部
（P169参照））

道下大樹 みち した だい き
立前　　当2
北海道新得町 S50・12・24
勤5年6ヵ月（初／平29）

総務委、財金委、沖北特委理事、党税制調
査会事務局長、北海道議、道議会民進党
政審会長、衆議院議員秘書、中央大／47歳

〒060-0042 札幌市中央区大通西5丁目
昭和ビル5F　☎011（233）2331

北海道2区	460,828 52.60

当105,807 松木謙公 立前（44.7）
比89,745 高橋祐介 自前（37.9）
比41,076 山崎 泉 維新（17.4）

札幌市（北区（1区に属しない区
域）（P169参照）、東区）

松木けんこう まつき
立前　　当6
北海道札幌市 S34・2・22
勤13年11ヵ月（初／平15）

沖北特委員長、環境委、政倫審、党選対委員長
代理、新党大地幹事長、農水大臣政務官、官房
長官・労働大臣秘書、青山学院大学／64歳

〒001-0908 札幌市北区新琴似8条9丁目2-1
☎011（769）7770
〒168-0063 杉並区和泉3-31-12

北海道3区	474,944 56.24

当116,917 高木宏寿 自元（44.7）
比当112,535 荒井 優 立新（43.0）
比32,340 小和田康文 維新（12.4）

札幌市（白石区、豊平区、清田区）

高木宏壽 たか ぎ ひろ ひさ
自元［二］　　当3
北海道札幌市 S35・4・9
勤6年3ヵ月（初／平24）

厚労委理、決算行監委、沖北特委、原子力
特委、党生活安全関係団体委員長、党内
閣第一部会長代理、道議、慶大法／62歳

〒062-0020 札幌市豊平区月寒中央通5-1-12
☎011（852）4764
〒100-8982 千代田区永田町2-1-2、会館☎03（3508）7636

北海道4区 363,778 ⑯61.14

当109,326 中村 裕之 自前（50.2）
比当108,630 大築 紅葉 立新（49.8）

札幌市（西区（1区に属しない区域）（P169参照）、手稲区）、小樽市、後志総合振興局管内

なか むら ひろ ゆき
中村 裕之
自前［麻］ 当4
北海道 S36・2・23
勤10年4ヵ月（初/平24）

文科委理、国交委、党文科部会長、農水副大臣、文科大臣政務官、国土・建設関係団体委員長、道議、道PTA連会長、JC、道庁、北海学園大/62歳

〒047-0024 小樽市花園1-4-19 ☎0134(21)5770
〒107-0052 港区赤坂2-17-10、宿舎 ☎03(5549)4671

北海道5区 467,864 ⑯60.22

当139,950 和田 義明 自前（50.6）
比111,366 池田 真紀 立前（40.3）
16,758 橋本 美香 共新（ 6.1）
8,520 大津伸太郎 無新（ 3.1）

札幌市（厚別区）、江別市、千歳市、恵庭市、北広島市、石狩市、石狩振興局管内

わ だ よし あき
和田 義明
自前［安］ 当3
大阪府池田市 S46・10・10
勤7年（初/平28補）

内閣府副大臣、党遊説局長、党国防副部会長、党総務、内閣府大臣政務官、外交副部会長、三菱商事、早大/51歳

〒004-0053 札幌市厚別区厚別中央3条5丁目8-20 ☎011(896)5505
〒100-8981 千代田区永田町2-2-1、会館 ☎03(3508)7117

北海道6区 415,008 ⑯56.86

当128,670 東 国幹 自新（55.5）
比93,403 西川 将人 立新（40.3）
比9,776 斉藤 忠行 N新（ 4.2）

旭川市、士別市、名寄市、富良野市、上川総合振興局管内

あずま くに よし
東 国幹
自新［茂］ 当1
北海道名寄市 S43・2・17
勤1年5ヵ月（初/令3）

農水委、法務委、災害特委、党総務、党地方組織・議員総局次長、道議会議員、旭川市議、衆院議員秘書、東海大学/55歳

〒079-8412 旭川市永山2条4丁目2-19 ☎0166(40)2223
〒107-0052 港区赤坂2-17-10、宿舎

北海道7区 253,134 ⑯56.19

当80,797 伊東 良孝 自前（58.0）
比45,563 篠田奈保子 立新（32.7）
12,913 石川 明美 共新（ 9.3）

釧路市、根室市、釧路総合振興局管内、根室振興局管内

い とう よし たか
伊東 良孝
自前［二］ 当5
北海道 S23・11・24
勤13年8ヵ月（初/平21）

衆議運委理事、道連会長、党国対副委員長、党農酪委員長、北海道総合開発特委員長、地方創生特委員、農水副大臣（2回目）、水産総会長、農水委員長、副幹事長、沖北特委筆頭理、財務政務官、釧路市長、道議、市議、道教育大/74歳

〒085-0021 釧路市浪花町13-2-1 ☎0154(25)5500
〒100-8981 千代田区永田町2-2-1、会館 ☎03(3508)7170

北海道8区	361,180 ⑯ 60.08	当112,857　逢坂誠二　立前（52.7） 比101,379　前田一男　自元（47.3）

函館市、北斗市、渡島総合振興
局管内、檜山振興局管内

おお さか せい じ
逢坂誠二

立前　　　　　　　　　　当5
北海道ニセコ町　S34・4・24
勤15年7ヵ月（初/平17）

予算委野党筆頭理事、原子力特委、党代表代
行、道連代表、総理補佐官、総務大臣政務官、
ニセコ町長、薬剤師、行政書士、北大／63歳

〒040-0073　函館市宮前町8-4　　　☎0138(41)7773
〒100-8982　千代田区永田町2-1-2、会館　☎03(3508)7517

北海道9区	381,776 ⑯ 58.92	当113,512　山岡達丸　立前（51.5） 比当106,842　堀井　学　自前（48.5）

室蘭市、苫小牧市、登別市、伊
達市、胆振総合振興局管内、日高
振興局管内

やま おか たつ まる
山岡達丸

立前　　　　　　　　　　当3（初/平21）
東京都　S54・7・22
勤8年10ヵ月

経産委、党副幹事長(総務局長兼務)、ハ
ラスメント対策委員、NHK記者、慶大
経／43歳

〒053-0021　北海道苫小牧市若草町1丁目1-24
　　　　　　　　　　　　　　　　　☎0144(37)5800
〒100-8981　千代田区永田町2-2-1、会館☎03(3508)7306

北海道10区	284,648 ⑯ 64.80	当96,843　稲津　久　公前（53.9） 比82,718　神谷　裕　立前（46.1）

夕張市、岩見沢市、留萌市、美唄市、
芦別市、赤平市、三笠市、滝川市、
砂川市、歌志内市、深川市、空知総
合振興局管内、留萌振興局管内

いな つ　　　ひさし
稲津　久

公前　　　　　　　　　　当5
北海道芦別市　S33・2・9
勤13年8ヵ月（初/平21）

党幹事長代理、中央幹事、政調副会長、
北海道本部代表、元厚生労働副大臣、元
農水政務官、元道議、専修大／65歳

〒068-0024　岩見沢市4条西2-4-2　☎0126(22)8511
〒107-0052　港区赤坂2-17-10、宿舎

北海道11区	283,874 ⑯ 63.51	当91,538　石川香織　立前（51.8） 比85,336　中川郁子　自元（48.2）

帯広市、十勝総合振興局管内

いし かわ か おり
石川香織

立前　　　　　　　　　　当2
神奈川県　S59・5・10
勤5年6ヵ月（初/平29）

総務委理、消費者特委、党副幹事長、前
党青年局長、元日本BS11アナウン
サー、聖心女子大／38歳

〒080-0028　帯広市西18条南5丁目47-5　☎0155(67)7730
〒107-0052　港区赤坂2-17-10、宿舎

㉞略歴

北海道

北海道12区	286,186	当97,634	武部　新	自前(58.4)
	⑫59.82	比55,321	川原田英世	立新(33.1)
		14,140	菅原　誠	共新(8.5)

北見市、網走市、稚内市、紋別市、宗谷総合振興局管内、オホーツク総合振興局管内

たけ　べ　　　　あらた
武部　新

自前［二］　　　　　当4
北海道　　　S45・7・20
勤10年4ヵ月（初/平24）

農林部会長、農水委、沖北特委、農林水産副大臣、衆院議事進行係、過疎対策特委事務局長代理、環境兼内閣府大臣政務官、早大法、シカゴ大院／52歳

〒090-0833　北見市とん田東町603-1　　☎0157(61)7711

比例代表　北海道　8人
北海道

㊗
略
歴

北
海
道
・
比
例
北
海
道

すず　き　たか　こ
鈴木貴子

自前［茂］　　　　　当4
北海道帯広市　S61・1・5
勤9年10ヵ月（初/平25補）

自民党副幹事長、前外務副大臣、元防衛大臣政務官、元NHK長野放送局番組制作ディレクター、カナダオンタリオ州トレント大学／37歳

〒085-0018　釧路市黒金町7-1-1
　　　　　　クロガネビル3F　　☎0154(24)2522

わた　なべ　こう　いち
渡辺孝一

自前［岸］　　　　　当4
北海道　　　S32・11・25
勤10年4ヵ月（初/平24）

農水委理、総務委、憲法審、党内閣第一部会長代理、総務大臣政務官、防衛大臣政務官、岩見沢市長、歯科医、東日本学園大／65歳

〒068-0004　岩見沢市4条東1-7-1
　　　　　　北商4-1ビル1F
〒107-0052　港区赤坂2-17-10、宿舎　　☎0126(25)1188

ほり　い　　　　まなぶ
堀井　学

自前［安］　当4(初/平24)
北海道室蘭市　S47・2・19
勤10年4ヵ月〈北海道9区〉

予算委理事、経産委、沖北特委理事、党文科部会長代理、外務大臣政務官、道議、王子製紙、専修大商／51歳

〒059-0012　登別市中央町5-14-1　　☎0143(88)2811
〒107-0052　港区赤坂2-17-10、宿舎　☎03(5549)4671

なか　がわ　ゆう　こ
中川郁子

自元［二］　当3(初/平24)
新潟県　　　S33・12・22
勤6年3ヵ月〈北海道11区〉

外務委理、拉致特委理、党外交部会長代理、水産総合調査会副会長、農林水産大臣政務官、三菱商事、聖心女子大学／64歳

〒080-0802　帯広市東2条南13丁目18　　☎0155(27)2611

56

おおつき紅葉 <ruby>紅葉<rt>くれは</rt></ruby>

立新　　　当1(初/令3)
北海道小樽市　S58・10・16
勤1年5ヵ月　〈北海道4区〉

懲罰委理、総務委、党国対副委員長、党
政調会長補佐、フジテレビ政治部記者、
英国バーミンガムシティ大／39歳

〒047-0024　小樽市花園2-6-7
　　　　　　ブラムビル5F　　☎0134(33)8750

<ruby>荒井<rt>あらい</rt></ruby>　<ruby>優<rt>ゆたか</rt></ruby>

立新　　　当1(初/令3)
北海道　　　S50・2・28
勤1年5ヵ月　〈北海道3区〉

文科委、復興特委、党代表政務室副室
長・政調会長補佐、ソフトバンク(株)社
長室、高校校長、早大／48歳

〒062-0933　札幌市豊平区平岸3条10-1-29 酒井ビル
　　　　　　　　　　　　　　　☎011(826)3021
〒107-0052　港区赤坂2-17-10、宿舎　☎03(5549)6471

<ruby>神谷<rt>かみや</rt></ruby>　<ruby>裕<rt>ひろし</rt></ruby>

立前　　　当2(初/平29)
東京都豊島区　S43・8・10
勤5年6ヵ月　〈北海道10区〉

総務委、沖北特委筆頭理事、参院議員秘
書、衆院議員秘書、国務大臣秘書官、日
鰹連職員、帝京大／54歳

〒068-0024　北海道岩見沢市4条西4丁目12 ☎0126(22)1100

<ruby>佐藤英道<rt>さとうひでみち</rt></ruby>

公前　　　当4
宮城県名取市　S35・9・26
勤10年4ヵ月　(初/平24)

厚労委、党厚生労働部会長、厚生労働・内閣府
副大臣、議運委理事、農水政務官、党団体渉外
委員長、中央幹事、国交部会長、創大院／62歳

〒060-0001　札幌市中央区北1条西19丁目
　　　　　　緒方ビル4F　　☎011(688)5450
〒100-8982　千代田区永田町2-1-2、会館 ☎03(3508)7457

略歴

比例北海道

比例代表　北海道　8人

有効投票数　2,569,130票

政党名	当選者数	得票数	得票率
	惜敗率 小選挙区		惜敗率 小選挙区
自民党	4人	863,300票	33.60%

当①鈴木　貴子　前
当②渡辺　孝一　前
当③堀井　　学(94.12)北9
当③中川　郁子　元(93.22)北11
　③船橋　利実　元(90.45)北1
　③前田　一男　元(89.8)北8
　③高橋　祐介　新(84.8)北2
　⑭鶴羽　佳子　新
　⑮長友　隆典　新

【小選挙区での当選者】
③高木　宏寿　元　　　北3
③中村　裕之　前　　　北4
③和田　義明　前　　　北5
③東　　国幹　新　　　北6
③伊東　良孝　前　　　北7
③武部　　新　前　　　北12

57

立憲民主党　3人　682,912票　26.58%

当①大築　紅葉　新(99.36) 北4
当①荒井　優　新(96.25) 北3
当①神谷　裕　前(85.41) 北10
　①池田　真紀　前(79.58) 北5
　①西川　将人　新(72.59) 北6
　①川原田英世　新(56.66) 北12
　①篠田奈保子　新(56.39) 北7
　⑬原谷　那美　新
　⑭秋元　恭兵　新
　⑮田中　勝一　新

【小選挙区での当選者】
①道下　大樹　前　　北1
①松木　謙公　前　　北2
①逢坂　誠二　前　　北8
①山岡　達丸　前　　北9
①石川　香織　前　　北11

公明党　1人　294,371票　11.46%

当①佐藤　英道　前
②荒瀬　正昭　前

その他の政党の得票数・得票率は下記のとおりです。
（当選者はいません）

政党名	得票数	得票率			
日本維新の会	215,344票	8.38%	支持政党なし	46,142票	1.80%
共産党	207,189票	8.06%	NHKと裁判してる党弁護士法72条違反で		
れいわ新選組	102,086票	3.97%		42,916票	1.67%
国民民主党	73,621票	2.87%	社民党	41,248票	1.61%

青森県1区　342,174 ㊗51.84	当91,011　江渡聡徳　自前(52.4)
	比64,870　升田世喜男　立元(37.4)
	17,783　斎藤美緒　共新(10.2)

青森市、むつ市、東津軽郡、上
北郡(野辺地町、横浜町、六ヶ所
村)、下北郡

江渡聡徳（えと　あき　のり）

自前［麻］　　　当8
青森県十和田市 S30・10・12
勤23年2ヵ月　（初/平8）

拉致特委理、安保委、原子力特委、党総
務会長代行、防衛大臣、安保委員長、防
衛副大臣、短大講師、日大院／67歳

〒030-0812 青森市堤町1-3-12　　☎017(718)8820
〒107-0052 港区赤坂2-17-10、宿舎

青森県2区　389,510 ㊗53.56	当126,741　神田潤一　自新(61.5)
	比65,909　高畑紀子　立新(32.1)
	12,966　田端深雪　共新(6.3)

八戸市、十和田市、三沢市、上
北郡(七戸町、六戸町、東北町、
おいらせ町)、三戸郡

神田潤一（かん　だ　じゅん　いち）

自新［岸］　　　当1
青森県八戸市 S45・9・27
勤1年5ヵ月　（初/令3）

財金委、農水委、倫選特委、原子力特委、日本銀行
職員、金融庁出向、日本生命出向、マネーフォ
ワード執行役員、東大経、イェール大学院／52歳

〒031-0081 八戸市柏崎1-1-1　　☎0178(51)8866

㊟ 略歴

比例北海道・青森

58

<table>
<tr><td>青森県3区</td><td>347,625
⊛ 53.29</td><td>当118,230　木村次郎　自前(65.0)</td></tr>
<tr><td></td><td></td><td>比63,796　山内　崇　立新(35.0)</td></tr>
</table>

弘前市、黒石市、五所川原市、
つがる市、平川市、西津軽郡、
中津軽郡、南津軽郡、北津軽郡

きむらじろう

木村 次郎

自前［安］　　　当2
青森県藤崎町　S42・12・16
勤5年6ヵ月　（初/平29）

防衛大臣政務官兼内閣府大臣政務官、安保
委、国土交通大臣政務官、党国防副部会長、
女性局次長、青森県職員、中央大／55歳

〒036-8191　青森県弘前市親方町43-3F　☎0172(36)8332
〒107-0052　港区赤坂2-17-10、宿舎　☎03(5549)4671

<table>
<tr><td>岩手県1区</td><td>293,290
⊛ 58.81</td><td>当87,017　階　　猛　立前(51.2)</td></tr>
<tr><td></td><td></td><td>比62,666　高橋比奈子　自前(36.9)</td></tr>
<tr><td></td><td></td><td>20,300　吉田恭子　共新(11.9)</td></tr>
</table>

盛岡市、紫波郡

しな　　　　たけし

階　　猛

立前　　　　　当6
岩手県盛岡市　S41・10・7
勤15年9ヵ月（初/平19補）

**憲法審査会幹事、財金委、党「次の内閣」
財務金融大臣**、総務大臣政務官、民進党
政調会長、弁護士、銀行員、東大法／56歳

〒020-0021　盛岡市中央通3-3-2
　　　　　　菱和ビル6F　　　　　　　　☎019(654)7111
〒107-0052　港区赤坂2-17-10、宿舎

<table>
<tr><td>岩手県2区</td><td>369,175
⊛ 60.28</td><td>当149,168　鈴木俊一　自前(68.0)</td></tr>
<tr><td></td><td></td><td>比66,689　大林正英　立新(30.4)</td></tr>
<tr><td></td><td></td><td>3,548　荒川順子　N新(1.6)</td></tr>
</table>

宮古市、大船渡市、久慈市、遠野市、
陸前高田市、釜石市、二戸市、八幡
平市、滝沢市、岩手郡、気仙郡、上
閉伊郡、下閉伊郡、九戸郡、二戸郡

すず　き　しゅん　いち

鈴木 俊一

自前［麻］　　　当10
岩手県　　　　S28・4・13
勤29年11ヵ月　（初/平2）

財務・金融担当大臣、党総務会長、東京オ
リパラ大臣、環境大臣、外務副大臣、衆外
務・厚労・復興特委員長、早大／69歳

〒020-0668　岩手県滝沢市鵜飼狐洞1-432
　　　　　　　　　　　　　　　　　☎019(687)5525
〒100-8981　千代田区永田町2-2-1、会館 ☎03(3508)7267

<table>
<tr><td>岩手県3区</td><td>377,117
⊛ 61.71</td><td>当118,734　藤原　崇　自前(52.1)</td></tr>
<tr><td></td><td></td><td>比当109,362　小沢一郎　立前(47.9)</td></tr>
</table>

花巻市、北上市、一関市、奥州市、
和賀郡、胆沢郡、西磐井郡

ふじ　わら　　たかし

藤原　崇

自前［安］　当4(初/平24)
岩手県西和賀町　S58・8・2
勤10年4ヵ月

**法務委理事、財金委、復興特委、党青年局長
代理**、財務大臣政務官、内閣府兼復興大臣政
務官、明治学院大学法科大学院修了／39歳

〒024-0091　岩手県北上市大曲町2-24　☎0197(72)6056
〒100-8982　千代田区永田町2-1-2、会館　☎03(3508)7207

㊗略歴

青森・岩手

宮城県1区　439,697　投54.60

当101,964	土井　亨	自前（43.4）
比当96,649	岡本章子	立前（41.2）
23,033	春藤沙弥香	維新（9.8）
13,174	大草芳江	無所（5.6）

仙台市（青葉区、太白区（本庁管内））

ど　い　　　　とおる
土井　亨　自前［安］　当5
宮城県　S33・8・12
勤14年3ヵ月（初/平17）

国交委、所ség 有者不明土地等に関する特別委員長、党情報調査局長、国交副大臣、復興副大臣、国交政務官、党国対副委員長、党財金部会長、副幹事長、県議3期、東北学院大/64歳

〒980-0011　仙台市青葉区上杉1-1-30-102　☎022（262）7223

宮城県2区　455,409　投53.62

当116,320	鎌田さゆり	立元（49.0）
比当115,749	秋葉賢也	自前（48.7）
比5,521	林マリアゆき	N新（2.3）

仙台市（宮城野区、若林区、泉区）

かま　た
鎌田さゆり　立元　当3
宮城県　S40・1・8
勤6年（初/平17）

法務委次席理事、震災復興特委、党災害・緊急事態局東北ブロック副局長、党政調副会長、東北学院大学/58歳

〒981-3133　仙台市泉区泉中央1-34-6-2F　☎022（771）5022
〒107-0052　港区赤坂2-17-10、宿舎

宮城県3区　286,936　投57.71

当96,210	西村明宏	自前（59.3）
比60,237	大野園子	立新（37.1）
5,890	浅田晃司	無新（3.6）

仙台市（太白区（秋保総合支所管内（秋保町湯向、秋保町境野、秋保町長袋、秋保町馬場、秋保町湯元））、白石市、名取市、角田市、岩沼市、刈田郡、柴田郡、伊具郡、亘理郡

にし　むら　あき　ひろ
西村明宏　自前［安］　当6
福岡県北九州市　S35・7・16
勤16年1ヵ月（初/平15）

環境大臣、内閣府特命担当大臣、内閣官房副長官、国交・内閣府・復興副大臣、国交委、党筆頭副幹事長、党団体総局長、地方組織議員総局長、経産・国交部会長、早大院/62歳

〒981-1231　宮城県名取市手倉田字諏訪609-1　☎022（384）4757
〒100-8982　千代田区永田町2-1-2、会館　☎03（3508）7906

宮城県4区　237,478　投57.15

当74,721	伊藤信太郎	自前（56.5）
比30,047	舛山由美	共新（22.7）
比当27,451	早坂敦	維新（20.8）

塩竈市、多賀城市、富谷市、宮城郡（七ヶ浜町、利府町）、黒川郡（大和町、大衡村）、加美郡

い　とうしん　た　ろう
伊藤信太郎　自前［麻］　当7
東京都港区　S28・5・6
勤18年2ヵ月（初/平13補）

憲法審査会幹事、外務委、復興特委、党国際局長、外務副大臣、慶大院、ハーバード大院/69歳

〒985-0021　宮城県塩釜市尾島町24-20　☎022（367）8687
〒100-8982　千代田区永田町2-1-2、会館　☎03（3508）7091

宮城県5区 252,373 ㊗57.34

当81,033　安住　淳　立前（56.9）
比64,410　森下千里　自新（43.1）

石巻市、東松島市、大崎市（松山・三本木・鹿島台・田尻総合支所管内）、宮城郡（松島町）、黒川郡（大郷町）、遠田郡、牡鹿郡、本吉郡

あ　ずみ　じゅん
安住　淳
立前　　　　　　当9
宮城県　　S37・1・17
勤26年7ヵ月　（初/平8）

党国対委員長、懲罰委員長、民進党国対委員長、財務大臣、政府税調会長、防衛副大臣、衆安保委員長、党幹事長代行、NHK記者、早大／61歳

〒986-0814　石巻市南中里4-1-18　　☎0225(23)2881
〒100-8981　千代田町永田町2-2-1、会館　☎03(3508)7293

宮城県6区 253,730 ㊗57.38

当119,555　小野寺五典　自前（83.2）
24,072　内藤隆司　共新（16.8）

気仙沼市、登米市、栗原市、大崎市（第5区に属しない区域）

お　の　でら　いつのり
小野寺五典
自前［岸］　　　当8
宮城県気仙沼市　S35・5・5
勤21年5ヵ月　（初/平9補）

情報監視審査会長、党安全保障調査会長、防衛大臣、党政調会長代理、外務副大臣、外務大臣政務官、東北福祉大客員教授、県職員、松下政経塾、東大院／62歳

〒987-0511　登米市迫町佐沼字中江1-10-4
　　　　　　中江第一ビル2F、1号　☎0220(22)6354
〒107-0052　港区赤坂2-17-10、宿舎

秋田県1区 261,956 ㊗58.18

当77,960　冨樫博之　自前（51.9）
比72,366　寺田　学　立前（48.1）

秋田市

と　がし　ひろ　ゆき
冨樫博之
自前［無］　　　当4
秋田県秋田市　S30・4・27
勤10年4ヵ月　（初/平24）

経産委、国交委、倫選特委理、党経産部会長代理、商工・中小企業団体委員長、復興副大臣、総務大臣政務官、秋田県議会議長、衆院秘書、秋田経済大／67歳

〒010-1427　秋田市仁井田新田3-13-20　☎018(839)5601
〒107-0052　港区赤坂2-17-10、宿舎

秋田県2区 258,568 ㊗61.23

当81,845　緑川貴士　立前（52.5）
比73,945　金田勝年　自前（47.5）

能代市、大館市、男鹿市、鹿角市、潟上市、北秋田市、鹿角郡、北秋田郡、山本郡、南秋田郡

みどりかわ　たか　し
緑川貴士
立前　　　　　　当2(初/平29)
埼玉県　　S60・1・10
勤5年6ヵ月

地域・こども特委、農水委理事、党秋田県連代表、秋田朝日放送アナウンサー、早大／38歳

〒017-0897　秋田県大館市三ノ丸92　　☎0186(57)8614
〒100-8982　千代田区永田町2-1-2、会館　☎03(3508)7002

㊗ 略歴

秋田県3区 320,409 ⑳ 55.89

当134,734 御法川信英 自前(77.9)
38,118 杉山 彰 共新(22.1)

横手市、湯沢市、由利本荘市、大仙市、にかほ市、仙北市、仙北郡、雄勝郡

み のりかわ のぶ ひで
御法川信英

自前[無]　　当6
秋田県　S39・5・25
勤16年1ヵ月　(初/平15)

党国対委員長代理、国家基本委員、議運委筆頭理事、国土交通・内閣府・復興副大臣、財務副大臣、外務政務官、コロンビア大院、慶大/58歳

〒014-0046 秋田県大仙市大曲田町20-32 ☎0187(63)5835
〒107-0052 港区赤坂2-17-10、宿舎

山形県1区 303,982 ⑳ 61.59

当110,688 遠藤利明 自前(60.0)
比73,872 原田和広 立新(40.0)

山形市、上山市、天童市、東村山郡

えん どう とし あき
遠 藤 利 明

自前[無]　　当9
山形県上山市　S25・1・17
勤26年5ヵ月　(初/平5)

党総務会長、党選対委員長、東京オリンピック・パラリンピック大臣、党幹事長代理、文科副大臣、建設政務次官、中大法/73歳

〒990-2481 山形県あかねヶ丘2-1-6 ☎023(646)6888
〒107-0052 港区赤坂2-17-10、宿舎 ☎03(5549)4671

山形県2区 313,967 ⑳ 65.71

当125,992 鈴木憲和 自前(61.8)
比77,742 加藤健一 国新(38.2)

米沢市、寒河江市、村山市、長井市、東根市、尾花沢市、南陽市、西村山郡、北村山郡、東置賜郡、西置賜郡

すず き のり かず
鈴 木 憲 和

自前[茂]　　当4
山形県南陽市　S57・1・30
勤10年4ヵ月　(初/平24)

党青年局長、決算行監委、安保委、倫選特委、外務大臣政務官、党外交部会長代理、党農林部会長代理、農水省、東大法/41歳

〒992-0012 米沢市金池2-1-11 ☎0238(26)4260
〒100-8981 千代田区永田町2-2-1、会館 ☎03(3508)7318

山形県3区 287,642 ⑳ 65.74

当108,558 加藤鮎子 自前(58.1)
66,320 阿部ひとみ 無新(35.5)
12,100 梅木 威 共新(6.5)

鶴岡市、酒田市、新庄市、最上郡、東田川郡、飽海郡

か とう あゆ こ
加 藤 鮎 子

自前[無]　　当3
山形県鶴岡市　S54・4・19
勤8年4ヵ月　(初/平26)

国交委理事、決算行監委、拉致特委、党厚労部会長代理、国土交通大臣政務官、環境兼内閣府大臣政務官、コロンビア大院、慶大/43歳

〒997-0026 鶴岡市大東町17-23(自宅) ☎0235(22)0376
〒107-0052 港区赤坂2-17-10、宿舎

福島県1区　404,405　⑫60.61

当123,620　金子恵美　立前（51.1）
比当118,074　亀岡偉民　自前（48.9）

福島市、相馬市、南相馬市、伊達市、伊達郡、相馬郡

かねこえみ　　　立前　　　当3（初/平26）※1
金子恵美
福島県保原町(現伊達市)　S40・7・7
勤14年5ヵ月（参6年1ヵ月）

党会計監査、党「次の内閣」ネクスト農水大臣、党震災復興本部事務局長、復興特委、農水委、県連代表、内閣府政務官兼復興政務官、参議員、福島大院／57歳

〒960-8253　福島市泉字泉川34-1　☎024(573)0520
〒100-8982　千代田区永田町2-1-2、会館　☎03(3508)7476

福島県2区　347,250　⑫55.06

当102,638　根本　匠　自前（54.6）
比当85,501　馬場雄基　立新（45.4）

郡山市、二本松市、本宮市、安達郡

ねもと　たくみ　　自前[岸]　　　当9
根本　匠
福島県　　　S26・3・7
勤26年6ヵ月　（初/平5）

予算委員長、党中小企業調査会長、厚労大臣、党金融調査会長、復興大臣、総理補佐官、党憲法本部事務総長、経産委長、内閣府副大臣、厚生政務次官、建設省、東大／71歳

〒963-8012　郡山市咲田1-2-1-103　☎024(932)6662
〒100-8982　千代田区永田町2-1-2、会館　☎03(3508)7312

福島県3区　264,121　⑫64.05

当90,457　玄葉光一郎　立前（54.2）
比当76,302　上杉謙太郎　自前（45.8）

白河市、須賀川市、田村市、岩瀬郡、西白河郡(泉崎村、中島村、矢吹町)、東白川郡、石川郡、田村郡

げんばこういちろう　　立前　　　当10
玄葉光一郎
福島県田村市　S39・5・20
勤29年10ヵ月　（初/平5）

安保委、復興特委、決算行監委長、外相、国家戦略担当・内閣府特命担当大臣、民主党政調会長、選対委員、県議、上智大／58歳

〒962-0832　須賀川市本町3-2　☎0248(72)7990
〒100-8981　千代田区永田町2-2-1、会館　☎03(3508)7252

福島県4区　237,353　⑫64.68

当76,683　小熊慎司　立前（51.0）
比当73,784　菅家一郎　自前（49.0）

会津若松市、喜多方市、南会津郡、耶麻郡、河沼郡、大沼郡、西白河郡(西郷村)

おぐましんじ　　　立前　　　当4（初/平24）※2
小熊慎司
福島県　　　S43・6・16
勤12年10ヵ月（参2年6ヵ月）

国交委、復興特委理、党政調副会長、参院議員、福島県議、会津若松市議、専大法学部／54歳

〒965-0835　会津若松市館馬町2-14
　　　　　　ニューパークハイツ1F　☎0242(38)3565
〒100-8981　千代田区永田町2-2-1、会館　☎03(3508)7138

略歴

福島

いわき市、双葉郡

よしの まさよし　　　　自前［安］　　当8
吉野 正芳
福島県いわき市　S23・8・8
勤22年10ヵ月（初/平12）

党復興本部長代理、復倫審会長、農林
水産委・震災復興特委・原子力特委・環境委各委
員長、環境副大臣、文科政務官、早大／74歳

〒970-8026 いわき市平尼子町2-26NKビル ☎0246(21)4747
〒107-0052 港区赤坂2-17-10、宿舎

比例代表 東北　13人
青森、岩手、宮城、秋田、
山形、福島

つしま じゅん　　　　自前［茂］　　当4
津島 淳
東京都　S41・10・18
勤10年4ヵ月（初/平24）

国交委理事、財金委、党国交部会長、法
務副大臣、国交兼内閣府政務官、党国
交・財金部会長代理、学習院大／56歳

〒038-0031 青森市三内字丸山381 ☎017(718)3726
〒100-8982 千代田区永田町2-1-2、会館 ☎03(3508)7073

あきば けんや　　　　自前［茂］　当7(初/平17)
秋葉 賢也
宮城県　S37・7・3
勤18年　　〈宮城2区〉

厚労委、決算行監委、前復興大臣、党情報調査局長、元
内閣総理大臣補佐官、環境委長、厚労・復興副大臣、総
務大臣政務官、松下政経塾、中大法、東北大院法／60歳

〒981-3121 仙台市泉区上谷刈4-17-16 ☎022(375)4477
〒100-8981 千代田区永田町2-2-1、会館 ☎03(3508)7392

かんけ いちろう　　　自前［安］　当4(初/平24)
菅家 一郎
福島県　S30・5・20
勤10年4ヵ月　〈福島4区〉

環境委理、党国交部会長代理、復興副大臣、
環境大臣政務官兼内閣府大臣政務官、会津
若松市長、県議、市議、会社役員、早大／67歳

〒965-0872 会津若松市東栄町5-19 ☎0242(27)9439

かめおか よしたみ　　　自前［安］　当5(初/平17)
亀岡 偉民
福島県　S30・9・10
勤14年3ヵ月　〈福島1区〉

予算委、拉致特委、懲罰委、党総裁補佐兼副幹
事長、復興副大臣、文科兼内閣府副大臣、衆文
科委員長、農相秘書、早大教育（野球部）／67歳

〒960-8055 福島市野田町5-6-25 ☎024(533)3131
〒100-8981 千代田区永田町2-2-1、会館 ☎03(3508)7148

かね だ かつ とし
金田勝年
自前［二］ 当5(初/平21)※
秋田県　S24・10・4
勤25年10ヵ月(参12年2ヵ月)〈秋田2区〉

予算委、災害特委、党選対委員長代行、予算委
員長、法務大臣、財務金融委員長、外務副大臣、
農林水産政務次官、大蔵主計官、一橋大／73歳

〒016-0843 能代市中和1-16-2　☎0185(54)3000
〒107-0052 港区赤坂2-17-10、宿舎　☎03(5549)4671

うえすぎけん た ろう
上杉謙太郎
自前［安］ 当2(初/平29)
神奈川県　S50・4・20
勤5年6ヵ月〈福島3区〉

外務委、文科委、消費者特委、震災復興
特委、外務大臣政務官、議員秘書、県3区
支部長、早大／47歳

〒962-0023 須賀川市大黒町115-1 Ⅲ-A　☎0248(76)6024

おかもと　　　こ
岡本あき子
立前 当2(初/平29)
宮城県　S39・8・16
勤5年6ヵ月〈宮城1区〉

総務委、復興特委理、党政調副会長、子ども若
者応援本部事務局長、党ジェンダー平等推進
本部事務局長、仙台市議、NTT、東北大／58歳

〒982-0011 仙台市太白区長町4-4-29　☎022(395)4781
〒100-8981 千代田区永田町2-2-1、会館　☎03(3508)7064

てら た　　　　まなぶ
寺田　学
立前 当6(初/平15)
秋田県横手市　S51・9・20
勤17年6ヵ月〈秋田1区〉

法務委筆頭理事、党代議士会長、内閣総
理大臣補佐官、三菱商事社員、中央大／
46歳

〒010-1424 秋田市御野場1-1-9　☎018(827)7515
〒100-8981 千代田区永田町2-2-1、会館　☎03(3508)7464

お ざわ いち ろう
小沢一郎
立前 当18(初/昭44)
岩手県旧水沢市　S17・5・24
勤53年6ヵ月〈岩手3区〉

自由党代表、生活の党代表、国民の生活が第一
代表、民主党代表、自由党党首、新進党党首、自
民党幹事長、官房副長官、自治相、慶大／80歳

〒023-0814 奥州市水沢袋町2-38　☎0197(24)3851
〒100-8981 千代田区永田町2-2-1、会館　☎03(3508)7175

ば ば ゆう き
馬場雄基
立新 当1(初/令3)
福島県郡山市　H4・10・15
勤1年5ヵ月〈福島2区〉

環境委、震災復興特委、三井住友信託銀
行、松下政経塾、コミュニティ施設事業
統括、慶大法／30歳

〒963-8052 福島県郡山市八山田5-214
サルーテⅡ103　☎024(953)8109
〒100-8982 千代田区永田町2-1-2、会館 ☎03(3508)7631

比例東北

	公新	当1
しょう じ けん いち		
庄子賢一	宮城県仙台市 S38・2・8	
	勤1年5ヵ月 （初／令3）	

党中央幹事、党東北方面本部長、農水委
理、予算委、復興特委理、宮城県議会議
員5期、広告代理店、東北学院大／60歳

〒983-0852　仙台市宮城野区榴岡4-5-24-502
　　　　　　　　　　　　　　　☎022(290)3770
〒100-8982　千代田区永田町2-1-2、会館　☎03(3508)7474

	共前	当7
たかはし ち づ こ		
高橋千鶴子	秋田県 S34・9・16	
	勤19年5ヵ月 （初／平15）	

党衆議院議員団長、障害者の権利委員会責任
者、党国交部会長、党常任幹部会委員、国交委、
復興特委、地域・こども特委、弘前大／63歳

〒980-0021　仙台市青葉区中央4-3-28
　　　　　　　朝日ビル4F　　　　　　☎022(223)7572
〒107-0052　港区赤坂2-17-10、宿舎　☎03(5549)4671

	維新	当1(初／令3)
はや さか あつし		
早坂　敦	宮城県 S46・3・11	
	勤1年5ヵ月 〈宮城4区〉	

文科委、復興特委理、会社役員、児童指
導員、仙台市議、東北高校／51歳

〒981-3304　宮城県富谷市ひより台2-31-1-202
〒107-0052　港区赤坂2-17-10、宿舎　☎022(344)6115

略歴

比例東北

比例代表　東北　**13 人**	有効投票数　4,120,670票

政党名	当選者数	得票数	得票率
	惜敗率 小選挙区		惜敗率 小選挙区

自民党　6人　1,628,233票　39.51％

当①津島　淳 前		②木村　次郎 前	青3
当②秋葉　賢也 前(99.51)	宮2	②鈴木　俊一 前	岩2
当②菅家　一郎 前(96.22)	福4	②藤原　崇 前	岩3
当②亀岡　偉民 前(95.51)	福1	②土井　亨 前	宮1
当②金田　勝年 前(90.38)	秋2	②西村　明宏 前	宮3
当②上杉謙太郎 前(84.35)	福3	②伊藤信太郎 前	宮4
②森下　千里 新(75.78)	宮5	②小野寺五典 前	宮6
②高橋比奈子 前(72.02)	岩1	②冨樫　博之 前	秋1
㉔前川　恵 元		②御法川信英 前	秋3
㉕入野田　博 新		②遠藤　利明 前	山1
【小選挙区での当選者】		②鈴木　憲和 前	山2
②江渡　聡徳 前　青1		②加藤　鮎子 前	山3
②神田　潤一 新　青2		②根本　匠 前	福2

立憲民主党　4人　991,504票　24.06％

当①岡本　章子 前(94.79)	宮1	①原田　和広 新(66.74)	山1
当①寺田　学 前(92.82)	秋1	①大野　園子 新(62.61)	宮3
当①小沢　一郎 前(92.11)	岩3	①山内　崇 新(53.96)	青3
当①馬場　雄基 新(83.30)	福2	①高畑　紀子 新(52.25)	青2
①升田世喜男 元(71.28)	青1	①大林　正英 新(44.71)	岩2

⑱佐野　利恵　新
⑲鳥居　作弥　新
⑳内海　　太　新
【小選挙区での当選者】
①階　　猛　前　　岩1
①鎌田さゆり　元　　宮2

①安住　　淳　前　　宮5
①緑川　貴士　新　　秋2
①金子　恵美　前　　福1
①玄葉光一郎　前　　福3
①小熊　慎司　前　　福4

公 明 党　　1人　　456,287票　11.07%

当①庄子　賢一　新
　②佐々木雅文　新

③曽根　周作　新

共 産 党　　1人　　292,830票　7.11%

当①高橋千鶴子　前
　②舩山　由美　新　　宮4

③藤本　友里　新

日本維新の会　1人　　258,690票　6.28%

当①早坂　　敦　新(36.74)宮4　　▼①春藤沙弥香　新(22.59)宮1

▼は小選挙区の得票が有効投票総数の10分の1未満で、復活当選の資格がない者

··

その他の政党の得票数・得票率は下記のとおりです。
(当選者はいません)

政党名	得票数	得票率	
国民民主党	195,754票	4.75%	NHKと裁判してる党弁護士法72条違反で
れいわ新選組	143,265票	3.48%	52,664票 1.28%
社民党	101,442票	2.46%	

略歴
比例東北・茨城

茨城県1区	402,090	当105,072 福島 伸享 無元(52.1)
	ⓦ51.29	比96,791 田所 嘉徳 自前(47.9)

水戸市(本庁管内、赤塚・常澄出張所管内)、下妻市の一部(P169参照)、笠間市(笠間支所管内)、常陸大宮市(御前山支所管内)、筑西市、桜川市、東茨城郡(城里町)

ふく しま のぶ ゆき
福島 伸享　　　無 元(有志)　　当3
茨城県　　S45・8・8
勤7年7ヵ月　(初/平21)

国土交通委、震災復興特委、筑波大学客員教授、東京財団ディレクター、内閣官房参事官補佐、経産省、東大／52歳

〒310-0804 水戸市白梅1-7-21　☎029(302)8895
〒107-0052 港区赤坂2-17-10、宿舎

茨城県2区	355,390	当110,831 額賀福志郎 自前(64.5)
	ⓦ49.80	比61,103 藤田 幸久 立元(35.5)

水戸市(1区に属しない区域)、笠間市(第1区に属しない区域)、鹿嶋市、潮来市、神栖市、行方市、鉾田市、小美玉市(本庁管内、小川総合支所管内)、東茨城郡(茨城町、大洗町)

ぬか が ふく し ろう
額賀福志郎　　自前［茂］　　当13
茨城県行方市　　S19・1・11
勤39年5ヵ月　(初/昭58)

懲罰委、党税調顧問、党震災復興本部長、党エネルギー調査会長、財務大臣、防衛庁長官、経済財政担当相、早大／79歳

〒311-3832 行方市麻生3287-32　☎0299(72)1218
〒100-8982 千代田区永田町2-1-2、会館　☎03(3508)7447

茨城県3区 389,521 ⓣ53.52

当109,448 葉梨康弘 自前(53.6)
比63,674 梶岡博樹 立新(31.2)
比31,100 岸野智康 維新(15.2)

龍ヶ崎市、取手市、牛久市、守谷市、稲敷市、稲敷郡、北相馬郡

は なし やす ひろ
葉梨康弘 自前[岸] 当6
東京都 S34・10・12
勤16年1ヵ月 (初/平15)

決算行政監視委、法務大臣、党政調会長代理、農林水産副大臣、法務副大臣兼内閣府副大臣、財務大臣政務官、東大法/63歳

〒302-0017 取手市桑原1108　☎0297(74)1859

茨城県4区 268,147 ⓣ52.81

当98,254 梶山弘志 自前(70.5)
比25,162 武藤優子 維新(18.0)
比16,018 大内久美子 共新(11.5)

常陸太田市、ひたちなか市、常陸大宮市(第1区に属しない区域)、那珂市、久慈郡

かじ やま ひろ し
梶山弘志 自前[無] 当8
茨城県常陸太田市 S30・10・18
勤22年10ヵ月 (初/平12)

党幹事長代行、経済産業大臣、地方創生大臣、国交副大臣・政務官、国交・災対特委員長、党選対委員長代理、党政調会長代理、元JAEA職員、日大/67歳

〒313-0013 常陸太田市山下町1189　☎0294(72)2772
〒100-8982 千代田区永田町2-1-2、会館

茨城県5区 241,755 ⓣ53.30

当61,373 浅野 哲 国前(48.5)
比当53,878 石川昭政 自前(42.6)
　　8,061 飯田美弥子 共新(6.4)
　　3,248 田村 弘 無新(2.6)

日立市、高萩市、北茨城市、那珂郡

あさ の さとし
浅野 哲 国前 当2
東京都 S57・9・25
勤5年6ヵ月 (初/平29)

党国対委員長代理、エネルギー調査会会長、議運委、内閣委、原子力特委、衆議員秘書、(株)日立製作所、日立労組、青学院修了/40歳

〒317-0071 日立市鹿島町1-11-13
　　　　　　友愛ビル　☎0294(21)5522
〒100-8981 千代田区永田町2-2-1、会館 ☎03(3508)7231

茨城県6区 454,712 ⓣ53.62

当125,703 国光文乃 自前(52.5)
比113,570 青山大人 立前(47.5)

土浦市、石岡市、つくば市、かすみがうら市、つくばみらい市、小美玉市(第2区に属しない区域)

くに みつ
国光あやの 自前[岸] 当2
山口県 S54・3・20
勤5年6ヵ月 (初/平29)

総務大臣政務官、党文科副部会長、医師、厚労省職員、長崎大医学部、東京医科歯科大学院、UCLA大学院/43歳

〒305-0022 つくば市吉瀬1851-1　☎029(886)3686
〒100-8982 千代田区永田町2-1-2、会館 ☎03(3508)7036

茨城県7区 303,353 ⑯53.71

当74,362　永岡桂子　自前（46.5）
比当70,843　中村喜四郎　立前（44.3）
比14,683　水梨伸晃　維新（9.2）

古河市、結城市、下妻市（第1区に属しない区域）、常総市、坂東市、結城郡、猿島郡

なが　おか　けい　こ
永 岡 桂 子

自前［麻］　当6
東京都　S28・12・8
勤17年7ヵ月（初／平17）

文部科学大臣、党副幹事長、消費者特委員長、文部科学副大臣、党内閣第一部会長、文科委員長、党政調副会長、厚労副大臣、農水政務官、学習院大法／69歳

〒306-0023　古河市本町2-7-13　☎0280（31）5033
〒100-8981　千代田区永田町2-2-1、会館　☎03（3508）7274

栃木県1区 434,814 ⑯52.42

当102,870　船田　元　自前（46.2）
比66,700　渡辺典喜　立新（29.9）
比43,935　柏倉祐司　維元（19.7）
9,393　青木　弘　共新（4.2）

宇都宮市（本庁管内、平石・清原・横川・瑞穂野・城山・国本・富屋・豊郷・篠井・姿川・雀宮地区市民センター管内、宝木・陽南出張所管内）、下野市の一部（P169参照）、河内郡

ふな　だ　はじめ
船 田 元

自前［茂］　当13
栃木県宇都宮市　S28・11・22
勤36年10ヵ月（初／昭54）

憲法審委、文科委、消費者特委、党消費者問題調査会長、党代議士会会長、経企庁長官、総務・文部政務次官、慶大院／69歳

〒320-0047　宇都宮市一の沢1-2-6　☎028（666）8735
〒100-8982　千代田区永田町2-1-2、会館　☎03（3508）7156

栃木県2区 262,690 ⑯53.75

当73,593　福田昭夫　立前（53.4）
比64,253　五十嵐　清　自新（46.6）

宇都宮市（第1区に属しない区域）、栃木市（西方総合支所管内）、鹿沼市、日光市、さくら市、塩谷郡

ふく　だ　あき　お
福 田 昭 夫

立前　当6
栃木県日光市　S23・4・17
勤17年7ヵ月（初／平17）

財務金融委、地域・こども特委、党県連代表、総務大臣政務官、栃木県知事、今市市長、東北大／74歳

〒321-2335　日光市森友781-3　☎0288（21）4182
〒107-0052　港区赤坂2-17-10、宿舎

栃木県3区 241,014 ⑯52.07

当82,398　簗　和生　自前（67.4）
比39,826　伊賀　央　立新（32.6）

大田原市、矢板市、那須塩原市、那須烏山市、那須郡

やな　かず　お
簗 和 生

自前［安］　当4
東京都　S54・4・22
勤10年4ヵ月（初／平24）

文部科学副大臣、党農林部会長、党総務会総務、国交委理、経産委理、国交政務官兼内閣府政務官、シンクタンク研究員、慶大、東大院修／43歳

〒324-0042　栃木県大田原市末広2-3-17　☎0287（22）8706

㊗略歴

茨城・栃木

栃木県4区　402,456　当55.37

当111,863　佐藤　勉　自前(51.1)
比当107,043　藤岡隆雄　立新(48.9)

栃木市(大平・藤岡・都賀・岩舟総合支所管内)、小山市、真岡市、下野市(第1区に属しない区域)、芳賀郡、下都賀郡

さとう　つとむ
佐藤　勉

自前[無]　当9
栃木県壬生町　S27・6・20
勤26年7ヵ月　(初/平8)

国家基本委理、党総務会長、国家基本政策委員長、議院運営委員長、党国会対策委員長、総務大臣、日大/70歳

〒321-0225　下都賀郡壬生町本丸2-15-20　☎0282(83)0001

栃木県5区　284,314　当50.99

当108,380　茂木敏充　自前(77.4)
31,713　岡村恵子　共新(22.6)

足利市、栃木市(第2区及び第4区に属しない区域)、佐野市

もてぎ　としみつ
茂木　敏充

自前[茂]　当10
栃木県足利市　S30・10・7
勤29年10ヵ月　(初/平5)

党幹事長、元外務大臣、経済財政政策担当大臣、党政調会長、経産大臣、金融・行革大臣、科技・IT大臣、東大、ハーバード大院/67歳

〒326-0053　足利市伊勢4-14-6　☎0284(43)3050
〒100-8982　千代田区永田町2-1-2、会館　☎03(3508)1011

群馬県1区　378,869　当52.97

当110,244　中曽根康隆　自前(56.3)
比42,529　宮崎岳志　維元(21.7)
24,072　斎藤敦子　無新(12.3)
18,917　店橋世津子　共新(9.7)

前橋市、桐生市(新里・黒保根支所管内)、沼田市、渋川市(赤城・北橘行政センター管内)、みどり市(東支所管内)、利根郡

なかそね　やすたか
中曽根康隆

自前[二]　当2
東京都　S57・1・19
勤5年6ヵ月　(初/平29)

安保委、文科委、震災復興特委、地域・こども特委、防衛大臣政務官兼内閣府大臣政務官、参議院議員秘書、JPモルガン証券(株)、慶大/41歳

〒371-0841　前橋市石倉町3-10-5　☎027(289)6650
〒100-8982　千代田区永田町2-1-2、会館　☎03(3508)7272

群馬県2区　322,971　当50.66

当88,799　井野俊郎　自前(54.0)
比50,325　堀越啓仁　立前(30.6)
25,216　石関貴史　無元(15.3)

桐生市(第1区に属しない区域)、伊勢崎市、太田市(薮塚町、山之神町、寄合町、大原町、六千石町、大久保町)、みどり市(第1区に属しない区域)、佐渡郡

いの　としろう
井野　俊郎

自前[茂]　当4
群馬県　S55・1・8
勤10年4ヵ月　(初/平24)

防衛副大臣兼内閣府副大臣、党国対副委員長、党畜酪対策委員長代理、元法務大臣政務官、弁護士、市議、明大法/43歳

〒372-0042　伊勢崎市中央町26-2　☎0270(75)1050
〒106-0032　港区六本木7-1-3、宿舎

群馬県3区

303,475	当86,021	笹川博義	自前(54.6)
㊗53.62	比67,689	長谷川嘉一	立前(43.0)
	3,737	説田健二	N新(2.4)

太田市(第2区に属しない区域)、
館林市、邑楽郡

ささ がわ ひろ よし
笹川 博義　　　自前[茂]
　　　　　　　　東京都　　S41・8・29
　　　　　　　　勤10年4ヵ月 (初/平24)　当4

衆議院農林水産委員長、党副幹事長、環
境副大臣、環境大臣政務官、衆議院議事
進行係、党総務、県議、明大中退／56歳

〒373-0818 群馬県太田市小舞木町270-1 ☎0276(46)7424
〒100-8982 千代田区永田町2-1-2、会館 ☎03(3508)7338

群馬県4区

295,511	当105,359	福田達夫	自前(65.0)
㊗56.39	比56,682	角倉邦良	立新(35.0)

高崎市(本庁管内、新町・吉井支
所管内)、藤岡市、多野郡

ふく だ たつ お
福田 達夫　　　自前[安]
　　　　　　　　東京都　　S42・3・5
　　　　　　　　勤10年4ヵ月 (初/平24)　当4

経産委、党筆頭副幹事長、党中小企業調査
会事務局長、党税調幹事、党総務会長、防衛
政務官、総理秘書官、商社員、慶大法／55歳

〒370-0073 高崎市緑町3-6-3 ☎027(365)1192
〒100-8981 千代田区永田町2-2-1、会館 ☎03(3508)7181

群馬県5区

303,298	当125,702	小渕優子	自前(76.6)
㊗56.42	38,428	伊藤達也	共新(23.4)

高崎市(第4区に属しない区域)、渋川
市(第1区に属しない区域)、富岡市、
安中市、北群馬郡、甘楽郡、吾妻郡

お ぶち ゆう こ
小渕 優子　　　自前[茂]
　　　　　　　　群馬県　　S48・12・11
　　　　　　　　勤22年10ヵ月 (初/平12)　当8

党組織運動本部長、国家基本委理、沖北特
委、経産大臣、文科委員、財務副大臣、内閣府
特命担当大臣、成城大、早大院修了／49歳

〒377-0423 吾妻郡中之条町大字伊勢町1003-7
　　　　　　　　　　　　　　☎0279(75)2234
〒100-8982 千代田区永田町2-1-2、会館 ☎03(3508)7424

埼玉県1区

465,306	当120,856	村井英樹	自前(47.6)
㊗55.48	比96,690	武正公一	立元(38.1)
	比23,670	吉村豪介	維新(9.3)
	11,540	佐藤真実	無新(4.5)
	1,234	中島徳二	無新(0.5)

さいたま市(見沼区の一部(P169
参照)、浦和区、緑区、岩槻区)

むら い ひで き
村井 英樹　　　自前[岸]
　　　　　　　　埼玉県さいたま市　S55・5・14
　　　　　　　　勤10年4ヵ月 (初/平24)　当4

内閣総理大臣補佐官、党国対副委員長、内閣
府大臣政務官、党副幹事長、年金委員会事務
局長、財務省、ハーバード大院、東大／42歳

〒330-0061 さいたま市浦和区常盤9-27-9 ☎048(711)3241
〒100-8981 千代田区永田町2-2-1、会館 ☎03(3508)7467

埼玉県2区	470,538 ㋺50.35	当121,543	新藤義孝	自前(52.8)
		比当57,327	高橋英明	維新(24.9)
		51,420	奥田智子	共新(22.3)

川口市の一部(P169参照)

しん どう よし たか
新藤義孝

自前[茂] 　　　当8
埼玉県川口市 S33・1・20
勤24年9ヵ月 (初/平8)

裁判官訴追委員長、衆憲法審査会与党筆頭幹事、党政調会長代行、党デジタル田園都市推進委員長、総務大臣、明大/65歳

〒332-0034 川口市並木1-10-22 　☎048(254)6000
〒100-8981 千代田区永田町2-2-1、会館 ☎03(3508)7313

埼玉県3区	462,607 ㋺51.88	当125,500	黄川田仁志	自前(53.6)
		比100,963	山川百合子	立前(43.1)
		7,534	河合悠祐	N新(3.2)

草加市、越谷市の一部(P170参照)

き かわ だ ひと し
黄川田仁志

自前[無] 　　　当4
神奈川県横浜市 S45・10・13
勤10年4ヵ月 (初/平24)

外務委員長、内閣府副大臣、外務大臣政務官、党海洋小委事務局長、会社員、松下政経塾、米メリーランド大学院修了/52歳

〒340-0052 草加市金明町1-1
　　　　　中野マンション102 ☎048(933)0591
〒100-8981 千代田区永田町2-2-1、会館 ☎03(3508)7123

埼玉県4区	386,796 ㋺54.49	当107,135	穂坂　泰	自前(52.3)
		比47,863	浅野克彦	国新(23.3)
		34,897	工藤　薫	共新(17.0)
		11,733	遠藤宣彦	無元(5.7)
		3,358	小笠原洋輝	無新(1.6)

朝霞市、志木市、和光市、新座市

ほ さか やすし
穂坂　泰

自前[無] 　　　当2
埼玉県志木市 S49・2・17
勤5年6ヵ月 (初/平29)

文科委、環境委、議運委、原子力特委、政倫審、環境大臣政務官兼内閣府大臣政務官、志木市議、青山学院大/49歳

〒351-0011 埼玉県朝霞市本町1-10-40-101
〒100-8982 千代田区永田町2-1-2、会館 ☎03(3508)7030

埼玉県5区	397,522 ㋺56.58	当113,615	枝野幸男	立前(51.4)
		比107,532	牧原秀樹	自前(48.6)

さいたま市(西区、北区、大宮区、見沼区(大字砂、砂町2丁目、東大宮2~4丁目)、中央区)

え だ の ゆき お
枝野幸男

立前 　　　当10
栃木県 S39・5・31
勤29年10ヵ月 (初/平5)

前党代表、民進党憲法調査会長、経済産業大臣、内閣官房長官、行政刷新大臣、沖縄・北方担当大臣、党幹事長、政調会長、弁護士、東北大/58歳

〒330-0846 さいたま市大宮区大門町2-108-5
　　　　　永峰ビル2F 　　☎048(648)9124

㊥
略
歴

埼
玉

埼玉県6区 443,180 ㊗55.32

| 当134,281 | 大 島　敦 | 立前(56.0) |
| 比当105,433 | 中 根 一 幸 | 自前(44.0) |

鴻巣市(本庁管内、吹上支所管内)、上尾市、桶川市、北本市、北足立郡

おお しま　　あつし
大 島　敦
立前　　　　　　　当8
埼玉県北本市 S31・12・21
勤22年10ヵ月　（初／平12）

憲法審査会委、経産委、党企業・団体交流委員長、懲罰委員、内閣府副大臣、総務副大臣、日本鋼管・ソニー生命社員、早大／66歳

〒363-0021　桶川市泉2-11-32 天沼ビル　☎048(789)2110
〒100-8981　千代田区永田町2-2-1、会館　☎03(3508)7093

埼玉県7区 436,985 ㊗52.63

当98,958	中 野 英 幸	自新(44.2)
比93,419	小 宮 山 泰 子	立前(41.7)
比31,475	伊 勢 田 享 子	維新(14.1)

川越市、富士見市、ふじみ野市(本庁管内)

なか の　ひで ゆき
中 野 英 幸
自新[二]　　　　　　当1
埼玉県　　　　　S36・9・6
勤1年5ヵ月　（初／令3）

内閣府大臣政務官兼復興大臣政務官、党商工中小企業団体委員会副委員長、党広報戦略局次長、埼玉県議、日大中退／61歳

〒350-0055　川越市久保町5-3　　☎049(226)8888
〒107-0052　港区赤坂2-17-10、宿舎　☎03(5549)4671

埼玉県8区 365,768 ㊗56.69

| 当104,650 | 柴 山 昌 彦 | 自前(51.6) |
| 98,102 | 小 野 塚 勝 俊 | 無元(48.4) |

所沢市、ふじみ野市(第7区に属しない区域)、入間郡(三芳町)

㊗ 略歴

埼玉

しば やま　まさ ひこ
柴 山 昌 彦
自前[安]　　　　　　当7
愛知県名古屋市 S40・12・5
勤19年　　（初／平16補）

党県連会長、選対副委員長、教育・人材力強化調査会長、幹事長代理、政調会長代理、文部科学大臣、首相補佐官、弁護士、東大法／57歳

〒359-1141　所沢市小手指町2-12-4
　　　　　　ユーケー小手指101　　　　☎04(2924)5100
〒100-8982　千代田区永田町2-1-2、会館 ☎03(3508)7624

埼玉県9区 404,689 ㊗55.44

当117,002	大 塚　拓	自前(53.4)
80,756	杉 村 慎 治	立新(36.8)
21,464	神 田 三 春	共新(9.8)

飯能市、狭山市、入間市、日高市、入間郡(毛呂山町、越生町)

おお つか　　たく
大 塚　拓
自前[安]　　　　　　当5
東京都　　　　S48・6・14
勤14年3ヵ月　（初／平17）

党政調副会長、安保委員長、国防部会長、財務副大臣、内閣府副大臣、法務大臣政務官、東京三菱銀、慶大法、ハーバード大院／49歳

〒358-0003　入間市豊岡1-2-23
　　　　　　清水ビル2F　　　　　　☎04(2901)1112

埼玉県10区 328,163 ㊥58.19

当96,153 山口 晋 自新(51.6)
比当90,214 坂本祐之輔 立元(48.4)

東松山市、坂戸市、鶴ヶ島市、
比企郡

やまぐち すすむ
山口 晋 自新[茂] 当1
埼玉県川島町 S58・7・28
勤1年5ヵ月 (初/令3)

衆院農水委、文科委、災害特委、党国会対策委員、青年局次長、行革推進本部幹事、衆議院議員秘書、一橋大院修了、国立シンガポール大院修了/39歳

〒350-0227 坂戸市仲町12-10 ☎049(282)3773

埼玉県11区 351,863 ㊥52.87

当111,810 小泉龍司 自前(61.9)
比49,094 島田 誠 立新(27.2)
19,619 小山森也 共新(10.9)

熊谷市(江南行政センター管内)、秩父市、本庄市、深谷市、秩父郡、児玉郡、大里郡

こ いずみりゅう じ
小泉龍司 自前[二] 当7
東京都 S27・9・17
勤18年11ヵ月 (初/平12)

財金委、党選対副委員長、元大蔵省銀行局調査室長、東大法/70歳

〒366-0051 深谷市上柴町東3-17-19 ☎048(575)3030

埼玉県12区 369,482 ㊥55.52

当102,627 森田俊和 立前(51.0)
比98,493 野中 厚 自前(49.0)

熊谷市(第11区に属しない区域)、行田市、加須市、羽生市、鴻巣市(第6区に属しない区域)

もり た とし かず
森田俊和 立前 当2(初/平29)
埼玉県熊谷市 S49・9・19
勤5年6ヵ月

環境委理事、地域・こども特委、党国対副委員長、会社役員、埼玉県議、早大大学院/48歳

〒360-0831 埼玉県熊谷市久保島1003-2 ☎048(530)6001

埼玉県13区 400,359 ㊥52.43

当101,149 土屋品子 自前(49.4)
比86,923 三角創太 立新(42.5)
16,622 赤岸雅治 共新(8.1)

春日部市の一部(P170参照)、越谷市(第3区に属しない区域)(P170参照)、久喜市(本庁管内、菖蒲総合支所管内)、蓮田市、白岡市、南埼玉郡

つち や しな こ
土屋品子 自前[無] 当8
埼玉県春日部市 S27・2・9
勤23年3ヵ月 (初/平8)

党食育調査会長、総務会副会長、厚生労働副大臣、環境副大臣、外務大臣政務官、外務委員長、消費者特委員長、党副幹事長、聖心女子大/71歳

〒344-0062 春日部市粕壁東2-3-40-101 ☎048(761)0475
〒100-8981 千代田区永田町2-2-1、会館 ☎03(3508)7188

埼玉県14区 442,310 ⊕50.08

当111,262 三ッ林裕巳 自前 (51.6)
比當71,460 鈴木義弘 国元 (33.1)
33,062 田村 勉 共新 (15.3)

春日部市(第13区に属しない区域)、久喜市(第13区に属しない区域)、八潮市、三郷市、幸手市、吉川市、北葛飾郡

三ッ林裕巳 み つばやしひろ み

自前[安] 当4
埼玉県 S30・9・7
勤10年4ヵ月 (初/平24)

厚労委員長、内閣府副大臣、厚労政務官、党副幹事長、国対副委員長、日本歯科大教授、日大客員教授、医師、日大医学部/67歳

〒340-0161 埼玉県幸手市千塚490-1 ☎0480(42)3535

埼玉県15区 422,917 ⊕53.65

当102,023 田中良生 自前 (45.9)
比71,958 高木錬太郎 立前 (32.4)
比48,434 沢田 良 維新 (21.8)

さいたま市(桜区、南区)、川口市の一部(P170参照)、蕨市、戸田市

田中良生 た なかりょう せい

自前[無] 当5
埼玉県 S38・11・11
勤14年3ヵ月 (初/平17)

国交委、決算行監委理、内閣府・国土交通副大臣、党経済産業部会長、経済産業大臣政務官、党副幹事長、立教大/59歳

〒336-0018 さいたま市南区南本町1-14-5-104 ☎048(844)3131
〒100-8982 千代田区永田町2-1-2、会館 ☎03(3508)7058

比例代表 北関東 19人

茨城、栃木、群馬、埼玉

⊕略歴

埼玉・比例北関東

尾身朝子 お み あさ こ

自前[安] 当3
東京都 S36・4・26
勤8年4ヵ月 (初/平26)

総務副大臣、党情報・通信関係団体委員長、中央政治大学院副院長、外交副部会長、女性局次長、外務大臣政務官、NTT、東大法/61歳

〒371-0852 前橋市総社町総社3137-1 ☎027(280)5250
〒100-8982 千代田区永田町2-1-2、会館 ☎03(3508)7484

野中 厚 の なか あつし

自前[茂] 当3(初/平24)
埼玉県 S51・11・17
勤10年4ヵ月 〈埼玉12区〉

農林水産副大臣、党総務、党組織運動本部副本部長、農水委理事、党副幹事長、党国土・建設関係団体委員長、農水大臣政務官、党国対副委員長、埼玉県議、慶大/46歳

〒347-0001 埼玉県加須市大越2194 ☎0480(53)5563
〒100-8981 千代田区永田町2-2-1、会館 ☎03(3508)7041

牧原秀樹
まき はら ひで き

自前[無] 当5(初/平17)
東京都　　　　S46・6・4
勤14年3ヵ月　　〈埼玉5区〉

予算委理、党選対副、党厚労部会長、経産副大臣、内閣委員長、厚労副大臣、環境大臣政務官、青年局長、弁護士、東大法／51歳

〒338-0001　さいたま市中央区上落合2-1-24
　　　　　三殖ビル5F　　☎048(854)0808
〒100-8981　千代田区永田町2-2-1、会館　☎03(3508)7254

田所嘉徳
た どころ よし のり

自前[無] 当4(初/平24)
茨城県　　　　S29・1・19
勤10年4ヵ月　　〈茨城1区〉

党労働関係団体委員長、広報副本部長、法務副大臣、法務政務官、党総務部会長、法務部会長代理、白鷗大学法科大学院／69歳

〒310-0804　水戸市白梅2-4-12　　☎029(353)6822
〒100-8981　千代田区永田町2-2-1、会館　☎03(3508)7068

石川昭政
いし かわ あき まさ

自前[無] 当4(初/平24)
茨城県日立市　S47・9・18
勤10年4ヵ月　　〈茨城5区〉

原子力特委理、経産委、環境委、党経済産業部会長、経済産業兼内閣府兼復興大臣政務官、國學院大学院修了／50歳

〒317-0076　茨城県日立市会瀬町4-5-17　☎0294(51)5887

五十嵐清
い が らし きよし

自新[茂] 当1(初/令3)
栃木県小山市　S44・12・14
勤1年5ヵ月　　〈栃木2区〉

衆農水委、法務委、党総務会総務、農水・環境団体委副委長、元栃木県議会議長、豪州ボンド大／53歳

〒322-0024　栃木県鹿沼市見望台25　☎0289(60)8811
〒100-8982　千代田区永田町2-1-2、会館　☎03(3508)7085

中根一幸
なか ね かず ゆき

自前[安] 当5(初/平17)
埼玉県鴻巣市　S44・7・11
勤14年3ヵ月　　〈埼玉6区〉

国交委筆頭理事、党ITS推進・道路調査会幹事長、国交委員長、内閣府副大臣、外務副大臣、党総務部会長、党国交部会長、党内閣部会長、専大院法／53歳

〒365-0038　埼玉県鴻巣市本町3-9-28　☎048(543)8880
〒100-8982　千代田区永田町2-1-2、会館　☎03(3508)7458

藤岡隆雄
ふじ おか たか お

立新 当1(初/令3)
愛知県　　　　S52・3・28
勤1年5ヵ月　　〈栃木4区〉

予算委、財金委、党政調会長補佐、党栃木県連代表代行、金融庁課長補佐、大阪大／45歳

〒323-0021　小山市駅東通り2-14-22　☎0285(37)8214

なかむらきしろう
中村喜四郎 立前 茨城県 S24・4・10
当15(初/昭51)
勤43年10ヵ月 〈茨城7区〉

国家基本委、建設大臣、自民党国対副委員長、政調副会長、科技庁長官、建設委員、日大／73歳

〒306-0400 猿島郡境町1728 ☎0280(87)0154
〒107-0052 港区赤坂2-17-10、宿舎 ☎03(5549)4671

こみやまやすこ
小宮山泰子 立前 埼玉県川越市 S40・4・25
当7(初/平15)
勤19年5ヵ月 〈埼玉7区〉

国交委、災害特委、党国土交通・復興部門長、ネクスト国交・復興大臣、元農水委員長、埼玉県議、衆議員秘書、NTT社員、慶大商、日大院修了／57歳

〒350-0043 川越市新富町1-18-6-2F ☎049(222)2900

さかもとゆうのすけ
坂本祐之輔 立元 埼玉県東松山市 S30・1・30
当3(初/平24)
勤6年3ヵ月 〈埼玉10区〉

環境委、地域・こども特委理、武蔵丘短大客員教授、元科技特委員、民進党副代表、埼玉県体育協会長、東松山市長、日大／68歳

〒355-0016 東松山市材木町20-9 ☎0493(22)3682
〒100-8982 千代田区永田町2-1-2、会館 ☎03(3508)7449

あおやまやまと
青山大人 立前 茨城県土浦市 S54・1・24
当2(初/平29)
勤5年6ヵ月 〈茨城6区〉

外務委、消費者特委、党青年局長、党副幹事長、茨城県議、世界史講師、土浦YEG顧問、消防団員、土浦一高、慶大経／44歳

〒300-0815 土浦市中高津1-21-3
村山ビル2F ☎029(828)7011

いしいけいいち
石井啓一 公前 東京都 S33・3・20
当10
勤29年10ヵ月 (初/平5)

党幹事長、党茨城県本部顧問、国土交通大臣、党政調会長、財務副大臣、東大工／64歳

〒310-0805 水戸市中央2-10-26-403 ☎029(222)0711
〒107-0052 港区赤坂2-17-10、宿舎

こしみずけいいち
輿水恵一 公元 山梨県 S37・2・4
当3
勤6年3ヵ月 (初/平24)

党国対副、党地方議会局長、党環境部会長、総務委理、地域・こども特委、予算委、総務大臣政務官、さいたま市議、キヤノン、青学大／61歳

〒336-0967 さいたま市緑区美園4-13-5
ドルフィーノ浦和美園202

福重隆浩 ふく しげ たか ひろ

公新　当1
東京都　S37・5・3
勤1年5ヵ月　(初/令3)

党群馬県本部代表、党地方議会局次長、国際局次長、労働局次長、内閣委、決算行監委理、倫選特委、群馬県議、創価大／60歳

〒370-0069　高崎市飯塚町457-2 3F　☎027(370)5650
〒100-8981　千代田区永田町2-2-1、会館　☎03(3508)7249

沢田　良 さわ だ　りょう

維新　当1(初/令3)
東京都江東区　S54・9・27
勤1年5ヵ月　〈埼玉15区〉

法務委理、消費者特委、党政調副会長、参議員秘書、浦和北ロータリー会員、日大校友会埼玉県支部常任幹事、日大芸術学部／43歳

〒336-0024　さいたま市南区根岸2-22-14 1F　☎048(767)8045

高橋英明 たか はし ひで あき

維新　当1(初/令3)
埼玉県川口市　S38・5・10
勤1年5ヵ月　〈埼玉2区〉

文科委、政倫審委、川口市議、武蔵大経済学部、中央工学校／59歳

〒337-0847　川口市芝中田2-9-6　☎048(262)5808

塩川鉄也 しお かわ てつ や

共前　当8
埼玉県日高市　S36・12・18
勤22年10ヵ月　(初/平12)

党幹部会委員、党国会議員団国対委員長代理、衆院国対副委員長、内閣委、議運委、倫選特委、日高市職員、都立大／61歳

〒330-0835　さいたま市大宮区北袋町1-171-1　☎048(649)0409
〒100-8982　千代田区永田町2-1-2、会館　☎03(3508)7507

鈴木義弘 すず き よし ひろ

国元　当3(初/平24)
埼玉県三郷市　S37・11・10
勤6年3ヵ月　〈埼玉14区〉

法務委、経産委、党幹事長代理、元埼玉県議、(故)土屋義彦参院議員秘書、日本大学理工学部／60歳

〒341-0044　三郷市戸ケ崎3-347　☎048(948)2070

比例代表 北関東 **19 人**		有効投票数 6,172,103票	

政党名	当選者数	得票数	得票率
	惜敗率 小選挙区		惜敗率 小選挙区
自 民 党	**7 人**	**2,172,065票**	**35.19%**

当①尾身　朝子 前　　　　　当②牧原　秀樹 前(94.65)埼5
当②野中　厚 前(95.97)埼12　当②田所　嘉徳 前(92.12)茨1

比例北関東

㊥略歴

当②石川　昭政 前(87.79) 茨5
当②五十嵐　清 新(87.31) 栃2
当②中根　一幸 前(78.52) 埼6
㉜河村　建一 新
㉝神山　佐市 前
㉞西川　鎭央 新
㉟上野　宏史 前
㊲佐藤　明男 前
㊳鈴木　聖二 新
㊴小川　雅幸 新
【小選挙区での当選者】
②葉梨　康弘 前　茨3
②梶山　弘志 前　茨4
②国光　文乃 前　茨6
②永岡　桂子 前　茨7
②船田　元 前　栃1
②簗　和生 前　栃3
②佐藤　勉 前　栃4
②茂木　敏充 前　栃5
②中曽根康隆 前　群1
②井野　俊郎 前　群2
②笹川　博義 前　群3
②福田　達夫 前　群4
②小渕　優子 前　群5
②村井　英樹 前　埼1
②新藤　義孝 前　埼2
②黄川田仁志 前　埼3
②穂坂　泰 前　埼4
②柴山　昌彦 前　埼8
②大塚　拓 前　埼9
②山口　晋 新　埼10
②小泉　龍司 前　埼11
②土屋　品子 前　埼13
②三ツ林裕巳 前　埼14
②田中　良生 前　埼15
㊱中野　英幸 新　埼7

立憲民主党　5人　1,391,148票　22.54%

当①藤岡　隆雄 新(95.69) 栃4
当①中村喜四郎 前(95.27) 茨7
当①小宮山泰子 前(94.40) 埼7
当①坂本祐之輔 元(93.82) 埼10
当①青山　大人 前(90.35) 茨6
①三角　創太 新(85.94) 埼13
①山川百合子 前(80.45) 埼3
①武正　公一 元(80.00) 埼1
①長谷川嘉一 前(78.69) 群3
①高木錬太郎 前(70.53) 埼15
①杉村　慎治 新(69.02) 埼9
①渡辺　典喜 新(64.84) 栃1
①梶岡　博樹 新(58.18) 茨3
①堀越　啓仁 前(56.67) 群2
①藤田　幸久 元(55.13) 茨2
①角倉　邦良 新(53.80) 群4
①伊賀　央 新(48.33) 栃3
①島田　誠 新(43.91) 埼11
㉓石塚　貞通 新
㉔船山　幸雄 新
㉕高杉　徹 新
【小選挙区での当選者】
①福田　昭夫 前　栃2
①枝野　幸男 前　埼5
①大島　敦 前　埼6
①森田　俊和 前　埼12

公明党　3人　823,930票　13.35%

当①石井　啓一 前
当②輿水　恵一 元
当③福重　隆浩 新
④村上　知己 新

日本維新の会　2人　617,531票　10.01%

当①沢田　良 新(47.47) 埼15
当①高橋　英明 新(47.17) 埼2
①柏倉　祐司 元(42.71) 栃1
①宮崎　岳志 元(38.58) 群1
①伊勢田享子 新(31.81) 埼7
①岸野　智康 新(28.42) 茨3
①武藤　優子 新(25.61) 茨4
▼①水梨　伸晃 新(19.75) 茨7
▼①吉村　豪介 新(19.59) 埼1

共産党　1人　444,115票　7.20%

当①塩川　鉄也 前
②梅村早江子 元
③大内久美子 新　茨4

国民民主党　1人　298,056票　4.83%

当①鈴木　義弘 元(64.23) 埼14
①浅野　克彦 新(44.68) 埼4
【小選挙区での当選者】
①浅野　哲 前　茨5

▼は小選挙区の得票が有効投票総数の10分の1未満で、復活当選の資格がない者

その他の政党の得票数・得票率は下記のとおりです。
(当選者はいません)

政党名	得票数	得票率
れいわ新選組	239,592票	3.88%
社民党	97,963票	1.59%
NHKと裁判してる党弁護士法72条違反で	87,702票	1.42%

千葉県1区 430,513 / 54.51

当128,556 田 嶋　要 立前（56.3）
比当99,895 門山宏哲 自前（43.7）

千葉市（中央区、稲毛区、美浜区）

田 嶋　要 （た じ ま　かなめ）

立前　　　　当7
愛知県　S36・9・22
勤19年5ヵ月（初/平15）

党NC経産大臣、経産委、原子力特委、経産政務
官、原子力災害現地対策本部長、NTT、世銀
IFC投資官、米ウォートンMBA、東大法／61歳

〒260-0015　千葉市中央区富士見2-9-28
第1山崎ビル6F　　　　　☎043(202)1511

千葉県2区 460,509 / 54.65

当153,017 小林鷹之 自前（62.0）
比69,583 黒田　雄 立元（28.2）
比24,052 寺尾　賢 共新（ 9.8）

千葉市（花見川区）、習志野市、
八千代市

小 林 鷹 之 （こ ばやし たか ゆき）

自前［二］　　　当4
千葉県　S49・11・29
勤10年4ヵ月（初/平24）

予算委理事、厚労委、消費者特委、憲法審委、
党副幹事長、経済安全保障大臣、防衛大臣政
務官、財務省、ハーバード大院、東大法／48歳

〒276-0033　千葉県八千代市八千代台南1-3-3
　　　　　　山萬八千代台ビル1F　☎047(409)5842
〒100-8981　千代田区永田町2-2-1、会館☎03(3508)7617

千葉県3区 336,241 / 52.36

当106,500 松野博一 自前（61.9）
比65,627 岡島一正 立前（38.1）

千葉市（緑区）、市原市

松 野 博 一 （まつ の ひろ かず）

自前［安］　　　当8
千葉県　S37・9・13
勤22年10ヵ月（初/平12）

内閣官房長官、情報監視審査会長、党総務会長
代行、党雇用問題調査会長、文科大臣、厚労政務
官、松下政経塾、ライオン(株)、早大法、60歳

〒290-0072　市原市西国分寺台1-16-16　☎0436(23)9060
〒107-0052　港区赤坂2-17-10、宿舎　☎03(5549)4671

千葉県4区 463,083 / 52.69

当154,412 野田佳彦 立前（64.5）
比84,813 木村哲也 自前（35.5）

船橋市（本庁管内、二宮・芝山・高根台・習志野
台・西船橋出張所管内、船橋駅前総合窓口セン
ター管内（丸山1～5丁目に属する区域を除く。)）

野 田 佳 彦 （の だ よし ひこ）

立前　　　　当9
千葉県船橋市　S32・5・20
勤26年1ヵ月　（初/平5）

党最高顧問、元民進党幹事長、内閣総理大臣、財
務大臣、財務副大臣、懲罰委員、党幹事長代理、
党国対委長、県議、松下政経塾、早大／65歳

〒274-0077　船橋市薬円台6-6-8-202　☎047(496)1110
〒107-0052　港区赤坂2-17-10、宿舎

<table>
<tr><td>

千葉県5区 450,365 ⊕54.07

市川市(本庁管内の一部(P170参照)、行徳支所管内)、浦安市
</td><td>

当111,985　薗浦健太郎　自前(47.0)
比69,887　矢崎堅太郎　立新(29.3)
比32,241　椎木　保　維元(13.5)
比24,307　鴇田　敦　国新(10.2)
</td></tr>
</table>

そのうらけん た ろう
薗浦健太郎　無所属

辞　　職（令和4年12月21日）

<table>
<tr><td>

千葉県6区 369,609 ⊕52.99

市川市(第5区に属しない区域)、松戸市(本庁管内、常盤平・六実・矢切・東部支所管内)
</td><td>

当80,764　渡辺博道　自前(42.5)
比当48,829　藤巻健太　維新(25.7)
32,444　浅野史子　共新(17.1)
28,083　生方幸夫　無前(14.8)
</td></tr>
</table>

わた　なべ　ひろ　みち
渡辺博道
自前［茂］　　当8
千葉県　　S25・8・3
勤23年3ヵ月　（初/平8）

復興大臣、党経理局長、党再犯防止推進特別委員長、原子力特委長、復興大臣、地方創生特委長、厚労委員、総務委員、経産副大臣、早大、明大院／72歳

〒270-2241　松戸市松戸新田592　☎047(369)2929
〒100-8981　千代田区永田町2-2-1 会館　☎03(3508)7387

<table>
<tr><td>

千葉県7区 434,040 ⊕54.54

松戸市(第6区に属しない区域)、野田市、流山市
</td><td>

当127,548　斎藤　健　自前(55.0)
比71,048　竹内千春　立新(30.6)
比28,594　内山　晃　維元(12.3)
4,749　渡辺晋宏　N新(2.0)
</td></tr>
</table>

さい　とう　　けん
齋藤　健
自前［無］　　当5
東京都港区　　S34・6・14
勤13年8ヵ月　（初/平21）

法務大臣、農水大臣、党団体総局長、厚労委筆頭理事、環境政務官、経産省課長、埼玉県副知事、ハーバード大院／63歳

〒270-0119　千葉県流山市おおたかの森北1-5-2
セレーナおおたかの森2F　☎04(7190)5271

<table>
<tr><td>

千葉県8区 423,866 ⊕56.16

柏市(本庁管内、田中・増尾・富勢・光ケ丘・豊四季台・南部・西原・松葉・藤心出張所管内、柏駅前行政サービスセンター管内)、我孫子市
</td><td>

当135,125　本庄知史　立新(59.7)
比当81,556　桜田義孝　自前(36.0)
9,845　宮岡進一郎　無新(4.3)
</td></tr>
</table>

ほん　じょう　さと　し
本庄知史
立新　　当1
京都府　　S49・10・22
勤1年5ヵ月　（初/令3）

予算委、内閣委、憲法審委、党副幹事長、千葉県連副代表、副総理・外務大臣秘書官、衆議院議員政策秘書、東大法学部／48歳

〒277-0863　柏市豊四季949-9-101　☎04(7170)2680

略
歴

千葉

千葉県9区　407,331　⑫53.01
当107,322　奥野総一郎　立前(51.1)
比当102,741　秋本真利　自前(48.9)

千葉市(若葉区)、佐倉市、四街道市、八街市

おくのそういちろう
奥野総一郎
立前　　　　　　当5
兵庫県神戸市　S39・7・15
勤13年8ヵ月　（初/平21）

総務委筆頭理事、憲法審委、党千葉県連代表、総務省調査官、東大法／58歳

〒285-0845　佐倉市西志津1-20-4　☎043(461)8609

千葉県10区　341,141　⑫53.28
当83,822　林　幹雄　自前(47.3)
比当80,971　谷田川元　立前(45.7)
10,272　梓　まり　諸新(5.8)
2,173　今留尚人　無新(1.2)

銚子市、成田市、旭市、匝瑳市、香取市、香取郡、山武郡(横芝光町の一部(P170参照))

はやしもとお
林　　幹雄
自前［二］　　　当10
千葉県銚子市　S22・1・3
勤29年10ヵ月　（初/平5）

党地方創生実行統合本部長、財務委員長、党幹事長代理、経産大臣、議運委員長、党航空特委長、党総務会代理、国交大臣国家公安委員長、沖・北・防災担当大臣、国交委長、国交副大臣、運輸政務次官、日大芸／76歳

〒288-0046　銚子市大橋町2-2　☎0479(23)1093
〒100-8981　千代田区永田町2-2-1、会館

千葉県11区　351,570　⑫51.38
当110,538　森　英介　自前(64.4)
30,557　椎名史明　共新(17.8)
比当30,432　多ケ谷亮　れ新(17.7)

茂原市、東金市、勝浦市、山武市、いすみ市、大網白里市、山武郡(九十九里町、芝山町、横芝光町(第10区に属しない区域))、長生郡、夷隅郡

もりえいすけ
森　　英介
自前［麻］　　　当11
東京都　S23・8・31
勤33年3ヵ月　（初/平2）

憲法審査会長、党労政局長、政倫審会長、憲法審査会長、法務大臣、厚労副大臣、川崎重工社員、工学博士、東北大／74歳

〒297-0016　茂原市木崎284-10　☎0475(26)0200

千葉県12区　380,864　⑫52.20
当123,210　浜田靖一　自前(64.0)
比56,747　樋高剛　立元(29.5)
12,530　葛原茂　共新(6.5)

館山市、木更津市、鴨川市、君津市、富津市、袖ヶ浦市、南房総市、安房郡

はまだやすかず
浜田靖一
自前［無］　　　当10
千葉県富津市　S30・10・21
勤29年10ヵ月　（初/平5）

防衛大臣、予算委員長、党幹事長代理、国対委員長、専修大／67歳

〒292-0066　木更津市新田1-3柴野ビル2F　☎0438(23)5432
〒100-8982　千代田区永田町2-1-2、会館　☎03(3508)7020

略歴

千葉

千葉県13区 416,857 ⊛54.49

当100,227 松本　　尚 自新(45.1)
比79,687 宮川　伸 立前(35.8)
比42,473 清水聖士 維新(19.1)

船橋市(豊富・二和出張所管内、船橋駅前総合窓口センター管内(丸山1〜5丁目に属する区域に限る。)、柏市(第8区に属しない区域)、鎌ケ谷市、印西市、白井市、富里市、印旛郡

まつ　もと　ひさし
松本　尚

自新［安］　　当1
石川県金沢市　S37・6・3
勤1年5ヵ月　(初/令3)

内閣委、厚労委、救急・外傷外科医、日本医科大学千葉北総病院副院長、同大学特任教授、千葉県医師会理事、MBA、金沢大医学部／60歳

〒270-1345 印西市船尾1380-2 　☎0476(29)5099
〒107-0052 港区赤坂2-17-10、宿舎

神奈川県1区 427,922 ⊛53.99

当100,118 篠原　　豪 立前(45.0)
76,064 松本　純 無前(34.2)
比当46,271 浅川義治 維新(20.8)

横浜市(中区、磯子区、金沢区)

しの　はら　ごう
篠原　豪

立前　　　　当3
神奈川県横浜市 S50・2・12
勤8年4ヵ月　(初/平26)

安保委筆頭理事、外務委理、党ネクスト安保副大臣、党外交・安保PT事務局長、党県政策委員長、横浜市議、早大院／48歳

〒235-0016 横浜市磯子区磯子3-6-23
　　　　　　アイランドビル1F 　☎045(349)9180
〒100-8982 千代田区永田町2-1-2、会館 ☎03(3508)7130

神奈川県2区 436,066 ⊛56.00

当146,166 菅　　義偉 自前(61.1)
比92,880 岡本英子 立元(38.9)

横浜市(西区、南区、港南区)

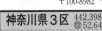

すが　よし　ひで
菅　義偉

自前［無］　　当9
秋田県　　　S23・12・6
勤26年7ヵ月　(初/平8)

前内閣総理大臣、前党総裁、内閣官房長官、党幹事長代行、総務大臣、総務副大臣、経産・国交各政務官、横浜市議、法政大／74歳

〒232-0017 横浜市南区宿町2-49 　☎045(743)5550
〒100-8982 千代田区永田町2-1-2、会館 ☎03(3508)7446

神奈川県3区 442,398 ⊛52.64

当119,199 中西健治 自新(52.5)
比68,457 小林丈人 立新(30.2)
23,310 木佐木忠晶 共新(10.3)
15,908 藤村晃子 無新(7.0)

横浜市(鶴見区、神奈川区)

なか　にし　けん　じ
中西健治

自新［麻］ 当1(初/令3)※
東京都　　　S39・1・4
勤12年10ヵ月(参11年5ヵ月)

財務金融委員会理事、党財金部会長、財務副大臣、参財政金融委員長、党法務部会長、元JPモルガン証券副社長、東大法／59歳

〒221-0822 横浜市神奈川区西神奈川2-2-1
　　　　　　日光堂ビル2F 　☎045(565)5520

神奈川県4区 332,708 ⑳61.70

横浜市（栄区）、鎌倉市、逗子市、三浦郡

当66,841	早稲田夕季	立前 (33.0)
63,687	浅尾慶一郎	無元 (31.5)
比47,511	山本朋広	自前 (23.5)
比16,559	高谷清彦	維新 (8.2)
7,790	大西恒樹	無新 (3.8)

早稲田ゆき（わせだ）　立前　当2

東京都渋谷区　S33・12・6
勤5年6ヵ月　（初/平29）

厚労委、消費者特委、党NC厚生労働大臣、神奈川県議、鎌倉市議、日本輸出入銀行、早大／64歳

〒248-0012　神奈川県鎌倉市御成町5-41-2F　☎0467(24)0573

神奈川県5区 467,198 ⑳56.05

横浜市（戸塚区、泉区、瀬谷区）

| 当136,288 | 坂井　学 | 自前 (53.5) |
| 比当118,619 | 山崎　誠 | 立前 (46.5) |

坂井　学（さかい　まなぶ）　自前［無］　当5

東京都府中市　S40・9・4
勤14年3ヵ月　（初/平17）

党政調副、党花博特委員長、総務委、党総務、前内閣官房副長官、財金委員長、総務兼内閣府副大臣、財務副大臣、党国交部会長、国交兼復興政務官、松下政経塾十期生、東大法／57歳

〒244-0003　横浜市戸塚区戸塚町142
鈴木ビル3F　☎045(863)0900

神奈川県6区 381,141 ⑳55.88

横浜市（保土ヶ谷区、旭区）

当92,405	古川直季	自新 (44.3)
比87,880	青柳陽一郎	立前 (42.1)
比28,214	串田誠一	維前 (13.5)

古川直季（ふる　かわ　なお　き）　自新［無］　当1

神奈川県横浜市　S43・8・31
勤1年5ヵ月　（初/令3）

総務委、文科委、倫選特委、党国対委、横浜市会議員、衆議院議員秘書、横浜銀行員、明治大政経、明治大院／54歳

〒241-0825　横浜市旭区中希望が丘199-1　☎045(391)4000

神奈川県7区 449,449 ⑳57.58

横浜市（港北区、都筑区の一部
（P170参照））

| 当128,870 | 鈴木馨祐 | 自前 (50.9) |
| 比当124,524 | 中谷一馬 | 立前 (49.1) |

鈴木馨祐（すず　き　けい　すけ）　自前［麻］　当5

東京都　S52・2・9
勤14年3ヵ月　（初/平17）

外務委理事、党政調副会長、外務副大臣、財務副大臣、党青年局長、国土交通政務官、予算・議運理、法務委員長、大蔵省、(ジョージタウン大学院)、在ニューヨーク副領事、東大法／46歳

〒222-0033　横浜市港北区新横浜3-18-9
　　　　　　新横浜ICビル102号室　☎045(620)0223
〒100-8981　千代田区永田町2-2-1、会館　☎03(3508)7304

神奈川県8区 427,843 / 59.37

当130,925 江田憲司 立前(52.6)
比当117,963 三谷英弘 自前(47.4)

横浜市(緑区、青葉区、都筑区(荏田東町、荏田東1〜4丁目、荏田南町、荏田南1〜5丁目、大丸)

えだ けん じ
江田憲司

立前　　　当7
岡山県　　S31・4・28
勤18年8ヵ月（初/平14補）

決算行政監視委員長、党代表代行、民進党代表代行、維新の党代表、桐蔭横浜大客員教授、首相・通産相秘書官、ハーバード大客員研究員、東大/66歳

〒227-0062 横浜市青葉区青葉台2-9-30　☎045(989)3911

神奈川県9区 338,241 / 59.42

当83,847 笠　浩史 立前(42.4)
比当68,918 中山展宏 自前(34.9)
比24,547 吉田大成 維新(12.4)
　20,432 斎藤　温 共新(10.3)

川崎市(多摩区、宮前区(神木本町1〜5丁目)、麻生区)

りゅう　ひろ　ふみ
笠　　浩史

立前　　　当7
福岡県　　S40・1・3
勤19年5ヵ月（初/平15）

党国対筆頭副委員長、科技特委長、文科副大臣、文科大臣政務官、民主党幹事長代理、衆議運委筆頭理事、テレビ朝日政治記者、慶大文/58歳

〒214-0014 川崎市多摩区登戸1644-1
　　　　　　新川ガーデンビル1F　☎044(900)1800

神奈川県10区 470,746 / 55.04

当104,832 田中和徳 自前(41.4)
比69,594 金村龍那 維新(27.5)
比48,839 畑野君枝 共前(19.3)
比当30,013 鈴木　敦 国新(11.8)

川崎市(川崎区、幸区、中原区の一部(P170参照))

た　なか　かず　のり
田中和徳

自前[麻]　　当9
山口県下関市　S24・1・21
勤26年7ヵ月　（初/平8）

党再犯防止推進特委長、党交通安全対策特委長、党幹事長代理、復興大臣、党組織運動本部長、財務副大臣、財金委員、法大/74歳

〒210-0846 川崎市川崎区小田6-11-24　☎044(366)1400

神奈川県11区 374,938 / 52.21

当147,634 小泉進次郎 自前(79.2)
　38,843 林　伸明 共新(20.8)

横須賀市、三浦市

こいずみしん じ ろう
小泉進次郎

自前[無]　　当5
神奈川県横須賀市　S56・4・14
勤13年8ヵ月　（初/平21）

党国対副委員長、党総務会長代理、前環境大臣、党厚労部会長、筆頭副幹事長、農林部会長、内閣府政務官・復興政務官、衆院議員秘書、関東学院大、コロンビア大院修了/41歳

〒238-0004 横須賀市小川町13 宇野ビル3F　☎046(822)6600
〒100-8981 千代田区永田町2-2-1、会館☎03(3508)7327

神奈川県12区 406,623 ㊿56.14
藤沢市、高座郡

当95,013　阿部知子　立前（42.4）
比91,159　星野剛士　自前（40.7）
比37,753　水戸将史　維元（16.9）

立前　　　　　　当8
阿部知子
あべともこ
東京都目黒区　S23・4・24
勤22年10ヵ月（初/平12）

衆厚労委、原子力特委、超党派議連「原発ゼロ再エネ100の会」事務局長、小児科医、東大医学部／74歳

〒251-0025　藤沢市鵠沼石上1-1-13-13
　　　　　　藤沢共同ビル1F　　　☎0466(52)2680

神奈川県13区 471,671 ㊿55.77
大和市、海老名市、座間市の一部（P170参照）、綾瀬市

当130,124　太　栄志　立新（51.1）
比当124,595　甘利　明　自前（48.9）

立新　　　　　　当1
太　栄志
ふとりひでし
鹿児島県大島郡知名町　S52・4・27
勤1年5ヵ月（初/令3）

議運委、内閣委、拉致特委、衆議院議員秘書、米ハーバード大国際問題研究所員、ウィルソン・センター研究員、中大法、中大院／45歳

〒242-0017　大和市大和東3-7-11
　　　　　　大和東共同ビル101　　☎046(244)3203

神奈川県14区 460,744 ㊿56.02
相模原市（緑区の一部（P171参照）、中央区、南区の一部（P171参照））

当135,197　赤間二郎　自前（53.8）
比116,273　長友克洋　立新（46.2）

自前［麻］　　　　当5
あかま二郎
じろう
神奈川県相模原市　S43・3・27
勤14年3ヵ月（初/平17）

党副幹事長、総務委筆頭理事、国土交通委員長、党総務部会長、内閣府副大臣、総務副大臣、総務政務官、副幹事長、県議、立教大、マンチェスター大学院／54歳

〒252-0239　相模原市中央区中央2-11-10　☎042(756)1500
〒100-8981　千代田区永田町2-2-1、会館　☎03(3508)7317

神奈川県15区 473,497 ㊿57.32
平塚市、茅ヶ崎市、中郡

当210,515　河野太郎　自前（79.3）
比46,312　佐々木克己　社新（17.5）
8,565　渡辺マリコ　N新（3.2）

自前［麻］　　　　当9
河野太郎
こうのたろう
神奈川県小田原市　S38・1・10
勤26年7ヵ月（初/平8）

デジタル大臣、党広報本部長、ワクチン担当大臣、規制改革・行政改革・沖北対策担当大臣、防衛大臣、外務大臣、国家公安委員長、富士ゼロックス、ジョージタウン大／60歳

〒254-0811　平塚市八重咲町26-8　　☎0463(20)2001
〒100-8982　千代田区永田町2-1-2、会館　☎03(3508)7006

神奈川県16区	466,042	当137,558 後藤 祐一 立前（54.6）
	55.35	比当114,396 義家 弘介 自前（45.4）

相模原市（緑区（第14区に属しない区域）、南区（第14区に属しない区域）（P171参照））、厚木市、伊勢原市、座間市（相模が丘1〜6丁目）、愛甲郡

ご とう ゆう いち	立前	当5
後藤 祐一	神奈川県相模原市 S44・3・25	
	勤13年8ヵ月 （初/平21）	

予算委理事、党国対副委員長、県連副代表、情報監視審査会幹事、党役員室長、経産省課長補佐、東大法／53歳

〒243-0017 厚木市栄町2-4-28-212　☎046(296)2411
〒106-0032 港区六本木7-1-3、宿舎

神奈川県17区	424,659	当131,284 牧島かれん 自前（55.3）
	56.98	比89,837 神山 洋介 立元（37.9）
		16,202 山田 正 共新（ 6.8）

小田原市、秦野市、南足柄市、足柄上郡、足柄下郡

まきしま	自前［麻］	当4
牧島かれん	神奈川県 S51・11・1	
	勤10年4ヵ月 （初/平24）	

内閣委、経産委、予算委、デジタル大臣、行政改革・規制改革担当大臣、第51代党青年局長、元内閣府政務官、ICU大（Ph. D)、GW大修士／46歳

〒250-0862 小田原市成田178-1　☎0465(38)3388
〒100-8981 千代田区永田町2-2-1、会館　☎03(3508)7026

神奈川県18区	451,301	当120,365 山際大志郎 自前（47.7）
	57.25	比90,390 三村 和也 立元（35.8）
		比41,562 横田 光弘 維新（16.5）

川崎市（中原区（第10区に属しない区域）（P171参照）、高津区、宮前区（第9区に属しない区域）（P171参照））

やまぎわ だい し ろう	自前［麻］	当6
山際大志郎	東京都 S43・9・12	
	勤16年1ヵ月 （初/平15）	

党コロナ対策本部長、経産委筆頭理事、経済再生・コロナ担当大臣、経産副大臣、内閣府大臣政務官、獣医学博士、東大院／54歳

〒213-0001 川崎市高津区溝口2-14-12　☎044(850)8884
〒100-8981 千代田区永田町2-2-1、会館　☎03(3508)7477

山梨県1区	424,441	当125,325 中谷 真一 自前（50.5）
	59.49	比当118,223 中島 克仁 立前（47.6）
		4,826 辺見 信介 N新（ 1.9）

甲府市、韮崎市、南アルプス市、北杜市、甲斐市、中央市、西八代郡、南巨摩郡、中巨摩郡

なか たに しん いち	自前［茂］	当4(初/平24）
中谷 真一	山梨県甲府市 S51・9・30	
	勤10年4ヵ月	

経産副大臣兼内閣府副大臣、党国対副委員長、外務大臣政務官、元自衛官、元参議院議員秘書、防大／46歳

〒400-0064 山梨県甲府市下飯田3-8-29　☎055(288)8220
〒106-0032 港区六本木7-1-3、宿舎

㋿略歴

神奈川・山梨

山梨県2区
262,259
投62.31

富士吉田市、都留市、山梨市、大月市、笛吹市、上野原市、甲州市、南都留郡、北都留郡

当109,036 堀内詔子 自前（67.9）
比44,441 市来伴子 立新（27.7）
7,027 大久保令子 共新（4.4）

ほり うち のり こ
堀内詔子

自前［岸］　当4
山梨県笛吹市 S40・10・28
勤10年4ヵ月〈初／平24〉

環境委理、厚労委、消費者特委理、党副幹事長、前ワクチン接種推進担当大臣、東京オリパラ担当大臣、環境副大臣兼内閣府副大臣、厚労大臣政務官、学習院大院／57歳

〒403-0007 富士吉田市中曽根1-5-25　☎0555(23)7688
〒100-8982 千代田区永田町2-1-2、会館　☎03(3508)7487

比例代表 南関東 22人
千葉、神奈川、山梨

ほし の つよ し
星野剛士

自前［無］　当4〈初／平24〉
神奈川県藤沢市 S38・8・8
勤10年4ヵ月〈神奈川12区〉

内閣府副大臣、党内閣第一部会長代理、経済産業兼内閣府兼復興各大臣政務官、産経新聞記者、神奈川県議、NYエルマイラ大、日大法／59歳

〒251-0052 藤沢市藤沢973
　　　　　相模プラザ第三ビル1F　☎0466(23)6338
〒100-8982 千代田区永田町2-1-2、会館　☎03(3508)7413

あま り あきら
甘利明

自前［麻］　当13〈初／昭58〉
神奈川県厚木市 S24・8・27
勤39年5ヵ月〈神奈川13区〉

党税調顧問、党幹事長、選対委員長、政調会長、予算委員長、労働大臣、経済産業大臣、行革大臣、経済再生大臣、慶大／73歳

〒242-0028 大和市桜森3-6-14　☎046(262)2200
〒100-8982 千代田区永田町2-1-2、会館　☎03(3508)7528

あき もと まさ とし
秋本真利

自前［無］　当4〈初／平24〉
千葉県 S50・8・10
勤10年4ヵ月〈千葉9区〉

外務大臣政務官、党副幹事長、党再エネ議連事務局長、党国対副委員長、国土交通大臣政務官、法政大法／47歳

〒264-0021 千葉市若葉区若松町360-21　☎043(214)3600

み たに ひで ひろ
三谷英弘

自前［無］　当3〈初／平24〉
神奈川県藤沢市 S51・6・28
勤7年6ヵ月〈神奈川8区〉

議運委、厚労委、文科委、党国対副委員長、党ネットメディア局次長、党遊説局長、女性局研修部長、弁護士、東大法学部／46歳

〒227-0055 横浜市青葉区つつじが丘10-20
　　　　　ラポール若野 2F　☎045(532)4600

㊟略歴　山梨・比例南関東

よし いえ ひろ ゆき
義家 弘介

自 前［安］ 当4（初/平24）＊
長野県　S46・3・31
勤15年9ヵ月（参院5ヵ月）〈神奈川16区〉

党総務会長代理、拉致特委理、法務副大臣、文科副大臣、文科政務官、文科委員長、党副幹事長、党財金部会長、参院議員、教育再生会議担当室長、横浜市教育委員、高校教諭、明治学院大学／51歳

〒243-0014 厚木市旭町1-15-17　☎046（226）8585

なか やま のり ひろ
中山 展宏

自 前［麻］ 当4（初/平24）
兵庫県　S43・9・16
勤10年4ヵ月　〈神奈川9区〉

予算委理、内閣委、財金委、消費者特委、国土交通副大臣、外務大臣政務官、内閣委理、ルール形成戦略議連事務局長、東大先端研客員研究員、早大院中退／54歳

〒214-0014 川崎市多摩区登戸2663
東洋ビル5F　☎044（322）8600

かど やま ひろ あき
門山 宏哲

自 前［無］ 当4（初/平24）
千葉県千葉市　S39・9・3
勤10年4ヵ月　〈千葉1区〉

法務副大臣、党副幹事長、元法務大臣政務官、弁護士、元千葉家裁家事調停委員、中央大学法学部／58歳

〒260-0013 千葉市中央区中央4-13-31
高嶋ビル101　☎043（223）0050
〒106-0032 港区六本木7-1-3、宿舎

やまもと
山本 ともひろ

自 前［無］ 当5（初/平17）
京都府京都市　S50・6・20
勤14年3ヵ月　〈神奈川4区〉

安保委、党文科部会長、防衛副大臣・内閣府副大臣、松下政経塾生、米ジョージタウン大客員研究員、関西大、京大院修／47歳

〒247-0056 鎌倉市大船1-6-6
大久保ビル3F　☎0467（39）6933

さくらだ よし たか
櫻田 義孝

自 前［二］ 当8（初/平8）
千葉県柏市　S24・12・20
勤23年3ヵ月　〈千葉8区〉

国交委、拉致特委、東京オリンピック・パラリンピック担当大臣、文科副大臣、内閣府副大臣、外務政務官、千葉県議、柏市議、明大商／73歳

〒277-0814 柏市正連寺373-3　☎04（7132）0881
〒100-8982 千代田区永田町2-1-2、会館　☎03（3508）7381

なか たに かず ま
中谷 一馬

立 前 当2（初/平29）
神奈川県川崎市　S58・8・30
勤5年6ヵ月　〈神奈川7区〉

内閣委、党政務調査会副会長、党デジタル政策PT座長、党広報本部幹事、神奈川県議、デジタルハリウッド大大学院／39歳

〒223-0061 横浜市港北区日吉2-6-3-201　☎045（534）9624
〒107-0052 港区赤坂2-17-10、宿舎

略歴

比例南関東

やたがわ　はじめ
谷田川　元　立前　当3(初/平21)
千葉県香取市　S38・1・17
勤7年5ヵ月　〈千葉10区〉

国交委理、決算行監委理、憲法審委、党政
調副会長、千葉県議4期、山村新治郎衆院
議員秘書、松下政経塾、早大政経／60歳

〒287-0001　香取市佐原ロ2164-2　☎0478(54)5678

あおやぎよういちろう
青柳陽一郎　立前　当4(初/平24)
神奈川県横浜市
保土ケ谷区　S44・8・29
勤10年4ヵ月　〈神奈川6区〉

内閣委筆頭理事、党神奈川県連代表、認
定NPO法人ICA会長、元国務大臣政策
秘書、早大院、日大法／53歳

〒240-0003　横浜市保土ケ谷区天王町1-9-5
　第7瀬戸ビル1F　☎045(334)4110
〒100-8982　千代田区永田町2-1-2、会館　☎03(3508)7245

なかじま　かつ　ひと
中島克仁　立前　当4(初/平24)
山梨県　S42・9・27
勤10年4ヵ月　〈山梨1区〉

厚労委理事、ほくと診療所院長、韮崎市
立病院、山梨大学病院第一外科、帝京大
医学部、医師／55歳

〒400-0858　山梨県甲府市相生1-1-21　☎055(242)9208
〒107-0052　港区赤坂2-17-10、宿舎

やま　ざき　まこと
山崎　誠　立前　当3(初/平21)
東京都練馬区　S37・11・22
勤8年10ヵ月　〈神奈川5区〉

経産委理事、災害特委、党政調副会長、党
環境エネルギーPT事務局長、横浜市議2
期、横浜国大院博士課程単位取得／60歳

〒244-0003　横浜市戸塚区戸塚町121-2F　☎045(438)9696
〒100-8981　千代田区永田町2-2-1、会館　☎03(3508)7137

かね　むらりゅう　な
金村龍那　維新　当1(初/令3)
愛知県名古屋市　S54・4・6
勤1年5ヵ月　〈神奈川10区〉

文科委、決算行監委理、党国対副委員長、神
奈川県維新の会代表、会社役員、児童福祉施
設代表、衆議員秘書、専修大法中退／43歳

〒210-0836　川崎市川崎区大島上町18-1
　サニークレイン201　☎044(366)8680

ふじ　まき　けん　た
藤巻健太　維新　当1(初/令3)
英国ロンドン　S58・10・7
勤1年5ヵ月　〈千葉6区〉

財金委、参院議員秘書、みずほ銀行、慶
大経済／39歳

〒271-0092　千葉県松戸市松戸1836
　メグロビル1F　☎047(710)0523
〒100-8982　千代田区永田町2-1-2、会館　☎03(3508)7503

あさ かわ よし はる
浅 川 義 治
維 新　　当1(初/令3)
神奈川県横浜市　S43・2・23
勤1年5ヵ月　〈神奈川1区〉

党県幹事長、安保委、消費者特委、横浜
市議会議員、日本大学法学部／55歳

〒236-0021 横浜市金沢区泥亀1-15-4
雨宮ビル1F　　　☎045(349)4231

ふる や のり こ
古 屋 範 子
公前　　　　当7
埼玉県さいたま市　S31・5・14
勤19年5ヵ月 (初/平15)

党副代表、党女性委員長、党政調会長代理、党
神奈川県本部顧問、厚労委、消費者特委理、厚
労副大臣、総務大臣政務官、早大／66歳

〒238-0011 横須賀市米が浜通1-7-2
サクマ横須賀ビル503号　☎046(828)4230

つの だ ひで お
角 田 秀 穂
公元　　　　当2
東京都　　S36・3・25
勤4年3ヵ月　(初/平26)

農林水産大臣政務官、農水委、党千葉県
本部副代表、船橋市議4期、社会保険労
務士、創価大／61歳

〒273-0011 船橋市湊町1-7-4　☎047(404)8013

し い かず お
志 位 和 夫
共前　　　当10
千葉県四街道市　S29・7・29
勤29年10ヵ月 (初/平5)

党幹部会委員長、国家基本委、党書記局
長、党青年・学生対策委員会責任者、党選
挙対策局政策論戦副部長、東大／68歳

〒221-0822 横浜市神奈川区西神奈川1-10-16
斉藤ビル2F　　　☎045(324)6516

すず き あつし
鈴 木 敦
国新　　当1(初/令3)
神奈川県川崎市　S63・12・15
勤1年5ヵ月 〈神奈川10区〉

外務委、拉致特委、復興特委、党国対副委員長、党神奈
川県連代表代行・選挙対策委員長、政党職員、元衆院
議員秘書、航空関連会社社員、駿河台大中退／34歳

〒211-0025 川崎市中原区木月2-4-3
TFTビル2階　　　☎044(872)7182
〒100-8982 千代田区永田町2-1-2、会館☎03(3508)7286

りょう
たがや 亮
れ新　　当1(初/令3)
東京都　　S43・11・25
勤1年5ヵ月 〈千葉11区〉

党国会対策委員長、国土交通委、決算行
監委、会社経営、国学院大／54歳

〒297-0037 茂原市早野1342-1　☎0475(44)6750
〒107-0052 港区赤坂2-17-10、宿舎

比例代表 南関東 22人　有効投票数 7,414,308票

政党名	当選者数		得票数	得票率
	惜敗率	小選挙区	惜敗率	小選挙区

自民党　9人　2,590,787票　34.94%

当①星野　剛士 前(95.94) 神12	①松野　博一 前	千3
当①甘利　　明 前(95.75) 神13	①薗浦健太郎 前	千5
当①秋本　真利 前(95.73) 千9	①渡辺　博道 前	千7
当①三谷　英弘 前(90.10) 神8	①斎藤　　健 前	千7
当①義家　弘介 前(83.16) 神16	①浜田　靖一 前	千12
当①中山　展宏 前(82.19) 神9	①松本　　尚 新	千13
当①門山　宏哲 前(77.71) 千2	①菅　　義偉 前	神2
当①山本　朋広 前(71.08) 神4	①中西　健治 新	神3
当①桜田　義孝 前(65.36) 千8	①坂井　　学 前	神6
①木村　哲也 前(54.93) 千4	①古川　直季 新	神6
㉚出畑　　実 前	①鈴木　馨祐 前	神7
㉛高橋　恭介 新	①田中　和徳 前	神10
㉜文月　　涼 新	①赤間　二郎 前	神14
㉝望月　忠彦 新	①河野　太郎 前	神15
㉞高木　昭彦 新	①牧島かれん 前	神17
㉟及川　　博 新	①山際大志郎 前	神18
【小選挙区での当選者】	①中谷　真一 前	山1
①小林　鷹之 前　千2	①堀内　詔子 前	山2

立憲民主党　5人　1,651,562票　22.28%

当①中谷　一馬 前(96.63) 神7	①市来　伴子 新(40.76) 山2
当①谷田川　元 前(96.60) 千10	㉙岬　　次郎 元
当①青柳陽一郎 前(95.10) 神6	㉚金子　建一 元
当①中島　克仁 前(94.34) 山1	【小選挙区での当選者】
①山崎　　誠 前(87.04) 神5	①田嶋　　要 前　千1
①長友　克洋 新(86.00) 神14	①野田　佳彦 前　千4
①宮川　　伸 前(79.51) 千13	①本庄　知史 新　千8
①三村　和也 元(75.10) 神18	①奥野総一郎 前　千9
①神山　洋介 元(68.43) 神17	①篠原　　豪 前　神1
①岡本　英子 元(63.54) 神2	①早稲田夕季 前　神4
①矢崎堅太郎 新(62.41) 千5	①江田　憲司 前　神8
①岡島　一正 前(61.62) 千3	①笠　　浩史 前　神9
①小林　丈人 新(57.43) 神3	①阿部　知子 前　神12
①竹内　千春 新(55.70) 千7	①太　　栄志 新　神13
①樋高　　剛 元(46.06) 千12	①後藤　祐一 前　神16
①黒田　　雄 元(45.47) 千2	

日本維新の会　3人　863,897票　11.65%

当①金村　龍那 新(66.39) 神10	①串田　誠一 前(30.53) 神6
当①藤巻　健太 新(60.46) 千6	①吉田　大成 新(29.28) 神9
当①浅川　義治 新(46.22) 神1	①椎木　　保 元(28.79) 千5
①清水　聖士 新(42.38) 千8	①内山　　晃 元(22.42) 千7
①水戸　将史 元(39.73) 神12	▼①高谷　清彦 新(24.77) 神4
①横田　光弘 新(34.53) 神18	

公明党　2人　850,667票　11.47%

当①古屋　範子 前	④江端　功一 新
当②角田　秀穂 元	⑤井川　泰雄 新
③上田　　勇 元	

共産党　1人　534,493票　7.21%

当①志位　和夫 前	④沼上　徳光 新	
②畑野　君枝 前　神10	▼⑤寺尾　　賢 新	千2
③斉藤　和子 元		

92

国民民主党	1人	384,481票	5.19%

当①鈴木　敦 新(28.63)神10　③長谷　康人 新
　①鴇田　敦 新(21.71)千5

れいわ新選組	1人	302,675票	4.08%

当①多ヶ谷　亮 新　千11　②木下　隼 新

▼は小選挙区の得票が有効投票総数の10分の1未満で、復活当選の資格がない者

その他の政党の得票数・得票率は下記のとおりです。
（当選者はいません）

政党名	得票数	得票率	NHKと裁判してる党弁護士法72条違反で
社民党	124,447票	1.68%	111,298票 1.50%

東京都1区	462,609 ㊵56.27	当99,133 山田美樹 自前(39.0)

比90,043 海江田万里 立前(35.4)
比60,230 小野泰輔 維新(23.7)
　4,715 内藤久遠 無新(1.9)

千代田区、港区の一部(P171参照)、新宿区の一部(P171参照)

やま　だ　み　き
山田美樹
　　　　　　自前[安]　　　当4
東京都　S49・3・15
勤10年4ヵ月（初/平24）

環境副大臣、党法務部会長、外務政務官、エルメス、BCG、通産省、東大法、コロンビア大／48歳

〒100-8982　千代田区永田町2-1-2、会館　☎03(3508)7037

東京都2区	463,165 ㊵60.82	当119,281 辻　清人 自前(43.4)

比90,422 松尾明弘 立前(32.9)
比45,754 木内孝胤 維元(16.7)
比14,487 北村　造 共新(5.3)
　4,659 出口紳一郎 無新(1.7)

中央区、港区(第1区に属しない区域)(P171参照)、文京区、台東区の一部(P171参照)

つじ　　きよ　と
辻　　清人
　　　　　　自前[岸]　　　当4
東京都　S54・9・7
勤10年4ヵ月（初/平24）

党国会対策副委員長、予算委、外務委、文科委、倫選特委、拉致特委、憲法審査、党副幹事長、外務大臣政務官、京大、米コロンビア大院修了／43歳

〒111-0021　台東区日本堤2-23-13　深谷ビル　☎03(6802)4701

東京都3区	470,083 ㊵59.87	当124,961 松原　仁 立前(45.9)

比116,753 石原宏高 自前(42.9)
　30,648 香西克介 共新(11.3)

品川区の一部(P171参照)、大田区の一部(P171参照)、大島・三宅・八丈・小笠原支庁管内

まつ　ばら　　じん
松原　仁
　　　　　　立前　　　当8
東京都板橋区　S31・7・31
勤22年10ヵ月（初/平12）

決算行監委理、外務委、民進党国対委員長、党都連会長、国家公安委長、拉致担当大臣、消費者担当大臣、国交副大臣、拉致特委長、都議、松下政経塾、早大／66歳

〒140-0011　品川区東大井5-17-4　高山ビル402　☎03(5783)2511

東京都4区 474,029 ㊿54.43

当128,708 平　将明　自前 (51.5)
比62,286 谷川 智行　共新 (24.9)
比58,891 林　智興　維新 (23.6)

大田区(第3区に属しない区域)
(P171参照)

たいら　まさ　あき
平　将明
自前[無]　　　　　当6
東京都　　S42・2・21
勤17年7ヵ月　(初/平17)

内閣委、党ネットメディア局長、内閣府副大臣、選対副委長、消費者特委筆頭理事、経産政務官兼内閣府政務官、副幹事長、早大/56歳

〒144-0052　大田区蒲田5-30-15
　　　　　　第20下川ビル7F　　☎03(5714)7071

東京都5区 464,694 ㊿60.03

当111,246 手塚 仁雄　立前 (41.0)
比当105,842 若宮 健嗣　自前 (39.0)
比54,363 田淵 正文　維新 (20.0)

目黒区の一部(P171参照)、世田谷区の一部(P171参照)

て　づか　よし　お
手塚 仁雄
立前　　　　　当5(初/平12)
東京都目黒区　S41・9・14
勤14年1ヵ月

党幹事長代理、党東京都連幹事長、科技特委、議運野党筆頭理事、内閣総理大臣補佐官、都議、早大/56歳

〒152-0022　目黒区柿の木坂3-11-4-205　☎03(3412)0440

東京都6区 467,339 ㊿60.36

当110,169 落合 貴之　立前 (40.1)
比当105,186 越智 隆雄　自前 (38.3)
比59,490 碓井 梨恵　維新 (21.6)

世田谷区(第5区に属しない区域)
(P171参照)

おち　あい　たか　ゆき
落合 貴之
立前　　　　　当3
東京都世田谷区　S54・8・17
勤8年4ヵ月　(初/平26)

経産委理、倫選特委、党副幹事長兼財務局長、党税制調査会副会長、党都連政調会長、元銀行員、慶大経済/43歳

〒154-0017　世田谷区世田谷1-12-14
　　　　　　原ビル2F　　　　　☎03(6312)4505
〒100-8982　千代田区永田町2-1-2、会館☎03(3508)7134

東京都7区 459,575 ㊿56.47

当124,541 長妻　昭　立前 (49.2)
比81,087 松本 文明　自前 (32.1)
比37,781 辻 健太郎　維新 (14.9)
5,665 込山 洋　れ新 (2.2)
3,822 猪野 恵司　N新 (1.5)

品川区(第3区に属しない区域)(P171参照)、目黒区(第5区に属しない区域)(P171参照)、渋谷区、中野区の一部(P171参照)、杉並区(方南1・2丁目)

なが　つま　あきら
長妻　昭
立前　　　　　当8
東京都　　S35・6・14
勤22年10ヵ月　(初/平12)

党政調会長、党都連会長、党代表代行、党選対委員長、厚労委、厚生労働大臣、日経ビジネス記者、NEC、慶大/62歳

〒164-0011　中野区中央4-11-13-101　☎03(5342)6551

㊟略歴

東京

東京都8区	476,188	当137,341	吉田晴美	立新（48.4）
⑥61.03		比105,381	石原伸晃	自前（37.2）
杉並区（第7区に属しない区域）（P172参照）		比40,763	笠谷圭司	維新（14.4）

よし だ
吉田はるみ

立新　　　　　　当1
山形県　　S47・1・1
勤1年5ヵ月　（初/令3）

法務委、予算委、憲法審査、党国際副局長、外資系経営コンサルタント、法務大臣政務秘書官、大学特任教授、立教大卒、バーミンガム大学経営大学院修了/51歳

〒166-0001　杉並区阿佐谷北1-3-4
　　　　　　小堺ビル301　　☎03(5364)9620

東京都9区	478,743	当109,489	山岸一生	立新（40.9）
⑥57.71		比95,284	安藤高夫	自前（35.6）
練馬区の一部（P172参照）		比47,842	南　純	維新（17.9）
		15,091	小林興起	諸元（5.6）

やま ぎし いっ せい
山岸一生

立新　　　　　　当1
東京都　　S56・8・28
勤1年5ヵ月　（初/令3）

内閣委、議運委、原子力特委理、朝日新聞記者、東大法学部/41歳

〒177-0041　練馬区石神井町8-17-8-105　☎03(6676)7318
〒100-8981　千代田区永田町2-2-1、会館☎03(3508)7124

東京都10区	479,088	当115,122	鈴木隼人	自前（43.8）
⑥56.50		比107,920	鈴木庸介	立前（41.1）
新宿区（第1区に属しない区域）（P172参照）、中野区（第7区に属しない区域）（P172参照）、豊島区の一部（P172参照）、練馬区（第9区に属しない区域）		比30,574	藤川隆史	維新（11.6）
		4,684	小山　徹	無新（1.8）
		4,552	沢口祐司	諸新（1.7）

すず き はや と
鈴木隼人

自前［茂］　　　　当3
東京都　　S52・8・4
勤8年4ヵ月　（初/平26）

外務委、予算委、議運委、沖北特委、地域・こども特委、党国会対策副委員長、前外務大臣政務官、経済産業省課長補佐、東大、東大院修/45歳

〒176-0005　練馬区旭丘1-64-14
　　　　　　ジュピター江古田301号室☎03(6908)1071
〒100-8982　千代田区永田町2-1-2、会館☎03(3508)7463

東京都11区	462,626	当122,465	下村博文	自前（50.0）
⑥54.97		比87,635	阿久津幸彦	立前（35.8）
板橋区の一部（P172参照）		29,304	西之原修斗	共新（12.0）
		5,639	桑島康文	無新（2.3）

しも むら はく ぶん
下村博文

自前［安］　　　　当9
群馬県　　S29・5・23
勤26年7ヵ月　（初/平8）

党総務、党中央政治大学院長、党政調会長、党選対委員長、党憲法改正本部長、党幹事長代行、文科大臣、オリパラ大臣、内閣官房副長官、都議、早大/68歳

〒173-0024　板橋区大山金井町38-12
　　　　　　新大山ビル205　　☎03(5995)4491
〒100-8982　千代田区永田町2-1-2、会館☎03(3508)7084

㊟略歴

東京

95

東京都12区 462,732 ⊕57.45

豊島区(第10区に属しない区域)(P172参照)、北区、板橋区(第11区に属しない区域)(P172参照)、足立区の一部(P172参照)

当101,020	岡本三成	公前(39.9)
比80,323	阿部 司	維新(31.7)
比71,948	池内沙織	共元(28.4)

公前 当4

おか もと みつ なり
岡本三成
佐賀県　S40・5・5
勤10年4ヵ月　(初/平24)

議運委理事、党中央幹事、党国対委員長代理、財務副大臣、外務政務官、ゴールドマン・サックス証券、米国ケロッグ経営大学院(MBA)、創価大/57歳

〒114-0002 北区王子2-30-4
　　　グランシャリオ王子101 ☎03(6908)4912
〒100-8981 千代田区永田町2-2-1、会館 ☎03(3508)7147

東京都13区 480,247 ⊕50.88

足立区(第12区に属しない区域)(P172参照)

当115,669	土田 慎	自新(49.3)
比78,665	北條智彦	立新(33.5)
30,204	沢田真吾	共新(12.9)
5,985	渡辺秀高	無新(2.6)
4,039	橋本孫美	無新(1.7)

自新[麻] 当1

つち だ　　しん
土田　慎
神奈川県茅ヶ崎市　H2・10・30
勤1年5ヵ月　(初/令3)

厚労委、経産委、消費者特委、党国会対策委員、党青年局次長、衆・参議員秘書、参議院議長参事、京大/32歳

〒121-0816 足立区梅島2-2-10 楠ビル201

東京都14区 465,702 ⊕55.96

台東区(第2区に属しない区域)(P172参照)、墨田区、荒川区

当108,681	松島みどり	自前(43.3)
比80,932	木村剛司	立元(32.2)
比49,517	西村恵美	維新(19.7)
5,845	梁本和則	無新(2.3)
3,364	竹本秀之	無新(1.3)
2,772	大塚紀久雄	無新(1.1)

自前[安] 当7

まつしま
松島みどり
大阪府　S31・7・15
勤19年6ヵ月　(初/平12)

党住宅土地・都市政策調査会長、消費者特委、安保委、党広報本部長、法務大臣、経産副大臣、国交副大臣、外務政務官、朝日新聞記者、東大経/66歳

〒131-0045 墨田区押上1-24-2川新ビル2F ☎03(5610)5566
〒100-8981 千代田区永田町2-2-1、会館 ☎03(3508)7065

東京都15区 424,125 ⊕58.73

江東区

当76,261	柿沢未途	自前(32.0)
比58,978	井戸正枝	立元(24.7)
比44,882	金沢結衣	維新(18.8)
26,628	今村洋史	無元(11.2)
17,514	猪野 隆	無新(7.3)
9,449	桜井 誠	諸新(4.0)
4,608	吉田浩司	無新(1.9)

自前 当5(初/平21)

かき ざわ み と
柿沢未途
ベルギー　S46・1・21
勤13年8ヵ月

党国対副委員長、国交委、厚労委、決算行監委、災害特委、消費者特委、予算委理事、東京都議、NHK記者、東大法/52歳

〒135-0047 江東区富岡1-26-21-3F ☎03(5620)3104

東京都16区 465,115 ⊛51.58

江戸川区の一部(P173参照)

当88,758	大西英男	自前	(38.7)
比68,397	水野素子	立新	(29.8)
比39,290	中津川博郷	維元	(17.1)
26,819	太田彩花	共新	(11.7)
比6,264	田中　健	N新	(2.7)

おお にし ひで お
大西英男

自前[安]　　　当4
東京都江戸川区　S21・8・28
勤10年4ヵ月　(初/平24)

衆議院内閣委員長、党副幹事長、国土交通副大臣、総務大臣政務官、江戸川区議会議長、都議会自民党幹事長、國学院大／76歳

〒132-0011 江戸川区瑞江2-6-19 6階　☎03(5666)7770

東京都17区 475,912 ⊛53.06

葛飾区、江戸川区(本庁管内)
一色1〜3丁目、本一色1〜3丁目、
興宮町)、小岩事務所管内)

当119,384	平沢勝栄	自前	(50.1)
比52,260	猪口幸子	自新	(22.0)
36,309	新井杉生	共新	(15.3)
比30,103	円より子	国新	(12.6)

ひら さわ かつ えい
平沢勝栄

自前[二]　　　当9
岐阜県　S20・9・4
勤26年7ヵ月　(初/平8)

外務委、予算委、党総務会副会長、復興大臣、党広報本部長、予算委理、党政調会長代理、外務委員、内閣府副大臣、拉致特委長、警察庁審議官、官房長官秘書官、東大／77歳

〒124-0012 葛飾区立石8-6-1-102　☎03(5670)1111

東京都18区 444,924 ⊛59.86

武蔵野市、府中市、小金井市

当122,091	菅　直人	立前	(47.1)
比当115,881	長島昭久	自前	(44.7)
21,151	子安正美	無新	(8.2)

かん なお と
菅　直人

立前　　　当14
山口県　S21・10・10
勤42年11ヵ月　(初/昭55)

党最高顧問、経産委、原子力特委、首相、副総理、財務相、厚相、民主党代表、さきがけ政調会長、社民連政審会長、弁護士、東工大／76歳

〒180-0006 武蔵野市中町1-2-9-302　☎0422(55)7010

東京都19区 439,147 ⊛60.00

小平市、国分寺市、西東京市

当111,267	末松義規	立前	(43.0)
比当109,131	松本洋平	自前	(42.2)
比38,182	山崎英昭	維新	(14.8)

すえ まつ よし のり
末松義規

立前　　　当7(初/平8)
福岡県北九州市　S31・12・5
勤21年9ヵ月

財金委筆頭理事、党NC財務金融担当大臣、沖北特委長、元復興副大臣兼内閣府副大臣、内閣総理大臣補佐官、一橋大、米国プリンストン大学大学院／66歳

〒187-0002 小平市花小金井2-1-39　☎042(460)9050

東京都20区 418,245 ㊞56.77

東村山市、東大和市、清瀬市、
東久留米市、武蔵村山市

当121,621　木原　誠二　自前（52.6）
比66,516　宮本　　徹　共前（28.8）
比43,089　前田順一郎　維新（18.6）

き はら せい じ
木原　誠二

自前［岸］　　　当5
東京都　　S45・6・8
勤14年3ヵ月（初/平17）

内閣官房副長官、内閣委員長、外務副大臣、
外務政務官、議運理事、党政調副会長、党
情報調査局長、財務省、東大法／52歳

〒189-0025　東村山市廻田町4-3-4　　☎042（392）4105

東京都21区 438,466 ㊞57.72

八王子市（東中野、大塚）、立川市、
日野市、国立市、多摩市の一部（P173
参照）、稲城市の一部（P173参照）

当112,433　小田原　潔　自前（45.5）
比99,090　大河原雅子　立同（40.1）
比35,527　竹田　光明　維元（14.4）

お だ わら　きよし
小田原　潔

自前［安］　　　当4（初/平24）
大分県宇佐市　S39・5・23
勤10年4ヵ月

外務委理、震災復興特委、外務副大臣、
モルガンスタンレー証券マネジング
ディレクター、富士銀行、東大／58歳

〒190-0011　立川市高松町3-14-11
マスターズオフィス立川　　☎042（548）0065

東京都22区 478,721 ㊞60.01

三鷹市、調布市、狛江市、稲城
市（第21区に属しない区域）（P173
参照）

当131,351　伊藤　達也　自前（46.9）
比112,393　山花　郁夫　立前（40.1）
比31,981　櫛渕　万里　れ元（11.4）
4,535　長谷川洋平　N新（ 1.6）

い とう たつ や
伊藤　達也

自前［茂］　　　当9
東京都　　S36・7・6
勤26年6ヵ月（初/平5）

**予算委、憲法審査、情報監視審委、党幹事長代
理、中小企業調査会長、税調副会長**、元金融相、
総理大臣補佐官、衆財金委員長、慶大／61歳

〒182-0024　調布市布田1-3-1ダイヤビル2F　☎042（499）0501
〒107-0052　港区赤坂2-17-10、宿舎

東京都23区 458,998 ㊞58.37

町田市、多摩市（第21区に属しな
い区域）（P173参照）

当133,206　小倉　将信　自前（51.2）
比当126,732　伊藤　俊輔　立前（48.8）

お ぐら まさ のぶ
小倉　将信

自前［二］　　　当4
東京都　　S56・5・30
勤10年4ヵ月（初/平24）

少子化担当大臣、党青年局長、総務政務
官、日本銀行職員、東大、オックス
フォード大学院／41歳

〒194-0013　町田市原町田5-4-7 からかあさ101号
☎042（710）1192

東京都24区	463,096 ⊛56.77	当149,152 萩生田光一 自前（58.5）
八王子市（第21区に属しない区域）（P173参照）		比44,546 佐藤 由美 国新（17.5） 44,474 吉川 穂香 共新（17.5） 比16,590 朝倉 玲子 社新（6.5）

萩生田光一 はぎ う だ こういち　自前［安］　　　　当6
東京都八王子市　S38・8・31
勤16年1ヵ月　（初／平15）

党政調会長、党都連会長、経済産業大臣、文科大臣、党幹事長代行、内閣官房副長官、党総裁特別補佐、党青年局長、都議、市議、明大／59歳

〒192-0046 八王子市明神町4-1-2
　　　　　ストーク八王子-205　　☎042（646）3008

東京都25区	413,266 ⊛54.90	当131,430 井上信治 自前（59.4）
青梅市、昭島市、福生市、羽村市、あきる野市、西多摩郡		比89,991 島田 幸成 立新（40.6）

井上信治 いの うえ しん じ　自前［麻］　　　　当7
東京都　S44・10・7
勤19年5ヵ月　（初／平15）

党幹事長代理、環境・温暖化対策調査会長、国際博覧会担当大臣、内閣府特命担当大臣、環境副大臣、内閣委員長、国交省、東大／53歳

〒198-0024 青梅市新町3-39-1　　　☎0428（32）8182
〒100-8981 千代田区永田町2-2-1、会館 ☎03（3508）7328

比例代表　東京都　17人 　東京

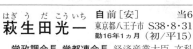

髙木　啓 たか ぎ　けい　自前［安］　　　　当2
東京都北区　S40・3・16
勤5年6ヵ月　（初／平29）

外務大臣政務官、党北区総支部長、党内閣第一副部会長、国土建設団体副委長、都議、北区議、立教大／57歳

〒114-0022 北区王子本町1-14-9-202　☎03（5948）6790

松本洋平 まつ もと よう へい　自前［二］当5（初／平17）
東京都　S48・8・31
勤14年3ヵ月　〈東京19区〉

党政調副会長兼事務局長、衆倫選特委筆頭理事、経産副大臣、内閣府副大臣、党副幹事長、党青年局長、慶大経済学部／49歳

〒187-0003 小平市花小金井南町2-17-4 ☎042（461）6644
〒100-8981 千代田区永田町2-2-1、会館 ☎03（3508）7133

越智隆雄（おち たかお）

自前［安］　当5（初/平17）
東京都　S39・2・27
勤14年3ヵ月　〈東京6区〉

財金委理、憲法審委、財金委長、内閣府副大臣、党国対副委員長、党財金部会長、国務大臣秘書官、住友銀行、仏ESSEC大院、東大法院、慶大経／59歳

〒154-0023　世田谷区若林1-7-2-1F　☎03（3413）4600

若宮健嗣（わか みや けん じ）

自前［茂］　当5（初/平17）
東京都　S36・9・2
勤14年3ヵ月　〈東京5区〉

党経理局長、選対副委員長、内閣府特命担当大臣、外務副大臣、防衛副大臣、外務委員、安保委長、慶大／61歳

〒152-0023　目黒区八雲1-3-4　☎03（5726）5060
〒100-8982　千代田区永田町2-1-2、会館　☎03（3508）7509

長島昭久（なが しま あき ひさ）

自前［二］　当7（初/平15）
神奈川県横浜市　S37・2・17
勤19年5ヵ月　〈東京18区〉

震災復興特委員長、安保委、防衛副大臣、総理補佐官、慶大院、米ジョンズホプキンス大院／61歳

〒183-0022　府中市宮西町4-12-11　モア府中2F　☎042（319）2118

石原宏高（いし はら ひろ たか）

自前［岸］　当5（初/平17）
神奈川県　S39・6・19
勤14年5ヵ月　〈東京3区〉

原子力特委筆頭理事、内閣委、環境委、災害特委、党鉄道局長、環境委員長、環境副大臣、内閣府副大臣、外務大臣政務官、銀行員、慶大／58歳

〒140-0014　品川区大井1-22-5　八木ビル7F　☎03（3777）2275
〒100-8981　千代田区永田町2-2-1、会館　☎03（3508）7319

伊藤俊輔（い とう しゅん すけ）

立前　当2（初/平29）
東京都町田市　S54・8・5
勤5年6ヵ月　〈東京23区〉

UR住宅居住者を支援する議連事務局次長、全建総連懇話会幹事、小田急多摩線延伸促進議連顧問、安保委理、議運委、政倫審幹事、桐蔭高、北京大留学、中央大／43歳

〒194-0021　町田市中町2-6-11　サワダビル3F　☎042（723）0117

鈴木庸介（すず き よう すけ）

立新　当1（初/令3）
東京都　S50・11・21
勤1年5ヵ月　〈東京10区〉

法務委、情監審委、元NHK記者、立教大学経済学部兼任講師、コロンビア大院／47歳

〒170-0004　豊島区北大塚2-14-1　鈴矢ビル3F　☎03（6903）1544

かい え だ ばん り
海江田万里

無前 当8(初/平5)
東京都 S24・2・26
勤21年1ヵ月 〈東京1区〉

衆院副議長、立憲民主党都連顧問、税制調査会顧問、前決算行監委長、元民主党代表、元経済産業大臣、元内閣府特命担当大臣、慶大／74歳

〒160-0004 新宿区四谷3-11山一ビル6F ☎03(5363)6015
〒160-0023 新宿区西新宿4-8-4-301(自宅) ☎03(3375)1445

おおかわら
大河原まさこ

立前 当2(初/平29)※
神奈川県横浜市 S28・4・8
勤11年7ヵ月(参6年1ヵ月)〈東京21区〉

決算行監委理、消費者特委、党ジェンダー平等推進本部副事務局長、元参議院議員、東京都議、国際基督教大／69歳

〒190-0022 立川市錦町1-10-25
YS錦町ビル1F ☎042(529)5155
〒100-8981 千代田区永田町2-2-1、会館 ☎03(3508)7261

あ べ   つかさ
阿 部 司

維新 当1(初/令3)
東京都大田区 S57・6・18
勤1年5ヵ月 〈東京12区〉

内閣委理、予算委、党代表付、国対副、青山社中株式会社(政策シンクタンク)、日本HP、早大／40歳

〒114-0022 北区王子本町1-13-9
KSKサンパール203 ☎03(3908)3121

お の たい すけ
小野泰輔

維新 当1(初/令3)
東京都 S49・4・20
勤1年5ヵ月 〈東京1区〉

経産委理、憲法審委、党政調副会長、熊本県副知事、東大法／48歳

〒160-0004 新宿区四谷3-4-8 4階 ☎090(6773)0705
〒100-8981 千代田区永田町2-2-1、会館 ☎03(3508)7340

たか ぎ よう すけ
高木陽介

公前 当9
東京都 S34・12・16
勤26年1ヵ月 (初/平5)

党政調会長、党都本部代表、経産副大臣、衆総務委員長、国交政務官、党国対委員長、党選対委員長、毎日記者、創価大／63歳

〒190-0022 立川市錦町1-4-4
立川サニーハイツ301 ☎042(540)1155

か さい こう いち
河西宏一

公新 当1
神奈川県鎌倉市 S54・6・25
勤1年5ヵ月 (初/令3)

党青年局副委員長、党都本部副代表、内閣委、安保委、震災復興特委、政党職員、電機メーカー社員、東大／43歳

〒100-8982 千代田区永田町2-1-2、会館 ☎03(3508)7630

略歴

比例東京

かさ い　　　あきら　　共 前　　　　当6(初/平17)*
笠 井　　亮　大阪府　S27・10・15
　　　　　　　　　　　勤23年8ヵ月(参6年1ヵ月)

**党原発・気候変動・エネルギー対策委員
会責任者、経産委、原子力特委、拉致特
委、参院議員1期、東大／70歳**

〒151-0053 渋谷区代々木1-44-11-1F　☎03(5304)5639
〒107-0052 港区赤坂2-17-10、宿舎

みや もと　　とおる　　共 前　　　　当3(初/平26)
宮 本　　徹　兵庫県三木市　S47・1・22
　　　　　　　　　　勤8年4ヵ月　〈東京20区〉

**党中央委員、厚労委、予算委、東大教育
／51歳**

〒151-0053 渋谷区代々木1-44-11　　☎03(5304)5639
〒100-8981 千代田区永田町2-2-1、会館　☎03(3508)7508

くし ぶち ま り　　れ 元　　　繰当2(初/平21)
櫛 渕 万 里　群馬県沼田市　S42・10・15
　　　　　　　　　　勤4年3ヵ月

**内閣委、決算行監委、党共同代表、国際
交流NGO共同代表兼事務局長、立教大
／55歳**

〒182-0002 調布市国領町1-25-38-203　☎042(444)7188
〒100-8982 千代田区永田町2-1-2、会館　☎03(3508)7063

比例代表 東京都 17 人	有効投票数 6,446,898票

政党名	当選者数		得票数	得票率
	惜敗率	小選挙区	惜敗率	小選挙区

自民党　6人　2,000,084票　31.02%

		【小選挙区での当選者】	
当①高木　　啓 前			
当②松本　洋平 前(98.08)東19	②山田　美樹 前	東1
当②越智　隆雄 前(95.48)東 6	②辻　　清人 前	東2
当②若宮　健嗣 前(95.14)東 5	②平　　将明 前	東4
当②長島　昭久 前(94.91)東18	②鈴木　隼人 前	東10
当②石原　宏高 前(93.43)東 3	②下村　博文 前	東11
②安藤　高夫 前(87.03)東 9	②土田　　慎 新	東13
②石原　伸晃 前(76.73)東 8	②松島みどり 前	東14
②松本　文明 前(65.11)東 7	②木原　誠二 前	東20
㉓伊藤　智加 新	②小田原　潔 前	東21
㉔松野　未佳 新	②伊藤　達也 前	東22
㉕小松　　裕 新	②小倉　将信 前	東23
㉖西田　　譲 元	②萩生田光一 前	東24
㉗和泉　武彦 新	②井上　信治 前	東25
㉘崎山　知尚 新		

立憲民主党　4人　1,293,281票　20.06%

当①伊藤　俊輔 前(95.14)東23	①山花　郁夫 前(85.57)東22
当①鈴木　庸介 前(93.74)東10	①井戸　正枝 元(77.38)東15
当①海江田万里 前(90.83)東 1	①水野　素子 新(77.06)東16
当①大河原雅子 前(88.13)東21	①松尾　明弘 前(75.81)東 2

略
歴

比
例
東
京

102　　　　　　　　　　　　　　　※ 平7参院初当選

①木村　剛司 元(74.47)東14	①松原　仁 前　　東3
①阿久津幸彦 前(71.56)東11	①手塚 仁雄 前　　東5
①島田　幸成 新(68.47)東25	①落合 貴之 新　　東6
①北條　智彦 新(68.01)東13	①長妻　昭 前　　東7
㉑高松　智之 新	①吉田 晴美 新　　東8
㉒川島智太郎 元	①山岸 一生 新　　東9
㉓北出 美翔 新	①菅　直人 新　　東18
【小選挙区での当選者】	①末松 義規 前　　東19

日本維新の会　2人　　858,577票　13.32%

当①阿部　司 新(79.51)東12	①南　純 新(43.70)東9
当①小野　泰輔 新(60.76)東1	①木内 孝胤 元(38.36)東2
①金沢 結衣 新(58.85)東15	①前田順一郎 新(35.43)東20
①碓井 梨恵 新(54.00)東6	①山崎 英昭 新(34.32)東19
①田淵 正文 新(48.37)東25	①竹田 光明 元(33.08)東21
①林　智興 新(45.76)東4	①辻 健太郎 新(30.37)東7
①西村 恵美 新(45.56)東14	①笠谷 圭司 新(29.68)東8
①中津川博郷 元(44.27)東16	①藤川 隆史 新(26.56)東10
①猪口 幸子 新(43.77)東17	

公　明　党　2人　　715,450票　11.10%

当①高木 陽介 前	③藤井 伸城 新
当②河西 宏一 新	④大沼 伸貴 新
	（令4.6.15離党）

共　産　党　2人　　670,340票　10.40%

当①笠井　亮 前	③池内 沙織 元　　東12
当②宮本　徹 前　　東20	④谷川 智行 新　　東4

れいわ新選組　1人　　360,387票　5.59%

当①山本 太郎 新	▼②北村　造 新(12.15)東2
（令4.4.19辞職）	④渡辺 照子 新
繰②櫛渕 万里 元(24.35)東22	
（令4.4.27繰上）	

▼は小選挙区の得票が有効投票総数の10分の1未満で、復活当選の資格がない者

その他の政党の得票数・得票率は下記のとおりです。
（当選者はいません）

政党名	得票数	得票率			
国民民主党	306,179票	4.75%	日本第一党	33,661票	0.52%
社民党	92,995票	1.44%	新党やまと	16,970票	0.26%
NHKと裁判してる党弁護士法72条違反で			政権交代によるコロナ対策強化新党		
	92,353票	1.43%		6,620票	0.10%

略歴

比例東京・新潟

新潟県1区	434,016	当127,365　西村智奈美　立前(52.6)
	㊐57.25	比当96,591　塚田一郎　自新(39.9)
		比18,333　石崎　徹　維元(7.6)

新潟市（北区・東区・中央区・江南区・南区・西区の一部）（P173参照）

にしむら　ち　な　み
西村智奈美
立前
新潟県　S42・1・13
勤17年5ヵ月（初/平15）
当6

党代表代行、予算委、厚労委、拉致特委、党県連代表、厚労副大臣、外務大臣政務官、新潟県議、新潟大院／56歳

〒950-0916　新潟市中央区米山2-5-8
米山プラザビル202
〒107-0052　港区赤坂2-17-10、宿舎
☎025(244)1173

103

新潟県2区　288,107　⑯62.66

新潟市（南区（味方・月潟出張所管内）、西区（第1区に属しない区域）、西蒲区）、長岡市の一部（P173参照）、柏崎市、燕市、佐渡市、西蒲原郡、三島郡、刈羽郡

当105,426　細田健一　自前（59.9）
比37,157　高倉　栄　国新（21.1）
比33,399　平あや子　共新（19.0）

ほそ　だ　けん　いち
細田健一　自前［安］　当4（初/平24）
東京都　S39・7・11
勤10年4ヵ月

農水委、経産委理、原子力特委、党国土建設関係団体委員長、経産副大臣、予算委員、農水政務官、経産省、京大法、米ハーバード大学院/58歳

〒945-0051　柏崎市東本町2-3-30一越ビル1F　☎0257(32)3857
〒100-8982　千代田区永田町2-1-2、会館　☎03(3508)7278

新潟県3区　298,289　⑯65.04

新潟市（北区の一部（P173参照））、新発田市、村上市、五泉市、阿賀野市、胎内市、北蒲原郡、東蒲原郡、岩船郡

当102,564　斎藤洋明　自前（53.6）
比88,744　黒岩宇洋　立前（46.4）

さい　とう　ひろ　あき
斎藤洋明　自前［麻］　当4
新潟県村上市　S51・12・8
勤10年4ヵ月　（初/平24）

総務委理、党国土・建設関係団体委員長、総務大臣政務官、党総務部会長代理、文科部会長代理、内閣府、公正取引委員会、神戸大大学院、学習院大/46歳

〒957-0056　新発田市大栄町3-6-3　☎0254(21)0003
〒100-8981　千代田区永田町2-2-1、会館　☎03(3508)7155

新潟県4区　307,471　⑯64.17

新潟市（北区・東区・中央区・江南区の一部、秋葉区、南区の一部（P173参照））、長岡市の一部（P173参照））、三条市、加茂市、見附市、南蒲原郡

当97,494　菊田真紀子　立前（50.1）
比当97,256　国定勇人　自前（49.9）

きく　た　ま　き　こ
菊田真紀子　立前　当7
新潟県加茂市　S44・10・24
勤19年5ヵ月　（初/平15）

党「次の内閣」ネクスト文科大臣、拉致問題対策本部副本部長、外務政務官、市議（2期）、中国黒龍江大学留学、加茂高/53歳

〒955-0071　三条市本町6-13-3　☎0256(35)6066
〒107-0052　港区赤坂2-17-10、宿舎

新潟県5区　275,224　⑯65.20

長岡市（第2区及び第4区に属しない区域）、小千谷市、魚沼市、南魚沼市、南魚沼郡

当79,447　米山隆一　無新（45.0）
比当60,837　泉田裕彦　自前（34.4）
36,422　森　民夫　無新（20.6）

よね　やま　りゅう　いち
米山隆一　立新　当1
新潟県魚沼市　S42・9・8
勤1年5ヵ月　（初/令3）

法務委、原子力特委、決算行監委、前新潟県知事、医師、医学博士、弁護士、おおたか総合法律事務所代表弁護士、灘高校、東大医学部医学科/55歳

〒940-0072　魚沼市七日市新田127　☎0258(89)8800
〒100-8982　千代田区永田町2-1-2、会館　☎03(3508)7485

㊟略歴

新潟

新潟県6区	272,966 ⊕67.79	当90,679 梅谷　守　立新（49.6）
十日町市、糸魚川市、妙高市、 上越市、中魚沼郡		比当90,549 高鳥修一　自前（49.5） 1,711 神鳥古賛　無所（ 0.9）

うめ たに　　まもる
梅 谷　　守

立新　　　　　　当1
東京都　　　S48・12・9
勤1年5ヵ月　　（初／令3）

党政調会長補佐、農水委、議運委、文科
委、拉致特理事、新潟県議会議員、国会
議員政策担当秘書、早大／49歳

〒943-0805　上越市木田1-8-14　　☎025（526）4211

富山県1区	267,782 ⊕52.43	当71,696 田畑裕明　自前（51.8）
富山市の一部（P173参照）		比当45,411 吉田豊史　維元（32.8） 比14,563 西尾政英　立新（ 10.5） 6,800 青山了介　共新（ 4.9）

た ばた ひろ あき
田 畑 裕 明

自前［安］　　　当4
富山県　　　S48・1・2
勤10年4ヵ月　　（初／平24）

党厚労部会長、厚労委理、消費者特委、総務副
大臣、文科委理、国対副委員長、厚労大臣政務
官、県議、富山市議、獨協大学経済学部／50歳

〒930-0017　富山市東田地方町2-2-5　　☎076（471）6036
〒107-0052　港区赤坂2-17-10、宿舎

富山県2区	247,492 ⊕54.22	当89,341 上田英俊　自新（68.4）
富山市（第1区に属しない区域）、 魚津市、滑川市、黒部市、中新 川郡、下新川郡		比41,252 越川康晴　立新（ 31.6）

うえ だ えい しゅん
上 田 英 俊

自新［茂］　　　当1
富山県下新川郡入善町　S40・1・22
勤1年5ヵ月　　（初／令3）

厚労委、農水委、党地方組織・議員総局
長、富山県議会議員、早大政経学部／58
歳

〒937-0051　魚津市駅前新町5-30
　　　　　　魚津サンプラザ3F　　☎0765（22）6648
〒107-0052　港区赤坂2-17-10、宿舎　☎03（5549）4671

富山県3区	364,742 ⊕59.06	当161,818 橘 慶一郎　自前（78.5）
高岡市、氷見市、砺波市、小矢 部市、南砺市、射水市		44,214 坂本洋史　共新（ 21.5）

たちばな けい いち ろう
橘　慶一郎

自前［無］　　　当5
富山県高岡市　S36・1・23
勤13年8ヵ月　　（初／平21）

文科委筆頭理事、党組織本部団体総局長、社
会の事業推進特別委長、復興副大臣、総務大
臣政務官、高岡市長、北開庁、東大／62歳

〒933-0912　高岡市丸の内1-40
　　　　　　高岡商工ビル　　☎0766（25）5780
〒107-0052　港区赤坂2-17-10、宿舎

石川県1区	376,122 ㊐52.20	当88,321	小森　卓郎	自新(46.1)
		比48,491	荒井淳志	立新(25.3)
金沢市		比45,663	小林　誠	維新(23.9)
		8,930	亀田良典	共新(4.7)

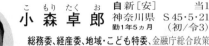

こ　もり　たく　お
小森卓郎

自新［安］　　当1
神奈川県　S45・5・21
勤1年5ヵ月　（初／令3）

総務委、経産委、地域・こども特委、金融庁総合政策課長、防衛省会計課長、財務省主計局主査、石川県総務部長、プリンストン大院修了、東大法／52歳

〒920-8203　金沢市鞍月5-181　☎076(239)0102
〒100-8981　千代田区永田町2-2-1、会館　☎03(3508)7179

石川県2区	325,273 ㊐56.13	当137,032	佐々木　紀	自前(78.4)
小松市、加賀市、白山市、能美市、		27,049	坂本　浩	共新(15.5)
野々市市、能美郡		10,632	山本保彦	無新(6.1)

さ　さ　き　　はじめ
佐々木紀

自前［安］　　当4
石川県能美市　S49・10・18
勤10年4ヵ月　（初／平24）

衆議運委議事進行係、総務委、経産委、党国対副委員長、国交大臣政務官、党青年局長、会社役員、東北大法／48歳

〒923-0941　小松市城南町35番地　☎0761(21)1181
〒107-0052　港区赤坂2-17-10、宿舎　☎03(5549)4671

石川県3区	243,618 ㊐66.09	当80,692	西田昭二	自前(50.7)
七尾市、輪島市、珠洲市、羽咋市、		比当76,747	近藤和也	立前(48.3)
かほく市、河北郡、羽咋郡、鹿		1,588	倉知昭一	無新(1.0)
島郡、鳳珠郡				

にし　だ　しょう　じ
西田昭二

自前［岸］　　当2
石川県七尾市　S44・5・1
勤5年6ヵ月　（初／平29）

国土交通・内閣府・復興大臣政務官、党総務、党国交副部会長、元県議会副議長、県議（3期）、市議（3期）、秘書、愛知学院大／53歳

〒926-0041　石川県七尾市府中町員外26　☎0767(58)6140
〒100-8981　千代田区永田町2-2-1、会館　☎03(3508)7139

福井県1区	375,210 ㊐56.82	当136,171	稲田朋美	自前(65.5)
福井市、大野市、勝山市、あわ		比71,845	野田富久	立新(34.5)
ら市、坂井市、吉田郡				

いな　だ　とも　み
稲田朋美

自前［安］　　当6
福井県　S34・2・20
勤17年7ヵ月　（初／平17）

消費者特委長、経産委、党整備新幹線等鉄道調査会長、党幹事長代行、防衛大臣、党政調会長、内閣府特命担当相、弁護士、早大／64歳

〒910-0858　福井市手寄1-9-20　☎0776(22)0510
〒100-8982　千代田区永田町2-1-2、会館　☎03(3508)7035

<table>
<tr><td>**福井県2区**</td><td>262,612
⑱59.12</td><td>当81,705　高木　毅　自前（53.9）
比69,984　斉木武志　立前（46.1）</td></tr>
</table>

敦賀市、小浜市、鯖江市、越前市、
今立郡、南条郡、丹生郡、三方郡、
大飯郡、三方上中郡

<table>
<tr><td colspan="2">たか　ぎ　　つよし</td><td>自前［安］　　　　当8</td></tr>
<tr><td colspan="2">**髙木　毅**</td><td>福井県敦賀市　S31・1・16
勤22年10ヵ月（初/平12）</td></tr>
</table>

党国対委員長、議運委員、議運委筆頭理
事、復興大臣、国交副大臣、防衛政務官、
JC北信越会長、青山学院大学／67歳

〒914-0805　敦賀市鋳物師町4-8
　　　　　　　森口ビル2F
〒100-8981　千代田区永田町2-2-1、会館　☎03(3508)7296　☎0770(21)2244

<table>
<tr><td>**長野県1区**</td><td>425,440
⑱59.74</td><td>当128,423　若林健太　自新（51.3）
比当121,962　篠原　孝　立前（48.7）</td></tr>
</table>

長野市の一部（P174参照）、須坂
市、中野市、飯山市、上高井郡、
下高井郡、下水内郡

<table>
<tr><td colspan="2">わか　ばやし　けん　　た</td><td>自新［安］　当1(初/令3)[※]</td></tr>
<tr><td colspan="2">**若林健太**</td><td>長野県長野市　S39・1・11
勤7年6ヵ月（参6年1ヵ月）</td></tr>
</table>

農水委理、財金委、災害特委、党税調幹事、党総務、
税理士・公認会計士、参農水委長、外務政務官、監査
法人代表社員、長野JC理事長、慶大、早大院／59歳

〒380-0921　長野市栗田8-1　　　　　　　☎026(269)0330
〒107-0052　港区赤坂2-17-10、宿舎

<table>
<tr><td>**長野県2区**</td><td>382,123
⑱57.03</td><td>当101,391　下条みつ　立前（47.5）
比当68,958　務台俊介　自前（32.3）
比43,026　手塚大輔　維新（20.2）</td></tr>
</table>

長野市（第1区に属しない区域）、
松本市、大町市、安曇野市、東
筑摩郡、北安曇郡、上水内郡

<table>
<tr><td colspan="2">しも　じょう</td><td>立前　　　　　当5</td></tr>
<tr><td colspan="2">**下条みつ**</td><td>長野県松本市　S30・12・29
勤14年7ヵ月（初/平15）</td></tr>
</table>

拉致特委長、国交委、防衛大臣政務官、予
算委理、党総務、災害特委理、厚生大臣秘
書官、富士銀行参事役、信州大／67歳

〒390-0877　松本市沢村2-13-9　　　　　☎0263(87)3280
〒100-8981　千代田区永田町2-2-1、会館　☎03(3508)7271

<table>
<tr><td>**長野県3区**</td><td>399,168
⑱59.32</td><td>当120,023　井出庸生　自前（51.5）
比109,179　神津　健　立新（46.9）
比3,722　池　高生　N新（1.6）</td></tr>
</table>

上田市、小諸市、佐久市、千曲市、
東御市、南佐久郡、北佐久郡、
小県郡、埴科郡

<table>
<tr><td colspan="2">い　で　よう　せい</td><td>自前［麻］　　　当4</td></tr>
<tr><td colspan="2">**井出庸生**</td><td>東京都　S52・11・21
勤10年4ヵ月（初/平24）</td></tr>
</table>

文部科学副大臣、党厚生労働部会長代
理、党司法制度調査会事務局長、NHK
記者、東大／45歳

〒385-0022　佐久市岩村田638　　　　　☎0267(78)5515
〒100-8982　千代田区永田町2-1-2、会館　☎03(3508)7469

長野県4区 240,401 投59.37

当86,962 後藤茂之 自前(62.6)
51,922 長瀬由希子 共新(37.4)

岡谷市、諏訪市、茅野市、塩尻市、諏訪郡、木曽郡

ご とう しげ ゆき
後藤茂之

自前[無] 当7
東京都 S30・12・9
勤19年6ヵ月（初/平12）

経済再生大臣、厚生労働大臣、党政調会長代理、社会保障制度調査会長、税調副(インナー)、法副相、国交政務官、厚労委員、大蔵省、東大法/67歳

〒392-0021 諏訪市上川3丁目2212-1　☎0266(57)3370
〒100-8981 千代田区永田町2-2-1、会館　☎03(3508)7702

長野県5区 280,123 投64.54

当97,730 宮下一郎 自前(54.9)
比80,408 曽我逸郎 立新(45.1)

飯田市、伊那市、駒ヶ根市、上伊那郡、下伊那郡

みや した いち ろう
宮下一郎

自前[安] 当6
長野県 S33・8・1
勤16年1ヵ月（初/平15）

消費者特委筆頭理事、党政調会長代理、党農林・経産部会長、内閣府・財務副大臣、財金委員長、東大/64歳

〒396-0010 伊那市境1550-3　☎0265(78)2828

比例代表 北陸信越 11人

新潟、富山、石川、福井、長野

わし お えい いち ろう
鷲尾英一郎

自前[二] 当6
新潟県 S52・1・3
勤17年7ヵ月（初/平17）

党副幹事長、環境委理、予算委、災害特委理、外務副大臣、環境委、党行革推進副本部長、農水政務官、公認会計士、税理士、行政書士、新日本監査法人、東大経/46歳

〒940-2023 長岡市蓮潟5-1-72　☎0258(86)4900

たか とり しゅう いち
髙鳥修一

自前[安] 当5(初/平17)
新潟県上越市 S35・9・29
勤14年3ヵ月 〈新潟6区〉

災害特委理事、農水委、党政調会長代理、元党筆頭副幹事長・総裁特別補佐、元農水・内閣副大臣、元農水・厚労委員長、元厚労政務官、早大/62歳

〒943-0804 上越市新光町2-1-1　☎025(521)0760

くに さだ いさ と
国 定 勇 人

自新［二］　当1(初/令3)
東京都　S47・8・30
勤1年5ヵ月　〈新潟4区〉

環境大臣政務官、三条市長、総務省、一橋大商学部／50歳

〒955-0071　三条市本町4-9-27　☎0256(47)1555
〒100-8981　千代田区永田町2-2-1、会館　☎03(3508)7131

いずみ だ ひろ ひこ
泉 田 裕 彦

自前［二］　当2(初/平29)
新潟県　S37・9・15
勤5年6ヵ月　〈新潟5区〉

農水委、国交委、原子力特委、国土交通・内閣府・復興大臣政務官、元新潟県知事、経産省、通産省、京大法／60歳

〒940-0082　長岡市千歳3-2-33　☎0258(89)8506
〒100-8982　千代田区永田町2-1-2、会館　☎03(3508)7640

つか だ いち ろう
塚 田 一 郎

自新［麻］　当1(初/令3)※
新潟県新潟市　S38・12・27
勤13年7ヵ月(参12年2ヵ月)〈新潟3区〉

財務金融委員長、国土交通副大臣、復興副大臣、内閣府副大臣、党新潟県連会長、中央大、ボストン大院／59歳

〒950-0945　新潟市中央区女池上山2-22-7　☎025(280)1016
〒107-0052　港区赤坂2-17-10、宿舎

む たい しゅん すけ
務 台 俊 介

自前［麻］　当4(初/平24)
長野県安曇野市　S31・7・3
勤10年4ヵ月　〈長野2区〉

環境委理、総務委、憲法審委、党環境部会長代理、環境兼内閣府副大臣、消防庁防災課長、神奈川大教授、東大法／66歳

〒390-0863　松本市白板2-3-30
　　　　　　大永第三ビル101　☎0263(33)0518
〒100-8981　千代田区永田町2-2-1、会館　☎03(3508)7334

こん どう かず や
近 藤 和 也

立前　当3(初/平21)
石川県　S48・12・12
勤8年10ヵ月　〈石川3区〉

農水委理、復興特委、党副幹事長、党選対委員長代理、党拉致問題対策本部幹事、元野村證券(株)、京大経済学部／49歳

〒926-0054　七尾市川原町60-2　☎0767(57)5717

しの はら たかし
篠 原 孝

立前　当7(初/平15)
長野県中野市　S23・7・17
勤19年5ヵ月　〈長野1区〉

環境委筆頭理事、経産委、憲法審委、農水副大臣、農水政策研究所長、OECD代表部、京大法、UW大修士／74歳

〒380-0928　長野市若里4-12-26
　　　　　　宮沢ビル2F　☎026(229)5777
〒100-8981　千代田区永田町2-2-1、会館　☎03(3508)7268

※平19参院初当選

神津たけし
<ruby>神津<rt>こう づ</rt></ruby>たけし

立新　当1(初/令3)
神奈川県鎌倉市　S52・1・21
勤1年5ヵ月　〈長野3区〉

国交委、災害特委理、元JICA企画調査員(南アフリカ、ケニア、チュニジア、コートジボワール、ルワンダ駐在)、政策研究大学院大／46歳

〒386-0023　上田市中央西1-7-7 北大手ビル201号室 ☎0268(71)5250
〒385-0011　佐久市猿久保668-1 ミニタウンA＆A-2号室
　　　　　　　　　　　　　　　　　　　☎0267(88)7866

吉田豊史
<ruby>吉田<rt>よし だ</rt></ruby><ruby>豊史<rt>とよ ふみ</rt></ruby>

無元　当2(初/平26)
富山県　S45・4・10
勤4年3ヵ月　〈富山1区〉

財金委、会社員、起業、会社役員、富山県議会議員(2期)、早大法／52歳

〒930-0975　富山市西長江3-6-32　　☎076(495)8823

中川宏昌
<ruby>中川<rt>なか がわ</rt></ruby><ruby>宏昌<rt>ひろ まさ</rt></ruby>

公新　当1
長野県塩尻市　S45・7・15
勤1年5ヵ月　(初/令3)

党中央幹事、党北陸信越方面本部長、党長野県代表、経産委、地域・こども特委理事、長野県議、長野銀行、創価大／52歳

〒399-0006　松本市野溝西1-3-4 2F　☎0263(88)5550
〒106-0032　港区六本木7-1-3、宿舎

㊟略歴

比例北陸信越

比例代表 北陸信越 **11人**	有効投票数 3,510,613票

政党名	当選者数	得票数	得票率
	惜敗率 小選挙区		惜敗率 小選挙区

自 民 党　**6人**		1,468,380票　41.83%	

当①鷲尾英一郎 前		②斎藤 洋明 前	新3
当②高鳥 修一 前(99.86) 新6		②田畑 裕明 前	富1
当②国定 勇人 新(99.76) 新4		②上田 英俊 新	富2
当②泉田 裕彦 前(76.58) 新5		②橘 慶一郎 前	富3
当②塚田 一郎 新(75.84) 新1		②小森 卓郎 新	石1
当②務台 俊介 前(68.01) 長2		②佐々木 紀 前	石2
②山本 拓 前		②西田 昭二 前	石3
㉒佐藤 俊 新		②稲田 朋美 前	福1
㉓工藤 昌克 新		②高木 毅 前	福2
㉔滝沢 圭隆 新		②若林 健太 新	長1
㉕近藤 真衣 新		②井出 庸生 前	長3
【小選挙区での当選者】		②後藤 茂之 前	長4
②細田 健一 前　新2		②宮下 一郎 前	長5

立憲民主党　**3人**		773,076票　22.02%	

当①近藤 和也 前(95.11) 石3		①越川 康晴 新(46.17) 富2
当①篠原 孝 前(94.97) 長1		①西尾 政英 新(20.31) 富1
当①神津 健 新(90.97) 長3		⑮石本 伸二 新
①黒岩 宇洋 前(86.53) 新3		【小選挙区での当選者】
①斉木 武志 前(85.65) 福3		①西村智奈美 前　新1
①曽我 逸郎 新(82.28) 長5		①菊田真紀子 前　新4
①荒井 淳志 新(54.90) 石1		①梅谷 守 新　新6
①野田 富久 前(52.76) 福1		①下条 みつ 前　長2

日本維新の会　1人　　　361,476票　10.30%

当①吉田　豊史　元(63.34)富1	①手塚　大輔 新(42.44)長2
①小林　誠 新(51.70)石1	▼①石崎　徹 元(14.39)新1

公明党　1人　　　322,535票　9.19%

当①中川　宏昌 新	②小松　実 新

▼は小選挙区の得票が有効投票総数の10分の1未満で、復活当選の資格がない者

その他の政党の得票数・得票率は下記のとおりです。
（当選者はいません）

政党名	得票数	得票率			
共産党	225,551票	6.42%	社民党	71,185票	2.03%
国民民主党	133,599票	3.81%	NHKと裁判してる党弁護士法72条違反で		
れいわ新選組	111,281票	3.17%		43,529票	1.24%

岐阜県1区　326,022　㊗52.31

当103,805	野田聖子	自前(62.5)
比48,629	川本慧佑	立新(29.3)
9,846	山越　徹	共新(5.9)
3,698	土田正光	諸新(2.2)

岐阜市(本庁管内、西部・東部・北部・南部東・南部西・日光事務所管内)

野田聖子
（の だ せい こ）

自前［無］　　当10
岐阜県岐阜市　S35・9・3
勤29年10ヵ月　（初/平5）

党情報通信戦略調査会長、内閣府特命担当大臣、党幹事長代行、予算委員長、総務大臣、党総務会長、郵政大臣、県議、帝国ホテル、上智大／62歳

〒500-8367　岐阜市宇佐南4-14-20 2F　☎058(276)2601
〒100-8981　千代田区永田町2-2-1、会館　☎03(3508)7161

岐阜県2区　300,608　㊗56.09

当108,755	棚橋泰文	自前(65.8)
比40,179	大谷由里子	国新(24.3)
16,374	三尾圭司	共新(9.9)

大垣市、海津市、養老郡、不破郡、安八郡、揖斐郡

棚橋泰文
（たな はし やす ふみ）

自前［麻］　　当9
岐阜県大垣市　S38・2・11
勤26年7ヵ月　（初/平8）

党行政改革推進本部長、党総務副会長、国家公安委員長、予算委員長、党幹事長代理、内閣府特命担当大臣、党青年局長、通産省課長補佐、弁護士、東大／60歳

〒503-0904　大垣市桐ヶ崎町93　☎0584(73)3000
〒100-8982　千代田区永田町2-1-2、会館　☎03(3508)7429

岐阜県3区

| 422,993 | 当132,357 武藤容治 自前(58.6) |
| ⑳54.55 | 比93,616 阪口直人 立元(41.4) |

岐阜市(第1区に属しない区域)、関市、
美濃市、羽島市、各務原市、山県市、
瑞穂市、本巣市、羽島郡、本巣郡

む とう よう じ
武藤容治

自前[麻] 当5
岐阜県 S30・10・18
勤14年3ヵ月 (初/平17)

**議運理事、党国対副委員長、農水委長、
経産副大臣、外務副大臣、総務政務官、
党政調副会長、会社会長、慶大商／67歳**

〒504-0909 各務原市那加信長町1-91　☎058(389)2711
〒100-8982 千代田区永田町2-1-2、会館　☎03(3508)7482

岐阜県4区

330,497	当110,844 金子俊平 自前(51.2)
⑳66.37	比91,354 今井雅人 立元(42.2)
	比14,171 佐伯哲也 維新(6.5)

高山市、美濃加茂市、可児市、
飛騨市、郡上市、下呂市、加茂郡、
可児郡、大野郡

かね こ しゅん ぺい
金子俊平

自前[岸] 当2
岐阜県高山市 S53・5・28
勤5年6ヵ月 (初/平29)

**財務大臣政務官、党副幹事長、党農林партий部会長、党青年局
次長、三井不動産、国交相秘書官、高山青年会議所理事
長、日本青年会議所岐阜ブロック協議会長、慶大／44歳**

〒506-0008 高山市初田町1-58-15　☎0577(32)0395

岐阜県5区

273,847	当82,140 古屋圭司 自前(48.5)
⑳62.72	比68,615 今井瑠々 立新(40.5)
	比9,921 山田良司 維元(5.9)
	8,736 小関祥子 共新(5.2)

多治見市、中津川市、瑞浪市、
恵那市、土岐市

ふる や けい じ
古屋圭司

自前[無] 当11
岐阜県恵那市 S27・11・1
勤33年3ヵ月 (初/平2)

**党憲法改正実現本部長、予算委、憲法審委、党政調会長
代行、議運委長、党選対委員長、国家公安委員長、拉致問題・
国土強靭化・防災担当大臣、経産副大臣、成蹊大／70歳**

〒509-7203 恵那市長島町正家1-1-25
　　　　　ナカヤマプラザ2F　☎0573(25)7550
〒100-8982 千代田区永田町2-1-2、会館　☎03(3508)7440

静岡県1区

387,132	当101,868 上川陽子 自前(52.4)
⑳50.99	比53,974 遠藤行洋 立新(27.7)
	比21,074 高橋美穂 国元(10.8)
	比17,667 青山雅幸 維initial(9.1)

静岡市(葵区・駿河区・清水区の一
部(P175参照))

かみ かわ よう こ
上川陽子

自前[岸] 当7
静岡県静岡市 S28・3・1
勤19年6ヵ月 (初/平12)

**党幹事長代理、憲法審事、法務大臣、党一億総活躍推進
本部長、党司法制度調査会長、厚労委長、総務副大臣、内閣
府特命大臣、公文書管理相、東大、ハーバード大院／69歳**

〒420-0035 静岡市葵区七間町18-10　☎054(251)8424
〒100-8982 千代田区永田町2-1-2、会館　☎03(3508)7460

略
歴

岐阜・静岡

112

静岡県2区　388,436　⊕56.11

当131,082　井林辰憲　自前（61.1）
比71,032　福村　隆　立新（33.1）
12,396　山口祐樹　共新（ 5.8）

島田市、焼津市、藤枝市、御前崎市（御前崎支所管内）、牧之原市、榛原郡

い ばやし たつ のり　自前［麻］　　当4
井林辰憲　東京都　S51・7・18
　　　　　　勤10年4ヵ月（初/平24）

財金理事、総務委、原子力特委、党副幹事長、党財務金融部会長、環境兼内閣府大臣政務官、国土交通省、京都大学工学部環境工学科、大学院/46歳

〒426-0037　藤枝市青木3-13-8　☎054（639）5801
〒100-8981　千代田区永田町2-2-1、会館　☎03（3508）7127

静岡県3区　371,830　⊕58.14

当112,464　小山展弘　立元（52.7）
比100,775　宮沢博行　自前（47.3）

浜松市（天竜区の一部（P175参照））、磐田市、掛川市、袋井市、御前崎市（第2区に属しない区域）、菊川市、周智郡

こ やま のぶ ひろ　立元　　当3
小山展弘　静岡県掛川市　S50・12・26
　　　　　　勤7年7ヵ月（初/平21）

農林水産委、災害特委筆頭理事、党つながる本部副本部長、党静岡県連副代表、農林中央金庫職員、早大院/47歳

〒438-0078　磐田市中泉656-1　☎0538（39）1234

静岡県4区　320,374　⊕50.07

当84,154　深沢陽一　自前（53.3）
比49,305　田中　健　国新（31.2）
比24,441　中村憲一　維新（15.5）

静岡市（葵区（第1区に属しない区域）、駿河区（第1区に属しない区域）、清水区（第1区に属しない区域）、富士宮市、富士市（木島、岩渕、中之郷、南松野、北松野、中野台1～2丁目）

ふか ざわ よう いち　自前［岸］　　当2
深澤陽一　静岡県静岡市　S51・6・21
　　　　　　勤3年（初/令2）

国交委、法務委、災害特委、党財務金融副部会長、厚労政務官、党青年局・女性局次長、静岡県議、静岡市議、衆院議員秘書、信州大学/46歳

〒424-0817　静岡市清水区銀座14-17　☎054（361）0615
〒107-0052　港区赤坂2-17-10、宿舎

　　458,636　⊕54.39

当127,580　細野豪志　無前（51.8）
比61,337　吉川　赳　自前（24.9）
51,965　小野範和　立新（21.1）
5,350　千田　光　諸新（ 2.2）

に属しない区　伊豆の国市　郡（小山町）

ごう し　自前［二］　　当8
〇野豪志　滋賀県　S46・8・21
　　　　　　勤22年10ヵ月（初/平12）

〇賀〇復興特委、憲法審委、民主党政調会長、党幹〇大臣、原発事故収束・再発防止担当大臣、〇担当大臣（原子力行政）、京大法/51歳

〇西本町4-6
三島ビル2F　☎055（991）1269

（左側に一部重なって表示）
　55
〇8）
〇.6)
　3.6)

　　当4
〇8・28
〇/平24）
〇、党法
〇副大臣、防
〇/58歳
〇ションビル
〇2（52）1144

㊺ 略歴

静岡

113

静岡県6区 425,131 ⑯53.77

当104,178 勝俣 孝明 自前(46.1)
比当99,758 渡辺 周 立前(44.1)
比22,086 山下 洸棋 維新(9.8)

沼津市、熱海市、伊東市、下田市、伊豆市、伊豆の国市(第5区に属しない区域)、賀茂郡、駿東郡(清水町、長泉町)

かつ また たか あき
勝 俣 孝 明

自前[二] 当4
静岡県沼津市 S51・4・7
勤10年4ヵ月 (初/平24)

農林水産副大臣、党政調副大臣、環境大臣政務官、スルガ銀行、財団法人企業経営研究所、学習院大、慶大院修了／46歳

〒410-0062 静岡県沼津市宮前町13-3 ☎055(922)5526

静岡県7区 328,735 ⑯58.72

当130,024 城内 実 自前(68.2)
比60,726 日吉 雄太 立前(31.8)

浜松市(中区の一部(P175参照)、西区、南区の一部(P175参照)、北区、浜北区、天竜区(第3区に属しない区域))、湖西市

き うち みのる
城 内 実

自前[無] 当6
静岡県浜松市 S40・4・19
勤15年6ヵ月 (初/平15)

沖北特委筆頭理事、党連会長、外務委員、党国対副委員長、環境副大臣、党経産部会長、拉致特委長、外務副大臣、外務省、東大教養国際関係論／57歳

〒433-8112 浜松市北区初生町1288-1 ☎053(430)5789

静岡県8区 367,189 ⑯56.47

当114,210 源馬謙太郎 立前(55.8)
比90,408 塩谷 立 自前(44.2)

浜松市(中区(第7区に属しない区域)、東区、南区(第7区に属しない区域))

げん ま けん た ろう
源 馬 謙 太 郎

立前 当2
静岡県浜松市 S47・12・21
勤5年6ヵ月 (初/平29)

外務委理事、党副幹事長、国際局長、静岡県議会議員、松下政経塾、成蹊大、American University大学院／50歳

〒430-0852 浜松市中区領家1-1-16 ☎053(464)0'

愛知県1区 400,338 ⑯49.49

当94,107 熊田 裕通 自前(4
比当91,707 吉田 統彦 立前(
6,988 門田 節代 N新(

名古屋市(東区、北区、西区、中区)

くま だ ひろ みち
熊 田 裕 通

自前[無]
愛知県名古屋市 S39
勤10年4ヵ月 (初/

予算委、法務委、倫選特委、憲法審委、党国対務部会長代理、安保調査会事務局長、総務衛大臣政務官、県議、総理秘書、神奈川大

〒451-0061 名古屋市西区浄心1-1-41浄心ステー
北館102 ☎05
〒107-0052 港区赤坂2-17-10、宿舎

愛知県2区	404,436 ⑳53.44	当131,397 古川元久 国新（62.3） 比当79,418 中川貴元 自新（37.7）

名古屋市（千種区、守山区、名東区）

ふる かわ もと ひさ　　国前　　　　　　当9
古川元久　愛知県名古屋市 S40・12・6
　　　　　　　勤26年7ヵ月（初/平8）

党国対委員長、企業団体委員長、国際局長、国交委、災害特委、内閣委、国家戦略担当大臣、官房副長官、大蔵省、米国コロンビア大学院留学、東大／57歳

〒464-0075　名古屋市千種区内山3-8-16
　　　　　　　トキワビル2F　☎052(733)8401
〒107-0052　港区赤坂2-17-10、宿舎

愛知県3区	417,728 ⑳54.22	当121,400 近藤昭一 立前（55.0） 比99,489 池田佳隆 自前（45.0）

名古屋市（昭和区、緑区、天白区）

こん どう しょう いち　　立前　　　　　　当9
近藤昭一　愛知県名古屋市 S33・5・26
　　　　　　　勤26年7ヵ月（初/平8）

環境委、憲法審委、党企業・団体交流委員会顧問、党副代表・選対委員長、環境副大臣、総務委員長、中日新聞社員、上智大／64歳

〒468-0058　名古屋市天白区植田西3-1207 ☎052(808)1181
〒100-8982　千代田区永田町2-1-2、会館　☎03(3508)7402

㊝略歴

愛知

愛知県4区	372,310 ⑳48.95	当78,004 工藤彰三 自前（43.7） 比72,786 牧 義夫 立前（40.8） 比27,640 中田千代 維新（15.5）

名古屋市（瑞穂区、熱田区、港区、南区）

く どう しょう ぞう　　自前［麻］　　　　当4
工藤彰三　愛知県 S39・12・8
　　　　　　　勤10年4ヵ月（初/平24）

災害特委理事、内閣委、国交委、党選対副委員長、国土交通大臣政務官、名古屋市議、議員秘書、中央大商／58歳

〒456-0052　名古屋市熱田区二番2-2-24　☎052(651)9591
〒107-0052　港区赤坂2-17-10、宿舎

愛知県5区	432,024 ⑳48.63	当84,320 神田憲次 自前（41.2） 比74,995 西川厚志 立新（36.6） 比当45,540 岬 麻紀 維新（22.2）

名古屋市（中村区、中川区）、清須市、北名古屋市、西春日井郡

かん だ けん じ　　自前［安］　　　　　当4
神田憲次　大分県 S38・2・19
　　　　　　　勤10年4ヵ月（初/平24）

内閣委理、財金委、原子力特委理、党内閣第二部会長、党財金部会長代理、金融調査会事務局長、内閣府大臣政務官、中京大院、愛知学院大院／60歳

〒453-0021　名古屋市中村区松原町5-64-2 ☎052(462)9872
〒107-0052　港区赤坂2-17-10、宿舎

愛知県6区 435,949 ㊤54.83

当136,168 丹羽 秀樹 自前（58.3）
比76,912 松田 功 立前（33.0）
20,299 内田 謙 共新（ 8.7）

瀬戸市の一部（P175参照）、春日
井市、犬山市、小牧市

に わ ひで き
丹羽秀樹

自前［無］　　当6
愛知県　　S47・12・20
勤15年11ヵ月（初/平17）

議運委理事、党国対副委員長、文部科学副
大臣兼内閣府副大臣、党広報戦略局長、厚
労委員長、党副幹事長、玉川大／50歳

〒486-0844 春日井市鳥居松町4-68
シティ春日井ビル1階
〒107-0052 港区赤坂2-17-10、宿舎　☎0568（87）6226

愛知県7区 455,656 ㊤59.54

当144,725 鈴木 淳司 自前（54.7）
比88,914 森本 和義 立元（33.6）
30,956 須山 初美 共新（11.7）

瀬戸市（第6区に属しない区域）、
大府市、尾張旭市、豊明市、日
進市、長久手市、愛知郡

すず き じゅん じ
鈴木淳司

自前［安］　　当6
愛知県瀬戸市　S33・4・7
勤16年1ヵ月（初/平15）

原子力特委員長、経産委、党原子力規制
特委員長、元総務・経産副大臣、法務委員
長、瀬戸市議、松下政経塾、早大／64歳

〒489-0929 瀬戸市西長根町83
Kインタービル2F
〒100-8981 千代田区永田町2-2-1、会館　☎0561（89）3611
☎03（3508）7264

愛知県8区 437,645 ㊤56.53

当121,714 伊藤 忠彦 自前（50.2）
比当120,649 伴野 豊 立元（49.8）

半田市、常滑市、東海市、知多郡、
知多郡

い とう ただ ひこ
伊藤忠彦

自前［二］　　当5
愛知県　　S39・7・11
勤14年3ヵ月（初/平17）

衆法務委長、前震災復興特委長、前国土
交通委理事、前国交部会長、前環境副大
臣、県議、電通、早大法／58歳

〒478-0021 知多市岡田字向田61　☎0562（55）5508
〒100-8982 千代田区永田町2-1-2、会館　☎03（3508）7003

愛知県9区 432,760 ㊤53.98

当120,213 長坂 康正 自新（52.7）
比107,722 岡本 充功 立前（47.3）

一宮市（本庁管内（P175参照））、
津島市、稲沢市、愛西市、弥富市、
あま市、海部郡

なが さか やす まさ
長坂康正

自前［麻］　　当4
愛知県　　S32・4・10
勤10年4ヵ月（初/平24）

国交委理、経産委、原子力特委、党国交部会長代理、党運輸交通関係団
体委員長、経産兼内閣府副大臣、内閣府兼復興政務官、県連幹事長、県
議6期、総理大臣秘書、内閣官房調査員、青山学院大学経済学部／65歳

〒496-0044 津島市立込町3-26-2　☎0567（26）3339
〒100-8981 千代田区永田町2-2-1、会館　☎03（3508）7043

愛知県10区	436,560 ⑳54.49		当81,107	江﨑鉄磨	自前 (35.0)
			比当62,601	杉本和巳	維前 (27.0)
			比53,375	藤原規真	立新 (23.0)
			比20,989	安井美沙子	れ新 (9.1)
			13,605	板倉正文	共新 (5.9)

一宮市(第9区に属しない区域)、
江南市、岩倉市、丹羽郡

え さき てつ ま
江﨑鐵磨 自前 [二] 当8
愛知県 S18・9・17
勤23年1ヵ月 (初/平5)

決算行監委、党総務会長代理、元内閣府特命大臣
(沖縄・北方・消費者等担当)、法務・消費者各委員
長、国土交通副大臣、外務総括次官、立教大/79歳

〒491-0002 一宮市時之島字下奈良西2 ☎0586(77)8555
〒107-0052 港区赤坂2-17-10、宿舎 ☎03(5563)9732

愛知県11区	383,834 ⑳62.80		当158,018	八木哲也	自前 (69.1)
			36,788	本多信弘	共新 (16.1)
			33,990	梅村忠司	無新 (14.9)

豊田市(旭・足助・小原・上郷・挙
母・猿投・下山・高岡・高橋・藤岡・
松平地域自治区)、みよし市

や ぎ てつ や
八木哲也 自前 [無] 当4
愛知県豊田市 S22・8・10
勤10年4ヵ月 (初/平24)

財金委、予算委、環境委、復興特委、党国対副
委員長、党経産副部会長、党副幹事長、環境
大臣政務官、豊田市議長、中大理工/75歳

〒471-0868 豊田市神田町1-5-9 ☎0565(32)0048
〒107-0052 港区赤坂2-17-10、宿舎

愛知県12区	444,780 ⑳61.97		当142,536	重徳和彦	立前 (52.7)
			比当128,083	青山周平	自前 (47.3)

岡崎市、西尾市

しげ とく かず ひこ
重徳和彦 立前 当4
愛知県 S45・12・21
勤10年4ヵ月 (初/平24)

党代表政務室長代理、総務委、安保委、
総務省課長補佐、コロンビア大公共経
営学修士、東大法/52歳

〒444-0858 岡崎市上六名3-13-13
浅井ビル3F西 ☎0564(51)1192
〒107-0052 港区赤坂2-17-10、宿舎

愛知県13区	422,731 ⑳61.56		当134,033	大西健介	立前 (52.7)
			比当120,203	石井拓	自新 (47.3)

碧南市、刈谷市、安城市、知立市、
高浜市

おお にし けん すけ
大西健介 立前 当5
奈良県 S46・4・13
勤13年8ヵ月 (初/平21)

予算委、厚労委、情報監視審査会委、党
政調会長代理、元議員秘書、元外交官、
元参院職員、京大法/51歳

〒446-0074 安城市井杭山町高見8-7-2F ☎0566(70)7122
〒100-8981 千代田区永田町2-2-1、会館 ☎03(3508)7108

㊙略歴

愛知

117

愛知県14区 296,452 投62.26

豊田市、豊田市(第11区に属しない区域)、蒲郡市、新城市、額田郡、北設楽郡

当114,160　今枝宗一郎　自前（63.0）
比59,462　田中克典　立新（32.8）
7,689　野沢康幸　共新（ 4.2）

いまえだそういちろう

今枝宗一郎

自前［麻］　当4
愛知県　S59・2・18
勤10年4ヵ月　（初/平24）

党経産部会長代理、法務部会長代理、党青年局青年部長、経産委、党新型コロナ対策本部事務局長、財務大臣政務官、医師、名大医学部／39歳

〒442-0031　豊川市豊川西町64　☎0533(89)9010
〒100-8981　千代田区永田町2-2-1、会館　☎03(3508)7080

愛知県15区 348,761 投58.10

豊橋市、田原市

当104,204　根本幸典　自前（52.4）
比80,776　関健一郎　立前（40.6）
比13,832　菅谷竜　れ新（ 7.0）

ねもとゆきのり

根本幸典

自前［安］　当4
愛知県豊橋市　S40・2・21
勤10年4ヵ月　（初/平24）

文科委理、国交委、災害特委理、党農林部会長代理、党総務、国土交通政務官兼内閣府政務官、豊橋市議(2期)、一橋大経済／58歳

〒441-8032　豊橋市花中町63　☎0532(35)0261
〒107-0052　港区赤坂2-17-10、宿舎

三重県1区 359,419 投54.88

津市、松阪市

当122,772　田村憲久　自前（63.1）
比64,507　松田直久　立元（33.1）
比7,329　山田いずみ　N新（ 3.8）

たむらのりひさ

田村憲久

自前［無］　当9
三重県松阪市　S39・12・15
勤26年7ヵ月　（初/平8）

衆院情報監視審査会委員、元厚労大臣(2回)、元党政調会長代理、元総務副大臣、全国保育議連会長、千葉大／58歳

〒514-0053　津市博多町5-63　☎059(253)2883
〒107-0052　港区赤坂2-17-10、宿舎　☎03(3508)7163

三重県2区 408,281 投54.86

四日市市(日永・四郷・内部・塩浜・小山田・河原田・水沢・楠地区市民センター管内)、鈴鹿市、名張市、亀山市、伊賀市

当110,155　川崎秀人　自新（50.2）
比109,165　中川正春　立前（49.8）

かわさき

川崎ひでと

自新［無］　当1
三重県伊賀市　S56・11・4
勤1年5ヵ月　（初/令3）

総務委、厚労委、倫選特委、党ネットメディア局次長、衆議院議員秘書、(株)NTTドコモ、法政大／41歳

〒518-0832　伊賀市上野車坂町821　☎0595(21)3249
〒107-0052　港区赤坂2-17-10、宿舎　☎03(5549)4671

衆 略歴　愛知・三重

三重県3区　414,312　⑳55.31

当144,688	岡田克也	立前（64.1）
比81,209	石原正敬	自新（35.9）

四日市市（富洲原・富田・羽津・常磐・川島・神前・三重・県・八郷・下野・大矢知・保々・神蔵・橋北・中部地区市民センター管内）、桑名市、いなべ市、桑名郡、員弁郡、三重郡

おか　だ　かつ　や
岡田克也

立前　　　　当11
三重県四日市市　S28・7・14
勤33年3ヵ月　　（初/平2）

立憲民主党幹事長、元「無所属の会」代表、民進党・民主党代表、副総理、外相、東大法/69歳

〒510-8121　三重郡川越町高松30-1　☎059(361)6633
〒100-8981　千代田区永田町2-2-1、会館　☎03(3508)7109

三重県4区　297,008　⑳60.76

当128,753	鈴木英敬	自新（72.4）
比41,311	坊農秀治	立新（23.2）
7,882	中川民英	共新（4.4）

伊勢市、尾鷲市、鳥羽市、熊野市、志摩市、多気郡、度会郡、北牟婁郡、南牟婁郡

すず　き　えい　けい
鈴木英敬

自新［安］　　　　当1
兵庫県　　　　S49・8・15
勤1年5ヵ月　　（初/令3）

内閣府大臣政務官（経済再生、新型コロナ・健康危機管理、新しい資本主義、スタートアップ支援、全世代型社会保障）、内閣委、人口減少対策議員連盟事務局長、三重県知事、東大/48歳

〒516-0074　伊勢市本町4-3　　　　　☎0596(22)7331
　　　　　　サンフォレストビル
〒100-8981　千代田区永田町2-2-1、会館　☎03(3508)7269

比例代表 東海　21人　岐阜、静岡、愛知、三重

あお　やま　しゅう　へい
青山周平

自前［安］　　当4(初/平24)
愛知県岡崎市　S52・4・28
勤9年　　　　〈愛知12区〉

文科委、財金委、復興特委、原子力特委、憲法審委、党国対副委員長、党青年局次長、幼教委次長、ラグビー少年団指導員、幼稚園園長、法政大/45歳

〒444-0038　岡崎市伝馬通5-63-1　☎0564(25)2345
〒106-0032　港区六本木7-1-3、宿舎

いし　い　たく
石井　拓

自新［安］　　当1(初/令3)
愛知県碧南市　S40・4・11
勤1年5ヵ月　　〈愛知13区〉

財金委、経産委、党環境関係団体委・農水関係団体委各副委員長、国対委、愛知県議、碧南市議、立命館大学法学部/57歳

〒447-0877　愛知県碧南市栄町4-82-102　☎0566(48)2920
〒107-0052　港区赤坂2-17-10、宿舎

みや ざわ ひろ ゆき
宮澤 博行

自 前［安］　当4(初/平24)
静岡県磐田郡龍山村　S50・1・10
勤10年4ヵ月　　〈静岡3区〉

党副幹事長、安保委理事、原子力特委理、環境委、党国防部会長、防衛兼内閣府大臣政務官、磐田市議3期、東大法／48歳

〒438-0086　磐田市見付5738-13　☎0538(30)7701
〒100-8981　千代田区永田町2-2-1、会館　☎03(3581)5111 内51021

いけ だ よし たか
池田 佳隆

自 前［安］　当4(初/平24)
愛知県　S41・6・20
勤10年4ヵ月　　〈愛知3区〉

内閣委、文科委、拉致特委、文部科学副大臣兼内閣府副大臣、党文部科学部会長代理、日本JC会頭、慶大院／56歳

〒468-0037　名古屋市天白区天白町
　　　　　　野並上大塚124-1　☎052(838)6381
〒100-8982　千代田区永田町2-1-2、会館　☎03(3508)7616

しお のや りゅう
塩 谷　立

自 前［安］　当10(初/平2)
静岡県浜松市　S25・2・18
勤27年4ヵ月　　〈静岡8区〉

国家基本政策委員長、党雇用問題調査会長、党税制調査会小委員長、文科大臣、内閣官房副長官、国交委長、文科副大臣、総務政務次官、慶大／73歳

〒430-0928　浜松市中区板屋町605　☎053(455)3711
〒107-0052　港区赤坂2-17-10、宿舎

なか がわ たか もと
中川 貴元

自 新［麻］　当1(初/令3)
愛知県あま市　S42・2・25
勤1年5ヵ月　　〈愛知2区〉

総務大臣政務官、総務委、党国対委、名古屋市議、名古屋市会議長、指定都市議長会会長、早大／56歳

〒464-0848　名古屋市千種区春岡1-4-8 805号
　　　　　　　　　　　　　　　　☎052(752)6255
〒107-0052　港区赤坂2-17-10、宿舎

いし はら まさ たか
石原 正敬

自 新［岸］　当1
三重県菰野町　S46・11・29
勤1年5ヵ月　　〈三重3区〉

議運委、財金委、環境委、倫選特委、党中小企業小規模事業者政策調査会幹事、法務自治・国土建設団体副委長、菰野町長、名古屋大院／51歳

〒510-1226　三重郡菰野町吉澤441-1　☎059(394)6533
〒510-8028　四日市市下之宮町345-1　☎059(324)0661

よし かわ たける
吉川　赳

無 前　　当3(初/平24)
静岡県　S57・4・7
勤6年1ヵ月　　〈静岡5区〉

総務委、内閣府大臣政務官兼復興大臣政務官、医療法人役員、国会議員秘書、日大院博士前期課程修了／40歳

〒416-0923　静岡県富士市横割本町16-1　☎0545(62)3020
〒107-0052　港区赤坂2-17-10、宿舎

㊔略歴

比例東海

やま もと さ こん
山本左近
自新［麻］ 当1
愛知県 S57・7・9
勤1年5ヵ月 〈初／令3〉

文部科学大臣政務官兼復興大臣政務官、元F1ドライバー、医療法人・社会福祉法人理事、南山大学中退／40歳

〒440-0806 豊橋市八町通1-14-1　☎0532(21)7008

ばん の ゆたか
伴野　豊
立元 当6(初/平12)
愛知県東海市 S36・1・1
勤16年9ヵ月 〈愛知8区〉

国土交通委筆頭理事、外務副大臣、国土交通副大臣、国土交通委員長、立憲民主党愛知県第8区総支部長、名古屋工業大学大学院修了／62歳

〒475-0836 半田市青山2-19-8 アンビシャス青山1F　☎0569(25)1888
〒107-0052 港区赤坂2-17-10、宿舎　☎03(5549)4671

なか がわ まさ はる
中川正春
立前 当9(初/平8)
三重県 S25・6・10
勤26年7ヵ月 〈三重2区〉

憲法審幹事、法務委、党憲法調査会長、防災担当大臣、文部科学大臣、党外交・安保調査会長、NC財務大臣、三重県議、米ジョージタウン大／72歳

〒513-0801 鈴鹿市神戸7-1-5　☎059(381)3513
〒100-8981 千代田区永田町2-2-1、会館　☎03(3508)7128

よし だ つね ひこ
吉田統彦
立前 当3(初/平21)
愛知県名古屋市 S49・11・14
勤8年10ヵ月 〈愛知1区〉

厚労委、消費者特委理、党内閣部門NC副大臣(消費者問題)、党愛知県連副代表、医師・医博、愛知学院大歯学部眼科客員教授、名大、名大院修了／48歳

〒462-0810 名古屋市北区山田1-10-8　☎052(508)8412

わた なべ しゅう
渡辺　周
立前 当9(初/平8)
静岡県沼津市 S36・12・11
勤26年7ヵ月 〈静岡6区〉

国交委、拉致特委理、党静岡県連代表、党代表政務室長、元総務・防衛副大臣、領土議連事務局長、拉致議連会長代行、早大／61歳

〒410-0888 沼津市末広町54　☎055(951)1949

まき よし お
牧　義夫
立前 当7(初/平12)
愛知県名古屋市 S33・1・14
勤20年10ヵ月 〈愛知4区〉

政倫審幹事、文科委、議運委理、環境委員長、厚生労働委員長、厚生労働副大臣、衆議院議員秘書、上智大中退／65歳

〒456-0031 名古屋市熱田区神宮2-9-12　☎052(681)0440
〒100-8981 千代田区永田町2-2-1、会館　☎03(3508)7628

おお ぐち よし のり
大口 善徳　公前　当9
大阪府大阪市　S30・9・5
勤26年5ヵ月　（初/平5）

党政務調査会長代理、党中央幹事、党静岡県本部代表、党中部方面副本部長、党東海道方面本部長、法務委理、災害特委、情監審委、裁判官訴追委、厚労副大臣、弁護士、創価大/67歳

〒420-0067　静岡市葵区幸町11-1 1F　☎054(273)8739
〒107-0052　港区赤坂2-17-10、宿舎

い とう　　わたる
伊藤 渉　公前　当5
愛知県名古屋市　S44・11・13
勤14年3ヵ月　（初/平17）

党中央幹事、党政調会長代理、党税調事務局長、党中部方面本部長、財務副大臣、厚生労働大臣政務官、JR東海、防災士、阪大院/53歳

〒457-0053　名古屋市南区本城町3-5-1
　　　　　　プラザ本城1-D　☎052(823)9105
〒100-8981　千代田区永田町2-2-1、会館☎03(3508)7187

なか がわ やす ひろ
中川 康洋　公元　当2
三重県四日市市　S43・2・12
勤4年3ヵ月　（初/平26）

党中央幹事、党国対副委員長、党総務部会長、党三重県本部代表、環境大臣政務官、三重県議、四日市市議、衆・参議員秘書、創価大/55歳

〒510-0822　四日市市芝田1-10-29
　　　　　　新栄ビル　☎059(340)5341

すぎ もと かず み
杉本 和巳　維前　当4(初/平21)
東京都　S35・9・17
勤10年10ヵ月　〈愛知10区〉

外務委、沖北特委理、元銀行員、英オックスフォード大院・米ハーバード大院修了、早大政経/62歳

〒491-0873　一宮市せんい4-5-1　☎0586(75)5507
〒100-8981　千代田区永田町2-2-1、会館☎03(3508)7266

みさき　　ま き
岬 麻紀　維新　当1(初/令3)
愛知県名古屋市　S43・12・26
勤1年5ヵ月　〈愛知5区〉

財務金融委、災害特委、フリーアナウンサー、愛知大学(中退)、早大eスクール在学中/54歳

〒453-0043　名古屋市中村区上ノ宮町1-2-2 藤井ビル1F
　　　　　　　　　　　　　　　　☎052(433)5778

もと むら のぶ こ
本村 伸子　共前　当3
愛知県豊田市　S47・10・20
勤8年4ヵ月　（初/平26）

党幹部会委員、党中央委員、法務委、消費者特委、八田ひろ子参院議員秘書、県立刈谷高、龍谷大院修士課程修了/50歳

〒460-0007　名古屋市中区新栄3-12-25　☎052(264)0833
〒107-0052　港区赤坂2-17-10、宿舎

田中 健（た なか けん）

国新 静岡県
勤1年5ヵ月

当1(初/令3)
S52・7・18
〈静岡4区〉

党国対副委員長、党税調副事務局長、党静岡県連代表代行、厚労委、消費者特委、東京都議、大田区議、銀行員、青学大／45歳

〒424-0872 静岡市清水区平川地6-50 ☎054(340)5256

比例代表 東海	21人	有効投票数 6,728,400票

政党名	当選数	得票数	得票率
	惜敗率 小選挙区		惜敗率 小選挙区

自 民 党　9人　2,515,841票　37.39%

当①青山 周平 前(89.86)	愛12	①古屋 圭司 前	岐5
当①石井 拓 新(89.68)	愛13	①上川 陽子 前	静1
当①宮沢 博行 前(89.61)	静3	①井林 辰憲 前	静2
当①池田 佳隆 前(81.95)	愛3	①深沢 陽一 前	静4
当①塩谷 立 前(79.16)	静8	①勝俣 孝明 前	静6
当①中川 貴元 新(60.44)	愛2	①城内 実 前	静7
当①石原 正敬 新(56.13)	三3	①熊田 裕通 前	愛1
当①吉川 赳 前(48.08)	静5	①工藤 彰三 前	愛4
当㉛山本 左近 新		①神田 憲次 前	愛5
㉜木造 燿子 新		①丹羽 秀樹 前	愛6
㉝森 由紀子 新		①鈴木 淳司 前	愛7
㉞松本 忠真 新		①伊藤 忠彦 前	愛8
㉟岡本 康宏 新		①長坂 康正 前	愛9
【小選挙区での当選者】		①今枝宗一郎 前	愛14
①野田 聖子 前	岐1	①根本 幸典 前	愛15
①棚橋 泰文 前	岐2	①田村 憲久 前	三1
①武藤 容治 前	岐3	①川崎 秀人 新	三2
①金子 俊平 前	岐4	①鈴木 英敬 新	三4

立憲民主党　5人　1,485,947票　22.08%

当①伴野 豊 元(99.12)	愛8	①遠藤 行洋 新(52.98)	静1
当①中川 正春 前(99.10)	三2	①松田 直久 元(52.54)	三1
当①吉田 統彦 前(97.45)	愛1	①田中 克典 新(52.09)	愛14
当①渡辺 周 前(95.76)	静6	①川本 慧佑 新(46.85)	愛1
当①牧 義夫 前(93.31)	愛4	①日吉 雄太 前(46.70)	静7
①岡本 充功 前(89.61)	愛9	①小野 範和 新(40.73)	静5
①西川 厚志 新(88.94)	愛5	①坊農 秀治 新(32.09)	三4
①今井 瑠々 新(83.53)	岐5	㉘芳野 正英 新	
①今井 雅人 前(82.42)	岐4	㉙大島 もえ 新	
①関 健一郎 前(77.52)	愛15	【小選挙区での当選者】	
①阪口 直人 元(70.73)	岐3	①小山 展弘 元	静3
①藤原 規真 新(65.81)	愛10	①源馬謙太郎 前	静8
①森本 和義 元(56.67)	愛7	①近藤 昭一 前	愛3
①松田 功 前(56.48)	愛6	①重徳 和彦 前	愛12
①福村 隆 新(54.19)	静2	①大西 健介 前	愛13

公 明 党　3人　784,976票　11.67%

当①大口 善徳 前		④国森 光信 新	
当②伊藤 渉 前		⑤越野 優一 新	
当③中川 康洋 元			

㊙略歴

比例東海

123

日本維新の会　2人　694,630票　10.32%

当①杉本　和巳 前(77.18) 愛10
当①岬　　麻紀 新(54.01) 愛5
①中田　千代 新(35.43) 愛4
①中村　憲一 新(29.04) 静4
▼①山下　洸棋 新(21.20) 静6
▼①青山　雅幸 前(17.34) 静1
▼①佐伯　哲也 新(12.78) 岐4
▼①山田　良司 元(12.08) 岐5

共 産 党　1人　408,606票　6.07%

当①本村　伸子 前
②島津　幸広 元
③長内　史子 新

国民民主党　1人　382,733票　5.69%

当①田中　　健 新(58.59) 静4
①大谷由里子 新(36.94) 岐2
①高橋　美穂 元(20.69) 静1

【小選挙区での当選者】
①古川　元久 前　愛2

▼は小選挙区の得票が有効投票総数の10分の1未満で、復活当選の資格がない者

その他の政党の得票数・得票率は下記のとおりです。(当選者はいません)

政党名	得票数	得票率
れいわ新選組	273,208票	4.06%
NHKと裁判してる党弁護士法72条違反で	98,238票	1.46%
社民党	84,220票	1.25%

滋賀県1区　324,354 投58.90

大津市、高島市

当97,482　大岡敏孝　自前(52.2)
比当84,106　斎藤アレックス　国新(45.1)
比5,092　日高千穂　N新(2.7)

おお おか とし たか
大岡敏孝
自前[二]　当4
滋賀県　S47・4・16
勤10年4ヵ月 (初/平24)

厚労委理、安保委、原子力特委、環境副大臣、財務大臣政務官、静岡県議、浜松市議、中小企業診断士、スズキ(株)、早大政治経済学部/50歳

〒520-0026　大津市桜野町1-1-6 西大津ISⅡ203　☎077(572)7770
〒106-0032　港区六本木7-1-3、宿舎

滋賀県2区　263,110 投56.93

彦根市、長浜市、東近江市(愛東・湖東支所管内)、米原市、愛知郡、犬上郡

当83,502　上野賢一郎　自前(56.6)
比64,119　田島一成　立元(43.4)

うえ の けん いち ろう
上野賢一郎
自前[森]　当5
滋賀県長浜市　S40・8・3
勤14年3ヵ月 (初/平17)

厚労委筆頭、党政調副会長、税調幹事、内閣委員長、財務副大臣、党経産部会長、党財金部会長、国交政務官、総務省、京大法/57歳

〒526-0021　長浜市八幡中山町88-11　☎0749(63)9977
〒100-8981　千代田区永田町2-2-1、会館　☎03(3508)7004

滋賀県3区 274,521 ⊕57.43

草津市、守山市、栗東市、野洲市

当81,888　武村展英　自前(52.8)
比41,593　直山　仁　維新(26.8)
　20,423　佐藤耕平　共新(13.2)
比11,227　高井崇志　れ前(7.2)

たけ　むら　のぶ　ひで
武村展英

自前[無]　　当4
滋賀県草津市　S47・1・21
勤10年4ヵ月　（初/平24）

消費者特委、総務委理事、環境委、党総務部会長、内閣府政務官、公認会計士、新日本監査法人、慶大／51歳

〒525-0025　草津市西渋川1-4-6
　　　　　　MAEDA第二ビル1F　☎077(566)5345
〒107-0052　港区赤坂2-17-10、宿舎　☎03(5549)4671

滋賀県4区 291,102 ⊕55.83

近江八幡市、甲賀市、湖南市、東近江市(第2区に属しない区域)、蒲生郡

当86,762　小寺裕雄　自前(54.6)
比当72,116　徳永久志　立新(45.4)

こ　てら　ひろ　お
小寺裕雄

自前[二]　　当2
滋賀県東近江市　S35・9・18
勤5年6ヵ月　（初/平29）

内閣委、農水委、復興特委、地域・こども特委、党女性局次長、党教育・文化・スポーツ関係団体副委員長、内閣府大臣政務官、会社役員、滋賀県議会議員、八日市青年会議所理事長、同志社大／62歳

〒527-0032　東近江市春日町3-1　☎0748(22)5001
〒106-0032　港区六本木7-1-3、宿舎

京都府1区 390,373 ⊕55.90

京都市(北区、上京区、中京区、下京区、南区)

当86,238　勝目　康　自新(40.4)
比当65,201　穀田恵二　共前(30.5)
比当62,007　堀場幸子　維新(29.1)

かつ　め　やすし
勝目　康

自新[無]　　当1
京都府　S49・5・17
勤1年5ヵ月　（初/令3）

党京都府第一選挙区支部長、文科委、厚労委、総務省室長、京都府総務部長、内閣官房副長官秘書官、在仏大使館書記官、東大法／48歳

〒600-8008　京都市下京区四条通東洞院角
　　　　　　フコク生命ビル3F　☎075(211)1889

京都府2区 264,808 ⊕57.14

京都市(左京区、東山区、山科区)

当72,516　前原誠司　国前(48.9)
　43,291　繁本　護　自前(29.2)
　25,260　地坂拓晃　共新(17.0)
　7,263　中　辰哉　れ新(4.9)

まえ　はら　せい　じ
前原誠司

国前　　当10
京都府京都市　S37・4・30
勤29年10ヵ月　（初/平5）

財金委、党代表代行、民進党代表、外相、国交相、国家戦略担当相、民主党代表、府議、松下政経塾、京大法／60歳

〒606-8007　京都市左京区山端壱町田町8-46
　　　　　　　　　　　　　　　☎075(723)2751
〒100-8981　千代田区永田町2-2-1、会館

京都府3区　353,915　⑯53.52

当89,259	泉　健太	立前	(48.2)
比61,674	木村弥生	自前	(33.3)
比34,288	井上博明	維新	(18.5)

京都市(伏見区)、向日市、長岡京市、乙訓郡

いずみ　けんた

泉　健太

立前　　　当8

北海道　　S49・7・29
勤19年6ヵ月　(初/平15)

党代表、国家基本委、党政務調査会長、国民民主党国対委員長、内閣府政務官、議運筆頭理事、立命館大/48歳

〒612-8434　京都市伏見区深草加賀屋敷町3-6
　　　　　　ネクスト21Ⅱ1F　☎075(646)5566
〒100-8981　千代田区永田町2-2-1、会館　☎03(3508)7005

京都府4区　396,960　⑯56.21

当96,172	北神圭朗	無元	(44.2)
比当80,775	田中英之	自前	(37.1)
	40,603	吉田幸一	共新	(18.7)

京都市(右京区、西京区)、亀岡市、南丹市、船井郡

きた　がみ　けい　ろう

北神圭朗

無元(有志)　　当4

東京都　　S42・2・1
勤10年2ヵ月　(初/平17)

農水委、憲法審委、首相補佐官、経済産業大臣政務官、内閣府大臣政務官、経産委筆頭理事、大蔵省、金融庁、京大法/56歳

〒615-0055　京都市右京区西院西田町23
　　　　　　日新ビル2F　☎075(315)3487
〒100-8982　千代田区永田町2-1-2、会館　☎03(3508)7069

京都府5区　238,618　⑯59.49

当68,693	本田太郎	自前	(49.4)
比32,108	山本和嘉子	立前	(23.1)
21,904	井上一徳	無前	(15.7)
16,375	山内健	共新	(11.8)

福知山市、舞鶴市、綾部市、宮津市、京丹後市、与謝郡

ほん　だ　た　ろう

本田太郎

自前[無]　　当2

京都府　　S48・12・1
勤5年6ヵ月　(初/平29)

議運委、厚労委、倫選特委、消費者特委、政倫審委、党総務、外務大臣政務官、弁護士、府議、東大法/49歳

〒629-2251　京都府宮津市須津413-41　☎0772(46)5033
〒100-8982　千代田区永田町2-1-2、会館　☎03(3508)7012

京都府6区　460,284　⑯56.81

当116,111	山井和則	立前	(45.2)
82,004	清水鴻一郎	自元	(32.0)
比58,487	中嶋秀樹	維新	(22.8)

宇治市、城陽市、八幡市、京田辺市、木津川市、久世郡、綴喜郡、相楽郡

やま　の　い　かず　のり

山井和則

立前　　　当8

京都府京都市　　S37・1・6
勤22年10ヵ月　(初/平12)

厚労委、党国対委長代理、民進党国対委長、厚生労働大臣政務官、高齢社会研究所長、大学講師、松下政経塾、京大工院/61歳

〒610-0101　城陽市平川茶屋裏58-1　☎0774(54)0703
〒100-8981　千代田区永田町2-2-1、会館　☎03(3508)7240

大阪府1区	427,637 ⓣ53.27	当110,120	井上英孝	維前(49.4)
		比67,145	大西宏幸	自前(30.1)
大阪市(中央区、西区、港区、天王寺区、浪速区、東成区)		比28,477	村上賀厚	立新(12.8)
		17,194	竹内祥倫	共新(7.7)

いのうえ ひで たか　維前　　　　　当4
井上英孝
大阪府大阪市 S46・10・25
勤10年4ヵ月 （初/平24）

党会計監査人代表、選対本部長代行、懲罰委理事、科技特委員長、国交理事、大阪市議、近畿大／51歳

〒552-0011　大阪市港区南市岡1-7-24 1F　☎06(6581)0001
〒107-0052　港区赤坂2-17-10、宿舎　☎03(5549)4671

大阪府2区	446,933 ⓣ56.98	当120,913	守島　正	維新(48.5)
		比80,937	左藤　章	自前(32.5)
大阪市(生野区、阿倍野区、東住吉区、平野区)		比47,487	尾辻かな子	立前(19.0)

もり しま　ただし　維新　　　　　当1
守島　正
大阪府　S56・7・15
勤1年5ヵ月 （初/令3）

総務委理事、沖北特委、党選挙対策班班長、大阪市議3期、中小企業診断士、同志社大商、大阪市大院創造都市修士／41歳

〒545-0011　大阪市阿倍野区昭和町2-1-26-6B
　　　　　　☎06(6195)4774

略歴

大阪

大阪府3区	367,518 ⓣ53.87	当79,507	佐藤茂樹	公前(44.7)
		比41,737	萩原　仁	立元(23.4)
大阪市(大正区、住之江区、住吉区、西成区)		38,170	渡部　結	共新(21.4)
		18,637	中条栄太郎	無新(10.5)

さ とう しげ き　公前　　　　　当10
佐藤茂樹
滋賀県　S34・6・8
勤26年10ヵ月 （初/平5）

党国会対策委員長、党関西方面副本部長、厚生労働副大臣、文部科学委員長、国土交通大臣政務官、京大／63歳

〒557-0041　大阪市西成区岸里3-1-29　☎06(6653)3630
〒100-8981　千代田区永田町2-2-1、会館　☎03(3508)7200

大阪府4区	408,256 ⓣ58.33	当107,585	美延映夫	維前(46.1)
		比72,835	中山泰秀	自前(31.2)
大阪市(北区、都島区、福島区、城東区)		比28,254	吉田　治	立元(12.1)
		比24,469	清水忠史	共前(10.5)

み のべ てる お　維前　　　　　当2
美延映夫
大阪府大阪市北区 S36・5・23
勤3年 （初/令2）

安保委、拉致特委理事、大阪市会議長、大阪維新の会市会議員団幹事長2期、大阪市監査委員、大阪市議、会社役員、神戸学院大／61歳

〒530-0043　大阪市北区天満1-6-6
　　　　　　井上ビル3F　☎06(6351)1258
〒100-8981　千代田区永田町2-2-1、会館　☎03(3508)7194

大阪府5区 431,558 △52.98

当	106,508	国 重　　徹	公前	(53.1)
比当	48,248	宮 本 岳 志	共元	(24.1)
比当	34,202	大 石 晃 子	れ新	(17.1)
	11,458	籠 池 諄 子	無新	(5.7)

大阪市(此花区、西淀川区、淀川区、東淀川区)

国重 徹　くに しげ とおる
公前　当4
大阪府大阪市　S49・11・23
勤10年4ヵ月　(初/平24)

党内閣部会長、党青年委員長、党広報局長、内閣委理、消費者特委、憲法審委、総務大臣政務官、弁護士、税理士、防災士、創価大/48歳

〒532-0023　大阪市淀川区十三東1-17-19
ファルコンビル5F　☎06(6885)6000
〒100-8982　千代田区永田町2-1-2、会館☎03(3508)7405

大阪府6区 391,045 △54.27

当	106,878	伊 佐 進 一	公前	(54.8)
比	59,191	村 上 史 好	立前	(30.4)
	28,895	星 健太郎	無新	(14.8)

大阪市(旭区、鶴見区)、守口市、門真市

伊佐 進一　い さ しん いち
公前　当4
大阪府　S49・12・10
勤10年4ヵ月　(初/平24)

厚生労働副大臣兼内閣府副大臣、党厚生労働部会長、ジョンズホプキンス大院/48歳

〒570-0027　守口市桜町5-9-201　☎06(6992)8881

大阪府7区 382,714 △60.02

当	102,486	奥 下 剛 光	維新	(45.3)
比	71,592	渡 嘉 敷 奈緒美	自前	(31.7)
比	24,952	乃 木 涼 介	立新	(11.0)
	20,083	川 添 健 真	共新	(8.9)
	6,927	西 川 弘 城	れ新	(3.1)

吹田市、摂津市

奥下 剛光　おく した たけ みつ
維新　当1
大阪府　S50・10・4
勤1年5ヵ月　(初/令3)

環境委、災害特委、建国対副委員長、元大阪市長・元大阪府知事秘書、元外務副大臣秘書、元内閣総理大臣宮澤喜一秘書、専修大学/47歳

〒564-0032　吹田市内本町2-6-13
アイワステーションⅡ号館　☎06(6381)7711

大阪府8区 337,105 △59.75

当	105,073	漆 間 讓 司	維新	(53.2)
比	53,877	高 麗 啓一郎	自新	(27.3)
比	38,458	松 井 博 史	立新	(19.5)

豊中市

漆間 讓司　うる ま じょう じ
維新　当1
大阪府　S49・9・14
勤1年5ヵ月　(初/令3)

環境委理事、法務委、党政調副会長、大阪府議3期、会社役員、銀行勤務、慶大商学部/48歳

〒561-0884　豊中市岡町北1-1-4 3F　☎06(6857)7770
〒107-0052　港区赤坂2-17-10、宿舎

大阪府9区 456,232 ⑱59.08	当133,146 足立康史 維前(50.3)
池田市、茨木市、箕面市、豊能郡	83,776 原田憲治 自前(31.7) 比42,165 大椿裕子 社新(15.9) 5,369 磯部和哉 無新(2.0)

あ だち やす し
足立康史 維前 当4
大阪府 S40・10・14
勤10年4ヵ月 (初/平24)

農水委理事、経産委、原子力特委、元経済産業省大臣官房参事官、米コロンビア大院、京大院、京大工学部／57歳

〒567-0883 茨木市大手町9-26 吉川ビル3F ☎072(623)5834
〒107-0052 港区赤坂2-17-10、宿舎 ☎03(5549)4671

大阪府10区 320,990 ⑱63.32	当80,932 池下 卓 維前(40.3)
高槻市、三島郡	比66,943 辻元清美 立前(33.4) 比52,843 大隈和英 自前(26.3)

いけ した たく
池下 卓 維新 当1
大阪府高槻市 S50・4・10
勤1年5ヵ月 (初/令3)

厚生労働委理事、拉致特委、党会計監査人、大阪府府議、府健康福祉委員長、税理士、龍谷大院／47歳

〒569-1121 高槻市真上町1-1-18
Insist 3A ☎072(668)2013

大阪府11区 398,749 ⑱60.57	当105,746 中司 宏 維前(44.7)
枚方市、交野市	比70,568 佐藤ゆかり 自前(29.8) 比60,281 平野博文 立前(25.5)

なか つか ひろし
中司 宏 維新 当1
大阪府枚方市 S31・3・11
勤1年5ヵ月 (初/令3)

総務委、議運委、地域・こども特委理事、党国会議員団代表補佐、国対副委員長、党紀委員長、枚方市長、府議、産経記者、早大／66歳

〒573-0022 枚方市宮之阪1-22-10-101 ☎072(898)4567
〒107-0052 港区赤坂2-17-10、宿舎

大阪府12区 339,395 ⑱55.00	当94,003 藤田文武 維前(51.2)
寝屋川市、大東市、四條畷市	比59,304 北川晋平 自新(32.3) 比17,730 宇都宮優子 立新(9.7) 12,614 松尾正利 共新(6.9)

ふじ た ふみ たけ
藤田文武 維前 当2
大阪府寝屋川市 S55・12・27
勤4年 (初/平31)

党幹事長、国家基本委、会社役員、筑波大／42歳

〒572-0838 寝屋川市八坂町24-6
ロイヤルライフ八坂101 ☎072(830)2620
〒107-0052 港区赤坂2-17-10、宿舎

大阪府13区 400,235 ㊵53.43
東大阪市

当101,857	岩谷良平	維新(48.5)
比当85,321	宗清皇一	自前(40.6)
22,982	神谷淳一	共新(10.9)

いわ たに りょう へい
岩谷良平
維新　当1
大阪府守口市　S55・6・7
勤1年5ヵ月　(初/令3)

憲法審委、内閣委、倫選特委、党副幹事長、党国対副委員長、行政書士、元会社経営者、早大法卒、京産大院修了「法務博士(専門職)」/42歳

〒577-0809　大阪府東大阪市永和1-25-14-2F
☎06(6732)4204

大阪府14区 421,826 ㊵55.28
八尾市、柏原市、羽曳野市、藤井寺市

当126,307	青柳仁士	維新(55.7)
比70,029	長尾　敬	自前(30.9)
30,547	小松　久	共新(13.5)

あお やぎ ひと し
青柳仁士
維新　当1
埼玉県所沢市　S53・11・7
勤1年5ヵ月　(初/令3)

予算委理、外務委、党国会議員団政調会長代行、党国際局長、国連職員、JICA職員、早大政経、米デューク大修士/44歳

〒581-0081　八尾市南本町4-6-37　☎072(992)2459
〒100-8981　千代田区永田町2-2-1、会館　☎03(3508)7609

大阪府15区 390,415 ㊵55.78
堺市(美原区)、富田林市、河内長野市、松原市、大阪狭山市、南河内郡

当114,861	浦野靖人	維前(54.1)
比67,887	加納陽之助	自新(32.0)
29,534	為　仁史	共新(13.9)

うら の やす と
浦野靖人
維前　当4
大阪府松原市　S48・4・4
勤10年4ヵ月　(初/平24)

党選挙対策本部長代理、内閣委、倫選特委、政倫審幹事、保育士、聖和大学(現関西学院大学)/49歳

〒580-0044　松原市田井城1-1-18　☎072(330)6700
〒107-0052　港区赤坂2-17-10、宿舎

大阪府16区 326,278 ㊵55.50
堺市(堺区、東区、北区)

当84,563	北側一雄	公前(50.8)
比当72,571	森山浩行	立前(43.6)
9,288	西脇京子	N新(5.6)

きた がわ かず お
北側一雄
公前　当10
大阪府　S28・3・2
勤29年11ヵ月　(初/平2)

党副代表・中央幹事会会長、党関西方面本部長、党憲法調査会長、憲法審幹事、国交委、元国土交通大臣、弁護士、税理士、創価大学法学部/69歳

〒590-0957　堺市堺区中之町西1-1-10
堀ビル2F　☎072(221)2706
〒107-0052　港区赤坂2-17-10、宿舎　☎03(5549)4671

大阪府17区	330,263 ⑳54.50	当94,398	馬場 伸幸	維前（53.6）
		比56,061	岡下 昌平	自前（31.8）
		25,660	森 流星	共新（14.6）

堺市（中区、西区、南区）

ば ば のぶ ゆき
馬場 伸幸

維前　当4
大阪府　S40・1・27
勤10年4ヵ月　（初／平24）

党代表、国家基本委理事、憲法審幹事、元堺市議会議長、衆院議員中山太郎秘書、「大阪維新の会」副代表、鳳高校／58歳

〒593-8325 堺市西区鳳南町5-711-5　☎072（274）0771
〒107-0052 港区赤坂2-17-10、宿舎

大阪府18区	434,309 ⑳52.91	当118,421	遠藤 敬	維前（53.0）
		比61,597	神谷 昇	自前（27.5）
		比24,490	川戸 康嗣	立新（11.0）
		19,075	望月 亮佑	共新（ 8.5）

岸和田市、泉大津市、和泉市、高石市、泉北郡

えん どう たかし
遠藤 敬

維前　当4
大阪府　S43・6・6
勤10年4ヵ月　（初／平24）

党国対委員長、議運理事、（社）秋田犬保存会会長、日本青年会議所大阪ブロック協議会長、大産大附属高／54歳

〒592-0014 高石市綾園2-7-18　千代田ビル201号　☎072（266）8228
〒107-0052 港区赤坂2-17-10、宿舎

大阪府19区	304,908 ⑳53.96	当68,209	伊東 信久	維元（42.2）
		比当52,052	谷川 とむ	自前（32.2）
		比32,193	長安 豊	立元（19.9）
		9,258	北村 みき	共新（ 5.7）

貝塚市、泉佐野市、泉南市、阪南市、泉南郡

い とう のぶ ひさ
伊東 信久

維元　当3
大阪府大阪市　S39・1・4
勤6年3ヵ月　（初／平24）

総務委、決算行監委、医療法人理事長、大阪大学大学院招聘教授、神戸大学／59歳

〒598-0055 泉佐野市若宮町7-13　田端ビル4F　☎072（463）8777
〒107-0052 港区赤坂2-17-10、宿舎　☎03（5549）4671

兵庫県1区	393,494 ⑳55.48	当78,657	井坂 信彦	立元（36.9）
		比当64,202	盛山 正仁	自前（30.1）
		比53,211	一谷勇一郎	維新（25.0）
		9,922	高橋 進吾	無新（ 4.7）
		7,174	木原功仁哉	無新（ 3.4）

神戸市（東灘区、灘区、中央区）

い さか のぶ ひこ
井坂 信彦

立元　当3
東京都　S49・3・27
勤6年3ヵ月　（初／平24）

厚労委、消費者特委、党代表政務室副室長、党デジタルPT・フリーランスWT事務局長、行政書士、神戸市議、京大／48歳

〒651-0085 神戸市中央区八幡通4-2-14　トロア神戸ビル4F　☎078（271）3705

兵庫県2区 385,611 投50.97

当99,455　赤羽　一嘉　公前（54.2）
比61,884　船川　治郎　立新（33.7）
　22,124　宮野　鶴生　共新（12.1）

神戸市（兵庫区、北区、長田区）、
西宮市（塩瀬・山口支所管内）

あか　ば　かず　よし
赤羽　一嘉
公前　　　　　　　当9
東京都　　　　S33・5・7
勤26年6ヵ月　（初/平5）

党幹事長代行、前国土交通大臣、経済産業委員長、経済産業副大臣（兼）内閣府副大臣、三井物産、慶大法学部／64歳

〒652-0803　神戸市兵庫区大開通2-3-6
　メゾンユニベール203　　　☎078(575)5139
〒107-0052　港区赤坂2-17-10、宿舎

兵庫県3区 315,484 投54.43

当68,957　関　　芳弘　自前（40.9）
比当59,537　和田有一朗　維新（35.4）
比22,765　佐藤　泰樹　国前（13.5）
　17,155　赤田　勝紀　共新（10.2）

神戸市（須磨区、垂水区）

せき　　よし　ひろ
関　　芳弘
自前［安］　　　　当5
徳島県　　　　S40・6・7
勤14年3ヵ月　（初/平17）

経済産業委筆頭理事、経産副大臣、環境副大臣、三井住友銀行、関学大、英国ウェールズ大学院（MBA取得）／57歳

〒654-0026　神戸市須磨区大池町2-3-7
　オルタンシア大池1F5号　　☎078(739)0904

兵庫県4区 421,086 投54.69

当112,810　藤井比早之　自前（50.0）
比当59,143　赤木　正幸　維新（26.2）
比53,476　今泉　真緒　立新（23.7）

神戸市（西区）、西脇市、三木市、
小野市、加西市、加東市、多可
郡

ふじい　ひ　さ　ゆき
藤井比早之
自前［無］　　　　当4
兵庫県西脇市　S46・9・11
勤10年4ヵ月　（初/平24）

内閣委理、党選対副委員長、党副幹事長、デジタル社会推進本部幹事長、内閣府副大臣、初代デジタル副大臣、初代ワクチン接種担当副大臣、国交大臣政務官、彦根市前市長、総務省、東大法／51歳

〒673-0404　兵庫県三木市大村530-1　　☎0794(81)1118
〒100-8981　千代田区永田町2-2-1、会館　☎03(3508)7185

兵庫県5区 368,205 投61.59

当94,656　谷　　公一　自前（42.5）
比当65,714　遠藤　良太　維新（29.5）
比62,414　梶原　康弘　立元（28.0）

豊岡市、川西市の一部（P175参
照）、三田市、丹波篠山市、養父市、
丹波市、朝来市、川辺郡、美方郡

たに　　こう　いち
谷　　公一
自前［二］　　　　当7
兵庫県　　　　S27・1・28
勤19年5ヵ月　（初/平15）

国家公安委員長、防災担当大臣、党政調会長代理、過疎特委長、団体総局長、総務会副会長、衆院交委長、復興特委長、復興大臣補佐官、復興副大臣、国交政務官、明大／71歳

〒667-0024　養父市八鹿町朝倉49-1　☎079(665)7070
〒107-0052　港区赤坂2-17-10、宿舎　☎03(5549)4671

兵庫県6区	465,210 ⑤55.58	当89,571　市村浩一郎　維元（35.2）
伊丹市、宝塚市、川西市（第5区に属しない区域）（P175参照）		比当87,502　大串正樹　自前（34.4） 比77,347　桜井　周　立前（30.4）

いちむら　こう　いちろう
市村浩一郎　維元
　　　　　　　　　　　　　　当4

福岡県福岡市　S39・7・16
勤10年6ヵ月（初/平15）

党代議士会長、総務委、決算行政監視委、国土交通大臣政務官、松下政経塾9期生、一橋大／58歳

〒665-0035　宝塚市逆瀬川2-6-2　　☎0797(71)1111
〒106-0032　港区六本木7-1-3、宿舎　☎03(3408)4911

兵庫県7区	441,775 ⑤58.38	当95,140　山田賢司　自前（37.5）
西宮市（本庁管内、甲東・瓦木・鳴尾支所管内）、芦屋市		比当93,610　三木圭恵　維元（36.9） 比64,817　安田真理　立新（25.6）

やま　だ　けん　じ
山田賢司　自前［麻］
　　　　　　　　　　　　　　当4

大阪府　S41・4・20
勤10年4ヵ月（初/平24）

外務副大臣、党国対副委員長、議運委（議事進行係）、外務大臣政務官、三井住友銀行、神戸大法／56歳

〒662-0998　西宮市産所町4-8
　　　　　　村井ビル205号室　　　　☎0798(22)0340
〒107-0052　港区赤坂2-17-10、宿舎　☎03(5549)4671

兵庫県8区	386,254 ⑤48.83	当100,313　中野洋昌　公前（58.8）
尼崎市		比45,403　小村　潤　共新（26.6） 比24,880　辻　恵　れ元（14.6）

なか　の　ひろ　まさ
中野洋昌　公前
　　　　　　　　　　　　　　当4

京都府京都市　S53・1・4
勤10年4ヵ月（初/平24）

党経産部会長、経産委理事、原子力特委理事、予算委、元経済産業・内閣府・復興大臣政務官、元国交省課長補佐、東大、米コロンビア大院修了／45歳

〒660-0052　尼崎市七松町3-17-20-201　☎06(6415)0220

兵庫県9区	363,347 ⑤53.23	当141,973　西村康稔　自前（76.3）
明石市、洲本市、南あわじ市、淡路市		44,172　福原由加利　共新（23.7）

にし　むら　やす　とし
西村康稔　自前［安］
　　　　　　　　　　　　　　当7

兵庫県明石市　S37・10・15
勤19年5ヵ月（初/平15）

経済産業大臣、清和会事務総長、党選対委員長代行、コロナ対策本部長、前経済再生・コロナ対策担当相、元官房副長官、東大法／60歳

〒673-0882　明石市相生町2-8-21
　　　　　　　ドール明石201号　　　☎078(919)2320
〒107-0052　港区赤坂2-17-10、宿舎 ☎03(5549)4671(代)

兵庫県10区　347,835　⑬51.55

加古川市、高砂市、加古郡

	当79,061	渡海紀三朗	自前（45.0）
比当57,874	掘井健智	維新（32.9）
38,786	隠樹圭子	立新（22.1）

渡海紀三朗　と かい き さぶろう

自前［無］　　当10
兵庫県高砂市　S23・2・11
勤29年9ヵ月　（初/昭61）

安保委、党科学技術・イノベーション戦略調査会長、元文科相、決算行監委員、総理補佐官、党政調会長代理、早大建築／75歳

〒676-0082　高砂市曽根町2248　　☎079（447）4353
〒107-0052　港区赤坂2-17-10、宿舎

兵庫県11区　399,029　⑬48.39

姫路市の一部（P175参照）

	当92,761	松本剛明	自前（49.0）
比当78,082	住吉寛紀	維新（41.3）
18,363	太田清幸	共新（ 9.7）

松本剛明　まつ もと たけ あき

自前［麻］　　当8
東京都　S34・4・25
勤22年10ヵ月　（初/平12）

総務大臣、党国協議会長、税調幹事、新しい資本主義本部、デジタル本部、情報調、金融調、政調会長代理、外相、議運委長、外務委員、旧民主党政調会長、興銀、東大法／63歳

〒670-0972　姫路市手柄1-124　　☎079（282）5516
〒100-8981　千代田区永田町2-2-1、会館　☎03（3508）7214

兵庫県12区　284,813　⑬58.90

姫路市（第11区に属しない区域）、相生市、赤穂市、宍粟市、たつの市、神崎郡、揖保郡、赤穂郡、佐用郡

	当91,099	山口壯	自前（55.6）
比当49,736	池畑浩太朗	維新（30.3）
比23,137	酒井孝典	立新（14.1）

山口壯　やま ぐち つよし

自前［二］　　当7
兵庫県相生市　S29・10・3
勤21年　（初/平12）

環境委、拉致特委、環境大臣、党筆頭副幹事長、拉致特委長、安保委、内閣府・外務省副大臣、外務省国際科学協力室長、国際政治学博士、東大法、米ジョンズ・ホプキンス大院／68歳

〒678-0005　相生市大石町19-10　西本ビル2F　　☎0791（23）6122
〒107-0052　港区赤坂2-17-10、宿舎

奈良県1区　359,066　⑬61.30

奈良市（本庁管内、西部・北部・東部出張所管内、月ヶ瀬行政センター管内）、生駒市

	当93,050	馬淵澄夫	立前（39.0）
比当83,718	小林茂樹	自前（35.1）
比62,000	前川清成	維新（26.0）

馬淵澄夫　ま ぶち すみ お

立前　　当7
奈良県奈良市　S35・8・23
勤18年1ヵ月　（初/平15）

内閣委、党国対委員長、党常任幹事、国土交通大臣、国土交通副大臣、内閣総理大臣補佐官、災害特委長、決算行政監視委員長、会社役員、横浜国大／62歳

〒631-0036　奈良市学園北1-11-10　森田ビル6F　　☎0742（40）5531
〒100-8981　千代田区永田町2-2-1、会館　☎03（3508）7122

<table>
<tr><td>奈良県2区 383,875
⊛58.69</td><td>当141,858 高市 早苗 自前(64.6)
比54,326 猪奥 美里 立新(24.8)
23,285 宮本 次郎 共新(10.6)</td></tr>
</table>

奈良市(都祁行政センター管内)、大和郡山市、天理市、香芝市、山辺郡、生駒郡、磯城郡、北葛城郡

たか いち さ なえ
高市 早苗

自前［無］　　当9
奈良県奈良市　S36・3・7
勤28年　（初/平5）

経済安全保障担当大臣、党政調会長、総務大臣、科学技術担当大臣、経産副大臣、議運委員長、近畿大学教授、松下政経塾、神戸大／61歳

〒639-1123 大和郡山市筒井町940-1
〒107-0052 港区赤坂2-17-10、宿舎

<table>
<tr><td>奈良県3区 355,246
⊛57.19</td><td>当114,553 田野瀬 太道 自前(60.8)
34,334 西川 正克 共新(18.2)
32,669 高見 省次 無新(17.3)
6,824 加藤 孝 N新(3.6)</td></tr>
</table>

大和高田市、橿原市、桜井市、五條市、御所市、葛城市、宇陀市、宇陀郡、高市郡、吉野郡

た の せ たい どう
田野瀬 太道

自前［森］　　当4
奈良県五條市　S49・7・4
勤10年4ヵ月（初/平24）

衆内閣委、文科委、憲法審委、党国対副委員長、前文部科学副大臣兼内閣府副大臣、議運理事、衆議事進行係、早大／48歳

〒634-0044 橿原市大軽町59-1　☎0744(28)6699
〒107-0052 港区赤坂2-17-10、宿舎

<table>
<tr><td>和歌山県1区 307,817
⊛55.16</td><td>当103,676 岸本 周平 国前(62.7)
比61,608 門 博文 自前(37.3)</td></tr>
</table>

和歌山市

きし もと しゅう へい
岸 本 周 平　無所属

辞　職（令和4年9月1日）

<table>
<tr><td>和歌山県2区 242,858
⊛57.94</td><td>当79,365 石田 真敏 自前(57.7)
比35,654 藤井 幹雄 立新(25.9)
比19,735 所 順子 維新(14.4)
2,700 遠西 愛美 N新(2.0)</td></tr>
</table>

海南市、橋本市、有田市、紀の川市、岩出市、海草郡、伊都郡

いし だ まさ とし
石田 真敏

自前［岸］　　当8
和歌山県　S27・4・11
勤21年 （初/平14補）

党広報本部長、党税調小委員長代理、総務大臣、法務委員長、財務副大臣、国土交通大臣政務官、和歌山県議、海南市長、早大政経／70歳

〒649-6226 岩出市宮83 ホテルいとう1F ☎0736(69)0123
〒107-0052 港区赤坂2-17-10、宿舎

㊗略歴

奈良・和歌山

和歌山県3区	250,261 ㊺62.32	当102,834 二階俊博 自前(69.3)

当102,834　二階　俊博　自前(69.3)
　20,692　畑野　良弘　共新（14.0）
　19,034　本間　奈々　諸新（12.8）
　 5,745　根来　英樹　無新（ 3.9）

御坊市、田辺市、新宮市、有田郡、
日高郡、西牟婁郡、東牟婁郡

に　かい　とし　ひろ
二階　俊博

自前［二］　　　　当13
和歌山県　　S14・2・17
勤39年5ヵ月　（初/昭58）

党国土強靭化推進本部長、元党幹事長、総
務会長、予算委員長、元経産相・運輸相、
(社)全国旅行業協会長、県議、中大／84歳

〒644-0003　御坊市島440-1　　　☎0738(23)0123

比例代表 近畿	28人	滋賀、京都、大阪、兵庫、奈良、和歌山

㊺
略
歴

和
歌
山
・
比
例
近
畿

み　き　けい　え
三木　圭恵

維元　　　　当2(初/平24)
兵庫県西宮市　S41・7・7
勤3年5ヵ月　　〈兵庫7区〉

安保委理事、憲法審査会委、党幹事長代理
及び政調副会長、兵庫維新の会幹事長、三
田市議2期、関西大学社会学部／56歳

〒662-0837　西宮市広田町1-27　　☎0798(73)1825
〒100-8982　千代田区永田町2-1-2、会館　☎03(3508)7638

わ　だ　ゆう　いち　ろう
和田　有一朗

維新　　　　当1(初/令3)
兵庫県神戸市　S39・10・23
勤1年5ヵ月　　〈兵庫3区〉

外務委、情監審委、国会議員秘書、団体
役員、神戸市議、兵庫県議、早大、神戸市
外国語大学大学院／58歳

〒655-0894　神戸市垂水区川原4-1-1　　☎078(753)3533

すみ　よし　ひろ　き
住吉　寛紀

維新　　　　当1(初/令3)
兵庫県神戸市　S60・1・24
勤1年5ヵ月　　〈兵庫11区〉

財金委理、地域・こども特委、党政調副会
長、三菱UFJモルガン・スタンレー証券、兵
庫県議、白陵高、名古屋大、東大院／38歳

〒670-0043　姫路市小姓町35-1
　　　　　　船場西ビル1F4号室　　☎079(293)7105
〒106-0032　港区六本木7-1-3、宿舎　☎03(3508)7415

ほり　い　けん　じ
掘井　健智

維新　　　　当1(初/令3)
兵庫県　　　S42・1・10
勤1年5ヵ月　　〈兵庫10区〉

予算委、農水委、加古川市議、兵庫県議、
大阪産業大学／56歳

〒675-0066　加古川市加古川町寺家町352-4
　　　　　　みどり屋ビル2階　　☎079(423)7458
〒107-0052　港区赤坂2-17-10、宿舎　☎03(5549)4671

136

ほり ば さち こ
堀場幸子 維新　　当1(初/令3)
北海道札幌市　S54・3・24
勤1年5ヵ月　〈京都1区〉

文科委理事、内閣委、党文科部会長、党政調副会長、アンガーマネジメントファシリテーター、フェリス女学院大学大学院修士号／43歳

〒601-8025　京都市南区東九条柳下町6-4　☎075(888)6045

えん どう りょう た
遠藤良太 維新　　当1(初/令3)
大阪府　　S59・12・19
勤1年5ヵ月　〈兵庫5区〉

党国対副委員長、厚労委、経産委、介護関連会社役員、追手門学院大／38歳

〒669-1529　兵庫県三田市中央町3-12　☎079(564)6156
　　　　　　マスダビル3階
〒107-0052　港区赤坂2-17-10、宿舎

いち たに ゆう いち ろう
一谷勇一郎 維新　　当1(初/令3)
大阪府大阪市　S50・1・22
勤1年5ヵ月　〈兵庫1区〉

厚労委、国交委、原子力特委理、党政調副会長、柔道整復師、介護事業所経営、(一社)デイサービス協会理事長、(一社)日本・ロシア経済友好協会理事、関西医療学園専門学校／48歳

〒650-0001　神戸市中央区加納町4-4-15　☎078(332)3536
　　　　　　KGビル201

まえ かわ きよ しげ
前川清成 維新　　当1(初/令3)※
奈良県橿原市　S37・12・22
勤13年7ヵ月(参12年2ヵ月)〈奈良1区〉

経産委、国交委、内閣府副大臣、復興副大臣、参議院議院運営委員会筆頭理事、参議院経済産業委員長、龍谷大理事、弁護士、関西大／60歳

〒630-8115　奈良市大宮町1-12-8　☎0742(32)3366
〒100-8982　千代田区永田町2-1-2、会館

いけ はた こう た ろう
池畑浩太朗 維新　　当1(初/令3)
東京都港区　S49・9・26
勤1年5ヵ月　〈兵庫12区〉

農林水産委、予算委、消費者特委理、党国対副委員長、兵庫県議、衆院議員秘書、農業高校教員、岡山県立農業大学校／48歳

〒679-4167　兵庫県たつの市龍野町富永730-20　☎0791(63)2814
　　　　　　玉田ビル1F
〒106-0032　港区六本木7-1-3、宿舎

あか ぎ まさ ゆき
赤木正幸 維新　　当1(初/令3)
岡山県倉敷市　S50・2・22
勤1年5ヵ月　〈兵庫4区〉

党国会対策副委員長、国土交通委理事、IT会社代表、不動産会社代表、早大法学部、早大大学院政治学研究科博士課程修了／48歳

〒651-2243　神戸市西区井吹台西町2-2-1-602　☎050(3154)1117
〒100-8982　千代田区永田町2-1-2、会館☎03(3508)7505

おく　の　しん　すけ
奥野信亮　自前［安］　当6
奈良県　S19・3・5
勤16年1ヵ月　（初／平15）

倫選特委理、予算委、法務委、裁判官訴
追委、党山村振興特別委員長、総務・法
務副大臣、日産取締役、慶大／78歳

〒639-2212　御所市中央通り2-113-1　☎0745(62)4379
〒100-8982　千代田区永田町2-1-2、会館　☎03(3581)5111
　　　　　　　　　　　　　　　　　　　　（内71001）

やなぎ　もと　　　あきら
柳本　顕　自新［麻］　当1
大阪府大阪市　S49・1・29
勤1年5ヵ月　（初／令3）

環境大臣政務官兼内閣府大臣政務官、
大阪市会議員(5期)、大阪市議団幹事
長、関西電力㈱、京大法学部／49歳

〒557-0034　大阪市西成区松1-1-6　☎06(4398)6090
〒107-0052　港区赤坂2-17-10、宿舎

おお　ぐし　まさ　き
大串正樹　自前［無］　当4(初／平24)
兵庫県　S41・1・20
勤10年4ヵ月　〈兵庫6区〉

デジタル副大臣兼内閣府副大臣、党国対副委員長、厚
労部会長代理、経産政務官、IHI、松下政経塾、JAIST
(Ph.D.)助教、西武文理大准教授、東北大院／57歳

〒664-0851　伊丹市中央1-2-6
　　　　　　グランドハイツコーワ2-12　☎072(773)7601
〒100-8981　千代田区永田町2-2-1、会館　☎03(3508)7191

こ　ばやし　しげ　き
小林茂樹　自前［二］　当3(初／平24)
奈良県奈良市　S39・10・9
勤7年6ヵ月　〈奈良1区〉

環境副大臣兼内閣府副大臣、党総務、国
土交通大臣政務官、元奈良県議、奈良青
年会議所理事長、慶大法／58歳

〒631-0827　奈良市西大寺小坊町1-6
　　　　　　西大寺ビル1F東　☎0742(52)6700

た　なか　ひで　ゆき
田中英之　自前［無］　当4(初／平24)
京都府　S45・7・11
勤10年4ヵ月　〈京都4区〉

国交委、地域・こども特委理、決算行監委理、
党副幹事長、文科副大臣、国交政務官、党農
林部会長代理、京都市議、京都外大／52歳

〒615-0021　京都市右京区西院三蔵町35　☎075(315)7500
〒107-0052　港区赤坂2-17-10、宿舎

むね　きよ　こう　いち
宗清皇一　自前［安］　当3(初／平26)
大阪府東大阪市　S45・8・9
勤8年4ヵ月　〈大阪13区〉

財金委理、経産委、震災復興特委、原子力特委、内閣府大臣政
務官兼復興大臣政務官、経済産業大臣政務官兼内閣府大臣
政務官(万博担当)、大阪府議、衆院議員秘書、龍谷大／52歳

〒577-0843　東大阪市荒川1-13-23　☎06(6726)0090
〒107-0052　港区赤坂2-17-10、宿舎

もり やま まさ ひと
盛山正仁

自前［岸］　当5(初/平17)
大阪府大阪市　S28・12・14
勤14年3ヵ月　〈兵庫1区〉

議運委筆頭理、懲罰委理、国家基本委、政倫審筆頭幹事、党国対筆頭副委員長、厚労委長、法務兼内閣府副大臣、国交省副大臣、環境省課長、OECD職員、東大、神戸大院、法学・商学博士／69歳

〒650-0001　神戸市中央区加納町2-4-10
　　　　　　　水木ビル601
☎078(231)5888

たに がわ
谷川とむ

自前［安］　当3(初/平26)
兵庫県尼崎市　S51・4・27
勤8年4ヵ月　〈大阪19区〉

法務委理、国交委、復興特委理、地域・こども特委、党副幹事長、総務大臣政務官、参院議員秘書、僧侶、俳優、阪大院修士／46歳

〒598-0007　大阪府泉佐野市上町1-1-35
　　　　　　　1.3ビル2階
☎072(464)1416
〒107-0052　港区赤坂2-17-10、宿舎

たけ うち ゆずる
竹内　譲

公前　　当6
京都府京都市　S33・6・25
勤16年11ヵ月　(初/平5)

経済産業委長、党中央幹事会会長代理、総務委長、厚労副大臣、党政調会長、京都市議、三和銀行、京大法／64歳

〒602-8442　京都市上京区今出川通大宮南西角
☎075(417)4440
〒100-8982　千代田区永田町2-1-2、会館☎03(3508)7473

うき しま とも こ
浮島智子

公前　　当4(初/平24)[1]
東京都　S38・2・1
勤16年5ヵ月　(参6年1ヵ月)

総務委員長、党政調副会長、党文化芸術局長、党教育改革推進本部長、文部科学副大臣兼内閣府副大臣、環境政務官兼内閣府政務官、参議院議員、東京立正高／60歳

〒540-0025　大阪市中央区徳井町2-4-15
　　　　　　　タニイビル6F
☎06(6942)1150
〒107-0052　港区赤坂2-17-10、宿舎

わに ぶち よう こ
鰐淵洋子

公前　　当2(初/平29)[2]
福岡県福岡市　S47・4・10
勤11年7ヵ月　(参6年1ヵ月)

党女性委副委長、党国対副委長、文科委理、予算委、文科大臣政務官、党経産部会長、参議院議員、公明党本部、創価女子短大／50歳

〒550-0013　大阪市西区新町3-5-8
　　　　　　　エーペック西長堀ビル401
〒107-0052　港区赤坂2-17-10、宿舎

さくら い しゅう
櫻井　周

立前　　当2(初/平29)
兵庫県　S45・8・16
勤5年6ヵ月　〈兵庫6区〉

財金委理、倫選特委、党国際局副局長、政調副会長、兵庫県連幹事長、伊丹市議、弁理士、JBIC、東大、京大院、ブラウン大院／52歳

〒664-0858　伊丹市西台5-1-11
☎072(768)9260
〒107-0052　港区赤坂2-17-10、宿舎

※1 平16参院初当選　※2 平16参院初当選

もり やま ひろ ゆき
森山浩行 立前 当3(初/平21)
大阪府堺市
勤8年10ヵ月 〈大阪16区〉
S46・4・8

文科委理、予算委、国家基本委理、党災害・緊急事態局長、国対副委員長、大阪府連代表、関西TV記者、堺市議、大阪府議、明大法／51歳

〒590-0078 堺市堺区南瓦町1-21
　　　　　宏昌センタービル2F　　☎072(233)8188

とく なが ひさ し
徳永久志 立新 当1(初/令3) ※1
滋賀県
勤7年6ヵ月(参6年1ヵ月)〈滋賀4区〉
S38・6・27

外務委理、倫選特委、党近畿ブロック常任幹事、党NC外務副大臣、滋賀県連代表、参議院議員、外務大臣政務官、滋賀県議、松下政経塾、早大政経／59歳

〒523-0892 近江八幡市出町414-6
　　　　　サツキビル
〒107-0052 港区赤坂2-17-10　　☎0748(31)3047

こく た けい じ
穀田恵二 共前 当10(初/平5)
岩手県水沢市
勤29年10ヵ月 〈京都1区〉
S22・1・11

党国対委員長、党選挙対策委員長、党常任幹部会委員、外務委、政倫審、京都市議、立命館職員、立命館大／76歳

〒604-0092 京都市中京区丸太町
　　　　　新町角大炊町186　　　☎075(231)5198
〒107-0052 港区赤坂2-17-10、宿舎　☎03(5549)3114

みや もと たけ し
宮本岳志 共元 当5(初/平21) ※2
和歌山県和歌山市
勤17年3ヵ月(参6年1ヵ月)〈大阪5区〉
S34・12・25

党中央委員、総務委、文科委、和歌山大学教育学部除籍／63歳

〒537-0025 大阪市東成区中道1-10-10　☎06(6975)9111
〒100-8981 千代田区永田町2-2-1、会館　☎03(3508)7255

さいとう
斎藤アレックス 国新 当1(初/令3)
スペイン国マドリード市
勤1年5ヵ月 〈滋賀1区〉
S60・6・30

党政調副会長、予算委、安保委、倫選特委、松下政経塾、米国議会フェロー、衆議員秘書、同志社大経済学部／37歳

〒520-0044 大津市京町3-2-11　　☎077(525)5030
〒107-0052 港区赤坂2-17-10、宿舎

おおいし
大石あきこ れ新 当1(初/令3)
大阪府大阪市
勤1年5ヵ月 〈大阪5区〉
S52・5・27

内閣委、元大阪府職員、大阪大／45歳

〒532-0011 大阪市淀川区西中島7-1-1 興北ビル2階
〒100-8982 千代田区永田町2-1-2、会館

※1 平19参院初当選　※2 平10参院初当選

比例代表　近畿　28人　有効投票数 9,378,905票

政党名	当選数		得票数	得票率
	借敗率	小選挙区		借敗率　小選挙区

日本維新の会　10人　3,180,219票　33.91%

当①三木　圭恵　元(98.39)兵7	①守島　正　新　大2
当①和田有一朗　新(86.34)兵3	①美延　映夫　新　大4
当①住吉　寛紀　新(84.18)兵11	①奥下　剛光　新　大7
当①掘井　健智　新(73.20)兵10	①漆間　譲司　新　大8
当①堀場　幸子　新(71.90)京1	①足立　康史　前　大9
当①遠藤　良太　新(69.42)兵5	①池下　卓　新　大10
当①一谷勇一郎　新(67.65)兵1	①中司　宏　新　大11
当①前川　清成　新(66.63)奈1	①藤田　文武　前　大12
当①池畑浩太朗　新(54.60)兵12	①岩谷　良平　新　大13
当①赤木　正幸　新(52.43)兵4	①青柳　仁士　新　大14
①直山　仁　新(50.79)滋3	①浦野　靖人　前　大15
①中嶋　秀樹　新(50.37)京6	①馬場　伸幸　前　大17
①井上　博明　新(38.41)京3	①遠藤　敬　前　大18
①所　順子　新(24.87)和2	①伊東　信久　元　大19
【小選挙区での当選者】	①市村浩一郎　元　兵6
①井上　英孝　前　　大1	

自民党　8人　2,407,699票　25.67%

当①奥野　信亮　前	③神谷　昇　前(52.02)大18
当②榊本　顕　新	③高麗啓一郎　新(51.28)大8
当③大串　正樹　前(97.69)兵6	39湯峯　理之　新
当③小林　茂樹　前(89.97)奈1	40野村　広志　新
当③田中　英之　前(83.99)京4	【小選挙区での当選者】
当③宗清　皇一　前(83.77)大13	③大岡　敏孝　前　滋1
当③盛山　正仁　前(81.62)兵1	③上野賢一郎　前　滋2
当③谷川　とむ　前(76.31)大19	③武村　展英　前　滋3
③渡嘉敷奈緒美　前(69.86)大7	③小寺　裕雄　前　滋4
③木村　弥生　前(69.10)京3	③勝目　康　新　京1
③中山　泰秀　前(67.70)大4	③本田　太郎　前　京5
③左藤　章　前(66.94)大2	③関　芳弘　前　兵3
③佐藤ゆかり　前(66.73)大11	③藤井比早之　前　兵4
③大隈　和英　前(65.29)大10	③谷　公一　前　兵5
③北川　晋平　新(63.09)大12	③山田　賢司　前　兵7
③大西　宏幸　前(60.97)大1	③西村　康稔　前　兵9
③繁本　護　前(59.70)京2	③松本　剛明　前　兵11
③門　博文　前(59.42)和1	③山口　壮　前　兵12
③岡下　昌平　前(59.39)大17	③高市　早苗　前　奈2
③加納陽之助　新(59.10)大15	③石田　真敏　前　和3
③長尾　敬　前(55.44)大14	

公明党　3人　1,155,683票　12.32%

当①竹内　譲　前	⑤田丸　義高　新
当②浮島　智子　前	⑥鷲岡　秀明　新
当③鰐淵　洋子　前	⑦田中　博之　新
④浜村　進　前	⑧井上　幸作　新

立憲民主党　3人　1,090,665票　11.63%

当①桜井　周　前(86.35)兵6	①平野　博文　前(57.01)大11
当①森山　浩行　前(85.82)大16	①村上　史好　前(55.38)大5
当①徳永　久志　新(83.12)滋4	①萩原　仁　元(52.49)大3
①辻元　清美　前(82.72)大10	①隠樹　圭子　新(49.06)兵10
①田島　一成　元(76.79)滋2	①今泉　真緒　新(47.40)兵4
①安田　真理　新(68.13)兵7	①長安　豊　元(47.20)大19
①梶原　康弘　元(65.94)兵5	①山本和嘉子　前(46.74)京5
①船川　治郎　新(62.22)兵2	①藤井　幹雄　新(44.92)和2

①尾辻かな子　前 (39.27) 大2
①猪奥　美里　新 (38.30) 奈2
①松井　博史　新 (36.60) 大8
①吉田　治　元 (26.26) 大4
①村上　賀厚　新 (25.86) 大1
①酒井　孝典　新 (25.40) 兵12
①乃木　涼介　新 (24.73) 大7
①川戸　康嗣　新 (20.68) 大18

▼①宇都宮優子　新 (18.86) 大12
30 笹田　能美　新
31 豊田潤多郎　元
【小選挙区での当選者】
①泉　健太　前　　京3
①山井　和則　前　　京6
①井坂　信彦　元　　兵1
①馬淵　澄夫　前　　奈1

共産党　2人　　736,156票　7.85%

当①穀田　恵二　前　　京1
当②宮本　岳志　元　　大5
③清水　忠史　前　　大4
④小村　潤　新　　兵8
⑤武山　彩子　新
⑥西田佐枝子　新

国民民主党　1人　　303,480票　3.24%

当①斎藤アレックス　新 (86.28) 滋1
①佐藤　泰樹　新 (33.01) 兵3
【小選挙区での当選者】
①岸本　周平　前　　和1
①前原　誠司　前　　京2

れいわ新選組　1人　　292,483票　3.12%

当①大石　晃子　新 (32.11) 大5
①辻　恵　元 (24.80) 兵8
①髙井　崇志　前 (13.71) 滋3
▼①中　辰哉　新 (10.02) 京2
▼①西田　弘城　新 (6.76) 大7
⑥八幡　愛　新
▼は小選挙区の得票が有効投票総数の10分の1未満で、復活当選の資格がないを

その他の政党の得票数・得票率は下記のとおりです。
（当選者はいません）

政党名　得票数　得票率
NHKと裁判してる党弁護士法72条違反で　社民党　100,980票　1.08%
111,539票　1.19%

略歴

比例近畿・鳥取

鳥取県1区	230,959　⑫56.10	当105,441 石破　茂　自前 (84.1)
		19,985 岡田正和　共新 (15.9)

鳥取市、倉吉市、岩美郡、八頭郡、東伯郡(三朝町)

石破　茂　いし　ば　しげる

自前[無]　当12
鳥取県八頭郡　S32・2・4
勤36年10ヵ月（初/昭61）

予算委、憲法審委、党総務、元地方創生担当相、党幹事長、政調会長、農林水産相、防衛相、防衛庁長官、三井銀行、慶大／66歳

〒680-0055　鳥取市戎町515-3　　☎0857(27)4898
〒100-8982　千代田区永田町2-1-2、会館

鳥取県2区	234,420　⑫60.20	当75,005　赤沢亮正　自前 (54.0)
		比当63,947 湯原俊二　立元 (46.0)

米子市、境港市、東伯郡(湯梨浜町、琴浦町、北栄町)、西伯郡、日野郡

赤澤亮正　あか　ざわ　りょう　せい

自前[無]　当6
東京都　S35・12・18
勤17年7ヵ月（初/平17）

内閣委、党文化立国調査会長代理、党政調会長代理、内閣府副大臣、国交大臣政務官、東大法／62歳

〒683-0823　米子市加茂町1-24　　☎0859(38)7333
〒100-8982　千代田区永田町2-1-2、会館　☎03(3508)7490

島根県1区 268,337 ㊿61.23

当90,638　細田博之　自前（56.0）
比66,847　亀井亜紀子　立前（41.3）
4,318　亀井彰子　無新（ 2.7）

松江市、出雲市（平田支所管内）、安来市、雲南市（大東・加茂・木次総合センター管内）、仁多郡、隠岐郡

ほそ だ ひろ ゆき
細田 博之

無前　　　当11
島根県松江市　S19・4・5
勤33年3ヵ月　（初／平2）

衆議院議長、憲法審査会長、自民党総務会長、党幹事長、党国対委員長、内閣官房長官、国務大臣、東大／78歳

〒690-0851　松江市堂形町881細田会館　☎0852(21)6455

島根県2区 291,649 ㊿61.85

当110,327　高見康裕　自新（62.4）
比52,016　山本　誉　立新（29.4）
14,361　向瀬慎一　共新（ 8.1）

浜田市、出雲市（第1区に属しない区域）、益田市、大田市、江津市、雲南市（第1区に属しない区域）、飯石郡、邑智郡、鹿足郡

たか み やす ひろ
高見 康裕

自新［茂］　　当1
島根県出雲市　S55・10・16
勤1年5ヵ月　（初／令3）

法務大臣政務官、法務委、党青年局顧問、島根県議、海上自衛隊、読売新聞、東大大学院／42歳

〒693-0058　出雲市矢野町941-4　☎0853(23)8118
〒107-0052　港区赤坂2-17-10、宿舎

岡山県1区 364,162 ㊿46.73

当90,939　逢沢一郎　自前（55.0）
比65,499　原田謙介　立新（39.6）
8,990　余江雪央　共新（ 5.4）

岡山市（北区の一部（P176参照）、南区の一部（P176参照））、加賀郡（吉備中央町（本庁管内（P176参照）、井原出張所管内）

あい さわ いち ろう
逢沢 一郎

自前［無］　　当12
岡山県岡山市　S29・6・10
勤36年10ヵ月　（初／昭61）

党選挙制度調査会長、政倫審会長、国家基本委員長、議運委員長、党国対委員長、予算委員長、幹事長代理、外務副大臣、通産政務次官、松下政経塾理事、慶大工／68歳

〒700-0933　岡山市北区奥田1-2-3　☎086(233)0016
〒100-8981　千代田区永田町2-2-1、会館　☎03(3508)7105

岡山県2区 289,071 ㊿50.42

当80,903　山下貴司　自前（56.4）
比62,555　津村啓介　立前（43.6）

岡山市（北区（第1区に属しない区域）、中区、東区（本庁管内）、南区（第1区に属しない区域））、玉野市、瀬戸内市

やま した たか し
山下 貴司

自前［茂］　　当4
岡山県岡山市　S40・9・8
勤10年4ヵ月　（初／平24）

経産委、憲法審幹事、党改革実行本部事務局長、党憲法改正実現本部事務局長、知的財産戦略調査会事務局長、法務大臣、検事、外交官、弁護士、東大法／57歳

〒703-8282　岡山市中区平井6-3-13　☎086(230)1570
〒100-8982　千代田区永田町2-1-2、会館　☎03(3508)7057

㊥略歴

島根・岡山

143

岡山県3区 270,568 ⊕57.97

当68,631　平沼正二郎　無新（44.4）
比当54,930　阿部俊子　自前（35.5）
比23,316　森本　栄　立新（15.1）
7,760　尾崎宏子　共新（5.0）

岡山市（東区（第2区に属しない部分）、津山市、備前市、赤磐市、真庭市の一部（P176参照）、美作市、和気郡、真庭郡、苫田郡、勝田郡、英田郡、久米郡

ひらぬましょうじろう
平沼正二郎

自新［二］　　　　当1
岡山県岡山市　S54・11・11
勤1年5ヵ月　（初/令3）

内閣委、農林水産委、消費者特委、党青年局次長、IT会社役員、学習院大学経済学部／43歳

〒708-0806　津山市大田81-11　☎0868（24）0107

岡山県4区 381,828 ⊕48.04

当89,052　橋本　岳　自前（49.7）
比当83,859　柚木道義　立前（46.8）
6,146　中川智晴　無新（3.4）

倉敷市（本庁管内、児島・玉島・水島・庄・茶屋町支所管内）、都窪郡

はし　もと　　がく
橋　本　　岳

自前［茂］　　　　当5
岡山県総社市　S49・2・5
勤14年3ヵ月　（初/平17）

地域・こども特別委員長、厚労委員長、党総務、厚労副大臣、党厚労部会長、党外交部会長、厚労政務官、三菱総研研究員、慶大院／49歳

〒710-0842　倉敷市吉岡552
〒107-0052　港区赤坂2-17-10、宿舎　☎086（422）8410

岡山県5区 262,936 ⊕54.33

当102,139　加藤勝信　自前（72.6）
比31,467　はたともこ　立新（22.4）
7,067　美見芳明　共新（5.0）

倉敷市（第4区に属しない区域）、笠岡市、井原市、総社市、高梁市、新見市、真庭市（第3区に属しない区域）、浅口市、浅口郡、小田郡、加賀郡（吉備中央町（第1区に属しない区域）

かとうかつのぶ
加藤勝信

自前［茂］　　　　当7
東京都　S30・11・22
勤19年5ヵ月　（初/平15）

厚生労働大臣、党社会保障制度調査会長、官房長官、厚労相、党総務会長、一億総活躍・働き方改革相、元大蔵省、東大／67歳

〒714-0088　笠岡市中央町31-1　☎0865（63）6800
〒100-8982　千代田区永田町2-1-2、会館☎03（3508）7459

広島県1区 332,001 ⊕50.81

当133,704　岸田文雄　自前（80.7）
比15,904　有田優子　社新（9.6）
14,508　大西　理　共新（8.8）
1,630　上出圭一　諸新（1.0）

広島市（中区、東区、南区）

きし　だ　ふみ　お
岸　田　文　雄

自前［岸］　　　　当10
東京都渋谷区　S32・7・29
勤29年10ヵ月　（初/平5）

内閣総理大臣、自民党総裁、党政調会長、外務大臣、党国対委員長、党国会対策委員長、内閣府特命担当大臣、厚労委員長、早大法／65歳

〒730-0013　広島市中区八丁堀6-3
　　　　　　和光八丁堀ビル　☎082（228）2411
〒100-8981　千代田区永田町2-2-1、会館☎03（3508）7279

広島県2区 404,009 ⑳51.48

当133,126 平口　洋　自前（65.2）
比70,939 大井赤壽　立新（34.8）

広島市（西区、佐伯区）、大竹市、廿日市市、江田島市（本庁管内、能美・沖美支所管内、深江・柿浦連絡所管内）

ひら　ぐち　　ひろし
平口　洋

自前［茂］　　当5
広島県江田島市　S23・8・1
勤14年3ヵ月（初/平17）

倫選特委長、農水委員、党国土交通部会長、法務副大臣、法務委員長、党副幹事長、環境副大臣、国交省河川局次長、秋田県警本部長、東大法／74歳

〒733-0812　広島市西区己斐本町2-6-20　☎082(527)2100
〒100-8982　千代田区永田町2-1-2、会館　☎03(3508)7622

広島県3区 360,198 ⑳51.07

当97,844 斉藤鉄夫　公前（55.1）
比53,143 ライアン真由美　立前（29.9）
比18,088 瀬木寛親　維新（10.2）
　3,559 大山　宏　無新（ 2.0）
比2,789 矢島秀平　N新（ 1.6）
　2,251 玉田憲勲　無新（ 1.3）

広島市（安佐南区、安佐北区）、安芸高田市、山県郡

さい　とう　てつ　お
斉藤鉄夫

公前　　当10
島根県　S27・2・5
勤29年10ヵ月（初/平5）

国交大臣、党副代表、党幹事長、党選対委員、党税制調査会長、党政調会長、環境大臣、文科委員、科技総括政務次官、プリンストン大研究員、清水建設、工博、技術士、東工大院／71歳

〒731-0103　広島市安佐南区緑井2-18-15　☎082(870)0088
〒107-0052　港区赤坂2-17-10、宿舎　☎03(5549)3145

広島県4区 309,781 ⑳53.18

当78,253 新谷正義　自前（48.3）
比当33,681 上野蕗治　立新（20.8）
比当28,966 空本誠喜　維元（17.9）
　21,112 中川俊直　無元（13.0）

広島市（安芸区）、三原市（大和支所管内）、東広島市（本庁管内、八本松・志和・高屋出張所管内、黒瀬・福富・豊栄・河内支所管内）、安芸郡

しん　たに　まさ　よし
新谷正義

自前［茂］　　当4
広島県　S50・3・8
勤10年4ヵ月（初/平24）

議運委理、党国対副委員長、党副幹事長、総務副大臣、厚労政務官、衆厚労委理、衆総務委理、党国交副部会長、医師、病院長、帝京大医、東大経／47歳

〒739-0015　東広島市西条栄町9-21　☎082(431)5177
〒100-8982　千代田区永田町2-1-2、会館　☎03(3508)7604

広島県5区 242,034 ⑳54.52

当87,434 寺田　稔　自前（67.7）
比41,788 野村功次郎　立新（32.3）

呉市、竹原市、三原市（本郷支所管内）、尾道市（瀬戸田支所管内）、東広島市（第4区に属しない区域）、江田島市（第2区に属しない区域）、豊田郡

てら　だ　　みのる
寺田　稔

自前［岸］　　当6
広島県　S33・1・24
勤15年8ヵ月（初/平16補）

外務委、決算行監幹、前総務大臣、総理大臣補佐官、党経理局長、総務副大臣兼内閣府副大臣、安保委員、内閣府副大臣、防衛政務官、内閣参事官、財務省主計官、ハーバード大院、東大法／65歳

〒737-0045　呉市本通4-3-15呉YSビル2F　☎0823(24)2358
〒100-8981　千代田区永田町2-2-1、会館　☎03(3508)7606

広島県6区 294,154 ⑯56.35

当83,796 佐藤 公治 立前(51.4)
比当79,158 小島 敏文 自前(48.6)

三原市(第4区及び第5区に属しない区域)、尾道市(第5区に属しない区域)、府中市、三次市、庄原市、世羅郡、神石郡

さ とう こう じ
佐藤 公治

立前 当4(初/平12)※1
広島県尾道市 S34・7・28
勤16年10ヵ月 (参6年1ヵ月)

農水委、倫選特委、県連代表、元参外交防衛委員長、国務大臣秘書官(旧国土庁、旧北海道・沖縄開発庁)、電通、慶大法/63歳

〒722-0045 広島県尾道市久保2-26-2 ☎0848(37)2100
〒100-8981 千代田区永田町2-2-1、会館 ☎03(3508)7145

広島県7区 382,135 ⑯49.35

当123,396 小林 史明 自前(66.4)
比45,520 佐藤 広典 立新(24.5)
11,580 村井 明美 共新(6.2)
5,207 橋本 加代 無新(2.8)

福山市

こ ばやし ふみ あき
小林 史明

自前[岸] 当4
広島県福山市 S58・4・8
勤10年4ヵ月 (初/平24)

決算行監委理、国交委、災害特委、党副幹事長、党デジタル社会推進本部事務局長、デジタル副大臣兼内閣府副大臣、内閣府大臣補佐官、総務政務官兼内閣府政務官、党青年局長、上智大学/39歳

〒721-0958 福山市西新涯町2-23-34 ☎084(959)5884
〒107-0052 港区赤坂2-17-10、宿舎

山口県1区 356,209 ⑯48.50

当118,882 高村 正大 自前(70.1)
比50,684 大内 一也 立新(29.9)

山口市(山口・小郡・秋穂・阿知須・徳地総合支所管内)、防府市、周南市の一部(P176参照)

こう むら まさ ひろ
高村 正大

自前[麻] 当2
山口県周南市 S45・11・14
勤5年6ヵ月 (初/平29)

財金委、議運委、厚労委、財務大臣政務官、党外交・国防副部会長、外務大臣秘書官、経企庁長官秘書官、会社員、慶大/52歳

〒745-0004 山口県周南市毛利町1-3 ☎0834(31)4715
〒100-8981 千代田区永田町2-2-1、会館 ☎03(3508)7113

山口県2区 283,552 ⑯51.61

当109,914 岸 信夫 自前(76.9)
32,936 松田 一志 共新(23.1)

下松市、岩国市、光市、柳井市、周南市(第1区に属しない区域)、大島郡、玖珂郡、熊毛郡

きし のぶ お
岸 信夫

自前[安] 当4(初/平24)※2
山口県熊毛郡 S34・4・1
勤18年10ヵ月 (参8年6ヵ月)

内閣総理大臣補佐官、防衛大臣、党国対筆頭副委員長、議運委筆頭理事、安保委員長、外務副大臣、外務委員長、防衛政務官、住友商事、慶大経/63歳

〒742-1511 熊毛郡田布施町下田布施3391 ☎0820(52)2003

※1 平19参院初当選 　　※2 平16参院初当選

| 山口県3区 | 256,039
⊕50.14 | 当96,983 | 林　芳正 | 自新(76.9) |
| | | 比29,073 | 坂本史子 | 立新(23.1) |

宇部市、山口市（第1区に属しない区域）、萩市、美祢市、山陽小野田市、阿武郡

はやし　　よし　まさ
林　芳正　自新［岸］　　　当1*

山口県　S36・1・19

勤27年11ヵ月（参院26ヵ月/初/令3）

外務大臣、参院憲法審査会長、文部科学大臣、農林水産大臣、党政調会長代理、経済財政担当大臣、防衛大臣、三井物産、東大法、ハーバード大院／62歳

〒755-0033　宇部市琴芝町2-1-30　☎0836(35)3333
〒100-8981　千代田区永田町2-2-1、会館　☎03(3508)7115

山口県4区	244,858 ⊕48.64	当80,448	安倍晋三	自前(69.7)
		比19,096	竹村克司	れ新(16.6)
		15,836	大野頼子	無新(13.7)

下関市、長門市

あ　べ　しん　ぞう
安倍晋三　自民

死　去（令和4年7月8日）

| 比例代表　中国 | 11人 | 鳥取、島根、岡山、広島、山口 |

いし　ばし　りん　た　ろう
石橋林太郎　自新［岸］　　　当1

広島県広島市　S53・5・2

勤1年5ヵ月　（初/令3）

文科委、法務委、党国会対策委員、青年局・女性局各次長、広島県議会議員（二期）、大阪外国語大学／44歳

〒731-0124　広島市安佐南区大町東2-15-7
☎082(836)3444
〒107-0052　港区赤坂2-17-10、宿舎

こ　じま　とし　ふみ
小島敏文　自前［岸］　当4(初/平24)

広島県世羅町　S25・9・7

勤10年4ヵ月　〈広島6区〉

復興副大臣、党国土交通部会長、党厚労部会長代理、厚生労働大臣政務官、経産部会長代理、農林部会長代理、副幹事長、広島県議会議員、大東文化大／72歳

〒722-1114　世羅郡世羅町東神崎368-21　☎0847(22)4055
〒107-0052　港区赤坂2-17-10、宿舎

あべ俊子
とし　こ

自前［無］　当6(初/平17)
宮城県　S34・5・19
勤17年7ヵ月　〈岡山3区〉

農水委筆頭理事、外務副大臣、党副幹事長、農水副大臣、外務政務官、東京医科歯科大助教授、米イリノイ州立大院／63歳

〒708-0841　津山市川崎162-5　☎0868(26)6711
〒100-8981　千代田区永田町2-2-1、会館　☎03(3508)7136

髙階恵美子
たかがい　え　み　こ

自新［安］　当1(初/令3)＊
宮城県　S38・12・21
勤12年10ヵ月 (参11年5ヵ月)

復興特委理、厚労委、元厚労副大臣、元厚労大臣政務官、元参院文教委員長、元党女性局長、東京医科歯科大大学院／59歳

〒690-0873　松江市内中原町140-2
　　　　　　島根県政会館3F　☎0852(28)2158
〒100-8982　千代田区永田町2-1-2、会館　☎03(3508)7518

杉田水脈
すぎ　た　み　お

自前［安］　当3
兵庫県神戸市　S42・4・22
勤7年6ヵ月　(初/平24)

内閣委、総務委、総務大臣政務官、党国土交通副部会長、党女性局次長、鳥取大学農学部／55歳

〒753-0067　山口市赤妻町3-1-102
〒107-0052　港区赤坂2-17-10、宿舎　☎083(924)0588

畦元将吾
あぜ　もと　しょう　ご

自前［岸］　当2
広島県広島市　S33・4・30
勤3年9ヵ月　(初/令元)

厚生労働大臣政務官、党総務、党環境шил部会長、東邦大医学部客員教授、診療放射線技師／64歳

〒730-0843　広島市中区舟入本町13-4
　　　　　　KAIZOビル202　☎082(234)5130
〒100-8981　千代田区永田町2-2-1、会館　☎03(3508)7710

柚木道義
ゆの　き　みち　よし

立前　当6(初/平17)
岡山県倉敷市　S47・5・28
勤17年7ヵ月　〈岡山4区〉

文部科学委筆頭理事、決算行監委、財務大臣政務官、会社員、岡山大文学部／50歳

〒710-0052　倉敷市美和2-16-20　☎086(430)2355
〒100-8982　千代田区永田町2-1-2、会館　☎03(3508)7301

湯原俊二
ゆ　はら　しゅん　じ

立元　当2(初/平21)
鳥取県米子市　S37・11・20
勤4年9ヵ月　〈鳥取2区〉

総務委、地域・こども特委理、立憲民主党鳥取県連副代表、鳥取県議、米子市議、衆議員秘書、早大／60歳

〒683-0804　米子市米原5-3-20　☎0859(21)2888

　※平22参院初当選

ひらばやし あきら **公新** 当1
平林 晃 愛知県名古屋市 S46・2・2
勤1年5ヵ月 （初／令3）

総務委、文科委、原子力特委、党組織局次長、デジタル社会推進本部事務局次長、立命館大学教授、山口大学准教授、博士（東工大）／52歳

〒732-0057 広島市東区二葉の里1-1-72-901

くさか まさき **公新** 当1
日下正喜 和歌山県 S40・11・25
勤1年5ヵ月 （初／令3）

党組織局次長、広島県本部副代表、法務委、環境委、党広島県本部事務長、広大院中退、創大法（通信）卒／57歳

〒730-0854 広島市中区土橋町2-43-406
〒107-0052 港区赤坂2-17-10、宿舎

そらもと せいき **維元** 当2(初／平21)
空本誠喜 広島県呉市 S39・3・11
勤4年9ヵ月 〈広島4区〉

党広島県総支部代表、環境委、原子力特委、技術指導会社代表、元東芝（原子力）、工学博士（原子力）、東大院／58歳

〒739-0044 東広島市西条町下見4623番地15
〒107-0052 港区赤坂2-17-10、宿舎　☎082(421)8146

比例代表 中国 11人　有効投票数 3,119,427票

政党名	当選者数		得票数	得票率
	惜敗率	小選挙区		惜敗率　小選挙区

自民党　6人　1,352,723票　43.36%

当①石橋林太郎 新	②逢沢 一郎 前	岡1
当②小島 敏文 前(94.47)広6	②山下 貴司 前	岡2
当②阿部 俊子 前(80.04)岡3	②橋本 岳 前	岡4
当18高階恵美子 新	②加藤 勝信 前	岡5
当19杉田 水脈 前	②新谷 正義 前	広4
当20畦元 将吾 前	②寺田 稔 前	広5
㉑小林孝一郎 新	②小林 史明 前	広7
㉒徳村純一郎 新	②高村 正大 前	山1
【小選挙区での当選者】	②岸 信夫 前	山2
②石破 茂 前　鳥1	②林 芳正 新	山3
②赤沢 亮正 前　鳥2	②安倍 晋三 前	山4
②高見 康裕 新　島2		

立憲民主党　2人　573,324票　18.38%

当①柚木 道義 前(94.17)岡4	①ライアン真由美 新(54.31)広3
当①湯原 俊二 元(85.26)鳥2	①大井 赤亥 新(53.29)広2
①津村 啓介 前(77.32)岡2	①野村功次郎 新(47.79)広5
①亀井亜紀子 前(73.75)島1	①山本 誉 新(47.15)島2
①原田 謙介 新(72.03)岡1	①上野 寛治 新(43.04)広4

①大内　一也 新(42.63)山1　　　　⑰加藤　寿彦 新
①佐藤　広典 新(36.89)広7　　　　⑱姫井由美子 新
①森本　　栄 新(33.97)岡3　　　　【小選挙区での当選者】
①はたともこ 新(30.81)岡5　　　　①佐藤　公治 前　　広6
①坂本　史子 新(29.98)山3

公明党　2人　　436,220票　13.98%

当①平林　　晃 新　　　　　③長谷川裕輝 新
当②日下　正喜 新

日本維新の会　1人　　286,302票　9.18%

当①空本　誠喜 元(37.02)広4　　　③喜多　義典 新
　①瀬木　寛親 新(18.49)広3

その他の政党の得票数・得票率は下記のとおりです。
（当選者はいません）

政党名	得票数	得票率			
共産党	173,117票	5.55%	社民党	52,638票	1.69%
国民民主党	113,898票	3.65%	NHKと裁判してる党弁護士法72条違反で		
れいわ新選組	94,446票	3.03%		36,758票	1.18%

㊗略歴

比例中国・徳島

徳島県1区	362,130 投55.93

当99,474　仁木博文　無元(50.1)
　　　　比77,398　後藤田正純　自前(38.9)
　　　　比当20,065　吉田知代　維新(10.1)
　　　　1,808　佐藤行俊　無新(0.9)

徳島市、小松島市、阿南市、勝
浦郡、名東郡、名西郡、那賀郡、
海部郡

に き ひろ ぶみ
仁木博文　無元〔有志〕　　　当2
　　　　　　徳島県阿南市　S41・5・23
　　　　　　勤4年9ヵ月　（初/平21）

厚生労働委員、医療法人理事長、徳島大
学大学院医学博士取得／56歳

〒770-0865　徳島市南末広町4-88-1　☎088(624)9350
〒107-0052　港区赤坂2-17-10、宿舎　☎03(5549)4671

徳島県2区	260,655 投50.99

当76,879　山口俊一　自前(59.5)
　　　　比43,473　中野真由美　立新(33.6)
　　　　8,851　久保孝之　共新(6.9)

鳴門市、吉野川市、阿波市、美馬
市、三好市、板野郡、美馬郡、三好
郡

やま ぐち しゅん いち
山口俊一　自前［麻］　　　当11
　　　　　　徳島県　S25・2・28
　　　　　　勤33年3ヵ月　（初/平2）

議院運営委員長、元内閣府特命担当大
臣、首相補佐官、総務・財務副大臣、郵政
政務次官、青山学院大／73歳

〒771-0219　板野郡松茂町笹木野字八北開拓247-1
　　　　　　　　　　　　　　　　　☎088(624)4851
〒107-0052　港区赤坂2-17-10、宿舎　☎03(5571)9512

香川県1区 313,296 ⑯57.52

当90,267　小川淳也　立前（51.0）
比当70,827　平井卓也　自前（40.0）
比15,888　町川順子　維新（9.0）

高松市の一部（P176参照）、小豆
郡、香川郡

おがわじゅんや
小川淳也

立前　　　　当6
香川県　　S46・4・18
勤17年7ヵ月　（初／平17）

厚労委筆頭理事、沖北特委、香川県連代表、国土
審議会離島振興対策分科会長、総務政務官、総務
省課長補佐、春日井市部長、自治省、東大／51歳

〒761-8083　高松市三名町569-3　☎087(814)5600
〒107-0052　港区赤坂2-17-10、宿舎　☎03(5549)4671

香川県2区 258,730 ⑯58.53

当94,530　玉木雄一郎　国前（63.5）
比54,334　瀬戸隆一　自元（36.5）

高松市（第1区に属しない区域）、丸亀市（綾
歌・飯山市民総合センター管内）、坂出市、
さぬき市、東かがわ市、木田郡、綾歌郡

たまきゆういちろう
玉木雄一郎

国前　　　　当5
香川県さぬき市寒川町　S44・5・1
勤13年8ヵ月　（初／平21）

党代表、国家基本委、憲法審査会委、元民
進党幹事長代理、財務省主計局課長補
佐、東大法、ハーバード大院修了／53歳

〒769-2321　さぬき市寒川町石田東甲814-1　☎0879(43)0280
〒107-0052　港区赤坂2-17-10、宿舎

香川県3区 240,033 ⑯51.60

当94,437　大野敬太郎　自前（79.8）
23,937　尾崎淳一郎　共新（20.2）

丸亀市（第2区に属しない区域）、
善通寺市、観音寺市、三豊市、
仲多度郡

おおのけいたろう
大野敬太郎

自前［無］　　当4
香川県丸亀市　S43・11・1
勤10年4ヵ月　（初／平24）

党副幹事長、経済安全保障推進本部事務局長、内閣府副大
臣、党副幹事長、防衛大臣政務官、米UCB客員フェロー、東
大研員、東大博士、東工大、同大学院修士／54歳

〒763-0082　丸亀市土器町東1-129-2　☎0877(21)7711
〒100-8981　千代田区永田町2-2-1、会館　☎03(3508)7132

愛媛県1区 385,321 ⑯52.10

当119,633　塩崎彰久　自前（60.8）
比77,091　友近聡朗　立新（39.2）

松山市の一部（P176参照）

しおざきあきひさ
塩崎彰久

自新［安］　　当1
愛媛県松山市　S51・9・9
勤1年5ヵ月　（初／令3）

厚労委、財金委、倫選特委、党国対委員、党Web3PT及
びAIPT事務局長、長島・大野・常松法律事務所パート
ナー弁護士、内閣官房長官秘書官、東大／46歳

〒790-0003　松山市三番町4-7-2　☎089(941)4843

愛媛県2区	249,121 ⊕52.73	当72,861	村上誠一郎	自前（57.5）
		比42,520	石井智恵	国新（33.5）
		11,358	片岡朗	共新（9.0）

松山市（浮穴支所管内（北井門2丁目に属する区域を除く。）、久谷・北条・中島支所管内）、今治市、東温市、越智郡、伊予郡

むら かみ せい いち ろう
村上誠一郎

自前［無］　当12
愛媛県今治市　S27・5・11
勤36年10ヵ月　（初/昭61）

決算行監委、国務大臣・内閣府特命担当大臣、財務副大臣、大蔵・石炭委長、大蔵政務次官、東大法／70歳

〒794-0028　今治市北宝来町1-5-11　☎0898(31)2600
〒107-0052　港区赤坂2-17-10、宿舎　☎03(5549)4671

愛媛県3区	260,288 ⊕57.42	当76,263	井原巧	自新（51.6）
		比当71,600	白石洋一	立前（48.4）

新居浜市、西条市、四国中央市

い はら　　たく み
井原　巧

自新［安］　当1(初/令3)*
愛媛県四国中央市　S38・11・13
勤7年6ヵ月　（参6年1ヵ月）

経産委理、総務委、党県連会長、党文科部会長代理、経産・内閣府・復興大臣政務官、参議院議員、四国中央市長、専修大／59歳

〒799-0413　四国中央市中曽根町411-5　☎0896(23)8650
〒100-8982　千代田区永田町2-1-2、会館　☎03(3508)7201

愛媛県4区	246,664 ⊕59.16	当81,015	長谷川淳二	自新（56.6）
		47,717	桜内文城	無元（33.3）
		11,555	西井直人	共新（8.1）
		1,547	藤島利久	無新（1.1）
		1,319	前田龍夫	無新（0.9）

宇和島市、八幡浜市、大洲市、伊予市、西予市、上浮穴郡、喜多郡、西宇和郡、北宇和郡、南宇和郡

は せ がわじゅんじ
長谷川淳二

自新［無］　当1
岐阜県　S43・8・5
勤1年5ヵ月　（初/令3）

総務大臣政務官、総務委、党農林水産関係団体副委員長、総務省地域政策課長、内閣参事官、愛媛県副知事、東大／54歳

〒798-0040　宇和島市中央町2-3-30　☎0895(65)9410
〒100-8982　千代田区永田町2-1-2、会館　☎03(3508)7453

高知県1区	310,468 ⊕53.50	当104,837	中谷元	自前（64.3）
		比50,033	武内則男	立前（30.7）
		比4,081	中島康治	N新（2.5）
		4,036	川田永二	無新（2.5）

高知市の一部（P176参照）、室戸市、安芸市、南国市、香南市、香美市、安芸郡、長岡郡、土佐郡

なか たに　　げん
中谷　元

自前［無］　当11
高知県高知市　S32・10・14
勤33年3ヵ月　（初/平2）

内閣総理大臣補佐官、防衛大臣、防衛庁長官、自治総括政務次官、郵政政務次官、衆総務委員長、中央政治大学院長、防衛大／65歳

〒781-5106　高知市介良乙278-1
　　　　　　タイシンビル2F　☎088(855)6678
〒107-0052　港区赤坂2-17-10、宿舎

※平25参院初当選

略歴

愛媛・高知

高知県２区 287,552 ⊛61.50

高知市（第1区に属しない区域）、土	当117,810 尾﨑正直 自新(67.2)
佐市、須崎市、宿毛市、土佐清水市、	比55,214 広田 一 立前 (31.5)
四万十市、吾川郡、高岡郡、幡多郡	2,171 広田晋一郎 N新 (1.2)

尾﨑正直 <small>お ざき まさ なお</small>

自新［二］ 当1
高知県高知市 S42・9・14
勤1年5ヵ月 （初/令3）

デジタル大臣政務官兼内閣府大臣政務官、党組織
運動本部地方組織議員総局長、地方創生・国土強
靱化本部本部長補佐、前高知県知事、東大/55歳

〒781-8010 高知市桟橋通3-25-31 ☎088(855)9140
〒100-8982 千代田区永田町2-1-2、会館 ☎03(3508)7619

比例代表 四国 6人 徳島、香川、愛媛、高知

山本有二 <small>やま もと ゆう じ</small>

自前［無］ 当11
高知県 S27・5・11
勤33年3ヵ月 （初/平2）

予算委、憲審委、党総務、党財務委員長、農林
水産大臣、党道路調査会長、予算委員長、金
融担当大臣、法務総括、弁護士、早大/70歳

〒781-8010 高知市桟橋通3-31-1 ☎088(803)7788
〒100-8981 千代田区永田町2-2-1、会館 ☎03(3508)7232

平井卓也 <small>ひら い たく や</small>

自前［岸］ 当8(初/平12)
香川県高松市 S33・1・25
勤22年10ヵ月 （香川1区）

内閣委、倫選特委、党デジタル社会推進本部
長、初代デジタル大臣、デジタル改革担当相、
党広報本部長、内閣委、電通、上智大/65歳

〒760-0025 高松市古新町4-3 ☎087(826)2811
〒100-8981 千代田区永田町2-2-1、会館 ☎03(3508)7307

瀬戸隆一 <small>せ と たか かず</small>

自元［麻］ 繰当3
香川県坂出市 S40・8・2
勤5年 （初/平24）

厚労委、総務省、岩手県警、郵政省、東京
工業大学大学院/57歳

〒762-0007 坂出市室町2-5-20 ☎0877(44)1755
〒100-8981 千代田区永田町2-2-1、会館 ☎03(3508)7712

白石洋一 <small>しら いし よう いち</small>

立前 当3(初/平21)
愛媛県 S38・6・25
勤8年10ヵ月 〈愛媛3区〉

文科委、地域・こども特委理事、党国際局長代
理、党政調副会長、米国監査法人、長銀、カリ
フォルニア大バークレー校MBA、東大法/59歳

〒793-0028 愛媛県西条市新田197-4 ☎0897(47)1000

公新　　　　　　　当1
高知県高知市　　　S46・3・5
勤1年5ヵ月　　　（初／令3）

山崎正恭
やま さき まさ やす

党教育改革推進本部事務局次長、文部科学委、財務金融委、高知県議、中京大、鳴門教育大学院／51歳

〒781-8010　高知市桟橋通4-12-36 ウィンビル1F
☎088（805）0607
〒100-8982　千代田区永田町2-1-2、会館　☎03（3508）7472

維新　　　　　　　当1（初／令3）
兵庫県神戸市　　　S50・2・23
勤1年5ヵ月　　　〈徳島1区〉

吉田とも代
よし だ　　　　　　　よ

党徳島県第1選挙区支部長、厚労委、災害特委、党政調副会長、党厚生労働部会長、丹波篠山市議、神戸松陰短大／48歳

〒770-0847　徳島市幸町3-48 賀川ビル　☎088（635）1718
〒100-8982　千代田区永田町2-1-2、会館　☎03（3508）7001

㊗ 略歴

比例四国

比例代表　四国　6人	有効投票数　1,698,487票	

政党名	当選者数	得票数	得票率
	惜敗率　小選挙区		惜敗率　小選挙区

自民党　3人　　664,805票　39.14%

		【小選挙区での当選者】	
当①山本　有二　前		②山口　俊一　前	徳2
当②平井　卓也　前（78.46）香1		②大野敬太郎　前	香3
当②後藤田正純　前（77.81）徳1		②塩崎　彰久　新	愛1
（令5.1.5辞職）		②村上誠一郎　前	愛2
繰②瀬戸　隆一　元（57.48）香2		②井原　巧　新	愛3
（令5.1.17繰上）		②長谷川淳二　新	愛4
⑬福山　守　新		②中谷　元　前	高1
⑭福井　照　前		②尾﨑　正直　新	高2
⑮二川　弘康　新			
⑯井桜　康司　新			

立憲民主党　1人　　291,870票　17.18%

		⑦長山　雅一　新	
当①白石　洋一　前（93.89）愛3		⑧小山田経子　新	
①友近　聡朗　新（64.44）愛1		【小選挙区での当選者】	
①中野真由美　新（56.55）徳2		①小川　淳也　前	香1
①武内　則男　前（47.72）高1			
①広田　一　前（46.87）高2			

公明党　1人　　233,407票　13.74%

当①山崎　正恭　新		②坂本　道応　新	

日本維新の会　1人　　173,826票　10.23%

当①吉田　知代　新（20.17）徳1		③佐藤　暁　新	
▼①町川　順子　新（17.60）香1			

▼は小選挙区の得票が有効投票総数の10分の1未満で、復活当選の資格がない者

その他の政党の得票数・得票率は下記のとおりです。
（当選者はいません）

政党名	得票数	得票率			
国民民主党	122,082票	7.19%	社民党	30,249票	1.78%
共産党	108,021票	6.36%	NHKと裁判してる党弁護士法72条違反で		
れいわ新選組	52,941票	3.12%		21,285票	1.25%

福岡県1区 453,215 ⑳47.56

福岡市（東区、博多区）

当99,430　井上貴博　自前（47.5）
比53,755　坪田　晋　立新（25.7）
比当37,604　山本剛正　維元（18.0）
18,487　木村拓史　共新（8.8）

いの　うえ　たか　ひろ
井上貴博　自前［麻］　当4
福岡県福岡市　S37・4・2
勤10年4ヵ月（初/平24）

財務副大臣、党副幹事長、財務大臣政務官、財務大臣補佐官、党国対副委員長、福岡県議、福岡JC理事長、獨協大法／60歳

〒812-0014 福岡市博多区比恵町2-1
博多エステートビル102号　☎092(418)9898

福岡県2区 449,552 ⑳53.81

福岡市（中央区、南区の一部
（P177参照）、城南区の一部（P177
参照））

当109,382　鬼木　誠　自前（46.0）
比当101,258　稲富修二　立前（42.6）
比27,302　新開崇司　維新（11.5）

おに　き　　　まこと
鬼木　誠　自前［森］　当4
福岡県福岡市　S47・10・16
勤10年4ヵ月（初/平24）

衆院安保委長、党税調幹事、前防衛副大臣、元衆院経産・国交・法務各委理事、環境大臣政務官、県議、銀行員、九大法／50歳

〒810-0014 福岡市中央区平尾2-3-15　☎092(707)1972
〒107-0052 港区赤坂2-17-10、宿舎

福岡県3区 433,603 ⑳54.42

福岡市（城南区（第2区に属しない
区域）（P177参照）、早良区、西
区）、糸島市

当135,031　古賀　篤　自前（57.9）
比98,304　山内康一　立前（42.1）

こ　が　　　あつし
古賀　篤　自前［岸］　当4
福岡県福岡市　S47・7・14
勤10年4ヵ月（初/平24）

環境委員長、厚生労働副大臣、総務（兼）内閣府大臣政務官、国交委理事、金融庁課長補佐、財務省主計局主査、東大法／50歳

〒814-0015 福岡市早良区室見2-1-22 2F　☎092(822)5051
〒100-8982 千代田区永田町2-1-2、会館　☎03(3508)7081

福岡県4区 369,215 ⑳53.97

宗像市、古賀市、福津市、糟屋
郡

当96,023　宮内秀樹　自前（49.4）
比49,935　森本慎太郎　立新（25.7）
比当36,998　阿部弘樹　維新（19.0）
比11,338　竹内信昭　社新（5.8）

みや　うち　ひで　き
宮内秀樹　自前［二］　当4
愛媛県　S37・10・19
勤10年4ヵ月（初/平24）

文部科学委員長、党地方創生実行統合本部事務局長、元農林水産副大臣、党副幹事長、国土交通大臣政務官、青山学院大／60歳

〒811-3101 古賀市天神4-8-1　☎092(942)5510
〒100-8981 千代田区永田町2-2-1、会館　☎03(3508)7174

福岡県5区　454,493　⑯54.52

当125,315　堤　かなめ　立新（53.1）
110,706　原田義昭　自前（46.9）

福岡市（南区（第2区に属しない区域）(P177
参照))、筑紫野市、春日市、大野城市、
太宰府市、朝倉市、那珂川市、朝倉郡

立新　　当1
堤　かなめ
つつみ　　かなめ
福岡県　S35・10・27
勤1年5ヵ月　（初/令3）

環境委、地域・こども特委、党政調会長補
佐、党福岡県連副代表、福岡県議(3期)、
大学教員、NPO法人、九州大学／62歳

〒818-0072　筑紫野市二日市中央2-7-17-2F　☎092(409)0077
〒100-8982　千代田区永田町1-2-2、会館　☎03(3508)7062

福岡県6区　374,631　⑯51.19

当125,366　鳩山二郎　自前（67.4）
比38,578　田辺　徹　立新（20.8）
12,565　河野一弘　共新（6.8）
5,612　組坂善昭　無新（3.0）
3,753　熊丸英治　N新（2.0）

久留米市、大川市、小郡市、う
きは市、三井郡、三潴郡

自前［二］　　当3
鳩山二郎
はとやま　じろう
東京都　S54・1・1
勤6年6ヵ月　（初/平28補）

総務委理、法務委、倫選特委、消費者特委、総務大
臣政務官、国土交通大臣政務官兼内閣府大臣政
務官、大川市長、法務大臣秘書官、杏林大／44歳

〒830-0018　久留米市通町1-1 2F　☎0942(39)2111
〒107-0052　港区赤坂2-17-10、宿舎

福岡県7区　288,733　⑯52.53

当92,233　藤丸　敏　自前（62.3）
比55,820　青木剛志　立新（37.7）

大牟田市、柳川市、八女市、筑
後市、みやま市、八女郡

自前［岸］　　当4
藤丸　敏
ふじまる　さとし
福岡県　S35・1・19
勤10年4ヵ月　（初/平24）

内閣府副大臣、党外交部会長代理、防衛政
務官兼内閣府政務官、衆議院議員秘書、高
校教師、東京学芸大学大学院中退／63歳

〒836-0842　大牟田市有明町2-1-16
　ウドノビル4F　☎0944(57)6106

福岡県8区　349,058　⑯53.04

当104,924　麻生太郎　自前（59.6）
38,083　河野祥子　共新（21.6）
比32,964　大島九州男　れ新（18.7）

直方市、飯塚市、中間市、宮若市、
嘉麻市、遠賀郡、鞍手郡、嘉穂
郡

自前［麻］　　当14
麻生太郎
あそ　うたろう
福岡県飯塚市　S15・9・20
勤41年　（初/昭54）

党副総裁、前副総理・財務相・金融相、元
首相、党幹事長、外相、総務相、党政調会
長、経財相、経企庁長官、学習院大／82歳

〒820-0040　飯塚市吉原町10-7　☎0948(25)1121
〒100-8981　千代田区永田町2-2-1、会館　☎03(3508)7703

略歴

福岡

福岡県9区 380,277 ⊛50.95

当91,591　緒方林太郎　無元（48.1）
　76,481　三原 朝彦　自前（40.2）
比22,273　真島 省三　共元（11.7）

北九州市（若松区、八幡東区、八幡西区、戸畑区）

お が た りん た ろう
緒方林太郎
無元（有志）　　当3
福岡県　S48・1・8
勤7年7ヵ月　（初/平21）

内閣委、予算委、元外務省課長補佐、東大法中退/50歳

〒806-0045　北九州市八幡西区竹末2-2-21　☎093（644）7077

福岡県10区 408,059 ⊛48.00

当85,361　城井　崇　立前（44.5）
　81,882　山本 幸三　自前（42.7）
比21,829　西田 主税　維新（11.4）
　2,840　大西 啓雅　無新（ 1.5）

北九州市（門司区、小倉北区、小倉南区）

き い　　　たかし
城井　　崇
立前　　当4
福岡県北九州市　S48・6・23
勤10年8ヵ月　（初/平15）

国交委、憲法審委、党政調会長代理、広報本部副本部長、子ども若者応援本部副本部長、憲法調査会副会長、県連代表、国交委理、文科委理、文科大臣政務官、社会福祉法人評議員、衆院議員秘書、京大/49歳

〒802-0072　北九州市小倉北区東篠崎1-4-1
　　　　　　TAKAビル片野2F　☎093（941）7767
〒100-8981　千代田区永田町2-2-1、会館　☎03（3508）7389

福岡県11区 256,676 ⊛54.28

当75,997　武田 良太　自前（55.8）
　40,996　村上 智信　無新（30.1）
比19,310　志岐 玲子　社新（14.2）

田川市、行橋市、豊前市、田川郡、京都郡、築上郡

たけ だ りょう た
武田 良太
自前［二］　当7
福岡県福智町（旧赤池町）　S43・4・1
勤19年5ヵ月　（初/平15）

安保委、総務大臣、国家公安委員長、内閣府特命担当大臣（防災）、党幹事長特別補佐、元防衛副大臣・政務官、安保委員長、早大院修了/54歳

〒826-0041　福岡県田川市大字弓削田3513-1　☎0947（46）0224
〒107-0052　港区赤坂2-17-10、宿舎

佐賀県1区 333,792 ⊛56.19

当92,452　原口 一博　立前（50.0）
比92,319　岩田 和親　自前（50.0）

佐賀市、鳥栖市、神埼市、神埼郡、三養基郡

はら ぐち かず ひろ
原口 一博
立前　　当9
佐賀県　S34・7・2
勤26年7ヵ月　（初/平8）

財金委、決算行監委、党副代表、国会対策委員長代行、県連代表、国家基本理事、政倫審幹事、総務大臣、県議、松下政経塾、東大/63歳

〒849-0922　佐賀市高木瀬東2-5-41　　☎0952（32）2321
〒107-0052　港区赤坂2-17-10、宿舎

佐賀県2区　340,930　⑥60.75

当106,608　大串博志　立前（52.0）
比当98,224　古川　康　自前（48.0）

唐津市、多久市、伊万里市、武雄市、鹿島市、小城市、嬉野市、東松浦郡、西松浦郡、杵島郡、藤津郡

おお ぐし ひろ し
大串博志
立前　　　　　当6
佐賀県白石町　S40・8・31
勤17年7ヵ月　（初/平17）

党選対委員長、懲罰委員長、党税調会長、首相補佐官、財務大臣政務官、財務省主計局主査、東大／57歳

〒849-0302　小城市牛津町柿樋瀬1062-1 セリオ2F　☎0952(66)5776
〒107-0052　港区赤坂2-17-10、宿舎　☎03(5549)4671

長崎県1区　334,139　⑤55.25

当101,877　西岡秀子　国前（56.1）
比69,053　初村滝一郎　自新（38.0）
　10,754　安江綾子　共新（5.9）

長崎市(本庁管内、小ヶ倉・土井首・小榊・西浦上・滑石・福田・深堀・日見・茂木・式見・東長崎・三重支所管内、香焼・伊王島・高島・野母崎・三和行政センター管内)

にし おか ひで こ
西岡秀子
国前　　　　　当2
長崎市長崎市　S39・3・15
勤5年6ヵ月　（初/平29）

党政調会長代理、党副幹事長、党第2部会長、党長崎県連代表、総務委、文科委、地域・こども特委、国会議員秘書、会社員、学習院大法学部／58歳

〒850-0842　長崎市新地町5-6　☎095(821)2077
〒100-8982　千代田区永田町2-1-2、会館　☎03(3508)7343

長崎県2区　293,298　⑤57.03

当95,271　加藤竜祥　自新（58.2）
比68,405　松平浩一　立前（41.8）

長崎市(第1区に属しない区域)、島原市、諫早市、雲仙市、南島原市、西彼杵郡

か とう りゅうしょう
加藤竜祥
自新［安］　　　当1
長崎県島原市　S55・2・10
勤1年5ヵ月　（初/令3）

農水委、法務委、倫選特委、党国対委、党政調農林部会、畜産・酪農対策委員会事務局次長、党農水関係団体副委員長、党青年局副部長、衆院議員秘書、日大経／43歳

〒854-0026　諫早市東本町2-4三央ビル2F　☎0957(35)1000
〒107-0052　港区赤坂2-17-10、宿舎　☎03(5549)4671

長崎県3区　236,525　⑥60.93

当57,223　谷川弥一　自前（40.7）
比当55,189　山田勝彦　立新（39.2）
　25,566　山田博司　無新（18.2）
　　2,750　石本啓之　諸新（2.0）

佐世保市（早岐・三川内・宮支所管内）、大村市、対馬市、壱岐市、五島市、東彼杵郡、北松浦郡（小値賀町）、南松浦郡

たに がわ や いち
谷川弥一
自前［安］　　　当7
長崎県五島市　S16・8・12
勤19年5ヵ月　（初/平15）

文科委、地域・こども特委理、**党離島振興特別委員長**、文科委員長、文科副大臣、農水政務官、県議長、長崎東高／81歳

〒856-0826　大村市東三城町6-1-2F　☎0957(50)1981

158

長崎県4区 250,004 ^投55.08

当55,968　北村誠吾　自前（42.1）
比当55,577　末次精一　立新（41.8）
　　16,860　萩原　活　無新（12.7）
　　4,675　田中隆治　無新（ 3.5）

佐世保市（第3区に属しない区域）、平戸市、松浦市、西海市、北松浦郡（佐々町）

きたむらせいご
北村誠吾
自前［岸］　　　当8
長崎県　　S22・1・29
勤22年10ヵ月（初/平12）

決算行監委、党総務、党半島振興特委長、内閣府特命担当大臣、党総務副会長、副幹事長、安保委長、政調副、防衛副大臣、防衛政務官、学校法人理事、県議、佐世保市議、代議士秘書、早大/76歳

〒857-0863　佐世保市三浦町1-23　☎0956(25)3113
〒100-8982　千代田区永田町2-1-2、会館　☎03(3508)7627

熊本県1区 421,038 ^投52.91

当131,371　木原　稔　自前（61.0）
比83,842　濱田大造　立新（39.0）

熊本市（中央区、東区、北区）

きはらみのる
木原　稔
自前［茂］　　　当5
熊本県熊本市　S44・8・12
勤14年3ヵ月（初/平17）

国土交通委員長、党安保調査会幹事長、政調副会長兼事務局長、選対副委長、文科部会長、青年局長、総理補佐官、財務副大臣、防衛政務官、日本航空、早大/53歳

〒862-0976　熊本市中央区九品寺2-8-17
九品寺サンシャイン1F　☎096(273)6833
〒100-8982　千代田区永田町2-1-2、会館　☎03(3508)7450

熊本県2区 314,184 ^投58.67

当110,310　西野太亮　無新（60.6）
　60,091　野田　毅　自前（33.0）
　11,521　橋田芳昭　共新（ 6.3）

熊本市（西区、南区）、荒尾市、玉名市、玉名郡

にしのだいすけ
西野太亮
自新［無］　　　当1
熊本県熊本市　S53・9・22
勤1年5ヵ月　　（初/令3）

総務委、農水委、震災復興特委、党青年局次長、財務省主計局主査、復興庁参事官補佐、コロンビア大学院、東大/44歳

〒861-4101　熊本市南区近見7-5-40　☎096(355)5008
〒100-8981　千代田区永田町2-2-1、会館　☎03(3508)7144

熊本県3区 315,296 ^投57.37

当125,158　坂本哲志　自前（71.2）
比37,832　馬場功世　社新（21.5）
　12,909　本間明子　N新（ 7.3）

山鹿市、菊池市、阿蘇市、合志市、菊池郡、阿蘇郡、上益城郡

さかもとてつし
坂本哲志
自前［森］　　　当7
熊本県菊池郡　S25・11・6
勤17年7ヵ月（初/平15）

農水委、地域・こども特委理、党副幹事長、党組織運動本部長代理、内閣府特命担当大臣、農林水産委員長、県議、新聞記者、中央大法学部/72歳

〒869-1235　菊池郡大津町室122-4　☎096(293)7990
〒100-8982　千代田区永田町2-1-2、会館　☎03(3508)7034

^衆略歴

長崎・熊本

熊本県4区
404,286
投57.50

当155,572 金子恭之 自前(68.1)
比72,966 矢上雅義 立前(31.9)

八代市、人吉市、水俣市、天草市、
宇土市、上天草市、宇城市、下益城郡、
八代郡、葦北郡、球磨郡、天草郡

金子恭之 かねこ やすし

自前[岸] 当8
熊本県あさぎり町 S36・2・27
勤22年10ヵ月(初/平12)

災害特委筆頭理事、総務委、党総務会長代理、総務大臣、党政調会長代理、党副幹事長、国土交通副大臣、農水政務官、早大/62歳

〒866-0814 八代市東片町463-1　☎0965(39)8366

大分県1区
385,469
投53.17

当97,117 吉良州司 無前(48.8)
比75,932 高橋舞子 自新(38.1)
15,889 山下 魁 共新(8.0)
6,216 西宮重貴 無新(3.1)
4,001 野中美咲 N新(2.0)

大分市の一部(P177参照)

吉良州司 きら しゅうじ

無前(有志) 当6
大分県 S33・3・16
勤17年5ヵ月(初/平15)

外務委、国家基本委、有志の会(会派)代表、元外務副大臣、外務大臣政務官、沖北特委長、日商岩井ニューヨーク部長、東大法/64歳

〒870-0820 大分市西大道2-4-2　☎097(545)7777
〒100-8982 千代田区永田町2-1-2、会館　☎03(3508)7412

大分県2区
267,779
投60.45

当79,433 衛藤征士郎 自前(50.2)
比当78,779 吉川 元 立前(49.8)

大分市(第1区に属しない区域)、田田
市、佐伯市、臼杵市、津久見市、竹
田市、豊後大野市、由布市、玖珠郡

衛藤征士郎 えとう せいしろう

自前[安] 当13(初/昭58)*
大分県 S16・4・29
勤45年6ヵ月(参6年1ヵ月)

予算委、党外交調査会長、党総務、衆議院副議長、予算委員長、外務副大臣、決算・大蔵委員、防衛庁長官、参院議員、玖珠町長、早大院/81歳

〒876-0833 佐伯市池船町21-1　☎0972(24)0003
〒107-0052 港区赤坂2-17-10、宿舎

大分県3区
301,700
投59.67

当102,807 岩屋 毅 自前(58.4)
比73,159 横光克彦 立前(41.6)

別府市、中津市、豊後高田市、
杵築市、宇佐市、国東市、東国
東郡、速見郡

岩屋 毅 いわや たけし

自前[麻] 当9
大分県別府市 S32・8・24
勤26年3ヵ月(初/平2)

予算委、憲法審、党治安テロ調査会長、防衛大臣、外務副大臣、防衛政務官、文科委員長、県議、早大政経/65歳

〒874-0933 別府市野口元町1-3
　　　　　 富士吉ビル2F　☎0977(21)1781
〒107-0052 港区赤坂2-17-10、宿舎　☎03(5549)4671

國會議員要覧
＜令和5年2月版＞

國 會 要 覧
＜第74版＞

第一別冊〈議員情報〉

 国政情報センター

●編集要領

○ 記載内容は、議員への取材及び各種資料による。
○ 掲載の国会議員の氏名及び所属政党は令和5年1月23日現在。
○ 所属政党名については氏名の右のカッコ内に略称で掲載した。
 （自…自民党、立…立憲民主党、維…日本維新の会、公…公明党、
 共…共産党、国…国民民主党、れ…れいわ新選組、社…社民党、
 Ｎ…ＮＨＫ党、参…参政党、無…無所属）
○ **出身校別一覧**は国会議員を大学、大学院、短大、高校、その他
 （旧制学校含む）の最終学歴別（中退者を含む）にまとめた。
○ 大学院修了者（在籍者を含む）は、大学、大学院の両方で掲載し
 た。出身者が10人以上の大学（12校）は出身者の多い大学順
 に、10人未満の大学は大学名の50音順に掲載した。
○ 短大・大学院の学校は個々の学校名の掲載は省略した。
○ 留学経験者、ＭＢＡ資格取得者を別途掲載した。
○ **出身高校別一覧**は国会議員の出身高校の都道府県別、高校別に
 国会議員名を掲載した。同一都道府県内は出身議員の多い高校
 順に、出身者数が同数の高校は校名の50音順（公立、私立別）。
○ **出身別一覧**は国会議員の当選前の主な出身分野ごとに現・元国
 会議員親類（3親等以内、4親等以上）、公募、中央省庁（入省時
 の省庁別）、参議院事務局、特殊法人・独立行政法人、地方庁、
 美術館、学芸員、地方議会（都道府県議会議長・副議長、都道
 府県議、市区町村議会議長・副議長、市区町村議）、首長（知事、
 市区町村長）、各種団体、生協、労働組合、弁護士・裁判官・検
 事、米国弁護士、法律事務所、公認会計士、米国公認会計士、
 税理士、監査法人、社会保険労務士、行政書士、司法書士、中
 小企業診断士、宅地建物取引士、土地家屋調査士、弁理士、経
 営コンサルタント、ＩＴコンサルタント、一級建築士、技術士、
 気象予報士、防災士、マスコミ（新聞社、ミニコミ紙、テレビ・
 ラジオ、出版社、通信社）、作家・評論家・ライター、放送作家、
 漫画家、漫画原作者、スポーツ・文化・芸能、ユーチューバー、
 Ｆ１ドライバー、飲食店経営・勤務、調理師、料理研究家、フラ
 ワーアーティスト、僧侶、牧師、医師、歯科医師、看護師、薬
 剤師、診療放射線技師、理学療法士、柔道整復師、保健師、ヘ
 ルスケアカウンセラー、社会福祉関連、社会福祉士、アンガー
 マネジメント講師、獣医師、医療法人役員・職員、社会福祉法
 人役員、障害者団体代表、介護施設代表、介護施設職員、保護司、
 松下政経塾、一新塾（大前研一）、維新政治塾、会社役員、金
 融機関（銀行・証券・生保等）、企業（金融機関を除く）、議
 員秘書・大臣秘書官、学校法人・幼稚園・保育園理事長・理事、
 塾経営・講師、保育士、小・中・高教諭、大学・短大等教授・
 准教授・講師等、専門学校講師、大学職員、日本銀行、農協、
 農業、漁協、杜氏、ＮＴＴグループ、ＪＲ、日本郵政、特定郵
 便局、日本青年会議所、政党職員、民青、ＮＧＯ・ＮＰＯ・市
 民運動、ＡＬＳ患者、ＨＩＶ訴訟原告、国連、ＩＬＯ、ＷＦＰ、Ｏ
 ＥＣＤ、アフリカ開発銀行、外務省国際問題評議会研究員、米国市長・
 議員スタッフ、シンクタンク・調査機関に分けて掲載した。
○ 複数の出身分野に該当する議員は複数箇所に掲載されている。
○ 地方議会出身者は、議長・副議長経験者は区別して掲載し、議
 長・副議長を経験していない議員を都道府県議、市区町村議の
 欄に掲載。県議、市議を両方経験している場合は2箇所に掲載。
○ **生れ年表、当選回数表**は、衆・参別に、生年の順、当選回数の
 順に一覧表にした。

国会議員出身校別一覧
（令和5年1月23日現在）

大　学
（672人）
（衆議院450人、参議院222人）

東京大学（130人）

衆議院（93人）

阿部知子（立）
赤澤亮正（自）
井出庸生（自）
井上信治（自）
伊佐進一（公）
石井啓一（公）
稲富修二（立）
今村雅弘（自）
江田憲司（立）
小川淳也（立）
小倉將信（自）
小田原潔（自）
小野泰輔（維）
尾﨑正直（自）
尾身朝子（自）
緒方林太郎（無）
大岡敏孝（自）
大串博志（立）
奥野総一郎（立）
加藤勝信（自）
河西宏一（公）
柿沢未途（自）
笠井亮（共）
勝目康（自）
上川陽子（自）
神田潤一（自）
木原誠二（自）
吉良州司（無）
城内実（自）
小泉龍司（自）
小林鷹之（自）
小森卓郎（自）
古賀篤（自）
後藤茂之（自）
後藤祐一（立）
齋藤健（自）
坂井学（自）
柴山昌彦（自）
白石洋一（立）
新谷正義（自）
鈴木馨祐（自）
鈴木憲和（自）
鈴木隼人（自）
田嶋要（立）
高見康裕（自）
棚橋泰文（自）
玉木雄一郎（国）
寺田稔（自）
中西健治（自）
中野洋昌（公）
西野太亮（無）
西村康稔（自）
長谷川淳二（自）
葉梨康弘（自）
林芳正（自）
原口一博（立）
平口洋（自）
平沢勝栄（自）
福島伸享（無）
藤井比早之（自）
古川元久（国）
古川康（自）
古川禎久（自）
細田博之（無）
本庄知史（立）
本田太郎（自）
牧原秀樹（自）
松本剛明（自）
松本尚（自）
三谷英弘（自）
宮澤博行（自）
宮路拓馬（自）
宮下一郎（自）
宮本徹（共）
宮崎政久（自）
務台俊介（自）
村井英樹（自）
村上誠一郎（自）
盛山正仁（自）
山岸一生（立）
山下貴司（自）
山田賢司（自）
山田美樹（自）
米山隆一（立）
鷲尾英一郎（自）
和田義明（自）
志位和夫（共）
塩崎彰久（自）
重徳和彦（立）
階猛（立）

参議院（37人）

阿達雅志（自）
浅尾慶一郎（自）
石井正弘（自）
石田昌宏（自）
磯崎仁彦（自）
上田勇（公）
越智俊之（自）
打越さく良（立）
江島潔（自）
尾辻秀久（無）
太田房江（自）
岡田直樹（自）
片山さつき（自）
金子道仁（維）
小西洋之（立）
小林一大（自）
古賀友一郎（自）
佐藤啓（自）
里見隆治（公）
杉尾秀哉（立）
高木真理（立）
滝波宏文（自）
鶴保庸介（自）
新妻秀規（公）
浜田聡（N）
平木大作（公）
福島みずほ（社）
堀井巌（自）
松川るい（自）
松下新平（自）

山本　順三（自）

慶應義塾大学（64人）

衆議院（45人）

逢沢　一郎（自）
青山　大人（立）
赤羽　一嘉（公）
甘利　明（自）
伊藤　信太郎（自）
伊藤　達也（自）
石破　茂（自）
石原　宏高（自）
石原　正敬（維）
小里　泰弘（自）
小沢　一郎（立）
大塚　拓（自）
奥野　信亮（自）
落合　貴之（立）
加藤　鮎子（自）
海江田　万里（無）
金子　俊平（自）
岸　信夫（自）
小林　茂樹（自）
小宮山　泰子（立）
高村　正大（自）
佐藤　公治（立）
塩谷　立（自）
高木　宏壽（自）
武村　展英（自）
中曽根　康隆（自）
中谷　一馬（立）
長島　昭久（自）
長妻　昭（立）
野中　厚（自）
野間　健（立）
馬場　雄基（立）
福田　達夫（自）
藤巻　健太（維）
船田　元（自）
松本　洋平（自）
御法川　信英（自）
武藤　容治（自）
山岡　達丸（立）
笠　浩史（立）
若林　健太（自）

早稲田大学（85人）

衆議院（62人）

安住　淳（立）
青柳　仁士（維）
赤木　正幸（維）
荒井　優（立）
伊藤　忠彦（自）
稲田　朋美（自）
谷田川　元（立）
屋良　朝博（立）
西村　智奈美（立）
額賀　福志郎（自）
野田　佳彦（立）
濱地　雅一（公）
古屋　範子（公）
松野　博一（自）
松原　仁（無）
三反園　訓（無）
岬　麻紀（維）
緑川　貴士（立）
森田　俊和（立）
山本　有二（自）
湯原　俊二（立）
吉田　豊史（無）
吉野　正芳（自）
早稲田　ゆき（立）
和田　有一朗（維）
和田　義明（自）
渡辺　周（立）
渡辺　博道（自）

参議院（23人）

青木　一彦（自）
青山　繁晴（自）
石井　浩郎（自）
小沼　巧（立）
大塚　耕平（国）
音喜多　駿（維）
吉良　よし子（共）
古庄　玄知（自）
清水　貴之（維）
柴田　巧（維）
世耕　弘成（自）
竹内　真二（公）
辻元　清美（無）
寺田　静（無）
長浜　博行（無）
長峯　誠（自）
牧野　たかお（自）
三宅　伸吾（自）
三村　新雄（立）
柳ヶ瀬　裕文（維）
山田　俊男（自）

木村　次郎(自)
工藤　彰三(自)
坂本　哲志(自)
武井　俊輔(立)
塚田　一郎(自)
寺田　学(立)
二階　俊博(自)
太　栄志(立)
道下　大樹(立)
八木　哲也(自)

参議院(6人)

赤松　健(自)
石橋　通宏(立)
北村　経夫(自)
熊谷　裕人(立)
滝沢　求(自)
若松　謙維(公)

創価大学(15人)

衆議院(10人)

大口　善徳(公)
岡本　三成(公)
北側　一雄(公)
國重　徹(公)
佐藤　英道(公)
高木　陽介(公)
角田　秀穂(公)
中川　宏昌(公)
中川　康洋(公)
福重　隆浩(公)

参議院(5人)

石川　博崇(公)
佐々木　さやか(公)
杉　久武(公)
竹谷　とし子(公)
安江　伸夫(公)

明治大学(14人)

衆議院(9人)

井野　俊郎(自)
櫻田　義孝(自)
笹川　博義(自)
新藤　義孝(自)
谷　公一(自)
萩生田　光一(自)
古川　直季(自)

参議院(11人)

足立　敏之(自)
浅田　均(維)
井上　哲士(共)
嘉田　由紀子(無)
こやり　隆史(自)
佐藤　信秋(自)
谷合　正明(公)
仁比　聡平(共)
浜田　聡(N)
山田　宏(自)
山本　香苗(公)

日本大学(23人)

衆議院(16人)

青柳　陽一郎(立)
浅川　義治(維)
新垣　邦男(社)
江渡　聡徳(自)
加藤　竜祥(自)
梶山　弘志(自)
國場　幸之助(自)
佐藤　勉(自)
坂本　祐之輔(立)
沢田　良(維)
鈴木　義弘(国)
中村　英幸(自)
中村　喜四郎(立)
林　幹雄(自)
星野　剛士(自)
三ッ林　裕巳(自)

参議院(7人)

井上　義行(自)
臼井　正一(自)
大島　九州男(れ)
酒井　庸行(自)
野田　国義(立)
芳賀　道也(無)
山崎　正昭(自)

中央大学(20人)

衆議院(14人)

秋葉　賢也(自)
伊藤　俊輔(立)
遠藤　利明(自)
門山　宏哲(自)

若宮　健嗣(自)

参議院(19人)

青島　健太(維)
青山　繁晴(自)
大野　泰正(自)
片山　大介(維)
河野　義博(公)
竹詰　仁(国)
武見　敬三(自)
堂故　茂(自)
中曽根　弘文(自)
中西　祐介(自)
西田　実仁(公)
野上　浩太郎(自)
福岡　資麿(自)
古川　俊治(自)
松沢　成文(維)
山下　雄平(自)
山田　太郎(自)
山本　博司(公)
和田　政宗(自)

京都大学(32人)

衆議院(21人)

足立　康史(維)
井坂　信彦(立)
井林　辰憲(自)
泉　健太(立)
上野　賢一郎(自)
大西　健介(立)
城井　崇(立)
北神　圭朗(無)
近藤　和也(立)
佐藤　茂樹(公)
櫻井　周(立)
篠原　孝(立)
末次　精一(立)
竹内　譲(公)
辻　清人(自)
土田　慎(自)
細田　健一(自)
細野　豪志(自)
前原　誠司(国)
柳本　顕(自)
山井　和則(立)

宮崎 政 久(自)
森山 浩 行(立)

参議院(5人)
衛池 誠 章(自)
崖田 哲 也(公)
与賀 之 士(立)
高橋 克 法(自)
公山 政 司(自)

青山学院大学(14人)
衆議院(11人)
輿水 恵 一(公)
浅野 哲(国)
田中 健(国)
高木 毅(自)
中山 展 宏(自)
浸坂 康 正(自)
坂 泰(自)
公木 けんこう(自)
宮内 秀 樹(自)
保岡 宏 武(自)
口 俊 一(自)

参議院(3人)
田島 麻衣子(立)
田 宏(自)
重田 舫(立)

上智大学(13人)
衆議院(9人)
葉 光一郎(立)
林 史 明(立)
藤 昭 一(立)
尻 安伊子(自)
銘 恒三郎(自)
田 聖 子(自)
井 卓 也(立)
義 夫(立)
崎 誠(立)

参議院(4人)
達 澄(無)
井 苗 子(維)
口 邦 子(自)
瀬 めぐみ(自)

法政大学(13人)
衆議院(7人)
青山 周 平(自)
秋本 真 利(自)
金子 恵 美(立)
川崎 ひでと(自)
菅 義 偉(自)
田中 和 徳(自)
山田 勝 彦(立)

参議院(6人)
朝日 健太郎(自)
上田 清 司(無)
越智 俊 之(自)
串田 誠 一(維)
徳永 エ リ(立)
松下 新 平(自)

専修大学(10人)
衆議院(7人)
井原 巧(自)
稲津 久(公)
小熊 慎 司(立)
奥下 剛 光(維)
金村 龍 那(維)
浜田 靖 一(自)
堀井 学(自)

参議院(3人)
石井 章(維)
加藤 明 良(自)
松村 祥 史(自)

10人以上は上記12大学

※以下、大学名の50音順

愛知学院大学(1人)
衆議院(1人)
西田 昭 二(自)

愛知教育大学(1人)
参議院(1人)
斎藤 嘉 隆(立)

愛知大学(2人)
衆議院(1人)
岬 麻 紀(維)

参議院(1人)
柘植 芳 文(自)

秋田経済法科大学(1人)
(現・ノースアジア大学)
衆議院(1人)
冨樫 博 之(自)

秋田大学(1人)
参議院(1人)
塩田 博 昭(公)

岩手大学(1人)
参議院(1人)
進藤 金日子(自)

追手門学院大学(2人)
衆議院(1人)
遠藤 良 太(維)

参議院(1人)
室井 邦 彦(維)

大分大学(1人)
参議院(1人)
衛藤 晟 一(自)

大阪音楽大学(1人)
参議院(1人)
宮口 治 子(立)

大阪外国語大学(2人)
(現・大阪大学)
衆議院(1人)
石橋 林太郎(自)

参議院(1人)
高橋 光 男(公)

大阪産業大学(1人)
衆議院(1人)
堀井 健 智(維)

大阪大学(4人)
衆議院(3人)

伊藤　　渉(公)
大石　あきこ(れ)
藤岡　隆雄(立)

参議院(1人)

梅村　　聡(維)

大阪府立大学(1人)
衆議院(1人)

瀬戸　隆一(自)

岡山大学(1人)
衆議院(1人)

柚木　道義(立)

沖縄国際大学(1人)
衆議院(1人)

金城　泰邦(公)

学習院大学(8人)
衆議院(8人)

麻生　太郎(自)
勝俣　孝明(自)
斎藤　洋明(自)
津島　　淳(自)
永岡　桂子(自)
西岡　秀子(国)
平沼　正二郎(自)
堀内　詔子(自)

神奈川大学(2人)
衆議院(1人)

熊田　裕通(自)

参議院(1人)

三浦　　靖(自)

金沢大学(1人)
衆議院(1人)

松本　　尚(自)

関西大学(5人)
衆議院(3人)

山本　ともひろ(自)
前川　清成(維)

8

三木　圭恵(維)

参議院(2人)

伊藤　孝江(公)
神谷　宗幣(参)

関西学院大学(2人)
衆議院(1人)

関　　芳弘(自)

参議院(1人)

末松　信介(自)

関東学院大学(1人)
衆議院(1人)

小泉　進次郎(自)

北九州大学(2人)
(現・北九州市立大学)
衆議院(1人)

田村　貴昭(共)

参議院(1人)

大家　敏志(自)

九州大学(6人)
衆議院(4人)

岩田　和親(自)
鬼木　　誠(自)
堤　　かなめ(立)
吉田　宣弘(公)

参議院(2人)

髙良　鉄美(無)
吉田　忠智(立)

京都外国語大学(1人)
衆議院(1人)

田中　英之(自)

京都産業大学(1人)
衆議院(1人)

吉井　　章(自)

京都女子大学(1人)
参議院(1人)

高木　かおり(維)

共立女子大学(1人)
参議院(1人)

上野　通子(自)

杏林大学(1人)
衆議院(1人)

鳩山　二郎(自)

近畿大学(2人)
衆議院(1人)

井上　英孝(維)

参議院(1人)

東　　　徹(維)

金城学院大学(1人)
参議院(1人)

伊藤　孝恵(国)

熊本大学(2人)
衆議院(1人)

阿部　弘樹(維)

参議院(1人)

古賀　千景(立)

皇學館大学(1人)
参議院(1人)

山本　啓介(自)

甲南大学(1人)
参議院(1人)

加田　裕之(自)

神戸学院大学(1人)
参議院(1人)

美延　映夫(維)

神戸大学(8人)
衆議院(4人)

伊東　信久(維)
高市　早苗(自)
山田　賢司(自)
吉川　　元(立)

参議院(4人)

ながえ　孝　子(無)
浜　野　喜　史(国)
宮　崎　雅　夫(自)
山　本　佐知子(自)

國學院大学(4人)

衆議院(3人)

石　川　昭　政(自)
大　西　英　男(自)
たがや　　　亮(れ)

参議院(1人)

永　井　　　学(自)

国際基督教大学(4人)

衆議院(2人)

大河原　まさこ(立)
牧　島　かれん(自)

参議院(2人)

有　村　治　子(自)
牧　山　ひろえ(立)

駒澤大学(1人)

衆議院(1人)

山　本　剛　正(維)

埼玉大学(2人)

参議院(2人)

宮　崎　　　勝(公)
若　林　洋　平(自)

佐賀大学(1人)

衆議院(1人)

吉　田　久美子(公)

滋賀大学(1人)

参議院(1人)

西　田　昌　司(自)

静岡大学(1人)

衆議院(1人)

泰　原　　　崇(自)

島根大学(1人)

参議院(1人)

下　野　六　太(公)

淑徳大学(1人)

参議院(1人)

岩　本　剛　人(自)

城西歯科大学(1人)
（現・明海大学）

参議院(1人)

関　口　昌　一(自)

信州大学(3人)

衆議院(2人)

下　条　み　つ(立)
深　澤　陽　一(自)

参議院(1人)

猪　瀬　直　樹(維)

駿河台大学(1人)

衆議院(1人)

鈴　木　　　敦(国)

成蹊大学(2人)

衆議院(2人)

源　馬　謙太郎(立)
古　屋　圭　司(自)

成城大学(4人)

衆議院(4人)

池　田　佳　隆(自)
江　藤　　　拓(自)
小　渕　優　子(自)
山　口　　　晋(自)

聖心女子大学(4人)

衆議院(3人)

石　川　香　織(立)
土　屋　品　子(自)
中　川　郁　子(自)

参議院(1人)

山　谷　えり子(自)

聖路加看護大学(1人)

参議院(1人)

石　井　苗　子(維)

聖和大学(1人)

衆議院(1人)

浦　野　靖　人(維)

大東文化大学(2人)

衆議院(2人)

小　島　敏　文(自)
吉　川　　　赳(無)

拓殖大学(3人)

参議院(3人)

小野田　紀　美(自)
鈴　木　宗　男(維)
舩　後　靖　彦(れ)

玉川大学(1人)

衆議院(1人)

丹　羽　秀　樹(自)

千葉工業大学(1人)

衆議院(1人)

三　浦　信　祐(公)

千葉大学(2人)

衆議院(1人)

田　村　憲　久(自)

参議院(1人)

青　木　　　愛(立)

中京大学(2人)

衆議院(2人)

神　田　憲　次(自)
山　崎　正　恭(公)

筑波大学(3人)

衆議院(1人)

藤　田　文　武(維)

参議院(2人)

自　見　はなこ(自)
浜　口　　　誠(国)

9

帝京大学(3人)

衆議院(3人)

神谷　　裕(立)
新谷　正義(立)
中島　克仁(立)

桐蔭大学(1人)

衆議院(1人)

伊藤　俊輔(立)

東海大学(3人)

衆議院(2人)

東　　国幹(自)
谷川　とむ(自)

参議院(1人)

自見　はなこ(自)

東京医科歯科大学(3人)

衆議院(1人)

髙階　恵美子(自)

参議院(2人)

櫻井　　充(自)
友納　理緒(自)

東京医科大学(1人)

参議院(1人)

羽生田　　俊(自)

東京学芸大学(1人)

衆議院(1人)

藤丸　　敏(自)

東京教育大学(1人)

衆議院(1人)

赤嶺　政賢(共)

東京経済大学(2人)

参議院(2人)

川田　龍平(立)
宮本　周司(自)

東京工業大学(4人)

衆議院(4人)

大野　敬太郎(自)
菅　　直人(立)

斉藤　鉄夫(公)
平林　　晃(公)

東京歯科大学(1人)

参議院(1人)

島村　　大(自)

東京水産大学(1人)
(現・東京海洋大学)

衆議院(1人)

小野寺　五典(自)

東京電機大学(1人)

参議院(1人)

礒﨑　哲史(国)

東京都立大学(1人)

参議院(1人)

塩川　鉄也(共)

東京農業大学(2人)

参議院(2人)

高野　光二郎(自)
吉川　ゆうみ(自)

東京理科大学(1人)

衆議院(1人)

黄川田　仁志(自)

同志社大学(7人)

衆議院(3人)

小寺　裕雄(自)
斎藤アレックス(国)
守島　　正(維)

参議院(4人)

田村　まみ(国)
福山　哲郎(立)
森本　真治(立)
吉川　沙織(立)

東邦大学(1人)

参議院(1人)

星　　北斗(自)

東北学院大学(3人)

衆議院(3人)

鎌田　さゆり(立)
庄子　賢一(公)

土井　　亨(自)

東北大学(9人)

衆議院(6人)

枝野　幸男(立)
大串　正樹(自)
岡本　あき子(立)
佐々木　　紀(自)
福田　昭夫(立)
森　　英介(自)

参議院(3人)

小池　　晃(共)
長谷川　英晴(自)
森　　まさこ(自)

徳島大学(2人)

衆議院(1人)

仁木　博文(無)

参議院(1人)

小西　洋之(立)

獨協大学(2人)

衆議院(2人)

井上　貴博(自)
田畑　裕明(自)

鳥取大学(3人)

衆議院(1人)

杉田　水脈(自)

参議院(2人)

藤井　一博(自)
山下　芳生(共)

長崎大学(2人)

衆議院(1人)

国光　あやの(自)

参議院(1人)

秋野　公造(公)

名古屋工業大学(1人)

衆議院(1人)

伴野　　豊(立)

名古屋大学(5人)
衆議院(4人)
石 原 正 敬(自)
今 枝 宗一郎(自)
住 吉 寛 紀(維)
吉 田 統彦(立)

参議院(1人)
渡 辺 猛 之(自)

奈良教育大学(1人)
参議院(1人)
水 岡 俊 一(立)

南山大学(2人)
衆議院(1人)
山 本 左 近(自)

参議院(1人)
藤 川 政 人(自)

新潟大学(2人)
衆議院(2人)
西 村 智奈美(立)
渡 辺 創(立)

日本体育大学(1人)
衆議院(1人)
中 根 一 幸(自)

白鷗大学(1人)
衆議院(1人)
田 所 嘉 德(自)

東日本学園大学(1人)
(現・北海道医療大学)
衆議院(1人)
笹 辺 孝 一(自)

一橋大学(7人)
衆議院(6人)
市 村 浩一郎(維)
金 田 勝 年(自)
國 定 勇 人(自)
末 松 義 規(立)
長 本 幸 典(自)
三 原 朝 彦(自)

参議院(1人)
高 橋 はるみ(自)

弘前大学(1人)
衆議院(1人)
高 橋 千鶴子(共)

広島大学(1人)
衆議院(1人)
日 下 正 喜(公)

フェリス女学院大学(1人)
衆議院(1人)
堀 場 幸 子(維)

福岡歯科大学(1人)
比 嘉 奈津美(自)

福島大学(1人)
参議院(1人)
岩 渕 友(共)

福山大学(1人)
参議院(1人)
神 谷 政 幸(自)

文教大学(1人)
参議院(1人)
伊 藤 岳(共)

防衛大学校(5人)
衆議院(3人)
高 木 宏 壽(自)
中 谷 元(自)
中 谷 真 一(自)

参議院(2人)
尾 辻 秀 久(無)
佐 藤 正 久(自)

星薬科大学(1人)
参議院(1人)
本 田 顕 子(自)

北海学園大学(2人)
衆議院(1人)
中 村 裕 之(自)

参議院(1人)
船 橋 利 実(自)

北海道教育大学(3人)
衆議院(1人)
伊 東 良 孝(自)

参議院(2人)
勝 部 賢 志(立)
森 屋 宏(自)

北海道大学(4人)
衆議院(1人)
逢 坂 誠 二(立)

参議院(3人)
長谷川 岳(自)
舟 山 康 江(国)
横 山 信 一(公)

宮城教育大学(1人)
参議院(1人)
石 垣 のりこ(立)

武蔵大学(1人)
衆議院(1人)
高 橋 英 明(維)

明治学院大学(3人)
衆議院(1人)
義 家 弘 介(自)

参議院(2人)
石 川 大 我(立)
清 水 真 人(自)

山口大学(1人)
衆議院(1人)
山 際 大志郎(自)

横浜国立大学(1人)
衆議院(1人)
馬 淵 澄 夫(立)

立教大学(7人)

衆議院(7人)

あかま 二 郎(自)
江 崎 鐵 磨(自)
櫛 渕 万 里(れ)
鈴 木 庸 介(立)
田 中 良 生(自)
髙 木 啓(自)
吉 田 はるみ(立)

立命館大学(5人)

衆議院(3人)

石 井 拓(自)
泉 健 太(立)
穀 田 恵 二(共)

参議院(2人)

梅 村 みずほ(維)
川 合 孝 典(国)

琉球大学(1人)

参議院(1人)

伊 波 洋 一(無)

龍谷大学(3人)

衆議院(3人)

池 下 卓(維)
宗 清 皇 一(自)
本 村 伸 子(共)

流通経済大学(1人)

参議院(1人)

堂 込 麻紀子(無)

ルーテル学院大学(1人)

参議院(1人)

天 畠 大 輔(れ)

和歌山大学(1人)

衆議院(1人)

宮 本 岳 志(共)

米アラバマ州立大学(1人)

衆議院(1人)

あ べ 俊 子(自)

米アンバサダー大学(1人)

衆議院(1人)

塩 谷 立(自)

米ウェイクフォレスト大学(1人)

参議院(1人)

羽 田 次 郎(立)

米エルマイラ大学(1人)

衆議院(1人)

星 野 剛 士(自)

米オハイオ州オタバイン大学(2人)

衆議院(1人)

神 津 たけし(立)

参議院(1人)

榛 葉 賀津也(国)

米カリフォルニア大学サンディエゴ校(1人)

衆議院(1人)

篠 原 豪(立)

米コロンビア大学(1人)

参議院(1人)

三 宅 伸 吾(自)

米サザンセミナリーカレッジ(1人)

参議院(1人)

三 上 え り(無)

米ジョージタウン大学(2人)

衆議院(2人)

河 野 太 郎(自)
中 川 正 春(立)

米ハワイ大学(1人)

参議院(1人)

寺 田 静(無)

米陸軍指揮幕僚大学(1人)

参議院(1人)

佐 藤 正 久(自)

米ワシントン州立大学(1人)

参議院(1人)

石 井 苗 子(維)

カナダ・トレント大学(1人)

衆議院(1人)

鈴 木 貴 子(自)

ブラジル・ジュイスジフォーラム連邦大学(1人)

衆議院(1人)

吉 良 州 司(無)

英インペリアル・カレッジロンドン(1人)

参議院(1人)

こやり 隆 史(自)

英ウォーリック大学(1人)

参議院(1人)

山 下 雄 平(自)

英バーミンガムシティ大学(1人)

衆議院(1人)

おおつき 紅 葉(立)

英ブリストル大学(1人)

衆議院(1人)

西 村 智奈美(立)

仏パリ大学(1人)

衆議院(1人)

山 口 俊 一(自)

スウェーデン・ウプサラ大学（1人）

参院（1人）

谷 合 正 明（公）

北京大学（2人）

衆議院（1人）

伊 藤 俊 輔（立）

参議院（1人）

蓮　　　舫（立）

オーストラリア・ボンド大学（1人）

衆議院（1人）

五十嵐　　清（自）

イスラエル国立テルアビブ大学（1人）

参議院（1人）

秦 葉 賀津也（国）

大学院

（大学名の50音順）

（215人）

（衆議院147人、参議院68人）

愛知学院大学（1人）

衆議院（1人）

神 田 憲 次（自）

青山学院大学（3人）

衆議院（2人）

浅 野　　哲（国）
山 崎　　誠（立）

参議院（1人）

有 村 治 子（自）

大阪市立大学（2人）

衆議院（2人）

井 東 信 久（維）
守 島　　正（維）

大阪大学（5人）

衆議院（5人）

伊 藤　　渉（公）
大 石 あきこ（れ）
黄川田 仁 志（自）
谷 川 と む（自）
藤 岡 隆 雄（立）

学習院大学（1人）

衆議院（1人）

堀 内 詔 子（自）

鹿児島大学（1人）

衆議院（1人）

保 岡 宏 武（自）

関西大学（1人）

参議院（1人）

神 谷 宗 幣（参）

関西学院大学（1人）

参議院（1人）

清 水 貴 之（維）

九州大学（2人）

衆議院（1人）

堤　　かなめ（立）

参議院（1人）

髙 良 鉄 美（無）

京都産業大学（1人）

衆議院（1人）

岩 谷 良 平（維）

京都大学（11人）

衆議院（5人）

足 立 康 史（維）
井 林 辰 憲（自）
櫻 井　　周（立）
山 井 和 則（立）
山 本 ともひろ（自）

参議院（6人）

足 立 敏 之（自）
嘉 田 由紀子（無）
こやり 隆 史（自）

佐 藤 信 秋（自）
谷 合 正 明（公）
福 山 哲 郎（立）

杏林大学（1人）

衆議院（1人）

鳩 山 二 郎（自）

熊本大学（1人）

衆議院（1人）

阿 部 弘 樹（維）

慶應義塾大学（7人）

衆議院（6人）

伊 藤 信太郎（自）
池 田 佳 隆（自）
勝 俣 孝 明（自）
長 島 昭 久（自）
橋 本　　岳（自）
船 田　　元（自）

参議院（1人）

武 見 敬 三（自）

神戸市外国語大学（1人）

衆議院（1人）

和 田 有一朗（維）

神戸大学（2人）

衆議院（2人）

斎 藤 洋 明（自）
盛 山 正 仁（自）

國學院大学（1人）

衆議院（1人）

石 川 昭 政（自）

国際基督教大学（1人）

衆議院（1人）

牧 島 かれん（自）

政策研究大学院大学（1人）

衆議院（1人）

神 津 たけし（立）

専修大学（2人）

衆議院（1人）

中 根 一 幸（自）

13

参議院(1人)

石井　　　章(維)

創価大学(3人)

衆議院(1人)

佐藤　英道(公)

参議院(2人)

佐々木　さやか(公)
安江　伸夫(公)

拓殖大学(1人)

参議院(1人)

須藤　元気(無)

千葉大学(1人)

参議院(1人)

青木　　　愛(立)

中央大学(1人)

衆議院(1人)

太　　栄志(立)

中京大学(1人)

衆議院(1人)

神田　憲次(自)

筑波大学(1人)

参議院(1人)

柳ヶ瀬　裕文(維)

帝京大学(1人)

衆議院(1人)

穂坂　　泰(自)

デジタルハリウッド大学(1人)

衆議院(1人)

中谷　一馬(立)

東京医科歯科大学(3人)

衆議院(2人)

国光　あやの(自)
髙階　恵美子(自)

参議院(1人)

友納　理緒(自)

14

東京学芸大学(1人)

衆議院(1人)

藤丸　　敏(自)

東京芸術大学(1人)

参議院(1人)

青木　　愛(立)

東京工業大学(4人)

衆議院(4人)

大野　敬太郎(自)
斉藤　鉄夫(公)
瀬戸　隆一(自)
平林　　晃(公)

東京大学(16人)

衆議院(10人)

小野寺　五典(自)
越智　隆雄(自)
鈴木　隼人(自)
住吉　寛紀(維)
空本　誠喜(維)
高見　康裕(自)
本田　太郎(自)
築　　和生(自)
山際　大志郎(自)
米山　隆一(立)

参議院(6人)

石井　苗子(維)
打越　さく良(立)
江島　　潔(自)
新妻　秀規(公)
浜田　　聡(N)
三宅　伸吾(自)

東京農工大学(1人)

参議院(1人)

吉川　ゆうみ(自)

同志社大学(1人)

参議院(1人)

吉川　沙織(立)

東北大学(3人)

衆議院(2人)

秋葉　賢也(自)

大串　正樹(自)

参議院(1人)

櫻井　　充(自)

東洋大学(1人)

参議院(1人)

東　　　徹(維)

徳島大学(1人)

衆議院(1人)

仁木　博文(無)

長崎大学(2人)

衆議院(1人)

末次　精一(立)

参議院(1人)

秋野　公造(公)

名古屋工業大学(1人)

衆議院(1人)

伴野　　豊(立)

名古屋大学(2人)

衆議院(2人)

石原　正敬(自)
吉田　統彦(立)

鳴門教育大学(1人)

衆議院(1人)

山崎　正恭(公)

新潟大学(1人)

衆議院(1人)

西村　智奈美(立)

日本大学(3人)

衆議院(3人)

江渡　聡徳(自)
小宮山　泰子(立)
吉川　　赳(無)

白鷗大学(1人)

衆議院(1人)

田所　嘉德(自)

一橋大学(1人)

衆議院(1人)

山口　晋(自)

広島大学(1人)

衆議院(1人)

日下正喜(公)

フェリス女学院大学(1人)

衆議院(1人)

堀場幸子(維)

福岡教育大学(1人)

参議院(1人)

下野六太(公)

福島大学(1人)

衆議院(1人)

金子恵美(立)

北翔大学(1人)

参議院(1人)

田中昌史(自)

北陸先端科学技術大学院大学(1人)

衆議院(1人)

大串正樹(自)

北海商科大学(1人)

参議院(1人)

船橋利実(自)

北海道大学(1人)

参議院(1人)

横山信一(公)

明治学院大学(1人)

衆議院(1人)

藤原崇(自)

明治大学(3人)

衆議院(2人)

古川直季(自)
渡辺博道(自)

参議院(1人)

猪瀬直樹(維)

山梨学院大学(1人)

参議院(1人)

森屋宏(自)

横浜国立大学(1人)

衆議院(1人)

山崎誠(立)

立命館大学(1人)

参議院(1人)

天畠大輔(れ)

龍谷大学(2人)

衆議院(2人)

池下卓(維)
本村伸子(共)

早稲田大学(23人)

衆議院(13人)

青柳陽一郎(立)
赤木正幸(維)
衛藤征士郎(自)
小渕優子(自)
小山展弘(立)
篠原豪(立)
武井俊輔(自)
武田良太(自)
中山展宏(自)
西村明宏(自)
本田太郎(自)
森田俊和(立)
若林健太(自)

参議院(10人)

朝日健太郎(自)
石川大我(立)
上田清司(無)
大塚耕平(国)
片山大介(維)
柴田巧(維)
滝波宏文(自)
友納理緒(自)
山添拓(共)
山田太郎(自)

米アメリカン大学(1人)

衆議院(1人)

源馬謙太郎(立)

米アラバマ州立大学(1人)

衆議院(1人)

あべ俊子(自)

米アラバマ大学(1人)

参議院(1人)

石橋通宏(立)

米イェール大学(2人)

衆議院(1人)

神田潤一(自)

参議院(1人)

猪口邦子(自)

米イリノイ州立大学(1人)

衆議院(1人)

あべ俊子(自)

米ウィスコンシン大学(1人)

参議院(1人)

嘉田由紀子(無)

米ウェスタンワシントン大学(1人)

衆議院(1人)

高木宏壽(自)

米オハイオ大学(1人)

参議院(1人)

山本佐知子(自)

米カーネギーメロン大学(1人)

参議院(1人)

佐藤啓(自)

米カリフォルニア大学バークレー校(1人)

衆議院(1人)

白石洋一(立)

15

米カリフォルニア大学ロサンゼルス校(UCLA)(3人)

衆議院(2人)

大串 博志(立)
国光 あやの(自)

参議院(1人)

矢倉 克夫(公)

米カリフォルニア州立大学フレズノ校(1人)

衆議院(1人)

金子 恵美(立)

米コーネル大学(2人)

衆議院(1人)

赤澤 亮正(自)

参議院(1人)

上田 勇(公)

米コロンビア大学(16人)

衆議院(15人)

足立 康史(維)
赤木 正幸(維)
稲富 修二(立)
加藤 鮎子(自)
小泉 進次郎(自)
重徳 和彦(立)
鈴木 庸介(立)
辻 清人(自)
中曽根 康隆(自)
中野 洋昌(公)
西野 太亮(無)
古川 元久(国)
御法川 信英(自)
山下 貴司(自)
山田 美樹(自)

参議院(1人)

小西 洋之(立)

米シカゴ大学(2人)

衆議院(1人)

武部 新(自)

滝波 宏文(自)

米ジョージタウン大学(2人)

衆議院(1人)

牧原 秀樹(自)

参議院(1人)

松川 るい(自)

米ジョージワシントン大学(1人)

衆議院(1人)

牧島 かれん(自)

米ジョンズホプキンス大学(4人)

衆議院(4人)

伊佐 進一(公)
長島 昭久(自)
福田 達夫(自)
山口 壯(自)

米スタンフォード大学(2人)

参議院(2人)

浅尾 慶一郎(自)
浅田 均(維)

米タフツ大学(2人)

参議院(1人)

小沼 巧(立)

米ツレーン大学(1人)

衆議院(1人)

西銘 恒三郎(自)

米デューク大学(2人)

衆議院(2人)

青柳 仁士(維)
平沢 勝栄(自)

米トーマス・クーリー法科大学院(1人)

参議院(1人)

牧山 ひろえ(立)

米ニューヨーク州立大学(1人)

衆議院(1人)

斎藤 洋明(自)

米ニューヨーク大学(3人)

衆議院(1人)

赤木 正幸(維)

参議院(2人)

阿達 雅志(自)
森 まさこ(自)

米ノースウエスタン大学ケロッグ経営大学院(1人)

岡本 三成(公)

米ハーバード大学(15人)

衆議院(14人)

伊藤 信太郎(自)
江田 憲司(立)
大塚 拓(自)
岡田 克也(立)
上川 陽子(自)
小林 鷹之(自)
齋藤 健(自)
杉本 和巳(維)
玉木 雄一郎(国)
寺田 稔(自)
林 芳正(自)
細田 健一(自)
村井 英樹(自)
茂木 敏充(自)

参議院(1人)

宮沢 洋一(自)

米バーモント州SIT大学院大学(1人)

参議院(1人)

有村 治子(自)

米ブラウン大学(2人)

衆議院(2人)

後藤 茂之(自)
櫻井 周(立)

米プリンストン大学(2人)

衆議院(2人)

小 森 卓 郎(自)
末 松 義 規(立)

米ペンシルバニア大学(3人)

衆議院(2人)

日 嶋 要(立)
平 口 洋(自)

参議院(1人)

比 村 経 夫(自)

米ペンシルバニア大学ウォートン校(1人)

衆議院(1人)

亘 崎 彰 久(自)

米ボストン大学(2人)

衆議院(1人)

家 田 一 郎(自)

参議院(1人)

壮 耕 弘 成(自)

米南カリフォルニア大学(1人)

参議院(1人)

左 藤 啓(自)

米メリーランド大学(2人)

衆議院(2人)

貴川田 仁 志(自)
互 村 康 稔(自)

米ワシントン大学(2人)

衆議院(2人)

篠 原 孝(立)
三 谷 英 弘(自)

カナダ・マギール大学(1人)

衆議院(1人)

米 田 俊 和(立)

英インペリアル・カレッジ・ロンドン(1人)

衆議院(1人)

平 林 晃(公)

英ウェールズ大学(1人)

衆議院(1人)

関 芳 弘(自)

英オックスフォード大学(4人)

衆議院(2人)

小 倉 將 信(自)
杉 本 和 巳(維)

参議院(2人)

田 島 麻衣子(立)
古 川 俊 治(自)

英ケンブリッジ大学(2人)

衆議院(2人)

井 上 信 治(自)
橘 慶一郎(自)

英バーミンガム大学(1人)

衆議院(1人)

吉 田 はるみ(立)

英マンチェスター大学(1人)

あかま 二 郎(自)

英ロンドン経済政治学院(LSE)(1人)

衆議院(1人)

鈴 木 庸 介(立)

英ロンドン大学(2人)

衆議院(1人)

木 原 誠 二(自)

参議院(1人)

こやり 隆 史(自)

フランス経済商科大学院(ESSEC)(1人)

衆議院(1人)

越 智 隆 雄(自)

フランス国立行政学院(ENA)(1人)

参議院(1人)

片 山 さつき(自)

フランス・リール第2大学(1人)

衆議院(1人)

緒 方 林太郎(無)

オーストリア・ウィーン大学(1人)

衆議院(1人)

阿 部 弘 樹(維)

オランダライデン大学(1人)

参議院(1人)

水 野 素 子(立)

スイス連邦工科大学ローザンヌ校(1人)

衆議院(1人)

平 林 晃(公)

スペイン・イエセビジネススクール(1人)

参議院(1人)

平 木 大 作(公)

韓国・梨花女子大学(1人)

衆議院(1人)

堀 場 幸 子(維)

シンガポール大学(1人)

衆議院(1人)

山 口 晋(自)

トルコ・イスタンブール大学(1人)

参議院(1人)

山 本 香 苗(公)

17

イスラエル国立エルサレム・ヘブライ大学 (1人)

参議院(1人)
- 榛葉 賀津也(国)

短大 (8人)

衆議院(2人)
- 吉田 とも代(維)
- 鰐淵 洋子(公)

参議院(6人)
- 生稲 晃子(自)
- 紙 智子(共)
- 倉林 明子(共)
- 塩村 あやか(立)
- 田名部 匡代(立)
- 平山 佐知子(無)

高専 (1人)

参議院(1人)
- 梶原 大介(自)

高校 (23人)

衆議院(7人)
- 浮島 智子(公)
- 遠藤 敬(維)
- 菊田 真紀子(自)
- 谷川 弥一(自)
- 馬場 伸幸(維)
- 早坂 敦(維)
- 森山 裕(自)

参議院(16人)
- 石井 準一(自)
- 今井 絵理子(自)
- 小沢 雅仁(立)
- 鬼木 誠(立)
- 岸 真紀子(立)
- 柴 慎一(立)
- 中条 きよし(維)
- 中野 哲志(自)
- 馬場 成志(自)
- 藤木 眞也(自)
- 松野 明美(維)
- 三原 じゅん子(自)
- 森屋 隆(立)
- 山本 太郎(れ)
- 横沢 高徳(立)

その他 (6人)

衆議院(3人)
- 畦元 将吾(維)
- 池畑 浩太朗(維)
- 一谷 勇一郎(維)

参議院(3人)
- 木村 英子(れ)
- 山東 昭子(自)
- 豊田 俊郎(自)

留学 (80人)

衆議院(53人)
- 足立 康史(維)
- 阿部 弘樹(維)
- 青柳 仁士(維)
- 赤木 正幸(維)
- 麻生 太郎(自)
- 伊藤 俊輔(立)
- 石橋 林太郎(自)
- 石原 宏高(自)
- 江田 憲司(立)
- おおつき 紅葉(立)
- 緒方 林太郎(無)
- 大串 博志(立)
- 大岡 敏孝(自)
- 加藤 鮎子(自)
- 上川 陽子(自)
- 吉良 州司(無)
- 菊田 真紀子(立)
- 国定 勇人(自)
- 小林 鷹之(自)
- 小森 卓郎(自)
- 後藤 茂之(自)
- 國場 幸之助(自)
- 近藤 昭一(立)
- 斎藤 健(自)
- 斎藤 洋明(自)
- 塩崎 彰久(自)
- 篠原 豪(立)
- 篠原 孝(立)
- 島尻 安伊子(自)
- 杉本 和巳(維)
- 鈴木 敦(国)
- 田嶋 要(立)
- 高木 宏壽(自)
- 寺田 稔(自)
- 中野 洋昌(公)
- 西銘 恒三郎(自)
- 浜田 靖一(自)
- 林 芳正(自)
- 平口 洋(自)
- 平林 晃(公)
- 福田 達夫(自)
- 古川 元久(国)
- 細田 健一(自)
- 堀場 幸子(維)
- 村井 英樹(自)
- 森田 俊和(立)
- 山口 俊一(自)
- 山口 晋(自)
- 山田 美樹(自)
- 山井 和則(立)
- 吉田 はるみ(立)

参議院(27人)
- 秋野 公造(公)
- 浅尾 慶一郎(自)
- 石井 苗子(維)
- 石橋 通宏(立)
- 上田 勇(公)
- 片山 さつき(自)
- 川田 龍平(立)
- 小西 洋之(立)
- 佐藤 啓(自)
- 酒井 庸行(自)

塩 村 あやか (立)
榛 葉 賀津也 (国)
世 耕 弘 成 (自)
田 島 麻衣子 (立)
高 橋 光 男 (公)
滝 波 宏 文 (自)
武 見 敬 三 (自)
谷 合 正 明 (公)
古 川 俊 治 (自)
松 沢 成 文 (維)
三 宅 伸 吾 (自)
宮 沢 洋 一 (自)
森 　 まさこ (自)
矢 倉 克 夫 (公)
山 下 雄 平 (自)
山 本 香 苗 (公)
蓮 　 　 舫 (立)

MBA
(20人)

衆議院(15人)

赤 木 正 幸 (維)
赤 澤 亮 正 (自)
池 田 佳 隆 (自)
大 串 博 志 (立)
岡 本 三 成 (公)
勝 俣 孝 明 (自)
簗 崎 彰 久 (自)
白 石 洋 一 (立)
末 次 精 一 (立)
関 　 芳 弘 (自)
田 嶋 　 要 (立)
高 木 宏 壽 (自)
公 本 　 尚 (自)
山 田 美 樹 (自)
吉 田 はるみ (立)

参議院(5人)

衾 尾 慶一郎 (自)
上 田 　 勇 (公)
青 水 貴 之 (維)
平 木 大 作 (公)
古 川 俊 治 (自)

国会議員出身高校別一覧

北海道　23人

北海道小樽潮陵高校
おおつき紅葉 (衆/立)
中村裕之 (衆/自)
北海道札幌北陵高校
勝部賢志 (参/立)
横山信一 (参/公)
北海道旭川東高校
道下大樹 (衆/立)
北海道芦別高校
稲津　久 (衆/公)
北海道足寄高校
鈴木宗男 (参/維)
北海道岩見沢東高校
渡辺孝一 (衆/自)
北海道岩見沢緑陵高校
岸　真紀子 (参/立)
北海道恵庭南高校
紙　智子 (参/共)
北海道北見柏陽高校
船橋利実 (衆/自)
北海道釧路江南高校
伊東良孝 (衆/自)
北海道倶知安高校
逢坂誠二 (衆/立)
北海道札幌開成高校
泉　健太 (衆/立)
北海道札幌月寒高校
高木宏壽 (衆/自)
北海道札幌南高校
武部　新 (衆/自)
北海道深川西高校
東　国幹 (衆/自)
札幌市立清田高校
岩本剛人 (参/自)
駒澤大学附属苫小牧高校
橋本聖子 (参/自)
札幌光星高校
松木けんこう (衆/立)
白樺学園高校
堀井　学 (衆/自)
藤女子高校
徳永エリ (参/立)

北星学園余市高校
義家弘介 (衆/自)

青森県　6人

県立八戸高校
神田潤一 (衆/自)
滝沢　求 (参/自)
県立青森東高校
江渡聡徳 (衆/自)
県立八戸北高校
佐々木さやか (参/公)
県立八戸東高校
田名部匡代 (参/立)
県立弘前高校
木村次郎 (衆/自)

岩手県　5人

県立盛岡第一高校
穀田恵二 (衆/共)
階　猛 (衆/立)
広瀬めぐみ (参/自)
県立黒沢尻北高校
藤原　崇 (衆/自)
県立盛岡工業高校
横沢高徳 (参/立)

宮城県　14人

宮城県第二女子高校
石垣のりこ (参/立)
岡本あき子 (衆/立)
宮城学院高校
あべ俊子 (衆/自)
鎌田さゆり (衆/立)
宮城県石巻高校
安住　淳 (衆/立)
宮城県角田高校
秋葉賢也 (衆/自)
宮城県気仙沼高校
小野寺五典 (衆/自)
宮城県仙台第一高校
櫻井　充 (参/自)
宮城県古川女子高校
（現・宮城県古川黎明高校）
髙階恵美子 (衆/自)

市立仙台高校
佐藤英道 (衆/公)
聖ウルスラ学院高校
島尻安伊子 (衆/自)
仙台育英学園高校
庄子賢一 (衆/公)
東北工業大学電子工業高校
（現・仙台城南高校）
土井　亨 (衆/自)
東北高校
早坂　敦 (衆/維)

秋田県　9人

県立秋田高校
石井浩郎 (参/自)
金田勝年 (衆/自)
県立横手高校
寺田　学 (衆/立)
御法川信英 (衆/自)
県立秋田工業高校
冨樫博之 (衆/自)
県立大館桂高校
高橋千鶴子 (衆/共)
県立湯沢高校
菅　義偉 (衆/自)
県立横手城南高校
寺田　静 (参/無)
秋田経済大学附属高校
（現・明桜高校）
進藤金日子 (参/自)

山形県　3人

県立長井高校
芳賀道也 (参/無)
県立山形北高校
吉田はるみ (衆/立)
県立山形東高校
遠藤利明 (衆/自)

福島県　14人

県立安積高校　4人
玄葉光一郎 (衆/立)
根本　匠 (衆/自)
馬場雄基 (衆/立)

星　北斗 (参/自)
県立福島高校
佐藤正久 (参/自)
平沢勝栄 (衆/自)
三浦信祐 (参/公)
県立会津高校
小熊慎司 (衆/立)
菅家一郎 (衆/自)
県立磐城高校
吉野正芳 (衆/自)
県立磐城女子高校
(現・磐城桜が丘高校)
森　まさこ (参/自)
県立喜多方高校
倉林明子 (参/共)
県立福島女子高校
(現・橘高校)
金子恵美 (衆/立)
県立福島南高校
岩渕　友 (参/共)

茨城県 9人
県立土浦第一高校
青山大人 (衆/立)
石井　章 (参/維)
県立水戸第一高校
福島伸享 (衆/無)
山口那津男 (参/公)
県立太田第一高校
梶山弘志 (衆/自)
県立土浦第二高校
堂込麻紀子 (参/無)
県立日立第一高校
石川昭政 (衆/自)
県立緑岡高校
若林洋平 (参/自)
清真学園高校
小沼　巧 (参/立)

栃木県 10人
県立宇都宮高校
枝野幸男 (衆/立)
船田　元 (衆/自)
県立足利高校
茂木敏充 (衆/自)
県立石橋高校
五十嵐　清 (衆/自)

県立今市高校
福田昭夫 (衆/立)
県立宇都宮女子高校
上野通子 (参/自)
県立宇都宮東高校
高橋克法 (参/自)
県立壬生高校
佐藤　勉 (衆/自)
県立真岡農業高校
(現・真岡北陵高校)
田所嘉徳 (衆/自)
作新学院高校
亀岡偉民 (衆/自)

群馬県 6人
県立高崎高校
下村博文 (衆/自)
中曽根弘文 (参/自)
東京農業大学第二高校
井野俊郎 (衆/自)
清水真人 (参/自)
県立沼田女子高校
櫛渕万里 (衆/れ)
県立前橋高校
羽生田俊 (参/自)

埼玉県 23人
県立春日部高校 4人
阿部　司 (衆/維)
青島健太 (参/維)
三ッ林裕巳 (衆/自)
宮崎政久 (衆/自)
立教高校
(現・立教新座高校)
鈴木庸介 (衆/立)
田中良生 (衆/自)
髙木　啓 (衆/自)
県立浦和第一女子高校
舟山康江 (参/国)
古屋範子 (衆/公)
県立松山高校
坂本祐之輔 (衆/立)
宮崎　勝 (参/公)
慶應義塾志木高校
逢沢一郎 (衆/自)
和田政宗 (参/自)
県立伊奈学園総合高校
中根一幸 (衆/自)

県立川口高校
若松謙維 (参/公)
県立川越高校
塩川鉄也 (衆/共)
県立熊谷高校
森田俊和 (衆/立)
県立熊谷女子高校
嘉田由紀子 (参/無)
県立越ヶ谷高校
伊藤　岳 (参/共)
県立所沢北高校
緑川貴士 (衆/立)
浦和市立南高校
高橋英明 (衆/維)
西武学園文理高
山口　晋 (衆/自)
早稲田本庄高校
手塚仁雄 (衆/立)

千葉県 19人
県立木更津高校
浜田靖一 (衆/自)
松野博一 (衆/自)
県立佐原高校
林　幹雄 (衆/自)
谷田川　元 (衆/立)
県立千葉高校
門山宏哲 (衆/自)
志位和夫 (衆/共)
県立東葛飾高校
櫻田義孝 (衆/自)
渡辺博道 (衆/自)
県立安房高校
青木　愛 (参/立)
県立印旛高校
(現・印旛明誠高校)
豊田俊郎 (参/自)
県立国府台高校
竹内真二 (参/公)
県立千葉西高校
神谷　裕 (衆/立)
県立千葉南高校
舩後靖彦 (参/れ)
県立長生高校
石井準一 (参/自)
県立船橋高校
野田佳彦 (衆/立)

21

市川高校
臼井正一 (参/自)
芝浦工業大学柏中学高校
清水貴之 (参/維)
成田高校
秋本真利 (衆/自)
日本大学習志野高校
沢田 良 (衆/維)

東京都 137人

創価高校 10人
上田 勇 (参/公)
大口善徳 (衆/公)
河西宏一 (衆/公)
北側一雄 (衆/公)
高木陽介 (衆/公)
竹谷とし子 (参/公)
谷合正明 (参/公)
濵地雅一 (衆/公)
平木大作 (参/公)
矢倉克夫 (参/公)
筑波大学附属駒場高校9人
(旧東京教育大学附属駒場高校を含む)
赤澤亮正 (衆/自)
笠井 亮 (衆/共)
小池 晃 (参/共)
後藤茂之 (衆/自)
齋藤 健 (衆/自)
鈴木隼人 (衆/自)
葉梨康弘 (衆/自)
細田博之 (衆/無)
山岸一生 (衆/立)
開成高校 8人
井上信治 (衆/自)
城内 実 (衆/自)
岸田文雄 (衆/自)
小林鷹之 (衆/自)
下条みつ (衆/立)
鈴木馨祐 (衆/自)
鈴木憲和 (衆/自)
古川俊治 (参/自)
麻布高校 5人
柿沢未途 (衆/自)
鈴木俊一 (衆/自)
新妻秀規 (参/公)
牧原秀樹 (衆/自)
山田太郎 (参/自)

海城高校 5人
赤松 健 (参/自)
小野泰輔 (衆/維)
音喜多 駿 (参/維)
村井英樹 (衆/自)
柳ヶ瀬裕文 (参/維)
武蔵高校 5人
井出庸生 (衆/自)
木原誠二 (衆/自)
柴山昌彦 (衆/自)
中西健治 (衆/自)
松本剛明 (衆/自)
東京学芸大学附属高校 4人
高見康裕 (衆/自)
棚橋泰文 (衆/自)
水野素子 (参/立)
森 英介 (衆/自)
東京教育大学附属高校 4人
(現・筑波大学附属高校)
片山さつき (参/自)
小泉龍司 (衆/自)
宮沢洋一 (参/自)
村上誠一郎 (衆/自)
青山学院高等部 4人
田島麻衣子 (参/立)
鳩山二郎 (衆/自)
穂坂 泰 (衆/自)
蓮 舫 (参/立)
明治大学付属中野高校 4人
笹川博義 (衆/自)
新藤義孝 (衆/自)
中野英幸 (衆/自)
三原じゅん子 (参/自)
早稲田実業学校高等部 4人
梅谷 守 (衆/立)
杉本和巳 (衆/維)
平 将明 (衆/自)
萩生田光一 (衆/自)
お茶の水女子大学附属高校
阿部知子 (衆/立)
金子原二郎 (参/自)
高木真理 (参/立)
都立青山高校
赤羽一嘉 (衆/公)
尾身朝子 (衆/自)
片山大介 (参/維)
都立戸山高校
井坂信彦 (衆/立)

江島 潔 (参/自)
宮下一郎 (衆/自)
國學院高校
大西英男 (衆/自)
落合貴之 (衆/立)
塚田一郎 (衆/自)
都立国立高校
坂井 学 (衆/自)
山田 宏 (参/自)
都立新宿高校
礒崎哲史 (参/国)
若林健太 (衆/自)
桜蔭高校
猪口邦子 (参/自)
山田美樹 (衆/自)
学習院高等科
麻生太郎 (衆/自)
津島 淳 (衆/自)
学習院女子高等科
永岡桂子 (衆/自)
堀内詔子 (衆/自)
暁星高校
野間 健 (衆/立)
山本剛正 (衆/維)
慶應義塾女子高校
加藤鮎子 (衆/自)
小宮山泰子 (衆/立)
國學院大学附属久我山高校
たがや 亮 (衆/れ)
竹詰 仁 (参/国)
芝高校
井林辰憲 (衆/自)
長浜博行 (参/無)
聖心女子学院高等科
石川香織 (衆/立)
中川郁子 (衆/自)
日本大学第二高校
大島九州男 (参/れ)
島村 大 (参/自)
早稲田大学高等学院
青柳仁士 (衆/維)
伊藤忠彦 (衆/自)
都立稲城高校
(現・都立多摩総合高校)
福重隆浩 (衆/公)
都立上野高校
馬淵澄夫 (衆/立)

都立大泉高校
加藤勝信 (衆/自)
都立大崎高校
串田誠一 (参/維)
都立小石川高校
(現・都立小石川中等教育学校)
小沢一郎 (衆/立)
都立小平高校
川田龍平 (参/立)
都立駒場高校
山谷えり子 (参/自)
都立小山台高校
菅 直人 (衆/立)
都立鷺宮高校
海江田万里 (衆/無)
都立高島高校
石川大我 (参/立)
都立多摩工業高校
森屋 隆 (参/立)
都立豊島高校
松原 仁 (衆/立)
都立西高校
山崎 誠 (衆/立)
都立練馬高校
長妻 昭 (衆/立)
都立富士高校
小田原 潔 (衆/自)
都立南多摩高校
浅野 哲 (衆/国)
都立向丘高校
角田秀穂 (衆/公)
関東第一高校
須藤元気 (参/無)
吉祥女子高校
生稲晃子 (参/自)
共立女子高校
(現・共立女子中学高校)
土屋品子 (衆/自)
京華中学高校
大島 敦 (衆/立)
啓明学園高校
中村喜四郎 (衆/立)
佼成学園高校
額賀福志郎 (衆/自)
国際基督教大学高校
原馬謙太郎 (衆/立)
駒場東邦高校
国定勇人 (衆/自)

聖徳学園高校
鈴木 敦 (衆/国)
白百合学園高校
早稲田ゆき (衆/立)
成蹊高校
古屋圭司 (衆/自)
成城学園中学高校
小渕優子 (衆/自)
中央大学附属高校
熊谷裕人 (参/立)
田園調布雙葉高校
野田聖子 (衆/自)
東京立正高校
浮島智子 (衆/公)
桐朋高校
築 和生 (衆/自)
日本大学第一高校
鈴木義弘 (衆/国)
日本大学豊山高校
関口昌一 (参/自)
雙葉高校
友納理緒 (参/自)
文化学院
山東昭子 (参/自)
八雲学園高校
今井絵理子 (参/自)
早稲田高校
石井啓一 (衆/公)

神奈川県 53人
慶應義塾高校 25人
伊藤信太郎 (衆/自)
伊藤達也 (衆/自)
石破 茂 (衆/自)
石原宏高 (衆/自)
越智隆雄 (衆/自)
大塚 拓 (衆/自)
大野泰正 (参/自)
奥野信亮 (衆/自)
金子俊平 (衆/自)
岸 信夫 (衆/自)
高村正大 (衆/自)
河野太郎 (衆/自)
佐藤公治 (参/立)
武見敬三 (参/自)
中曽根弘文 (参/自)
中曽根康隆 (衆/自)
長島昭久 (衆/自)

西田実仁 (参/公)
野中 厚 (衆/自)
福田達夫 (衆/自)
松沢成文 (参/維)
松本洋平 (衆/自)
武藤容治 (衆/自)
山岡達丸 (衆/立)
若宮健嗣 (衆/自)
栄光学園高校 5人
浅尾慶一郎 (衆/自)
小倉將信 (衆/自)
金子道仁 (参/維)
小森卓郎 (衆/自)
三谷英弘 (衆/自)
県立厚木高校
甘利 明 (衆/自)
後藤祐一 (衆/立)
逗子開成高校
篠原 豪 (衆/立)
土田 慎 (衆/自)
県立柿生高校
柴 愼一 (参/立)
県立鎌倉高校
福島伸享 (衆/無)
県立希望ケ丘高校
古川直季 (衆/自)
県立霧が丘高校
中田 宏 (衆/自)
県立港南台高校
荒井 優 (衆/立)
県立相模原高校
あかま二郎 (衆/自)
県立湘南高校
山際大志郎 (衆/自)
県立茅ヶ崎北陵高校
上杉謙太郎 (衆/自)
県立鶴嶺高校
星野剛士 (衆/自)
県立富岡高校
(現・金沢総合高校)
浅川義治 (衆/維)
県立柏陽高校
黄川田仁志 (衆/自)
県立横浜平沼高校
中谷一馬 (衆/立)
関東学院六浦高校
小泉進次郎 (衆/自)

聖光学院高校
藤巻健太 (衆/維)
桐蔭高校
伊藤俊輔 (衆/立)
日本大学高校
青柳陽一郎 (衆/立)
フェリス女学院高校
大河原まさこ (衆/立)
明徳学園相洋高校
井上義行 (参/自)
山手学院高校
石井苗子 (参/維)
横浜雙葉高校
牧島かれん (衆/自)

新潟県　8人
県立新潟高校
小林一大 (参/自)
佐藤信秋 (参/自)
鷲尾英一郎 (衆/自)
県立三条高校
泉田裕彦 (衆/自)
西村智奈美 (衆/立)
県立加茂高校
菊田真紀子 (衆/立)
県立高田高校
髙鳥修一 (衆/自)
県立中条高校
斎藤洋明 (衆/自)

富山県　10人
県立高岡高校
橘慶一郎 (衆/自)
堂故茂 (参/自)
山田俊男 (参/自)
県立富山中部高校
高橋はるみ (参/自)
吉田豊史 (衆/無)
県立魚津高校
上田英俊 (衆/自)
県立呉羽高校
梅村みずほ (参/維)
県立富山高校
野上浩太郎 (参/自)
県立富山東高校
田畑裕明 (衆/自)
県立福野高校
柴田巧 (参/維)

24

石川県　7人
金沢大学附属高校
岡田直樹 (参/自)
松本尚 (衆/自)
県立金沢泉丘高校
宮本周司 (参/自)
県立小松高校
佐々木紀 (衆/自)
県立七尾高校
近藤和也 (衆/立)
県立七尾商業高校
西田昭二 (衆/自)
金沢高校
平山佐知子 (参/無)

福井県　4人
県立大野高校
滝波宏文 (参/自)
山崎正昭 (参/自)
県立敦賀高校
髙木毅 (衆/自)
県立若狭高校
神谷宗幣 (参/参)

山梨県　7人
県立甲府第一高校
赤池誠章 (参/自)
中谷真一 (衆/自)
県立甲府西高校
小沢雅仁 (参/立)
永井学 (参/自)
県立桂高校
森屋宏 (参/自)
県立甲府南高校
輿水恵一 (衆/公)
県立韮崎高校
中島克仁 (衆/立)

長野県　6人
長野県長野高校
猪瀬直樹 (参/維)
篠原孝 (衆/立)
長野県塩尻高校
(現・塩尻志学館高校)
中川宏昌 (衆/公)
長野県長野東高校
義家弘介 (衆/自)

長野県野沢北高校
田村智子 (参/共)
長野県松本深志高校
務台俊介 (衆/自)

岐阜県　2人
県立加茂高校
渡辺猛之 (参/自)
岐阜東高校
中条きよし (参/自)

静岡県　10人
県立磐田南高校
小山展弘 (衆/立)
宮澤博行 (衆/自)
県立沼津東高校
勝俣孝明 (衆/自)
渡辺周 (衆/立)
県立掛川西高校
榛葉賀津也 (参/国)
県立静岡高校
塩谷立 (衆/自)
県立島田高校
牧野たかお (参/自)
県立清水東高校
深澤陽一 (衆/自)
県立富士高校
田中健 (衆/国)
静岡雙葉高校
上川陽子 (衆/自)

愛知県　38人
東海高校　8人
池田佳隆 (衆/自)
今枝宗一郎 (衆/自)
工藤彰三 (衆/自)
長坂康正 (衆/自)
丹羽秀樹 (衆/自)
長谷川淳二 (衆/自)
細田健一 (衆/自)
吉田統彦 (衆/立)
県立旭丘高校　4人
大塚耕平 (参/国)
田嶋要 (衆/立)
平林晃 (衆/公)
古川元久 (衆/国)
県立千種高校
近藤昭一 (衆/立)

鈴木淳司（衆/自）
長谷川　岳（衆/自）
県立岡崎高校
青山周平（衆/自）
重徳和彦（衆/立）
県立時習館高校
太田房江（参/自）
根本幸典（衆/自）
名古屋市立菊里高校
伊藤　渉（衆/公）
斎藤嘉隆（参/立）
名古屋大学教育学部附属高校
辻元清美（参/立）
県立一宮高校
江﨑鐵磨（衆/自）
県立刈谷高校
本村伸子（衆/共）
県立昭和高校
牧　義夫（衆/立）
県立瑞陵高校
伴野　豊（衆/立）
県立東郷高校
岬　麻紀（衆/維）
県立豊田西高校
八木哲也（衆/自）
県立豊橋南高校
山本左近（衆/自）
県立丹羽高校
藤川政人（参/自）
県立西尾高校
石井　拓（衆/自）
県立半田高校
安江伸夫（参/公）
県立明和高校
柘植芳文（参/自）
愛知高校
熊田裕通（衆/自）
金城学院高校
伊藤孝恵（参/国）
桜丘高校
神谷政幸（参/自）
名古屋工業高校
金村龍那（衆/維）
南山高校
酒井庸行（参/自）

三重県	6人

県立松阪高校
田村憲久（衆/自）
浜口　誠（参/国）
県立四日市南高校
石原正敬（衆/自）
中川康洋（衆/公）
県立津高校
中川正春（衆/立）
メリノール女子学院高校
吉川ゆうみ（参/自）

滋賀県	7人

県立彦根東高校
小寺裕雄（衆/自）
徳永久志（衆/立）
細野豪志（衆/自）
県立膳所高校
こやり隆史（参/自）
佐藤茂樹（衆/公）
県立虎姫高校
上野賢一郎（衆/自）
近江兄弟社高校
有村治子（参/自）

京都府	17人

洛南高校　　　4人
伊佐進一（衆/公）
浜田　聡（参/N）
山井和則（衆/立）
吉井　章（参/自）
洛星高校
阿達雅志（参/自）
勝目　康（衆/自）
竹内　譲（衆/公）
京都教育大学附属高校
前原誠司（衆/国）
府立乙訓高校
稲田朋美（衆/自）
府立嵯峨野高校
福山哲郎（参/立）
府立北稜高校
山本ともひろ（衆/自）
京都市立塔南高校
西田昌司（参/自）
京都市立堀川高校
山添　拓（参/共）

京都市立紫野高校
川合孝典（参/国）
大谷高校
武村展英（衆/自）
京都成章高校
田中英之（衆/自）
京都聖母学院高校
堀場幸子（衆/維）

大阪府	46人

関西創価高校　7人
石川博崇（参/公）
國重　徹（衆/公）
里見隆治（参/公）
杉　久武（参/公）
高橋光男（参/公）
中野洋昌（衆/公）
鰐淵洋子（衆/公）
清風高校　　　4人
浦野靖人（衆/維）
小林茂樹（衆/自）
谷川とむ（衆/自）
美延映夫（衆/維）
大阪教育大学附属高校
池田校舎
梅村　聡（参/維）
岡田克也（衆/立）
丸川珠代（参/自）
大阪教育大学附属高校
天王寺校舎
大石あきこ（衆/れ）
世耕弘成（参/自）
山田賢司（衆/自）
府立北野高校
松島みどり（衆/自）
山本香苗（参/公）
府立三国丘高校
高木かおり（参/維）
森山浩行（衆/立）
大阪教育大学附属高校
平野校舎
柳本　顕（衆/自）
府立茨木高校
足立康史（衆/維）
府立大手前高校
浅田　均（参/維）
府立鳳高校
馬場伸幸（衆/維）

府立岸和田高校
宮本岳志 (衆/共)

府立北千里高校
伊藤孝江 (参/公)

府立四條畷高校
藤田文武 (衆/維)

府立高槻北高校
池下 卓 (衆/維)

府立天王寺高校
鶴保庸介 (参/自)

府立寝屋川高校
中司 宏 (衆/維)

府立花園高校
宗清皇一 (衆/自)

府立枚方高校
田村貴昭 (衆/共)

大阪学芸高校
(旧・成器高校)
一谷勇一郎 (衆/維)

大阪工業大学高校
(現・常翔学園高校)
守島 正 (衆/維)

大阪産業大学附属高校
遠藤 敬 (衆/維)

大阪貿易学院高校
(現・開明高校)
井上英孝 (衆/維)

関西大学第一高校
前川清成 (衆/維)

金蘭千里高校
岩谷良平 (衆/維)

四天王寺高校
松川るい (参/自)

東海大学付属大阪仰星高校
斎藤アレックス (衆/国)

同志社香里高校
漆間譲司 (衆/維)

初芝高校
(現・初芝立命館高校)
遠藤良太 (衆/維)

箕園自由学園高校
山本太郎 (参/れ)

桃山学院高校
東 徹 (参/維)

履正社高校
奥下剛光 (衆/維)

兵庫県 33人

灘高校 5人
上月良祐 (参/自)
鈴木英敬 (衆/自)
西村康稔 (衆/自)
盛山正仁 (衆/自)
米山隆一 (衆/立)

白陵高校
秋野公造 (参/公)
稲富修二 (衆/維)
住吉寛紀 (衆/維)

県立加古川東高校
杉尾秀哉 (参/立)
浜野喜史 (参/国)

県立神戸高校
伊東信久 (衆/維)
和田有一朗 (衆/維)

甲陽学院高校
石田昌宏 (参/自)
奥野総一郎 (衆/立)

淳心学院高校
青山繁晴 (参/自)
山口 壯 (衆/自)

県立明石西高校
宮本 徹 (衆/共)

県立尼崎西高校
室井邦彦 (参/維)

県立伊丹高校
櫻井 周 (衆/立)

県立伊丹西高校
ガーシー (参/N)

県立小野高校
藤井比早之 (衆/自)

県立豊岡高校
水岡俊一 (参/立)

県立西宮南高校
三木圭恵 (衆/維)

県立農業高校
池畑浩太朗 (衆/維)

県立東灘高校
加田裕之 (参/自)

県立姫路西高校
渡海紀三朗 (衆/自)

県立兵庫高校
宮崎雅夫 (参/自)

県立八鹿高校
谷 公一 (衆/自)

育英高校
堀井健智 (衆/維)

三田学園高校
末松信介 (参/自)

松蔭女子高校
吉田とも代 (衆/維)

親和女子高校
杉田水脈 (衆/自)

報徳学園高校
大串正樹 (衆/自)

奈良県 6人

東大寺学園高校
堀井 巌 (参/自)
本田太郎 (衆/自)

西大和学園高校
佐藤 啓 (参/自)
田野瀬太道 (衆/自)

県立畝傍高校
高市早苗 (衆/自)

奈良学園高校
大西健介 (衆/立)

和歌山県 4人

県立海南高校
石田真敏 (衆/自)
日下正喜 (衆/公)

県立桐蔭高校
足立敏之 (参/自)

県立日高校
二階俊博 (衆/自)

鳥取県 3人

県立米子東高校
舞立昇治 (参/自)
湯原俊二 (衆/立)

県立鳥取西高校
藤井一博 (参/自)

島根県 3人

県立大田高校
三浦 靖 (参/自)

県立大社高校
青木一彦 (参/自)

県立松江北高校
石橋通宏 (参/立)

26

岡山県　9人

県立岡山操山高校
石井 正弘 (参/自)
江田 憲司 (衆/立)
山下 貴司 (衆/自)

県立岡山一宮高校
平沼 正二郎 (衆/自)

県立岡山大安寺高校
赤木 正幸 (衆/維)

岡山高校
橋本 岳 (衆/自)

金光学園高校
柚木 道義 (衆/立)

就実高校
塩村 あやか (参/立)

清心女子高校
小野田 紀美 (参/自)

広島県　15人

広島大学附属高校
石橋 林太郎 (衆/自)
寺田 稔 (衆/自)

県立呉三津田高校
越智 俊之 (参/自)
空本 誠喜 (衆/維)

広島学院高校
平口 洋 (衆/自)
森本 真治 (参/立)

県立世羅高校
小島 敏文 (衆/自)

県立広島井口高校
三上 えり (参/無)

県立広島国泰寺高校
井上 哲士 (参/共)

英数学館高校
小林 史明 (衆/自)

山陽高校
畦元 将吾 (衆/自)

修道高校
斉藤 鉄夫 (衆/公)

崇徳学園高校
神田 憲次 (衆/自)

広島女学院高校
田村 まみ (参/国)

福山暁の星女子高校
宮口 治子 (参/立)

山口県　4人

県立宇部高校
菅 直人 (衆/立)

県立熊毛南高校
北村 経夫 (参/自)

県立下関西高校
林 芳正 (衆/自)

県立西市高校
田中 和德 (衆/自)

徳島県　7人

県立城ノ内高校
関 芳弘 (衆/自)
吉川 沙織 (参/立)

徳島市立高校
小西 洋之 (参/立)
仁木 博文 (衆/無)

県立阿波高校
塩田 博昭 (参/公)

県立城南高校
山口 俊一 (衆/自)

県立富岡西高校
中西 祐介 (参/自)

香川県　10人

県立高松高校　4人
小川 淳也 (衆/立)
玉木 雄一郎 (衆/国)
中山 展宏 (衆/自)
三宅 伸吾 (参/自)

県立丸亀高校　4人
磯﨑 仁彦 (参/自)
大野 敬太郎 (衆/自)
瀬戸 隆一 (衆/自)
吉川 元 (衆/立)

県立善通寺第一高校
山下 芳生 (参/共)

高松市立高松第一高校
平井 卓也 (衆/自)

愛媛県　8人

県立今治西高校
白石 洋一 (衆/立)
山本 順三 (参/自)

県立松山東高校
ながえ 孝子 (参/無)
宮内 秀樹 (衆/自)

愛光学園高校
塩崎 彰久 (衆/自)
新谷 正義 (衆/自)

県立三島高校
井原 巧 (衆/自)

県立八幡浜高校
山本 博司 (参/公)

高知県　6人

土佐高校
尾﨑 正直 (衆/自)
中谷 元 (衆/自)
山本 有二 (衆/自)

県立高知追手前高校
吉良 よし子 (参/共)

県立高知小津高校
山崎 正恭 (衆/公)

高知中央高校
高野 光二郎 (参/自)

福岡県　21人

県立小倉高校
武田 良太 (衆/自)
仁比 聡平 (参/共)
西村 明宏 (衆/自)

県立修猷館高校
河野 義博 (参/公)
笠 浩史 (衆/立)

県立筑紫高校
鬼木 誠 (参/自)
下野 六太 (参/公)

県立東筑高校
緒方 林太郎 (衆/無)
末松 義規 (衆/立)

久留米大学附設高校
大家 敏志 (参/自)
古賀 篤 (衆/自)

県立筑紫丘高校
堤 かなめ (衆/立)

県立福岡高校
阿部 弘樹 (衆/維)

県立福島高校
野田 国義 (参/立)

県立三池高校
上田 清司 (参/無)

県立京都高校
松山 政司 (参/自)

27

県立明善高校
古 賀 之 士 （参/立）
県立門司高校
城 井 　 崇 （衆/立）
県立山門高校
藤 丸 　 敏 （衆/自）
西南学院高校
井 上 貴 博 （衆/自）
福岡大学附属大濠高校
市 村 浩一郎 （衆/維）

佐賀県　8人

県立佐賀西高校 4人
岩 田 和 親 （衆/自）
大 串 博 志 （衆/立）
原 口 一 博 （衆/立）
福 岡 資 麿 （参/自）
県立鳥栖高校
岡 本 三 成 （衆/公）
吉 田 久美子 （衆/公）
県立鹿島高校
今 村 雅 弘 （衆/自）
弘学館高校
山 下 雄 平 （参/自）

長崎県　8人

青雲高校
古 賀 友一郎 （参/自）
末 次 精 一 （衆/立）
県立壱岐高校
山 本 啓 介 （参/自）
県立大村高校
山 田 勝 彦 （衆/立）
県立北松西高校
北 村 誠 吾 （衆/自）
県立国見高校
加 藤 竜 祥 （衆/自）
県立長崎東高校
谷 川 弥 一 （衆/自）
活水高校
西 岡 秀 子 （衆/国）

熊本県　11人

県立人吉高校
金 子 恭 之 （衆/自）
松 村 祥 史 （参/自）
県立鹿本高校
松 野 明 美 （参/維）

28

県立熊本工業高校
馬 場 成 志 （参/自）
県立熊本高校
西 野 太 亮 （衆/自）
県立熊本農業高校
藤 木 眞 也 （参/自）
県立済々黌高校
木 原 　 稔 （衆/自）
県立玉名高校
吉 田 宣 弘 （衆/公）
九州女学院高校
（現・ルーテル学院高校）
本 田 顕 子 （参/自）
熊本商科大学付属高校
（現・熊本学園大学付属高校）
坂 本 哲 志 （衆/自）
鎮西高校
朝 日 健太郎 （参/自）

大分県　6人

県立大分上野丘高校
衛 藤 晟 一 （参/自）
県立大分舞鶴高校
吉 良 州 司 （衆/無）
県立杵築高校
古 庄 玄 知 （参/自）
県立鶴崎工業高校
吉 田 忠 智 （参/立）
県立森高校
衛 藤 征士郎 （衆/自）
別府青山高校
（現・別府翔青高校）
安 達 　 澄 （参/無）

宮崎県　7人

県立宮崎西高校
江 藤 　 拓 （衆/自）
武 井 俊 輔 （衆/自）
松 下 新 平 （参/自）
県立都城泉ヶ丘高校
長 峯 　 誠 （参/自）
県立宮崎大宮高校
福 島 みずほ （参/社）
県立宮崎北高校
渡 辺 　 創 （衆/立）
県立宮崎南高校
長 友 慎 治 （衆/国）

鹿児島県　14人

ラ・サール高校 6人
岩 屋 　 毅 （衆/自）
大 岡 敏 孝 （衆/自）
鬼 木 　 誠 （衆/自）
野 村 哲 郎 （参/自）
古 川 　 康 （衆/自）
古 川 禎 久 （衆/自）
県立鶴丸高校
小 里 泰 弘 （衆/自）
宮 路 拓 馬 （衆/自）
村 田 享 子 （参/立）
県立指宿高校
三反園 　 訓 （衆/無）
県立錦江湾高校
保 岡 宏 武 （衆/自）
県立日新高校
（現・県立開陽高校）
森 山 　 裕 （衆/自）
鹿児島市立鹿児島玉龍高校
尾 辻 秀 久 （参/無）
れいめい高校
太 　 栄 志 （衆/立）

沖縄県　8人

県立那覇高校
赤 嶺 政 賢 （衆/共）
髙 良 鉄 美 （参/無）
西 銘 恒三郎 （衆/自）
県立浦添高校
金 城 泰 邦 （衆/公）
県立名護高校
新 垣 邦 男 （衆/社）
県立普天間高校
伊 波 洋 一 （参/無）
沖縄尚学高校
國 場 幸之助 （衆/自）
昭和薬科大学附属高校
比 嘉 奈津美 （参/自）

海外　10人

【アメリカ】

あさひ学園高等部
(ロサンゼルス)
北 神 圭 朗 (衆/無)

コンコード・アカデミー高校
(マサチューセッツ州)
猪 口 邦 子 (参/自)

ジョーンズヴィル高校
(ミシガン州)
野 田 聖 子 (衆/自)

ノースビュー高校
(インディアナ州)
山 田 賢 司 (衆/自)

ブルックリン高校
(ニューヨーク州)
自 見 はなこ (参/自)

【カナダ】

セントジョージ高校
(バンクーバー)
辻 　 清 人 (衆/自)

ロックリッジ高校
(バンクーバー)
鈴 木 貴 子 (衆/自)

【フランス】

アルザス成城学園
(キンツハイム)
羽 田 次 郎 (参/立)

パリ・インターナショナル
スクール
和 田 義 明 (衆/自)

【オーストラリア】

ザ・サウスポートスクール
(クイーンズランド州)
鳩 山 二 郎 (衆/自)

国会議員出身別一覧

（令和5年1月23日現在）

出身別一覧

現・元国会議員親類（3親等以内）147人

衆議院（117人）

逢沢　一郎（自）
青柳　陽一郎（立）
赤澤　亮正（自）
麻生　太郎（自）
甘利　明（自）
荒井　優（立）
井出　庸生（自）
井原　巧（自）
伊藤　俊輔（立）
伊藤　信太郎（自）
池畑　浩太朗（維）
石川　香織（立）
石破　茂（自）
石原　宏高（自）
梅谷　守（立）
江崎　鐵磨（自）
江藤　拓（自）
小里　泰弘（自）
小沢　一郎（立）
小渕　優子（自）
尾身　朝子（自）
越智　隆雄（自）
大塚　拓（自）
大野　敬太郎（自）
岡田　克也（立）
奥野　信亮（自）
加藤　鮎子（自）
加藤　勝信（自）
加藤　竜祥（自）
柿沢　未途（自）
梶山　弘志（自）
金子　恵美（立）
金子　俊平（自）
亀岡　偉民（自）
川崎　ひでと（自）
木村　次郎（自）
岸　信夫（自）
岸田　文雄（自）
北側　一雄（公）
玄葉　光一郎（立）

小泉　進次郎（自）
小林　史明（自）
小宮山　泰子（立）
小森　卓郎（自）
高村　正大（自）
河野　太郎（自）
神津　たけし（立）
佐藤　公治（自）
笹川　博義（自）
塩崎　彰久（自）
塩谷　立（自）
下条　みつ（立）
鈴木　俊一（自）
鈴木　貴子（自）
田野瀬　太道（自）
田村　憲久（自）
髙鳥　修一（自）
武田　良太（自）
武部　新（自）
橘　慶一郎（自）
棚橋　泰文（自）
谷　公一（自）
谷川　とむ（自）
津島　淳（自）
塚田　一郎（自）
土屋　品子（自）
寺田　学（立）
寺田　稔（自）
渡海　紀三朗（自）
中川　郁子（自）
中島　克仁（立）
中曽根　康隆（自）
中谷　元（自）
中野　英幸（自）
中村　喜四郎（立）
永岡　桂子（自）
丹羽　秀樹（自）
西岡　秀子（国）
西村　智奈美（立）
西村　康稔（自）
西銘　恒三郎（自）
根本　匠（自）
野田　聖子（自）
野中　厚（自）

葉梨　康弘（自）
橋本　岳（自）
鳩山　二郎（自）
浜田　靖一（自）
林　幹雄（自）
林　芳正（自）
平井　卓也（自）
平沼　正二郎（自）
福田　達夫（自）
藤巻　健太（維）
船田　元（自）
古屋　圭司（自）
細田　博之（無）
堀内　詔子（自）
松野　博一（自）
三ッ林　裕巳（自）
御法川　信英（自）
宮路　拓馬（自）
宮下　一郎（自）
武藤　容治（自）
村上　誠一郎（自）
盛山　正仁（自）
森　英介（自）
保岡　宏武（自）
柳本　顕（自）
山岡　達丸（立）
山口　晋（自）
山田　勝彦（立）
山本　剛正（維）
和田　義明（自）
若林　健太（自）
渡辺　孝一（自）
渡辺　周（立）

参議院（30人）

阿達　雅志（自）
青木　一彦（自）
石川　博崇（公）
石橋　通宏（立）
臼井　正一（自）
江島　潔（自）
大野　泰正（自）
岡田　直樹（自）
片山　大介（維）

川田　龍平（立）
自見　はなこ（自）
杉　久武（公）
鈴木　宗男（維）
世耕　弘成（自）
関口　昌一（自）
田名部　匡代（立）
寺田　静（無）
中曽根　弘文（自）
長峯　誠（自）
西田　昌司（自）
野上　浩太郎（自）
羽田　次郎（自）
羽生田　俊（自）
橋本　聖子（自）
福岡　資麿（自）
本田　顕子（自）
丸川　珠代（自）
宮沢　洋一（自）
室井　邦彦（維）
山本　佐知子（自）

斎藤　洋明（自）
杉本　和巳（維）
関　芳弘（自）
田中　良生（自）
平　将明（自）
武井　俊輔（自）
辻　清人（自）
寺田　学（立）
長谷川　淳二（自）
古川　直季（自）
星野　剛士（自）
松島　みどり（自）
松野　博一（自）
村井　英樹（自）
簗　和生（自）
山下　貴司（自）
山本　ともひろ（自）
柚木　道義（立）
若林　健太（自）

玉木　雄一郎（国）
寺田　稔（自）
古川　元久（国）

参議院（3人）
片山　さつき（自）
滝波　宏文（自）
宮沢　洋一（自）

財務省　2人
衆議院（2人）
西野　太亮（自）
村井　英樹（自）

旧通産省　16人
衆議院（13人）
足立　康史（維）
泉田　裕彦（自）
江田　憲司（立）
岡田　克也（立）
後藤　祐一（立）
齋藤　健（自）
鈴木　英敬（自）
棚橋　泰文（自）
西村　康稔（自）
福島　伸享（無）
細田　健一（自）
細田　博之（無）
山田　美樹（自）

参議院（3人）
太田　房江（自）
こやり　隆史（自）
高橋　はるみ（自）

経済産業省　4人
衆議院（2人）
鈴木　隼人（自）
牧原　秀樹（自）

参議院（2人）
小沼　巧（立）
矢倉　克夫（公）

旧自治省　12人
衆議院（8人）
上野　賢一郎（自）
小川　淳也（立）

現・元国会議員親類（4親等以上）　3人
衆議院（3人）
國場　幸之助（自）
福島　伸享（無）
谷田川　元（立）

公募　42人
衆議院（34人）
あかま　二郎（自）
青山　周平（自）
秋葉　賢也（自）
五十嵐　清（自）
井林　辰憲（自）
池田　佳隆（自）
石橋　林太郎（自）
岩田　和親（自）
枝野　幸男（立）
大岡　敏孝（自）
大西　健介（立）
木原　誠二（自）
木原　稔（自）
小林　鷹之（自）
古賀　篤（自）

参議院（8人）
伊藤　孝恵（国）
磯﨑　仁彦（自）
清水　真人（自）
滝波　宏文（自）
古川　俊治（自）
三宅　伸吾（自）
山下　雄平（自）
吉川　沙織（立）

中央省庁　104人
（衆議院70人、参議院34人）

旧大蔵省　18人
衆議院（15人）
尾﨑　正直（自）
大串　博志（立）
加藤　勝信（自）
金田　勝年（自）
木原　誠二（自）
北神　圭朗（無）
小渕　優子（自）
小林　鷹之（自）
小森　卓郎（自）
古賀　篤（自）
後藤　茂之（自）
鈴木　馨祐（自）

勝　目　　　康(自)
重　徳　和　彦(立)
長谷川　淳　二(自)
藤　井　比早之(自)
古　川　　　康(自)
務　台　俊　介(自)

参議院(4人)
古　賀　友一郎(自)
上　月　良　祐(自)
堀　井　　　巌(自)
舞　立　昇　治(自)

旧郵政省　5人
衆議院(3人)
奥　野　総一郎(立)
国　定　勇　人(自)
瀬　戸　隆　一(自)

参議院(2人)
小　西　洋　之(立)
長谷川　英　晴(自)

総務省　2人
衆議院(1人)
宮　路　拓　馬(自)

参議院(1人)
佐　藤　　　啓(自)

旧建設省　8人
衆議院(5人)
井　上　信　治(自)
石　井　啓　一(公)
根　本　　　匠(自)
平　口　　　洋(自)
古　川　禎　久(自)

参議院(3人)
足　立　敏　之(自)
石　井　正　弘(自)
佐　藤　信　秋(自)

旧運輸省　2人
衆議院(2人)
赤　澤　亮　正(自)
盛　山　正　仁(自)

旧北海道開発庁 1人
衆議院(1人)
橘　　慶一郎(自)

国土交通省　2人
衆議院(2人)
井　林　辰　憲(自)
中　野　洋　昌(公)

外務省　9人
衆議院(4人)
緒　方　林太郎(無)
城　内　　　実(自)
末　松　義　規(立)
山　口　　　壯(自)

参議院(5人)
石　川　博　崇(公)
金　子　道　仁(維)
高　橋　光　男(公)
松　川　る　い(自)
山　本　香　苗(公)

農水省　6人
衆議院(2人)
篠　原　　　孝(立)
鈴　木　憲　和(自)

参議院(4人)
上　田　　　勇(公)
進　藤　金日子(自)
舟　山　康　江(国)
宮　崎　雅　夫(自)

防衛省　5人
(旧防衛庁、自衛隊を含む)
衆議院(3人)
高　見　康　裕(自)
中　谷　　　元(自)
中　谷　真　一(自)

参議院(2人)
佐　藤　正　久(自)
三　浦　信　祐(公)

旧厚生省　2人
衆議院(1人)
髙　階　恵美子(自)

参議院(1人)
星　　　北　斗(自)

旧労働省　1人
参議院(1人)
里　見　隆　治(公)

厚生労働省　2人
衆議院(1人)
国　光　あやの(自)

参議院(1人)
秋　野　公　造(公)

警察庁　2人
衆議院(2人)
葉　梨　康　弘(自)
平　沢　勝　栄(自)

金融庁　2人
衆議院(1人)
藤　岡　隆　雄(立)

参議院(1人)
森　　　まさこ(自)

内閣府　1人
参議院(1人)
井　上　義　行(自)

公正取引委員会 1人
衆議院(1人)
斎　藤　洋　明(自)

旧科学技術庁 1人
衆議院(1人)
伊　佐　進　一(公)

参議院事務局 1人
衆議院(1人)
大　西　健　介(立)

國會議員要覧
＜令和5年2月版＞

國 會 要 覧
＜第74版＞

第二別冊〈日程関連他〉

●編集要領

◎〈国会議員誕生日・各種日程＝令和5年（2023年）2月～令和6年（2024年）1月〉に掲載の国会議員の氏名及び所属政党は令和5年1月23日現在。

・所属政党名については氏名の前の○内に略称で掲載した。

㉜…自民党、㉨…立憲民主党、㉭…日本維新の会、㉕…公明党、
㉭…共産党、㉨…国民民主党、㉤…れいわ新選組、㉭…社民党、
Ⓝ…NHK党、㉜…参政党、㉭…無所属

・掲載は衆議院議員・参議院議員の順で、両院それぞれ所属議員の多い政党から、年齢の順とした。

・満年齢は各国会議員の誕生日が到来した時点のものを掲載した。

・カレンダーには主要な行事予定及び記念日を掲載した。

・過去の出来事は戦後の主な出来事とあわせて、前年の主要な出来事も掲載した。

◎**主要な戦後の政治家命日**の掲載者は、総理又は衆参院議長、各党党首など要職経験者とした。

■令和5年(2023年)2月　〈国会議員誕生日・各種日程〉

1 ㊌ 大安	(公)浮島智子(60)　(無)北神圭朗㊿ 【中国の春節】
2 ㊍ 赤口	(公)平林　晃(52)
3 ㊎ 先勝	【節分】
4 ㊏ 友引	(自)石破　茂(66)　(公)輿水恵一(61)
5 ㊐ 先負	(自)橋本　岳㊾　(公)斉藤鉄夫(71) (自)鶴保庸介(56) 【愛知県知事選挙】 【北九州市長選挙】
6 ㊊ 仏滅	(国)竹詰　仁(54)
7 ㊋ 大安	(自)加藤明良(55)
8 ㊌ 赤口	(公)庄子賢一(60)
9 ㊍ 先勝	(自)土屋品子(71)　(自)鈴木馨祐㊻　(公)稲津　久(65)
10 ㊎ 友引	(自)加藤竜祥㊸
11 ㊏ 先負	建国記念の日　(自)渡海紀三朗(75)　(自)棚橋泰文(60) (自)浅尾慶一郎(59) 【国民民主党大会】
12 ㊐ 仏滅	(立)篠原　豪㊽　(公)中川康洋(55)
13 ㊊ 大安	(無)三反園訓(65) (維)梅村　聡㊽
14 ㊋ 赤口	(自)酒井庸行(71) 【バレンタインデー】
15 ㊌ 先勝	(自)自見はなこ㊼　(公)高橋光男㊻
16 ㊍ 友引	(自)長谷川岳(52) 【所得税の確定申告(～3月15日)】
17 ㊎ 先負	(自)二階俊博(84)　(自)長島昭久(61)　(自)東　国幹(55)　(自)穂坂　泰㊾
18 ㊏ 仏滅	(自)塩谷　立(73)　(自)今枝宗一郎㊴ (立)斎藤嘉隆(60)
19 ㊐ 大安	(自)神田憲次(60)　(自)堀井　学(51) 【雨水】
20 ㊊ 友引	(自)稲田朋美(64) (維)金子道仁(53)

21 (火) 先負	●根本幸典㊾	●平 将明㊻
22 (水) 仏滅	▼松木けんこう㊽	㊩赤木正幸㊽
23 (木) 大安	天皇誕生日　●中村裕之㊵	㊩浅川義治㊺　㊩吉田とも代㊽
24 (金) 赤口		
25 (土) 先勝	●中川貴元㊶ ●藤木眞也㊶	㊩石井苗子㊿
26 (日) 友引	●海江田万里㊽ ●松川るい㊼	●清水真人㊽　【自民党大会】
27 (月) 先負	●金子恭之㊵ ●山下芳生㊽	●越智隆雄㊾
28 (火) 仏滅	●山口俊一㉒	⑦荒井 優㊽

■その他の予定

■昨年の出来事(R4)

2. 1　元東京都知事で運輸相などを歴任した作家の石原慎太郎氏が死去
　　　　（89歳）
2. 4　第24回冬季五輪北京大会が開幕。日本は冬季五輪としては最多の
　　　　計18個(金3、銀6、銅9)のメダルを獲得
2. 6　山口県知事選挙で現職の村岡嗣政氏が3選
2.20　長崎県知事選挙で新人の大石賢吾氏が初当選
2.21　台湾行政院は2011年の東京電力福島第一原子力発電所の事故
　　　　後に継続していた福島、茨城、千葉、栃木、群馬の5県産食品の輸入
　　　　禁止措置を解除
2.21　ロシアのプーチン大統領がウクライナ東部の親露派武装集団支配
　　　　地域を独立国家として承認
2.23　日本政府はロシアに対してビザ発給停止や露国債の日本での発行
　　　　禁止などの制裁措置を発表
2.24　ロシアのプーチン大統領がウクライナでの「軍の特殊作戦」実施を
　　　　表明。ロシア軍がウクライナ各地への侵攻を開始

■過去の出来事

S29. 2. 8　造船疑獄発覚　　　　　　　S51. 2. 5　ロッキード事件発覚
S47. 2.19　あさま山荘事件　　　　　　H10. 2. 7　長野冬季五輪

■令和5年(2023年)3月　〈国会議員誕生日・各種日程〉

1 ㊌ 大安	(自)上川陽子(70)	【春の全国火災予防運動(～7日)】
2 ㊍ 赤口	(公)北側一雄(70) (無)芳賀道也(65)	
3 ㊎ 先勝		【ひな祭】
4 ㊏ 友引	(自)島尻安伊子(58) (維)中条きよし(77)	
5 ㊐ 先負	(自)奥野信亮(79)　(自)福田達夫(56)　(公)山崎正恭(52) (立)宮口治子㊼　(公)三浦信祐㊽	【東京マラソン】
6 ㊊ 仏滅	(立)横沢高徳(51)　(共)伊藤　岳(63)	【啓蟄】
7 ㊋ 大安	(自)根本　匠(72)　(自)高市早苗(62) (立)吉田忠智(67)	【消防記念日】
8 ㊌ 赤口	(自)新谷正義㊽ (無)須藤元気㊺	【WBC開幕】
9 ㊍ 先勝	(自)越智俊之㊺	
10 ㊎ 友引		
11 ㊏ 先負	(維)中司　宏(67)　(維)空本誠喜(59)　(維)早坂　敦(52)	
12 ㊐ 仏滅	(自)井上義行(60)	【大相撲春場所(～26日)】
13 ㊊ 大安		
14 ㊋ 赤口		【ホワイトデー】
15 ㊌ 先勝	(自)山田美樹㊾　(国)西岡秀子(59)	
16 ㊍ 友引	(自)髙木　啓(58)　(無)吉良州司(65)	
17 ㊎ 先負		
18 ㊏ 仏滅	(自)星　北斗(59)　(公)宮崎　勝(65)	【彼岸入り】
19 ㊐ 大安	(公)竹内真二(58)	
20 ㊊ 赤口	(自)国光あやの㊹　(公)石井啓一(65)	

21 火 先勝	春分の日
22 水 友引	【放送記念日】
23 木 先負	○立 熊谷裕人(61)　○無 寺田　静㊽ 【EU首脳会議(ブリュッセル、～24日)】
24 金 仏滅	●維 堀場幸子㊹ ○立 岸真紀子㊼ 【彼岸明け】
25 土 大安	●立 後藤祐一(54)　●公 角田秀穂(62) ○自 青木一彦(62) 【電気記念日】
26 日 赤口	
27 月 先勝	●自 あかま二郎(55)　●立 井坂信彦㊾ ○自 宮本周司(52)
28 火 友引	●立 藤岡隆雄㊻ ○自 羽生田俊(75)
29 水 先負	●自 武井俊輔㊽
30 木 仏滅	
31 金 大安	●自 義家弘介(52)

■その他の予定

公示地価発表(月内)
中国全人代(月内)

■昨年の出来事(R4)

3. 1　政府はロシアのプーチン大統領ら政府関係者6人とロシア中央銀行の資産凍結を発動
3. 4　露軍がウクライナ南東部のザポリージャ原発を攻撃、制圧
3.10　韓国の大統領選挙で保守系最大野党「国民の力」の尹錫悦氏が当選
3.13　石川県知事選挙で新人の馳浩氏が初当選
3.14　2019年の参院選を巡る大規模買収事件で、検察当局は河井克行·元法相側から現金を受領した100人のうち、広島県議ら9人を公職選挙法違反で在宅起訴し、25人を略式起訴したと発表
3.16　米FRBが政策金利の0.25%引き上げを決定し、ゼロ金利政策を2年ぶりに解除
3.22　対ドルの円相場が約6年1か月ぶりに1ドル=120円台に
3.23　ウクライナのゼレンスキー大統領がオンライン形式で国会演説
3.29　大学関連事業で得たリベートを申告せず脱税したとして所得税法違反に問われた日本大学前理事長·田中英寿被告に懲役1年、執行猶予3年の有罪判決

■過去の出来事

S45.3.14　大阪万博開幕
S45.3.31　よど号ハイジャック事件
H 7.3.20　地下鉄サリン事件
H15.3.20　米、イラク攻撃開始
H23.3.11　東日本大震災

1 (土)赤口	❸岸　信夫⑥④	❸武田良太㊺		【こども家庭庁発足】
2 (日)先勝	❸井上貴博㊽	❸江島　潔㊻	㊵松沢成文㊺	
3 (月)友引				
4 (火)先負	㊵浦野靖人㊾			
5 (水)仏滅	❹細田博之㊾			【清明】
6 (木)大安	❹金村龍那㊹			
7 (金)赤口	❸鈴木淳司㊺	❸勝俣孝明㊼	❸吉川　赳㊶	【世界保健デー】
	❸佐藤　啓㊹	㊵青島健太㊺	❹礒崎哲史㊾	
8 (土)先勝	❸森山　裕㊽	❸小林史明㊵	㊼大河原まさこ⑦	㊼森山浩行㊾
9 (日)友引	❸高木宏壽㊿	❸三浦　靖㊿	㊼古賀之士㊽	㊼水野素子㊼	【統一地方選挙】
10 (月)先負	❸長坂康正㊿	㊼中村喜四郎㊼	㊼池下　卓㊽	
	Ⓐ鰐淵洋子㊿	❸吉田豊史㊾	㊵室井邦彦㊼	
11 (火)仏滅	❸石田真敏㊻	❸石井　拓㊾		
12 (水)大安				
13 (木)赤口	❸鈴木俊一⑦	㊼大西健介㊼		
14 (金)先勝	❸小泉進次郎㊸			【IMF・世銀春季総会(ワシントン、～16日)】
15 (土)友引				【G7気候・エネルギー・環境相会合(札幌市、～16日)】
16 (日)先負	❸大岡敏孝㊿			【G7外相会合(軽井沢町、～18日)】
17 (月)仏滅	㊼福田昭夫㊆			
18 (火)大安	㊼小川淳也㊼	❸渡辺猛之㊿		
19 (水)赤口	❸城内　実㊾	❸加藤鮎子㊹		
20 (木)先負	❸山田賢司㊼	❸上杉謙太郎㊽	㊵小野泰輔㊾	【穀雨】

6

21 金 仏滅	⑧宮沢洋一㊆	⑧上野通子㊀	
22 土 大安	⑧杉田水脈㊏	⑧築 和生㊹	
	⑥松村祥史㊡	【G7労働雇用相会合(倉敷市、〜23日)】	
23 日 赤口	⑧田村まみ㊆	【統一地方選挙】	
24 月 先勝	⑰阿部知子㊎	⑰逢坂誠二㊅	
25 火 友引	⑧松本剛明㊍	⑧小宮山泰子㊅	
	⑥榛葉賀津也㊏		
26 水 先負	⑧尾身朝子㊁		
27 木 仏滅	⑧冨樫博之㊅	⑧谷川とむ㊆	⑰太 栄志㊅
	㊂谷合正明㊂	㊐松野明美㊏	
28 金 大安	⑧青山周平㊅	⑧江田憲司㊅	
	⑥生稲晃子㊏	⑰辻元清美㊅	
29 土 赤口	昭和の日	⑧衛藤征士郎㊁	
	【G7デジタル・技術相会合(高崎市、〜30日)】		
30 日 先勝	⑧畦元将吾㊅	㊎田村貴昭㊁	⑧前原誠司㊅

■その他の予定

■令和5年（2023年）5月　〈国会議員誕生日・各種日程〉

1 (月) 友引	🔵西田昭二㉛　🔵玉木雄一郎㊾ ㉑下野六太㊾　【メーデー】
2 (火) 先負	🔵石橋林太郎㊺ ㋜森本真治㊿
3 (水) 仏滅	憲法記念日　㉑福重隆浩㊱ 🔵猪口邦子�71
4 (木) 大安	みどりの日
5 (金) 赤口	こどもの日　🔵小野寺五典㊳　㉑岡本三成㊹ ㊉井上哲士�65
6 (土) 先勝	🔵伊藤信太郎㊄　🔵保岡宏武㊿ ㊇石井　章㊏　【立夏】
7 (日) 友引	㉑赤羽一嘉�65 🔵長谷川英晴�64　🔵永井　学㊾
8 (月) 先負	㉑濱地雅一㊼
9 (火) 仏滅	🔵片山さつき㊴　🔵福岡資麿㊿
10 (水) 大安	㋜石川香織㊴　㊇高橋英明㊐
11 (木) 赤口	🔵村上誠一郎㊄　🔵山本有二㊄　【G7財務相・中央銀行総裁会合 🔵山東昭子㊑　㋘木村英子㊸　Ⓝ浜田　聡㊻　（新潟市、〜13日）】
12 (金) 先勝	🔵櫻井　充㊼　🔵山田太郎㊏　【G7科学技術相会合（仙台市、〜14日）】 【教育相会合（富山・石川県、〜15日）】
13 (土) 友引	【G7保健相会合（長崎市、〜14日）】
14 (日) 先負	🔵村井英樹㊸　㉑古屋範子㊇　【母の日】 ㉑山本香苗㊖　【大相撲夏場所（〜28日）】
15 (月) 仏滅	㊖上田清司㊄
16 (火) 大安	㋜村田享子㊵
17 (水) 赤口	🔵勝目　康㊾
18 (木) 先勝	🔵浜口　誠㊅　㊖嘉田由紀子㊂
19 (金) 友引	🔵あべ俊子㊍　【G7サミット（広島市、〜21日）】
20 (土) 仏滅	🔵菅家一郎㊌　㋜野田佳彦㊅　㋜玄葉光一郎㊾ 🔵足立敏之㊈　🔵石田昌宏㊏　🔵野上浩太郎㊏

8

21 ㊐ 大安	ⓐ小森卓郎㊾　　【WHO総会(ジュネーブ、〜30日)】【小満】
22 ㊊ 赤口	
23 ㊋ 先勝	ⓐ下村博文㊾　ⓐ小田原潔㊾　⑧美延映夫㊾　⑩仁木博文㊾
24 ㊌ 友引	⑰小沢一郎㊼　ⓐ山崎正昭㊼
25 ㊍ 先負	ⓐ御法川信英㊾
26 ㊎ 仏滅	⑰近藤昭一㊿　⑥舟山康江㊾
27 ㊏ 大安	ⓕ大石あきこ㊻
28 ㊐ 赤口	ⓐ金子俊平㊺　⑰柚木道義㊿　【テニス全仏オープン(パリ、〜6月11日)】
29 ㊊ 先勝	
30 ㊋ 友引	ⓐ小倉將信㊷
31 ㊌ 先負	⑰枝野幸男㊾　ⓐ大野泰正㊿　【世界禁煙デー】

■その他の予定

■昨年の出来事(R4)
- 5. 4　米FRBは物価上昇抑制のため、政策金利を通常の2倍の0.5%引き上げを決定
- 5. 11　経済安全保障推進法が参議院本会議で可決、成立。中国やロシアなどを念頭に日本の経済安保態勢の抜本的な強化を図る
- 5. 15　沖縄本土復帰50周年記念する記念式典が沖縄と東京を中継で結んで開催
- 5. 18　山口県警は阿武町が誤って振り込んだ給付金4630万円を自分の金のように装って決済代行業者の口座に振り替えたとして、町内に住む24歳の男を逮捕。阿武町はほぼ全額回収したと発表(6月20日)
- 5. 20　政府は戸倉三郎最高裁判事を最高裁長官に指名
- 5. 23　岸田首相はバイデン米大統領が都内で会談し、「防衛費の相当な増額」を確保する決意を伝え、日米同盟の抑止力と対処力を早急に強化する方針を確認
- 5. 24　日米豪印の「Quad(クアッド)」首脳会談が首相官邸で行われ、ロシアによるウクライナ侵攻を受け、インド太平洋地域でも中国を念頭に力による一方的な現状変更を許さないことで一致
- 5. 25　海外の日本人が最高裁判官の国民審査に投票できないのは憲法に反するとして在外邦人らが国に損害賠償などを求めた訴訟で、最高裁大法廷は投票を認めていない国民審査法を違憲とする判決を言い渡した
- 5. 29　新潟県知事選挙で現職の花角英世氏が再選

■過去の出来事
S22.5.3　日本国憲法施行　　　　　S47.5.30　沖縄返還

1 木 仏滅		
2 金 大安		【アジア安全保障会議（シンガポール、〜4日）】
3 土 赤口	🔵松本　尚㊿ ㊦野田国義㉖	
4 日 先勝	🔵牧原秀樹㉒ 🔵関口昌一㉘	【青森県知事選挙】 【堺市長選挙】
5 月 友引		【環境の日】
6 火 先負	🔵遠藤　敬㊿	【芒種】
7 水 仏滅	🔵関　芳弘㊿ 🔵岩谷良平㊸	
8 木 大安	🔵木原誠二㊿ Ⓝ佐藤茂樹㉔ 🔵加田裕之㊿	
9 金 赤口	🔵岡田直樹㉑ 🅚小池　晃㉓	
10 土 先勝	🔵逢沢一郎㉙ 🔵中川正春㉝	【時の記念日】
11 日 友引	Ⓝ大島九州男㉒ 🔵三上えり㊿	【入梅】
12 月 先負	🔵小林一大㊿	
13 火 仏滅	㊦水岡俊一㉗	
14 水 大安	🔵齋藤　健㉔ 🔵大塚　拓㊿ 🔵長妻　昭㉓	
15 木 赤口	🔵ながえ孝子㉓	【ゴルフ全米オープン（カリフォルニア州、〜18日）】
16 金 先勝	🔵小熊慎司㊿	【G7交通相会合（志摩市、〜18日）】
17 土 友引		
18 日 大安	🔵阿部　司㊶	【父の日】
19 月 赤口	🔵石原宏高㉙ 🔵新垣邦男㉗	
20 火 先勝	🔵佐藤　勉㉑ 🔵池田佳隆㊿ 🔵山本ともひろ㊽ 🔵串田誠一㉖	

10

21 ㊌ 友引	●自 深澤陽一㊼ ○自 石井浩郎(59)　○自 山本啓介㊽　【夏至】
22 ㊍ 先負	●国 長友慎治㊻ 【ゴルフ全米女子プロ(ニュージャージー州、～25日)】
23 ㊎ 仏滅	●立 城井　崇㊿ 【沖縄慰霊の日】
24 ㊏ 大安	
25 ㊐ 赤口	●立 白石洋一(60)　●公 竹内　譲(65)　●公 河西宏一㊹
26 ㊊ 先勝	○自 太田房江(72)　○公 安江伸夫㊱
27 ㊋ 友引	●立 徳永久志(60) ○自 広瀬めぐみ(57)
28 ㊌ 先負	●自 三谷英弘㊼　○立 森屋　隆(56)
29 ㊍ 仏滅	○維 清水貴之㊾ 【EU首脳会議(ブリュッセル、～30日)】
30 ㊎ 大安	●国 斎藤アレックス㊳ ○国 伊藤孝恵㊽

■その他の予定

■昨年の出来事(R4)

6. 3　2021年の人口動態統計で1年間に生まれた子どもの数(出生数)は81万1604人となり、6年連続で過去最少を記録
6. 7　政府が「新しい資本主義のグランドデザイン(全体構想)および実行計画」と「経済財政運営と改革の基本方針(骨太の方針)」を閣議決定
6. 9　国連総会で国連安全保障理事会の非常任理事国の改選が行われ、日本が選出された。任期は23年1月から2年間。日本が非常任理事国を務めるのは12回目で世界最多
6.15　岸田首相が感染症対策の強化策として「内閣感染症危機管理庁」の創設を表明。国立感染症研究所と国立国際医療研究センターを統合し「日本版CDC(疾病予防管理センター)」も創設する
6.16　政府の衆院選挙区画定審議会は小選挙区数を10増10減し、1票の格差を是正する区割り改定案を首相に勧告。見直し対象は25都道府県の140選挙区で、いずれも過去最多
6.17　日銀が大規模な金融緩和の維持を決定
6.23　EUがウクライナとモルドバを加盟候補国とすることを全会一致で承認
6.29　外国為替市場で円相場が一時1ドル＝137円台に。1998年以来、約24年ぶりの円安水準を更新

■過去の出来事

S35.6.19　日米新安保条約成立
S46.6.17　沖縄返還協定調印
S63.6.18　リクルート事件発覚
H 6.6.30　自社さ連立の村山富市内閣成立

日	誕生日・日程
1 (土) 赤口	●自 江藤　拓(63) (立) 石橋通宏(58) 【路線価公表】
2 (日) 先勝	●立 原口一博(64) 【半夏生】
3 (月) 友引	●自 務台俊介(67)　●自 秋葉賢也(61) (立) 石川大我㊾ 【テニスウィンブルドン選手権(ロンドン郊外、～16日)】
4 (火) 先負	●自 田野瀬太道㊾ (共) 田村智子(58)
5 (水) 仏滅	(自) 赤松　健(55)
6 (木) 大安	●自 伊藤達也(62) (立) 塩村あやか㊺
7 (金) 赤口	●立 金子恵美(58)　●維 三木圭恵(57) (自) 進藤金日子(60) 【G7都市相会合(高松市、～9日)】 【小暑】【七夕】
8 (土) 先勝	(自) 藤川政人(63)
9 (日) 友引	●自 山本左近㊶ 【大相撲名古屋場所(～23日)】
10 (月) 先負	(立) 田名部匡代(54)
11 (火) 仏滅	●自 伊藤忠彦(59)　●自 細田健一(59)　●自 中根一幸(54)　●自 田中英之(53) (公) 秋野公造(56) 【NATO首脳会議(リトアニア、～12日)】【世界人口デー】
12 (水) 大安	(自) 中西祐介㊹　(公) 山口那津男(71)
13 (木) 赤口	
14 (金) 先勝	●自 古賀　篤(51)　●立 岡田克也(70) 【水泳世界選手権(福岡、～30日)】
15 (土) 友引	●自 松島みどり(67)　●自 古川　康(65)　●立 奥野総一郎(59)　●維 守島　正㊷ ●公 中川宏昌(53)
16 (日) 先負	●自 西村明宏(63)　●維 市村浩一郎(59)　●公 金城泰邦(54)
17 (月) 仏滅	海の日　●立 篠原　孝(75) (自) 大家敏志(56)
18 (火) 赤口	●自 井林辰憲㊼　●国 田中　健㊻
19 (水) 先勝	●立 山田勝彦㊹　●公 吉田久美子(60) (自) 赤池誠章(62)
20 (木) 友引	●自 武部　新(53) 【サッカー女子ワールドカップ(オーストラリア・ニュージーランド、～8月20日)】【土用】

● 文字は衆議院、○ 文字は参議院、○ 内数字は満年齢

21 金 先負	⑥森屋　宏⑥⑥ ㉕横山信一⑥④
22 土 仏滅	⑪山岡達丸⑭ ㉕新妻秀規㊾
23 日 大安	【群馬県知事選挙】【大暑】
24 月 赤口	
25 火 先勝	⑥青山繁晴㉑
26 水 友引	
27 木 先負	
28 金 仏滅	⑥山口　晋⑳ ⑪佐藤公治⑥④
29 土 大安	⑥岸田文雄⑥⑥ ⑪泉　健太㊾ ㊉志位和夫⑥⑨
30 日 赤口	
31 月 先勝	⑪松原　仁⑥⑦

■その他の予定

■昨年の出来事（R4）
- 7. 7　ボリス・ジョンソン英首相が辞意を表明
- 7. 8　安倍晋三元首相が奈良市の西大寺駅前で選挙応援演説中に銃で撃たれ、死亡（享年67歳）。奈良県警は同市内に住む無職・山上徹也（41）を現行犯逮捕
- 7. 10　第26回参議院議員選挙の投開票が行われ、与党が大勝
- 7. 12　安倍元首相の葬儀が東京・芝の増上寺で営まれ、政府関係者や市民など千人以上が参列
- 7. 13　経済危機が続くスリランカのラジャパクサ大統領が、抗議デモ激化を受けて国外に逃亡。同国政府は15日に大統領の辞任を受理。
- 7. 14　岸田首相は安倍元首相の国葬を秋に行うと表明
- 7. 17　ロシアが日本の衆議院議員384人を入国禁止に
- 7. 19　男子フィギュアスケートの羽生結弦選手がプロ転向を表明
- 7. 21　イタリアのドラギ首相が連立与党の支持を得られなくなったとして辞意を表明
- 7. 23　感染拡大のサル痘にWHOが「緊急事態」を宣言。71カ国で1万人超が感染。
- 7. 24　鹿児島市の桜島が噴火。気象庁は警戒レベルを最も高い5（避難）に引き上げ。人的被害はなし

■過去の出来事
| S46.7.14 | ニクソン・ショック | H 元.7.23 | 第15回参院選自民大敗、マドンナ旋風 |
| S51.7.27 | ロッキード疑惑により田中角栄氏逮捕 | H19.7.29 | 第21回参院選、民主第1党に |

13

1 (火) 友引	ⓖ平口　洋75　ⓖ宮下一郎65 ⑫石垣のりこ49
2 (水) 先負	ⓖ瀬戸隆一58　ⓖ藤原　崇40 ⓖ長峯　誠54
3 (木) 仏滅	ⓖ渡辺博道73　ⓖ上野賢一郎58 ⓖ古川禎久58
4 (金) 大安	
5 (土) 赤口	ⓖ長谷川淳二65　ⓣ伊藤俊輔44 ⓟ若松謙維68　ⓟ上田　勇65
6 (日) 先勝	【広島原爆の日】
7 (月) 友引	ⓖ西銘恒三郎69 ⓖ堂故　茂71
8 (火) 先負	ⓖ吉野正芳75　ⓖ星野剛士60　ⓖ宮崎政久58　ⓖ鈴木隼人45 ⓜ福島伸享53　　　　　　　　　　　　　　　【立秋】
9 (水) 仏滅	ⓖ宗清皇一53 【長崎原爆の日】
10 (木) 大安	ⓖ八木哲也76　ⓖ秋本真利48　ⓣ神谷　裕55 　　　　　　　　【ゴルフ全英女子オープン(サリー、～13日)】
11 (金) 赤口	山の日　　　ⓖ島村　大63
12 (土) 先勝	ⓖ谷川弥一82　ⓖ土井　亨65　ⓖ木原　稔54 ⑫高木真理56　　　　　　　　　　　　【国際青少年デー】
13 (日) 友引	ⓖ舞立昇治48　⑫小沢雅仁58
14 (月) 先勝	
15 (火) 仏滅	ⓖ鈴木英敬49 　　　　　　　　　　【終戦記念日】【全国戦没者追悼式】
16 (水) 先勝	ⓣ岡本あき子59　ⓣ櫻井　周53
17 (木) 友引	ⓣ落合貴之44
18 (金) 先負	ⓖ松下新平57　⑫青木　愛58
19 (土) 仏滅	【世界陸上(ブダペスト、～27日)】
20 (日) 大安	

14

21 (月) 赤口	●自 細野豪志(52) ○自 豊田俊郎(71)
22 (火) 先勝	○自 森まさこ(59)
23 (水) 友引	●立 馬淵澄夫(63) 【処暑】
24 (木) 先負	●自 岩屋　毅(66)
25 (金) 仏滅	【バスケットボール男子ワールドカップ(日本など、～9月10日)】
26 (土) 大安	●立 稲富修二(53)
27 (日) 赤口	●自 甘利　明(74) ○自 山下雄平(44)　○公 西田実仁(61)
28 (月) 先勝	●自 大西英男(77)　●自 熊田裕通(59)　●立 山岸一生(42) 【テニス全米オープン(ニューヨーク、～9月10日)】
29 (火) 友引	●自 笹川博義(57)　●立 青柳陽一郎(54)
30 (水) 先負	●自 国定勇人(51)　●立 中谷一馬(40) 【埼玉県知事任期満了】
31 (木) 仏滅	●自 森　英介(75)　●自 萩生田光一(60)　●自 古川直季(55)　●自 松本洋平(50) ●立 大串博志(58)

■その他の予定

■昨年の出来事(R4)

8. 1　バイデン米大統領は国際テロ組織「アル・カーイダ」の指揮者アイマン・ザワヒリ容疑者をアフガニスタンで殺害したと発表
8. 3　ナンシー・ペロシ米下院議長が台北で蔡英文総統と会談
8. 3　参院は本会議で議長に自民党の尾辻秀久・元厚生労働相、副議長に立憲民主党の長浜博行・元環境相を選出
8. 9　東工大と東京医科歯科大が統合に向けた協議を開始すると発表
8.10　第2次岸田改造内閣が発足
8.17　東京地検特捜部が東京五輪・パラリンピック大会組織委員会元理事の高橋治之容疑者を受託収賄容疑で逮捕
8.24　京セラ創業者で日本航空の再建にも力を注いだ稲森和夫さんが死去(90歳)
8.27　日本維新の会は臨時党大会で馬場伸幸共同代表を新代表に選出
8.28　香川県知事選挙で新人の池田豊人氏が初当選

■過去の出来事

S20. 8.15　太平洋戦争終結
S48. 8. 8　金大中拉致事件
H 5. 8. 9　細川護熙連立内閣成立
H17. 8. 8　郵政法案、参院で否決 衆議院解散(郵政解散)
H21. 8.30　第45回衆院選、民主勝利 第1党に

日付	内容
1 金 大安	【秋の緑の募金(〜10月31日)】【防災の日】
2 土 赤口	🈁若宮健嗣㉒
3 日 先勝	🈁野田聖子㉓　🈁門山宏哲㊾
4 月 友引	🈁平沢勝栄㊆　🈁坂井　学㊺ 🈁吉川ゆうみ㊿
5 火 先負	㋬大口善德㋞ 　【国連総会(ニューヨーク)】 【東方経済フォーラム(ウラジオストク、〜8日)】
6 水 仏滅	🈁中野英幸㉒ ㋳勝部賢志㊽
7 木 大安	🈁小島敏文㋒　🈁三ッ林裕巳㋞　🈁辻　清人㊹ ㋳羽田次郎㊺
8 金 赤口	🈁山下貴司㊺　㋬米山隆一㊤　【ラグビーワールドカップ 🈁磯﨑仁彦㊅　　　　　　　　(フランス、〜10月28日)】 【白露】【国際識字デー】
9 土 先勝	🈁塩崎彰久㊼ 🈁こやり隆史㊐　　【20カ国・地域首脳会議(ニューデリー、〜10日)】
10 日 友引	🈁亀岡偉民㋞　㊗梅村みずほ㊺　【大相撲九月場所(〜24日)】 【岩手県知事任期満了】
11 月 先負	🈁藤井比早之㋒ 【アドベンチャートラベル・ワールドサミット(北海道、〜14日)】
12 火 仏滅	🈁山際大志郎㊆ ㋕石川博崇㊿　　　　　　　　　　　　　　　　　　　　【水路記念日】
13 水 大安	🈁松野博一㋑ 🈁三原じゅん子㊟
14 木 赤口	🈁尾﨑正直㊅　㋬手塚仁雄㊝　㊗漆間譲司㊼ ㋳柴　愼一㊟　㊉吉良よし子㊶
15 金 友引	🈁泉田裕彦㋑
16 土 先勝	🈁中山展宏㊆　㊉高橋千鶴子㊅　【国際オゾン層保護デー】 ㊗東　徹㊟　㊟堂込麻紀子㊽
17 日 仏滅	🈁江﨑鐵磨㊊　🈁小泉龍司㋛　㊗杉本和巳㋞
18 月 大安	敬老の日　　🈁小寺裕雄㋓　🈁石川昭政㉑
19 火 赤口	㋬森田俊和㊾　　　　　　　　　　【SDGsに関する国連サミット 🈁山谷えり子㋓　🈁西田昌司㋕　🈁朝日健太郎㊽(ニューヨーク、〜20日)】
20 水 先勝	🈁麻生太郎㊓　🈁岩田和親㊿　㋬寺田　学㊼ 🈁中田　宏㊟　　　　　　　　　　　　　　　　　　　　【彼岸入り】

21 ㊍ 友引	○自 有村治子(53)　○維 音喜多駿㊵
22 ㊎ 先負	●自 西野太亮㊺　●立 田嶋　要(62) ○自 今井絵理子㊵
23 ●土 仏滅	秋分の日
24 ●日 大安	
25 ㊊ 赤口	●国 浅野　哲㊶
26 ㊋ 先勝	●維 池畑浩太朗㊾　●公 佐藤英道(63)
27 ㊌ 友引	●自 神田潤一(53)　●立 中島克仁(56)　●維 沢田　良㊹ ○自 阿達雅志(64)
28 ㊍ 先負	●立 吉川　元(57) 【ゴルフ日本女子オープン(福井、～10月1日)】
29 ㊎ 仏滅	●自 小里泰弘(65)　●自 髙鳥修一(63) ○自 本田顕子(52)　○立 牧山ひろえ(59)
30 ㊏ 大安	●自 中谷真一㊼ ○自 高野光二郎㊾　○立 杉尾秀哉(66)　○公 竹谷とし子(54)

■その他の予定

基準地価発表(月内)

■昨年の出来事(R4)

9. 5　静岡県牧之原市の認定こども園の通園バスに3歳女児が取り残され、熱射病で死亡
9. 6　英国与党・保守党の党首に選出されたリズ・トラス氏が首相に就任
9. 9　米国主導の新経済圏構想「インド太平洋経済枠組み(IPEF)」の閣僚級会合が開かれ、参加14か国が正式交渉入りで合意
9. 11　沖縄県知事選挙で現職の玉城デニー氏が再選
9. 19　9月8日に死去したエリザベス英女王の国葬が営まれ、日本からは天皇・皇后両陛下が参列
9. 19　総務省が65歳以上の高齢者の推計人口を発表。前年比6万人増の3627万人、総人口に占める割合は29.1%といずれも過去最高を更新
9. 20　国交省が2022年の基準地価を発表。住宅地の全国平均が前年比0.1%増で31年ぶりにプラス圏に
9. 23　佐賀県と長崎県を結ぶ西九州新幹線(武雄温泉～長崎)が開業
9. 25　公明党は党大会で山口那津男代表の8選を承認
9. 27　安倍元首相の国葬が日本武道館で営まれ、国内外から4183人が参列
9. 28　元官房長官の武村正義さんが死去(88歳)

■過去の出来事

S26.9. 8　サンフランシスコ講和会議、日米安保条約調印
S47.9.29　日中国交回復
S60.9.22　プラザ合意
H 8.9.28　民主党結成
H13.9.11　米、同時多発テロ
H15.9.26　民主党・自由党合併
H17.9.11　第44回衆院選、自民大勝

1 (日) 赤口	(自)衛藤晟一(76)
2 (月) 先勝	(無)尾辻秀久(83)
3 (火) 友引	(自)山口　壮(69)　(立)渡辺　創㊻ (自)比嘉奈津美(65)　(共)岩渕　友㊼
4 (水) 先負	(自)金田勝年(74)　(維)奥下剛光㊽ (れ)舩後靖彦(66)
5 (木) 仏滅	(自)橋本聖子(59)　(国)大塚耕平(64)
6 (金) 大安	(維)片山大介(57)　(N)ガーシー(52) 【国際協力の日】
7 (土) 赤口	(自)茂木敏充(68)　(自)井上信治(54)　(立)階　猛(57)　(維)藤巻健太㊵
8 (日) 先勝	(立)野間　健(65) 【寒露】
9 (月) 友引	スポーツの日　(自)小林茂樹(59)　(立)吉川沙織㊼ 【世界郵便デー】
10 (火) 先負	(自)和田義明(52)　(立)菅　直人(77) (維)高木かおり(51)
11 (水) 仏滅	(自)柘植芳文(78)　(自)滝沢　求(65)　(自)田中昌史(58)
12 (木) 大安	(自)江渡聡徳(68)　(自)葉梨康弘(64) (参)神谷宗幣㊻　【ゴルフ日本オープン(大阪、～15日)】
13 (金) 赤口	(自)黄川田仁志(53)　【世銀年次総会(マラケシュ、～15日)】 【国際防災の日】
14 (土) 先勝	(自)中谷　元(66)　(維)足立康史(58) (自)和田政宗㊾　【鉄道の日】
15 (日) 先負	(自)西村康稔(61)　(立)馬場雄基㉛　(共)笠井　亮(71)　(れ)櫛渕万里(56)
16 (月) 仏滅	(自)鬼木　誠(51)　(自)高見康裕㊸　(立)おおつき紅葉㊵ (公)平木大作㊾　(共)仁比聡平(60)　【世界食料デー】
17 (火) 大安	(公)里見隆治(56) 【貧困撲滅のための国際デー】
18 (水) 赤口	(自)梶山弘志(68)　(自)武藤容治(68)　(自)津島　淳(57)　(自)佐々木紀㊾ 【統計の日】
19 (木) 先勝	(自)宮内秀樹(61)　(自)岩本剛人(59)
20 (金) 友引	(共)本村伸子(51) (自)滝波宏文(52)　(無)長浜博行(65)

●文字は衆議院、○文字は参議院、○内数字は満年齢

21 (土) 先負	● 浜田靖一 ㉘	【秋土用入】
22 (日) 仏滅	⑰ 本庄知史 ㊺ / ⓔ 堀井 巌 ㊻	【スイス総選挙】【アルゼンチン大統領選挙】
23 (月) 大安	● 和田有一朗 ㊾ / ⓔ 佐藤正久 ㊿	【電信電話記念日】
24 (火) 赤口	⑰ 菊田真紀子 ㊷ / ⓔ 山本佐知子 ㊻	【霜降】【国連デー】
25 (水) 先勝	● 井上英孝 ㊼	
26 (木) 友引		【EU首脳会議(ブリュッセル、〜27日)】【原子力の日】
27 (金) 先負	⑰ 堤かなめ ㊽ / ⓔ 山本順三 ㊿	
28 (土) 仏滅	● 堀内詔子 ㊻	
29 (日) 大安	ⓔ 梶原大介 ㊿	
30 (月) 赤口	ⓔ 土田 慎 ㉝	
31 (火) 先勝		【ハロウィン】

■その他の予定
ノーベル賞受賞者発表(上旬)
インボイス制度開始(10月1日)

■昨年の出来事(R4)
10. 3 岸田首相が臨時国会で所信表明演説。物価高対策や防衛力の抜本的強化に取り組む決意を強調
10. 17 岸田首相は旧統一教会について、宗教法人法に基づく「質問権」を初めて行使し、調査を行う方針を表明
10. 20 トラス英首相が大型減税を巡る混乱の責任を取り、就任約1か月半で辞任を表明。後任にリシ・スナク元財務相が就任。英史上初のインド系で非白人の首相に(25日)
10. 22 イタリアで極右政党「イタリアの同胞」など3党を中心とする右派連立政権が発足。「同胞」のジョルジャ・メローニ党首が同国初の女性首相に就任
10. 23 那覇市長選挙で新人の知念覚氏が初当選
10. 23 新潟市長選挙で現職の中原八一氏が再選
10. 24 旧統一教会との関係が相次いで判明した山際大志郎経済再生相が辞任、後任に後藤茂之・前厚生労働相が就任
10. 29 ソウルの繁華街・梨泰院で多数の若者が折り重なるように倒れる事故が発生、日本人女性2人を含む155人が死亡
10. 30 福島県知事選挙で現職の内堀雅雄氏が3選
10. 30 ブラジル大統領選で左派のルラ・ダシルバ元大統領が勝利

■過去の出来事
S24.10. 1 中華人民共和国成立
S31.10.19 日ソ共同宣言、国交回復
S35.10.12 社会党・浅沼委員長刺殺
S37.10.22 キューバ危機
S39.10.10 東京オリンピック開幕
H 2.10. 3 東西ドイツ統一
H 8.10.20 小選挙区比例代表並立制による初の衆院選
H15.10. 5 民主党と自由党が合併大会

19

■令和5年(2023年)11月　〈国会議員誕生日・各種日程〉

1 ㊌ 友引	(自)古屋圭司(71)　(自)大野敬太郎(55)　(自)牧島かれん㊼
2 ㊍ 先負	(自)古賀友一郎(56)　(公)窪田哲也(58)
3 ㊎ 仏滅	文化の日
4 ㊏ 大安	(自)川崎ひでと㊷
5 ㊐ 赤口	(自)武見敬三(72)
6 ㊊ 先勝	(自)坂本哲志(73)
7 ㊋ 友引	(維)青柳仁士㊺
8 ㊌ 先負	(自)佐藤信秋(76)　(維)柳ヶ瀬裕文㊾　【立冬】
9 ㊍ 仏滅	(自)世耕弘成(61)
10 ㊎ 大安	(国)鈴木義弘(61)
11 ㊏ 赤口	(自)田中良生(60)　(自)平沼正二郎㊹
12 ㊐ 先勝	【大相撲九州場所(～26日)】
13 ㊊ 仏滅	(自)井原　巧(60)　(公)伊藤　渉(54)
14 ㊋ 大安	(自)高村正大(53)　(立)吉田統彦㊾
15 ㊌ 赤口	【七五三】
16 ㊍ 先勝	
17 ㊎ 友引	(自)野中　厚㊼
18 ㊏ 先負	(自)友納理緒㊸
19 ㊐ 仏滅	
20 ㊊ 大安	(立)湯原俊二(61) (自)野村哲郎(80)　(自)船橋利実(63)　(維)猪瀬直樹(77)　(共)山添　拓㊴

21 ㊋ 赤口	●自井出庸生㊻ ●立鈴木庸介㊽
22 ㊌ 先勝	●自船田　元㊵ ●自加藤勝信㊸ ●立山崎　誠㉛ 【小雪】
23 ●木 友引	勤労感謝の日 ●公國重　徹㊾ ○自石井準一㊱
24 ㊎ 先負	●自伊東良孝㊺ ○自三宅伸吾㉜ ○れ山本太郎㊾
25 ㊏ 仏滅	●自渡辺孝一㊱ ●公日下正喜㊳ ●れたがや亮㊴ ○立古賀千景㊲
26 ●日 大安	【ペンの日】
27 ㊊ 赤口	
28 ㊋ 先勝	○自中曽根弘文㊽ ○立蓮　舫㊱
29 ㊌ 友引	●自石原正敬㊷ ●自小林鷹之㊾ ○自石井正弘㊽ ○自山田俊男㊼
30 ㊍ 先負	○自馬場成志㊴ 【国連気候変動枠組み条約締約国会議(UAE、～12月12日)】

■その他の予定

APEC首脳会議(サンフランシスコ)

■昨年の出来事(R4)

11. 2　米連邦準備制度理事会(FRB)が政策金利を通常の3倍となる0.75%引き上げ
11.11　首相は死刑執行職務を軽視する発言をした葉梨康弘法相を更迭、後任に自民党の斎藤健·元農相を起用
11.13　熊本市長選挙で現職の大西一史氏が3選
11.15　国連は世界人口が80億人に達したと発表
11.18　衆院小選挙区を「10増10減」し、選挙区間の「1票の格差」を2倍未満とする改正公職選挙法が成立
11.20　愛媛県知事選挙で現職の中村時広氏が4選
11.20　福岡市長選挙で現職の高島宗一郎氏が4選
11.20　首相は政治資金収支報告書の不適切な記載が相次いで発覚した寺田稔総務相を更迭、後任に自民党の松本剛明·元外相が就任
11.22　永岡桂子文科相は旧統一教会に宗教法人法に基づく質問権を行使。厚労省も信者の子どもの養子縁組が繰り返されていた問題で、東京都と連名の質問書を送付
11.27　和歌山県知事選挙で新人の岸本周平氏が初当選
11.30　中国の江沢民元国家主席が死去(96歳)

■過去の出来事

S20.11. 2　日本社会党結成
S21.11. 3　日本国憲法発布
S30.11.15　自由民主党結成
S38.11.22　ケネディ米大統領暗殺
S39.11.17　公明党結成

■令和5年(2023年)12月 〈国会議員誕生日・各種日程〉

1 ㊎ 仏滅	(自)本田太郎㊿ (公)河野義博㊻ 【世界エイズデー】
2 ㊏ 大安	(立)末次精一(61)
3 ㊐ 赤口	(自)宮崎雅夫(60) (共)倉林明子(63) 【国際障害者デー】
4 ㊊ 先勝	
5 ㊋ 友引	(自)柴山昌彦(58) (立)末松義規(67) 【国際ボランティアデー】
6 ㊌ 先負	(自)菅　義偉(75) (自)宮路拓馬㊹ (立)早稲田ゆき(65) (国)古川元久(58) 【高知県知事任期満了】
7 ㊍ 仏滅	(自)高橋克法(66) (自)小野田紀美㊶ (立)鬼木　誠(60) 【大雪】
8 ㊎ 大安	(自)永岡桂子(70) (自)工藤彰三(59) (自)斎藤洋明㊼ (公)吉田宣弘(56) 【G7内務・安全担当相会合(水戸市、～10日)】
9 ㊏ 赤口	(自)後藤茂之(68) (立)梅谷　守㊿ (公)山本博司(69)
10 ㊐ 先勝	(公)伊佐進一㊾
11 ㊊ 友引	(自)小渕優子㊿ (立)渡辺　周(62) (維)柴田　巧(63)
12 ㊋ 先負	(立)近藤和也㊿
13 ㊌ 大安	
14 ㊍ 赤口	(自)盛山正仁(70) (自)五十嵐清(54) (無)安達　澄(54)
15 ㊎ 先勝	(自)田村憲久(59) (維)阿部弘樹(62) (国)鈴木　敦㊱
16 ㊏ 友引	(自)木村次郎(56) (公)高木陽介(64)
17 ㊐ 先負	(自)末松信介(68)
18 ㊊ 仏滅	(自)赤澤亮正(63) (共)赤嶺政賢(76) (共)塩川鉄也(62) 【国連加盟記念日】
19 ㊋ 大安	(維)遠藤良太㊴
20 ㊌ 赤口	(自)櫻田義孝(74) (自)丹羽秀樹(51) (立)田島麻衣子㊼

21 (木) 先勝	● 髙階恵美子⑥ ⊘ 大島 敦⑥ ⊘ 重徳和彦⑤ ⊘ 源馬謙太郎㊼ ⊘ 小沼 巧㊳ ● 浜野喜史㊻
22 (金) 友引	● 中川郁子⑥ ● 前川清成⑥ 【冬至】
23 (土) 先負	● 古庄玄知⑥ ● 藤井一博㊻
24 (日) 仏滅	⊘ 道下大樹㊽ ● 若林洋平㊺ ● 福島みずほ⑥
25 (月) 大安	● 宮本岳志㊽ 【クリスマス】
26 (火) 赤口	⊘ 小山展弘㊽ ● 岬 麻紀㊺ ● 上月良祐⑥
27 (水) 先勝	● 塚田一郎⑥ ● 藤田文武㊸
28 (木) 友引	
29 (金) 先負	⊘ 下条みつ⑥ ● 浅田 均㊾ ● 天畠大輔㊷
30 (土) 仏滅	【東証大納会】
31 (日) 大安	【大晦日】

■その他の予定
24年度予算案を策定(月内)

■昨年の出来事(R4)

12. 5	サッカーのW杯カタール大会で日本は通算2勝1敗で決勝トーナメント進出するも、1回戦でクロアチアに敗れ初の8強入りは逃した
12. 10	旧統一協会の問題を受けた高額寄付被害救済・防止法が成立
12. 16	政府は今後10年程度の外交・防衛政策の指針となる「国家安全保障戦略」などの3文書を閣議決定。自衛目的で敵のミサイル発射拠点などを破壊する「反撃能力」の保有を明記。防衛費と関係費を合わせて2027年度の現在のGDP比2%とし、防衛力を抜本的に強化
12. 18	佐賀県知事選挙で現職の山口祥義氏が3選
12. 21	自民党の薗浦健太郎衆議院議員が、政治資金過少記載の疑惑を巡り議員辞職、自民党を離党
12. 21	ウクライナのゼレンスキー大統領がワシントンでバイデン大統領と会談し、米議会で演説。バイデン氏は地対空ミサイルシステム「パトリオット」など追加軍事支援を表明
12. 25	宮崎県知事選挙で現職の河野俊嗣氏が4選
12. 27	岸田首相は公職選挙法違反の疑惑が指摘された秋葉賢也復興相を更迭、後任に自民党の渡辺博道元復興相を起用

■過去の出来事

S16.12. 8	太平洋戦争開戦	H 3.12.21	ソ連邦消滅
S20.12.17	婦人参政権確実現	H16.12.10	新進党結成
S31.12.12	国連に加盟	H24.12.16	第46回衆院選、自民圧勝

1 (月) 赤口	元日　(自)鳩山二郎㊺　(立)伴野　豊(63)　(立)吉田はるみ(52) (維)山本剛正(52)　(自)牧野たかお(65)　(立)徳永エリ(62) 【全日本実業団駅伝】【新年祝賀の儀】
2 (火) 先勝	(自)田畑裕明(51) (自)吉井　章(57)　【東京箱根間往復大学駅伝(～3日)】【新年一般参賀】
3 (水) 友引	(自)林　幹雄(77)　(自)鷲尾英一郎㊼　(立)笠　浩史(59) (無)平山佐知子(53)
4 (木) 先負	(自)中西健治(60)　(維)伊東信久(60)　(公)中野洋昌㊻ (公)杉　久武㊽　(無)伊波洋一(72)
5 (金) 仏滅	(自)今村雅弘(77)　(自)鈴木貴子㊳ (自)北村経夫(69)
6 (土) 大安	(立)山井和則(62)　(自)高橋はるみ(70)　(立)打越さく良(56) (自)神谷政幸㊺　【小寒】
7 (日) 赤口	
8 (月) 先勝	成人の日　(自)井野俊郎㊹　(立)鎌田さゆり(59)　(無)緒方林太郎(51) (自)山田　宏(66)　(自)臼井正一㊾
9 (火) 友引	
10 (水) 先負	(自)河野太郎(61)　(自)國場幸之助(51)　(自)宮澤博行㊾ (立)緑川貴士㊴　(維)掘井健智(57)
11 (木) 赤口	(自)額賀福志郎(80)　(自)若林健太(60)　(共)穀田恵二(77) (公)矢倉克夫㊾
12 (金) 先勝	(立)川田龍平㊽
13 (土) 友引	(立)西村智奈美(57) (公)伊藤孝江(56)　(共)紙　智子(69)
14 (日) 先負	(立)牧　義夫(66) (自)古川俊治(61)　【大相撲初場所(～28日)】
15 (月) 仏滅	(無)髙良鉄美(70)
16 (火) 大安	(自)髙木　毅(68)
17 (水) 赤口	(自)遠藤利明(74)　(立)安住　淳(62)　(立)谷田川元(61)
18 (木) 先勝	(公)佐々木さやか㊸
19 (金) 友引	(自)田所嘉德(70)　(自)藤丸　敏(64)　(自)林　芳正(63)　(自)中曽根康隆㊷ (自)丸川珠代(53)　(立)福山哲郎(62)　(公)塩田博昭(62)
20 (土) 先負	(自)新藤義孝(66)　(自)大串正樹(58) (自)松山政司(65)　【大寒】

21 日 仏滅	●田中和德㊆	●柿沢未途㊝	●武村展英㊾
22 月 大安	●上田英俊㊾	⑪神津 健㊼	⑪一谷勇一郎㊽	⊛宮本 徹㊼
23 火 赤口	●橘慶一郎㊿		
24 水 先勝	●寺田 稔㊅	⑪青山大人㊺	⑪住吉寛紀㊴
25 木 友引	●平井卓也㊅		
26 金 先負			【文化財防火デー】
27 土 仏滅	⑪馬場伸幸㊾		
28 日 大安	●谷 公一㊂ ⑫小西洋之㊼		
29 月 赤口	●北村誠吾㊆	●柳本 顕㊿	
	⑮川合孝典㊅		
30 火 先勝	●鈴木憲和㊷	⑪坂本祐之輔㊅	
31 水 友引	⑭鈴木宗男㊅		

■その他の予定

■昨年の出来事(R5)

1. 8 ブラジルのボルソナーロ前大統領の支持者らが暴徒化、国会議事堂や大統領府などを襲撃
1.10 中国が日本政府の水際対策に対抗し、日本人向けビザ発給を一時停止
1.13 総務省は2022年7月の参議院議員選挙で、自治体の選挙事務に関するミスや問題が過去最多の225件であったことを発表
1.16 れいわ新選組の山本太郎代表は同党所属の参議院議員・水道橋博士の辞職を発表。同氏の辞職に伴い、比例名簿3位だった大島九州男氏以下5人が1年ごとに辞職と繰り上げを繰り返し、参院議員を務める方針を明らかにした
1.17 中国政府は、2022年末時点の中国本土の人口が推計で14億1175万人と、前の年に比べて85万人減ったと発表。中国の人口が減少に転じるのは61年ぶり
1.22 山梨県知事選挙で長崎幸太郎氏が再選

■過去の出来事

S44.1.18	東大安田講堂に機動隊突入	H 7.1.17	阪神淡路大震災、死者6433人
S64.1. 7	昭和天皇崩御	H 8.1.19	社会党、社民党に党名変更
H 3.1.17	湾岸戦争勃発	H13.1. 6	省庁再編(1府12省庁)

【内閣官房】

● 新型インフルエンザ等対策特別措置法及び内閣法の一部を改正する法律案

新型コロナウイルス感染症への対応を踏まえ、感染症の発生及びまん延の防止に関する施策の総合調整等に関する機能を強化するため、感染症の発生及びまん延の初期段階から新型インフルエンザ等対策本部が迅速かつ的確な措置を講じるための仕組み等を整備するとともに、内閣官房に当該施策の総合調整等に関する事務及び同対策本部等に関する事務を所掌する内閣感染症危機管理統括庁（仮称）を設置する。

● 脱炭素成長型経済構造への円滑な移行の推進に関する法律案（仮称）

エネルギー及び原材料の脱炭素化に向けた取組と産業競争力の強化を両立させた脱炭素成長型の経済構造への円滑な移行を推進するため、脱炭素成長型経済構造移行推進戦略（仮称）の策定、脱炭素成長型経済構造への移行に係る投資を支援する財源を確保するための公債の発行、脱炭素化を促すための化石燃料の輸入事業者等に対する賦課金の徴収及び発電事業者への排出枠の割当てに係る負担金の徴収、脱炭素成長型経済構造への移行に係る事業活動の支援を行う法人の認可等の措置を講ずる。

● 脱炭素社会の実現に向けた電気供給体制の確立を図るための電気事業法等の一部を改正する法律案（仮称）

我が国における脱炭素社会の実現に向けて、非化石エネルギー源の利用の促進を図りつつ電気の安定供給を確保するため、電気の安定供給の確保等の観点から発電用原子炉の運転期間を定めるとともに、その設置者に対し、長期間運転する発電用原子炉施設に関する技術的な評価の実施及び管理計画の作成を義務付けるほか、使用済燃料再処理機構の業務への廃炉の推進に関する業務の追加、再生可能エネルギー発電事業計画の認定の取消しに伴う交付金の返還命令の創設その他の規律の強化等の措置を講ずる。

● フリーランスに係る取引の適正化等に関する法律案（仮称）

個人がフリーランス（仮称）として安定的に働くことができる環境を整備するため、これらに業務委託をする事業者について、給付の内容その他の事項の明示を義務付ける等の措置を講ずる。

● 孤独・孤立対策推進法案（仮称）

近時における社会の変化を踏まえ、日常生活若しくは社会生活において孤独を覚えることにより、又は社会から孤立していることにより心身に有害な影響を受けている状態にある者への支援等に関する取組について、その基本理念、国等の責務、施策の基本となる事項及び孤独・孤立対策推進本部（仮称）の設置等について定める。

【内閣府】

● 配偶者からの暴力の防止及び被害者の保護等に関する法律

の一部を改正する法律案

最近における配偶者からの暴力等の実情に鑑み、国が定める基本的な方針及び都道府県が定める基本的な計画の記載事項の拡充、関係者による情報交換及び支援内容の協議を行う協議会に関する規定の創設等の措置を講ずるとともに、接近禁止命令（仮称）等の申立てをすることができる被害者の範囲の拡大、保護命令の期間の伸長等の保護命令制度の拡充等の措置を講ずる。

● 国家戦略特別区域法及び構造改革特別区域法の一部を改正する法律案

産業の国際競争力の強化及び国際的な経済活動の拠点の形成に関する施策の総合的かつ集中的な推進を図るため、補助金等交付財産の処分の制限に係る承認の手続の特例を定める等のほか、経済社会の構造改革及び地域の活性化を図るため、国家戦略特別区域法に規定されている法人農地取得事業に係る農地法の特例措置を構造改革特別区域において実施することを可能とするための規定の整備を行う。

● 医療分野の研究開発に資するための匿名加工医療情報に関する法律の一部を改正する法律案

健康・医療に関する先端的研究開発及び新産業創出の促進を図るため、医療情報に含まれる記述等の削除等により他の情報と照合しない限り特定の個人を識別することができないように加工した仮名加工医療情報（仮称）の取扱いに関する規定を整備するほか、匿名加工医療情報を匿名医療保険等関連情報等と連結して利用することができる状態で提供するための仕組みの創設、国が実施する匿名加工医療情報及び仮名加工医療情報に関する施策への協力に関する医療情報取扱事業者の責務規定の創設等の措置を講ずる。

● 地域の自主性及び自立性を高めるための改革の推進を図るための関係法律の整備に関する法律案（仮称）

地域の自主性及び自立性を高めるための改革を総合的に推進するため、地方公共団体等の提案等を踏まえ、地方公共団体に対する義務付けを緩和する等の措置を講ずる。

● 日本学術会議法の一部を改正する法律案

日本学術会議のより適正かつ透明性の高い運営を確保するとともに、近年の我が国及び国際社会の課題により的確に対応した活動を推進するため、6年間の事業の運営に関する方針の作成、運営の状況についての自己評価の実施、会員の候補者の推薦等に関する選考諮問委員会（仮称）の意見の聴取等について定める等の措置を講ずる。

【金融庁】

● 金融商品取引法等の一部を改正する法律案

我が国の金融及び資本市場をめぐる環境変化に対応し、金融サービスの顧客等の利便の向

上及び保護を図るため、顧客等の最善の利益を勘案しつつ、誠実かつ公正に業務を遂行すべき義務の規定の整備、顧客への契約締結前の説明義務等に係る規定の整備、インターネットを用いてファンド形態で出資を募り企業等に貸し付ける仕組みを取り扱う金融商品取引業者に係る規制の整備等の措置を講ずる。

● 情報通信技術の進展等の環境変化に対応するための社債、株式等の振替に関する法律等の一部を改正する法律案（仮称）

近年の情報通信技術の進展及び投資者の多様化をはじめとする資本市場を取り巻く環境の変化に対応し、資本市場の効率化及び活性化を図るため、特別法人出資証券のデジタル化、既存株主の口座情報を求める通知に係る期間の規定の見直し等の措置を講ずる。

【消費者庁】

● 不当景品類及び不当表示防止法の一部を改正する法律案

最近における商品又は役務の取引に関する表示をめぐる状況に鑑み、一般消費者の利益の一層の保護を図るため、前に課徴金納付命令を受けたことがある事業者に対して課す課徴金の額を加算する措置、不当景品類及び不当表示防止法第5条の規定等に違反する疑いのある事業者が疑いの理由となった行為に係る是正措置計画（仮称）の認定を受けたときは当該行為について措置命令等の規定を適用しないこととする措置等を

講ずる。

【デジタル庁】

● デジタル社会の形成を図るための規制改革を推進するためのデジタル社会形成基本法等の一部を改正する法律案（仮称）

デジタル社会形成基本法に基づくデジタル社会の形成に関する施策として、情報通信技術の進展を踏まえたその効果的な活用のための規制の見直しを推進するため、デジタル社会形成基本法、情報通信技術を活用した行政の推進等に関する法律等の関係法律について所要の規定の整備を行う。

● 行政手続における特定の個人を識別するための番号の利用等に関する法律等の一部を改正する法律案

国民の利便性の向上及び行政運営の効率化を図るため、個人番号等の利用の促進を図る行政事務の範囲を拡大するとともに、在外公館における個人番号カードの交付等に係る手続の整備、戸籍等の記載事項への「氏名の振り仮名」の追加、行政機関の長等からの預貯金口座情報、個人番号等の提供による登録の特例の創設、医療保険の資格確認のために必要な書面の交付等の措置を講ずる。

【復興庁】

● 福島復興再生特別措置法の一部を改正する法律案

福島の復興及び再生を一層促進するため、市町村による特定帰還居住区域復興再生計画（仮称）の作成及びその内閣

総理大臣による認定、当該認定を受けた同計画に基づく国による土地改良事業等の代行及び国の負担による土壌等の除染等の措置等について定める。

【総務省】

● 地方税法等の一部を改正する法律案
現下の経済情勢等を踏まえ、自動車税及び軽自動車税の環境性能割の税率区分の見直し、納税環境の整備、航空機燃料譲与税の譲与割合の特例措置の見直し等を行うとともに、税負担軽減措置等の整理合理化等を行う。

● 地方交付税法等の一部を改正する法律案
地方団体の必要とする行政経費の財源を適切に措置するため、地方交付税の総額について改正を行うとともに、地方交付税の算定方法の改正等を行う。

● 地方自治法の一部を改正する法律案
地方議会の活性化並びに地方公共団体の運営の合理化及び適正化を図るため、地方議会の役割及び議員の職務の明確化、会計年度任用職員に対する勤勉手当の支給を可能とする規定の整備、公金事務の私人への委託に関する制度の見直し等を行う。

● 放送法及び電波法の一部を改正する法律案
近年の放送を取り巻く環境の変化を踏まえ、国内基幹放送事業者が事業運営の効率化を図りつつ放送の社会的役割を果たしていくことを将来にわたって確

保するため、複数の放送対象地域の国内基幹放送事業者が一定の条件の下で同一の放送番組の放送を同時に行うための制度を整備するとともに、一の放送対象地域において複数の特定地上基幹放送事業者が中継局設備を共同で利用することを可能とする等の措置を講ずる。

【法務省】

● 裁判所職員定員法の一部を改正する法律案
判事補の員数を15人減少し、裁判官以外の裁判所の職員の員数を31人減少する。

● 仲裁法の一部を改正する法律案
経済取引の国際化の進展等の仲裁をめぐる諸情勢の変化に鑑み、仲裁廷が命ずる暫定保全措置についてその内容及び手続並びにその強制執行等の手続等を定める等の措置を講ずる。

● 調停による国際的な和解合意に関する国際連合条約の実施に関する法律案（仮称）
調停による国際的な和解合意に関する国際連合条約（仮訳）の締結に伴い、その的確な実施を確保するため、和解の仲介を行う手続において成立した国際和解合意（仮称）に基づく強制執行を可能とする制度を創設する。

● 裁判外紛争解決手続の利用の促進に関する法律の一部を改正する法律案
我が国における裁判外紛争解決手続の利用を一層促進し、紛争の実情に即した迅速、適正かつ実効的な解決を図るため、認証紛争解決手続において成立

した和解に基づく強制執行を可能とする制度を創設する等の措置を講ずる。

● 刑事訴訟法等の一部を改正する法律案

刑事手続において犯罪被害者等の情報を保護するため、犯罪被害者等の個人特定事項の記載がない起訴状抄本を被告人に送達する措置等を導入するとともに、被告人や刑が確定した者の逃亡を防止し、公判期日等への出頭及び裁判の執行の確保を図るため、位置測定端末(仮称)により保釈された者の位置情報を取得する制度を創設し、逃走の罪の構成要件及び法定刑を改めるなどの処罰規定の整備を行うほか、拘禁刑以上の実刑の言渡しを受けた者等が出国により刑の執行を免れることを防止するための制度の創設等を行う。

● 出入国管理及び難民認定法及び日本国との平和条約に基づき日本の国籍を離脱した者等の出入国管理に関する特例法の一部を改正する法律案

退去強制手続における送還・収容の現状に鑑み、退去強制手続を一層適切かつ実効的なものとするため、在留特別許可の申請手続の創設、収容に代わる措置の創設、難民認定手続中の送還停止に関する規定の見直し、本邦からの退去を命ずる命令制度の創設等の措置を講ずるほか、難民に準じて保護すべき者に関する規定の整備等の措置を講ずる。

● 民事関係手続等における情報通信技術の活用等の推進を図るための関係法律の整備に関する法律案(仮称)

民事関係手続等の一層の迅速化及び効率化等を図り、民事関係手続等を国民がより利用しやすいものとする観点から、民事執行手続等における電子情報処理組織を使用して行うことができる申立て等の範囲の拡大、申立て等に係る書面及び裁判書等の電磁的記録化並びに映像と音声の送受信による期日における手続きを行うことを可能とする規定の整備、民事執行手続等の申立ての手数料等に係る納付方法の見直し、公正証書の電磁的記録化及び映像と音声の送受信による公正証書の作成手続に係る規定の整備等の措置を講ずる。

● 刑法及び刑事訴訟法の一部を改正する法律案

近年における性犯罪をめぐる状況に鑑み、この種の犯罪に適切に対処するため、強制わいせつ罪及び準強制わいせつ罪等を統合し、その構成要件を見直すとともに、13歳以上16歳未満の者にわいせつな行為又は性交等をした当該者より5歳以上年長の者に対する強制わいせつ罪又は強制性交等罪としての処罰を可能とし、強制性交等罪における性交等の定義を拡張する等の刑法の処罰規定の整備を行い、あわせて、性犯罪について公訴時効の期間を延長する等の刑事訴訟法の規定の整備を行う。

● 性的な姿態を撮影する行為等の処罰及び性的な姿態が記録された押収物の廃棄等に関する

法律案（仮称）

性的な姿態を撮影する行為、その画像を提供する行為等による被害の発生及び拡大を防止するため、性的な姿態の撮影等に係る処罰規定を整備するとともに、性的な姿態の撮影等の犯罪行為により生じた物等を複写した物の没収を可能とし、あわせて、性的な姿態等が記録された押収物について検察官が廃棄等をすることができる制度を導入する。

【外務省】

●在外公館の名称及び位置並びに在外公館に勤務する外務公務員の給与に関する法律の一部を改正する法律案

国際情勢の変化等に鑑み、以下の改正を行う。

1 在ローマ国際機関日本政府代表部の新設
2 在ウクライナ日本国大使館等の位置の地名の改正
3 在外公館に勤務する外務公務員の在勤基本手当の基準額の改定
4 在外公館に勤務する外務公務員の子女教育手当の加算額の限度の改定
5 在外公館に勤務する外務公務員の子女教育手当の支給に係る例外規定の整備
6 外務公務員の研修員手当の支給額の改定

【財務省】

●我が国の防衛力の抜本的な強化等のために必要な財源の確保に関する特別措置法案（仮称）

令和5年度以降における我が国の防衛力の抜本的な強化及び抜本的に強化された防衛力の安定的な維持に必要な財源を確保するための特別措置として、財政投融資特別会計財政融資資金勘定からの一般会計への繰入れの特例に関する措置及び外国為替資金特別会計からの一般会計への繰入れの特別措置並びに独立行政法人国立病院機構及び独立行政法人地域医療機能推進機構の国庫納付金の納付の特例に関する措置を講ずるとともに、防衛力強化資金の設置等について定める。

●所得税法等の一部を改正する法律案

令和5年度税制改正に関する以下の改正を行う。

1 非課税口座内の少額上場株式等に係る配当所得及び譲渡所得等の非課税措置（NISA制度）の抜本的拡充・恒久化
2 資産移転の時期の選択により中立的な税制を構築するための相続税・贈与税の見直し
3 研究開発税制の見直し
4 国際最低課税額に対する法人税の創設（グローバル・ミニマム課税への対応）
5 自動車重量税のエコカー減税の延長・見直し　等

●関税定率法等の一部を改正する法律案

令和5年度関税改正に関する以下の改正を行う。

1 暫定税率等の適用期限の延長及び個別品目の関税率の見直し

2 税関事務管理人制度の拡充 等

●株式会社国際協力銀行法の一部を改正する法律案

日本経済を取り巻く国際情勢の変化等を踏まえ、株式会社国際協力銀行について、本邦企業の供給網の強靭化等に必要な重要な物資の製造に関する事業等を行う外国の法人を融資対象先として追加するとともに、海外展開する新規企業者等への出資等を可能とするほか、ロシアの侵略戦争に直面するウクライナに対する資金の融通の円滑化等を図る観点から、戦争の結果生じた被害の復旧に関する事業等に必要な資金の国際機関による貸付けに係る債務の保証等を可能とする等の措置を講ずる。

●国際通貨基金及び国際復興開発銀行への加盟に伴う措置に関する法律の一部を改正する法律案

加盟国の復興又は開発を支援するため国際復興開発銀行に設けられる基金に充てるため我が国から拠出することになるのに伴い、当該拠出について国債による拠出を可能とする等の措置を講ずる。

【文部科学省】

●私立学校法の一部を改正する法律案

私立学校の健全な発達に資するため、理事、理事会、監事、評議員、評議員会及び会計監査人の職務その他の学校法人の機関に関し必要な事項について定めるとともに、予算、会計その他の学校法人の管理運営に関する規定の整備等を行う。

●日本語教育の適正かつ確実な実施を図るための日本語教育機関の認定等に関する法律案（仮称）

日本語に通じない外国人が我が国において生活するために必要な日本語を理解し、使用する能力を習得させるための教育（以下「日本語教育」という。）の適正かつ確実な実施を図り、もって我が国に居住する外国人が日常生活及び社会生活を国民と共に円滑に営むことができる環境の整備に寄与するため、日本語教育を行うことを目的とした課程を置く教育機関のうち一定の要件を満たすものを認定する制度を創設するとともに、当該認定を受けた日本語教育機関において日本語教育を行う者の資格について定める。

●特定先端大型研究施設の共用の促進に関する法律の一部を改正する法律案

国立研究開発法人量子科学技術研究開発機構により設置される放射光施設の共用を促進し、科学技術に関する研究等の基盤の強化等を図るため、当該施設を特定先端大型研究施設に追加するとともに、特定先端大型研究施設の設置者である同機構に放射光共用施設を研究者等の共用に供する業務等を行わせることとする等の措置を講ずる。

●著作権法の一部を改正する法律案

著作物等の公正な利用を図るとともに著作権等の適切な保護

に資するため、著作物等の利用の可否に係る著作権者等の意思が確認できない場合の著作物等の利用に関する裁定制度を創設する等の措置、立法又は行政の目的のために内部資料として必要と認められる場合等に著作物等の公衆送信等を可能とする措置及び著作権等の侵害に対する損害賠償額の算定の合理化を図る措置について定める。

【厚生労働省】

●駐留軍関係離職者等臨時措置法及び国際協定の締結等に伴う漁業離職者に関する臨時措置法の一部を改正する法律案

我が国をめぐる国際環境等に鑑み、駐留軍関係離職者及び国際協定の締結等に伴う漁業離職者の発生が今後も予想されることから、駐留軍関係離職者等臨時措置法及び国際協定の締結等に伴う漁業離職者に関する臨時措置法の有効期限をそれぞれ5年間延長する。

●戦没者等の妻に対する特別給付金支給法等の一部を改正する法律案

戦没者等の妻に対し、継続して特別給付金を支給する等の措置を講ずる。

●全世代対応型の持続可能な社会保障制度を構築するための健康保険法等の一部を改正する法律案（仮称）

全世代対応型の持続可能な社会保障制度を構築するため、出産育児一時金に係る後期高齢者医療制度からの支援金の導入、後期高齢者医療制度における後期高齢者負担率の見直し、前期財政調整制度における報酬調整の導入、医療費適正化計画の実効性の確保のための見直し、かかりつけ医機能が発揮される制度整備、市町村による介護情報の収集・提供等に係る事業の創設等の措置を講ずる。

●生活衛生等関係行政の機能強化のための関係法律の整備に関する法律案（仮称）

生活衛生等関係行政の機能強化を図るため、食品衛生法による食品衛生基準に関する権限を厚生労働大臣から内閣総理大臣に、水道法等による権限を厚生労働大臣から国土交通大臣及び環境大臣に移管するとともに、関係審議会の新設及び所掌事務の見直しを行う。

●国立健康危機管理研究機構法案（仮称）

感染症その他の疾患に関し、調査研究、医療の提供、人材の養成等を行うとともに、国民の生命及び健康に重大な影響を与えるおそれがある感染症の発生及びまん延時において疫学調査から臨床研究までを総合的に実施し科学的知見を提供できる体制の強化を図るため、国立感染症研究所と国立研究開発法人国立国際医療研究センターを統合し、国立健康危機管理研究機構（仮称）を設立する。

●国立健康危機管理研究機構法の施行に伴う関係法律の整備に関する法律案（仮称）

国立健康危機管理研究機構法（仮称）の施行に伴い、感染症の予防及び感染症の患者に対

する医療に関する法律その他関係法律について、所要の規定の整備を行う。

【農林水産省】

● 水産加工業施設改良資金融通臨時措置法の一部を改正する法律案

最近における水産加工品の原材料の供給事情及び水産加工品の貿易事情の変化に鑑み、水産加工業施設改良資金融通臨時措置法の有効期限を5年間延長する。

● 合法伐採木材等の流通及び利用の促進に関する法律の一部を改正する法律案

違法伐採及び違法伐採に係る木材等の流通を抑制するため、木材関連事業者が国内の素材生産販売者又は外国の木材輸出業者から木材等の譲受け等をする際に、当該木材等の原材料となる樹木が法令に違反して伐採されていないかについて確認をすることを義務付けるとともに、当該木材等の譲渡しをする際に、当該確認のために用いた情報を相手方へ伝達することを義務付ける等の措置を講ずる。

● 漁港漁場整備法及び水産業協同組合法の一部を改正する法律案

近年の水産物の消費の減少等に対応して漁港の有効活用を通じた水産業の健全な発展及び水産物の安定供給を図るため、漁港施設として水産物の販売及び配送等の機能を担う施設を追加するとともに、長期的かつ計画的な漁港施設等の活用を図る事業の実施を推進する

制度を創設し、漁業協同組合等が当該事業を行う場合は員外利用制限を適用しないこととする等の措置を講ずる。

● 遊漁船法の適正化に関する法律の一部を改正する法律案

遊漁船業について、安全性の向上及び地域の水産業との調和の確保による適正な運営の推進を図るため、遊漁船業者の登録に関し有効期間の見直し及び欠格事由の厳格化、事故を引き起こしたときの報告の義務化、遊漁船の利用者の安全等に関する情報の公表の義務化等の措置を講ずる。

【経済産業省】

● 不正競争防止法等の一部を改正する法律案

知的財産の適切な保護及び知的財産制度の利便性の向上並びに国内外における事業者間の公正な競争の確保を図るため、他人の商品の形態の模倣となる対象行為の拡充及び商標権者の同意に基づく類似する商標の登録制度の創設を行うとともに、意匠の新規性喪失の例外の適用に係る証明手続の簡素化及び特許等の国際出願に係る優先権主張の手続の電子化を行うほか、外国公務員贈賄罪の罰金額の上限の引上げ等を行う。

【国土交通省】

● 地域公共交通の活性化及び再生に関する法律等の一部を改正する法律案

近年における地域旅客運送サービスを取り巻く厳しい状況に鑑

み、その持続可能な提供の確保に資する関係者の連携と協働による取組を一層推進するため、鉄道の特性を発揮することが困難な状況にある区間に係る交通手段の再構築に関する措置を創設するとともに、地域公共交通特定事業を拡充するほか、鉄道事業及び一般乗用旅客自動車運送事業に係る運賃について地域の関係者の協議を踏まえた届出制度を創設する等の措置を講ずる。

● 道路整備特別措置法及び独立行政法人日本高速道路保有・債務返済機構法の一部を改正する法律案

高速道路その他の料金を徴収する道路の適正な管理及び機能の強化を図るため、高速道路の料金の徴収期間の満了の日の延長、地方道路公社等が二以上の道路を一の道路として料金を徴収する特例の拡充、道路の通行等に係る料金徴収の対象の明確化、高速道路において通行者等の利便の確保に資する施設と一体的に整備する自動車駐車場に係る貸付制度の創設等の措置を講ずる。

● 気象業務法及び水防法の一部を改正する法律案

自然災害の頻発等により、洪水等の予報の重要性が増大していることに鑑み、気象業務に関する技術の進展に対応した洪水等の予報の高度化を図るため、予報業務の許可の基準の見直し等を行うほか、噴火等の一定の現象の予報の業務については、利用者への説明を義務付け、当該説明を受けた者にのみ

利用させることを目的とした業務に限り許可を行うこととするとともに、都道府県知事が行う洪水予報に資する国土交通大臣による河川の水位又は流量に関する情報の提供等の措置を講ずる。

● 海上運送法等の一部を改正する法律案

海上旅客輸送の安全の確保等を図るため、一般旅客定期航路事業等に係る許可制度の充実、対外旅客定期航路事業等に係る登録制度の導入及び旅客運送船舶運航事業（仮称）に係る安全統括管理者等の資格、職務等に関する規定の整備を行うとともに、旅客の輸送の用に供する小型船舶（仮称）の乗組員に対する教育訓練の実施の船舶所有者への義務付け等の措置を講ずるほか、安定的な国際海上輸送の確保に資するため、対外船舶貸渡業者等（仮称）が作成する外航船舶確保等計画（仮称）の認定制度を創設する。

● 空家等対策の推進に関する特別措置法の一部を改正する法律案

空家等の適切な管理及びその活用を一層促進するため、空家等活用促進区域（仮称）に関する制度の創設、適切な管理が行われていない空家等に対する措置の拡充、空家等管理活用支援法人（仮称）の指定制度の創設等を行う。

【環境省】

● 気候変動適応法及び独立行政法人環境再生保全機構法の一

35

部を改正する法律案

気候変動の影響による熱中症の発生の予防のための対策を強化するため、政府による熱中症対策の実行に関する計画の策定、環境大臣による熱中症特別警戒情報(仮称)の発表及び当該発表時における市町村長による避暑のための施設の開放措置、独立行政法人環境再生保全機構の業務として熱中症特別警戒情報(仮称)等の発表のために環境大臣が行う調査に係る情報の整理等の追加等の措置を講ずる。

【防衛省】

●防衛省設置法の一部を改正する法律案

自衛隊の任務の円滑な遂行を図るため、自衛官定数の変更及び地方防衛局の所掌事務の追加の措置を講ずる。

●防衛省が調達する装備品等の開発及び生産のための基盤の強化に関する法律案(仮称)

我が国を含む国際社会の安全保障環境の複雑化及び装備品等の高度化に伴い、装備品等の適確な調達を行うためには、装備品製造等事業者(仮称)の装備品等の開発及び生産のための基盤を強化することが一層重要となっていることに鑑み、装備品製造等事業者による装備品等の安定的な製造等の確保及びこれに資する装備移転(仮称)の円滑化を図るための取組を促進するための措置、装備品等に関する契約における秘密の保全措置並びに装備品等の製造等を行う施設等の取得及び

管理の委託に関する制度について定める。

●日本国の自衛隊とオーストラリア国防軍との間における相互のアクセス及び協力の円滑化に関する日本国とオーストラリアとの間の協定の実施に関する法律案(仮称)

日本国の自衛隊とオーストラリア国防軍との間における相互のアクセス及び協力の円滑化に関する日本国とオーストラリアとの間の協定の適確な実施を確保するため、協定の実施に伴う道路運送法及び道路運送車両法の適用除外、刑事手続等の特例、国の賠償責任の特例並びに特殊海事損害に係る賠償の請求についての援助に関する措置を講ずる。

●日本国の自衛隊とグレートブリテン及び北アイルランド連合王国の軍隊との間における相互のアクセス及び協力の円滑化に関する日本国とグレートブリテン及び北アイルランド連合王国との間の協定の実施に関する法律案(仮称)

日本国の自衛隊とグレートブリテン及び北アイルランド連合王国の軍隊との間における相互のアクセス及び協力の円滑化に関する日本国とグレートブリテン及び北アイルランド連合王国との間の協定の適確な実施を確保するため、協定の実施に伴う道路運送法及び道路運送車両法の適用除外、刑事手続等の特例、国の賠償責任の特例並びに特殊海事損害に係る賠償の請求についての援助に関する措置を講ずる。

■都道府県知事・議会議員任期満了日 （○数字は当選回数）

都道府県名	知　　事	当選日	任期満了日	議会議員 当選日	議会議員 任期満了日
北海道	①鈴木　直道	H31. 4. 7	R5. 4. 22	H31. 4. 7	R5. 4. 29
青森県	⑤三村　申吾	R1. 6. 2	R5. 6. 28	H31. 4. 7	R5. 4. 29
岩手県	④達増　拓也	R1. 9. 8	R5. 9. 10	R1. 9. 8	R5. 9. 10
宮城県	⑤村井　嘉浩	R3. 10.31	R7. 11.20	R1. 10.27	R5. 11.12
秋田県	④佐竹　敬久	R3. 4. 9	R7. 4. 19	H31. 4. 7	R5. 4. 29
山形県	④吉村美栄子	R3. 1. 24	R7. 2. 13	H31. 4. 7	R5. 4. 29
福島県	③内堀　雅雄	R4. 10.30	R8. 11.11	R1. 11.10	R5. 11.19
茨城県	②大井川和彦	R3. 9. 5	R7. 9. 25	R4. 12.11	R9. 1. 7
栃木県	⑤福田　富一	R2. 11.15	R6. 12. 8	H31. 4. 7	R5. 4. 29
群馬県	①山本　一太	R1. 7. 21	R5. 7. 27	H31. 4. 7	R5. 4. 29
埼玉県	①大野　元裕	R1. 8. 25	R5. 8. 30	H31. 4. 7	R5. 4. 29
千葉県	①熊谷　俊人	R3. 3. 21	R7. 4. 4	H31. 4. 7	R5. 4. 29
東京都	②小池百合子	R2. 7. 5	R6. 7. 30	R3. 7. 4	R7. 7. 22
神奈川県	③黒岩　祐治	H31. 4. 7	R5. 4. 22	H31. 4. 7	R5. 4. 29
新潟県	②花角　英世	R4. 5. 29	R8. 6. 9	H31. 4. 7	R5. 4. 29
富山県	①新田　八朗	R2. 10.25	R6. 11. 8	H31. 4. 7	R5. 4. 29
石川県	①馳　　浩	R4. 3. 13	R8. 3. 26	H31. 4. 7	R5. 4. 29
福井県	①杉本　達治	H31. 4. 7	R5. 4. 22	H31. 4. 7	R5. 4. 29
山梨県	②長崎幸太郎	R5. 1. 22	R9. 2. 16	H31. 4. 7	R5. 4. 29
長野県	④阿部　守一	R4. 8. 7	R8. 8. 31	H31. 4. 7	R5. 4. 29
岐阜県	⑤古田　肇	R3. 1. 24	R7. 2. 5	H31. 4. 7	R5. 4. 29
静岡県	④川勝　平太	R3. 6. 20	R7. 7. 4	H31. 4. 7	R5. 4. 29
愛知県	③大村　秀章	H31. 2. 3	R5. 2. 14	H31. 4. 7	R5. 4. 29
三重県	①一見　勝之	R3. 9. 12	R7. 9. 12	H31. 4. 7	R5. 4. 29
滋賀県	③三日月大造	R4. 7. 10	R8. 7. 19	H31. 4. 7	R5. 4. 29
京都府	②西脇　隆俊	R4. 4. 10	R8. 4. 15	H31. 4. 7	R5. 4. 29
大阪府	①吉村　洋文	H31. 4. 7	R5. 4. 6	H31. 4. 7	R5. 4. 29
兵庫県	①斎藤　元彦	R3. 7. 18	R7. 7. 31	H31. 4. 7	R5. 4. 29
奈良県	④荒井　正吾	H31. 4. 7	R5. 5. 2	H31. 4. 7	R5. 4. 29
和歌山県	①岸本　周平	R4. 11.27	R8. 12.16	H31. 4. 7	R5. 4. 29
鳥取県	④平井　伸治	H31. 4. 7	R5. 4. 12	H31. 4. 7	R5. 4. 29
島根県	①丸山　達也	H31. 4. 7	R5. 4. 29	H31. 4. 7	R5. 4. 29
岡山県	③伊原木隆太	R2. 10.25	R6. 11.11	H31. 4. 7	R5. 4. 29
広島県	④湯崎　英彦	R3. 11.14	R7. 11.28	H31. 4. 7	R5. 4. 29
山口県	③村岡　嗣政	R4. 2. 6	R8. 2. 22	H31. 4. 7	R5. 4. 29
徳島県	④飯泉　嘉門	R3. 5. 17	R7. 5. 17	H31. 4. 7	R5. 4. 29
香川県	①池田　豊人	R4. 8. 28	R8. 9. 4	H31. 4. 7	R5. 4. 29
愛媛県	④中村　時広	R4. 11.20	R8. 11.30	H31. 4. 7	R5. 4. 29
高知県	①濱田　省司	R1. 11.24	R5. 12. 6	H31. 4. 7	R5. 4. 29
福岡県	①服部誠太郎	R3. 4. 11	R7. 4. 22	H31. 4. 7	R5. 4. 29
佐賀県	③山口　祥義	R4. 12.18	R9. 1. 10	H31. 4. 7	R5. 4. 29
長崎県	①大石　賢吾	R4. 2. 20	R8. 3. 1	H31. 4. 7	R5. 4. 29
熊本県	④蒲島　郁夫	R2. 3. 22	R6. 4. 15	H31. 4. 7	R5. 4. 29
大分県	⑤広瀬　勝貞	H31. 4. 7	R5. 4. 27	H31. 4. 7	R5. 4. 29
宮崎県	④河野　俊嗣	R4. 12.26	R9. 1. 20	H31. 4. 7	R5. 4. 29
鹿児島県	①塩田　康一	R2. 7. 12	R6. 7. 27	H31. 4. 7	R5. 4. 29
沖縄県	②玉城デニー	R4. 9. 11	R8. 10. 3	R2. 6. 7	R6. 6. 24

■都道府県知事プロフィール

●北海道

鈴木 直道（すずき なおみち） S56・3・14生
○H31・4・23就任（当1）
○埼玉県、県立三郷高校、法政大学法学部
○東京都職員、夕張市行政参与、夕張市長（2期）

●青森県

三村 申吾（みむら しんご） S31・4・16生
○H15・6・29就任（当5）
○おいらせ町、県立八戸高校、東京大学文学部
○百石町長（1期）、衆議院議員（1期）

●岩手県

達増 拓也（たっそ たくや） S39・6・10生
○H19・4・30就任（当4）
○盛岡市、県立盛岡第一高校、東京大学法学部
○外務省入省、ジョンズ・ホプキンス大学国際研究高等大学院修了、外務省大臣官房総務課課長補佐、衆議院議員（4期）

●宮城県

村井 嘉浩（むらい よしひろ） S35・8・20生
○H17・11・21就任（当5）
○豊中市、私立明星高校、防衛大学校
○陸上自衛隊東北方面航空隊、自衛隊宮城地方連絡部募集課、松下政経塾、宮城県議会議員（3期）

●秋田県

佐竹 敬久（さたけ のりひさ） S22・11・15生
○H21・4・20就任（当4）
○仙北市、県立角館高校、東北大学工学部
○秋田県地方課長・総務部次長等、秋田市長（2期）、政府税制調査会委員、全国市長会会長、地方制度調査会委員、全国知事会文教環境常任委員会委員長

●山形県

吉村 美栄子（よしむら みえこ） S26・5・18生
○H21・2・14就任（当4）
○西村山郡大江町、県立山形西高校、お茶の水女子大学文教育学部
○会社員、行政書士、山形市総合学習センター職員、山形県教育委員、山形県総合政策審議会委員、山形県入札監視委員会委員

●福島県

内堀 雅雄（うちぼり まさお） S39・3・26生
○H26・11・12就任（当3）
○長野市、県立長野高校、東京大学経済学部
○自治省入省、総務省自治財政局地方債課理事官、福島県生活環境部長・企画調整部長、福島県副知事

● 茨城県　**大井川　和彦（おおいがわ かずひこ）** S39·4·3生
〇H29·9·26就任（当2）
〇土浦市、県立水戸第一高校、東京大学法学部
〇通商産業省（現経済産業省）入省、マイクロソフト株式会社執行役常務、シスコシステムズ合同会社専務執行役員、株式会社ドワンゴ取締役

● 栃木県　**福田　富一（ふくだ とみかず）** S28·5·21生
〇H16·12·9就任（当5）
〇日光市、県立宇都宮工業高校、日本大学理工学部
〇栃木県職員、宇都宮市議会議員（2期）、栃木県議会議員（2期）、宇都宮市長（2期）

● 群馬県　**山本　一太（やまもと いちた）** S33·1·24生
〇R1·7·28就任（当1）
〇群馬県、群馬県立渋川高校、中央大学法学部、ジョージタウン大学大学院
〇国際協力事業団（JICA）、国連開発計画（UNDP）、参議院議員（4期）、外務副大臣、内閣府特命担当大臣、参議院予算委員長、自民党参院政策審議会長

● 埼玉県　**大野　元裕（おおの もとひろ）** S38·11·12生
〇R1.8.31就任（当1）
〇川口市、慶應義塾大学法学部、国際大学国際関係学研究科修士課程〇外務省国際情報局分析第二課専門分析官、在ヨルダン大使館在シリア大使館一等書記官、財団法人中東調査会上席研究員、株式会社ゼネラルサービス専務取締役、参議院議員、防衛大臣政務官兼内閣府大臣政務官

● 千葉県　**熊谷　俊人（くまがい としひと）** S53·2·18生
〇R3.4.5就任（当1）
〇神戸市、私立白陵高校、早稲田大学政経学部
〇NTTコミュニケーションズ社員、千葉市議会議員（H19〜H21）、千葉市長（3期）

● 東京都　**小池　百合子（こいけ ゆりこ）** S27·7·15生
〇H28·7·31就任（当2）
〇兵庫県、甲南女子高校、カイロ大学文学部
〇アラビア語通訳者、キャスター、参議院議員（1期）、衆議院議員（8期）、環境大臣、内閣府特命担当大臣、防衛大臣

● 神奈川県　**黒岩　祐治（くろいわ ゆうじ）** S29·9·26生
〇H23·4·23就任（当3）
〇神戸市、私立灘高校、早稲田大学政経学部
〇フジテレビジョンキャスター、国際医療福祉大学大学院教授

● 新潟県　**花角　英世（はなずみ ひでよ）** S33·5·22生
〇H30·6·10就任（当2）
〇佐渡市、県立新潟高校、東京大学法学部
〇運輸省入省、運輸大臣秘書官、国交省大臣官房審議官、新潟県副知事、海上保安庁次長

●富山県　**新田 八朗（にった はちろう）** S33·8·27生
○R2.11.9就任（当1）
○富山市、県立富山高校、一橋大学経済学部
○第一勧業銀行社員、日本青年会議所会頭（第47代）、日本海ガス代表取締役社長

●石川県　**馳 浩（はせ ひろし）** S36·5·5生
○R4.3.27就任（当1）
○富山県小矢部市、星稜高校、専修大学文学部
○高校教諭、オリンピック選手、プロレスラー、参議院議員・衆議院議員（在職通算26年）、第20代文部科学大臣

●福井県　**杉本 達治（すぎもと たつじ）** S37·7·31生
○H31·4·23就任（当1）
○岐阜県、岐阜県立多治見北高校、東京大学法学部
○自治省入省、総務省自治行政局行政課企画官、福井県総務部長、内閣参事官、総務省自治税務局市町村税課長、福井県副知事、総務省消防庁国民保護·防災部長、総務省公務員部長

●山梨県　**長崎 幸太郎（ながさき こうたろう）** S43·8·18生
○H31·2·18就任（当2）
○東京都、開成高校、東京大学法学部
○大蔵省入省、在ロサンゼルス総領事館職員、山梨県企画部、財務省主計局主計官補佐、衆議院議員（3期）、自民党幹事長政策補佐

●長野県　**阿部 守一（あべ しゅいち）** S35·12·21生
○H22·9·1就任（当4）
○国立市、都立西高校、東京大学法学部
○自治省入省、長野県企画局長、長野県副知事、総務省過疎対策室長、横浜市副市長、内閣府行政刷新会議事務局次長

●岐阜県　**古田 肇（ふるた はじめ）** S22·9·13生
○H17·2·6就任（当5）
○岐阜市、県立岐阜高校、東京大学法学部
○通産省入省、JETROニューヨーク産業調査委員、内閣総理大臣秘書官、経産省商務流通審議官、外務省経済協力局長

●静岡県　**川勝 平太（かわかつ へいた）** S23·8·16生
○H21·7·7就任（当4）
○京都、私立洛星高校、オックスフォード大学大学院
○早稲田大学教授、国際日本文化研究センター教授、静岡文化芸術大学学長

●愛知県　**大村 秀章（おおむら ひであき）** S35·3·9生
○H23·2·15就任（当3）
○碧南市、県立西尾高校、東京大学法学部
○農林水産事務官、経済産業大臣政務官、内閣府大臣政務官、内閣府副大臣、厚生労働副大臣、衆議院議員（5期）

●三重県　**一見　勝之（いちみ かつゆき）** S38·1·30生

○R3.9.14就任（当1）
○亀山市、私立高田学苑高校、東京大学法学部
○運輸省入省、国土交通大臣秘書官（冬柴大臣）、国土交通省総合政策局次長、海上保安庁次長、国土交通省自動車局長

●滋賀県　**三日月　大造（みかづき たいぞう）** S46·5·24生

○H26·7·20就任（当3）
○大津市、県立膳所高校、一橋大学経済学部
○JR西日本社員、松下政経塾、衆議院議員（4期）、国土交通副大臣

●京都府　**西脇　隆俊（にしわき たかとし）** S30·7·16生

○H30·4·16就任（当2）
○京都市、私立洛星高校、東京大学法学部
○建設省入省、国土交通省大臣官房長、国土交通審議官、復興庁事務次官

●大阪府　**吉村　洋文（よしむら ひろふみ）** S50·6·17生

○H31·4·7就任（当1）
○大阪府、府立生野高校、九州大学法学部
○弁護士、大阪市議会議員（1期）、衆議院議員（1期）、大阪市長（1期）

●兵庫県　**斎藤　元彦（さいとう もとひこ）** S52·11·15生

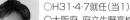

○R3.8.1就任（当1）
○神戸市、私立愛光学園高校、東京大学経済学部
○総務省入省、佐渡市総合政策監、宮城県財政課長、総務省自治税務局都道府県税課理事官、大阪府財務部財政課長

●奈良県　**荒井　正吾（あらい しょうご）** S20·1·18生

○H19·5·3就任（当4）
○大和郡山市、奈良女子大学附属高校、東京大学法学部
○運輸省入省、OECD日本政府代表部、海上保安庁長官、参議院議員（1期）、外務大臣政務官、参議院文教科学委員長

●和歌山県　**岸本　周平（きしもと しゅうへい）** S31·7·12生

○R4.12.17就任（当1）
○和歌山市、県立桐蔭高校、東京大学法学部
○大蔵省入省、経産省文化情報関連産業課長、財務省理財局国庫課長、トヨタ自動車株式会社、内閣府政策参与、衆議院議員5期

●鳥取県　**平井　伸治（ひらい しんじ）** S36·9·17生

○H19·4·13就任（当4）
○千代田区、私立開成高校、東京大学法学部
○自治省入省、鳥取県副知事、総務省自治行政局選挙部政治資金課政党助成室長、自治体国際化協会ニューヨーク事務所長

●島根県　丸山 達也（まるやま たつや） S45·3·25生

○H31·4·30就任（当1）
○福岡県広川町、久留米大学附設高校、東京大学法学部
○自治省入省、長野県飯田市副市長、島根県環境生活部長、島根県政策企画局長、総務省消防庁国民保護室長、地方公共団体金融機構地方支援部長

●岡山県　伊原木 隆太（いばらぎ りゅうた） S41·7·29生

○H24·11·12就任（当3）
○岡山市、県立岡山大安寺高校、東京大学工学部
○外資系経営コンサルティング会社社員、スタンフォード・ビジネススクール修了MBA取得、株式会社天満屋代表取締役社長

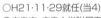

●広島県　湯﨑 英彦（ゆざき ひでひこ） S40·10·4生

○H21·11·29就任（当4）
○広島市、広島大学附属高校、東京大学法学部
○通商産業省入省、スタンフォード大学ビジネススクール修了MBA取得、株式会社アッカ・ネットワークス代表取締役

●山口県　村岡 嗣政（むらおか つぐまさ） S47·12·7生

○H26·2·25就任（当3）
○宇部市、県立宇部高校、東京大学経済学部
○自治省入省、総務省自治行政局自治政策課課長補佐、高知県財政課長、総務省自治財政局財政課財政企画官

●徳島県　飯泉 嘉門（いいずみ かもん） S35·7·29生

○H15·5·18就任（当5）
○池田市、私立灘高校、東京大学法学部
○自治省入省、郵政省地域情報化プロジェクト推進室長、総務省自治税務局税務企画官、徳島県商工労働部長·県民環境部長

●香川県　池田 豊人（いけだ とよひと） S36·7·15生

○R4.9.5就任（当1）
○香川県高松市、県立高松高校、東京大学工学部、東京大学大学院
○建設省入省、国交省関東地方整備局道路部長、大臣官房技術審議官、近畿地方整備局長、道路局長、日本製鉄(株)顧問

●愛媛県　中村 時広（なかむら ときひろ） S35·1·25生

○H22·12·1就任（当4）
○松山市、私立慶應義塾高校、慶應義塾大学法学部
○三菱商事社員、愛媛県議会議員（1期）、衆議院議員（1期）、松山市長（3期）、総務省顧問

●高知県　濱田 省司（はまだ せいじ） S38·1·23生

○R1·12·7就任（当1）
○ 四万十市、私立土佐高校、東京大学法学部
○自治省入省、外務省在サンフランシスコ日本国総領事館、福岡県消防防災課長·財政課長、島根県総務部長、消防庁予防課長、自治税務局企画課長、内閣府大臣官房審議官、大阪府副知事、総務省大臣官房総括審議官

●福岡県

服部 誠太郎 (はっとり せいたろう) S29·9·11生
○R3.4.14就任(当1)
○北九州市、県立小倉高校、中央大学法学部
○福岡県入庁、総務部私学学事振興局学事課長、総務部財政課長、総務部次長、福祉労働部長、福岡県副知事

●佐賀県

山口 祥義 (やまぐち よしのり) S40·7·1生
○H27·1·11就任(当3)
○佐賀県白石町、私立ラ・サール高校、東京大学法学部
○自治省入省、内閣官房内閣安全保障・危機管理室参事補、総務省地域力創造グループ過疎対策室長、JTB総合研究所地域振興ディレクター、(公財)ラグビーワールドカップ2019組織委員会事務総長特別補佐

●長崎県

大石 賢吾 (おおいし けんご) S57·7·8生
○R4.3.2就任(当1)
○五島市、県立長崎北高校、カリフォルニア大学デービス校、千葉大学医学部・同大学院○長崎大学熱帯医学研究所、千葉大学医学部附属病院、厚労省医政局地域医療計画課救急・周産期医療対策室室長補佐、国立研究開発法人日本医療研究開発機構

●熊本県

蒲島 郁夫 (かばしま いくお) S22·1·28生
○H20·4·16就任(当4)
○山鹿市、県立鹿本高校、ハーバード大学大学院
○農協職員、農業研修生として渡米、ネブラスカ大学農学部卒業、筑波大学教授、東京大学教授

●大分県

広瀬 勝貞 (ひろせ かつさだ) S17·6·25生
○H15·4·28就任(当5)
○大分県日田市、私立麻布高校、東京大学法学部
○通産省入省、内閣総理大臣秘書官(宮沢喜一)、通産省官房長、通産省機械情報産業局長、経産省事務次官

●宮崎県

河野 俊嗣 (こうの しゅんじ) S39·9·8生
○H23·1·21就任(当4)
○呉市、広島大学附属高校、東京大学法学部
○自治省入省、埼玉県総務部財政課長、総務省自治税務局企画課税務企画官、宮崎県総務部長、宮崎県副知事

●鹿児島県

塩田 康一 (しおた こういち) S40·10·15生
○R2.7.28就任(当1)
○鹿児島市、私立ラ・サール高校、東京大学法学部
○通産省入省、人事院勤務官、外務省在イタリア日本国大使館参事官、経済産業省経済産業政策局地域経済産業政策課長、内閣府本府地方創生推進室次長、大臣官房審議官(産業保安担当)、九州経済産業局長

●沖縄県

玉城 デニー (たまき でにー) S34·10·13生
○H.30.10.4就任(当2)
○うるま市、県立前原高校、上智社会福祉専門学校
○タレント、ラジオパーソナリティ、沖縄市議会議員(1期)、衆議院議員(4期)

■政令指定都市市長・市議会議員任期満了日 （○数字は当選回数）

都市名	市　長	当選日	任期満了日	市議会議員 当選日	任期満了日
札幌市	②秋元　克広	H31. 4. 7	R5. 5. 1	H31. 4. 7	R5. 5. 1
仙台市	②郡　和子	R3. 8. 1	R7. 8. 21	R1. 8. 25	R5. 8. 27
さいたま市	④清水　勇人	R3. 5. 23	R7. 5. 26	H31. 4. 7	R5. 4. 30
千葉市	①神谷　俊一	R3. 3. 21	R7. 6. 13	H31. 4. 7	R5. 4. 30
横浜市	①山中　竹春	R3. 8. 22	R7. 8. 29	H31. 4. 7	R5. 4. 29
川崎市	③福田　紀彦	R3. 10.31	R7. 11.18	H31. 4. 7	R5. 5. 2
相模原市	①本村賢太郎	H31. 4. 7	R5. 4. 21	H31. 4. 7	R5. 4. 29
新潟市	②中原　八一	R4. 10.23	R8. 11.17	H31. 4. 7	R5. 5. 1
静岡市	③田辺　信宏	H31. 4. 7	R5. 4. 12	R3. 3. 28	R7. 3. 31
浜松市	④鈴木　康友	H31. 4. 7	R5. 4. 30	H31. 4. 7	R5. 4. 30
名古屋市	⑤河村たかし	R3. 4. 25	R7. 4. 27	H31. 4. 7	R5. 4. 11
京都市	④門川　大作	R2. 2. 2	R6. 2. 24	H31. 4. 7	R5. 4. 29
大阪市	①松井　一郎	H31. 4. 7	R5. 4. 6	H31. 4. 7	R5. 4. 29
堺市	①永藤　英機	R1. 6. 10	R5. 6. 8	H31. 4. 7	R5. 4. 30
神戸市	③久元　喜造	R3. 10.31	R7. 11.19	H31. 4. 7	R5. 6. 10
岡山市	③大森　雅夫	R3. 10. 3	R7. 10. 8	H31. 4. 7	R5. 4. 30
広島市	③松井　一實	H31. 4. 7	R5. 4. 11	H31. 4. 7	R5. 5. 1
北九州市	⑤北橋　健治	H31. 1. 27	R5. 2. 19	R3. 1. 31	R7. 2. 9
福岡市	④高島宗一郎	R4. 11.20	R8. 12. 6	H31. 4. 7	R5. 5. 1
熊本市	③大西　一史	R4. 11.13	R8. 12. 2	H31. 4. 7	R5. 4. 30

■主要団体代表任期満了日 （五十音順）

団　体　名	氏　名	任期満了日	団　体　名	氏　名	任期満了日
経済同友会	櫻田　謙悟	R5. 4（総会まで）	日本医師会	松本　吉郎	R6. 3.31
指定都市市長会	久元　喜造	R6. 3. 31	日本遺族会	水落　敏栄	R5. 6
全国漁業協同組合連合会（JF全漁連）	川畑　友和	R5. 6（総会まで）	日本オリンピック委員会（JOC）	山下　泰裕	R5. 3. 31
全国銀行協会	半沢　淳一	R5. 3. 31	日本看護協会	福井トシ子	R5. 6
全国市議会議長会	清水　富雄	R5. 5（総会まで）	日本銀行	黒田　東彦	R5. 4. 8
全国市長会	立谷　秀清	R5. 6（総会まで）	日本経団連	十倉　雅和	R7. 6（総会まで）
全国社会福祉協議会	清家　篤	R5. 6	日本歯科医師会	堀　憲郎	R5. 6
全国知事会	平井　伸治	R5. 9	日本商工会議所	小林　健	R10.10.31
全国町村会	荒木　泰臣	R5. 7.30	日本生活協同組合連合会	土屋　敏夫	R5. 6（総会まで）
全国町村議会議長会	南雲　正	R5. 7（総会まで）	日本青年会議所	麻生　将豊	R5.12.31
全国郵便局長会	末武　晃	R5. 5（総会まで）	日本赤十字社	清家　篤	R7. 6.30
全国土地改良事業団体連合会	二階　俊博	R5. 3. 31	日本弁護士連合会	小林　元治	R5. 3. 31
全国都道府県議会議長会	柴田　正敏	R5. 7（総会まで）	日本放送協会（NHK）	前田　晃伸	R5. 1. 24
全国農業協同組合中央会（JA全中）	中家　徹	R5. 8（総会まで）	日本薬剤師連盟	山本　信夫	R5. 3. 31
全国農業協同組合連合会（JA全農）	菅野　幸雄	R5. 7（総会まで）	連合	芳野　友子	R5. 10.上旬（大会まで）

■世界の主要政治家就任日（国・地域・機関）

国　名	氏　名（年齢）	肩　書	就任年月日
＜アジア＞			
インド	ナレンドラ・モディ(73)	首相	2014. 5. 26
インドネシア	ジョコ・ウィドド(74)	大統領	2014.10. 20
韓国	尹 錫悦(ユン・ソンニョル)(63)	大統領	2022. 5. 10
カンボジア	フン・セン(72)	首相	1998.11. 30
北朝鮮	金 正恩(キム・ジョンウン)(39)	総書記	2012. 4. 11
シンガポール	リー・シェンロン(71)	首相	2004. 8. 12
タイ	プラユット・ジャンオーチャー(69)	首相	2014. 8. 25
中国	習 近平(シーチンピン)(70)	国家主席	2013. 3. 14
パキスタン	アリフ・アルビ(71)	大統領	2018. 9. 9
フィリピン	フェルディナンド・マルコス・ジュニア(66)	大統領	2022. 6. 30
ベトナム	ファム・ミン・チン(64)	首相	2021. 4. 5
マレーシア	アンワル・イブラヒム(76)	首相	2022.11. 24
ミャンマー	ウィン・ミン(72)	大統領	2018. 3. 30
モンゴル	オフナー・フレルスフ(55)	大統領	2021. 6. 25
＜北米＞			
アメリカ	ジョー・バイデン(81)	大統領	2021. 1. 20
カナダ	ジャスティン・トルドー(52)	首相	2015.11. 4
＜中南米＞			
ブラジル	ルイス・イナシオ・ルーラ・ダ・シルヴァ(78)	大統領	2023. 1. 1
メキシコ	アンドレス・マヌエル・ロペス・オブラドール(70)	大統領	2018.12. 1
＜オセアニア＞			
オーストラリア	アンソニー・アルバニージー(60)	首相	2022. 5. 23
ニュージーランド	ジャシンダ・アーダーン(43)	首相	2017.10. 26
＜ヨーロッパ＞			
イギリス	リシ・スナク(43)	首相	2022.10. 25
イタリア	ジョルジャ・メローニ(46)	首相	2022.10. 22
ウクライナ	ヴォロディミル・ゼレンスキー(45)	大統領	2019. 5. 20
ギリシャ	キリヤコス・ミツォタキス(55)	首相	2019. 7. 8
スウェーデン	ウルフ・クリステンソン(60)	首相	2022.10. 18
スペイン	ペドロ・サンチェス(51)	首相	2018. 6. 2
ドイツ	オラフ・ショルツ(65)	首相	2021.12. 8
フランス	エマニュエル・マクロン(45)	大統領	2017. 5. 14
ロシア	プーチン、ウラジーミル・ミロヴィッチ(71)	大統領	2012. 5. 7
＜中東＞			
イスラエル	ベンヤミン・ネタニヤフ(74)	首相	2022.12. 29
イラク	ムハンマド・スーダーニー(53)	首相	2022.10. 27
イラン	セイエド・エブラヒーム・ライースィ(63)	大統領	2021. 8. 3
トルコ	レジェップ・タイップ・エルドアン(69)	大統領	2014. 8. 28
＜アフリカ＞			
エジプト	アブドゥルファッターハ・エルシーシ(69)	大統領	2014. 6. 8
ナイジェリア	ムハンマド・ブハリ(81)	大統領	2015. 5. 29
南アフリカ	シリル・ラマポーザ(71)	大統領	2018. 2. 14

台湾	蔡 英文(67)	総統	2016. 5. 20
国連	アントニオ・グテーレス(74)	事務総長	2017. 1. 1
欧州委員会	ウルズラ・フォン・デア・ライエン(65)	委員長	2019.11. 1

※年齢は2023年の誕生日現在の満年齢。

■主要な戦後の政治家命日

氏 名	命 日	氏 名	命 日
あ 安倍 晋三	R 4. 7. 8	田中 六助	S60. 1.31
安倍晋太郎	H 3. 5.15	田辺 誠	H27. 7. 2
愛知 揆一	S48.11.23	竹下 登	H12. 6.19
赤城 宗徳	H 5.11.11	武村 正義	R 4. 9.28
浅沼稲次郎	S35.10.12	つ 塚本 三郎	R 2. 5.20
芦田 均	S34. 6.20	土屋 義彦	H20.10. 5
飛鳥田一雄	H 2.10.11	て 田 英夫	H21.11.13
い 伊東 正義	H 6. 5.20	と 土井たか子	H26. 9.20
伊藤宗一郎	H13. 9. 4	徳田 球一	S28.10.14
池田 勇人	S40. 8.13	徳永 正利	H 2. 9.23
石井光次郎	S56. 9.20	な 中川 一郎	S58. 1. 9
石田幸四郎	H18. 9.18	中曽根康弘	R 1.11.29
石橋 湛山	S48. 4.25	中村 梅吉	S59. 8. 4
石橋 政嗣	R 1.12. 9	永末 英一	H 6. 7.10
市川 房枝	S56. 2.11	灘尾 弘吉	H 6. 1.22
市川 雄一	H29.12. 8	成田 知巳	S54. 3. 9
う 宇野 宗佑	H10. 5.19	に 二階堂 進	H12. 2. 3
え 江崎 真澄	H 8.12.11	西尾 末広	S56.10. 3
江田 三郎	S52. 5.22	西村 栄一	S46. 4.27
お 小渕 恵三	H12. 5.14	の 野坂 参三	H 5.11.14
緒方 竹虎	S31. 1.28	野中 広務	H30. 1.26
大野 伴睦	S39. 5.29	は 羽田 孜	H29. 8.28
大平 正芳	S55. 6.12	橋本登美三郎	H 2. 1.19
か 加藤 紘一	H28. 9. 9	橋本龍太郎	H18. 7. 1
加藤 六月	H18. 2.28	鳩山 一郎	S34. 3. 7
海部 俊樹	R 4. 1. 9	原 健三郎	H16.11. 6
梶山 静六	H12. 6. 6	原 文兵衛	H11. 9. 7
春日 一幸	H 1. 5. 2	ふ 福田 赳夫	H 7. 7. 5
片山 哲	S53. 5.30	福田 一	H 9. 9. 2
勝間田清一	H 1.12.14	福永 健司	S63. 5.31
金丸 信	H 8. 3.28	藤山愛一郎	S60. 2.22
川島正次郎	S45.11. 9	船田 中	S54. 4.12
き 岸 信介	S62. 8. 7	ほ 保利 茂	S54. 3. 4
清瀬 一郎	S42. 6.27	ま 前尾繁三郎	S56. 7.23
く 久保 亘	H15. 6.24	益谷 秀次	S48. 8.18
こ 後藤田正晴	H17. 9.19	町村 信孝	H27. 6. 1
河野 一郎	S40. 7. 8	松野 鶴平	S37.10.18
河野 謙三	S58.10.16	松野 頼三	H18. 5.10
河本 敏夫	H13. 5.24	み 三木 武夫	S63.11.14
さ 佐々木更三	S60.12.24	三木 武吉	S31. 7. 4
佐々木良作	H12. 3. 9	三塚 博	H16. 4.25
佐藤 栄作	S50. 6. 3	宮澤 喜一	H19. 6.28
坂田 道太	H16. 1.13	宮本 顕治	H19. 7.18
櫻内 義雄	H15. 7. 5	や 安井 謙	S61. 3.10
し 椎名悦三郎	S54. 9.30	山口 鶴男	H27. 8. 3
重宗 雄三	S51. 3.13	山中 貞則	H16. 2.20
す 鈴木 善幸	H16. 7.19	山花 貞夫	H11. 7.14
鈴木茂三郎	S45. 5. 7	よ 吉田 茂	S42.10.20
た 田中 角栄	H 5.12.16	わ 渡辺美智雄	H 7. 9.15

■衆議院総選挙一覧

回次	解散年月日	執行年月日
第23回	S22. 3. 31	S22. 4. 25
第24回	S23. 12. 23	S24. 1. 23
第25回	S27. 8. 28	S27. 10. 1
第26回	S28. 3. 14	S28. 4. 19
第27回	S30. 1. 24	S30. 2. 27
第28回	S33. 4. 25	S33. 5. 22
第29回	S35. 10. 24	S35. 11. 20
第30回	S38. 10. 23	S38. 11. 21
第31回	S41. 12. 27	S42. 1. 29
第32回	S44. 12. 2	S44. 12. 27
第33回	S47. 11. 13	S47. 12. 10
第34回	任期満了	S51. 12. 5
第35回	S54. 9. 7	S54. 10. 7
第36回	S55. 5. 19	S55. 6. 22
第37回	S58. 11. 28	S58. 12. 18
第38回	S61. 6. 2	S61. 7. 6
第39回	H2. 1. 24	H2. 2. 18
第40回	H5. 6. 18	H5. 7. 18
第41回	H8. 9. 27	H8. 10. 20
第42回	H12. 6. 2	H12. 6. 25
第43回	H15. 10. 10	H15. 11. 9
第44回	H17. 8. 8	H17. 9. 11
第45回	H21. 7. 21	H21. 8. 30
第46回	H24. 11. 16	H24. 12. 16
第47回	H26. 11. 21	H26. 12. 14
第48回	H29. 9. 28	H29. 10. 22
第49回	R3. 10. 14	R3. 10. 31

■参議院通常選挙一覧

回次	通常選挙期日	任期満了日
第1回	S22. 4. 20	S28. 5. 2 (※)
第2回	S25. 6. 4	S31. 6. 3
第3回	S28. 4. 24	S34. 5. 2
第4回	S31. 7. 8	S37. 7. 7
第5回	S34. 6. 2	S40. 6. 1
第6回	S37. 7. 1	S43. 7. 7
第7回	S40. 7. 4	S46. 7. 3
第8回	S43. 7. 7	S49. 7. 7
第9回	S46. 6. 27	S52. 7. 3
第10回	S49. 7. 7	S55. 7. 7
第11回	S52. 7. 10	S58. 7. 9
第12回	S55. 6. 22	S61. 7. 7
第13回	S58. 6. 26	H1. 7. 9
第14回	S61. 7. 6	H4. 7. 7
第15回	H1. 7. 23	H7. 7. 22
第16回	H4. 7. 26	H10. 7. 25
第17回	H7. 7. 23	H13. 7. 22
第18回	H10. 7. 12	H16. 7. 25
第19回	H13. 7. 29	H19. 7. 28
第20回	H16. 7. 11	H22. 7. 25
第21回	H19. 7. 29	H25. 7. 28
第22回	H22. 7. 11	H28. 7. 25
第23回	H25. 7. 21	R1. 7. 28
第24回	H28. 7. 10	R4. 7. 25
第25回	R1. 7. 21	R7. 7. 28
第26回	R4. 7. 10	R10. 7. 25

※第1回通常選挙につき任期3年の議員もあり

■戦後歴代内閣発足日

代	総理大臣	発足日	出身政党
43	東久邇宮稔彦王	S20. 8.17	
44	幣原喜重郎	S20.10. 9	
45	吉田　茂	S21. 5.22	注1
46	片山　哲	S22. 5.24	注2
47	芦田　均	S23. 3.10	民主
48	吉田　茂	S23.10.15	注3
49	吉田　茂	S24. 2.16	注3
50	吉田　茂	S27.10.30	自由
51	吉田　茂	S28. 5.21	自由
52	鳩山　一郎	S29.12.10	注4
53	鳩山　一郎	S30. 3.19	注4
54	鳩山　一郎	S30.11.22	自民
55	石橋　湛山	S31.12.23	自民
56	岸　信介	S32. 2.25	自民
57	岸　信介	S33. 6.12	自民
58	池田　勇人	S35. 7.19	自民
59	池田　勇人	S35.12. 8	自民
60	池田　勇人	S38.12. 9	自民
61	佐藤　栄作	S39.11. 9	自民
62	佐藤　栄作	S42. 2.17	自民
63	佐藤　栄作	S45. 1.14	自民
64	田中　角栄	S47. 7. 7	自民
65	田中　角栄	S47.12.22	自民
66	三木　武夫	S49.12. 9	自民
67	福田　赳夫	S51.12.24	自民
68	大平　正芳	S53.12. 7	自民
69	大平　正芳	S54.11. 9	自民
70	鈴木　善幸	S55. 7.17	自民
71	中曽根康弘	S57.11.27	自民
72	中曽根康弘	S58.12.27	自民
73	中曽根康弘	S61. 7.22	自民

代	総理大臣	発足日	出身政党
74	竹下　登	S62.11. 6	自民
75	宇野　宗佑	H 元. 6. 3	自民
76	海部　俊樹	H 元. 8.10	自民
77	海部　俊樹	H 2. 2.28	自民
78	宮澤　喜一	H 3.11. 5	自民
79	細川　護熙	H 5. 8. 9	日本新
80	羽田　孜	H 6. 4.28	新生
81	村山　富市	H 6. 6.30	社会
82	橋本龍太郎	H 8. 1.11	自民
83	橋本龍太郎	H 8.11. 7	自民
84	小渕　恵三	H10. 7.30	自民
85	森　喜朗	H12. 4. 5	自民
86	森　喜朗	H12. 7. 4	自民
87	小泉純一郎	H13. 4.26	自民
88	小泉純一郎	H15.11.19	自民
89	小泉純一郎	H17. 9.21	自民
90	安倍　晋三	H18. 9.26	自民
91	福田　康夫	H19. 9.26	自民
92	麻生　太郎	H20. 9.24	自民
93	鳩山由紀夫	H21. 9.16	民主
94	菅　直人	H22. 6. 8	民主
95	野田　佳彦	H23. 9. 2	民主
96	安倍　晋三	H24.12.26	自民
97	安倍　晋三	H26.12.24	自民
98	安倍　晋三	H29.11. 1	自民
99	菅　義偉	R 2. 9.16	自民
100	岸田　文雄	R 3.10. 4	自民
101	岸田　文雄	R 3.11.10	自民

注1: 日本自由党　　注2: 日本社会党
注3: 民主自由党　　注4: 日本民主党

■国会会期（第166回以降）

国会回次	召集日	終了日（延長日数）	会期
第211回（常　会）	R5.　1.23	R5.　6.21（予定）	150日
第210回（臨時会）	R4. 10. 3	R4. 12.10	69日
第209回（臨時会）	R4.　8. 3	R4.　8. 5	3日
第208回（常　会）	R4.　1.17	R4.　6.15	150日
第207回（臨時会）	R3. 12. 6	R3. 12.21	16日
第206回（特別会）	R3. 11.10	R3. 11.12	3日
第205回（臨時会）	R3. 10. 4	R3. 10.14 ※	11日
第204回（常　会）	R3.　1.18	R3.　6.16	150日
第203回（臨時会）	R2. 10.26	R2. 12. 5	41日
第202回（臨時会）	R2.　9.16	R2.　9.18	3日
第201回（常　会）	R2.　1.20	R2.　6.17	150日
第200回（臨時会）	R1. 10. 4	R1. 12. 9	67日
第199回（臨時会）	R1.　8. 1	R1.　8. 5	5日
第198回（常　会）	H31. 1.28	R1.　6.26	150日
第197回（臨時会）	H30.10.24	H30.12.10	48日
第196回（常　会）	H30. 1.22	H30. 7.22（32日）	182日
第195回（特別会）	H29.11. 1	H29.12. 9	39日
第194回（臨時会）	H29. 9.28	H29. 9.28 ※	1日
第193回（常　会）	H29. 1.20	H29. 6.18	150日
第192回（臨時会）	H28. 9.26	H28.12.17（17日）	83日
第191回（臨時会）	H28. 8. 1	H28. 8. 3	3日
第190回（常　会）	H28. 1. 4	H28. 6. 1	150日
第189回（常　会）	H27. 1.26	H27. 9.27（95日）	245日
第188回（特別会）	H26.12.24	H26.12.26	3日
第187回（臨時会）	H26. 9.29	H26.11.21 ※	54日
第186回（常　会）	H26. 1.24	H26. 6.22	150日
第185回（臨時会）	H25.10.15	H25.12. 8（2日）	55日
第184回（臨時会）	H25. 8. 2	H25. 8. 7	6日
第183回（常　会）	H25. 1.28	H25. 6.26	150日
第182回（特別会）	H24.12.26	H24.12.28	3日
第181回（臨時会）	H24.10.29	H24.11.16 ※	19日
第180回（常　会）	H24. 1.24	H24. 9. 8（79日）	229日
第179回（臨時会）	H23.10.20	H23.12. 9	51日
第178回（臨時会）	H23. 9.13	H23. 9.30（14日）	18日
第177回（常　会）	H23. 1.24	H23. 8.31（70日）	220日
第176回（臨時会）	H22.10. 1	H22.12. 3	64日
第175回（臨時会）	H22. 7.30	H22. 8. 6	8日
第174回（常　会）	H22. 1.18	H22. 6.16	150日
第173回（臨時会）	H21.10.26	H21.12. 4（4日）	40日
第172回（特別会）	H21. 9. 16	H21. 9.19	4日
第171回（常　会）	H21. 1. 5	H21. 7.21 ※	198日
第170回（臨時会）	H20. 9.24	H20.12.25（25日）	93日
第169回（常　会）	H20. 1.18	H20. 6.21（6日）	156日
第168回（臨時会）	H19. 9.10	H20. 1.15（66日）	128日
第167回（臨時会）	H19. 8. 7	H19. 8.10	4日
第166回（常　会）	H19. 1.25	H19. 7. 5（12日）	162日

※㊟解散

特殊法人・独立行政法人　7人

衆議院（6人）

青柳　仁士（維）
梶山　弘志（自）
神津　たけし（立）
櫻井　　周（立）
中川　正春（立）
西銘　恒三郎（自）

参議院（1人）

水野　素子（立）

地方庁　25人

衆議院（17人）

阿部　弘樹（維）
新垣　邦男（社）
小野　泰輔（維）
小野寺　五典（自）
大石　あきこ（れ）
逢坂　誠二（立）
木村　次郎（自）
塩川　鉄也（共）
新藤　義孝（自）
杉田　水脈（自）
高階　恵美子（自）
高木　宏壽（自）
谷　　公一（自）
中村　裕之（自）
福田　昭夫（立）
吉田　宣弘（公）
渡辺　博道（自）

参議院（8人）

伊波　洋一（無）
岩渕　　友（共）
鬼木　　誠（立）
岸　真紀子（立）
藤川　政人（自）
松下　新平（自）
横山　信一（公）
吉田　忠智（立）

美術館　1人

衆議院（1人）

堀内　詔子（自）

学芸員　2人

衆議院（1人）

堀内　詔子（自）

参議院（1人）

嘉田　由紀子（無）

地方議会　222人

衆議院（158人）
参議院（64人）

都道府県議会
議長・副議長　16人

衆議院（6人）

五十嵐　　清（自）
小島　敏文（自）
小寺　裕雄（自）
谷川　弥一（自）
冨樫　博之（自）
西田　昭二（自）

参議院（10人）

浅田　　均（維）
加田　裕之（自）
梶原　大介（自）
勝部　賢志（立）
末松　信介（自）
滝沢　　求（自）
馬場　成志（自）
森屋　　宏（自）
山崎　正昭（自）
山本　順三（自）

都道府県議　150人

衆議院（107人）

あかま　二郎（自）
阿部　弘樹（維）
青山　大人（立）
秋葉　賢也（自）
東　　国幹（自）
井上　貴博（自）
井原　　巧（自）
伊東　良孝（自）
伊藤　忠彦（自）
池下　　卓（維）
池畑　浩太朗（維）

石井　　拓（自）
石橋　林太郎（自）
石川　正敬（自）
稲津　　久（公）
岩田　和親（自）
岩谷　良平（維）
岩屋　　毅（自）
上田　英俊（自）
梅谷　　守（立）
浦野　靖人（維）
漆間　譲司（維）
遠藤　利明（自）
小熊　慎司（立）
大岡　敏孝（自）
大河原　まさこ（立）
大西　英男（自）
鬼木　　誠（自）
柿沢　未途（自）
鎌田　さゆり（立）
神谷　　昇（自）
菅家　一郎（自）
北村　誠吾（自）
金城　泰邦（公）
熊田　裕通（自）
玄葉　光一郎（立）
源馬　謙太郎（立）
小林　茂樹（自）
小宮山　泰子（立）
國場　幸之助（自）
佐藤　　勉（自）
佐藤　英道（公）
坂本　哲志（自）
櫻田　義孝（自）
笹川　博義（自）
下村　博文（自）
庄子　賢一（公）
末次　精一（立）
鈴木　義弘（国）
住吉　寛紀（維）
田所　嘉德（自）
田中　和德（自）
田中　　健（国）
田畑　裕明（自）
髙木　　啓（自）
高木　宏壽（自）
高橋　千鶴子（共）
高見　康裕（自）

33

市区町村議会
議長・副議長 8人

衆議院(7人)

大西　英男(自)
坂本　祐之輔(立)
中川　貴元(自)
馬場　伸幸(立)
美延　映夫(立)
森山　裕(自)
八木　哲也(自)

参議院(1人)

清水　真人(自)

市区町村議 79人

衆議院(58人)

赤嶺　政賢(共)
秋本　真利(自)
浅川　義治(維)
東　国幹(自)
井坂　信彦(立)
井野　俊郎(自)
井上　英孝(維)
伊東　良孝(自)
石井　拓(自)
小熊　慎司(立)
大岡　敏孝(自)
岡本　あき子(立)
金子　恵美(立)
鎌田　さゆり(立)
菅家　一郎(自)
菊田　真紀子(立)
北村　誠吾(自)
金城　泰邦(公)
工藤　彰三(自)
穀田　恵二(共)
興水　恵一(公)
櫻井　周(立)
櫻田　義孝(自)
篠原　豪(立)
島尻　安伊子(自)
新藤　義孝(自)
菅　義偉(自)
鈴木　淳司(自)
田所　嘉徳(自)
田中　和徳(自)
田中　健(国)

参議院(43人)

東　徹(維)
伊波　洋一(無)
石井　準一(自)
岩本　剛人(自)
上野　通子(自)
臼井　正一(自)
衛藤　晟一(自)
尾辻　秀久(無)
大家　敏志(自)
大野　泰正(自)
岡田　直樹(自)
音喜多　駿(維)
加藤　明良(自)
倉林　明子(共)
小林　一大(自)
酒井　庸行(自)
清水　真人(自)
塩村　あやか(立)
柴田　巧(維)
関口　昌一(自)
高木　真理(立)
高野　光二郎(自)
高橋　克法(自)
堂故　茂(自)
豊田　俊郎(自)
長峯　誠(自)
西田　昌司(自)
野上　浩太郎(自)
藤井　一博(自)
藤川　政人(自)
船橋　利実(自)
牧野　たかお(自)
松沢　成文(立)
松下　新平(自)
松野　明美(維)
室井　邦彦(維)
柳ヶ瀬　裕文(維)
山田　宏(自)
山本　啓介(自)
山本　佐知子(自)
横山　信一(公)
吉川　忠智(自)
渡辺　猛之(自)

武井　俊輔(自)
堤　かなめ(立)
手塚　仁雄(立)
土井　亨(自)
徳永　久志(立)
中川　宏昌(公)
中川　正春(立)
中川　康洋(公)
中谷　一馬(立)
中司　宏(維)
中野　英幸(自)
中村　裕之(自)
長坂　康正(自)
二階　俊博(自)
西村　智奈美(立)
西銘　恒三郎(自)
額賀　福志郎(自)
野田　聖子(自)
野田　佳彦(立)
野中　厚(自)
萩生田　光一(自)
林　幹雄(自)
原口　一博(立)
深澤　陽一(自)
福重　隆浩(公)
星野　剛士(自)
堀　学(自)
堀井　健智(維)
本田　太郎(自)
前原　誠司(国)
松原　仁(立)
道下　大樹(立)
宗清　皇一(自)
森田　俊和(立)
森山　浩行(立)
谷田川　元(立)
山口　俊一(自)
山崎　正恭(公)
山本　有二(自)
湯原　俊二(立)
吉田　豊史(無)
吉田　宣弘(公)
吉野　正芳(自)
早稲田　ゆき(立)
和田　有一朗(維)
渡辺　周(立)
渡辺　創(立)
渡辺　博道(自)

江島　潔(自)
高橋克法(自)
堂故　茂(自)
豊田俊郎(自)
中田　宏(自)
長峯　誠(自)
野田国義(立)
山田　宏(自)
若林洋平(自)

各種団体　6人

衆議院(4人)

一谷勇一郎(維)
加藤鮎子(自)
塩谷　立(自)
髙階恵美子(自)

参議院(2人)

石田昌宏(自)
尾辻秀久(自)

生協　1人

参議院(1人)

山下芳生(共)

労働組合　27人

衆議院(4人)

赤嶺政賢(共)
浅野　哲(国)
田村貴昭(共)
高橋千鶴子(共)

参議院(23人)

伊波洋一(無)
石橋通宏(国)
磯﨑哲史(国)
小沢雅仁(国)
大塚耕平(国)
鬼木　誠(立)
勝部賢志(立)
川合孝典(国)
岸　真紀子(立)
倉林明子(共)
古賀千景(立)
斎藤嘉隆(立)

山崎正昭(自)
吉井　章(自)

首長　39人

衆議院(22人)
参議院(17人)

知事　14人

衆議院(7人)

泉田裕彦(自)
尾﨑正直(自)
鈴木英敬(自)
福田昭夫(立)
古川　康(自)
三反園　訓(無)
米山隆一(立)

参議院(7人)

石井正弘(自)
猪瀬直樹(維)
上田清司(無)
太田房江(自)
嘉田由紀子(無)
高橋はるみ(自)
松沢成文(維)

市区町村長　26人

衆議院(16人)

阿部弘樹(維)
新垣邦男(社)
井原　巧(自)
伊東良孝(自)
石田真敏(自)
石原正敬(自)
衛藤征士郎(自)
逢坂誠二(立)
菅家一郎(自)
国定勇人(自)
坂本祐之輔(立)
橘　慶一郎(自)
中　司宏(維)
鳩山二郎(自)
福田昭夫(自)
渡辺孝一(自)

参議院(10人)

伊波洋一(無)

田中英之(自)
田畑裕明(自)
田村貴昭(共)
髙木　啓(自)
高橋英明(維)
竹内　譲(公)
角田秀穂(公)
中川康洋(公)
中根一幸(自)
西田昭二(自)
萩生田光一(自)
早坂　敦(維)
深澤陽一(自)
古川直季(自)
穂坂　泰(自)
堀井健智(維)
三木圭恵(維)
三澤博文(立)
守島　正(維)
森山浩行(立)
柳本　顕(自)
山崎　誠(立)
湯原俊二(立)
吉田とも代(維)
早稲田ゆき(立)
和田有一朗(維)

参議院(21人)

石井　章(維)
石川大我(立)
衛藤晟一(自)
小野田紀美(自)
大島九州男(れ)
神谷宗幣(参)
熊谷裕人(立)
倉林明子(共)
酒井庸行(自)
榛葉賀津也(国)
高木かおり(維)
高木真理(立)
馬場成志(自)
舩橋利実(自)
松浦　靖(自)
室井邦彦(維)
森本真治(立)
柳ヶ瀬裕文(維)

35

柴 慎一（立）	森 まさこ（自）	國重 徹（公）
田村 まみ（国）	矢倉 克夫（公）	穂坂 泰（自）
竹詰 仁（国）	安江 伸夫（公）	若林 健太（自）
堂込 麻紀子（無）	山口 那津男（自）	鷲尾 英一郎（自）
浜口 誠（国）	山添 拓（共）	
浜野 喜史（国）		**参議院（6人）**
水岡 俊一（立）	**米国弁護士 3人**	伊藤 孝江（公）
村田 享子（立）	**衆議院（1人）**	佐々木 さやか（公）
森屋 隆（立）	牧原 秀樹（自）	杉 久武（公）
吉川 沙織（立）		竹谷 とし子（公）
吉田 忠智（立）	**参議院（2人）**	西田 昌司（自）
	阿達 雅志（自）	若松 謙維（公）
弁護士・裁判官・検事36人	牧山 ひろえ（立）	
衆議院（21人）		**監査法人 1人**
井野 俊郎（自）	**法律事務所 1人**	**参議院（1人）**
稲田 朋美（自）	**参議院（1人）**	田島 麻衣子（立）
枝野 幸男（立）	森本 真治（立）	
大口 善德（公）		**社会保険労務士1人**
門山 宏哲（自）	**公認会計士 6人**	**衆議院（1人）**
北側 一雄（公）	**衆議院（3人）**	角田 秀穂（公）
國重 徹（公）	武村 展英（自）	
塩崎 彰久（自）	若林 健太（自）	**行政書士 7人**
階 猛（立）	鷲尾 英一郎（自）	**衆議院（5人）**
柴山 昌彦（自）		井坂 信彦（立）
棚橋 泰文（自）	**参議院（3人）**	岩谷 良平（維）
濱地 雅一（公）	杉 久武（公）	逢坂 誠二（立）
藤原 崇（自）	竹谷 とし子（公）	田所 嘉德（自）
本田 太郎（自）	若松 謙維（公）	鷲尾 英一郎（自）
前川 清成（維）		
牧原 秀樹（自）	**米国公認会計士4人**	**参議院（2人）**
三谷 英弘（自）	**衆議院（2人）**	竹谷 とし子（公）
宮﨑 政久（自）	白石 洋一（立）	若松 謙維（公）
山下 貴司（自）	高木 宏壽（自）	
山本 有二（自）		**司法書士 1人**
米山 隆一（立）	**参議院（2人）**	**衆議院（1人）**
	杉 久武（公）	濱地 雅一（公）
参議院（15人）	滝波 宏文（自）	
伊藤 孝江（公）		**中小企業診断士3人**
打越 さく良（立）	**税理士 13人**	**衆議院（2人）**
串田 誠一（維）	**衆議院（7人）**	大岡 敏孝（自）
古庄 玄知（自）	池下 卓（維）	守島 正（維）
佐々木 さやか（公）	神田 憲次（自）	
友納 理緒（自）	北側 一雄（公）	
仁比 聡平（共）		
広瀬 めぐみ（自）		
福島 みずほ（社）		
古川 俊治（自）		

参議院(1人)

水野　素子(立)

宅地建物取引士 6人

衆議院(4人)

金子　俊平(自)
田所　嘉徳(自)
田畑　裕明(自)
堀内　詔子(自)

参議院(2人)

岩本　剛人(自)
長峯　　誠(自)

土地家屋調査士 1人

参議院(1人)

豊田　俊郎(自)

弁理士 2人

衆議院(2人)

菅　　直人(立)
櫻井　　周(立)

経営コンサルタント 8人

衆議院(5人)

小野　泰輔(維)
加藤　鮎子(自)
茂木　敏充(自)
山田　美樹(自)
吉田　はるみ(立)

参議院(3人)

小沼　　巧(立)
竹谷　とし子(公)
平木　大作(公)

ITコンサルタント 1人

衆議院(1人)

毛身　朝子(自)

一級建築士 2人

衆議院(2人)

田所　嘉徳(自)
渡海　紀三朗(自)

技術士 2人

衆議院(1人)

斉藤　鉄夫(公)

参議院(1人)

新妻　秀規(公)

気象予報士 1人

衆議院(1人)

緑川　貴士(立)

防災士 9人

衆議院(3人)

伊藤　　渉(公)
石橋　林太郎(自)
緑川　貴士(立)

参議院(6人)

石垣　のりこ(立)
里見　隆治(公)
長峯　　誠(自)
新妻　秀規(公)
和田　政宗(自)
若松　謙維(公)

マスコミ 71人

衆議院(34人)
参議院(37人)

新聞社 22人

衆議院(15人)

近藤　昭一(立)
坂本　哲志(自)
篠原　　豪(立)
高木　陽介(公)
高見　康裕(自)
角田　秀穂(公)
中司　　宏(維)

額賀　福志郎(自)
星野　剛士(自)
牧野　義夫(立)
松島　みどり(自)
茂木　敏充(自)
山岸　一生(立)
渡辺　　周(立)
渡辺　　創(立)

参議院(7人)

安達　　澄(無)
岡田　直樹(自)
加田　裕之(自)
北村　経夫(自)
三宅　伸吾(自)
山下　雄平(自)
山谷　えり子(自)

ミニコミ紙 1人

衆議院(1人)

早稲田　ゆき(立)

テレビ・ラジオ 44人
（キャスター、パーソナリティ含む）

衆議院(17人)

安住　　淳(立)
井出　庸生(自)
伊藤　信太郎(自)
石川　香織(立)
おおつき　紅葉(立)
小渕　優子(自)
柿沢　未途(自)
鈴木　貴子(自)
鈴木　庸介(立)
平井　卓也(自)
牧島　かれん(自)
三反園　　訓(無)
岬　　麻紀(維)
緑川　貴士(立)
森山　浩行(立)
山岡　達丸(立)
笠　　浩史(立)

参議院(27人)

青木　　愛(立)
青木　一彦(自)
青島　健太(維)
青山　繁晴(自)

出身別一覧

浅田　　　　均 (維)
伊藤　孝　恵 (国)
石井　苗　子 (維)
石垣　のりこ (立)
梅村　みずほ (維)
片山　大　介 (維)
古賀　之　士 (立)
清水　貴　之 (維)
杉尾　秀　哉 (立)
武見　敬　三 (自)
徳永　エ　リ (立)
ながえ　孝　子 (無)
永井　　　　学 (自)
芳賀　道　也 (無)
平山　佐知子 (無)
古川　俊　治 (自)
牧野　たかお (自)
牧山　ひろえ (立)
丸川　珠　代 (自)
三上　え　り (無)
宮口　治　子 (立)
蓮　　　　　舫 (立)
和田　政　宗 (自)

出版社　3人
衆議院(2人)
篠原　　　　豪 (立)
長妻　　　　昭 (立)
参議院(1人)
西田　実　仁 (公)

通信社　2人
参議院(2人)
青山　繁　晴 (自)
山下　雄　平 (自)

作家・評論家・ライター 9人
衆議院(3人)
海江田　万　里 (無)
長友　慎　治 (国)
茂木　敏　充 (自)
参議院(6人)
青山　繁　晴 (自)
石川　大　我 (立)
猪瀬　直　樹 (維)

神谷　宗　幣 (参)
山田　太　郎 (自)
山谷　えり子 (自)

放送作家　1人
参議院(1人)
塩村　あやか (立)

漫画家　1人
参議院(1人)
赤松　　　　健 (自)

漫画原作者 1人
参議院(1人)
串田　誠　一 (維)

スポーツ・文化・芸能 19人
衆議院(3人)
浮島　智　子 (公)
谷川　と　む (自)
堀井　　　　学 (自)

参議院(16人)
青島　健　太 (維)
朝日　健太郎 (自)
生稲　晃　子 (自)
石井　浩　郎 (自)
石井　苗　子 (維)
今井　絵理子 (自)
山東　昭　子 (自)
塩村　あやか (立)
須藤　元　気 (無)
中条　きよし (維)
橋本　聖　子 (自)
松野　明　美 (維)
三原　じゅん子 (自)
宮口　治　子 (立)
山本　太　郎 (れ)
横沢　高　徳 (立)
蓮　　　　　舫 (立)

ユーチューバー 1人
参議院(1人)
ガーシー (N)

F1ドライバー 1人
衆議院(1人)
山本　左　近 (自)

飲食店経営・勤務 5人
衆議院(3人)
遠藤　　　　敬 (維)
沢田　　　　良 (維)
たがや　　　亮 (れ)
参議院(2人)
石井　浩　郎 (自)
徳永　エ　リ (立)

調理師　2人
衆議院(1人)
馬場　伸　幸 (維)
参議院(1人)
須藤　元　気 (無)

料理研究家 1人
衆議院(1人)
土屋　品　子 (自)

フラワーアーティスト 1人
衆議院(1人)
土屋　品　子 (自)

僧侶　2人
衆議院(1人)
谷川　と　む (自)
参議院(1人)
小林　一　大 (自)

牧師 1人

参議院(1人)

金子　道仁(維)

医師 22人

衆議院(12人)

阿部　知子(立)
阿部　弘樹(維)
伊東　信久(維)
今枝　宗一郎(自)
国光　あやの(自)
新谷　正義(自)
中島　克仁(立)
仁木　博文(無)
松本　尚(自)
三ッ林　裕巳(自)
吉田　統彦(立)
米山　隆一(立)

参議院(10人)

秋野　公造(公)
梅村　聡(維)
小池　晃(共)
櫻井　充(自)
自見　はなこ(自)
羽生田　俊(自)
浜田　聡(N)
藤井　一博(自)
古川　俊治(自)
星　北斗(自)

歯科医師 4人

衆議院(1人)

渡辺　孝一(自)

参議院(3人)

島村　大(自)
関口　昌一(自)
比嘉　奈津美(自)

看護師 6人

衆議院(2人)

あべ　俊子(自)
髙階　恵美子(自)

参議院(4人)

石井　苗子(維)
石田　昌宏(自)
倉林　明子(共)
友納　理緒(自)

薬剤師 3人

衆議院(1人)

逢坂　誠二(立)

参議院(2人)

神谷　政幸(自)
本田　顕子(自)

診療放射線技師 1人

衆議院(1人)

畦元　将吾(自)

理学療法士 1人

参議院(1人)

田中　昌史(自)

柔道整復師 2人

衆議院(2人)

一谷　勇一郎(維)
中谷　一馬(立)

保健師 3人

衆議院(1人)

髙階　恵美子(自)

参議院(2人)

石井　苗子(維)
石田　昌宏(自)

ヘルスケアカウンセラー 1人

参議院(1人)

石井　苗子(維)

社会福祉関連 1人

衆議院(1人)

金子　恵美(立)

社会福祉士 1人

参議院(1人)

東　徹(維)

アンガーマネジメント講師 1人

衆議院(1人)

堀場　幸子(維)

獣医師 1人

衆議院(1人)

山際　大志郎(自)

医療法人役員・職員 11人

衆議院(8人)

伊東　信久(維)
稲津　久(公)
小倉　將信(自)
新谷　正義(自)
仁木　博文(無)
穂坂　泰(自)
山本　左近(自)
吉川　赳(無)

参議院(3人)

梅村　聡(維)
星　北斗(自)
若林　洋平(自)

社会福祉法人役員 26人

衆議院(18人)

浦野　靖人(維)
江渡　聡徳(自)
小倉　將信(自)
門山　宏哲(自)
城井　崇(立)

一新塾(大前研一) 4人

衆議院(4人)

今枝 宗一郎(自)
大西 健介(立)
黄川田 仁志(自)
田嶋 要(立)

維新政治塾 8人

衆議院(6人)

青柳 仁士(維)
伊藤 俊輔(立)
一谷 勇一郎(維)
沢田 良(維)
杉田 水脈(自)
藤田 文武(維)

参議院(2人)

片山 大介(維)
塩村 あやか(立)

会社役員 95人

衆議院(73人)

赤木 正幸(維)
畦元 将吾(自)
麻生 太郎(自)
井上 貴博(自)
伊藤 俊輔(立)
伊藤 信太郎(自)
池田 佳隆(自)
池畑 浩太朗(維)
石橋 林太郎(自)
一谷 勇一郎(維)
岩田 和親(自)
岩谷 良平(維)
上杉 謙太郎(自)
漆間 譲司(維)
遠藤 敬(維)
遠藤 良太(維)
尾身 朝子(自)
大塚 拓(自)
岡本 三成(公)
奥野 信亮(自)
梶山 弘志(自)
金村 龍那(維)

秋葉 賢也(自)
田中 和徳(自)
山田 賢司(自)

松下政経塾 35人

衆議院(26人)

逢沢 一郎(自)
秋葉 賢也(自)
伊藤 達也(自)
市村 浩一郎(維)
稲富 修二(立)
小野寺 五典(自)
大串 正樹(自)
城井 崇(立)
黄川田 仁志(自)
玄葉 光一郎(立)
源馬 謙太郎(立)
斎藤 アレックス(国)
坂井 学(自)
鈴木 淳司(自)
高市 早苗(自)
徳永 久志(立)
野田 佳彦(立)
野間 健(立)
馬場 雄基(立)
原口 一博(立)
前原 誠司(国)
松野 博一(自)
松原 仁(立)
谷田川 元(立)
山井 和則(立)
山本 ともひろ(自)

参議院(9人)

赤池 誠章(自)
中田 宏(自)
中西 祐介(自)
長浜 博行(無)
福山 哲郎(立)
松沢 成文(維)
森本 真治(立)
山田 宏(自)
渡辺 猛之(自)

保護司 4人

衆議院(4人)

あかま 二郎(自)

北村 誠吾(自)
小島 敏文(自)
小林 茂樹(自)
坂本 祐之輔(立)
笹川 博義(自)
田中 英之(自)
田野瀬 太道(自)
高木 宏壽(自)
中島 克仁(立)
中谷 一馬(立)
橋本 岳(自)
穂坂 泰(自)
山本 左近(自)
吉野 正芳(自)

参議院(8人)

青木 愛(立)
岩本 剛人(自)
衛藤 晟一(自)
金子 道仁(維)
清水 真人(自)
馬場 成志(自)
舩後 靖彦(れ)
三原 じゅん子(自)

障害者団体代表 1人

参議院(1人)

木村 英子(れ)

介護施設代表 2人

衆議院(2人)

一谷 勇一郎(維)
森田 俊和(立)

介護施設職員 3人

衆議院(2人)

早坂 敦(維)
吉川 赳(無)

参議院(1人)

東 徹(維)

上川陽子（自）
川潤一郎（自）
神津たけし（立）
菅家一郎（自）
工藤彰三（自）
小寺裕雄（自）
小林茂樹（自）
神津たけし（立）
佐々木紀（自）
坂本祐之輔（立）
櫻田義孝（自）
笹川博義（自）
下村博文（自）
杉田水脈（自）
鈴木義弘（国）
空本誠喜（維）
田中良生（自）
平将明（自）
高木啓（自）
高橋毅一郎（自）
谷川弥一（自）
土屋品子（自）
中谷一馬（立）
中西健治（自）
中野英幸（自）
中村喜四郎（立）
中山展宏（自）
長友慎治（国）
丹羽秀樹（自）
西岡秀子（国）
根本幸典（自）
野間健（立）
早坂敦（維）
平井卓也（自）
平沼正二郎（自）
藤田文武（維）
星野剛士（自）
堀井学（自）
馬淵澄夫（立）
松木けんこう（立）
松野博一（自）
道下大樹（立）
武藤容治（自）
森山裕（自）
森田俊和（立）
柳本顕（自）
山田勝彦（立）
山本豊史（無）
吉田豊史（無）

吉若渡正芳野宮辺健博宮道（自）
吉若渡辺博（自）

参議院（22人）

安達澄（無）
青山繁晴（自）
生稲晃子（自）
石井準一（自）
石井浩郎（自）
石越智智郎（N）
太ガ一シー（N）
神谷宗幣（参）
須藤元気（無）
高野光二郎（自）
竹谷とし子（公）
徳永エリ（立）
豊田俊郎（自）
長谷川岳（自）
舟山康江（国）
舩後靖彦（れ）
松村祥史（自）
松山政司（自）
宮本周司（自）
山田太郎（自）

岸田文雄（自）
小林茂樹（自）
小林展弘（也）
近藤和也
斎藤アレックス（国）
櫻井周（立）
島尻安伊子（自）
白石洋一（立）
杉本和巳（維）
住吉寛紀
関嶋要（立）
田中健（国）
田畑裕明（自）
高木宏壽（自）
竹内譲（公）
武部新（自）
塚田一郎（公）
中川宏昌（公）
中曽根康隆（自）
西山健治（自）
中山展宏（自）
丹羽秀樹（基）
羽場雄基（一）
濱健雅季（司）
藤古川直季（自）
古屋圭司（自）
掘井健智（郎）
松本剛明（明）
松本洋平（平）
御法川信英（英）
宮下一賢（司）
山下貴司（自）
吉田とも代（維）
吉田はるみ（立）
早稲田ゆき（立）

金融機関
（銀行・証券・生保等）67人
衆議院（56人）

赤木正幸（維）
浅川義治（維）
石破茂（自）
石原宏高（自）
石漆間譲司（自）
小里泰弘（自）
小田原潔（自）
越智隆雄（自）
大島敦（立）
大塚拓（自）
岡本三成（公）
落合貴之（立）
鬼木誠（自）
加藤鮎子（自）
勝俣孝明（自）
神田潤一（自）

参議院（11人）

浅尾慶一郎（自）
小大一博（公）
河野義博（公）
高木かおり（維）
高木真理（立）
中西祐介（自）

企業（金融機関を除く）**155人**

衆議院（101人）

あべ俊子(自)　青山周平(自)　赤木正幸(維)　赤羽一嘉(公)　浅野哲(国)　甘利明(自)　荒井優(立)　伊東良孝(自)　伊藤忠彦(自)　稲富修二(立)　梅谷守(立)　遠藤良太(維)　小野泰輔(維)　緒方林太郎(無)　大岡敏孝(自)　大河原まさこ(立)　大串正樹(自)　大島敦(立)　大野敬太郎(自)　加藤鮎子(自)　加藤竜祥(自)　河西宏一(公)　金子俊平(自)　亀岡偉民(自)　木原誠二(自)　木原稔(自)　吉良州司(無)　黄川田仁志(自)　岸信夫(自)　金城泰邦(公)　高村正大(自)　河野太郎(自)　國場幸之助(自)　興水恵一(公)　佐藤公治(立)　佐藤茂樹(公)　佐藤勉(自)　斉藤鉄夫(公)　坂井学(自)　柴山昌彦(自)　庄子賢一(公)　杉田水脈(自)　鈴木敦(国)　空本誠喜(維)　田畑裕明(自)　田村憲久(自)　平将明(自)　高鳥修一(自)　武井俊輔(自)　津島淳(自)　辻清人(自)　土田慎(自)　堤かなめ(立)　寺田学(立)　渡海紀三朗(自)　長妻昭(立)　西岡秀子(国)　根本匠(自)　野中厚(自)　野間健(立)　馬場伸幸(維)　林芳正(自)　平井卓也(自)　平沼正二郎(自)　福重隆浩(公)　福田達夫(自)　藤田文武(維)　古屋範子(公)　細田健一(自)　堀井学(自)　堀場幸子(維)　馬淵澄夫(立)　松木けんこう(立)　三木圭恵(維)　宗清皇一(自)　守島正(維)　保岡宏武(自)　森英介(自)　八木哲也(自)　柳本顕(自)　山口晋(自)　山本剛正(維)　柚木道義(無)　吉田豊史(無)　吉田宣弘(公)　和田義明(自)　若宮健嗣(自)

参議院（54人）

安達澄(無)　阿達雅志(自)　青木一彦(自)　青木愛(立)　朝日健太郎(自)　東徹(維)　有村治子(自)　伊藤孝恵(国)　石井浩郎(自)　磯崎仁彦(自)　磯﨑哲史(国)　岩本剛人(自)　臼井正一(自)　梅村みずほ(維)　江島潔(自)　小沼巧(立)　小野田紀美(自)　大家敏志(自)　音喜多駿(維)　神谷政幸(自)　紙智子(共)　川合孝典(国)　河野義博(公)　吉良よし子(共)　熊谷裕人(立)　酒井庸行(自)　末松信介(自)　竹詰仁(国)　高野光二郎(自)　堂故茂(自)　長谷川英晴(自)　平木大作(公)　福山哲郎(立)　山本佐知子(自)　吉川ゆうみ(自)

中曽根弘文（自）
長浜博行（無）
新妻秀規（公）
橋本聖子（自）
浜口　誠（国）
浜野喜史（国）
平木大作（公）
平山佐知子（無）
福岡資麿（自）
船後靖彦（れ）
本田顕子（自）
松野明美（維）
森屋　隆（立）
柳ヶ瀬裕文（維）
山本佐知子（自）
山本順三（自）
山本博司（公）
吉井　章（自）
吉川ゆうみ（自）
若林洋平（自）

田村憲久（自）
武田良太（自）
武部　新（自）
武村展英（自）
谷川とむ（自）
土井　亨（自）
土田　慎（自）
冨樫博之（自）
中谷真一（自）
中谷　元（自）
中根一幸（自）
中村裕之（自）
中山展宏（自）
長坂康正（自）
長島昭久（自）
二階俊博（自）
丹羽秀樹（自）
西岡秀子（国）
西田昭二（自）
西野太亮（自）
西銘恒三郎（自）
野間　健（立）
葉梨康弘（自）
馬場伸幸（維）
萩生田光一（自）
鳩山二郎（自）
浜田靖一（自）
林　幹雄（自）
林　芳正（自）
深澤陽一（自）
福田達夫（自）
藤巻健太（維）
藤原　崇（自）

議員秘書・大臣秘書官192人

衆議院（149人）

青柳陽一郎（立）
青山大人（立）
秋本真利（自）
浅野　哲（国）
東　国幹（自）
甘利　明（自）
五十嵐　清（自）
井上英孝（維）
井原　巧（自）
伊藤信太郎（自）
伊藤忠彦（自）
池畑浩太朗（維）
石田真敏（自）
泉　健太（立）
岩屋　毅（自）
上杉謙太郎（自）
上田英俊（自）
梅谷　守（立）
江﨑鐵磨（自）
江田憲司（立）
江藤　拓（自）
遠藤利明（自）
小熊慎司（立）
小里泰弘（自）
小野泰輔（維）
小渕優子（自）
越智隆雄（自）
大岡敏孝（自）
大西英男（立）
大野敬太郎（自）
奥下剛光（維）
奥野総一郎（立）
落合貴之（立）
加藤鮎子（自）
加藤勝信（自）
加藤竜祥（自）
海江田万里（無）
柿沢未途（無）
梶山弘志（自）
勝目　康（自）
金子恭之（自）
金村龍那（維）
神谷　裕（立）
亀岡偉民（自）
川崎ひでと（自）
菊田真紀子（立）
岸田文雄（自）
北村誠吾（自）
金城泰邦（公）
工藤彰三（自）
熊田裕通（自）
小泉進次郎（自）
小島敏文（自）
小宮山泰子（立）
高村正大（自）
佐藤公治（立）
斎藤アレックス（国）
坂井　学（自）
櫻井　周（立）
塩崎彰久（自）
下条みつ（立）
菅　義偉（自）
鈴木　敦（国）
鈴木俊一（自）
鈴木憲和（自）

古川直季(自)
古川　康(自)
古川禎久(自)
古屋圭司(自)
細田健一(自)
細田博之(無)
細野豪志(立)
本庄知史(立)
牧　義夫(立)
松木けんこう(立)
松本剛明(自)
御法川信英(自)
道下大樹(立)
宮内秀樹(自)
宮下一郎(自)
武藤容治(自)
宗清皇一(自)
村上誠一郎(自)
本村伸子(共)
谷川　元(自)
保岡宏武(自)
簗　和生(自)
山口　晋(自)
山田勝彦(立)
山本剛正(維)
湯原俊二(立)
吉川　赳(無)
吉川　元(立)
吉田宣弘(公)
吉田はるみ(立)
和田有一朗(維)
和田義明(自)

参議院(43人)

阿達雅志(自)
青木　愛(立)
青木一彦(自)
東　徹(維)
井上哲士(共)
井上義行(自)
石井準一(自)
石川大我(立)
石田昌宏(自)
大家敏志(自)
加田裕之(自)
加藤明良(自)
川田龍平(立)
吉良よし子(共)
熊谷裕人(立)
自見はなこ(自)
柴田　巧(維)
鈴木宗男(維)
田名部匡代(立)
田村智子(共)
高木真理(立)
高野光二郎(自)
高橋克法(自)
滝沢　求(自)
鶴保庸介(自)
寺田　静(無)
堂故　茂(自)
友納理緒(自)
中曽根弘文(自)
長浜博行(立)
長峯　誠(自)
野田国義(立)
野村哲郎(自)
羽田次郎(立)
馬場成志(自)
本田顕子(自)
松下新平(自)
三浦　靖(自)
宮沢洋一(自)
村田享子(立)
柳ヶ瀬裕文(維)
山本啓介(自)
吉井　章(自)

学校法人・幼稚園・保育園 理事長・理事　25人

衆議院(18人)

青山周平(自)
荒井　優(立)
江﨑鐵磨(自)
小野寺五典(自)
大島　敦(立)
大西英男(自)
北村誠吾(自)
坂本哲志(自)
島尻安伊子(自)
新藤義孝(自)
田中英之(自)
高木宏壽(自)
橋本　岳(自)
平井卓也(自)
船田　元(自)
穂坂　泰(自)
松木けんこう(立)
山本左近(自)

参議院(7人)

青木　愛(立)
赤池誠章(自)
加田裕之(自)
勝部賢志(立)
清水真人(自)
馬場成志(自)
森屋　宏(自)

塾経営・講師　4人

衆議院(2人)

下村博文(自)
高見康裕(自)

参議院(2人)

上田清司(無)
大島九州男(れ)

保育士　2人

衆議院(1人)

浦野靖人(維)

参議院(1人)

青木　愛(立)

小・中・高教諭　16人

衆議院(9人)

赤嶺政賢(共)
池畑浩太朗(維)
金子恵美(立)
城内　実(自)
高橋千鶴子(共)
藤田文武(維)
藤丸　敏(自)
山崎正恭(公)
義家弘介(自)

参議院(7人)

上野通子(自)
勝部賢志(立)

神谷　宗幣(参)
古賀　千景(立)
斎藤　嘉隆(立)
下野　六太(公)
水岡　俊一(立)

大学・短大等教授・准教授・講師等　95人

衆議院(60人)

あべ　俊子(自)
阿部　知子(立)
秋葉　賢也(自)
畦元　将吾(自)
荒井　優(立)
井林　辰憲(自)
伊東　信久(維)
伊藤　信太郎(自)
伊藤　達也(自)
石原　宏高(自)
石原　正敬(自)
泉田　裕彦(自)
上野　賢一郎(自)
江田　憲司(立)
江渡　聡徳(自)
枝野　幸男(立)
小野寺　五典(自)
尾身　朝子(自)
大串　正樹(自)
逢坂　誠二(立)
加藤　勝信(自)
門山　宏哲(自)
金子　恵美(立)
城内　実(自)
末松　義規(立)
杉本　和巳(維)
鈴木　庸介(立)
平　将明(自)
高市　早苗(自)
髙階　恵美子(自)
土屋　品子(自)
　　かなめ(立)
中根　一幸(自)
長島　昭久(自)
西村　明宏(自)
西村　智奈美(立)
西村　康稔(自)

萩生田　光一(自)
橋本　岳(自)
平林　晃(公)
福島　伸享(無)
堀内　詔子(自)
牧　義夫(立)
牧島　かれん(自)
牧原　秀樹(自)
松本　尚(自)
三反園　訓(無)
三谷　英弘(自)
三ッ林　裕巳(自)
務台　俊介(自)
盛山　正仁(自)
森山　浩行(立)
山下　貴司(自)
山田　勝彦(立)
山井　和則(立)
吉田　統彦(立)
吉田　はるみ(立)
義家　弘介(自)
米山　隆一(立)

参議院(35人)

阿達　雅志(自)
青島　健太(維)
青山　繁晴(自)
赤池　誠章(自)
秋野　公造(公)
有村　治子(自)
井上　義行(自)
伊藤　孝江(公)
伊藤　孝恵(国)
猪口　邦子(自)
猪瀬　直樹(維)
上田　清司(無)
江島　潔(自)
大塚　耕平(国)
太田　房江(自)
嘉田　由紀子(無)
片山　さつき(自)
川田　龍平(立)
こやり　隆史(自)
自見　はなこ(自)
杉尾　秀哉(立)
高橋　はるみ(自)
髙良　鉄美(無)
武見　敬三(自)

天畠　大輔(れ)
中田　宏(自)
福島　みずほ(社)
福山　哲郎(立)
古川　俊治(自)
星　北斗(自)
松沢　成文(維)
三浦　信祐(公)
水野　素子(立)
山田　太郎(自)

専門学校講師　2人

衆議院(2人)

池下　卓(維)
島尻　安伊子(自)

大学職員　2人

衆議院(2人)

穀田　恵二(共)
田中　英之(自)

日本銀行　3人

衆議院(2人)

小倉　將信(自)
神田　潤一(自)

参議院(1人)

大塚　耕平(国)

農協(JA)　3人

参議院(3人)

野村　哲郎(自)
藤木　眞也(自)
山田　俊男(自)

農業　3人

衆議院(1人)

湯原　俊二(立)

参議院(2人)

藤木　眞也(自)
舟山　康江(国)

45

漁協　2人

衆議院（2人）

神谷　　裕（立）
鈴木　俊一（自）

杜氏　1人

参議院（1人）

宮本　周司（自）

NTTグループ（旧電電公社）　8人

衆議院（6人）

尾身　朝子（自）
岡本　あき子（立）
川崎　ひでと（自）
小林　史明（自）
小宮山　泰子（立）
田嶋　　要（立）

参議院（2人）

世耕　弘成（自）
吉川　沙織（立）

JR（旧国鉄）　4人

衆議院（3人）

伊藤　　渉（公）
今村　雅弘（自）
伴野　　豊（立）

参議院（1人）

井上　義行（自）

日本郵政　2人

参議院（2人）

小沢　雅仁（立）
柴　　愼一（立）

特定郵便局　1人

参議院（1人）

柘植　芳文（自）

日本青年会議所（JC）　39人

衆議院（34人）

秋葉　賢也（自）
麻生　太郎（自）
井上　貴博（自）
伊東　良孝（自）
池田　佳隆（自）
遠藤　　敬（維）
大島　　敦（立）
大門　山宏哲（自）
金子　俊平（自）
小寺　裕雄（自）
小林　茂樹（自）
佐々木　紀（自）
坂本　祐之輔（立）
櫻田　義孝（自）
田所　嘉徳（自）
田中　良生（自）
田野瀬　太道（自）
平　　将明（自）
髙木　　毅（自）
髙橋　英明（維）
武部　　新（自）
中野　英幸（自）
中村　裕之（自）
長島　昭久（自）
野中　　厚（自）
馬場　伸幸（維）
萩生田　光一（自）
穂坂　　泰（自）
松野　博一（自）
宮﨑　政久（自）
森田　俊和（立）
若林　健太（自）
渡辺　孝一（自）
渡辺　　周（立）

参議院（5人）

堂故　　茂（自）
長浜　博行（無）
松山　政司（自）
室井　邦彦（維）
森屋　　宏（自）

政党職員　29人（政党機関紙の記者を含む）

衆議院（19人）

石川　昭政（自）
市村　浩一郎（維）
河西　宏一（公）
笠井　　亮（共）
城井　　崇（立）
日下　正喜（公）
穀田　恵二（共）
佐藤　英道（公）
志位　和夫（共）
塩川　鉄也（共）
杉本　和巳（維）
鈴木　　敦（国）
高橋　千鶴子（共）
古屋　範子（公）
牧　　義夫（立）
宮本　岳志（共）
宮本　　徹（共）
吉川　　元（立）
鰐淵　洋子（公）

参議院（10人）

井上　哲士（共）
大家　敏志（自）
紙　　智子（共）
窪田　哲也（公）
塩田　博昭（公）
田村　智子（共）
竹内　真二（公）
長浜　博行（立）
三浦　　靖（自）
宮崎　　勝（公）

民青（日本民主青年同盟）　7人

衆議院（2人）

笠井　　亮（共）
宮本　岳志（共）

参議院（5人）

伊藤　　岳（共）
岩渕　　友（共）
紙　　智子（共）
田村　智子（共）

山 下 芳 生(共)

NGO・NPO・市民運動 32人

衆議院(19人)

青 柳	陽一郎	(立)
泉	健 太	(立)
市 村	浩一郎	(維)
尾 身	朝 子	(自)
大河原	まさこ	(立)
金 子	恵 美	(立)
菅	直 人	(立)
櫛 渕	万 里	(れ)
源 馬	謙太郎	(立)
重 徳	和 彦	(立)
末 次	精 一	(立)
鈴 木	隼 人	(自)
堤	かなめ	(立)
中 川	郁 子	(自)
長 友	慎 治	(国)
西 村	智奈美	(立)
森 田	俊 和	(立)
保 岡	宏 武	(自)
吉 田	久美子	(公)

参議院(13人)

朝 日	健太郎	(自)
伊 藤	孝 江	(公)
石 井	苗 子	(維)
石 川	大 我	(立)
川 田	龍 平	(立)
自 見	はなこ	(自)
田 島	麻衣子	(立)
谷 合	正 明	(公)
辻 元	清 美	(立)
長谷川	岳	(自)
松 山	政 司	(自)
山 本	太 郎	(れ)
山 本	博 司	(公)

ALS 患者 1人

参議院(1人)

舩 後 靖 彦(れ)

HIV訴訟原告 1人

参議院(1人)

川 田 龍 平(立)

国連 1人

衆議院(1人)

青 柳 仁 士(維)

ILO(国際労働機関) 1人

参議院(1人)

石 橋 通 宏(立)

WFP(国連世界食糧計画) 1人

参議院(1人)

田 島 麻衣子(立)

OECD(経済協力開発機構) 1人

参議院(1人)

浅 田 均(維)

アフリカ開発銀行 1人

衆議院(1人)

神 津 たけし(立)

米外交問題評議会研究員 1人

衆議院(1人)

長 島 昭 久(自)

米国市長・議員スタッフ 7人

衆議院(6人)

伊 藤	達 也	(自)
上 川	陽 子	(自)
斎藤アレックス		(国)
高 市	早 苗	(自)
林	芳 正	(自)
谷田川	元	(立)

参議院(1人)

松 沢 成 文(維)

シンクタンク・調査機関 13人

衆議院(11人)

阿 部	司	(維)
伊 藤	達 也	(自)
稲 富	修 二	(立)
上 川	陽 子	(自)
小 泉	進次郎	(自)
辻	清 人	(自)
長 島	昭 久	(自)
橋 本	岳	(自)
太	栄 志	(自)
細 野	豪 志	(自)
簗	和 生	(自)

参議院(2人)

青 山	繁 晴	(自)
鶴 保	庸 介	(自)

47

衆議院議員生れ年表

昭和14年(1939)**1人**
二 階 俊 博(自)

昭和15年(1940)**1人**
麻 生 太 郎(自)

昭和16年(1941)**2人**
衛 藤 征士郎(自)
谷 川 弥 一(自)

昭和17年(1942)**1人**
小 沢 一 郎(立)

昭和18年(1943)**1人**
江 﨑 鐵 磨(自)

昭和19年(1944)**3人**
奥 野 信 亮(自)
額 賀 福志郎(自)
細 田 博 之(無)

昭和20年(1945)**2人**
平 沢 勝 栄(自)
森 山 裕(自)

昭和21年(1946)**2人**
大 西 英 男(自)
菅 直 人(立)

昭和22年(1947)**6人**
赤 嶺 政 賢(共)
今 村 雅 弘(自)
北 村 誠 吾(自)
穀 田 恵 二(共)
林 幹 雄(自)
八 木 哲 也(自)

昭和23年(1948)**9人**
阿 部 知 子(立)
伊 東 良 孝(自)
篠 原 孝(立)
菅 義 偉(自)
渡 海 紀三朗(自)
平 口 洋(自)

福 田 昭 夫(立)
森 英 介(自)
吉 野 正 芳(自)

昭和24年(1949)**6人**
甘 利 明(自)
海江田 万 里(無)
金 田 勝 年(自)
櫻 田 義 孝(自)
田 中 和 德(自)
中 村 喜四郎(自)

昭和25年(1950)**7人**
遠 藤 利 明(自)
小 島 敏 文(自)
坂 本 哲 志(自)
塩 谷 立(自)
中 川 正 春(自)
山 口 俊 一(自)
渡 辺 博 道(自)

昭和26年(1951)**1人**
根 本 匠(自)

昭和27年(1952)**10人**
石 田 真 敏(自)
笠 井 亮(共)
小 泉 龍 司(自)
佐 藤 勉(自)
斉 藤 鉄 夫(公)
谷 公 一(自)
土 屋 品 子(自)
古 屋 圭 司(自)
村 上 誠一郎(自)
山 本 有 二(自)

昭和28年(1953)**9人**
伊 藤 信太郎(自)
大河原 まさこ(立)
岡 田 克 也(立)
上 川 陽 子(自)
北 側 一 雄(公)
鈴 木 俊 一(自)
永 岡 桂 子(自)

船 田 元(自)
盛 山 正 仁(自)

昭和29年(1954)**6人**
逢 沢 一 郎(自)
志 位 和 夫(共)
下 村 博 文(自)
田 所 嘉 德(自)
西 銘 恒三郎(自)
山 口 壯(自)

昭和30年(1955)**14人**
江 渡 聡 德(自)
大 口 善 德(公)
加 藤 勝 信(自)
梶 山 弘 志(自)
亀 岡 偉 民(自)
菅 家 一 郎(自)
後 藤 茂 之(自)
坂 本 祐之輔(立)
下 条 み つ(立)
冨 樫 博 之(自)
浜 田 靖 一(自)
三ッ林 裕 巳(自)
武 藤 容 治(自)
茂 木 敏 充(自)

昭和31年(1956)**10人**
新 垣 邦 男(社)
江 田 憲 司(立)
大 島 敦(立)
末 松 義 規(立)
髙 木 毅(自)
中 司 宏(維)
古 屋 範 子(公)
松 島 みどり(自)
松 原 仁(立)
務 台 俊 介(自)

昭和32年(1957)**7人**
石 破 茂(自)
岩 屋 毅(自)
岸 田 文 雄(自)
中 谷 元(自)

長坂 康正 (自)
野田 佳彦 (立)
渡辺 孝一 (自)

昭和33年(1958)20人

赤羽 一嘉 (公)
元 将吾 (自)
石井 啓一 (公)
稲津 久 (公)
里 泰弘 (無)
吉良 州司 (無)
藤 昭 (無)
藤 義孝 (自)
木 淳司 (自)
竹内 譲 (公)
田 稔 (自)
土井 亨 (自)
川 郁子 (立)
間 健 (自)
川 卓也 (立)
川 康 (自)
義夫 (立)
園 訓 (無)
下 一郎 (自)
早稲田 ゆき (立)

昭和34年(1959)14人

あべ 俊子 (自)
稲田 朋美 (自)
坂 誠二 (自)
岸 信夫 (自)
藤 公治 (自)
藤 茂樹 (公)
齋藤 健 (自)
木 陽介 (自)
高橋 千鶴子 (共)
葉梨 康弘 (自)
口 一博 (立)
木 けんこう (立)
松本 剛明 (自)
宮本 岳志 (共)

昭和35年(1960)14人

澤 亮正 (自)
藤 拓 (自)
小野寺 五典 (自)
寺 裕雄 (自)
藤 英道 (公)
杉本 和巳 (維)
高木 宏壽 (自)
髙鳥 修一 (自)
堤 かなめ (立)
長妻 昭 (立)
西村 明宏 (自)
野田 聖子 (自)
藤丸 敏 (自)
馬淵 澄夫 (立)

昭和36年(1961)17人

阿部 弘樹 (維)
伊藤 達也 (自)
尾身 朝子 (自)
金子 恭之 (自)
塩川 鉄也 (共)
田嶋 要 (立)
田村 貴昭 (共)
高市 早苗 (自)
橘 慶一郎 (自)
角田 秀穂 (公)
中野 英幸 (自)
中村 裕之 (自)
林 芳正 (自)
伴野 豊 (立)
美延 映夫 (維)
若宮 健嗣 (自)
渡辺 周 (立)

昭和37年(1962)18人

安住 淳 (立)
秋葉 賢也 (自)
井上 貴博 (自)
泉田 裕彦 (自)
興水 恵一 (公)
末次 精一 (立)
鈴木 義弘 (国)
長島 昭久 (自)
西村 康稔 (自)
福重 隆浩 (公)
前川 清成 (維)
前原 誠司 (国)
松野 博一 (自)
松本 尚 (自)
宮内 秀樹 (自)
山崎 誠 (立)
山井 和則 (立)
湯原 俊二 (立)

昭和38年(1963)16人

井原 巧 (自)
浮島 智子 (公)
神田 憲次 (自)
河野 太郎 (自)
庄子 賢一 (公)
白石 洋一 (立)
田中 良生 (自)
髙階 恵美子 (自)
高橋 英明 (維)
棚橋 泰文 (自)
塚田 一郎 (自)
徳永 久志 (立)
萩生田 光一 (自)
星野 剛士 (自)
谷田川 元 (立)
吉田 久美子 (公)

昭和39年(1964)22人

伊東 信久 (維)
伊藤 忠彦 (自)
石原 宏高 (自)
市村 浩一郎 (維)
枝野 幸男 (立)
小田原 潔 (自)
越智 隆雄 (自)
岡本 あき子 (立)
奥野 総一郎 (立)
門山 宏哲 (自)
工藤 彰三 (自)
熊田 裕通 (自)
玄葉 光一郎 (立)
小林 茂樹 (自)
空本 誠喜 (維)
田村 憲久 (自)
中西 健治 (自)
西岡 秀子 (立)
細田 健一 (自)
御法川 信英 (自)
和田 有一朗 (維)
若林 健太 (自)

昭和40年(1965)25人

足立 康史 (維)
石井 拓 (自)
上田 英俊 (自)
上野 賢一郎 (自)
大串 博志 (立)

岡本 三成（公）
鎌田 さゆり（立）
金子 恵美（立）
城内 実（自）
日下 正喜（公）
小宮山 泰子（立）
坂井 学（自）
柴山 昌彦（自）
島尻 安伊子（自）
瀬戸 隆一（自）
関 芳弘（自）
高木 啓（自）
根本 幸典（自）
馬場 伸幸（維）
古川 元久（国）
古川 禎久（自）
堀内 詔子（自）
宮﨑 政久（自）
山下 貴司（自）
笠 浩史（立）

昭和41年(1966)10人

池田 佳隆（自）
大串 正樹（自）
笹川 博義（自）
階 猛（立）
津島 淳（自）
手塚 仁雄（立）
仁木 博文（無）
三木 圭恵（維）
山田 賢司（自）
吉川 元（立）

昭和42年(1967)13人

尾崎 正直（自）
木村 次郎（自）
北神 圭朗（無）
櫛渕 万里（れ）
杉田 水脈（自）
平 将明（自）
中川 貴元（自）
中島 克仁（立）
西村 智奈美（立）
福田 達夫（自）
掘井 健智（維）
吉田 宣弘（公）
米山 隆一（立）

昭和43年(1968)15人

あかま 二郎（自）
浅川 義治（維）
東 国幹（自）
遠藤 敬（維）
小熊 慎司（立）
大野 敬太郎（自）
神谷 裕（立）
たがや 亮（れ）
武田 良太（自）
中川 康洋（公）
中山 展宏（自）
長谷川 淳二（自）
古川 直季（自）
岬 麻紀（維）
山際 大志郎（自）

昭和44年(1969)11人

青柳 陽一郎（立）
五十嵐 清（自）
井上 信治（自）
伊藤 渉（公）
木原 稔（自）
菊田 真紀子（立）
金城 泰邦（公）
後藤 祐一（立）
玉木 雄一郎（国）
中根 一幸（自）
西田 昭二（自）

昭和45年(1970)15人

稲富 修二（立）
神田 潤一（自）
木原 誠二（自）
黄川田 仁志（自）
小森 卓郎（自）
高村 正大（自）
櫻井 周（立）
重徳 和彦（立）
田中 英之（自）
武部 新（自）
中川 宏昌（公）
濱地 雅一（公）
福島 伸享（無）
宗清 皇一（自）
吉田 豊史（無）

昭和46年(1971)14人

井上 英孝（維）
石原 正敬（自）
小川 淳也（立）
大西 健介（立）
柿沢 未途（自）
早坂 敦（維）
平林 晃（公）
藤井 比早之（自）
細野 豪志（自）
牧原 秀樹（自）
森山 浩行（立）
山崎 正恭（公）
義家 弘介（自）
和田 義明（自）

昭和47年(1972)15人

石川 昭政（自）
大岡 敏孝（自）
鬼木 誠（自）
国定 勇人（自）
源馬 謙太郎（立）
古賀 篤（自）
武村 展英（自）
丹羽 秀樹（自）
堀井 学（自）
宮本 徹（共）
本村 伸子（共）
山本 剛正（維）
柚木 道義（立）
吉田 はるみ（立）
鰐淵 洋子（公）

昭和48年(1973)13人

岩田 和親（自）
梅谷 守（立）
浦野 靖人（維）
小渕 優子（自）
緒方 林太郎（無）
大塚 拓（自）
城井 崇（立）
國場 幸之助（自）
近藤 和也（立）
畑 明（自）
本田 太郎（自）
松本 洋平（自）
保岡 宏武（自）

昭和49年(1974)19人

井坂信彦(立)
伊佐進一(公)
池畑浩太朗(維)
泉健太(立)
漆間譲司(維)
小野泰輔(維)
勝目康(自)
國重徹(公)
小林鷹之(自)
佐々木紀(自)
鈴木英敬(自)
田野瀬太道(自)
橋本岳(自)
穂坂泰(自)
本庄知史(立)
森田俊和(立)
柳本顕(自)
山田美樹(自)
吉田統彦(立)

昭和50年(1975)16人

赤木正幸(維)
秋本真利(自)
荒井優(立)
池下卓(維)
一谷勇一郎(維)
上杉謙太郎(自)
奥下剛光(維)
小山展弘(立)
篠原豪(立)
新谷正義(自)
鈴木庸介(立)
武井俊輔(自)
道下大樹(立)
宮澤博行(自)
山本ともひろ(自)
吉田とも代(維)

昭和51年(1976)11人

井林辰憲(自)
勝俣孝明(自)
斎藤洋明(自)
盈崎彰久(自)
谷川とむ(自)
乎学(立)
中谷真一(自)
予中厚(自)
深澤陽一(自)
牧島かれん(自)
三谷英弘(自)

昭和52年(1977)12人

青山周平(自)
井出庸生(自)
大石あきこ(れ)
神津たけし(立)
鈴木馨祐(自)
鈴木隼人(自)
田中健(国)
長友慎治(国)
藤岡隆雄(立)
太栄志(立)
鷲尾英一郎(自)
渡辺創(立)

昭和53年(1978)5人

青柳仁士(維)
石橋林太郎(自)
金子俊平(自)
中野洋昌(公)
西野太亮(自)

昭和54年(1979)16人

青山大人(立)
伊藤俊輔(立)
落合貴之(立)
加藤鮎子(自)
河西宏一(公)
金村龍那(維)
国光あやの(自)
沢田良(維)
辻清人(自)
鳩山二郎(自)
平沼正二郎(自)
堀場幸子(維)
宮路拓馬(自)
簗和生(自)
山岡達丸(立)
山田勝彦(立)

昭和55年(1980)6人

井野俊郎(自)
岩谷良平(維)
加藤竜祥(自)
高見康裕(自)
藤田文武(維)
村井英樹(自)

昭和56年(1981)5人

小倉將信(自)
川崎ひでと(自)
小泉進次郎(自)
守島正(維)
山岸一生(立)

昭和57年(1982)6人

阿部司(維)
浅野哲(国)
鈴木憲和(自)
中曽根康隆(自)
山本左近(自)
吉川赳(無)

昭和58年(1983)6人

おおつき紅葉(立)
小林史明(自)
中谷一馬(立)
藤巻健太(維)
藤原崇(自)
山口晋(自)

昭和59年(1984)3人

石川香織(立)
今枝宗一郎(自)
遠藤良太(維)

昭和60年(1985)3人

斎藤アレックス(国)
住吉寛紀(維)
緑川貴士(立)

昭和61年(1986)1人

鈴木貴子(自)

昭和63年(1988)1人

鈴木敦(国)

平成2年(1990)1人

土田慎(自)

平成4年(1992)1人

馬場雄基(立)

㊙生れ年表

参議院議員生れ年表

昭和15年(1940)1人
尾 辻 秀 久(自)

昭和17年(1942)2人
山 東 昭 子(無)
山 崎 正 昭(自)

昭和18年(1943)1人
野 村 哲 郎(自)

昭和20年(1945)3人
石 井 正 弘(自)
柘 植 芳 文(自)
中曽根 弘 文(自)

昭和21年(1946)3人
猪 瀬 直 樹(維)
中 条 きよし(維)
山 田 俊 男(自)

昭和22年(1947)3人
衛 藤 晟 一(自)
佐 藤 信 秋(自)
室 井 邦 彦(維)

昭和23年(1948)3人
上 田 清 司(無)
鈴 木 宗 男(維)
羽生田 俊(自)

昭和25年(1950)4人
浅 田 均(維)
嘉 田 由紀子(無)
宮 沢 洋 一(自)
山 谷 えり子(自)

昭和26年(1951)2人
太 田 房 江(自)
武 見 敬 三(自)

昭和27年(1952)7人
青 山 繁 晴(自)
伊 波 洋 一(無)
猪 口 邦 子(自)

酒 井 庸 行(自)
堂 故 茂(自)
豊 田 俊 郎(自)
山 口 那津男(公)

昭和28年(1953)1人
関 口 昌 一(自)

昭和29年(1954)6人
足 立 敏 之(自)
石 井 苗 子(維)
高 橋 はるみ(自)
高 良 鉄 美(無)
山 本 順 三(自)
山 本 博 司(公)

昭和30年(1955)5人
紙 智 子(共)
北 村 経 夫(自)
末 松 信 介(自)
福 島 みずほ(社)
若 松 謙 維(公)

昭和31年(1956)3人
櫻 井 充(自)
水 岡 俊 一(立)
吉 田 忠 智(立)

昭和32年(1957)9人
石 井 章(維)
石 井 準 一(自)
磯 﨑 仁 彦(自)
江 島 潔(自)
古 庄 玄 知(自)
杉 尾 秀 哉(立)
高 橋 克 法(自)
舩 後 靖 彦(れ)
森 屋 宏(自)

昭和33年(1958)14人
青 島 健 太(維)
上 田 勇(公)
井 上 哲 士(共)
上 野 通 子(自)

串 田 誠 一(維)
滝 沢 求(自)
長 浜 博 行(立)
西 田 昌 司(自)
野 田 国 義(立)
芳 賀 道 也(無)
比 嘉 奈津美(自)
松 沢 成 文(維)
宮 崎 勝(公)
山 田 宏(自)

昭和34年(1959)10人
阿 達 雅 志(自)
大 塚 耕 平(国)
大 野 泰 正(自)
片 山 さつき(自)
勝 部 賢 志(立)
古 賀 之 士(立)
長谷川 英 晴(自)
牧 野 たかお(自)
松 山 政 司(自)
横 山 信 一(公)

昭和35年(1960)12人
伊 藤 岳(共)
倉 林 明 子(共)
小 池 晃(共)
佐 藤 正 久(自)
柴 田 巧(維)
島 村 大(自)
辻 元 清 美(立)
ながえ 孝 子(無)
浜 野 喜 史(国)
藤 川 政 人(自)
船 橋 利 実(自)
山 下 芳 生(共)

昭和36年(1961)4人
青 木 一 彦(自)
赤 池 誠 章(自)
大 島 九州男(れ)
三 宅 伸 吾(自)

昭和37年(1962)8人

岡　田　直　樹（自）
熊　谷　裕　人（自）
月　良　祐（自）
鹽　田　博　昭（公）
世　耕　弘　成（自）
志　永　エ　リ（立）
百　田　実　仁（公）
冨　山　哲　郎（自）

昭和38年(1963)7人

井　上　義　行（自）
亀　木　誠（立）
斎　藤　嘉　隆（立）
藤　金日子（自）
二　比　聡　平（共）
吉　川　俊　治（立）
宮　崎　雅　夫（自）

昭和39年(1964)15人

浅　尾　慶一郎（自）
石　井　浩　郎（自）
岩　本　剛　人（自）
柴　合　孝　典（国）
柴　　　愼　一（立）
　　　野　六　太（公）
　　竹　内　真　二（公）
　　　　　　　　宏（自）
馬　場　成　志（自）
橋　本　聖　子（自）
　　　北　斗（自）
文　山　ひろえ（立）
公　村　祥　史（自）
三　原　じゅん子（自）
森　　　　まさこ（自）

昭和40年(1965)9人

青　木　　　愛（立）
石　橋　通　宏（立）
黒　沢　雅　仁（立）
、　村　英　子（れ）
三　田　哲　也（公）
　　田　中　昌　史（共）
　　　中　村　智　子（共）
　　口　　　誠（国）
　　井　　　巌（自）

昭和41年(1966)7人

東　　　　徹（維）
片　山　大　介（維）
こやり隆　史（自）
古　賀　千　景（立）
広　瀬　めぐみ（自）
舟　山　康　江（国）
松　下　新　平（自）

昭和42年(1967)15人

秋　野　公　造（公）
石　田　昌　宏（自）
大　家　敏　志（自）
古　賀　友一郎（自）
里　見　隆　治（公）
榛　葉　賀津也（国）
高　木　真　理（立）
鶴　保　庸　介（自）
野　上　浩太郎（自）
藤　木　眞　也（自）
森　屋　　　隆（立）
山　田　太　郎（自）
山　本　佐知子（自）
吉　井　　　章（自）
蓮　　　　舫（立）

昭和43年(1968)7人

赤　松　　　健（自）
伊　藤　孝　江（公）
生　稲　晃　子（自）
打　越　さく良（立）
加　藤　明　良（自）
松　野　明　美（維）
渡　辺　猛　之（自）

昭和44年(1969)7人

安　達　　　澄（無）
礒　﨑　哲　史（国）
田名部　匡　代（立）
竹　詰　　　仁（国）
竹　谷　とし子（公）
長　峯　　　誠（自）
羽　田　次　郎（立）

昭和45年(1970)6人

有　村　治　子（自）
加　田　裕　之（自）
金　子　道　仁（維）

新　妻　秀　規（公）
三　上　え　り（無）
水　野　素　子（立）

昭和46年(1971)10人

ガ　ー　シ　ー（N）
滝　波　宏　文（自）
長谷川　　　岳（自）
平　山　佐知子（無）
本　田　顕　子（自）
松　川　る　い（自）
丸　川　珠　代（自）
宮　本　周　司（自）
山　本　香　苗（公）
若　林　洋　平（自）

昭和47年(1972)3人

小　西　洋　之（立）
高　木　かおり（維）
横　沢　高　徳（立）

昭和48年(1973)8人

石　川　博　崇（公）
梶　原　大　介（自）
小　林　一　大（自）
谷　合　正　明（公）
福　岡　資　麿（自）
三　浦　　　靖（自）
森　本　真　治（立）
吉　川　ゆうみ（自）

昭和49年(1974)9人

石　垣　のりこ（立）
石　川　大　我（立）
清　水　貴　之（維）
高　野　光二郎（自）
永　井　　　学（自）
平　木　大　作（公）
柳ヶ瀬　裕　文（維）
山　本　太　郎（れ）
和　田　政　宗（自）

昭和50年(1975)11人

朝　日　健太郎（自）
伊　藤　孝　恵（国）
臼　井　正　一（自）
梅　村　　　聡（維）
清　水　真　人（自）

寺 田　　　静 (無)
堂 込 麻紀子 (無)
舞 立 昇 治 (自)
三 浦 信 祐 (公)
矢 倉 克 夫 (公)
山 本 啓 介 (自)

昭和51年 (1976) 9人

岩 渕　　　友 (共)
川 田 龍 平 (立)
岸　　 真紀子 (立)
自 見 はなこ (自)
杉　　 久 武 (公)
田 島 麻衣子 (立)
田 村 ま み (国)
宮 口 治 子 (立)
吉 川 沙 織 (立)

昭和52年 (1977) 5人

神 谷 宗 幣 (参)
河 野 義 博 (公)
高 橋 光 男 (公)
浜 田　　　聡 (N)
藤 井 一 博 (自)

昭和53年 (1978) 4人

梅 村 みずほ (維)
越 智 俊 之 (自)
塩 村 あやか (立)
須 藤 元 気 (無)

昭和54年 (1979) 5人

神 谷 政 幸 (自)
佐 藤　　　啓 (自)
友 納 理 緒 (自)
中 西 祐 介 (自)
山 下 雄 平 (自)

昭和56年 (1981) 2人

佐々木 さやか (公)
天 畠 大 輔 (れ)

昭和57年 (1982) 2人

小野田 紀 美 (自)
吉 良 よし子 (共)

昭和58年 (1983) 3人

今 井 絵理子 (自)

音喜多　　 駿 (維)
村 田 享 子 (立)

昭和59年 (1984) 1人

山 添　　　拓 (共)

昭和60年 (1985) 1人

小 沼　　　巧 (立)

昭和62年 (1987) 1人

安 江 伸 夫 (公)

衆議院議員当選回数表

○の数字は参議院の当選回数。通算されていません

8回(1人)
立憲民主党(1人)
小沢一郎

5回(1人)
立憲民主党(1人)
中村喜四郎

4回(2人)
自民党(1人)
麻生太郎
立憲民主党(1人)
菅直人

3回(5人)
自民党(5人)
甘利明
衛藤征士郎①
二階俊博
古賀福志郎
谷田元

2回(3人)
自民党(3人)
小沢一郎
石破茂
村上誠一郎

1回(7人)
自民党(5人)
谷元
土屋圭司
英介
口俊一
本有二
立憲民主党(1人)
岡田克也
無所属(1人)
田博之

0回(17人)
自民党(8人)
岸田文雄
塩谷立

鈴木俊一
渡海紀三朗
野田聖子
浜田靖一
林幹雄
茂木敏充
立憲民主党(2人)
枝野幸男
玄葉光一郎
公明党(4人)
石井啓一
北側一雄
佐藤茂樹
斉藤鉄夫
国民民主党(1人)
前原誠司
共産党(2人)
穀田恵二
志位和夫

9回(24人)
自民党(14人)
伊藤達也
今村雅弘
岩屋毅
遠藤利明
河野太郎
佐藤勉
下村博文
菅義偉
田中和徳
田村憲久
高市早苗
棚橋泰文
根本匠
平沢勝栄
立憲民主党(6人)
安住淳
近藤昭一
中川正春
野田佳彦
原口一博
渡辺周
公明党(3人)
赤羽一嘉

大口善徳
高木陽介
国民民主党(1人)
古川元久

8回(27人)
自民党(18人)
石田真敏
江﨑鐵磨
江渡聡徳
小野寺五典
小渕優子
梶山弘志
金子恭之
北村誠吾
櫻田義孝
新藤義孝
髙木毅
土屋品子
平井卓也
細野豪志
松野博一
松本剛明
吉野正芳
渡辺博道
立憲民主党(6人)
阿部知子
泉健太
大島敦
長妻昭
松原仁
山井和則
共産党(2人)
赤嶺政賢
塩川鉄也
無所属(1人)
海江田万里

7回(30人)
自民党(19人)
秋葉賢也
井上信治
伊藤信太郎
江藤拓
加藤勝信

㊥当選回数

上川 陽子
小泉 龍司
後藤 茂之
坂本 哲志
柴山 昌彦
武田 良太
谷 公一
谷川 弥一
長島 昭久
西村 康稔
古川 禎久
松島 みどり
森山 裕①
山口 壯

立憲民主党(9人)
江田 憲司
菊田 真紀子
小宮山 泰子
篠原 孝
末松 義規
田嶋 要
馬淵 澄夫
牧 義夫
笠 浩史

公明党(1人)
古屋 範子

共産党(1人)
高橋 千鶴子

6回(31人)

自民党(19人)
あべ 俊子
赤澤 亮正
稲田 朋美
小里 泰弘
奥野 信亮
城内 実
鈴木 淳司
平 将明
寺田 稔
永岡 桂子
丹羽 秀樹
西村 明宏
西銘 恒三郎
葉梨 康弘
萩生田 光一
御法川 信英
宮下 一郎
山際 大志郎
鷲尾 英一郎

立憲民主党(9人)
小川 淳也
大串 博志
階 猛
寺田 学
西村 智奈美
伴野 豊
福田 昭夫
松木 けんこう
柚木 道義

公明党(1人)
竹内 譲

共産党(1人)
笠井 亮①

無所属(1人)
吉良 州司

5回(40人)

自民党(30人)
あかま 二郎
伊東 良孝
伊藤 忠彦
石原 宏高
上野 賢一郎
越智 隆雄
大塚 拓
柿沢 未途
金田 勝年②
亀岡 偉民
木原 誠二
木原 稔
小泉 進次郎
齋藤 健
坂井 学
鈴木 馨祐
関 芳弘
田中 良生
髙橋 慶一郎
土井 亨
中根 一幸
橋本 岳
平口 洋
牧原 秀樹
松本 洋平
武藤 容治
盛山 正仁
山本 ともひろ
若宮 健嗣

立憲民主党(6人)
大西 健介
逢坂 誠二
奥野 総一郎
後藤 祐一
下条 みつ
手塚 仁雄

公明党(2人)
伊藤 渉
稲津 久

国民民主党(1人)
玉木 雄一郎

共産党(1人)
宮本 岳志①

4回(96人)

自民党(74人)
青山 周平
秋本 真利
井出 庸生
井野 俊郎
井上 貴博
井林 辰憲
池田 佳隆
石川 昭政
今枝 宗一郎
岩田 和親
小倉 將信
小田原 潔
大岡 敏孝
大串 正樹
大西 英男
大野 敬太郎
鬼木 誠
勝俣 孝明
門山 宏哲
神田 憲次
黄川田 仁志②
岸 信夫②
工藤 彰三
熊田 裕通
小島 敏文
小林 鷹之
小林 史明
古賀 篤
國場 幸之助
佐々木 紀

立憲民主党（4回つづき）

- 中島克仁
- 野間健
- 森山浩行
- 谷田川元
- 山岡達丸
- 山崎誠
- 吉田統彦

日本維新の会(7人)

- 足立康史
- 井上英孝
- 市村浩一郎
- 浦野靖人
- 遠藤敬
- 杉本和巳
- 馬場伸幸

公明党(7人)

- 伊佐進一
- 浮島智子①
- 岡本三成
- 國重徹
- 佐藤英道
- 中野洋昌
- 濱地雅一

無所属(1人)

- 北神圭朗

3回（41人）

自民党(15人)

- 尾身朝子
- 加藤鮎子
- 小林茂樹
- 杉田水脈
- 鈴木隼人
- 瀬戸隆一
- 高木宏壽
- 中谷真一
- 中川郁子
- 鳩山二郎
- 古川康
- 宮路拓馬
- 三谷英弘
- 宗清皇一
- 和田義明

立憲民主党(16人)

- 井坂信彦
- 稲富修二
- 落合貴之
- 鎌田さゆり
- 金子恵美①
- 小宮山泰子
- 近藤和也
- 坂本祐之輔
- 篠原豪
- 白石洋一

日本維新の会(1人)

- 伊東信久

公明党(2人)

- 輿水恵一
- 吉田宣弘

国民民主党(1人)

- 鈴木義弘

共産党(3人)

- 田村貴昭
- 宮本徹
- 本村伸子

無所属(3人)

- 緒方林太郎
- 福島伸享
- 吉川赳

2回（41人）

自民党(14人)

- 畦元将吾
- 泉田裕彦
- 上杉謙太郎
- 金子俊平
- 木村次郎
- 国光あやの
- 小寺裕雄
- 高木啓
- 高村正大
- 中曽根康隆
- 西田昭二
- 深澤陽一
- 穂坂泰
- 本田太郎

立憲民主党(14人)

- 青山大人
- 伊藤俊輔
- 石川香織
- 大河原まさこ①
- 岡本あき子
- 神谷裕
- 源馬謙太郎
- 櫻井周
- 中谷一馬
- 道下大樹

緑川貴士
森田俊和
湯原俊二
早稲田ゆき

日本維新の会（5人）
空本誠喜
藤田文武
三木圭恵
美延映夫
山本剛正

公明党（3人）
角田秀穂
中川康洋
鰐淵洋子①

国民民主党（2人）
浅野哲
西岡秀子

れいわ新選組（1人）
櫛渕万里

無所属（2人）
仁木博文
吉田豊史

1回（96人）

自民党（35人）
東国幹
五十嵐清
井原巧①
石井拓
石橋林太郎
石原正敬
上田英俊
尾﨑正直
加藤竜祥
勝目康
川崎ひでと
神田潤一
国定勇人
小森卓郎
塩崎彰久
島尻安伊子②
鈴木英敬
高階恵美子②
高見康裕
塚田一郎②
土田慎
中川貴元②
中西健治②
中野英幸
長谷川淳二
西野太亮
林芳正⑤
平沼正二郎
古川直季
松本尚
保岡宏武
柳本顕
山口晋
山本左近
若林健太①

立憲民主党（17人）
荒井優
梅谷守
おおつき紅葉
神津たけし
末次精一
鈴木庸介
堤かなめ
徳永久志①
馬場雄基
藤岡隆雄
太栄志
本庄知史
山岸一生
山田勝彦
吉田はるみ
米山隆一
渡辺創

日本維新の会（27人）
阿部司
阿部弘樹
青柳仁士
赤木正幸
浅川義治
池下卓
池畑浩太朗
一谷勇一郎
岩谷良平
漆間譲司
遠藤良太
小野泰輔
奥下剛光
金村龍那
沢田良
住吉寛紀
高橋英明
中司宏
早坂敦
藤巻健太
堀場幸子
前川清成
岬麻紀
守島正
和田有一朗
吉田とも代

公明党（9人）
河西宏一
金城泰邦
日下正喜
庄子賢一
中川宏昌
平林晃
福重隆浩
山崎正恭
吉田久美子

国民民主党（4人）
斎藤アレックス
鈴木敦
田中健
長友慎治

れいわ新選組（2人）
大石あきこ
たがや亮

社民党（1人）
新垣邦男

無所属（1人）
三反園訓

㊟当選回数

参議院議員当選回数表

○の数字は衆議院の当選回数。通算されていません

［令和元年選挙］

○回（1人）

自民党（1人）
山東 昭子

○回（1人）

無所属（1人）
尾辻 秀久

○回（3人）

自民党（3人）
世耕 弘成
衛藤 晟三
橋本 聖子

○回（10人）

自民党（2人）
中村 治子
丸山 政司

公明党（2人）
山口 那津男②
谷合 正明

共産党（4人）
井上 哲士
紙 智子
小池 晃
山下 芳生

国民民主党（2人）
大塚 耕平
榛葉 賀津也

○回（19人）

自民党（12人）
石井 準一
佐藤 晟一④
中村 経夫
佐藤 信秋
佐藤 正久
山田 昌司
市川 俊治
中野 たかお
古川 珠代

宮本 周司
森 まさこ
山田 俊男

立憲民主党（4人）
川田 龍平
牧山 ひろえ
水岡 俊一
吉川 沙織

公明党（1人）
山本 博司

日本維新の会（1人）
室井 邦彦①

無所属（1人）
長浜 博行④

2回（45人）

自民党（27人）
赤池 誠章①
石井 正弘
石田 昌宏
大野 泰正
太田 房江
古賀 友一郎
上月 良祐
酒井 庸行
島村 大
高野 光二郎
高橋 克法
滝沢 求
滝波 宏文
柘植 芳文
堂故 茂
豊田 俊郎
長峯 誠
羽生田 俊
馬場 成志
堀井 巌
舞立 昇治
三宅 伸吾
森屋 宏
山下 雄平
山田 太郎
吉川 ゆうみ
和田 政宗

立憲民主党（3人）
野田 国義①
森本 真治
吉田 忠智

公明党（7人）
河野 義博
佐々木 さやか
杉 久武
新妻 秀規
平木 大作
矢倉 克夫
若松 謙維③

日本維新の会（4人）
東 徹
梅村 聡
清水 貴之
柴田 巧

共産党（2人）
吉良 よし子
倉林 明子

国民民主党（2人）
礒﨑 哲史
浜野 喜史

1回（45人）

自民党（10人）
岩本 剛人
加田 裕之
清水 真人
田中 昌史
高橋 はるみ
中田 宏④
比嘉 奈津美
本田 顕子
三浦 靖①
宮崎 雅夫

立憲民主党（15人）
石垣 のりこ
石川 大我
打越 さく良
小沢 雅仁
小沼 巧
勝部 賢志
岸 真紀子

59

片山　さつき①
中西　祐介
長谷川　岳
福岡　資麿①
藤川　政人
三原　じゅん子
宮沢　洋一③
渡辺　猛之

立憲民主党(5人)
青木　愛③
石橋　通宏
小西　洋之
斎藤　嘉隆
徳永　エリ

公明党(4人)
秋野　公造
石川　博崇
竹谷　とし子
横山　信一

日本維新の会(1人)
松沢　成文③

国民民主党(2人)
川合　孝典
舟山　康江

共産党(2人)
田村　智子
仁比　聡平

れいわ新選組(1人)
大島　九州男

2回(34人)

自民党(13人)
足立　敏之
青山　繁晴
朝日　健太郎
井上　義行
今井　絵理子
小野田　紀美
こやり　隆史
佐藤　啓
自見　はなこ
進藤　金日子
藤木　眞也
松川　るい
山田　宏②

立憲民主党(3人)
古賀　之士
杉尾　秀哉

〔令和4年選挙〕

7回(1人)

自民党(1人)
中曽根　弘文

6回(1人)

自民党(1人)
山崎　正昭

5回(5人)

自民党(3人)
櫻井　充
関口　昌一
鶴保　庸介

立憲民主党(1人)
福山　哲郎

社民党(1人)
福島　みずほ

4回(11人)

自民党(8人)
岡田　直樹
末松　信介
野上　浩太郎
野村　哲郎
松下　新平
松村　祥史
山谷　えり子①
山本　順三

立憲民主党(1人)
蓮舫

公明党(2人)
谷合　正明
西田　実仁

3回(32人)

自民党(17人)
阿達　雅志
青木　一彦
浅尾　慶一郎③
石井　浩郎
磯崎　仁彦
猪口　邦子①
上野　通子
江島　潔
大家　敏志

熊谷　裕人
塩村　あやか
田島　麻衣子
羽田　次郎
水野　素子
宮口　治子
森屋　隆
横沢　高徳

公明党(4人)
塩田　博昭
下野　六太
高橋　光男
安江　伸夫

日本維新の会(4人)
梅村　みずほ
音喜多　駿
鈴木　宗男⑧
柳ヶ瀬　裕文

共産党(1人)
伊藤　岳

国民民主党(1人)
田村　まみ

れいわ新選組(2人)
木村　英子
舩後　靖彦

NHK党(1人)
浜田　聡

無所属(7人)
安達　澄
嘉田　由紀子
須藤　元気
髙良　鉄美
寺田　静
ながえ　孝子①
芳賀　道也

㊫当選回数

名部 匡 代③　　　立憲民主党(6人)

公明党(5人)
藤 孝 江　　　鬼 木 誠
見 隆 治　　　古 賀 千 景
内 真 二　　　柴 愼 一
浦 信 祐　　　高 木 真 理
崎 勝　　　　辻 元 清 美⑦
　　　　　　　村 田 享 子

本維新の会(5人)
　　　　　　　公明党(2人)
田 均　　　　上 田 勇⑦
井 章①　　　窪 田 哲 也
山 苗 子　　　日本維新の会(6人)
山 大 介　　　青 島 健 太
木 かおり　　　猪 瀬 直 樹

産党(2人)
　　　　　　　金 子 道 仁
渕 友　　　　串 田 誠 一①
添 拓　　　　中 条 きよし

民民主党(2人)
　　　　　　　松 野 明 美
藤 孝 恵　　　国民民主党(1人)
口 誠　　　　竹 詰 仁

いわ新選組(1人)
　　　　　　　れいわ新選組(1人)
本 太 郎①　　天 畠 大 輔

所属(3人)
　　　　　　　NHK党(1人)
波 洋 一　　　ガーシー
田 清 司③　　参政党(1人)
山 佐知子　　　神 谷 宗 幣
　　　　　　　無所属(2人)
　　　　　　　堂 込 麻紀子

回(40人)
三 上 え り

民党(20人)
松 健
稲 晃 子
井 正 一
智 俊 之
藤 明 良
原 大 介
谷 政 幸
林 一 玄
庄 玄 知
納 理 緒
井 学
谷川 英 晴
瀬 めぐみ
井 一 博
橋 利 実②
北 斗 介
本 啓 介
本 佐知子
井 章
林 洋 平

参当選回数

宮崎県1区　354,691　⑱53.29
宮崎市、東諸県郡

当60,719	渡辺 創	立新	(32.6)
比当59,649	武井俊輔	自前	(32.0)
43,555	脇谷のりこ	無新	(23.4)
比22,350	外山 斎	維新	(12.0)

わた なべ　そう
渡辺 創
立新　当1
宮崎県宮崎市　S52・10・3
勤1年5ヵ月　(初/令)

予算委、農水委、災害特委、党県連代表、党組織委副委員長、党災害・緊急事態局事務局長、宮崎県議、毎日新聞記者、新潟大／45歳

〒880-0001 宮崎市橘通西5-5-19　☎0985(77)8777
〒107-0052 港区赤坂2-17-10、宿舎

宮崎県2区　273,071　⑱56.28
延岡市、日向市、西都市、児湯郡、東臼杵郡、西臼杵郡

当94,156	江藤 拓	自前	(62.2)
比57,210	長友慎治	国新	(37.8)

え とう　たく
江藤 拓
自前[無]　当7
宮崎県門川町　S35・7・1
勤19年5ヵ月　(初/平15)

災害特委員長、農水委、党政調会長代理、前農水大臣、内閣総理大臣補佐官、拉致特委、農水委員長、農水副大臣、党農林部会長、成城大／62歳

〒883-0021 日向市大字財光寺233-1　☎0982(53)1367
〒100-8982 千代田区永田町2-1-2、会館　☎03(3508)7468

宮崎県3区　274,053　⑱51.53
都城市、日南市、小林市、串間市、えびの市、北諸県郡、西諸県郡

当111,845	古川禎久	自前	(80.7)
20,342	松本 隆	共新	(14.7)
6,347	重黒木優平	N新	(4.6)

ふる かわ よし ひさ
古川禎久
自前[茂]　当7
宮崎県串間市　S40・8・3
勤19年5ヵ月　(初/平15)

予算理、憲法審委、党司法制度調査会長、税制調査会副会長、道路調査会事務総長、法務大臣、財務副大臣、東大法／57歳

〒885-0006 都城市吉尾町811-7　☎0986(47)1881
〒107-0052 港区赤坂2-17-10、宿舎

鹿児島県1区　358,050　⑱54.10
鹿児島市(本庁管内、伊敷・東桜島・吉野・吉田・桜島・松元・郡山支所管内)、鹿児島郡

当101,251	宮路拓馬	自前	(53.2)
比89,232	川内博史	立前	(46.8)

みや じ たく ま
宮路拓馬
自前[森]　当3
鹿児島県南さつま市　S54・12・6
勤8年4ヵ月　(初/平26)

内閣委理、農水委、災害特委、地域・こども特委、内閣府大臣政務官、元総務大臣政務官、総務省課長補佐、内閣官房参事官補佐、広島市財政課長、東大法／43歳

〒892-0838 鹿児島市新屋敷町16-422　公社ビル　☎099(295)4860
〒100-8981 千代田区永田町2-2-1、会館　☎03(3508)7206

略歴

宮崎・鹿児島

161

鹿児島県2区　337,186　🗳58.58

当92,614　三反園　訓　無新（47.7）
　80,469　金子万寿夫　自前（41.4）
比21,084　松崎真琴　共新（10.9）

鹿児島市（谷山・喜入支所管内）、
枕崎市、指宿市、南さつま市、
奄美市、南九州市、大島郡

み た ぞの　　さとし
三反園　訓　　無新　　当1
鹿児島県指宿市　S33・2・13
勤1年5ヵ月（初/令3）

決算行監委、鹿児島県知事、ニュースキャ
スター、政治記者、総理官邸各省庁キャッ
プ、早大大学院非常勤講師、早大／65歳

〒891-0141　鹿児島市谷山中央3-4701-4　☎099(266)3333
〒100-8982　千代田区永田町2-1-2、会館　☎03(3508)7511

鹿児島県3区　318,530　🗳61.39

当104,053　野間　健　立元（53.9）
比当89,110　小里泰弘　自前（46.1）

阿久根市、出水市、薩摩川内市、
日置市、いちき串木野市、伊佐市、
姶良市、薩摩郡、出水郡、姶良郡

の ま　　たけし
野間　健　　立元　　当3
鹿児島県日置市　S33・10・8
勤6年3ヵ月（初/平24）

厚労委、原子力特委理事、党国対副委員
長、国民新党政調会長、国務大臣秘書
官、商社員、松下政経塾、慶大／64歳

〒895-0061　薩摩川内市御陵下町27-23　☎0996(22)1505
〒100-8982　千代田区永田町2-1-2、会館　☎03(3508)7027

鹿児島県4区　325,670　🗳57.16

当127,131　森山　裕　自前（69.5）
比49,077　米永淳子　社新（26.8）
　6,618　宮川直輝　N新（3.6）

鹿屋市、西之表市、垂水市、曽
於市、霧島市、志布志市、曽於郡、
肝属郡、熊毛郡

もり やま　　ひろし
森山　裕　　自前［前］　当7(初/平16補)＊
鹿児島県鹿屋市　S20・4・8
勤24年10ヵ月（参5年10ヵ月）

党選挙対策委員長、党国会対策委員長、党政調会長代
理、農林水産大臣、財務副大臣、参議院議員、鹿児島市
議会議長5期、日新高校（旧鶴丸高夜間課程）／77歳

〒893-0015　鹿屋市新川町671-2　☎0994(31)1035
〒100-8981　千代田区永田町2-1-2、会館　☎03(3508)7164

沖縄県1区　267,939　🗳55.89

当61,519　赤嶺政賢　共前（42.2）
比54,532　国場幸之助　自前（37.4）
　29,827　下地幹郎　無前（20.4）

那覇市、島尻郡（渡嘉敷村、座間
味村、粟国村、渡名喜村、南大
東村、北大東村、久米島町）

あか みね せい けん
赤嶺政賢　　共前　　当8
沖縄県那覇市　S22・12・18
勤22年10ヵ月（初/平12）

党沖縄県委員長、党幹部会委員、安保
委、沖北特委、憲法審委、那覇市議、東京
教育大／75歳

〒900-0016　那覇市前島3-1-17　☎098(862)7521
〒100-8981　千代田区永田町2-2-1、会館　☎03(3508)7196

　※平10参院初当選

沖縄県2区	294,848
	🈯 54.82

宜野湾市、浦添市、中頭郡

当74,665	新垣邦男	社新（47.4）
比当64,542	宮崎 政久	自前（41.0）
比15,296	山川 泰博	維新（ 9.7）
3,053	中村 幸也	N新（ 1.9）

あら かき くに お
新垣 邦男

社新　　　当1(初/令3)
沖縄県　　S31・6・19
勤1年5ヵ月　〈沖縄2区〉

党副党首、政審会長、国対委員長、安保委、憲法審委、沖北特委、元北中城村長、日大／66歳

〒901-2212　宜野湾市長田4-16-11　　☎098（892）2132
〒107-0052　港区赤坂2-17-10、宿舎

沖縄県3区	316,908
	🈯 54.00

名護市、沖縄市、うるま市、国頭郡、島尻郡(伊平屋村、伊是名村)

当87,710	島尻安伊子	自新（52.1）
比80,496	屋良 朝博	立前（47.9）

しまじり あ い こ
島尻安伊子

自新［茂］　当1(初/令3)＊
宮城県仙台市　S40・3・4
勤10年10ヵ月（参9年5ヵ月）

沖北特委理、外務委、総務委、内閣府特命担当大臣、参院環境委員長、党沖縄県連会長、参議院議員、那覇市議、上智大／57歳

〒904-2153　沖縄市美里1-2-1　　☎098（921）3144
〒107-0052　港区赤坂2-17-10、宿舎

沖縄県4区	295,455
	🈯 55.05

石垣市、糸満市、豊見城市、宮古島市、南城市、島尻郡(与那原町、南風原町、八重瀬町)、宮古郡、八重山郡

当87,671	西銘恒三郎	自前（54.9）
比72,031	金城 徹	立新（45.1）

にし め こう さぶ ろう
西銘恒三郎

自前［茂］　　　当6
沖縄県　　S29・8・7
勤16年1ヵ月　（初/平15）

外務委理、沖北特委、復興・沖北担当大臣、沖北特筆理、安保・国交委員長、経産・総務副大臣、国交政務官、予算委理事、県議4期、上智大／68歳

〒901-1115　沖縄県島尻郡南風原町字山川286-1(2F)　☎098（888）5360
〒100-8982　千代田区永田町2-1-2、会館　☎03（3508）7218

比例代表　九州　20人	福岡、佐賀、長崎、熊本、大分、宮崎、鹿児島、沖縄

いま むら まさ ひろ
今村 雅弘

自前［二］　　　当9
佐賀県鹿島市　S22・1・5
勤26年7ヵ月　（初/平8）

党政調会長代理、党物流調査会長、予算委、元復興大臣、農林水産副大臣、国交・外務政務官、衆国交委長、JR九州、東大法／76歳

〒840-0032　佐賀市末広2-13-36　　☎0952（27）8015
〒100-8982　千代田区永田町2-1-2、会館　☎03（3508）7610

※平19補参院初当選

163

略歴

沖縄・比例九州

やす おか ひろ たけ
保岡宏武

自新［無］　　当1
鹿児島県　　S48・5・6
勤1年5ヵ月　（初/令3）

総務委、農水委、消費者特委、地域・こども特委、衆議員保岡興治公設第一秘書、鹿児島事務所長、青山学院大法学部、鹿児島大学大学院農学研究科／49歳

〒890-0054　鹿児島市荒田1-10-8　　☎099(263)8666
〒106-0032　港区六本木7-1-3、宿舎

いわ た かず ちか
岩田和親

自前［岸］　当4(初/平24)
佐賀県　　　S48・9・20
勤10年4ヵ月　（佐賀1区）

経産委理事、法務委、震災復興特委、党経産部会長、経産・内閣府・復興GX大臣政務官、防衛大臣政務官、佐賀県議、九大法／49歳

〒840-0045　佐賀市西田代2-3-14-1　　☎0952(23)7880
〒107-0052　港区赤坂2-17-10、宿舎

たけ い しゅん すけ
武井俊輔

自前［岸］　当4(初/平24)
宮崎県宮崎市　S50・3・29
勤10年4ヵ月　（宮崎1区）

外務副大臣、党国対副委員、外務政務官、県水泳連盟会長、県議、早大院、中大／47歳

〒880-0805　宮崎市橘通東2-1-4　テツカビル1F
〒100-8982　千代田区永田町2-1-2、会館　☎0985(28)7608
　　　　　　　　　　　　　　　　　　☎03(3508)7388

ふる かわ やすし
古川　康

自前［茂］　当3(初/平26)
佐賀県唐津市　S33・7・15
勤8年4ヵ月　（佐賀2区）

国土交通大臣政務官、党税調幹事長、組織本部財政金融証券委員長、総務副会長、農業基本政策検討委員会事務局次長、総務大臣政務官、佐賀県知事、東大／64歳

〒847-0052　唐津市呉服町1790　　☎0955(74)7888
〒107-0052　港区赤坂2-17-10、宿舎

こく ば こう の すけ
國場幸之助

自前［岸］　当4(初/平24)
沖縄県　　　S48・1・10
勤10年4ヵ月　（沖縄1区）

安保委理、沖北特委、経産委、憲法審委、党国防部会長、中小企業・小規模事業者政策調査会事務局長、外務大臣政務官、党副幹事長、党沖縄県連会長、県議、会社員、早大卒、日大中退／50歳

〒900-0033　那覇市久米2-31-1　マリーナヴィスタ久米2F　☎098(861)6813
〒100-8982　千代田区永田町2-1-2、会館　☎03(3508)7741

みや ざき まさ ひさ
宮﨑政久

自前［茂］　当4(初/平24)
長野県　　　S40・8・8
勤9年3ヵ月　（沖縄2区）

法務委理、消費者特委理、党法務部会長、法務大臣政務官、党経産部会長代理、国交部会長代理、弁護士、明大法／57歳

〒901-2211　宜野湾市宜野湾1-1-1 2F　☎098(893)2955
〒107-0052　港区赤坂2-17-10、宿舎　　☎03(5549)4671

小里泰弘
おざとやすひろ

自前［無］ 当6(初/平17)
鹿児島県　S33・9・29
勤17年7ヵ月　〈鹿児島3区〉

党総務会長代理、党経済成長戦略本部長、災害特委員長、農水副大臣、農水委員長、環境(兼)内閣府副大臣、慶大／64歳

〒895-0012 鹿児島県薩摩川内市平佐1-10 ☎0996(23)5888
〒100-8981 千代田区永田町2-2-1、会館 ☎03(3508)7247

末次精一
すえつぐせいいち

立新 当1(初/令3)
長崎県　S37・12・2
勤1年5ヵ月　〈長崎4区〉

国土交通委、地域・こども特委、長崎県議、衆議院議員秘書、NPO法人理事長、京大工学部／60歳

〒857-0016 佐世保市俵町6-21 ☎0956(37)3535

吉川元
よしかわはじめ

立前 当4(初/平24)
香川県　S41・9・28
勤10年4ヵ月　〈大分2区〉

議運理事、文科委、党国対副委員長、社民党副党首、政策秘書、神戸大中退／56歳

〒875-0041 大分県臼杵市大字臼杵195 ☎0972(64)0370
〒107-0052 港区赤坂2-17-10、宿舎

山田勝彦
やまだかつひこ

立新 当1(初/令3)
長崎県長崎市　S54・7・19
勤1年5ヵ月　〈長崎3区〉

法務委、厚労委、消費者特委理、障がい福祉施設代表、衆議員秘書、法政大／43歳

〒856-0805 大村市竹松本町859-1 ☎0957(46)3788
〒107-0052 港区赤坂2-17-10、宿舎

稲富修二
いなとみしゅうじ

立前 当3(初/平21)
福岡県　S45・8・26
勤8年10ヵ月　〈福岡2区〉

内閣委理事、災害特委、党政調副会長、丸紅、松下政経塾、東大法、米コロンビア大院修了／52歳

〒815-0041 福岡市南区野間4-1-35-107 ☎092(557)8501
〒100-8982 千代田区永田町2-1-2、会館 ☎03(3508)7515

濱地雅一
はまちまさかず

公前 当4
福岡県福岡市　S45・5・8
勤10年4ヵ月 (初/平24)

安保委理事、拉致特委理事、党中央幹事、党福岡県本部代表、外務大臣政務官、弁護士、早大法学部／52歳

〒812-0023 福岡市博多区奈良屋町11-6 奈良屋ビル2F ☎092(262)6616
〒100-8981 千代田区永田町2-2-1、会館 ☎03(3508)7235

よし だ のぶ ひろ
吉田宣弘

公前　当3
熊本県荒尾市　S42・12・8
勤5年　（初/平26）

党国対副委員長、外務委理事、災害特委理事、元福岡県議、元参院議員秘書、九州大学／55歳

〒862-0910　熊本市東区健軍本町26-10
　　　　　　村上ビル2F-A　　☎096(285)3686
〒100-8981　千代田区永田町2-2-1、会館　☎03(3508)7276

きん じょう やす くに
金城泰邦

公新　当1
沖縄県浦添市　S44・7・16
勤1年5ヵ月　（初/令3）

党地方議会局次長、党遊説局次長、党沖縄方面本部幹事長、党沖縄県本部代表代行、外務委、沖北特委理、沖縄県議、浦添市議、沖縄国際大／53歳

〒901-2114　浦添市安波茶1-6-5 3F　☎098(870)7120
〒107-0052　港区赤坂2-17-10、宿舎

よし だ く み こ
吉田久美子

公新　当1
佐賀県鳥栖市　S38・7・19
勤1年5ヵ月　（初/令3）

党女性委員会副委員長、厚労委、決算委、消費者特委、佐賀大教育学部／59歳

〒818-0072　筑紫野市二日市中央6-3-1-202 ☎092(929)2801
〒100-8982　千代田区永田町2-1-2、会館　☎03(3508)7055

あ べ ひろ き
阿部弘樹

維新　当1(初/令3)
福岡県　S36・12・15
勤1年5ヵ月　〈福岡4区〉

法務委、福岡県議、津屋崎町長、厚生省課長補佐、保健所、医師、医博、熊本大学大学院／61歳

〒811-2207　福岡県糟屋郡志免町南里3-4-1
　　　　　　　　　　　　　　　☎092(957)8760
〒100-8982　千代田区永田町2-1-2、会館 ☎03(3508)7480

やま もと ごう せい
山本剛正

維元　当2(初/平21)
東京都　S47・1・1
勤4年9ヵ月　〈福岡1区〉

国土交通委、倫選特委理事、商社員、衆議院議員秘書、駒澤大学／51歳

〒812-0001　福岡市博多区大井2-13-23　☎092(621)0120

た むら たか あき
田村貴昭

共前　当3(初/平26)
大阪府枚方市　S36・4・30
勤8年4ヵ月

党中央委員、農水委、財金委、災害特委、北九州市議、北九州大学法学部政治学科／61歳

〒810-0022　福岡市中央区薬院3-13-12
　　　　　　大場ビル3F　　☎092(526)1933
〒107-0052　港区赤坂2-17-10、宿舎

長友慎治 （なが とも しん じ）

国新　当1(初/令3)
宮崎県宮崎市
勤1年5ヵ月　S52・6・22
〈宮崎2区〉

農水委、沖北特委、党政調副会長、NPO法人
フードバンク日向理事長、日向市産業支援セ
ンター長、㈱博報堂ケトル、早大法／45歳

〒882-0823 延岡市中町2-2-20　☎0982(20)2011
〒100-8982 千代田区永田町2-1-2、会館　☎03(3508)7212

比例代表　九州　20人	有効投票数　6,307,040票	

政党名	当選者数	得票数	得票率
	惜敗率 小選挙区		

自民党　8人　2,250,966票　35.69%

当①今村　雅弘 前		③古賀　篤 前	福3
当②保岡　宏武 新		③宮内　秀樹 前	福4
当③岩田　和親 前(99.86) 佐1		③鳩山　二郎 前	福6
当③武井　俊輔 前(98.24) 宮1		③藤丸　敏 前	福7
当③古川　康 前(92.14) 佐2		③武田　良太 前	福11
当③国場幸之助 前(88.41) 沖1		③加藤　竜祥 新	長2
当③宮崎　政久 前(86.44) 沖2		③木原　稔 前	熊1
当③小里　泰弘 前(85.64) 鹿3		③坂本　哲志 前	熊3
③高橋　舞子 新(78.19) 大1		③金子　恭之 前	熊4
③初村滝一郎 新(67.78) 長1		③岩屋　毅 前	大3
㉘河野　正美 元		③江藤　拓 前	宮2
㉙新　義明 新		③古川　禎久 前	宮3
㉚田畑　隆治 新		③宮路　拓馬 前	鹿1
【小選挙区での当選者】		③島尻安伊子 新	沖3
③井上　貴博 前　福1		③西銘恒三郎 前	沖4
③鬼木　誠 前　福2			

立憲民主党　4人　1,266,801票　20.09%

当①末次　精一 新(99.30) 長4		①森本慎太郎 新(52.00) 福4
当①吉川　元 前(99.18) 大2		①矢上　雅義 前(46.90) 熊4
当①山田　勝彦 新(96.45) 長3		①田辺　徹 新(30.77) 福6
当①稲富　修二 前(92.57) 福2		㉓出口慎太郎 新
①屋良　朝博 前(91.78) 沖3		㉔大川　富洋 新
①川内　博史 前(88.13) 鹿1		㉕川西　義人 新
①金城　徹 新(82.16) 沖4		【小選挙区での当選者】
①山内　康一 前(72.80) 福3		①堤　かなめ 新　福5
①松平　浩一 前(71.80) 長2		①城井　崇 前　福10
①横光　克彦 前(71.16) 大3		①原口　一博 前　佐1
①濱田　大造 新(63.82) 熊1		①大串　博志 前　佐2
①青木　剛志 新(60.52) 福7		①渡辺　創 新　宮1
①坪田　晋 新(54.06) 福1		①野間　健 元　鹿3

公明党　4人　1,040,756票　16.50%

当①浜地　雅一 前		当④吉田久美子 新
当②吉田　宣弘 前		⑤窪田　哲也 新
当③金城　泰邦 新		⑥中山　英一 新

㊟略歴

比例九州

167

日本維新の会　2人　　540,338票　8.57%

当①阿部　弘樹　新(38.53)福 4	①西田　主税　新(25.57)福10	
当①山本　剛正　元(37.82)福 1	①新開　崇司　新(24.96)福 2	
①外山　斎　新(36.81)宮 1	▼①山川　泰博　新(20.49)沖 2	

共 産 党　　1人　　365,658票　5.80%

当②田村　貴昭　前	【小選挙区での当選者】
③真島　省三　元　　福 9	①赤嶺　政賢　前　　沖 1
④松崎　真琴　新　　鹿 2	

国民民主党　1人　　279,509票　4.43%

当①長友　慎治　新(60.76)宮 2	【小選挙区での当選者】
③前野真実子　新	①西岡　秀子　前　　長 1

▼は小選挙区の得票が有効投票総数の10分の1未満で、復活当選の資格がない者
....

その他の政党の得票数・得票率は下記のとおりです。
（当選者はいません）

政党名	得票数	得票率	
れいわ新選組	243,284票	3.86%	NHKと裁判してる党弁護士法72条違反で
社民党	221,221票	3.51%	98,506票　1.56%

衆議院小選挙区区割り詳細（未掲載分）

【北海道1区の札幌市北区・西区の一部】（P53参照）

北区（本庁管内（北六条西1～9丁目、北七条西1～10丁目、北八条西1～11丁目、北九条西1～11丁目、北十条西1～11丁目、北十一条西1～11丁目、北十二条西5～12丁目、北十三条西5～12丁目、北十四条西5～13丁目、北十五条西6～13丁目、北十六条西5～13丁目、北十七条西7～13丁目））、**西区**（山の手一条1～12丁目、山の手二条1～12丁目、山の手三条1～12丁目、山の手四条1～11丁目、山の手五条1～10丁目、山の手六条1～9丁目、山の手七条5～8丁目、山の手、二十四軒一条1～7丁目、二十四軒二条1～7丁目、二十四軒三条1～7丁目、二十四軒四条1～7丁目、琴似一条1～7丁目、琴似二条1～7丁目、琴似三条1～7丁目、琴似四条1～7丁目、発寒六条14丁目、発寒七条14丁目、発寒八条13丁目（14番）、発寒九条14丁目、発寒九条13丁目（5番から7番まで）、発寒九条14丁目、小別沢、宮の沢一条1～5丁目、宮の沢二条1～5丁目、宮の沢三条2～5丁目、宮の沢四条3～5丁目、宮の沢、西町南1～21丁目、西町北1～20丁目、西野一条5～10丁目、西野二条1～10丁目、西野三条1～10丁目、西野四条1～10丁目、西野五条1～10丁目、西野六条1～10丁目、西野七条1～10丁目、西野八条1～10丁目、西野九条3～9丁目、西野十条6～9丁目、西野十一条7～9丁目、西野十二条8丁目、西野十三条8丁目、西野十四条8丁目、西野、福井1～10丁目、福井、平和一条2～11丁目、平和二条1～11丁目、平和三条4～10丁目、平和）

【北海道2区の札幌市北区（1区に属しない区域）】（P53参照）

本庁管内（北十二条西1～4丁目、北十三条西1～4丁目、北十四条西1～4丁目、北十五条西1～5丁目、北十六条西1～5丁目、北十七条西1～6丁目、北十八条西2～13丁目、北十九条西2～13丁目、北二十条西2～14丁目、北二十一条西2～13丁目、北二十二条西2～9丁目、北二十三条西11～18丁目、北二十四条西2～9丁目、北二十五条西2～9丁目、北二十六条西12～17丁目、北二十六条西2～16丁目、北二十八条西2～15丁目、北二十九条西2～14丁目、北三十条西2～14丁目、北三十一条西2～12丁目、北三十二条西2～9丁目、北三十三条西2～9丁目、北三十四条西2～9丁目、北三十五条西2～8丁目、北三十八条西2～8丁目、北三十九条西3～7丁目、北四十条西4～6丁目、新川一条1～6丁目、新川二条1～5丁目、新川三条1～20丁目、新川四条1～20丁目、新川五条1～6丁目、新川五条14～16丁目、新川五条20丁目、新川六条14～16丁目、新川六条20丁目、新川七条1～6丁目、新川八条17丁目、新川西一条1～4丁目、新川西一条1～6丁目、新川二条1～7丁目、新川西三条1～7丁目、新川西四条3～4丁目、新川西五条4丁目、新川、新琴似一条1～13丁目、新琴似二条1～13丁目、新琴似三条1～13丁目、新琴似四条1～17丁目、新琴似五条1～17丁目、新琴似六条1～17丁目、新琴似七条1～17丁目、新琴似八条1～17丁目、新琴似九条1～16丁目、新琴似十条1～17丁目、新琴似十一条1～17丁目、新琴似、屯田一条1～2丁目、屯田二条1～2丁目、屯田三条1～8丁目、屯田四条1～12丁目、屯田五条1～12丁目、屯田六条1～12丁目、屯田七条1～12丁目、屯田八条1～12丁目、屯田九条1～12丁目、屯田十条1～3丁目、屯田、麻生町1～9丁目）、篠路出張所管内

【北海道4区の札幌市西区（1区に属しない区域）】（P54参照）

八軒一条1～5丁目、八軒二条1～5丁目、八軒三条1～5丁目、八軒四条東1～5丁目、八軒五条東1～5丁目、八軒六条東1～5丁目、八軒七条東1～5丁目、八軒八条東1～5丁目、八軒九条東1～5丁目、八軒十条東1～5丁目、八軒一条西1～4丁目、八軒二条西1～4丁目、八軒三条西1～6丁目、八軒四条西1～11丁目、八軒五条西1～11丁目、八軒六条西8～11丁目、八軒六条西1～11丁目、八軒七条西1～11丁目、八軒八条西1～11丁目、八軒九条西1～7丁目、八軒十条西1～11丁目、八軒西1～6丁目、八軒十条西9～13丁目、発寒一条2～4丁目、発寒二条1～7丁目、発寒三条1～7丁目、発寒四条1～7丁目、発寒五条2～8丁目、発寒六条3～5丁目、発寒六条6～7～13丁目、発寒七条4～5丁目、発寒七条7～13丁目、発寒八条7丁目、発寒八条4～12丁目、発寒八条1丁目（14番を除く。）、発寒九条5～12丁目、発寒八条13丁目（5番から7番までを除く。）、発寒十条1～6丁目、発寒十一条11～14丁目、発寒十一条1～6丁目、発寒十一条11～12丁目、発寒十二条1～14丁目、発寒十二条11～14丁目、発寒十二条2～5丁目、発寒十三条11～14丁目、発寒十四条1～5丁目、発寒十四条11～14丁目、発寒十五条1～4丁目、発寒十五条12～14丁目、発寒十六条1条1～14丁目、発寒十六条12～14丁目、発寒十七条13～14丁目

【茨城県1区の下妻市の一部】（P67参照）

下妻、長塚、砂沼新田、坂本新田、大木新田、石の宮、堀篭、坂井、比毛、横根、平川戸、北大宝、大宝、平沼、江、田下、福田、下木戸、神明、若柳、下宮、数須、筑波島、下中郷、黒駒、江、平方、尻手、渋井、桐ヶ瀬、前河原、赤須、柴、半谷、大木、南原、上野、関本下、袋畑、古沢、小島、二本松、今泉、中居指、新堀、加養、亀﨑、樋橋、肘谷、山尻、谷田部、柳原、安食、高道祖、本城町1～3丁目、小野子町1～3丁目、本宿町1～2丁目、田町1～2丁目

【栃木県1区の下野市の一部】（P69参照）

薬師寺、成田、町田、谷地賀、下文狭、田中、仁良川、本吉田、別当河原、下吉田、磯部、中川島、上川島、上吉田、三王山、絹板、花田、下坪山、上坪山、東根、網戸1～5丁目

【埼玉県1区のさいたま市見沼区の一部】（P71参照）

大字大谷、大和田町1～2丁目、卸町1～2丁目、大字加田屋新田、加田屋1～2丁目、大字片柳、片柳1～2丁目、片柳東、大字上山口新田、大字小深作、大字笹丸、大字島、島町1～2丁目、大字新右エ門新田、大字染谷、染谷1～3丁目、大字中川、大字新藤、大字西山村新田、大字道祖土、春岡1～3丁目、春野1～4丁目、大字東新井、東大宮1丁目、東大宮5～7丁目、大字東宮下、大字深作、大字深作1～3丁目、大字藤之、大字深作、深作1～5丁目、大字風渡野、堀崎町、大字丸ヶ崎、丸ヶ崎町、大字御蔵、大字南中野、大字南中丸、大字谷古田1～3丁目、大字見山、大字見山

【埼玉県2区の川口市の一部】（P72参照）

本庁管内、新郷・神根支所管内、芝支所管内（芝中田1～2丁目、芝宮根町、芝

高木1～2丁目、芝東町、芝1～4丁目、芝下1～3丁目、大字芝（3102番地から3198番地までを除く。）、芝西1丁目（1番から11番までを除く。）、芝西2丁目、芝塚原1丁目（1番及び4番を除く。）、芝塚原2丁目、大字伊刈、大字小谷場、柳崎1～5丁目、北園町、柳根町）、安行・戸塚・鳩ヶ谷支所管内

【埼玉県3区の越谷市の一部】（P72参照）

赤山町1～5丁目、赤山本町、東町1～5丁目、伊原1～2丁目、大字大里、大沢、大沢1～4丁目、大字大杉、大字大泊、大字大林、大字大房、大字大松、大間野町1～5丁目、大字大吉、大字小曽川、大字上間久里（976番地から1075番地までを除く。）、大字蒲生、蒲生1～4丁目、蒲生茜町、蒲生旭町、蒲生愛宕町、蒲生寿町、蒲生西町1～2丁目、蒲生東町、蒲生本町、蒲生南町、川柳町1～6丁目、瓦曽根1～3丁目、大字北後谷、大字北川崎、北越谷1～5丁目、越ヶ谷、越ヶ谷1～5丁目、越ヶ谷本町、御殿町、相模町1～7丁目、七左町1丁目、七左町1～2丁目、大字下間久里、新川町1～2丁目、新越谷1～2丁目、神明町1～3丁目、大字砂原、千間台東1～4丁目、大成町1～8丁目、大字中島、中島1～3丁目、大字長島、中町、大字西新井、大字西方、西方1～2丁目、大字野島、登戸町、大字花田、花田1～7丁目、大字東越谷、東越谷1～10丁目、東柳田町、大字平方、平方新町、大字袋山（671番地から6679番地まで、684番地から687番地まで、696番地から699番地まで、704番地、728番地から753番地まで、761番地から805番地まで、811番地から837番地まで、843番地、856番地から888番地まで、899番地から952番地まで、978番地から1021番地まで、1081番地から1162番地まで、1164番地から1187番地まで、1191番地から1218番地まで、1677番地、1717番地、1718番地、1756番地、1757番地、1851番地から2001番地まで及び2004番地から2060番地まで）、大字船渡、大字増林、増林1～3丁目、大字増森、増森1～2丁目、大字増森（1番地から4013番地まで、4095番地、4096番地及び4131番地から4135番地まで）、南越谷1～5丁目、南町1～3丁目、宮前1丁目、大字向畑、元柳田町、弥栄町1～4丁目、大字弥十郎、谷中町1～4丁目、柳町、弥生町、流通団地1～4丁目、レイクタウン1～9丁目

【埼玉県13区の春日部市の一部、越谷市（3区に属しない区域）】（P74参照）

春日部市（赤沼、一ノ割、一ノ割1～2丁目、牛島、内牧、梅田、梅田1丁目、梅田本町1～2丁目、大沼、大沼1～7丁目、大場、大畑、粕壁、粕壁1～7丁目、粕壁東1～6丁目、上大増新田、上蛭田、小淵、栄町1～3丁目、下大増新田、下蛭田、新川、薄谷、千間1丁目、中央1～8丁目、銚子口、道口蛭田、道順川戸、豊野町1～3丁目、武里中野、新方袋、西八木崎1～3丁目、八丁目、花積、浜川戸1～2丁目、樋掘、樋籠、備後西1～5丁目、備後東1～8丁目、藤塚、不動院野、本田町1～2丁目、増戸、増富、増田新田、緑町1～6丁目、南1～5丁目、南栄町、南中曽根、大木崎町、大字大枝、谷原1～3丁目、谷原新田、豊町1～5丁目、六軒町）、**越谷市**（大字大竹、大字大道、大字恩間、大字恩間新田、大字上間久里（976番地から1075番地まで）、大字大吉、大字袋山（671番地から679番地まで、681番地から687番地まで、696番地から699番地まで、704番地、728番地から753番地まで、761番地から805番地まで、811番地から837番地まで、843番地、856番地から888番地まで、899番地から952番地まで、978番地から1021番地まで、1081番地から1162番地まで、1164番地から1187番地まで、1191番地から1218番地まで、1677番地、1717番地、1718番地、1756番地、1757番地、1851番地から2001番地まで及び2004番地から2060番地までを除く。）、大字南荻島（1番地から4013番地まで、4095番地、4096番地及び4131番地から4135番地までを除く。））

【埼玉県15区の川口市の一部】（P75参照）

芝支所管内（芝新町、芝5丁目、芝樋ノ爪1～2丁目、芝富士1～2丁目、芝園町、大字芝（3102番地から3198番地まで）、芝西1丁目（1番から11番まで）、芝塚原1丁目（1番及び4番））

【千葉県5区の市川市本庁管内】（P81参照）

市川1～3丁目、市川南1～3丁目、真間1～3丁目、新田1～5丁目、平田1～4丁目、大洲1～4丁目、大和田1～5丁目、東大和田1～2丁目、稲荷木1～3丁目、八幡1～6丁目、南八幡1～5丁目、菅野1～6丁目、東菅野1～3丁目、鬼越1～2丁目、鬼高1～4丁目、高石神、中山1～4丁目、若宮1～3丁目、北方1～3丁目、本北方1～3丁目、北方町4丁目、東浜1丁目、田尻、田尻1～5丁目、高谷、高谷1～3丁目、高谷新町、原木、原木1～4丁目、二俣、二俣1～2丁目、二俣新町、上妙典

【千葉県10区の横芝光町の一部】（P82参照）

篠本、新井、宝米、市野原、二又、小川台、台、傍示戸、富下、虫生、小田部、母子、芝崎、芝崎南、富田、谷中、目篠、宮川、尾花、尾垂イ、尾垂ロ、篠本根切

【神奈川県7区の横浜市都筑区の一部】（P84参照）

あゆみが丘、池辺町、牛久保町、牛久保1～3丁目、牛久保西1～4丁目、牛久保東1～3丁目、大熊町、大棚町、大棚西、折本町、加賀原1～2丁目、勝田町、勝田南1～2丁目、川向町、川和台、川和町、北山田1～7丁目、葛が谷、佐江戸町、桜並木、新栄町、すみれが丘、高山、茅ヶ崎町、茅ヶ崎中央、茅ヶ崎南1～5丁目、茅ヶ崎東1～5丁目、中川1～8丁目、中川中央1～2丁目、長坂、仲町台1～5丁目、二の丸、早渕1～3丁目、東方町、東山田町、東山田1～4丁目、平台、富士見が丘、南山田町、南山田1～3丁目、見花山

【神奈川県10区の川崎市中原区の一部】（P85参照）

新丸子町、新丸子東1～3丁目、丸子通1～2丁目、上丸子山王町1～2丁目、上丸子八幡町、上丸子天神町、小杉町1～3丁目、小杉御殿町1～2丁目、小杉陣屋町1～2丁目、等々力、木月1～4丁目、木月大町、木月祗園町、木月伊勢町、木月住吉町、苅宿、大倉町、市ノ坪、今井上町、今井南町、今井西町、井田1～3丁目、井田中ノ町、上平間、田尻町、北谷町、中丸子、下沼部、上丸子、小杉

【神奈川県13区の座間市の一部】（P86参照）

入谷1～5丁目、栗原、栗原中央1～6丁目、小松原1～2丁目、さがみ野1～3丁目、座間、座間1～2丁目、座間入谷、新田宿、相武台1～4丁目、立野台1～3丁目、

西栗原1～2丁目、東原1～5丁目、ひばりが丘1～5丁目、広野台1～2丁目、緑ケ丘1～6丁目、南栗原1～6丁目、明王、四ツ谷

【神奈川県14区の相模原市緑区・南区の一部】（P86参照）

緑区（相原、相原1～6丁目、大島、大山町、上九沢、下九沢、田名、西橋本1～5丁目、二本松1～4丁目、橋本1～8丁目、橋本台1～4丁目、東橋本1～4丁目、元橋本町）、**南区**（旭町、鵜野森1～3丁目、上鶴間、上鶴間本町1～9丁目、栄町、相模大野1～9丁目、相南1丁目（1番から18番まで）、相南2丁目（1番から12番まで、17番及び25番から28番まで）、相南3丁目（1番から26番まで及び34番から47番まで）、西大沼1～5丁目、東大沼1～4丁目、東林間1～8丁目、豊町、若松1～6丁目）

【神奈川県16区の相模原市南区（14区に属しない区域）】（P87参照）

麻溝台、麻溝台1～8丁目、新磯野、新磯野1～5丁目、磯部、上鶴間、北里1～2丁目、相模台1～7丁目、相模台団地、桜台、下溝、新戸、南新町1丁目（19番から24番まで）、相南2丁目（13番から16番まで及び18番から24番まで）、相南3丁目（27番から33番まで）、相武台1～3丁目、相武台団地1～2丁目、当麻、双葉1～2丁目、松が枝町、御園4～5丁目、南台1～6丁目

【神奈川県18区の川崎市中原区（10区に属しない区域）・宮前区（9区に属しない区域）】（P87参照）

中原区（宮内1～4丁目、新城、上新城1～2丁目、新城1～5丁目、新城中町、下新城1～3丁目、上小田中1～7丁目、下小田中1～6丁目、井田三舞町、井田杉山町）、**宮前区**（向ヶ丘、けやき平、神木1～2丁目、馬絹、馬絹1～3丁目、水沢1～2丁目、土橋1～7丁目、有馬1～9丁目、東有馬1～5丁目、野川、宮崎、宮崎1～6丁目、宮前平1～3丁目、鷺沼1～4丁目、梶ヶ谷、菅生ヶ丘、水沢1～3丁目、潮見台、初山1～2丁目、白幡台1～2丁目、犬蔵1～3丁目、平1～6丁目、五所塚1～2丁目、南平台、白幡台1～2丁目）

【東京都1区の港区・新宿区の一部】（P93参照）

港区（芝地区総合支所管内（芝5丁目、三田1～3丁目）、麻布地区・赤坂地区・高輪地区総合支所管内、芝浦港南地区総合支所管内（芝浦4丁目、海岸3丁目（4番から4番まで、20番、21番及び31番から33番まで）、港南1～5丁目、台場1～2丁目）、**新宿区**（本庁管内、四谷・箪笥町・榎町・若松町・大久保・戸塚特別出張所管内、落合第一・第二特別出張所管内（下落合1～4丁目、中落合2丁目、高田馬場3丁目）、柏木・角筈特別出張所管内）

【東京都2区の港区（1区に属しない区域）、台東区の一部】（P93参照）

港区（芝地区総合支所管内（芝1～4丁目、海岸1丁目、東新橋1～2丁目、新橋1～6丁目、西新橋1～3丁目、浜松町1～2丁目、芝大門1～2丁目、芝公園1～4丁目、虎ノ門1～5丁目、愛宕1～2丁目）、芝浦港南地区総合支所管内（芝浦1～3丁目、海岸2丁目（1番から3番まで、14番から19番まで及び22番から30番まで）））、**台東区**（台東1～4丁目、柳橋1～2丁目、浅草橋1～5丁目、鳥越1～2丁目、蔵前1～4丁目、小島1～2丁目、三筋1～2丁目、秋葉原、上野1～7丁目、東上野1～6丁目、元浅草1～4丁目、寿1～4丁目、駒形1～2丁目、北上野1～2丁目、下谷1丁目、下谷2丁目（1番から12番まで、13番6号から13番13号まで及び15番から23番まで）、下谷3丁目、根岸1～5丁目、入谷1丁目（4番から8番まで、15番から20番まで及び29番から31番まで）、入谷2丁目（34番から39番まで）、竜泉1～3丁目、西浅草1丁目、雷門1～2丁目、浅草1丁目、浅草2丁目（1番から12番まで及び29番から35番まで）、花川戸1～2丁目、千束2丁目（33番から36番まで）、日本堤2丁目（36番から39番まで）、三ノ輪1～2丁目、池之端1～4丁目、上野公園、上野桜木1～2丁目）

【東京都3区の品川区・大田区の一部】（P93参照）

品川区（品川第一・品川第二地域センター管内、大崎第一地域センター管内（大崎1～3丁目、西五反田1丁目、西五反田2丁目（4番1号から4番13号まで、5番、6番10号から6番23号まで、7番及び8番）、小山台1丁目、荏原1丁目）、大崎第二地域センター管内（西五反田6丁目及び西五反田7丁目に属する区域を除く。）、大井第一・大井第二・大井第三・荏原第一・荏原第二・荏原第三・八潮地域センター管内）、**大田区**（嶺町・田園調布特別出張所管内、鵜の木特別出張所管内（鵜の木2丁目及び池上3丁目に属する区域を除く。）、久が原特別出張所管内、雪谷・千束特別出張所管内）

【東京都4区の大田区（3区に属しない区域）】（P94参照）

大森東・大森西・入新井・馬込・池上・新井宿特別出張所管内、鵜の木特別出張所管内（鵜の木2丁目及び池上3丁目に属する区域を除く。）、久が原特別出張所管内（千鳥1丁目及び池上3丁目に属する区域に限る。）、糀谷・羽田・六郷・矢口・蒲田西・蒲田東特別出張所管内

【東京都5区の目黒区・世田谷区の一部】（P94参照）

目黒区（上目黒2丁目（47番から49番まで）、上目黒4丁目、中目黒5丁目、目黒4丁目（1番から5番まで、12番から26番まで）、下目黒4丁目（21番から23番まで）、下目黒5丁目（8番から37番まで）、下目黒6丁目、中町1～2丁目、五本木1～3丁目、祐天寺1～2丁目、中央町1～2丁目、目黒本町1～6丁目、原町1～2丁目、洗足1～2丁目、南1～3丁目、碑文谷1～6丁目、鷹番1～3丁目、平町1～2丁目、大岡山1～2丁目、緑が丘1～3丁目、自由が丘1～3丁目、中根1～2丁目、大原町、八雲1～5丁目、東が丘1～2丁目）、**世田谷区**（池尻・太子堂・下馬・上馬・代沢・奥沢・九品仏・等々力・上野毛・用賀・深沢まちづくりセンター管内）

【東京都6区の世田谷区（5区に属しない区域）】（P94参照）

若林・上町・経堂・梅丘・新代田・北沢・松原・松沢・祖師谷・成城・船橋・喜多見・砧・上北沢・上祖師谷・烏山まちづくりセンター管内

【東京都7区の品川区（3区に属しない区域）、目黒区（5区に属しない区域）、中野区の一部】（P94参照）

品川区（大崎第一地域センター管内（上大崎1～4丁目、東五反田4～5丁目、西五反田2丁目（1番から21番までを除く。）、西五反田3～7丁目、西五反田8丁目（1番から3番まで））、大崎第二地域センター管内（西五反田6丁目及び西五反田7丁目に属する区域に限る。））、目黒区（駒場1～4丁目、青葉台1～4丁目、東山1～3丁目、大橋1～2丁目、上目黒1丁目、上目黒2丁目（1番から46番まで）、上目黒3丁目、上目黒5丁目、中目黒1～3丁目、三田1～2丁目、東山1～3丁目、目黒4丁目（6番から11番まで）、下目黒1丁目、下目黒4丁目（1番から20番まで）、下目黒5丁目（1番から7番まで））、中野区（南台1～5丁目、弥生町1～6丁目、本町1～6丁目、中央1～5丁目、東中野1～5丁目、中野1～4丁目（10番から68番まで）、新井1丁目（1番から35番まで）、新井2～3丁目、野方1丁目、野方2丁目（1番から31番まで及び41番から62番まで）

【東京都8区の杉並区（7区に属しない区域）】（P95参照）
井草1～5丁目、上井草1～4丁目、下井草1～5丁目、善福寺1～4丁目、今川1～4丁目、桃井1～4丁目、西荻北1～5丁目、上荻1～4丁目、清水1～3丁目、本天沼1～3丁目、天沼1～3丁目、阿佐谷北1～6丁目、阿佐谷南1～3丁目、高円寺北1～4丁目、高円寺南1～5丁目、和田1～3丁目、和泉1～4丁目、堀ノ内1～3丁目、松ノ木1～3丁目、大宮1～2丁目、梅里1～2丁目、久我山1～5丁目、高井戸西1～3丁目、上高井戸1～3丁目、永福1～4丁目、浜田山1～4丁目、下高井戸1～5丁目、高井戸東1～4丁目、成田東1～5丁目、成田西1～4丁目、荻窪1～5丁目、南荻窪1～4丁目、西荻南1～4丁目、松庵1～3丁目、宮前1～5丁目

【東京都9区の練馬区の一部】（P95参照）
豊玉上1～2丁目、豊玉中1～4丁目、豊玉南1～3丁目、豊玉北3～6丁目、中村1～3丁目、中村南1～3丁目、中村北1～4丁目、練馬1～4丁目、向山1～4丁目、貫井1～5丁目、春日町1～6丁目、高松1～6丁目（14番から30番までを除く。）、田柄5丁目（21番から28番までを除く。）、光が丘2～7丁目、旭町1～3丁目、土支田1～4丁目、富士見台1～4丁目、南田中1～5丁目、高野台1～5丁目、谷原1～6丁目、三原台1～3丁目、石神井町1～8丁目、石神井台1～8丁目、下石神井1～6丁目、東大泉1～7丁目、西大泉町、西大泉1～6丁目、南大泉1～6丁目、大泉町1～6丁目、大泉学園町1～9丁目、関町北1～5丁目、関町南1～4丁目、上石神井南町、上石神井1～4丁目

【東京都10区の新宿区（1区に属しない区域）、中野区（7区に属しない区域）、豊島区の一部】（P95参照）
新宿区（落合第一特別出張所管内（上落合1～2丁目、中落合1丁目、中落合2～4丁目、中井2丁目）、落合第二特別出張所管内）、中野区（東中野3丁目、中野5丁目（1番から9番まで）、中野6丁目、上高田1～5丁目、新井1丁目（36番から43番まで）、新井4～5丁目、沼袋1～4丁目、松が丘1～2丁目、江原町1～3丁目、江古田1～4丁目、丸山1～2丁目、野方2丁目（32番から40番まで及び63番から69番まで）、野方3～6丁目、大和町1～4丁目、若宮1～3丁目、白鷺1～3丁目、鷺宮1～6丁目、上鷺宮1～5丁目）、豊島区（本庁管内（東池袋1～5丁目、西池袋1～4丁目、西池袋5丁目、池袋1～4丁目、池袋本町1～4丁目、雑司が谷1～3丁目、高田1～3丁目、目白1～5丁目）、東部区民事務所管内（南大塚3丁目及び西池袋5丁目に属する区域に限る。）、西部区民事務所管内）

【東京都11区の板橋区の一部】（P95参照）
本庁管内（板橋1～4丁目、加賀1～2丁目、大山東町、大山金井町、熊野町、中丸町、南町、稲荷台、仲町、氷川町、栄町、大山町、大山西町、幸町、中板橋、仲町、弥生町、本町、大和町、双葉町、富士見町、大谷口上町、大谷口北町、大谷口1～2丁目、向原1～3丁目、小茂根1～5丁目、常盤台1～4丁目、南常盤台1～2丁目、東新町1～2丁目、上板橋1～3丁目、清水町、蓮沼町、大原町、泉町、宮本町、志村1～3丁目、坂下1～3丁目、東坂下1～2丁目、小豆沢1～4丁目、西台1～4丁目、中台1～3丁目、若木1～3丁目、蓮根1～3丁目、相生町、前野町1～6丁目、三園2丁目、東山町、桜川1～3丁目、高島平1～9丁目、新河岸3丁目）、赤塚支所管内

【東京都12区の豊島区（10区に属しない区域）、板橋区（11区に属しない区域）、足立区の一部】（P96参照）
豊島区（本庁管内（西巣鴨1丁目、北大塚3丁目、上池袋1～4丁目）、東部区民事務所管内（南大塚3丁目及び西池袋5丁目を除く。））、板橋区（本庁管内（新河岸1～2丁目、舟渡1～4丁目））、足立区（入谷1～9丁目、入谷町、扇1～3丁目、小台1～2丁目、加賀1～2丁目、江北1～7丁目、皿沼1～3丁目、鹿浜1～8丁目、新田1～3丁目、椿1～2丁目、舎人1～6丁目、舎人公園、舎人町、堀之内1～2丁目、宮城1～2丁目、谷在家2～3丁目）

【東京都13区の足立区（12区に属しない区域）】（P96参照）
青井1～6丁目、足立1～4丁目、綾瀬1～7丁目、伊興1～5丁目、伊興本町1～2丁目、梅島1～3丁目、梅田1～8丁目、大谷田1～5丁目、岡田1～3丁目、北加平町、栗原1～4丁目、弘道1～2丁目、古千谷1丁目、古千谷本町1～4丁目、佐野1～2丁目、島根1～4丁目、神明南1～3丁目、神明南1～2丁目、関原1～3丁目、千住1～5丁目、千住曙町、千住旭町、千住東1～2丁目、千住大川町、千住河原町、千住桜木1～2丁目、千住関屋町、千住龍田町、千住中居町、千住寿町、千住橋戸町、千住緑町1～3丁目、千住宮元町、千住元町、千住柳町、竹の塚1～7丁目、辰沼1～2丁目、中央本町1～5丁目、東和1～5丁目、中川1～5丁目、西綾瀬1～4丁目、西新井1丁目、西新井栄町1～3丁目、西新井本町1～5丁目、西伊興町、西加平1～2丁目、西竹の塚1～2丁目、西保木間1～4丁目、花畑1～8丁目、東綾瀬1～3丁目、東伊興1～4丁目、東保木間1～2丁目、東六月町、一ツ家1～4丁目、日ノ出町、保木間1～5丁目、保塚町、南花畑1～5丁目、六木1～4丁目、谷在家1丁目、谷中1～5丁目、柳原1～2丁目、六月1～3丁目、六町1～4丁目、扇1丁目、扇3丁目、西新井栄町3丁目、西新井本町1～5丁目、本木1～2丁目、本木北町、本木西町、本木東町

【東京都14区の台東区（2区に属しない区域）】（P96参照）
東上野6丁目、下谷2丁目（13番1号から13番5号まで、13番14号から13番24号まで、14番、15番及び24番）、入谷1丁目（1番から3番まで、9番から14番まで、

172

21番から28番まで、32番及び33番）、入谷2丁目（1番から33番まで）、松が谷1
～4丁目、西浅草2～3丁目、浅草2丁目（13番から27番まで）、浅草3～7丁目、
千束1丁目、千束2丁目（1番から32番まで）、千束3～4丁目、今戸1～2丁目、東
浅草1～2丁目、橋場1～2丁目、清川1～2丁目、日本堤1丁目、日本堤2丁目（1
番から35番まで）

【東京都16区の江戸川区の一部】（P97参照）

本庁管内（中央1～4丁目、松島1～5丁目、松江1～7丁目、東小松川1～4丁目、
西小松川町、大杉1～5丁目、西一之江1～4丁目、春江町1丁目、一之江1～8丁目、
西瑞江4丁目、江戸川4丁目、松本1～2丁目）、小松川・葛西・東部・鹿骨事務
所管内

【東京都21区の多摩市・稲城市の一部】（P98参照）

多摩市（関戸1～4丁目、関戸5丁目（1番から8番まで及び13番から31番
まで）、連光寺、連光寺1～6丁目、東寺方1丁目、一ノ宮、一ノ宮1～4丁目、聖
ヶ丘1丁目（1番から24番まで、35番及び47番から44番）、**稲城市**（坂
浜、平尾、平尾1～3丁目、長峰1～3丁目、若葉台1～4丁目）

【東京都22区の稲城市（21区に属しない区域）】（P98参照）

矢野口、東長沼、大丸、百村、押立、向陽台1～6丁目

【東京都23区の多摩市（21区に属しない区域）】（P98参照）

関戸5丁目（9番から8番まで及び13番から31番までを除く。）、関戸6丁目、貝取、
乞田、和田、百草、落川、東寺方、桜ヶ丘1～4丁目、聖ヶ丘1丁目（1番から24
番まで、35番及び44番を除く。）、馬引沢1～2丁目、山王下、中沢、唐木田、諏
訪1～6丁目、永山1～7丁目、貝取1～5丁目、豊ヶ丘1～6丁目、落合1～6丁目、
鶴牧1～6丁目、南野1～3丁目、和田1～3丁目、愛宕1～4丁目

【東京都24区の八王子市（21区に属しない区域）】（P99参照）

横山町、八日町、八幡町、八木町、追分町、千人町1～4丁目、日吉町、元本郷
町1～4丁目、平岡町、本郷町、大横町、本町、元横山町1～3丁目、日町、新町、
明神町1～4丁目、子安町1～4丁目、東町、旭町、三崎町、中町、南町、寺町、
万町、上野町、天神町、南新町、小門町、台町1～4丁目、中野町、暁町1～3丁
目、中央山王1～3丁目、中野上町1～5丁目、大和田町1～7丁目、富士見町、緑
町、清川町、東浅川町、初沢町、高尾町、南浅川町、西浅川町、裏高尾町、廿
里町、下柚木、下柚木2～3丁目、上柚木、上柚木2～3丁目、中山、越野、南陽
台1～3丁目、堀之内、堀之内2～3丁目、鹿島、松が谷、鑓水、鑓水2丁目、南
大沢1～5丁目、松木、別所1～2丁目、並木町、散田町1～5丁目、山田町、めじ
ろ台1～4丁目、長房町、城山手1～2丁目、狭間町、椚田町、館町、寺田町、大
船町、大楽寺町、上壱分方町、諏訪町、下恩方町、上恩方町、西寺方町、小津町、
川口町、上川町、犬目町、楢原町、美山町、尾崎町、左入町、滝山町1～2丁目、
梅坪町、谷野町、みつい台1～2丁目、丹木町1～3丁目、加住町1～2丁目、宮下
町、戸吹町、高月町、小比企町、片倉町、西片倉1～3丁目、宇津貫町、みなみ
野1～5丁目、兵衛1～2丁目、七国1～6丁目、北野町、打越町、北野台1～3丁目、
長沼町、絹ヶ丘1～3丁目、高倉町、石川町、宇津木町、平町、小宮町、久保山
町1～2丁目、大谷町、丸山町

【新潟県1区の新潟市北区・東区・中央区・江南区・南区・西区の一部】（P103参照）

北区（本庁管内（細山に属する区域に限る。）、北出張所管内（すみれ野4丁目
に属する区域を除く。））、**東区**（本庁管内、石山出張所管内（亀田中島4丁目に
属する区域を除く。））、**中央区**（本庁管内、東出張所管内、南出張所管内（鵜ノ
子及び亀田早通に属する区域を除く。））、**江南区**（本庁管内（天野、天野1～3丁
目、粟山、楚ケ山、江口、大淵、祖父興野、嘉木、嘉瀬、上和田、北山、久蔵興野、
蔵岡、酒屋町、笹山、三百地、鏑木、清五郎、曽川、楚川、曽野木1～2丁目、
太右エ門新田、俵柳、直り山、長潟、中野山、鍋潟新田、西野、西山、花ノ牧、
平賀、鯆山、舞潟、松山、丸渡新田、丸山、丸山ノ内善之丞組、茗荷谷、山二
ツ、両川1～2丁目、和田、割野）、**南区**（本庁管内（天野に属する区域に限る。）、
西区（本庁管内、西出張所管内（四ツ郷屋及び與兵衛野新田に属する区域を除
く。）、黒埼出張所管内）

【新潟県2区の長岡市の一部】（P104参照）

本庁管内（西津川に属する区域のうち、平成17年3月31日において三島郡越路町
の区域であった区域に限る。）、越路・三島・小国・和島・寺泊・与板支所管内

【新潟県3区の新潟市北区の一部】（P104参照）

本庁管内（細山、小杉、十二前及び横越に属する区域を除く。）、北出張所管内
（すみれ野4丁目に属する区域に限る。）

【新潟県4区の新潟市北区・東区・中央区・江南区・南区の一部、長岡市の一部】（P104参照）

新潟市（北区（第1区又は第3区に属しない区域）、**東区**（第1区に属しない区域）、
中央区（第1区に属しない区域）、**江南区**（第1区に属しない区域）、**南区**（第1
区及び第2区に属しない区域））、**長岡市**（中之島支所管内（押切川原町に属す
る区域のうち、平成17年3月31日において長岡市の区域であった区域を除く。）、
栃尾支所管内）

【富山県1区の富山市の一部】（P105参照）

相生町、綾田町1～3丁目、青柳、青柳新、赤江町、赤田、秋ケ島、秋吉、秋吉
新町、悪王寺町、朝日、旭町、安住町、愛宕町1～2丁目、荒川、荒川1～5
丁目、荒川新町、荒町、新屋、有沢、有沢新町、粟島町1～3丁目、安養寺・安
養坊、飯野、池多、石金1～3丁目、石倉町、石坂、石坂新、石坂東町、石田、
石屋、泉町1～2丁目、磯部町1～4丁目、一番町、一本木、稲荷園町、稲荷町1
～4丁目、稲荷元町1～3丁目、犬島1～7丁目、犬島新町1～2丁目、今泉、今泉
西部町、今泉北部町、今市、今木町、岩瀬赤田町、岩瀬天池町、岩瀬池田町、
岩瀬入船町、岩瀬梅本町、岩瀬御蔵町、岩瀬表町、岩瀬古志町、岩瀬白山町、
岩瀬高畠町、岩瀬天神町、岩瀬萩浦町、岩瀬文化町、岩瀬前田町、

173

岩瀬松原町、岩瀬港町、牛島新町、牛島町、牛島本町1〜2丁目、打出、打出新、内幸町、梅沢町1〜3丁目、上野、上野寿町、上野新町、上野新町、永楽町、越前町、江本、佳原新町、蛯町、追分茶屋、大井、大泉、大泉北町、大泉中町、大泉東町1〜2丁目、大泉本町1〜3丁目、大泉町1〜3丁目、大江干、大江干新町、大島1〜4丁目、太田、太田北新町1〜3丁目、太郎丸多町、太田南町、大塚、大塚北、大塚西、大塚東、大塚南、大手町、大場、大宮町、奥井、奥田寿町、奥田新町、奥田双葉町、奥田町、奥田寿町、押し、音羽町1〜2丁目、雄山町、海岸通、開発、掛尾栄町、掛尾町、鹿島町1〜2丁目、金代、金屋、金山新、金山新北、金山新桜ヶ丘、金山新町、金山新東、金山新南、上赤江、上赤江町1〜2丁目、上飯野、上飯野新町1〜5丁目、上今町、上熊野、上栄、上住町、上新保、上千俵町、上布目、上袋、上冨居、上冨居1〜3丁目、上冨居新町、上堀南町、上本町、上人仕町、顧海生、北押川、北新町1〜2丁目、北代、北代中部、北代北町、北代東部、北代町、北二ツ屋、木場町、経田、経堂、経堂1〜4丁目、経堂新町、経力、金泉寺、銀嶺町、久郷、草島、楠木、窪新町、窪本町、公文名、栗山、呉羽野田、呉羽町、呉羽町北、呉羽町西、黒瀬、黒瀬北町1〜2丁目、小泉町、興人町、古来、古志町1〜6丁目、小島町、小杉、五艘、小中、小西、五番町、五福、五本榎、駒見、才覚寺、境野新、栄新町、栄町1〜3丁目、坂下新、桜木町、桜谷みどり町1〜2丁目、桜橋通り、桜町1〜2丁目、山王町、三熊、三番町、七軒町、芝園町1〜3丁目、島廻、清水中町、清水町1〜9丁目、清水元町、下赤江、下赤江町1〜2丁目、下飯野、下奥井1〜2丁目、下新本町、下新町、下新西町、下新本町、下新東町、下曹町、下新本町、下新東町、下野、下野新、下富居、下富居1〜2丁目、下堀、城川原1〜3丁目、庄高田、城村、城村北、城村新町、白銀町、新金代1〜2丁目、新川原町、新桜町、新庄北町、新庄銀座1〜3丁目、新庄本町1〜3丁目、新庄町、新庄町1〜2丁目、新富町1〜2丁目、新総曲輪、新千原崎、神通本町1〜3丁目、神通町1〜2丁目、新富町1〜2丁目、新根塚町1〜3丁目、新冨居、新保、新桜、杉、杉瀬、杉谷、砂町、住友町、住吉、住吉町1〜2丁目、諏訪川原1〜3丁目、清風町、関、千石町1〜6丁目、千成町、千俵町、総曲輪1〜4丁目、惣在寺、双代町、高木、高木西、高木東、高木南、高島、高園町、高畠町1〜2丁目、高屋敷、宝町1〜2丁目、田刈屋、館出町1〜2丁目、辰尾、辰巳町1〜2丁目、田中町1〜5丁目、田尻、田尻西、田尻東、田尻南、田畑、珠泉東町、珠泉東町、手屋、手屋1〜3丁目、太郎丸、太郎丸西町1〜3丁目、太郎丸本町1〜4丁目、千歳町1〜3丁目、千原崎、千原崎1〜2丁目、茶屋町、町村1〜2丁目、中間島、中間島1〜2丁目、千代田町、塚原、月岡新、月岡西緑町、月岡東緑町1〜4丁目、月岡町1〜7丁目、月見丁1〜2丁目、堤町通り1〜2丁目、つばめ町1〜3丁目、鶴ヶ丘町、鶴ヶ丘町、寺島、寺町、寺町けや木台、天正寺、土居原町、問屋町1〜3丁目、道正、任海、常盤台、常盤町、栃谷、利波、富岡町、友杉、豊丘町、豊川町、豊城新町、豊城、豊田、豊田本町1〜4丁目、豊田町1〜2丁目、豊若町1〜3丁目、永久町、中市、中市1〜2丁目、長江、長江1〜3丁目、長江新町1〜4丁目、長江東町1〜3丁目、長江本町、長柄町1〜3丁目、中老田、長岡、長岡新、中沖、中川原、中川原新町、中川原台1〜2丁目、中島1〜5丁目、中田、中田1〜2丁目、中間新、中冨居、中冨居新町、中屋、流杉、鵜田、南央町、西四十物町、西荒屋、西大泉、西押川、西金屋、西公文名、西公文名町、西山王町、西新庄、西田、西田地方町1〜3丁目、西長江1〜4丁目、西長江本町、西中野本町、西中野町1〜2丁目、西野新、西番、西宮町、西塚、蜷川、布市、布市新町、布瀬本町、布瀬町、布瀬町1〜3丁目、布目、布目北、布目南、根塚町1〜3丁目、野口、野口南町、野口北部、野町、野ヶ上、萩原、蓮町1〜6丁目、旅籠町、畑中、八川、八人町、八ヶ山、八町、八町北、八町西、八町南、八町東、八町南、花園町1〜2丁目、羽根、浜黒崎、林崎、針日、針原中、針原中町、晴海台、東石金町、東岩瀬、東老田、東町1〜3丁目、東富山中町1〜3丁目、東中野1〜3丁目、東流杉、平榎、平岡、開、開ヶ丘、平吹町、福居、冨居栄町、不二越本町1〜2丁目、不二越町、藤木、藤木新、藤木新町、藤の木園町、藤の木台1〜3丁目、二口町1〜5丁目、二俣、二俣新町、舟橋北町、舟橋北町、舟橋南町、舟橋町、古沢、古川、古沢、古寺、文京町1〜3丁目、別名、星井町1〜3丁目、堀、堀川小泉町、堀川小泉町1〜2丁目、堀川本郷、堀川町、堀端新町、本郷、本郷島、本郷中部、本郷東部、本郷北部、本郷町、本町、本丸、牧田、町新、町袋、町村1〜2丁目、松浦町、松木、松本、松島町、丸の内1〜2丁目、三上、水落、水橋池田舘、水橋池田町、水橋石政、水橋石割、水橋伊勢屋、水橋伊勢領、水橋市江、水橋舘町田袋、水橋入江、水橋魚躬、水橋沖、水橋柳誌、水橋開発、水橋開発町、水橋鏡田、水橋金尾、水橋金尾新、水橋金広、水橋金広、水橋上桜木、水橋上砂子坂、水橋川原町、水橋北馬場、水橋狐塚、水橋小池、水橋恋塚、水橋小出、水橋五郎丸、水橋桜木、水橋佐野竹、水橋山王町、水橋下段、水橋柴草、水橋清水堂、水橋下砂子坂、水橋下砂子坂新、水橋常願寺、水橋小路、水橋上条新町、水橋下条、水橋新堀、水橋荒町、光寺、水橋大正、水橋高月、水橋高寺、水橋高堂、水橋舘町、水橋田伏、水橋辻ヶ堂、水橋中馬場、水橋中町、水橋中村、水橋中村町、水橋入部町、水橋晶町、水橋番頭名、水橋平榎、水橋平榎新、水橋二杉、水橋布目、水橋曲淵、水橋坊村、水橋袋、水橋的場、水橋柳寺、緑町1〜3丁目、湊入船町、南金屋、南栗山、南田町1〜2丁目、南中町、宮尾、宮条、宮定、宮成、宮保、宮町、向新庄、向新庄町1〜8丁目、向川原町、室町通り1〜2丁目、明輪町、元町1〜2丁目、桃井町1〜2丁目、森、森1〜5丁目、森住町、森若町、安田町、安野屋町1〜3丁目、柳町1〜4丁目、八幡、山岸、山室、山室荒屋、山室荒屋新町、山本、山本新、弥生町1〜2丁目、八町口、四方、四方荒屋、四方一番町、四方恵比須町、四方北江岸、四方新、四方新出町、四方神明町、四方田町、四方西岩瀬、四方二番町、四方町、四方野割町、横内、横越、吉岡、吉倉、吉作、四ツ葉町、米田、米田すずかけ台1〜3丁目、竜町1〜3丁目、若竹町1〜6丁目

【長野県1区の長野市の一部】 （P107参照）

本庁管内、篠ノ井・松代・若穂・川中島・更北・七二会・信更・柳原・浅川・大豆島・朝陽・若槻・長沼・安茂里・小田切・芋井・芹田・古牧・三輪・吉田支所管内

【静岡県1区の静岡市葵区・駿河区・清水区の一部】（P112参照）
葵区（本庁管内（瀬名川3丁目（5番25号及び5番50号から5番59号まで）に属する区域を除く。）、井川支所管内）、駿河区（本庁管内（谷田に属する区域のうち、平成15年3月31日において清水市の区域であった区域を除く。）、長田支所管内）、清水区（本庁管内（楠（694番地1及び694番地3）に属する区域に限る。））

【静岡県3区の浜松市天竜区の一部】（P113参照）
春野町領家、春野町堀之内、春野町胡桃平、春野町和泉平、春野町大時、春野町長蔵寺、春野町石打松下、春野町田黒、春野町筏戸大上、春野町五和、春野町越木平、春野町田河内、春野町牧野、春野町花島、春野町杉、春野町宮川、春野町豊岡、春野町気田、春野町石切、春野町小俣京丸

【静岡県7区の浜松市中区・南区の一部】（P114参照）
中区（西丘町及び花川町に属する区域に限る）、南区（高塚町、増楽町、若林町及び東若林町に属する区域に限る）

【愛知県6区の瀬戸市の一部】（P116参照）
川平町、本郷町（10番から1048番まで）、十軒町、鹿乗町、内田町1～2丁目、北みずの町1～3丁目

【愛知県9区の一宮市本庁管内】（P116参照）
起、開明、上祖父江、北今、小信中島、三条、玉野、冨田、西五城、西中野、西中野番外、西萩原、蓮池、東五城、東加賀野井、明地、祐久、篭屋1～5丁目

【兵庫県5区の川西市の一部】（P132参照）
平野（字カキヲジ原）、西畦野（字丸山及び字東通りを除く。）、一庫、国崎、黒川、横路、大和東1～5丁目、大和西1～5丁目、美山台1～3丁目、丸山台1～3丁目、見野1～3丁目、東畦野、東畦野1～6丁目、東畦野山手1～2丁目、長尾町、西畦野1～2丁目、山原、山原1～2丁目、緑が丘1～2丁目、山下町、山下、笹部1～3丁目、笹部、下財町、一庫1～3丁目

【兵庫県6区の川西市（5区に属しない区域）】（P133参照）
中央町、小花1～2丁目、小戸1～3丁目、美園町、絹延町、出在家町、丸の内町、滝山町、鴬の森町、萩原1～2丁目、火打1～2丁目、松が丘町、霞ケ丘1～2丁目、高画町、栄町、花屋敷山手町、花屋敷1～2丁目、寺畑1～2丁目、栄根1～2丁目、南花屋敷1～4丁目、加茂1～6丁目、下加茂1～2丁目、久代1～6丁目、東久代1～2丁目、萩原台西1～2丁目、萩原台西1丁目、鴬が丘、新田1～3丁目、新田、平野1～3丁目、多田桜木1～2丁目、東多田1～3丁目、鼓が滝1～3丁目、矢問1～3丁目、矢問東町、西多田1～2丁目、錦松台、多田院1～2丁目、多田院多田所町、多田院西1～2丁目、満願寺町、満願寺、平野（字カキヲジ原を除く。）、東多田、西多田、多田院、石道、虫生、赤松、柳谷、芋生、若宮、緑台1～7丁目、向陽台1～3丁目、水明台1～3丁目、清和台東1～5丁目、清和台西1～5丁目、湯山台1～2丁目、鴬台1～2丁目、けやき坂1～5丁目、南野坂1～2丁目、西畦野（字丸山及び字東通り）、清流台

【兵庫県11区の姫路市の一部】（P134参照）
相野、青山、青山1～6丁目、青山北1～3丁目、青山南1～5丁目、青山南1～4丁目、朝日町、阿保、網干区（網干浜、大江島、大江島寺前町、大江島古川町、興浜、垣内中町、垣内中町、垣内西町、垣内東町、垣内本町、垣内南町、北新在家、坂出、坂上、新在家、田井、高田、津市場、浜田、福井、宮内、余子浜、和久）、嵐山町、飯田、飯田1～3丁目、生野町、石倉、市川橋、市川橋通1～2丁目、市之郷、市之郷町1～4丁目、伊伝居、威徳寺町、井ノ口、今宿、岩端町、魚町、打越、梅ケ枝町、梅ケ谷町、駅前町、太市中、大塩町、大塩町汐咲1～3丁目、大塩町宮前、大津区（恵美酒町1～2丁目、大津町1～4丁目、勘兵衛町1～5丁目、北天満町、吉美、新町1～2丁目、天神町1～3丁目、天満、長松、西土井、平松、真砂町）、大野町、岡田、岡町、奥山、鍵町、柿山伏、鍛冶町、片田町、刀出、刀出栗山町、勝原区（朝日谷、大谷、勝原町、勝山町、熊見、下太田、宮田、山戸、丁）、金屋町、兼田、上大野1～7丁目、上片町、上手野、神屋町、神屋町1～6丁目、亀井町、亀山、亀山1～2丁目、川西、川西合、神田南町1～4丁目、北今宿1～3丁目、北新在家1～3丁目、北原、北平野1～6丁目、北平野奥田町、北平野南の町、北八代1～2丁目、北夢前台1～2丁目、木場、木場十八反町、木場前中町、木場前七反町、京口町、京町1～3丁目、楠町、久保町、栗山町、車崎1～3丁目、景福寺前、国府寺町、五軒邸1～4丁目、小姓町、琴岡町、古二階町、河間町、呉服町、米屋町、小利木町、五郎右衛門邸、紺屋町、西庄、材木町、幸町、堺町、坂田町、坂元町、定元町、三左衛門堀西の町、三左衛門堀東の町、三条町1～2丁目、塩町、塩町磨区（英賀、英賀春日町1～2丁目、英賀清水町1～3丁目、英賀西町1～3丁目、英賀東町1～2丁目、英賀保駅前町、英賀宮台、英賀宮町1～2丁目、阿成、阿成植木、阿成鹿古、阿成下垣内、阿成中垣内、阿成渡場、今在家、今在家2～7丁目、今在家北1～3丁目、入船町、恵美酒、大浜、粕谷新町、構、構1～5丁目、鎌倉町、上手野、亀山、加茂、加茂北、加茂南、加茂東、加茂西、御国野、栄町、三和町、思案橋、清水、清水1～3丁目、下野田1～4丁目、城南町1～3丁目、須加、高町、高町1～2丁目、夢前町、玉地、玉地1丁目、付城、付城1～2丁目、天神、都倉1～3丁目、中島、中島1～3丁目、中野田1～4丁目、中沢町1～3丁目、西沢町1～3丁目、西長1丁目、西馬、富士見ケ丘町、細江、堀川町、宮、三宅1～3丁目、妻鹿、妻鹿東海町、妻鹿常盤町、妻鹿田井町、矢倉町1～2丁目、山崎、山崎台、若宮町、飯田、飯田町端新、飯東町北野、飯東町北山、飯東町清住、飯東町良和、飯東町城東、飯東町豊国、飯東町八重畑、飯東町山崎、飯東町夕陽ケ丘、四郷町明田、四郷町上鈴、四郷町東阪、四郷町中鈴、四郷町本郷、四郷町見野、東雲町1～6丁目、忍町、実法寺、下手野1～6丁目、下寺町、十二所前町、庄田、城東町、城東町口台、城東町清水、城東町竹之丞、城東町野田、城東町毘沙門、城北新町1～3丁目、城北本町、白国、白国1～5丁目、白浜町、白浜町宇佐崎北1～3丁目、白浜町宇佐崎中1～3丁目、白浜町宇佐崎南1～2丁目、白浜町神田1～2丁目、白浜町寺家1～2丁目、

175

白浜町灘浜、白銀町、桑見台1～4丁目、城見町、新在家、新在家1～4丁目、新在家中の町、新在家本町1～6丁目、神和町、菅生台、総社本町、大黒壱丁町、大寿台1～2丁目、大師町、高島新村、高尾山、鷹匠町、竹出町、龍野町1～6丁目、立町、田寺1～8丁目、田寺東1～4丁目、田寺山手町、玉手、玉手1～4丁目、地内町、中地、中地南町、町坪、町坪南町、千代田町、辻井、佃町、辻井1～9丁目、土山1丁目、土山東の町、手柄、手柄1～2丁目、天神町、東郷町、同心町、豆腐町、砥堀、苦桶、豊沢町、豊沢1丁目、豊富町、豊沢町神谷、豊富町豊富、豊富町御蔭、名古山町、南条、南条1～3丁目、二階町、西今宿1～8丁目、西新前町、西新在家1～3丁目、西新町、西大寿台、西中島、西二階町、西延末、西八代町、西夢前台1～3丁目、西脇、仁豊野、農人町、南畝町、南畝町1～2丁目、野里、野里上野町1～3丁目、野里慶雲寺前町、野里新町、野里月三丁町、野里寺町、野里中町、野里東同心町、野里東町、野里堀留町、野里大和町、延末、延末1丁目、白鳥台1～3丁目、博労町、橋之町、花影町1丁目、花田町一本松、花田町小川、花田町加納原田、花田町三本松、花田町勅旨、花田町高木、花田町勤旨、林田町大堤、林田町奥佐見、林田町上伊勢、林田町上構、林田町口佐見、林田町久保、林田町下伊勢、林田町下構、林田町新町、林田町中構、林田町中山下、林田町八幡、林田町松山、林田町谷、林田町松山、林田町六九谷、林田町八幡、林田町山田、東今宿1～6丁目、東駅前町、東辻1～4丁目、東延末、東延末1～5丁目、東山、東夢前台1～3丁目、日出町1～3丁目、平野町、広畑区（吾妻町1～3丁目、大町1～3丁目、蒲田、蒲田1～3丁目、北河原町、北野町1～2丁目、京見町、小坂、小松町1～4丁目、才、清水町1～3丁目、城山町、末広町1～3丁目、正門通1～4丁目、高浜町1～4丁目、鶴町1～2丁目、長町1～2丁目、西蒲田、西夢前台4～8丁目、則直、早瀬町1～3丁目、東新町1～2丁目、東夢前台4丁目、富士町、本町、本町1～4丁目、広峰、広峰1～2丁目、広嶺山、福崎町、福沢町、福中町、福本町、藤ヶ台、双葉町、船丘町、船津町、船橋町2～6丁目、別所町家具町、別所町北宿、別所町小林、別所町佐土、別所町佐土1～3丁目、別所町別所、別所町別所1～5丁目、北条、北条1丁目、北条梅原町、北条口1～5丁目、北条永良町、北条宮の町、保城、坊主町、峰南町、本町、増位新町1～2丁目、増位本町1～2丁目、の形町福泊、の形町的形、丸尾町、御国野町国分寺、御国野町御着、御国野町西御着、御国野町深志野、神子岡前1～4丁目、御立北1～4丁目、御立中1～8丁目、御立西1～6丁目、御立東1～6丁目、緑台1～2丁目、南今宿、南駅前町、南車崎1～2丁目、南新在家、南町、南八代町、南綱町、宮西町、睦町、元塩町、八木、八木町、八代、八代東光寺町、八代緑ヶ丘町、八代宮前町、八代東光寺町、山田町1～2丁目、柳町、山田町北山田、山田町多田、山田町西山田、山田町牧野、山田町南山田、山野井町、山畑新田、山吹1～2丁目、吉田町、米田町、余子浜、若宮町1～2丁目、綿町

【岡山県1区の岡山市北区・南区の一部、吉備中央町本庁管内】
（P143参照）
岡山市（北区（本庁管内（祇園、後楽園、中原及び牟佐に属する区域を除く。）、御津・建部支所管内））、南区（青江6丁目、あけぼの町、泉田、泉田1～5丁目、内尾、豊成西町、浦安本町、浦安南町、大福、海岸通1～2丁目、古新田、市場1～2丁目、下中野、新福1～2丁目、新保、海吉1～3丁目、妹尾、妹尾崎、曽根、立川町、築港栄町、築港新町1～2丁目、築港ひかり町、築港緑町1～3丁目、築港元町、千鳥町、当新田、富浜町、豊成、豊成1～3丁目、中畦、並木町1～2丁目、南輝1～3丁目、西市、西畦、浜野1～4丁目、東畦、平福1～2丁目、福島1～4丁目、福田、福富中1～2丁目、福富西1～3丁目、福富東1～2丁目、福成1～3丁目、福浜町、福浜西町、福吉町、藤田、芳泉1～4丁目、松浜町、万倍、箕島、三浜町1～2丁目、山田、米倉、若葉町）、吉備中央町（広面、上田東、下加茂、美原、加茂市場、高谷、平岡、上野、竹部、上田東、細田、三納谷、円城、円城寺、古屋、案田、高富、神瀬、船津、吉川）

【岡山県3区の真庭市の一部】（P144参照）
本庁管内、蒜山・落合・勝山・美甘・湯原振興局管内

【山口県1区の周南市の一部】（P146参照）
本庁管内、新南陽・鹿野総合支所管内、櫛浜・鼓南・久米・菊川・夜市・戸田・湯野・大津島・向道・長穂・須々万・中須・須金支所管内

【香川県1区の高松市の一部】（P151参照）
本庁管内、勝賀総合センター管内、山田支所管内、鶴尾・太田・木太・古高松・屋島・前田・川添・林・三谷・仏生山・一宮・多肥・川岡・円座・檀紙・女木・男木出張所管内

【愛媛県1区の松山市の一部】（P151参照）
本庁管内、桑原・道後・味生・生石・垣生・三津浜・久枝・潮見・和気・堀江・余土・興居島・久米・湯山・伊台・五明・小野支所管内、浮穴支所管内（北井門2丁目に属する区域に限る。）、石井支所管内

【高知県1区の高知市の一部】（P152参照）
上町1～5丁目、木下筋、水通町、通町、唐人町、与力町、鷹匠町1～2丁目、本町1～5丁目、升形、帯屋町1～2丁目、追手筋1～2丁目、廿代町、永国寺町、丸ノ内1～2丁目、中の橋、九反田、菜園場町、農人町、城見町、堺町、南はりまや町1～2丁目、弘化台、桜井町1～2丁目、はりまや町1～3丁目、宝永町、弥生町、丸池町、小倉町、東雲町、日の出町、知寄町1～3丁目、青柳町、稲荷町、若松町、高埔、杉井流、北金田、南金田、札場、南御座、北御座、南川添、北川添、北久保、南久保、海老ノ丸、中宝永町、南宝永町、二葉町、入明町、洞ヶ島町、寿町、中水道、幸町、伊勢崎町、相模町、吉田町、愛宕町1～4丁目、大川筋1～2丁目、駅前町、相生町、江陽町、北本町1～4丁目、新本町1～2丁目、昭和町、和泉町、塩田町1丁目、栄田町1～3丁目、井口町、平和町、三ノ丸、宮前町、西町、大膳町、山ノ端町、桜馬場、城北町、北八反町、宝町、小津町、越前町1～2丁目、新屋敷1～2丁目、東城山町、城山町、東石立町、石立町、玉水町、縄手町、鏡川町、下島町、旭町1～3丁目、赤石町、中須賀町、旭駅前町、元町、南元町、旭上町、水源町、本宮町、上本

176

宮町、大谷、岩ケ淵、鳥越、塚ノ原、西塚ノ原、長尾山町、旭天神町、佐々木町、北端町、山手町、横内、口細山、尾立、蓮台、福井町、福井扇町、福井東町、池、仁井田、種崎、十津1～6丁目、吸江、五台山、屋頭、高須、葛島1～4丁目、高須新町1～4丁目、高須砂地、高須本町、高須新木、高須1～3丁目、高須西町、高須絶海、高須大谷、高須大島、布師田、一宮、薊野、重倉、久礼野、薊野西町1～3丁目、薊野北町1～4丁目、薊野東町、薊野中町、薊野南町、一宮西町1～4丁目、一宮しなね1～2丁目、一宮中町1～3丁目、一宮東町1～5丁目、一宮徳谷、愛宕山、前里、東秦泉寺、中秦泉寺、三園町、西秦泉寺、北秦泉寺、宇津野、三谷、七ツ淵、加賀野井1～2丁目、愛宕山南町、秦南町1～2丁目、東久万、中久万、西久万、南久万、万々、中万々、南万々、柴巻、円行寺、一ツ橋町1～2丁目、みづき1～3丁目、みづき山、大津甲、大津乙、介良甲、介良乙、介良丙、介良、潮見台1～3丁目、鏡大河内、鏡小浜、鏡大利、鏡今井、鏡草峰、鏡白岩、鏡狩山、鏡的渕、鏡去坂、鏡竹奈路、鏡敷ノ山、鏡柿ノ又、鏡横矢、鏡増原、鏡葛山、鏡梅ノ木、鏡小山、土佐山菖蒲、土佐山西川、土佐山梶谷、土佐山、土佐山高川、土佐山桑尾、土佐山都網、土佐山弘瀬、土佐山東川、土佐山中切

【福岡県2区の福岡市南区・城南区の一部】（P155参照）

南区（那の川1丁目、那の川2丁目（1番から4番まで）、大楠1～3丁目、清水1～4丁目、玉川町、塩原1～4丁目、大橋団地、大楠1～4丁目、南本城1～3丁目、五十川1～2丁目、井尻1～5丁目、折立町、横手1～4丁目、横手南町、の場1～2丁目、日佐1～7丁目、日佐4～5丁目、向新町1～2丁目、高宮1～5丁目、多賀1～2丁目、向野1～2丁目、筑紫丘1～2丁目、野間1～4丁目、若久団地、若久1～6丁目、三宅1～3丁目、南大橋1～2丁目、和田1～4丁目、野多目1～3丁目、大楠甲4丁目（1番から13番まで、18番1号から18番14号まで、18番61号から18番82号まで及び19番から30番まで）、野多目5丁目、老司1丁目（1番1号から1番17号まで、1番26号から1番48号まで、2番から4番まで、5番18号から5番36号まで、6番及び7番9号から7番28号まで）、向新町1～2丁目、平和1～2丁目、平和寺1～2丁目、平和4丁目、寺塚1～2丁目、柳河内1～2丁目、皿山1～4丁目、中尾1～3丁目、花畑1～4丁目、屋形原1～5丁目、鶴田4丁目（1番1号から1番8号まで、1番44号から1番47号まで、3番5号から3番24号まで及び3番38号から3番54号まで）、長丘1～5丁目、長住1～7丁目、西長住1～3丁目、大字桧原、桧原1～7丁目、大平寺1～2丁目、大字柏原、柏原1丁目（1番から25番まで及び27番から53番まで）、柏原3～7丁目）、**城南区**（鳥飼4～7丁目、別府団地、別府1～7丁目、城西団地、荒江団地、荒江1丁目、飯倉1丁目、田島1～6丁目、茶山1～6丁目、金山団地、七隈1～2丁目、七隈3丁目（1番から5番まで、8番24号、8番31号から8番44号まで、15番から19番まで、20番1号から20番4号まで及び20番25号から20番66号号まで）、松山1～2丁目、友丘1～6丁目、友泉亭、長尾1～5丁目、樋井川1～7丁目、宝台団地、堤団地、堤1～2丁目、東油山1～6丁目、大字東油山、大字片江、片江1～5丁目、南片江1～6丁目、西片江1～2丁目、神松寺1～3丁目）

【福岡県3区の福岡市城南区（2区に属しない区域）】（P155参照）

七隈3丁目（6番、7番、8番1号から8番23号まで、8番25号から8番30号まで、8番45号、8番46号、9番から14番まで、20番5号から20番24号まで及び21番から23番まで）、七隈4～8丁目、干隈1～2丁目、梅林1～5丁目、大字梅林

【福岡県5区の福岡市南区（2区に属しない区域）】（P156参照）

日佐3丁目、警弥郷1～3丁目、柳瀬1～2丁目、弥永1～5丁目、弥永団地、野多目4丁目（14番から17番まで、18番15号から18番60号まで、31番及び32番）、野多目6丁目、老司1丁目（1番18号から1番25号まで、5番1号から5番17号まで、5番37号から5番53号まで、7番29号から7番39号まで及び8番から35番まで）、老司2～5丁目、鶴田1～3丁目、鶴田4丁目（1番9号から1番43号まで、2番、3番5号から3番4号まで、3番25号から3番37号まで、3番55号から3番60号まで及び4番から54番まで）、柏原1丁目（26番）、柏原2丁目

【大分県1区の大分市の一部】（P160参照）

本庁管内、鶴崎・大南支所管内、稙田支所管内（大字廻栖野（618番地から747番地2まで、830番地から832番地まで、833番地1、833番地3から836番地3まで、838番地1から838番地2まで、841番地、1587番地、1591番地から1618番地まで及び1620番地）に属する区域を除く。）、大在・坂ノ市・明野支所管内

177

衆議院常任・特別委員一覧 (令和5年1月23日現在)

【常任委員会】

内閣委員(40)
(自22)(立7)(維4)(公3)(国1)(有1)(れ1)

会派名（各氏名の右）:
自 自 自 自 自 自 自 自 自 自 自 自 自 自 自 自 自 立 立 立 立 立 立 維 維 維 維 公 国 有 れ

委員:
巧之 との郎 紀 学 子 脈 徳 元 亮 二 季 介 武 一 葉 子 裕 彦 二 久 郎 宏 一 子 志 赳
恭 ひでや 恭 卓
安 水 嘉 貴 太 淳 直 俊 宏 孝 紅あ 和 大 俊 信 浩 恵 秀 岳
原子 崎光 森木 井尻 田所 川野 川川 台 岡辺 本 本谷 徳 下原 東村 司 水 岡本 川
井 金 川 国 小 佐 坂 杉 田中 西 長 古 務 渡 おおつき 神 重 道 湯 伊 市 中 興 西宮 吉

法務委員(35)
(自19)(立7)(維3)(公3)(国1)(共1)(欠1)

会派名:
自 自 自 自 立 維 公 国 共

委員:
(委)伊藤忠彦
(理)藤原崇
(理)宮﨑政久
(理)鎌田さゆり
(理)沢田良
(理)大口善德
五 十 嵐 清
岩 田 和 親
奥 野 信 亮
加 田 裕 之
鈴 木 馨 祐
高 見 康 裕
鳩 山 二 郎
平 口 洋
深 澤 陽 一
牧 原 秀 樹
山 田 美 樹
鈴 木 庸 介
中 川 正 春
山 本 ご う ひ ろ
川 原 田 英 世
本 庄 知 史
阿 部 弘 樹
漆 間 譲 司
三 木 圭 恵
大 口 善 德
平 林 晃
鈴 木 義 弘

総務委員(40)
(自22)(立8)(維4)(公3)(国1)(無1)

会派名:
自 自 自 自 自 立 維 公 公 国 無

委員:
(委)浮島智子
(理)あ か ま 二 郎
(理)斎 藤 洋 明
(理)武 村 展 英
(理)鳩 山 二 郎
(理)石 田 真 敏
(理)奥 野 総 一 郎
(理)守 島 正
(理)中 川 康 洋
井 林 辰 憲
大 西 英 男
西 野 太 亮
上 野 賢 一 郎
井 上 信 治
冨 樫 博 之
柳 本 顕
田 所 嘉 德
重 徳 和 彦
澤 田 良

（前委員会のつづき）

自	神田潤一
自	小泉龍司
自	高村正大
自	塩崎彰久
自	津島淳
自	中山展宏
自	葉梨康弘
自	八木哲也
自	若林健太
立	階猛
立	野間健
立	原口一博
立	福田昭夫
維	藤岡隆雄
維	岬麻紀
公	山崎正恭
公	前田貴豊
国	—
共	—
無	吉田豊史

文部科学委員(40)
(自23)(立8)(維4)
(国1)(共1)

長	宮内秀樹	自
理	池田佳隆	自
理	橘慶一郎	自
理	中村裕之	自
理	森山浩行	立
理	柚木道義	立
理	堀場幸子	維
理	鰐淵洋子	公
理	青山周平	自

（委員）石橋林太郎・上杉謙太郎・勝目康・鈴木英敬・田野瀬太道・中根一幸・根本幸典・羽田野昌彦・船田元・古川康・三谷英弘・山本左近・山田勝彦・義家弘介（以上 自）　菊田真紀子・白石洋一・牧義夫・吉田統彦（以上 立）　金村龍那・堀場・菅家一郎（維）　鰐淵洋子・山崎正恭（公）　西岡秀子（国）　宮本岳志（共）

外務委員(30)
(自17)(立5)(維3)(公2)
(国1)(共1)(有1)

長	黄川田仁志	立
理	小田原潔	自
理	鈴木馨祐	自
理	中曽根康隆	自
理	西銘恒三郎	自
理	源馬謙太郎	立
理	和田有一朗	維
理	吉田宣弘	公

（委員）秋本真利・上杉謙太郎・城内実・島尻安伊子・新藤義孝・鈴木貴子・鈴木隼人・髙木啓・辻清人・平沢勝栄（以上 自）　青柳仁士・篠原豪・松原仁（立・維）　杉本和巳・金城泰邦（維・公）　鈴木敦（国）　穀田恵二（共）　北神圭朗（有）

財務金融委員(40)
(自23)(立8)(維3)(公3)
(国1)(共1)(無1)

長	塚田一郎	自
理	井林辰憲	自
理	越智隆雄	自
理	中西健治	自
理	宗清皇一	自
理	櫻井周	立
理	末松義規	立
理	稲富修二	立
理	青木周平	自

（委員）石井拓・石原正敬・小田原潔・大野敬太郎・大塚拓・金子俊平・神田潤一（以上 自）

㊝委員会

経済産業委員（40）
（自23）（立8）（維4）
（公3）（国1）（共1）

公	讓
自	巧親弘一
自	誠輔昌拓
自	政美郎子郎
自	助紀司慎之正
自	夫学ん平
立	内原田
維	合崎野井川田枝川森場
公	木利樫坂田井島本
自	竹井岩関細落山小中石稲今上小國佐鈴土冨長福堀牧松

和芳健貴　泰洋　昭朋宗陽卓幸　淳　博康達　か洋

（右欄上段・党派欄）立 維 公 自 自 自 自 自 自 自 自 自 自 自 自 自 自 自 立 立 立 維 維 公 公 国 共 有

士 史 一 幹 清 孝 俊 拓 祥 一 雄 志 一 亮 郎 一 馬 晋 守 美 弘 治 彦 創 智 久 穂 治 昭 朗

貴 康 賢 国　良 裕 英　竜 潤 裕 哲 修　恵 展 公 勝　浩 健　秀 慎 貴 圭

川 立 子　嵐 東 田 藤 寺 本 沼 口 谷 山 田 辺 井 津 田 友 村 神

緑 足 庄 東 五 伊 泉 上 江 加 神 小 坂 高 西 平 細 宮 保 山 梅 金 小 佐 山 渡 池 堀 稲 角 田 北

厚生労働委員（45）
（自25）（立10）（維4）（公3）
（国1）（共1）（有1）

公 公 国 共

平山 西宮　林崎 岡本　正 秀岳　晃 恭子 志

（党派欄）自 自 自 自 立 維 公 自 自 自 自 自 自 自 自 自 自 自 自 立 立 維 維 維 公 公 国 共 有

林　三ッ林

裕 賢 敏 裕 宏 淳 克　英 賢 将 英 未

郎 孝 明 壽 也 仁 卓 道 也 吾 俊 途 康 と 郎 之 大 久 義 一 久 子 慎 岳 子 郎 弘 子 彦 介 美 則 彦 郎 太 代 子 健 徹 文

巳 一　ひ 進 鷹 正 彰 隆 憲 恵　詔 太　英 知 信 智　和 統 ゆ 勇 良 と 範 久 博

野 岡 畑 木 川 島 九 藤 葉 元 田 沢 目 崎 谷 戸 村 階 田 内 田 本 谷 部 坂 西 村 間 井 田 谷 藤 田 屋 田 中 本 木

農林水産委員（40）
（自23）（立8）（維3）（公3）
（国1）（共1）（有1）

義 子 新 太 一 也　自 自 自 自 立

博 俊　健 孝 和　自 自 立

笹　川べ部林辺藤　自 自

あ 武 若 渡 近

180

環境委員(30)
(自17)(立7)(維3)
(公2)(欠1)

(長) たがや　亮 （れ）

篤郎子介郎孝和司一政高敬郎人英治泰行也顕壮一輔　め基喜喜
自自自自自自自立立立公維維維公

賀一詔俊英　一　俊譲恵昭宏正宗勇展健　　昭祐か雄けん剛誠正
自自自自自自自立立立公維維維公

古家内台尾原田水川原枝定村西坂澤木本口藤本　場木下本下
(理)(理)(理)(理)(理)(理)(理)(理)

菅堀務鷲篠森漆奥石石今国武中穂八柳山近坂馬松奥空日

安全保障委員(30)
(自17)(立6)(維3)
(公2)(国1)(共1)

(長) 鬼木　誠

拓助行嗣輔豪恵一徳孝郎和太朗隆久志り男郎彦周
自自自自自自自立立立維維維公公国共立立立立立

幸之博俊　圭雅聡次進憲昭康豪み邦光和
大國場澤宮藤原木地渡岡村泉田海根島野本垣葉徳辺
(理)(理)(理)(理)(理)(理)(理)(理)(理)

塚若伊篠濱江大木小鈴武渡中長細松山新玄重渡

国土交通委員(45)
(自25)(立9)(維4)(公3)
(国1)(共1)(有1)(れ1)

(長) 木原　稔

鮎一康　正　裕泰未一彰史義英と博　郁裕昭陽
自自自自自立立立維維維維公公公国共有れ

子淳幸正豊元幸渉彦途邉三明孝之生む之亨子之二典一康久治男崇子しつ一郎成正雄洋久子享
稔鮎島根坂野川　木藤田里沢家藤林田中中川樫井川村田本澤川﨑野熊井山津条次谷川本側川川橋島
(理)(理)(理)(理)(理)(理)(理)(理)(理)(理)(理)(理)(理)(理)(理)

原藤島根坂野川　木藤田里沢家藤林田中中川樫井川村田本澤川﨑野熊井山津条次谷川本側川川橋島
加津中長伴谷赤伊泉小柿菅工小櫻田谷富土中中西根深古宮武枝小城小神下末一前山北中古高福
宮

けん一鶴伸　泰たみ精勇清剛一康元伸　千伸

【特別委員会】

災害対策特別委員(35)
(自20)(立7)(維3)
(公3)(国1)(共1)

	氏名	会派
長	江藤 拓	自
理	金子 恭之	自
理	工藤 彰三	自
理	高鳥 修一	自
理	根本 幸典	自
理	山 本	自
理	小 奥	自
理	神 吉	立
理	奥 東	維
	鳥本 山津 下田	自
	原里沢田 家林井谷 澤路台口 林富田山 崎辺	自
	田口 藤川村	自

三一典弘し光弘幹高弘途年郎明学義一馬介晋太二子誠創紀代徳道久昭
宣国宏泰未勝一史 正陽英拓俊 健修真泰 紀 宮 麻と善英元

会派: 自自自自自自自自自自自自自自自自自自自自 立立立立立立立 維維維 公公公 国 共

政治倫理の確立及び公職選挙法改正に関する特別委員(35)
(自20)(立7)(維3)
(公3)(国1)(共1)

	氏名	会派
長	平 口	自
理	奥野	自
理	樫	自
理	井本	自
理	富松 馬源	自
理	藤渡 目山	自
理	原伊 崎石	立
理	田加 神熊	維

洋亮之平郎周正渉敬祥康でと一通
之平郎周正渉敬祥康 信博比洋謙 剛 正竜 ひ潤裕

会派: 自自自自自自自自自自 自自自自自自自自自自 立 維 公 公 国 自 自

議院運営委員(25)
(自14)(立6)(維2)
(公1)(国1)(共1)

	氏名	会派
長	山口 俊一	自
理	口 一	自
理	東 義	自
理	谷 樹	自
理	羽 治	自
理	新 仁	自
理	丹 元	自
理	武 史	自
理	盛 敬	立
理	吉 成	立
理	笠 敬	維
理	遠 大	公
理	岡 紀	国
理	石 人	共

一義樹治仁元史敬成敬大紀人泰郎弘輔守志生宏哲也
藤本原村木木坂田谷林藤谷 高佐鈴穂本三若伊梅太山中浅塩
三正正 隼 太英俊 栄一 鉄 岸司野川

懲罰委員(20)
(自10)(立6)(維1)
(公1)(欠2)

	氏名	会派
長	大 串	自
理	丹 羽	自
理	林 博	自
理	盛 秀	自
理	お 幹	自
理	井 正	自
理	逢 紅	立
理	甘 英	立
理	亀 一	維
理	菅	公

志樹雄仁葉孝郎明民偉博郎治淳太郎也樹
秀幹正紅英一 偉義俊福容 健一克茂
山つき上沢利岡 階賀藤住 沢田藤

二額武安泉小岡佐

他（左端列）

仁義一久郎介子里亮訓一美万
道隆信浩陽久
原木山東村木田渕
松柚米伊市高吉櫛たが三反
園やや

会派: 立立維維維公公れれ無

北朝鮮による拉致問題等に関する特別委員 (25)

(自14)(立5)(維2)(公2)(国1)(共1)

長	下条みつ	立
理	江田憲司	立
理	斎藤洋明	自
理	中谷真一	自
理	義家弘介	自
理	梅谷守	立
理	松原仁	無
理	濱地雅一	公
理	池田佳隆	自
理	加藤竜祥	自
理	亀岡偉民	自
理	高村正大	自
	佐々木紀	自
	櫻田義孝	自
	辻清人	自
	藤井比早之	自
	細田健一	自
	山田賢司	自
	西村智奈美	立
	池下卓	維
	中川宏昌	公
	鈴木敦	国
	笠井亮	共

消費者問題に関する特別委員 (35)

(自20)(立7)(維3)(公3)(国1)(共1)

長	稲田朋美	自
理	井原巧	自
理	原口一博	立
理	宮崎政久	自
理	美延映夫	維
理	宮下一郎	自
理	山口壮	自
理	吉田統彦	立
理	池畑浩太朗	維
	巧子彦朗子途康之明英慎宏郎元郎樹り武人彦織	
	古林村田山沼田原島岡山坂川	
	上柿勝小田武土中鳩平船本牧保青井石	

沖縄及び北方問題に関する特別委員 (25)

(自14)(立5)(維2)(公2)(国1)(共1)

長	松木けんこう	立
理	城内実	自
理	島尻安伊子	自
理	鈴木貴子	自
理	堀井学	自
理	神谷裕	立
理	道下大樹	立
理	杉本和巳	維
理	金城泰邦	公
	伊東良孝	自
	小渕優子	自
	國場幸之助	自
	鈴木隼人	自
	高木宏壽	自
	西銘恒三郎	自
	宮路拓馬	自
	渡辺孝一	自
	小島敏文	自
	篠原豪	立
	守島正	維
	稲津久	公
	長友慎治	国
	赤嶺政賢	共

（前ページからの続き）

氏名	会派
斎藤洋明	自
塩崎彰久	自
鈴木憲和	自
辻清人	自
中西健治	自
鳩山二郎	自
平沼正二郎	自
古川直季	自
本庄知史	立
落合貴之	立
佐藤英道	維
櫻井周	公
手塚仁雄	公
徳永久志	国
岩谷良平	共
浦野靖人	
岡本三成	
福重隆浩	
斎藤アレックス	
塩川鉄也	

（委員会名つづき）

立		こ 健子
立		き 徹
維		治良
公		さ 美伸
公		ま 久
国		ゆ
共		義
自		原田
自		川田 重田
自		大早浅沢
		河稲國吉
		田中村田本

東日本大震災復興特別委員(40)

(自22)(立8)(維4)(公3)
(国1)(共1)(有1)

役職・党・氏名

㊙長／理…

昭一 ／ 久郎（学子む司子敦一平郎親郎潔郎雄淳之隆幸亮栄崇一也優美り郎也基幸司智嘉一敦子享）

島 ／ 家井階川熊本坂子山藤田杉原泉寺島樫根野沢原野清木井田葉場木間井羽西木橋島

菅坂高谷小岡早庄青伊岩上小小小津曽中中西平藤細宗八荒金鎌玄近馬赤漆掘赤河鈴高福

恵と慎あ 賢周信和謙 進裕 博康英太勝 豪皇哲 恵さ光和雄正譲健一宏 千伸

党列：自自自自自自自自自自自自自自自自自自自自自自立立立立立立立立維維維維公公公国共有

原子力問題調査特別委員(35)

(自20)(立7)(維3)
(公3)(国1)(共1)

役職・党・氏名

㊙長／理…

鈴木淳司 昭宏

木川原田澤間岸谷野山澤林田村渡岡田田木島井坂清部坂 嶋山立本川林野井

司政高一行健生郎平正憲彦弘徳孝次一壽淳亭正泰一史喜洋晃哲亮 康 皇知誠直 隆康誠康

石石細宮野山一中青赤井泉今江大神神高津土長穂阿逢菅田米足空中平浅笠

党列：自自自自自自自自自自自自自自自自自自自自立立立立立立立維維維公公公国共

地域活性化・こども政策・デジタル社会形成に関する特別委員(35)

(自20)(立7)(維3)
(公3)(国1)(共1)

役職・党・氏名

㊙長／理…

橋本 岳

郎志之一輔二宏昌巧敏弘郎雄郎太 一之 宗哲英弥祐俊宏 真雅敬裕卓

枝本中川本原司川原田村野寺森 今坂田谷湯中中井石今大小

党列：自自自自自自自自自自自自自自自自自自自自立立立立立立立維維維公公公国共

㊨委員会

斎藤洋明　自
鈴木隼人　自
谷川とむ　自
土屋品子　自
中川郁子　自
中曽根康隆　自
宮路拓馬　自
保岡宏武　自
渡辺孝一　自
末次精一　立
堤かなめ　立
福田昭夫　立
緑川貴士　立
森田俊和　立
住吉寛紀　維
堀場幸子　維
輿水恵一　公
鰐淵洋子　公
西岡秀子　国
高橋千鶴子　共

【憲法審査会】

憲法審査会委員(50)
(自28)(立11)(維4)(公4)
(国1)(共1)(有1)

㊤長 **森英介**　自
㊤幹 伊藤信太郎　自
㊤幹 上川陽子　自
㊤幹 柴山昌彦　自
㊤幹 新藤義孝　自
㊤幹 山下貴司　自
㊤幹 階猛　立
㊤幹 中川正春　立
㊤幹 馬場伸幸　維
㊤幹 北側一雄　公
青山周平　自
伊藤達也　自
石破茂　自
岩屋毅　自
衛藤征士郎　自
越智隆雄　自
大塚拓　自
神田憲次　自
熊田裕通　自
小林鷹之　自
國場幸之助　自
下村博文　自
田野瀬太道　自
辻清人　自
中西健治　自
船田元　自
古川禎久　自
古屋圭司　自
細野豪志　自
務台俊介　自
山本有二　自
渡辺孝一　自
新垣邦男　立
大島敦　立
奥野総一郎　立
城井崇　立
近藤昭一　立
篠原孝　立
本庄知史　立
谷田川元　立
吉川はるみ　立
岩谷良平　維
小野泰輔　維
三木圭恵　維
國重徹　公
濱地雅一　公
吉田宣弘　公
玉木雄一郎　国
赤嶺政賢　共
北神圭朗　有

【情報監視審査会】

情報監視審査会委員(8)
(自4)(立2)(維1)(公1)

㊤長 **小野寺五典**　自
伊東良孝　自
伊藤達也　自
田村憲久　自
大西健介　立
鈴木庸介　立
和田有一朗　維
大口善徳　公

【政治倫理審査会】

政治倫理審査会委員(25)
(自14)(立5)(維2)
(公2)(国1)(共1)

㊤長 **逢沢一郎**　自
㊤幹 伊東良孝　自
㊤幹 丹羽秀樹　自
㊤幹 武藤容治　自
㊤幹 盛山正仁　自
㊤幹 伊藤俊輔　立
㊤幹 牧義夫　立
㊤幹 浦野靖人　維
㊤幹 佐藤茂樹　公
石原正敬　自
高村正大　自
佐々木紀　自
新谷正義　自
鈴木隼人　自
穂坂泰　自
本田太郎　自
三谷英弘　自
若林健太　自
岡田克也　立
松木けんこう　立
笠浩史　立
高橋英明　維
高木陽介　公
前原誠司　国
穀田恵二　共

㉞委員会

2005年以降の主な政党の変遷 (数字は年月)

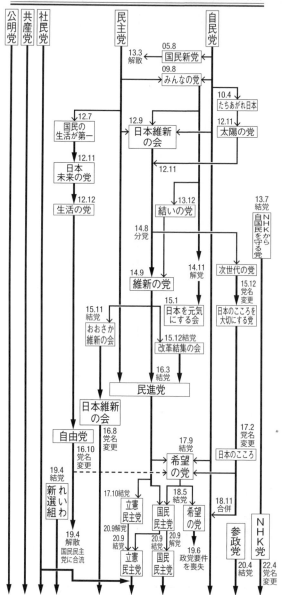

公明党
共産党
社民党
民主党
自民党

05.8 国民新党 13.3 解散
09.8 みんなの党
10.4 たちあがれ日本
12.7 国民の生活が第一
12.9 日本維新の会
12.11 太陽の党
12.11 日本未来の党
12.12 生活の党
12.11
13.12 結いの党
13.7 結党 NHKから国民を守る党
14.8 分党
14.9 維新の党
14.11 解党
次世代の党
15.12 党名変更
15.1 日本を元気にする会
15.11 結党 おおさか維新の会
15.12結党 改革結集の会
日本のこころを大切にする党
16.3 結党 民進党
日本維新の会
自由党 16.10 党名変更
16.8 党名変更
17.2 党名変更
日本のこころ
17.9 結党 希望の党
19.4 結党 新選組 れいわ
17.10結党 立憲民主党
18.5 結党 希望の党
18.11 合併
19.4 解散 国民民主党に合流
20.9解党 立憲民主党
20.9 結党 国民民主党
20.9 結党 立憲民主党
20.9 解党 国民民主党
19.6 政党要件を喪失
20.4 結党 参政党
22.4 党名変更 NHK党

188

参 議 院

● 凡例　記載内容は原則として令和5年1月23日現在。

選挙区	定 数

第25回選挙得票数・得票率　第26回選挙得票数・得票率
　（令和元年7月21日）　　　（令和4年7月10日）

得票数の左の▽印は繰り上げ当選者の資格を持つ法定得票数獲得者。

ふり	がな	党派*（会派）　選挙年　当選回数
		出身地　　　　　　　生年月日
氏	名	勤続年数（うち®年数）（初当選年）
		勤続年数は令和5年2月末現在

略　　　歴　〔現職はゴシック。但し大臣・副大臣・政務官、委員会及び党役職のみ。年齢は令和5年2月末現在〕

〒　地元　住所　　　　　　☎
〒　中央　住所　　　　　　☎

＊新…当選1回の議員。前…当選2回以上で、選出される選挙時点で参議院議員であった議員。元…当選2回以上で、選出される選挙時点では、参議院議員でなかった議員、または当選2回以上で、繰上補充もしくは、補欠選挙により選出された議員。

● 編集要領

○ 住所に宿舎とあるのは議員宿舎、会館とあるのは議員会館。
○「党派名、自民党議員の派閥名（[ ]で表示）を略称で表記した。

自…自由民主党	れ…れいわ新選組	[茂]…茂木派	（ ）内は会派名
立…立憲民主党	N…NHK党	[麻]…麻生派	立憲…立憲民主・社民
公…公明党	参…参政党	[二]…二階派	国民…国民民主党・新緑風会
維…日本維新の会	社…社会民主党	[岸]…岸田派	沖縄…沖縄の風
共…日本共産党	無…無所属	[森]…森山派	
国…国民民主党	[安]…安倍派	[無]…無派閥	

○ 常任委員会

内閣委員会	内閣委	国土交通委員会	国交委
総務委員会	総務委	環境委員会	環境委
法務委員会	法務委	国家基本政策委員会	国家基本委
外交防衛委員会	外交防衛委	予算委員会	予算委
財政金融委員会	財金委	決算委員会	決算委
文教科学委員会	文科委	行政監視委員会	行政監視委
厚生労働委員会	厚労委	議院運営委員会	議運委
農林水産委員会	農水委	懲罰委員会	懲罰委
経済産業委員会	経産委		

○ 特別委員会

災害対策特別委員会	災害特委
政府開発援助等及び沖縄・北方問題に関する特別委員会	ODA・沖北特委
政治倫理の確立及び選挙制度に関する特別委員会	倫選特委
北朝鮮による拉致問題等に関する特別委員会	拉致特委
地方創生及びデジタル社会の形成等に関する特別委員会	地方・デジ特委
消費者問題に関する特別委員会	消費者特委
東日本大震災復興特別委員会	復興特委

○ 調査会・審査会

外交・安全保障に関する調査会	外交・安保調査
国民生活・経済及び地方に関する調査会	国民生活調査
資源エネルギー・持続可能社会に関する調査会	資源エネ調査
憲法審査会	憲法審査
情報監視審査会	情報監視審査
政治倫理審査会	政倫審委

※所属の委員会名は、1月23日現在の委員部資料及び議員への取材に基づいて掲載しています。

参議院議員・秘書名一覧

議　員　名	党派 (会派)	選挙区 選挙年	政策秘書名 第1秘書名 第2秘書名	号室	直通 FAX	略歴 頁
あ あ　だち　きよし **安達　澄**	無	大分㋋	田中伸一章 津野裕章 日名子英明	419	6550-0419 6551-0419	267
あ　だち　とし　ゆき **足立敏之**	自 [岸]	比例④	大槻英二 本田俊二 中山麻友	501	6550-0501 6551-0501	227
あ　だち　まさ　し **阿達雅志**	自 [無]	比例④	土屋達之介 長岐康平 安西直紀	309	6550-0309 6551-0309	228
あお　き　　あい **青木　愛**	立	比例④	———————	507	6550-0507 6551-0507	231
あお　き　かず　ひこ **青木一彦**	自 [茂]	鳥取・ 島根④	吉佐武崇 々木弘行 青戸哲哉	814	6550-0814 3502-8825	261
あおしまけん　た **青島健太**	維	比例④	有働正美 剱持益叔 高橋和	405	6550-0405 6551-0405	230
あお　やま　しげ　はる **青山繁晴**	自 [無]	比例④	出口太未 三浦川和美 入間川和美	1215	3581-3111(代)	226
あか　いけ　まさ　あき **赤池誠章**	自 [安]	比例㋋	中島朱美 —————— 松岡俊一	524	6550-0524 6551-0524	216
あか　まつ　　けん **赤松　健**	自 [無]	比例④	—————— 日高周紗 中野梨紗	423	6550-0423 6551-0423	226
あき　の　こう　ぞう **秋野公造**	公	福岡④	中條壽信 前田洋子 塩出麻里子	711	6550-0711 6551-0711	265
あさお　けいいちろう **浅尾慶一郎**	自 [麻]	神奈川④	東海林大雄 三谷智有 長尾尾祐	601	6550-0601 6551-0601	249
あさ　だ　　ひとし **浅田　均**	維	大阪④	熊谷知志 平岡政史 坪内紀政	621	6550-0621 6551-0621	258
あさひけんたろう **朝日健太郎**	自 [無]	東京④	桑代真哉 菅野文盛 門内淳	620	6550-0620 6551-0620	247
あずま　　とおる **東　徹**	維	大阪㋋	吉成正則 高隆宏哉 柊谷龍哉	510	6550-0510 6551-0510	257
あり　むら　はる　こ **有村治子**	自 [麻]	比例㋋	高橋弘光子 渡部桃彦 田中三三	1015	6550-1015 6551-1015	215
い いの　うえ　さと　し **井上哲士**	共	比例㋋	児玉介光 広井真司 藤浦修一	321	6550-0321 6551-0321	221
いの　うえ　よし　ゆき **井上義行**	自 [安]	比例④	黒木乃梨子 梅澤恭徳	920	6550-0920 6551-0920	228
い　とう　　がく **伊藤　岳**	共	埼玉④	石川健介也 岡嵜拓恵 磯ヶ谷理恵	609	6550-0609 6551-0609	243
い　とう　たか　え **伊藤孝江**	公	兵庫④	本園孝薫一 武田晁久 田朋	1014	6550-1014 6551-1014	259

※内線電話番号は、5＋室番号（3〜9階は5のあとに0を入れる）

議員名	党派(会派)	選挙区／選挙年	政策秘書名／第1秘書名／第2秘書名	号室	直通／FAX	略歴頁
伊藤孝恵（いとうたかえ）	国	愛知④	中島浩一司／川井太延／荻巣子	1008	6550-1008／6551-1008	255
伊波洋一（いはよういち）	無（沖縄）	沖縄④	末廣哲一／伊波俊介／高江洲満子	519	6550-0519／6551-0519	269
生稲晃子（いくなあきこ）	自［安］	東京④	中平大開／斉藤道之	904	6550-0904／6551-0904	247
石井章（いしあきら）	維	比例④	———	1204	6550-1204／6551-1204	229
石井準一（いしいじゅんいち）	自［茂］	千葉㊥	森崎大輔／東野公俊／山田光男	506	6550-0506／5512-2606	244
石井浩郎（いしいひろお）	自［茂］	秋田④	黒川茂雄一／畑澤敦／千葉淳	713	6550-0713／6551-0713	240
石井正弘（いしいまさひろ）	自［安］	岡山④	近藤儀道／田淵善一／石田真佐代	1214	6550-1214／6551-1214	261
石井苗子（いしいみつこ）	維	比例④	小島正徳子／橋本範卓／森本矢	1115	6550-1115／6551-1115	229
石垣のりこ（いしがき）	立	宮城㊥	青木まり子	813	6550-0813／6551-0813	239
石川大我（いしかわたいが）	立	比例④	榎本順一／浜原健伍／飛鳥斗亜	1113	6550-1113／6551-1113	218
石川博崇（いしかわひろたか）	公	大阪④	櫻井久美子／青木正伸／本浦志	616	6550-0616／6551-0616	258
石田昌宏（いしだまさひろ）	自［安］	比例㊥	五反分正彦／大田京子／橋本祥太朗	1101	6550-1101／6551-1101	215
石橋通宏（いしばしみちひろ）	立	比例④	渡辺卓也／鈴木良知／伊達淳子	523	6550-0523／6551-0523	231
磯崎仁彦（いそざきよしひこ）	自［岸］	香川④	冨田久雄也／後内寿弘／竹	624	6550-0624／6551-0624	264
礒崎哲史（いそざきてつじ）	国	比例㊥	長谷川康人／小松暢花／榛葉梨	1210	6550-1210／6551-1210	221
猪口邦子（いのぐちくにこ）	自［麻］	千葉④	末原功太郎／田口生弥	1105	6550-1105／6551-1105	245
猪瀬直樹（いのせなおき）	維	比例④	中嶋徳彦／樹澤悟	513	6550-0513／6551-0513	229
今井絵理子（いまいえりこ）	自［麻］	比例④	神田信浩／柳澤浩美／吉川夏貴	315	6550-0315／6551-0315	228
岩渕友（いわぶちとも）	共	比例④	安部由美子／阿部了／小島あずみ	1002	6550-1002／6551-1002	233
岩本剛人（いわもとつよひと）	自［二］	北海道㊥	荒木真一子／小林三奈子／原雅矢	205	6550-0205／6551-0205	237

参議院秘書　い

※内線電話番号は、5＋室番号（3～9階は5のあとに0を入れる）

議員名	党派(会派)	選挙区／選挙年	政策秘書名／第1秘書名／第2秘書名	号室	直通／FAX	略歴頁
う 上田 勇（うえだ いさむ）	公	比例④	嶋林秀能一行也／時大井源也	1212	6550-1212／6551-1212	232
上田 清司（うえだ きよし）	無[国民]	埼玉④	六川鉄一／池田麻里	618	6550-0618／6551-0618	244
上野 通子（うえの みちこ）	自[安]	栃木④	齋藤淳夫／根本龍幸／瀧彦	918	6550-0918／6551-0918	242
臼井 正一（うすい しょういち）	自[茂]	千葉④	江原／熊菱川／富美代一郎透	909	6550-0909／6551-0909	245
打越 さく良（うちこし さくら）	立	新潟④	山口希望／相墨武人／石田佳	901	6550-0901／6551-0901	249
梅村 聡（うめむら さとし）	維	比例元	北野大地／渡会静／井内郁	326	6550-0326／6551-0326	220
梅村 みずほ（うめむら みずほ）	維	大阪元	大嶋公一／橋崎勝則	1004	6550-1004／6551-1004	257
え 江島 潔（えじま きよし）	自[安]	山口④	三浦善一郎／稲永誉晃／亀亮	1103	6550-1103／6551-1103	263
衛藤 晟一（えとう せいいち）	自[安]	比例④	北村賢一／柴水佳／清水剛	1216	6550-1216／6551-1216	216
お 小沢 雅仁（おざわ まさひと）	立	比例④	加藤陽子／鍵山子／園田健人	1119	6550-1119／6551-1119	217
小沼 巧（おぬま たくみ）	立	茨城④	西田恵美子／宮康則／四倉則茂	1012	6550-1012／6551-1012	241
小野田 紀美（おのだ きみ）	自[茂]	岡山④	山口栄香／石原利絵／狐塚千多重	318	6550-0318／6551-0318	261
尾辻 秀久（おつじ ひでひさ）	無	鹿児島元	松尾有嗣／沼田実香／竹内和香	515	6550-0515／3595-1127	268
越智 俊之（おち としゆき）	自[無]	比例④	皆川洋平	821	6550-0821／5512-5121	229
大家 敏志（おおいえ さとし）	自[麻]	福岡④	石田麻子／伊原隆敏／柴田泰夫	518	6550-0518／6551-0518	265
大島 九州男（おおしま くすお）	れ	比例④繰		714	6550-0714／6551-0714	233
大塚 耕平（おおつか こうへい）	国	愛知元	河本安子／岩崎孝史／川越平	1121	6550-1121／6551-1121	254
大野 泰正（おおの やすただ）	自[安]	岐阜元	岩田佳子／高井雅之／高木之み	503	6550-0503／6551-0503	252
太田 房江（おおた ふさえ）	自[安]	大阪元	郷川千子／川端鶴臣／星神威裕希枝	308	6550-0308／6551-0308	257
岡田 直樹（おかだ なおき）	自[安]	石川④	丹後智学／下田浩／大畠央三	807	6550-0807／6551-0807	250

※内線電話番号は、5＋室番号（3〜9階は5のあとに0を入れる）

参議院・秘書

う・え・お

議員名	党派(会派)	選挙区選挙年	政策秘書 第1秘書 第2秘書名	号室	直通 FAX	略歴頁
音喜多 駿 おときた しゅん	維	東京元	小林 優輔 小濱 あやこ 下山 達人	612	6550-0612 6551-0612	246
鬼木 誠 おに き まこと	立	比例④	鳥越 保浩 三木みどり	511	6550-0511 6551-0511	230
加田裕之 か だ ひろ ゆき	自[安]	兵庫元	福田 聖也 藤本都哲也 宇都宮祥一郎	819	6550-0819 6551-0819	259
加藤明良 か とう あき よし	自[茂]	茨城元	大塚 典子 前雨 拓哉 澤 陸希	414	6550-0414 6551-0414	241
嘉田由紀子 か だ ゆき こ	無(国民)	滋賀元	安部 秀行 五月女彩子 古谷 桂信	815	6550-0815 6551-0815	256
ガーシー	N	比例④	渡邉 文久 墨谷 俊貴 武林 柚	304	6550-0304 6551-0304	234
梶原大介 かじ はら だい すけ	自[二]	比例④	吉澤 昌樹 泉 栄恵 宍戸麻里子	201	6550-0201 6551-0201	226
片山さつき かたやま	自[無]	比例④	源 平尚人 山下 英二 山崎 規光	420	6550-0420 6551-0420	227
片山大介 かた やま だい すけ	維	兵庫④	三井 敏弘	721	6550-0721 6551-0721	259
勝部賢志 かつ べ けん じ	立	北海道元	田中 信彦 片桐 眞眞 花田 雅	608	6550-0608 6551-0608	237
金子道仁 かね こ みち ひと	維	比例④	宮田 宗冬 米内 宏宏 金子 達基	1013	6550-1013 6551-1013	230
神谷宗幣 かみ や そう へい	参	比例④	上原千可子 浅井 英彦 平岡有加里	520	6550-0520 6551-0520	234
神谷政幸 かみ や まさ ゆき	自[麻]	比例④	———————	1218	6550-1218 6551-1218	228
紙 智子 かみ ともこ	共	比例元	田井 共生 小松 正英	710	6550-0710 6551-0710	221
川合孝典 かわ い たか のり	国	比例④	平澤 幸子 海保 順一	1223	6550-1223 6551-1223	233
川田龍平 かわ だ りゅうへい	立	比例元	岩渕 宏美 高木 健二	508	6550-0508 6551-0508	218
河野義博 かわ の よし ひろ	公	比例元	新保 正則 矢野田久枝 芝田 博	720	6550-0720 6551-0720	219
木村英子 き むら えい こ	れ	比例元	入野田智也 堤 昌也	314	6550-0314 6551-0314	222
吉良よし子 き ら こ	共	東京元	加藤 昭宏 菊田 由佳 恒川 京子	509	6550-0509 6551-0509	246
岸 真紀子 きし まき こ	立	比例元	岸野ミチル 米田由美子 渡邉 武	611	6550-0611 6551-0611	217

※内線電話番号は、5+室番号（3〜9階は5のあとに0を入れる）

参議員・秘書

お・か・き

議員名	党派(会派)	選挙区選挙年	政策秘書名第1秘書名第2秘書名	号室	直通FAX	略歴頁
きた むら つね お 北村 経夫	自[安]	山口㊞補	菅 田 誠志 渡 部 仁 陽子 黒 坂 志子	1109	6550-1109 6551-1109	262
く くし だ せいいち 串田 誠一	維	比例④	大 塚 莉 沙	1203	6550-1203 6551-1203	230
くぼ た てつ や 窪田 哲也	公	比例④	細 田 千鶴子 稲 又 進 一 仮 屋 雄 一	202	6550-0202 6551-0202	232
くま がい ひろ と 熊谷 裕人	立	埼玉㊞	上 原 広 野 口 浩	1217	6550-1217 6551-1217	243
くらばやしあき こ 倉林 明子	共	京都㊞	増 田 優 子 山 本 裕 太 佐 藤 萌 海	1021	6550-1021 6551-1021	256
こ たかし こやり隆史	自[岸]	滋賀④	増 田 綾 子 田 村 敏 一 中 里 佳 子	716	6550-0716 6551-0716	256
こ いけ あきら 小池 晃	共	比例④	丸 井 龍 平 小山田 智枝香 槐 島 明 香	1208	6550-1208 6551-1208	220
こ にし ひろ ゆき 小西 洋之	立	千葉④	千 葉 章 鈴 木 宏 章 小 野 寺	915	6550-0915 6551-0915	245
こばやししかず ひろ 小林 一大	自[無]	新潟④	橋 本 美奈子 石 山 肇	416	6550-0416 6551-0416	249
こ が ち かげ 古賀 千景	立	比例④	前 川 浩 司 安 西 仁 美	409	6550-0409 6551-0409	230
こ がゆういちろう 古賀友一郎	自[岸]	長崎㊞	高 田 久美子 葉 山 史 織 坂 爪 ひとみ	1206	6550-1206 6551-1206	266
こ が ゆき ひと 古賀 之士	立	福岡④	鈴 木 加世子 片 山 浩 大 井 ゆかり	1108	6550-1108 6551-1108	265
こ しょうはる とも 古庄 玄知	自[安]	大分④	原 敬 一 川 口 純 男 か 古 庄 はる か	907	6550-0907 6551-0907	267
こう づきりょうすけ 上月 良祐	自[茂]	茨城㊞	岸 田 礼 子 平 島 剛 一 畔 上 秀 一	704	6550-0704 6551-0704	241
さ ささ き 佐々木さやか	公	神奈川㊞	長 岡 光 明 古 屋 伸 明 高 木 和 則	514	6550-0514 6551-0514	248
さ とう けい 佐藤 啓	自[安]	奈良④	榎 本 政 子 石 橋 利 洋 寺 内 清 智	708	6550-0708 6551-0708	260
さ とうのぶ あき 佐藤 信秋	自[茂]	比例④	玉 村 貴 博 安 山 和 彦 明 富 山 和 明	722	6550-0722 6551-0722	215
さ とうまさ ひさ 佐藤 正久	自[茂]	比例④	木 下 俊 治 橋 谷田 洋 介 野 口 マ キ	705	6550-0705 6551-0705	215
さい とう よし たか 斎藤 嘉隆	立	愛知④	石 田 敏 高 市 川 晶 幸 若 松 善 幸	707	6550-0707 6551-0707	255
さか い やす ゆき 酒井 庸行	自[安]	愛知㊞	忽 那 薫 鈴 木 秀 二 歌 川 純 子	723	6550-0723 6551-0723	254

※内線電話番号は、5＋室番号（3～9階は5のあとに0を入れる）

議　員　名	党派 (会派)	選挙区 選挙年	政策 第1秘書 第2秘書	秘書名 秘書名	号室	直通 FAX	略歴 頁
さくらい　みつる 櫻井　充	自 [無]	宮城④	佐藤　道昭 國分　貴士		512	6550-0512 6551-0512	239
さとみりゅうじ 里見隆治	公	愛知④	黒田　泰明 山下尾高稔		301	6550-0301 6551-0301	254
さんとうあきこ 山東昭子	自 [麻]	比例④	勝俣岳人 島田好政 京谷春		310	6550-0310 6551-0310	216
しみずたかゆき 清水貴之	維	兵庫元	上杉真子 小濱文弥 福西ろ		404	6550-0404 6551-0404	258
しみずまさと 清水真人	自 [二]	群馬元	三留哲郎 佐藤田始 神彩		923	6550-0923 6551-0923	242
じみ 自見はなこ	自 [二]	比例④	讃岐浩士 佐藤裕成 大畑之美		504	6550-0504 6551-0504	227
しおたひろあき 塩田博昭	公	比例④	橋本正博 菊地淑彦 尾形康		1117	6550-1117 6551-1117	219
しおむら 塩村あやか	立	東京元	石井　茂 丸子知奈美		706	6550-0706 6551-0706	246
しばしんいち 柴　愼一	立	比例④	高木智章 加藤久美子		1009	6550-1009 6551-1009	231
しばたたくみ 柴田　巧	維	比例④	吉岡彩乃 富田道雄 牧毅		816	6550-0816 6551-0816	220
しまむらだい 島村　大	自 [無]	神奈川元	中大窪佳子 桜木長利		415	6550-0415 6551-0415	248
しものろくた 下野六太	公	福岡元	奈須野文麿 成松明		913	6550-0913 6551-0913	265
しんどうかねひこ 進藤金日子	自 [二]	比例④	豊輝久 知花正博 佐々木理		719	6550-0719 6551-0719	228
しんばかづや 榛葉賀津也	国	静岡元	堀池厚志 日高由佳 松浦恭輔		1011	6550-1011 6551-0026	253
すどうげんき 須藤元気	無	比例④	西村悦蔵 御子貝浩太		914	6550-0914 6551-0914	218
すえまつしんすけ 末松信介	自 [安]	兵庫④	荒金美保 中根健帆 末松真		905	6550-0905 5512-2616	259
すぎひさたけ 杉　久武	公	大阪元	山神輝高 小川久保一司 井崎光城		615	6550-0615 6551-0615	257
すぎおひでや 杉尾秀哉	立	長野④	山崎睦秀吉 松原直樹 小林		724	6550-0724 6551-0724	252
すずきむねお 鈴木宗男	維	比例④	赤松真次 飯島翔 堀居和美		1219	6550-1219 6551-1219	220
せこうひろしげ 世耕弘成	自 [安]	和歌山④	川村太祐 福井康司 佐藤拓治		1017	6550-1017 6551-1017	260

※内線電話番号は、5＋室番号（3～9階は5のあとに0を入れる）

議　員　名	党派 (会派)	選挙区 選挙年	政策秘書 第1秘書名 第2秘書	号室	直通 FAX	略歴 頁
せき ぐち まさ かず **関口昌一**	自 [茂]	埼玉④	多田　政　弘 関口　恵　人亮 齋藤　介	1104	6550-1104 6551-1104	244
た じま まい こ **田島麻衣子**	立	愛知④	矢下　雄介 河合　利浩	410	6550-0410 6551-0410	254
た なか まさ し **田中昌史**	自 [無]	比例元繰	—— ——	505	6550-0505 6551-0505	217
た な ぶ まさよ **田名部匡代**	立	青森④	大谷　佳　子 八木　歳　博	1106	6550-1106 6551-1106	238
た むら とも こ **田村智子**	共	比例④	岩　智　彦 梺藤　浩 寺下　一真	908	6550-0908 6551-0908	232
た むら **田村まみ**	国	比例④	堺　　知　美 林　和太郎 岡　光　隆	910	6550-0910 6551-0910	221
たかぎ **高木かおり**	維	大阪④	近藤　晶　久 ——	306	6550-0306 6551-0306	258
たか ぎ ま り **高木真理**	立	埼玉④	細川千恵子 森　千代子	317	6550-0317 6551-0317	244
たかの こうじろう **高野光二郎**	自 [麻]	徳島・ 高知元	山城　太　一 鈴田壮一郎 合　一郎	421	6550-0421 6551-0421	238
たか はし かつ のり **高橋克法**	自 [麻]	栃木元	網野　辰　男 阿久津伸之介 市　村　綾	324	6550-0324 6551-0324	242
たかはし **高橋はるみ**	自 [安]	北海道元	小野　隼　人 上　　　静 三	303	6550-0303 6551-0303	237
たか はし みつ お **高橋光男**	公	兵庫元	深田　知　行人 青木　勇　史 坂本　篤	614	6550-0614 6551-0614	259
たから てつ み **髙良鉄美**	無 (沖縄)	沖縄元	新澤　有紀 知念祐　祐	712	6550-0712 6551-0712	269
たき さわ もとめ **滝沢　求**	自 [麻]	青森元	平岡　久法　宣文 野月　理子 細谷真理	522	6550-0522 6551-0522	238
たき なみ ひろ ふみ **滝波宏文**	自 [安]	福井元	磯村　圭　一 橋本　純　子	307	6550-0307 6551-0307	251
たけ うち しん じ **竹内真二**	公	比例④	金田　守正巳 半沢　拓 中村　純	801	6550-0801 6551-0801	231
たけ づめ ひとし **竹詰　仁**	国	比例④	小池ひろみ 井上　越　徹深 塚　深	406	6550-0406 6551-0406	233
たけ や こ **竹谷とし子**	公	東京④	池田保保美子 松下　秋　子 萩野谷明子	517	6550-0517 6551-0517	247
たけ み けい ぞう **武見敬三**	自 [麻]	東京④	牧野　能　治一 田中　真弘 新通	413	6550-0413 6206-1502	246
たに あい まさ あき **谷合正明**	公	比例④	木倉谷　靖忍智 角屋 田　村	922	6550-0922 6551-0922	232

※内線電話番号は、5＋室番号（3〜9階は5のあとに0を入れる）

	議　員　名	党派(会派)	選挙区選挙年	政策秘書名第1秘書名第2秘書名	号室	直通FAX	略歴頁
つ	柘植芳文 (つげ よしふみ)	自[無]	比例元	辰巳　知宏 丸方敏梨 水野真	1114	6550-1114 6551-1114	214
	辻元清美 (つじ もと きよみ)	立	比例元	長谷川哲也 辻元一之子 岩崎雅	613	6550-0613 6551-0613	230
	鶴保庸介 (つる ほ ようすけ)	自[二]	和歌山④	益田直輝 鈴木彬人	313	6550-0313 6551-0313	260
て	寺田　静 (てら た しずか)	無	秋田元	反田麻理 桑原愛愛 荒木裕美子	204	6550-0204 6551-0204	240
	天畠大輔 (てん ばた だい すけ)	れ	比例④	黒田宗矢 篠田恵	316	6550-0316 6551-0316	233
と	堂故　茂 (どう こ しげる)	自[茂]	富山元	深津登宏 亀谷忠加 関由由	1003	6550-1003 6551-1003	250
	堂込麻紀子 (どうごみ まき こ)	無	茨城④	荒木有子 武田宏司 黒田誠	607	6550-0607 6551-0607	242
	徳永エリ (とく なが えり)	立	北海道④	岡内博彦 矢野隆信	701	6550-0701 6551-0701	238
	友納理緒 (とも のう り お)	自[安]	比例④	池田達郎 星井孝之 セイク千亜紀	1116	6550-1116 6551-1116	227
	豊田俊郎 (とよ だ とし ろう)	自[麻]	千葉元	木村慎一 松崎英右 鶴岡瑛	1213	6550-1213 6551-1213	245
な	ながえ孝子 (ながえ たか こ)	無	愛媛元	林　弘樹 福田剛成 藤田一	709	6550-0709 6551-0709	264
	中条きよし (なかじょう)	維	比例④	―――――	805	6550-0805 6551-0805	229
	中曽根弘文 (なか そ ね ひろふみ)	自[二]	群馬④	上屋勝哉 望月美輝和 米月	1224	6550-1224 3592-2424	243
	中田　宏 (なか だ ひろし)	自[無]元繰	比例元	奈良俊幸 日高雅之 神田樹	1102	6550-1102 6551-1102	217
	中西祐介 (なか にし ゆうすけ)	自[麻]	徳島・高知④	平岡英士 喜多村旬	622	6550-0622 6551-0622	263
	永井　学 (ながい まなぶ)	自[茂]	山梨元	玉吉木武彦 折山峰佳俊世樹	516	6550-0516 6551-0516	251
	長浜博行 (なが はま ひろ ゆき)	無	千葉元	鈴木浩暢 大滝奈央 山由美子	606	6550-0606 6551-0606	245
	長峯　誠 (なが みね まこと)	自[安]	宮崎元	早川健一 持永隆大 栗山真也	802	6550-0802 6551-0802	268
に	仁比聡平 (に ひ そう へい)	共	比例④	加藤紀男 園山あゆみ 韮澤彰	408	6550-0408 6551-0408	232
	新妻秀規 (にい づま ひで き)	公	比例元	萱原信英 松浦美喜子	1112	6550-1112 6551-1112	219

※内線電話番号は、5＋室番号（3～9階は5のあとに0を入れる）

参議員・秘書

つ・て・と・な・に

議　員　名	党派 (会派)	選挙区 選挙年	政策秘書名 第1秘書名 第2秘書名	号室	直通 FAX	略歴頁
にし だ しょう じ 西田昌司	自 [安]	京都㊤	安藤　髙士 柿本　人輔	1110	6550-1110 3502-8897	256
にし だ まこと 西田実仁	公	埼玉④	吉田　正男 関谷富士男 大間博昭	1005	6550-1005 6551-1005	244
の がみこうたろう 野上浩太郎	自 [安]	富山④	野村隆宏 小林靖也 白川　智也	1010	6550-1010 6551-1010	250
の だ くによし 野田国義	立	福岡④	大谷正人 林　卓也 久保眞裕	323	6550-0323 6551-0323	265
の むらてつろう 野村哲郎	自 [茂]	鹿児島④	奥　義代 留田敦雅 畑	1120	6550-1120 6551-1120	268
は た じ ろう 羽田次郎	立	長野補㊤	辻　甲子郎 濵　貴紀 横山山志保	818	6550-0818 6551-0818	252
はにゅうだ たかし 羽生田 俊	自 [安]	比例㊤	安部和之 星野　彩	319	6550-0319 6551-0319	216
は が みち や 芳賀道也	無 [国民]	山形④	戸次貴彦 相馬準男 関井美喜男	917	6550-0917 6551-0917	240
は せ がわ がく 長谷川 岳	自 [安]	北海道④	前島英希 牛間由美子 森越正也	619	6550-0619 6550-0055	237
は せ がわひではる 長谷川英晴	自 [無]	比例④	坪根輝彦 藤澤信行 渡辺明	1020	6550-1020 6551-1020	226
ば ば せい し 馬場成志	自 [岸]	熊本㊤	山内祐子 登田耕太介 柴　啓	1016	6550-1016 6551-1016	267
はしもとせい こ 橋本聖子	自 [安]	比例㊤	宮内榮子 藤原清美 甲斐将裕	803	6550-0803 6551-0803	215
はまぐち まこと 浜口 誠	国	比例④	阿部洋祐 綿上慶香 石井香織	1022	6550-1022 6551-1022	233
はま だ さとし 浜田 聡	N	比例㊤繰	大瀧靖峰 末永友香梨 重黒木優平	403	6550-0403 6551-0403	222
はま の よしふみ 浜野喜史	国	比例㊤	下橋佑治 片岡健太郎 小林和	521	6550-0521 6551-0521	221
ひ が なつみ 比嘉奈津美	自 [茂]	比例㊤繰	岡田　英 伊佐美歌代	1221	6550-1221 6551-1221	217
ひら き だいさく 平木大作	公	比例㊤	田中生作 麻生賢一 遠藤彰	422	6550-0422 6551-0422	219
ひらやまさ ち こ 平山佐知子	無	静岡④	細井貴光 宮﨑隆司 篠原倫太郎	822	6550-0822 6551-0822	253
ひろせ めぐみ 広瀬めぐみ	自 [麻]	岩手④	─────	418	6550-0418 6551-0418	259
ふく おか たか まろ 福岡資麿	自 [茂]	佐賀④	岩永幸雄 吉田勇一 相澤晃二	919	6550-0919 6551-0919	266

※内線電話番号は、5＋室番号（3〜9階は5のあとに0を入れる）
198

議員名	党派 (会派)	選挙区 選挙年	政策秘書名 第1秘書名 第2秘書名	号室	直通 FAX	略歴 頁
ふくしま **福島みずほ**	社	比例④	石川　顕代 露木佳哲 鍋野	1111	6550-1111 6551-1111	234
ふくやまてつろう **福山哲郎**	立	京都④	正木幸一	808	6550-0808 6551-0808	257
ふじいかずひろ **藤井一博**	自 [無]	比例④	伊勢暁子 浅井厚輝 上杉和	605	6550-0605 6551-0605	226
ふじかわまさひと **藤川政人**	自 [麻]	愛知④	松本由紀子 藤原勝彦	717	6550-0717 6550-0057	254
ふじきしんや **藤木眞也**	自 [岸]	比例④	池上知子 石黒もも人 穴見健	1006	6550-1006 6551-1006	227
ふなやまやすえ **舟山康江**	国	山形④	中田兼司 伊藤洋昭 齊藤一秀	810	6550-0810 6551-0810	240
ふなごやすひこ **舩後靖彦**	れ	比例元	岡田哲扶 蒔田備律 小林憲子	302	6550-0302 6551-0302	222
ふなはしとしみつ **船橋利実**	自 [麻]	北海道④	戸田玄子 三浦祐典 船橋	424	6550-0424 6551-0424	238
ふるかわとしはる **古川俊治**	自 [安]	埼玉元	森本久 池上聰典 高橋義利	718	6550-0718 6551-0718	243
ほ	ほし ほくと **星北斗**	自 [無]	福島④	漆畑佑	322	6550-0322 6551-0322	241
ほりいいわお **堀井巌**	自 [安]	奈良元	平田勝紀司 米田憲亮 吉田悠	417	6550-0417 6551-0417	260
ほんだあきこ **本田顕子**	自 [無]	比例元	関野人子 我中妻理恵 沖秀英	1001	6550-1001 6551-1001	216
ま	まいたちしょうじ **舞立昇治**	自 [無]	鳥取・ 島根④	中園めぐみ 浅井威厚 中ノ森早苗	603	6550-0603 6551-0603	261
まきの **牧野たかお**	自 [茂]	静岡元	渡辺美親 鷲見正男 土屋行	812	6550-0812 6551-0812	253
まきやま **牧山ひろえ**	立	神奈川元	澤田良也 平柴和明 渡辺真美	1007	6550-1007 6551-1007	248
まつかわ **松川るい**	自 [安]	大阪④	津浦光弘 清水康美 秋山真	407	6550-0407 6551-0407	258
まつざわしげふみ **松沢成文**	維	神奈川④	千葉修平 神田輔典 矢頭祐	903	6550-0903 6551-0903	248
まつしたしんぺい **松下新平**	自 [無]	宮崎④	児玉勝己 大出浩哉 松浦克	824	6550-0824 6551-0824	268
まつのあけみ **松野明美**	維	比例④	金光雅美	912	6550-0912 6551-0912	229
まつむらよしふみ **松村祥史**	自 [茂]	熊本④	下四日市都夫 古賀正 畑山登	1023	6550-1023 6551-1023	267

※内線電話番号は、5＋室番号（3〜9階は5のあとに0を入れる）

参議員・秘書

ふ・ほ・ま

議員名	党派(会派)	選挙区選挙年	政策秘書名 第1秘書名 第2秘書名	号室	直通 FAX	略歴頁
まつやま まさ じ 松山 政司	自[岸]	福岡①	中島 基彰 佐々木久之	1124	6550-1124 6551-1124	264
まる かわ たま よ 丸川 珠代	自[安]	東京①	三浦 基孝 山浦坂美 広次輝	902	6550-0902 6551-0902	246
み うら のぶ ひろ 三浦 信祐	公	神奈川①	山本大三郎 浪川健太郎 薗部 幸広	804	6550-0804 6551-0804	249
み うら やすし 三浦 靖	自[茂]	比例元	小林 一巳 長尾山 広真吉	811	6550-0811 6551-0811	214
み かみ 三上 えり	無(立憲)	広島④	石橋 鉄也 楳埜田秀海栄 川 樹栄	320	6550-0320 6551-0320	262
み はら 三原じゅん子	自[無]	神奈川①	宮崎 達也 関根原武里佐	823	6550-0823 6551-0823	248
み やけ しん ご 三宅 伸吾	自[無]	香川元	須山 義靖 蓮 正信	604	6550-0604 6551-0604	263
みず おか しゅんいち 水岡 俊一	立	比例①	平野 和子 藤野田葉花丸 濱 彦	305	6550-0305 6551-0305	217
みず の もと こ 水野 素子	立	神奈川④*	高井 章浩 東使塔謙浩志 西	1209	6550-1209 6551-1209	249
みや ぐち はる こ 宮口 治子	立	広島元再	片江 山田田哲一 山 洋満	206	6550-0206 6551-0206	262
みや ざき まさ お 宮崎 雅夫	自[二]	比例元	木村 充男 津竹大 澄男晃	610	6550-0610 6551-0610	216
みや ざき まさる 宮崎 勝	公	比例④繰	廣青木 野光正夫美	1118	6550-1118 6551-1118	232
みや ざわ よういち 宮沢 洋一	自[岸]	広島④	小島 修一 高本有 淳悦子	820	6550-0820 6551-0820	262
みや もとしゅう じ 宮本 周司	自[安]	石川補	不破 行大紀 中南嶋野 友恵	1018	6550-1018 6551-1018	250
むら た きょうこ 村田 享子	立	比例①	井出 智則 田中美佐江	1222	6550-1222 6551-1222	231
むろ い くに ひこ 室井 邦彦	維	比例元	藤生 賢哉 能島 知英	1122	6550-1122 6551-1122	220
もり 森 まさこ	自[安]	福島①	鈴木 吉代 吉田佳康 小池 之	924	6550-0924 6551-0924	241
もり もと しん じ 森本 真治	立	広島元	八木橋美千代 古百 寛三則	311	6550-0311 6551-0311	262
もり や たかし 森屋 隆	立	比例元	大澤 祥文 瀬森 古城戸美奈 介	1211	6550-1211 6551-1211	218
もり や ひろし 森屋 宏	自[岸]	山梨①	漆原大彦介 小泉愛治 高橋 賀	502	6550-0502 6551-0502	251

※内線電話番号は、5＋室番号（3～9階は5のあとに0を入れる）
*水野素子議員の任期は令和7年まで。

200

	議員名	党派(会派)	選挙区選挙年	政策秘書名第1秘書名第2秘書名	号室	直通FAX	略歴頁
や	矢倉克夫 やくらかつお	公	埼玉㊤	中居俊夫 久富礼子	401	6550-0401 6551-0401	243
	安江伸夫 やすえのぶお	公	愛知㊤	大崎順一 高橋直樹 鐘ヶ江義之	312	6550-0312 6551-0312	254
	柳ヶ瀬裕文 やながせひろふみ	維	比例㊤	大岡貴志 吉岡美智子	703	6550-0703 6551-0703	220
	山口那津男 やまぐちなつお	公	東京㊤	山下千秋 出口俊夫 大川満里子	806	6550-0806 6551-0806	246
	山崎正昭 やまざきまさあき	自[安]	福井④	石山秀樹 松康代美 岸本成美	1201	6550-1201 6551-1201	251
	山下雄平 やましたゆうへい	自[茂]	佐賀㊤	永石浩視 水谷秀美 中原茂	916	6550-0916 6551-0916	266
	山下芳生 やましたよしき	共	比例㊤	中村哲也 中島敬朋 松井介子	1123	6550-1123 6551-1123	221
	山添拓 やまぞえたく	共	東京④	加藤紀男 藤澤祐実 佐韮彰	817	6550-0817 6551-0817	247
	山田太郎 やまだたろう	自[無]	比例㊤	小山紘一 荒井理沙 小寺直子	623	6550-0623 6551-0623	214
	山田俊男 やまだとしお	自[森]	比例㊤	村瀬弘美 森部謙三 ト隼太	809	6550-0809 6551-0809	215
	山田宏 やまだひろし	自[安]	比例④	新島薫 大田康之 田中晴司	1205	6550-1205 6551-1205	227
	山谷えり子 やまたにえりこ	自[安]	比例④	速水美智子 福元亮次 渡辺智彦	1107	6550-1107 6551-1107	228
	山本香苗 やまもとかなえ	公	比例㊤	小谷恵美子 則清ナヲミ 吹田幸一	1024	6550-1024 6551-1024	218
	山本啓介 やまもとけいすけ	自[岸]	長崎④	太田久晴 前田浩章 吉田安秀	1202	6550-1202 6551-1202	266
	山本佐知子 やまもとさちこ	自[茂]	三重④	———	203	6550-0203 6551-0203	255
	山本順三 やまもとじゅんぞう	自[安]	愛媛④	能登祐克 高岡直宏 近藤華菜子	1019	6550-1019 6551-1019	264
	山本太郎 やまもとたろう	れ	東京④	———	602	6550-0602 6551-0602	247
	山本博司 やまもとひろし	公	比例㊤	梅津秀宣 鈴木孝久 高井彰	911	6550-0911 6551-0911	219
よ	横沢高徳 よこさわたかのり	立	岩手㊤	平野優 丸山亜里	702	6550-0702 6551-0702	239
	横山信一 よこやましんいち	公	比例㊤	八木橋広路 小田秀透 吉井透	402	6550-0402 6551-0402	231

※内線電話番号は、5＋室番号（3〜9階は5のあとに0を入れる）

㊒議員・秘書

や・よ

議　員　名	党派(会派)	選挙区選挙年	政策秘書名第1秘書名第2秘書名		号室	直通FAX	略歴頁
よし い あきら 吉井　章	自[無]	京都④	木本　山本佐藤	宜和修士愛	921	6550-0921 6551-0921	256
よし かわ さ おり 吉川沙織	立	比例元	浅野狩野	英之恵理	617	6550-0617 6551-0617	218
よしかわ 吉川ゆうみ	自[安]	三重元	岸田菊池	直知樹子	412	6550-0412 6551-0412	255
よし だ ただ とも 吉田忠智	立	比例元	森木佐藤田澤	亮太俊生摩希子	906	6550-0906 6551-0906	222
れん ほう 蓮　舫	立	東京④	倉田鈴木北嶋	顕子綾廣昭	411	6550-0411 6551-0411	247
わ だ まさ むね 和田政宗	自[無]	比例元	髙浜髙田	満崎博田彌	1220	6550-1220 6551-1220	214
わかばやししょう へい 若林洋平	自[二]	静岡④	佐々木俊夫勝亦好美		715	6550-0715 6551-0715	253
わか まつ かね しげ 若松謙維	公	比例元	恩田祐将佐藤大作柳沼美		1207	6550-1207 6551-1207	219
わた なべ たけ ゆき 渡辺猛之	自[茂]	岐阜④	長谷川英樹大東由幸榊原美穂		325	6550-0325 6551-0325	252

参議院議員会館案内図

参議院議員会館2階

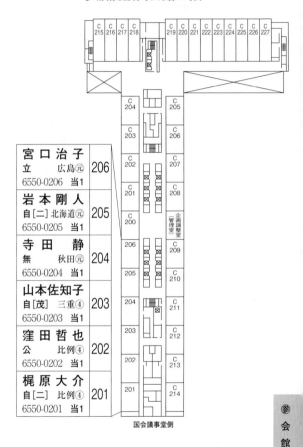

宮口治子 立　　広島㊤ 6550-0206　当1	206	
岩本剛人 自[二]北海道㊤ 6550-0205　当1	205	
寺田　静 無　　秋田㊤ 6550-0204　当1	204	
山本佐知子 自[茂]　三重④ 6550-0203　当1	203	
窪田哲也 公　　比例④ 6550-0202　当1	202	
梶原大介 自[二]比例④ 6550-0201　当1	201	

国会議事堂側

会館

梅 村　聡
維　　比例元　326
6550-0326 当2

326	渡 辺 猛 之 自[茂] 岐阜④ 6550-0325 当3	325		
	安 江 伸 夫 公　　愛知元 6550-0312 当1	312	喫煙室	313	鶴 保 庸 介 自[二] 和歌山④ 6550-0313 当5
	森 本 真 治 立　　広島元 6550-0311 当2	311	WC WC (男)(女)	314	木 村 英 子 れ　　比例元 6550-0314 当1
	山 東 昭 子 自[麻]比例元 6550-0310 当8	310		315	今 井 絵 理 子 自[麻] 比例④ 6550-0315 当2
	阿 達 雅 志 自[無]比例④ 6550-0309 当3	309	EV ホール	316	天 畠 大 輔 れ　　比例④ 6550-0316 当1
	太 田 房 江 自[安]大阪元 6550-0308 当2	308		317	高 木 真 理 立　　埼玉④ 6550-0317 当1
	滝 波 宏 文 自[安]福井元 6550-0307 当2	307		318	小 野 田 紀 美 自[茂] 岡山④ 6550-0318 当2
	高 木 かおり 維　　大阪④ 6550-0306 当2	306	EV ホール	319	羽 生 田　俊 自[安] 比例元 6550-0319 当2
	水 岡 俊 一 立　　比例元 6550-0305 当3	305		320	三 上 えり 無(立憲)広島④ 6550-0320 当1
	ガ ー シ ー N　　比例④ 6550-0304 当1	304	EV	321	井 上 哲 士 共　　比例元 6550-0321 当4
	高 橋 はるみ 自[安]北海道元 6550-0303 当1	303		322	星　　北 斗 自[無] 福島④ 6550-0322 当1
	舩 後 靖 彦 れ　　比例元 6550-0302 当1	302	WC WC (男)(女)	323	野 田 国 義 立　　福岡元 6550-0323 当2
	里 見 隆 治 公　　愛知④ 6550-0301 当2	301		324	高 橋 克 法 自[麻] 栃木元 6550-0324 当2

参 会 館

参議院議員会館 4 階

吉川ゆうみ 自[安] 三重元 6550-0412 当2	412	喫煙室	413	武見敬三 自[麻] 東京元 6550-0413 当5
蓮　舫 立 東京④ 6550-0411 当4	411	WC(男) WC(女)	414	加藤明良 自[茂] 茨城④ 6550-0414 当1
田島麻衣子 立 愛知元 6550-0410 当1	410		415	島村　大 自[無] 神奈川元 6550-0415 当2
古賀千景 立 比例④ 6550-0409 当1	409	EVホール	416	小林一大 自[無] 新潟④ 6550-0416 当1
仁比聡平 共 比例④ 6550-0408 当3	408		417	堀井　巌 自[安] 奈良元 6550-0417 当2
松川るい 自[安] 大阪④ 6550-0407 当2	407		418	広瀬めぐみ 自[麻] 岩手④ 6550-0418 当1
竹詰　仁 国 比例④ 6550-0406 当1	406	EVホール	419	安達　澄 無 大分元 6550-0419 当1
青島健太 維 比例④ 6550-0405 当1	405		420	片山さつき 自[無] 比例④ 6550-0420 当3
清水貴之 維 兵庫元 6550-0404 当2	404	EV	421	高野光二郎 自[麻] 徳島・高知元 6550-0421 当2
浜田　聡 N 比例元 6550-0403 当1	403		422	平木大作 公 比例元 6550-0422 当2
横山信一 公 比例④ 6550-0402 当3	402	WC(男) WC(女)	423	赤松　健 自[無] 比例④ 6550-0423 当1
矢倉克夫 公 埼玉元 6550-0401 当2	401		424	船橋利実 自[麻] 北海道④ 6550-0424 当1

参　会　館

国会議事堂側

205

参議院議員会館 5 階

櫻井 充 自[無] 宮城④ 6550-0512 当5	512	喫煙室	513	猪瀬直樹 維 比例④ 6550-0513 当1
鬼木 誠 立 比例④ 6550-0511 当1	511	WC(男) WC(女)	514	佐々木さやか 公 神奈川元 6550-0514 当2
東 徹 維 大阪元 6550-0510 当2	510		515	尾辻秀久 無 鹿児島元 6550-0515 当6
吉良よし子 共 東京元 6550-0509 当2	509	EVホール	516	永井 学 自[茂] 山梨④ 6550-0516 当1
川田龍平 立 比例元 6550-0508 当3	508		517	竹谷とし子 公 東京④ 6550-0517 当3
青木 愛 立 比例④ 6550-0507 当3	507		518	大家敏志 自[麻] 福岡④ 6550-0518 当3
石井準一 自[茂] 千葉元 6550-0506 当3	506		519	伊波洋一 無(沖縄) 沖縄④ 6550-0519 当2
田中昌史 自[無]比例元繰 6550-0505 当1	505	EVホール	520	神谷宗幣 参(無所属)比例④ 6550-0520 当1
自見はなこ 自[二] 比例④ 6550-0504 当2	504	EV	521	浜野喜史 国 比例元 6550-0521 当2
大野泰正 自[安] 岐阜元 6550-0503 当2	503		522	滝沢 求 自[麻] 青森元 6550-0522 当2
森屋 宏 自[岸] 山梨元 6550-0502 当2	502		523	石橋通宏 立 比例④ 6550-0523 当3
足立敏之 自[岸] 比例④ 6550-0501 当2	501	WC(男) WC(女)	524	赤池誠章 自[安] 比例元 6550-0524 当2

国会議事堂側

参
会
館

参議院議員会館6階

左列	号室	中央	号室	右列
音喜多　駿 維　　東京㊾ 6550-0612　当1	612	喫煙室	613	辻元清美 立　　比例④ 6550-0613　当1
岸　真紀子 立　　比例㊾ 6550-0611　当1	611	WC（男）WC（女）	614	高橋光男 公　　兵庫㊾ 6550-0614　当1
宮崎雅夫 自[二]　比例㊾ 6550-0610　当1	610	階段	615	杉　久武 公　　大阪㊾ 6550-0615　当2
伊藤　岳 共　　埼玉㊾ 6550-0609　当1	609	EVホール	616	石川博崇 公　　大阪④ 6550-0616　当3
勝部賢志 立　　北海道㊾ 6550-0608　当1	608		617	吉川沙織 立　　比例㊾ 6550-0617　当3
堂込麻紀子 無　　茨城④ 6550-0607　当1	607		618	上田清司 無(国民)埼玉④ 6550-0618　当2
長浜博行 無　　千葉㊾ 6550-0606　当3	606	EVホール	619	長谷川　岳 自[安]北海道③ 6550-0619　当3
藤井一博 自[無]　比例④ 6550-0605　当1	605		620	朝日健太郎 自[無]　東京④ 6550-0620　当2
三宅伸吾 自[無]　香川㊾ 6550-0604　当2	604	階段 EV	621	浅田　均 維　　大阪④ 6550-0621　当2
舞立昇治 自[無]　鳥取・島根㊾ 6550-0603　当2	603		622	中西祐介 自[麻]　徳島・高知㊾ 6550-0622　当3
山本太郎 れ　　東京④ 6550-0602　当2	602	WC（男）WC（女）	623	山田太郎 自[無]　比例㊾ 6550-0623　当2
浅尾慶一郎 自[麻]　神奈川④ 6550-0601　当3	601		624	磯﨑仁彦 自[岸]　香川④ 6550-0624　当3

㊾ 会館

国会議事堂側

207

参議院議員会館 7階

左側	室番号	中央	室番号	右側
髙良鉄美 無(沖縄) 沖縄元 6550-0712 当1	712	喫煙室	713	石井浩郎 自[茂] 秋田④ 6550-0713 当3
秋野公造 公 福岡④ 6550-0711 当3	711	WC(男) WC(女)	714	大島九州男 れ 比例④繰 6550-0714 当3
紙 智子 共 比例元 6550-0710 当4	710		715	若林洋平 自[二] 静岡④ 6550-0715 当1
ながえ孝子 無 愛媛元 6550-0709 当1	709	EV ホール	716	こやり隆史 自[岸] 滋賀④ 6550-0716 当2
佐藤 啓 自[安] 奈良④ 6550-0708 当2	708		717	藤川政人 自[麻] 愛知④ 6550-0717 当3
斎藤嘉隆 立 愛知④ 6550-0707 当3	707		718	古川俊治 自[安] 埼玉元 6550-0718 当3
塩村あやか 立 東京元 6550-0706 当1	706		719	進藤金日子 自[二] 比例④ 6550-0719 当2
佐藤正久 自[茂] 比例元 6550-0705 当3	705	EV ホール	720	河野義博 公 比例④ 6550-0720 当2
上月良祐 自[茂] 茨城元 6550-0704 当2	704	EV	721	片山大介 維 兵庫④ 6550-0721 当2
柳ヶ瀬裕文 維 比例元 6550-0703 当1	703		722	佐藤信秋 自[茂] 比例元 6550-0722 当3
横沢高徳 立 岩手元 6550-0702 当1	702	WC(男) WC(女)	723	酒井庸行 自[安] 愛知元 6550-0723 当2
徳永エリ 立 北海道④ 6550-0701 当3	701		724	杉尾秀哉 立 長野④ 6550-0724 当2

参 会館

国会議事堂側

参議院議員会館 8 階

牧野たかお 自[茂] 静岡元 6550-0812 当3	812	喫煙室	813	石垣のりこ 立 宮城元 6550-0813 当1
三浦 靖 自[茂] 比例元 6550-0811 当1	811	WC WC (男) (女)	814	青木一彦 自[茂] 鳥取・島根④ 6550-0814 当3
舟山康江 国 山形④ 6550-0810 当3	810		815	嘉田由紀子 無(国民) 滋賀元 6550-0815 当1
山田俊男 自[森] 比例元 6550-0809 当3	809	EV ホール	816	柴田 巧 維 比例元 6550-0816 当2
福山哲郎 立 京都④ 6550-0808 当5	808		817	山添 拓 共 東京④ 6550-0817 当2
岡田直樹 自[安] 石川④ 6550-0807 当4	807		818	羽田次郎 立 長野元 6550-0818 当1
山口那津男 公 東京元 6550-0806 当4	806	EV ホール	819	加田裕之 自[安] 兵庫元 6550-0819 当1
中条きよし 維 比例④ 6550-0805 当1	805		820	宮沢洋一 自[岸] 広島④ 6550-0820 当3
三浦信祐 公 神奈川④ 6550-0804 当2	804	EV	821	越智俊之 自[無] 比例④ 6550-0821 当1
橋本聖子 自[安] 比例元 6550-0803 当5	803		822	平山佐知子 無 静岡④ 6550-0822 当2
長峯 誠 自[安] 宮崎元 6550-0802 当2	802	WC WC (男) (女)	823	三原じゅん子 自[無] 神奈川④ 6550-0823 当3
竹内真二 公 比例④ 6550-0801 当2	801		824	松下新平 自[無] 宮崎④ 6550-0824 当4

国会議事堂側

参
会
館

209

参議院議員会館9階

松野明美 維　　比例④ 6550-0912　当1	912	喫煙室	913	下野六太 公　　福岡元 6550-0913　当1
山本博司 公　　比例元 6550-0911　当3	911	WC (男) WC (女)	914	須藤元気 無　　比例元 6550-0914　当1
田村まみ 国　　比例元 6550-0910　当1	910		915	小西洋之 立　　千葉④ 6550-0915　当3
臼井正一 自[茂]　千葉④ 6550-0909　当1	909		916	山下雄平 自[茂]　佐賀元 6550-0916　当2
田村智子 共　　比例④ 6550-0908　当3	908	EV ホール	917	芳賀道也 無(国民)　山形元 6550-0917　当1
古庄玄知 自[安]　大分④ 6550-0907　当1	907		918	上野通子 自[安]　栃木④ 6550-0918　当3
吉田忠智 立　　比例元 6550-0906　当2	906		919	福岡資麿 自[茂]　佐賀④ 6550-0919　当3
末松信介 自[安]　兵庫④ 6550-0905　当4	905	EV ホール	920	井上義行 自[安]　比例② 6550-0920　当2
生稲晃子 自[安]　東京④ 6550-0904　当1	904	EV	921	吉井　章 自[無]　京都④ 6550-0921　当1
松沢成文 維　　神奈川④ 6550-0903　当3	903		922	谷合正明 公　　比例④ 6550-0922　当4
丸川珠代 自[安]　東京元 6550-0902　当3	902	WC (男) WC (女)	923	清水真人 自[二]　群馬元 6550-0923　当1
打越さく良 立　　新潟元 6550-0901　当1	901		924	森　まさこ 自[安]　福島元 6550-0924　当3

参
会
館

国会議事堂側

参議院議員会館 10 階

小沼　巧 立　茨城元 6550-1012　当1	1012	喫煙室	1013	金子道仁 維　比例④ 6550-1013　当1	
榛葉賀津也 国　静岡元 6550-1011　当4	1011	WC（男）　WC（女）	1014	伊藤孝江 公　兵庫④ 6550-1014　当2	
野上浩太郎 自[安]　富山④ 6550-1010　当4	1010		1015	有村治子 自[麻]　比例④ 6550-1015　当4	
柴　愼一 立　比例④ 6550-1009　当1	1009	EVホール	1016	馬場成志 自[岸]　熊本元 6550-1016　当2	
伊藤孝恵 国　愛知④ 6550-1008　当2	1008		1017	世耕弘成 自[安]和歌山元 6550-1017　当5	
牧山ひろえ 立　神奈川元 6550-1007　当3	1007		1018	宮本周司 自[安]石川元補 6550-1018　当3	
藤木眞也 自[岸]　比例④ 6550-1006　当2	1006	EVホール	1019	山本順三 自[安]　愛媛④ 6550-1019　当4	
西田実仁 公　埼玉④ 6550-1005　当4	1005		1020	長谷川英晴 自[無]　比例④ 6550-1020　当1	
梅村みずほ 維　大阪元 6550-1004　当1	1004	EV	1021	倉林明子 共　京都元 6550-1021　当2	
堂故　茂 自[茂]　富山元 6550-1003　当2	1003		1022	浜口　誠 国　比例④ 6550-1022　当2	
岩渕　友 共　比例④ 6550-1002　当2	1002	WC（男）　WC（女）	1023	松村祥史 自[茂]　熊本④ 6550-1023　当4	
本田顕子 自[無]　比例元 6550-1001　当1	1001		1024	山本香苗 公　比例元 6550-1024　当4	

参　会　館

国会議事堂側

参議院議員会館 11 階

新妻秀規 公　　比例元 6550-1112　当2	1112	喫煙室	1113	石川大我 立　　比例元 6550-1113　当1
福島みずほ 社　　比例④ 6550-1111　当5	1111	WC WC (男)(女)	1114	柘植芳文 自[無]　比例元 6550-1114　当2
西田昌司 自[安]　京都元 6550-1110　当3	1110	階段	1115	石井苗子 維　　比例④ 6550-1115　当2
北村経夫 自[安]山口元補 6550-1109　当3	1109	EV ホール	1116	友納理緒 自[安]　比例④ 6550-1116　当1
古賀之士 立　　福岡④ 6550-1108　当2	1108		1117	塩田博昭 公　　比例元 6550-1117　当1
山谷えり子 自[安]　比例④ 6550-1107　当4	1107		1118	宮崎　勝 公　　比例④繰 6550-1118　当2
田名部匡代 立　　青森④ 6550-1106　当2	1106	EV ホール	1119	小沢雅仁 立　　比例元 6550-1119　当1
猪口邦子 自[麻]　千葉④ 6550-1105　当3	1105		1120	野村哲郎 自[茂]鹿児島④ 6550-1120　当4
関口昌一 自[茂]　埼玉④ 6550-1104　当5	1104	階段 EV	1121	大塚耕平 国　　愛知元 6550-1121　当4
江島　潔 自[安]　山口④ 6550-1103　当3	1103		1122	室井邦彦 維　　比例元 6550-1122　当3
中田　宏 自[無]比例元繰 6550-1102　当1	1102	WC WC (男)(女)	1123	山下芳生 共　　比例元 6550-1123　当4
石田昌宏 自[安]　比例元 6550-1101　当2	1101		1124	松山政司 自[岸]　福岡元 6550-1124　当4

国会議事堂側

参
会
館

参議院議員会館 12 階

上田 勇 公　　比例④ 6550-1212　当1	1212	喫煙室	1213	豊田俊郎 自[麻]　千葉元 6550-1213　当2
森屋 隆 立　　比例元 6550-1211　当1	1211	WC WC (男) (女)	1214	石井正弘 自[安]　岡山元 6550-1214　当2
礒﨑哲史 国　　比例元 6550-1210　当2	1210		1215	青山繁晴 自[無]　比例④ 3581-3111(代)　当2
水野素子 立　　神奈川④ 6550-1209　当1	1209	EV ホール	1216	衛藤晟一 自[安]　比例元 6550-1216　当3
小池 晃 共　　比例元 6550-1208　当4	1208		1217	熊谷裕人 立　　埼玉元 6550-1217　当1
若松謙維 公　　比例元 6550-1207　当2	1207		1218	神谷政幸 自[麻]　比例④ 6550-1218　当1
古賀友一郎 自[岸]　長崎元 6550-1206　当2	1206	EV ホール	1219	鈴木宗男 維　　比例元 6550-1219　当1
山田 宏 自[安]　比例④ 6550-1205　当2	1205		1220	和田政宗 自[無]　比例元 6550-1220　当2
石井 章 維　　比例④ 6550-1204　当2	1204	EV	1221	比嘉奈津美 自[茂]　比例元 6550-1221　当1
串田誠一 維　　比例④ 6550-1203　当1	1203		1222	村田享子 立　　比例④ 6550-1222　当1
山本啓介 自[岸]　長崎元 6550-1202　当1	1202	WC WC (男) (女)	1223	川合孝典 国　　比例④ 6550-1223　当3
山崎正昭 自[安]　福井④ 6550-1201　当6	1201		1224	中曽根弘文 自[二]　群馬④ 6550-1224　当7

参 会館

国会議事堂側

213

議 長	尾辻秀久 <small>おつじ ひで ひさ</small>	秘書	尾辻　朋実 石原　　淳	☎3581-1481
副議長	長浜博行 <small>なが はま ひろ ゆき</small>	秘書	副島　　浩 外川　裕之	☎3586-6741

勤続年数は**令和5年2月末現在**です。

参議院比例代表

第25回選挙
（令和元年7月21日施行／令和7年7月28日満了）

三浦　靖 <small>み うら　やすし</small>　自 新［茂］R1 当1（初/令元）*
島根県大田市　S48・4・9
勤5年6ヵ月（衆1年10ヵ月）

総務委理、資源エネ調理、行政監視委、倫選特委、総務大臣政務官、衆議院議員、大田市議、衆議院議員秘書、神奈川大／49歳

〒690-0873 島根県松江市内中原町140-2 ☎0852(61)2828
〒100-8962 千代田区永田町2-1-1、会館 ☎03(6550)0811

柘植芳文 <small>つ げ　よし ふみ</small>　自 前［無］R1 当2
岐阜県　S20・10・11
勤9年9ヵ月（初/平25）

総務副大臣、総務委、国家基本委、元党総務副会長、元全国郵便局長会会長、愛知大／77歳

〒100-8962 千代田区永田町2-1-1、会館 ☎03(6550)1114

山田太郎 <small>やま だ　た ろう</small>　自 元［無］R1 当2
東京都　S42・5・12
勤7年4ヵ月（初/平24）

内閣委理、地方・デジ特委理、党デジ本事務局長代理、党こどもDX小委員長、党知財小委事務局長、デジタル兼内閣府大臣政務官、上場企業社長、東工大特任教授、東大非常勤講師、慶大院、早大院／55歳

〒100-8962 千代田区永田町2-1-1、会館 ☎03(6550)0623

和田政宗 <small>わ だ　まさ むね</small>　自 前［無］R1 当2
東京都　S49・10・14
勤9年9ヵ月（初/平25）

決算委理、法務委、復興特委理、参党国対副委員長、前国土交通大臣政務官兼内閣府大臣政務官、元NHKアナウンサー、慶大／48歳

〒980-0011 仙台市青葉区上杉1-5-13 3-B ☎022(263)3005
〒102-0083 千代田区麹町4-7、宿舎

比例代表

参 略歴

※平29衆院初当選

さ とう まさ ひさ **佐 藤 正 久**
自前［茂］　R1 当3
福島県　S35・10・23
勤15年10ヵ月（初/平19）

外防委理、参国対委員長代行、国防議連
事務局長、元外務副大臣・防衛政務官、元
自衛官・イラク先遣隊長、防衛大／62歳

〒162-0845 新宿区市谷本村町3-20新盛堂ビル4F
〒100-8962 千代田区永田町2-1-1、会館 ☎03(5206)7668
　　　　　　　　　　　　　　　☎03(6550)0705

さ とう のぶ あき **佐 藤 信 秋**
自前［茂］　R1 当3
新潟県　S22・11・8
勤15年10ヵ月（初/平19）

決算委員長、党地方行政調査会長、党国
土強靭化推進本部本部長代理、元国交事
務次官、技監、道路局長、京大院／75歳

〒951-8062 新潟市中央区西堀前通11番町1645-4 ☎025(226)7686
〒100-8962 千代田区永田町2-1-1、会館 ☎03(6550)0722

はし もと せい こ **橋 本 聖 子**
自前［安］　R1 当5
北海道　S39・10・5
勤28年　（初/平7）

文科委、行監委、党両院議員総会長、元東京オリン
ピック・パラリンピック担当大臣、自民党参院議員
会長、外務副大臣、北開総括政務次官、駒苫高／58歳

〒060-0001 札幌市中央区北1条西5丁目2番
　　　　　　札幌興銀ビル6F　　　　　☎011(222)7275
〒100-8962 千代田区永田町2-1-1、会館 ☎03(6550)0803

やま だ とし お **山 田 俊 男**
自前［森］　R1 当3
富山県小矢部市 S21・11・29
勤15年10ヵ月（初/平19）

農水委、予算委、党総務会副会長、党人事局長、
都市農業対策委員長、ODA特委員長、農水委員
長、全国農協中央会専務理事、早大政経／76歳

〒932-0836 富山県小矢部市埴生352-2 ☎0766(67)8882
〒100-8962 千代田区永田町2-1-1、会館 ☎03(6550)0809

あり むら はる こ **有 村 治 子**
自前［麻］　R1 当4
滋賀県　S45・9・21
勤21年11ヵ月（初/平13）

情報監視審査会長、予算委、内閣委、ODA・沖
北特委、党中央政治大学院学院長、裁判官弾劾裁
判長、女性活躍担当大臣、米SIT大院修士／52歳

〒100-8962 千代田区永田町2-1-1、会館 ☎03(6550)1015

いし だ まさ ひろ **石 田 昌 宏**
自前［安］　R1 当2
奈良県大和郡山市 S42・5・20
勤9年9ヵ月　（初/平25）

議運委理、厚労委、参国党国対副委員長、厚労
委員長、党副幹事長、党財務金融副部会長、
日本看護連盟幹事長、東大応援部／55歳

〒100-8962 千代田区永田町2-1-1、会館 ☎03(6550)1101

ほん だ あき こ
本田 顕子

自新［無］　　R1 当1
熊本県熊本市　S46・9・29
勤8年8ヵ月　（初/令元）

厚生労働大臣政務官兼内閣府大臣政務官、党副幹事長、党女性局長代理、財金副部会長、日本薬剤師会顧問・薬剤師連盟顧問、星薬科大学／51歳

〒860-0072　熊本市西区花園7-12-16　☎096(325)4470
〒100-8962　千代田区永田町2-1-1、会館　☎03(6550)1001

え とう せい いち
衛藤 晟一

自前［安］R1当3(初/平19)※
大分県大分市　S22・10・1
勤28年1ヵ月（衆12年3ヵ月）

党紀委員長、党少子化対策調査会長、一億総活躍・少子化対策担当大臣、元内閣総理大臣補佐官、厚労副大臣、大分大／75歳

〒870-0042　大分市豊町1-2-6　☎097(534)2015
〒100-8962　千代田区永田町2-1-1、会館　☎03(6550)1216

は にゅうだ　　たかし
羽生田　俊

自前［安］　　R1 当2
群馬県　S23・3・28
勤9年9ヵ月　（初/平25）

厚生労働副大臣、厚生労働委員長、党厚労部会長代理、副幹事長、元日本医師会副会長、医師、東京医科大学／74歳

〒371-0022　前橋市千代田町2-10-13　☎027(289)8680
〒100-8962　千代田区永田町2-1-1、会館　☎03(6550)0319

みや ざき まさ お
宮崎 雅夫

自新［二］　　R1 当1
兵庫県神戸市　S38・12・3
勤3年8ヵ月　（初/令元）

**農水委理、決算委、災害特委、資源エネ調委、参党副幹事長、党農林副部会長、党水産総合調査会副会長、元農水省地域整備課長、神戸大学農学部／59歳

〒100-8962　千代田区永田町2-1-1、会館　☎03(6550)0610

さん とう あき こ
山東 昭子

自前［麻］　　R1 当8
東京都　S17・5・11
勤41年5ヵ月　（初/昭49）

法務委、前参議院議長、前党紀委員長・党食育調査会長、元参議院副議長・科技庁長官・環境政務次官、文化学院／80歳

〒100-8962　千代田区永田町2-1-1、会館　☎03(6550)0310

あか いけ まさ あき
赤池 誠章

自前［安］R1当2(初/平25)※1
山梨県甲府市　S36・7・19
勤13年8ヵ月（衆3年11ヵ月）

文科委筆頭理事、党政調副会長、内閣府副大臣、党文科部会長3期、文科委員長、文科大臣政務官、衆議院議員、明治大学／61歳

〒400-0032　山梨県甲府市中央1-1-11-2F　☎055(237)5523

※平2衆院初当選

比例代表

参略歴

ひがなつみ
比嘉奈津美

自新［茂］ ［RI］繰当1
沖縄県沖縄市 S33・10・3
勤6年3ヵ月（衆4年10ヵ月）（初/令3）[*2]

厚労委、決算委、倫選特理、参院党国対副委員長、環境大臣政務官、衆議院議員、歯科医師、福岡歯科大／64歳

〒904-0004 沖縄市中央1-18-6 ☎098(938)0070
〒100-8962 千代田区永田町2-1-1、会館 ☎03(6550)1221

なかだ ひろし
中田 宏

自新［無］ ［RI］繰当1
神奈川県横浜市 S39・9・20
勤11年9ヵ月（衆10年10ヵ月）（初/令4）[*3]

経済産業委、衆議院議員4期、横浜市長2期、松下政経塾、青山学院大経済学部／58歳

〒222-0033 横浜市港北区新横浜2-14-14
新弘ビル7階 ☎045(548)4488

たなかまさし
田中昌史

自新［無］ ［RI］繰当1
北海道札幌市 S40・10・11
勤2ヵ月 （初/令5）

法務委、消費者特委、国民生活調委、党厚労関係団体副委、日本理学療法士協会理事、日本理学療法士連盟顧問(前会長)、理学療法士、北翔大院修／57歳

〒100-8962 千代田区永田町2-1-1、会館 ☎03(6550)0505

きし まきこ
岸 真紀子

立新 ［RI］当1
北海道岩見沢市 S51・3・24
勤3年8ヵ月 （初/令元）

総務委、地方・デジ特委、資源エネ調委理、党参幹事長代理、党参比例第13総支部長、自治労特別中央執行委員、岩見沢緑陵高／46歳

〒100-8962 千代田区永田町2-1-1、会館 ☎03(6550)0611

みず おか しゅん いち
水 岡 俊 一

立元 ［RI］当3
兵庫県豊岡市 S31・6・13
勤15年10ヵ月 （初/平16）

環境委、懲罰委、党参院議員会長、内閣総理大臣補佐官、内閣委員長、兵庫県教組役員、中学校教員、奈良教育大／66歳

〒102-0083 千代田区麹町4-7、宿舎

おざわ まさ ひと
小沢雅仁

立新 ［RI］当1
山梨県甲府市 S40・8・13
勤3年8ヵ月 （初/令元）

総務委理、行監委、消費者特委、日本郵政グループ労働組合中央副執行委員長、山梨県立甲府西高／57歳

〒102-0083 千代田区麹町4-7、宿舎

※1 平17衆院初当選 ※2 平24衆院初当選 ※3 平5衆院初当選 217

よし かわ さ おり **立前** RI 当3
吉川 沙織 徳島県 S51・10・9
勤16年10ヵ月 （初/平19）

経産委員長、災害特委、議運委筆頭理事、党組織委員長、NTT元社員、同志社大院（博士前期）修了／46歳

〒100-8962 千代田区永田町2-1-1、会館 ☎03(6550)0617

もり や たかし **立新** RI 当1
森屋 隆 東京都 S42・6・28
勤3年8ヵ月 （初/令元）

国交委理、倫選特委、資源エネ調委、私鉄総連交通対策局長、西東京バス(株)、都立多摩工業高校／55歳

〒100-8962 千代田区永田町2-1-1、会館 ☎03(6550)1211

かわ だ りゅう へい **立前** RI 当3
川田 龍平 東京都 S51・1・12
勤15年10ヵ月 （初/平19）

党両院議員総会長、厚労委筆頭理事、消費者特委筆頭理事、薬害エイズ訴訟原告、岩手医科大学客員教授、東経大／47歳

〒100-8962 千代田区永田町2-1-1、会館 ☎03(6550)0508

いし かわ たい が **立新** RI 当1
石川 大我 東京都豊島区 S49・7・3
勤3年8ヵ月 （初/令元）

法務委、倫選特委理、憲法審、NPO法人代表理事、早大大学院修了／48歳

〒100-8962 千代田区永田町2-1-1、会館 ☎03(6550)1113

す どう げん き **無新** RI 当1
須藤 元気 東京都江東区 S53・3・8
勤3年8ヵ月 （初/令元）

農水委、元格闘家、中央大学レスリング部ゼネラルマネージャー、拓殖大学レスリング部アドバイザー、会社役員、アーティスト、調理師、拓殖大学大学院／44歳

〒100-8962 千代田区永田町2-1-1、会館 ☎03(6550)0914

やま もと か なえ **公前** RI 当4
山本 香苗 広島県 S46・5・14
勤21年11ヵ月 （初/平13）

厚労委理事、予算委、憲法審委、党中央幹事、参議院副会長、関西方面副本部長、大阪府本部代表代行、元厚労副大臣、元総務委員長、外務省、京大／51歳

〒542-0064 大阪市中央区上汐2-6-13
喜多ビル201号 ☎06(6191)6077
〒100-8962 千代田区永田町2-1-1、会館 ☎03(6550)1024

やまもと ひろし
山本 博司

公前　R１当3

愛媛県八幡浜市　S29・12・9
勤15年10ヵ月（初/平19）

総務委理、党中央幹事、党中央規律副委員長、厚生労働副大臣兼内閣府副大臣、総務委員長、財務大臣政務官、日本IBM、慶大／68歳

〒760-0080　香川県高松市木太町607-1
　　　　　　クリエイト木太201　☎087(868)3607
〒152-0022　目黒区柿の木坂3-11-15　☎03(3418)9838

わかまつ かねしげ
若松 謙維

公前　R１当2(初/平25)※

福島県石川町　S30・8・5
勤20年2ヵ月（衆10年5ヵ月）

党中央幹事・機関紙推進委員長、厚労委、予算委、復興特委理、元復興副大臣、元総務副大臣、公認会計士、税理士、行政書士、防災士、中央大／67歳

〒960-8107　福島県福島市浜田町4-16
　　　　　　富士ビル1F2号　☎024(572)5567

かわの よしひろ
河野 義博

公前　R１当2

福岡県　S52・12・1
勤9年9ヵ月（初/平25）

総務委員長、ODA・沖北特委、資源エネ調委、党中央幹事、農林水産大臣政務官、丸紅、東京三菱銀行、慶大経済／45歳

〒810-0045　福岡市中央区草香江1-4-34
　　　　　　エーデル大濠202　☎092(753)6491

にいづま ひでき
新妻 秀規

公前　R１当2

埼玉県越谷市　S45・7・22
勤9年9ヵ月（初/平25）

党国際局次長、愛知県本部副代表、環境委、震災復興特委、復興副大臣、元文部科学・内閣府・復興政務官、東大院（工学系研究科）／52歳

〒460-0008　名古屋市中区栄1-14-15
　　　　　　RSビル203号室　☎052(253)5085
〒102-0094　千代田区紀尾井町1-15、宿舎　☎03(6550)1112

ひらき だいさく
平木 大作

公前　R１当2

長野県　S49・10・16
勤9年9ヵ月（初/平25）

党外交部会長・広報委員長代理、外交防衛委員、経産・内閣府・復興大臣政務官、東大法、スペイン・イエセ・ビジネススクール経営学修士／48歳

〒273-0011　船橋市湊町1-7-4 B号室　☎047(404)3202
〒100-8962　千代田区永田町2-1-1、会館　☎03(6550)0422

しおた ひろあき
塩田 博昭

公新　R１当1

徳島県阿波市　S37・1・19
勤3年8ヵ月　（初/令元）

党中央幹事、東京都本部副代表、秋田・山梨県本部顧問、内閣委、予算委、災害特委、資源エネ調理、元党政調事務局長、秋田大／61歳

〒154-0004　世田谷区太子堂2-14-20-205　☎03(6805)3946
〒100-8962　千代田区永田町2-1-1、会館　☎03(6550)1117

比例代表

㊥ 略歴

※平5衆院初当選

219

すず き むね お
鈴木宗男 維新　R1当1(初/令元)※1
北海道足寄町　S23・1・31
勤28年8ヵ月（衆25年）

懲罰委員長、法務委、ODA・沖北特委、衆議院議員8期、元国務大臣、元外務委員長、拓殖大／75歳

〒060-0061 札幌市中央区南1条西5丁目17-2
　　　　　　プレジデント松井ビル1205　☎011(251)5351

むろ い くに ひこ
室井邦彦 維前　R1当3(初/平19)※2
兵庫県　S22・4・10
勤17年6ヵ月（衆1年10ヵ月）

国家基本委員長、国交委、災害特委、党参院会長代行、国交大臣政務官、衆院議員、兵庫県議2期、尼崎市議1期、追手門学院大1期生／75歳

〒660-0892 尼崎市東難波町5-7-17
　　　　　　中央ビル1F　　☎06(6489)1001
〒102-0083 千代田区麹町4-7、宿舎

うめ むら さとし
梅村聡 維元　R1当2
大阪府　S50・2・13
勤9年4ヵ月（初/平19）

行監委理、財金委、消費者特委、党コロナ対策本部長、元厚労政務官、医師、大阪大学医学部／48歳

〒563-0055 大阪府池田市菅原町2-17
　　　　　　Wind. hill池田2F　☎072(751)2000
〒100-8962 千代田区永田町2-1-1、会館☎03(6550)0326

しば た たくみ
柴田巧 維元　R1当2
富山県　S35・12・11
勤9年9ヵ月　（初/平22）

決算委理、内閣委、災害特委、党参院国対委員長代理、富山県議、衆議院議員秘書、早大院／62歳

〒932-0113 富山県小矢部市岩武1051　☎0766(61)1315

やな が せ ひろ ふみ
柳ヶ瀬裕文 維新　R1当1
東京都大田区　S49・11・8
（初/令元）

総務委、決算委、地方・デジ特委、党総務会長、東京都議会議員(3期)、大田区議会議員、議員秘書・会社員、早大／48歳

〒146-0083 東京都大田区千鳥3-11-19
　　　　　　第2桜ビル3F　　☎03(6459)8706
〒100-8962 千代田区永田町2-1-1、会館☎03(6550)0703

こ いけ あきら
小池晃 共前　R1当4
東京都　S35・6・9
勤21年11ヵ月（初/平10）

党書記局長、財金委、国家基本委理、党政策委員長、東北大医／62歳

〒151-0053 渋谷区代々木1-44-11-1F　☎03(5304)5639

※1 昭58衆院初当選　※2 平15衆院初当選

比例代表

⑭略歴

やま した よし き
山下 芳生 共前　ＲＩ 当4
香川県　S35・2・27
勤21年11ヵ月（初/平7）

党筆頭副委員長、環境委理、政倫審委、
党書記局長、鳥取大／63歳

〒537-0025　大阪市東成区中道1-10-10 102号
☎06(6975)9111
〒100-8962　千代田区永田町2-1-1、会館　☎03(6550)1123

いの うえ さと し
井上 哲士 共前　ＲＩ 当4
京都府　S33・5・5
勤21年11ヵ月（初/平13）

党参院幹事長・国対委員、党幹部会委
員、内閣委、懲罰委理、倫選特委、拉致特
委、「赤旗」記者、京大／64歳

〒604-0092　京都市中京区丸太町新町角大炊町186
☎075(231)5198
〒102-0083　千代田区麹町4-7、宿舎

かみ とも こ
紙 智子 共前　ＲＩ 当4
北海道　S30・1・13
勤21年11ヵ月（初/平13）

党常任幹部会委員、党農林・漁民局長、農水委、行
監委、ODA・沖北特委、復興特委、民青同盟副委
員長、国会議員団総会長、北海道女短大／68歳

〒065-0012　札幌市東区北12条東2丁目3-2 ☎011(750)6677
〒102-0083　千代田区麹町4-7、宿舎　☎03(3237)0804

た むら
田村 まみ 国新　ＲＩ 当1
広島県広島市　S51・4・23
勤3年8ヵ月　（初/令元）

厚労委、議運委、消費者特委、UAゼンセ
ン、イオン労働組合、イオンリテール
（株）、同志社大／46歳

〒100-8962　千代田区永田町2-1-1、会館　☎03(6550)0910

いそ ざき てつ じ
礒﨑 哲史 国前　ＲＩ 当2(初/平25)
東京都世田谷区　S44・4・7
勤9年9ヵ月　（初/平25）

経産委、予算委、憲法審委、党参国対委
員長、広報局長、元日産自動車（株）、東
京電機大工学部／53歳

〒100-8962　千代田区永田町2-1-1、会館　☎03(6550)1210

はま の よし ふみ
浜野 喜史 国前　ＲＩ 当2
兵庫県高砂市　S35・12・21
勤9年9ヵ月　（初/平25）

議運委理、環境委、党副代表、労働組合
役員、神戸大／62歳

〒102-0083　千代田区麹町4-7、宿舎

舩後靖彦
ふな　ご　やす　ひこ

れ新　　RI当1
岐阜県岐阜市加納御車町 S32・10・4
勤3年8ヵ月　（初/令元）

文科委、拉致特委、(株)アース顧問、酒田時計貿易(株)、拓殖大学政経学部卒業/65歳

〒102-0083　千代田区麹町4-7、宿舎

木村英子
き　むら　えい　こ

れ新　　RI当1
神奈川県横浜市 S40・5・11
勤3年8ヵ月　（初/令元）

国交委、国家基本委、国民生活調委、自立ステーションつばさ事務局長、神奈川県立平塚養護学校高等部/57歳

〒100-8962　千代田区永田町2-1-1、会館　☎03(6550)0314

吉田忠智
よし　だ　ただ　とも

立元　　RI当2
大分県 S31・3・7
勤9年9ヵ月　（初/平22）

内閣委理、憲法審幹事、ODA・沖北特委、党選対委員長代理、社民党党首、自治労大分県職員連合労働組合委員長、大分県議会議員、九州大/66歳

〒870-0029　大分市高砂町4-20
高砂ビル203号室　☎097(573)8527

浜田聡
はま　だ　さとし

N新　　RI繰当1
京都府京都市 S52・5・11
勤3年5ヵ月　（初/令元）

党政調会長、総務委、予算委、日本医学放射線学会放射線科専門医、東大教育学部、同大学院修士課程、京大医学部医学科/45歳

〒710-0056　倉敷市鶴形1-5-33-1001　☎03(6550)0403
〒102-0094　千代田区紀尾井町-15、宿舎　☎03(3264)1351

参議院比例代表（第25回選挙・令和元年7月21日施行）

全国有権者数105,886,064人	全国投票者数 51,666,697人
男 〃 51,180,755人	男 25,288,059人
女 〃 54,705,309人	女 26,378,638人
	有効投票数 50,072,352

党別当選者数・党別個人別得票数・党別得票率
（※小数点以下の得票数は按分票です）

自 民 党　19人　17,712,373.119票　35.37%

政党名得票 12,712,515.344　個人名得票 4,999,857.775

当	三木 亨 現	特定枠		当	赤池 誠章 現	131,727.208
	（令5.1.13辞職）			繰	比嘉奈津美 新	114,596
当	三浦 靖 新	特定枠			（令3.10.20繰上）	
当	柏植 芳文 現	600,189.903		繰	中田 宏 新	112,581.303
当	山田 太郎 元	540,077.960			（令4.4.14繰上）	
当	和田 政宗 現	288,080		繰	田中 昌史 新	100,005.187
当	佐藤 正久 現	237,432.095			（令5.1.17繰上）	
当	佐藤 信秋 現	232,548.956			尾立 源幸 元	92,882
当	橋本 聖子 現	225,617			木村 義雄 現	92,419.856
当	山田 俊男 現	217,619.597			井上 義行 元	87,946.669
当	有村 治子 現	206,221			（令4.7.10当選）	
当	宮本 周司 現	202,122			小川 眞史 新	85,266.022
	（令4.4.7失職）				山本 左近 新	78,236.224
当	石田 昌宏 現	189,893			（令3.10.31衆院議員当選）	
当	北村 経夫 現	178,210			角田 充由 新	75,241.505
	（令3.10.7失職）				丸山 和也 現	58,587
当	本田 顕子 新	159,596.151			糸川 正晃 新	36,311.527
当	衛藤 晟一 現	154,578			熊田 篤嗣 新	29,961
当	羽生田 俊 現	152,807.948			水口 尚人 新	24,504.222
当	宮崎 雅夫 新	137,502			森本 勝也 新	23,450.657
当	山東 昭子 現	133,645.785				

立憲民主党　8人　7,917,720.945票　15.81%

政党名得票 6,697,707.000　個人名得票 1,220,013.945

当	岸 真紀子 新	157,849			藤田 幸久 現	28,919.215
当	水岡 俊一 元	148,309			斉藤 里恵 新	23,002
当	小沢 雅仁 新	144,751			佐藤 香 新	20,200.177
当	吉川 沙織 現	143,472			中村 起子 新	13,422.369
当	森屋 隆 新	104,339.413			今泉 真緒 新	11,991
当	川田 龍平 現	94,702			小俣 一平 新	10,140
当	石川 大我 新	73,799			白沢 みき 新	9,483.260
当	須藤 元気 新	73,787			真野 哲 新	9,008.343
	市井紗耶香 新	50,415.298			塩見 俊次 新	5,115
	奥村 政佳 新	32,024			深貝 亨 新	4,529.113
	若林 智子 新	31,683.757				
	おしどりマコ 新	29,072				

比例代表

参 略歴

公明党　7人　6,536,336.451票　13.05%

政党名得票 4,283,918.000　個人名得票 2,252,418.451

当	山本	香苗	現	594,288.947		西田	義光	新	3,986
当	山本	博司	現	471,759.555		藤井	伸城	新	3,249
当	若松	謙維	現	342,356		竹島	正人	新	3,106
当	河野	義博	現	328,659		角田健一郎		新	2,924.278
当	新妻	秀規	現	281,832		坂本	道応	新	2,438
当	平木	大作	現	183,869		村中	克也	新	2,163.335
当	塩田	博昭	新	15,178		塩崎	剛	新	1,996.336
	髙橋	次郎	新	7,577		国分	隆作	新	1,623
	奈良	直記	新	5,413					

日本維新の会　5人　4,907,844.388票　9.80%

政党名得票 4,218,454.000　個人名得票 689,390.388

当	鈴木	宗男	新	220,742.675		桑原久美子		新	20,721
当	室井	邦彦	現	87,188		奥田	真理	新	20,478
当	梅村	聡	元	58,269.522		森口あゆみ		新	19,333.904
当	柴田	巧	元	53,938		空本	誠喜	新	12,772
当	柳ヶ瀬裕文		新	53,086		（令3.10.31衆院議員当選）			
	藤巻	健史	現	51,619.511		荒木	大樹	新	8,577
	山口	和之	現	42,231.776		岩渕美智子		新	8,137
	串田	久子	新	32,296					

共産党　4人　4,483,411.183票　8.95%

政党名得票 4,051,700.000　個人名得票 431,711.183

当	小池	晃	現	158,621		伊藤理智子		新	3,079.612
当	山下	芳生	現	48,932.480		有坂ちひろ		新	2,787.721
当	井上	哲士	現	42,982.440		田辺	健一	新	2,677
当	紙	智子	現	34,696.013		青山	了介	新	2,600.721
	仁比	聡平	現	33,360		松崎	真琴	新	2,581
	（令4.7.10当選）					大野	聖美	新	2,170.469
	山本	訓子	新	32,816.665		島袋	恵祐	新	2,162
	椎葉	寿幸	新	16,728.218		伊藤	達也	新	2,152.164
	梅村早江子		新	15,357.129		小久保剛志		新	1,200.134
	山本千代子		新	7,573.462		下奥	奈歩	新	936
	舩山	由美	新	5,364		沼上	徳光	新	647
	佐藤ちひろ		新	4,199.426		住寄	聡美	新	582.529
	原	純子	新	3,671		鎌野	祥二	新	419
	藤本	友里	新	3,414					

国民民主党　3人　3,481,078.400票　6.95%

政党名得票 2,174,706.000　個人名得票 1,306,372.400

当	田村	麻美	新	260,324		円	より子	元	24,709
当	礒崎	哲史	現	258,507		姫井由美子		新	21,006
当	浜野	喜史	現	256,928.785		小田原経子		新	8,306
	石上	俊雄	現	192,586.679		鈴木	覚	新	5,923.855
	田中	久弥	新	143,492.942		酒井	亮介	新	4,379.272
	大島九州男		現	87,740		中沢	健	新	4,058
	山下	容子	新	35,938.867		藤川	武人	新	2,472

れいわ新選組　2人　2,280,252.750票　4.55%

政党名得票 1,226,412.714　個人名得票 1,053,840.036

	舩後	靖彦	新	特定枠		大西	恒樹	新	19,842
	木村	英子	新	特定枠		安冨	歩	新	8,632.076
	山本	太郎	現	991,756.597		渡辺	照子	新	5,073.675
	（令4.7.10当選）					辻村	千尋	新	4,070.549
	蓮池	透	新	20,557.200		三井	義文	新	3,907.939

比例代表

参 略歴

社 民 党　　1人　1,046,011.520票　2.09%

政党名得票　761,207.000　個人名得票　284,804.520

当	吉田　忠智	元	149,287		矢野　敦子	新	21,391
	仲村　未央	新	98,681.520		大椿　裕子	新	15,445

NHKから国民を守る党　1人　　987,885.326票　1.97%

政党名得票　841,224.000　個人名得票　146,661.326

当	立花　孝志	新	130,233.367		岡本　介伸	新	4,269
	（令元.10.10退職）				熊丸　英治	新	2,850
繰	浜田　聡	新	9,308.959				
	（令元.10.21繰上）						

· ·

その他の政党の得票総数・得票率等は下記のとおりです。
（当選者はいません。個人名得票の内訳は省略しました）

安楽死制度を考える会　　得票総数　269,052.000票（0.54％）
政党名得票　233,441.000　個人名得票　35,611.000

幸福実現党　　得票総数　202,278.772票（0.40％）
政党名得票　158,954.000　個人名得票　43,324.772

オリーブの木　　得票総数　167,897.997票（0.34％）
政党名得票　136,873.000　個人名得票　31,024.997

労働の解放をめざす労働者党　　得票総数　80,054.927票（0.16％）
政党名得票　57,891.999　個人名得票　22,163.928

比例代表

参 略歴

第26回選挙

（令和4年7月10日施行／令和10年7月25日満了）

ふじ い かず ひろ
藤井一博　自新［無］　　　R4 当1
鳥取県　S52・12・23
勤8ヵ月　（初／令4）　45歳

厚労委、行監委、倫選特委、党青年局・報道局次長、社会医療法人仁厚会理事長、医師、鳥取県議会議員、鳥取大／45歳

〒682-0023　鳥取県倉吉市山根572-4 サンクビエスビル
2F201号室
〒100-8982　千代田区永田町2-1-1、会館　☎0858(26)6081
☎03(6550)0605

かじ はら だい すけ
梶原大介　自新［二］　　　R4 当1
高知県香南市　S48・10・29
勤8ヵ月　（初／令4）

国土交通委、議運委、災害特委、党国土・建設関係団体副委員、高知県連幹事長、県議(4期)、参議院議員秘書、国立高知高専／49歳

〒780-0861　高知市升形2-1 升形ビル2F　☎088(803)9600

あか まつ けん
赤松　健　自新［無］　　　R4 当1
愛知県名古屋市　S43・7・5
勤8ヵ月　（初／令4）

文科委、議運委、消費者特委、外交・安保調委、漫画家、(公社)日本漫画家協会常務理事、(株)Jコミックテラス取締役会長、中央大／54歳

〒100-8962　千代田区永田町2-1-1、会館　☎03(6550)0423

は せ がわ ひで はる
長谷川英晴　自新［無］　　　R4 当1
千葉県いすみ市　S34・5・7
勤8ヵ月　（初／令4）

総務委、行監委、地方・デジ特委、外交・安保調委、全国郵便局長会相談役、千葉県山田郵便局長、全国郵便局長会副会長、東北大／63歳

〒100-8962　千代田区永田町2-1-1、会館　☎03(6550)1020

あお やま しげ はる
青山繁晴　自前［無］　　　R4 当2
兵庫県神戸市　S27・7・25
勤6年9ヵ月　（初／平28）　70歳

経産委理事、ODA・沖北特委、憲法審委、党経産部会長代理、(株)独立総合研究所社長、共同通信社、早大／70歳

〒100-8962　千代田区永田町2-1-1、会館

比例代表

㊝略歴

片山さつき
かたやま

自[前][無] R4 当3(初/平22)※1
埼玉県　S34・5・9
勤16年9ヵ月（衆3年11ヵ月）

党副幹事長、予算委、経産委、党金融調査会長、元国務大臣（地方創生・規制改革・女性活躍）、衆院議員、財務省主計官、東大法／63歳

〒432-8069　浜松市西区志都呂1-32-15　☎053(581)7151
〒100-8962　千代田区永田町2-1-1、会館　☎03(6550)0420

足立敏之
あだち としゆき

自[前][岸] R4 当2
京都府福知山市　S29・5・20
勤6年9ヵ月　（初/平28）

予算委理、災害特委理、国土交通委、参党国会対策副委員長、国土交通省元技監、元水管理・国土保全局長、京大大学院修了／68歳

〒100-8962　千代田区永田町2-1-1、会館　☎03(6550)0501

自見はなこ
じ み

自[前][二] R4 当2
福岡県北九州市　S51・2・15
勤6年9ヵ月　（初/平28）

内閣府大臣政務官、日医連参与、前党女性局長、元厚生労働大臣政務官、東海大医学部客員教授、東大・虎の門病院小児科、筑波大・東海大医／47歳

〒802-0077　北九州市小倉北区馬借2-7-28-2F　☎093(513)0875
〒100-8962　千代田区永田町2-1-1、会館　☎03(6550)0504

藤木眞也
ふじ き しん や

自[前][岸] R4 当2
熊本県　S42・2・25
勤6年9ヵ月　（初/平28）

農林水産大臣政務官、党農林副部会長、JAかみましき組合長、JA全青協会長、農業生産法人社長、熊本農高／56歳

〒861-3101　熊本県上益城郡嘉島町大字鯰2792　☎096(282)8856
〒100-8962　千代田区永田町2-1-1、会館　☎03(6550)1006

山田　宏
やま だ　ひろし

自[前][安] R4 当2(初/平28)※2
東京都八王子市　S33・1・8
勤12年（衆5年3ヵ月）

厚労委員長、憲法審委、防衛大臣政務官、衆院議員2期、杉並区長3期、東京都議2期、松下政経塾第2期生、京大／65歳

〒102-0093　千代田区平河町2-16-5-602
〒100-8962　千代田区永田町2-1-1、会館　☎03(6550)1205

友納理緒
とも のう り お

自[新][安] R4 当1
東京都世田谷区　S55・11・18
勤8ヵ月　（初/令4）

厚労委、議運委、地方・デジ特委、国民生活調委、看護師、弁護士、元日本看護協会参与、早大院法務研究科、東京医科歯科大院修士／42歳

〒100-8962　千代田区永田町2-1-1、会館　☎03(6550)1116

比例代表

参

略歴

※1 平17衆院初当選　※2 平5衆院初当選

227

やまたに
山谷えり子

自前［安］ R4当4(初/平16)*
福井県　S25・9・19
勤22年4ヵ月（衆3年5ヵ月）

拉致特委長、倫選特委長、国家公安委員長・拉致問題担当大臣、参党政審会長、首相補佐官、サンケイリビング編集長、聖心女子大／72歳

〒100-8962　千代田区永田町2-1-1、会館　☎03(6550)1107

いの　うえ　よし　ゆき
井上義行

自元［安］　R4当2
神奈川県小田原市　S38・3・12
勤6年8ヵ月　（初/平25）

総務委、行監委、第一次安倍内閣総理大臣秘書官、日大経済学部(通信)／59歳

〒250-0011　小田原市栄町1-14-48
　　　　　ジャンボーナックビル706　☎0465(20)8357

しん　どう　かね　ひ　こ
進藤金日子

自前［二］　R4当2
秋田県協和町(現大仙市) S38・7・7
勤6年9ヵ月　（初/平28）

環境理委、決算委、参党国対副委員長、党水産調査会副会長、元農水省中山間地域振興課長、全国水土里ネット会長会議顧問、岩手大／59歳

〒100-8962　千代田区永田町2-1-1、会館　☎03(6550)0719

いま　い　え　り　こ
今井絵理子

自前［麻］　R4当2
沖縄県那覇市　S58・9・22
勤6年9ヵ月　（初/平29）

ODA・沖北特委理、決算委、文科委理、前内閣府大臣政務官、前党国会対策副委員長、歌手、八雲学園高校／39歳

〒100-8962　千代田区永田町2-1-1、会館　☎03(6550)0315

あ　だち　まさ　し
阿達雅志

自前［無］　R4当3
京都府　S34・9・27
勤8年5ヵ月　（初/平26繰）

外交防衛委員長、災害特委、前総理補佐官、元国交政務官、元党外交部会長、NY州弁護士、住友商事、東大法／63歳

〒100-8962　千代田区永田町2-1-1、会館　☎03(6550)0309

かみ　や　まさ　ゆき
神谷政幸

自新［麻］　R4当1
愛知県豊橋市　S54・1・6
勤8ヵ月　（初/令4）

厚労委、議運委、資源エネ調委、党青年局次長、党厚生関係団体委副委員長、党新聞出版局次長、薬剤師、福山大薬学部／44歳

〒100-8962　千代田区永田町2-1-1、会館　☎03(6550)1218

比例代表

㊙略歴

228

※平12衆院初当選

越智俊之 おち としゆき 自新[無] R4 当1
広島県江田島市 S53・3・9
勤8ヵ月 (初/令4)

経産委、決算委、全国商工政治連盟小規模企
業未来推進部長、全国商工会青年部連合会
会長、三興建設(株)専務取締役、法大／44歳

〒730-0051 広島市中区大手町3-3-27 1F ☎082(545)5500
〒100-8962 千代田区永田町2-1-1、会館 ☎03(6550)0821

石井章 いしい あきら 維前 R4 当2(初/平28)※
茨城県取手市 S32・5・6
勤10年1ヵ月(衆3年4ヵ月)

経産委理、行監委、倫選特委理、元衆議
院議員、社会福祉法人理事長、専修大法
学部／65歳

〒300-1513 茨城県取手市片町296 ☎0297(83)8900
〒100-8962 千代田区永田町2-1-1、会館 ☎03(6550)1204

石井苗子 いしい みつこ 維前 R4 当2
東京都 S29・2・25
勤6年9ヵ月 (初/平28)

国交委理、決算委、ODA・沖北特委、保
健師、看護師、女優、民放キャスター、心
療内科勤務、聖路加大・東大院／69歳

〒100-8962 千代田区永田町2-1-1、会館 ☎03(6550)1115
〒102-0083 千代田区麹町4-7、宿舎

松野明美 まつの あけみ 維新 R4 当1
熊本県 S43・4・27
勤8ヵ月 (初/令4)

厚労委、復興特委、外交・安保調委、元オ
リンピック選手、元熊本市議会議員、元
熊本県議会議員、県立鹿本高校／54歳

〒861-0141 熊本市北区植木町投刀塚101 ☎096(272)1534

中条きよし なかじょう 維新 R4 当1
岐阜県岐阜市 S21・3・4
勤8ヵ月 (初/令4)

文教科学委、倫選特委、歌手、俳優、岐阜
東高中退／76歳

〒100-8962 千代田区永田町2-1-1、会館 ☎03(6550)0805

猪瀬直樹 いのせ なおき 維新 R4 当1
長野県長野市 S21・11・20
勤8ヵ月 (初/令4)

経産委、地方・デジ特委、憲法審査、党院
幹事長、作家、元東京都副知事、知事、道路
公団民営化委員、信州大、明大院／76歳

〒100-8962 千代田区永田町2-1-1、会館 ☎03(6550)0513

かね こ みち ひと　維新　　　R4 当1
金子道仁　神奈川県横浜市　S45・2・20
　　　　　勤8ヵ月　（初/令4）

外交防衛委、拉致特委、キリスト教会牧師、社会福祉法人理事長、外務省、東大法／53歳

〒666-0251　兵庫県川辺郡猪名川町若葉1-137-22
〒102-0083　千代田区麹町4-7、宿舎　☎072(767)6004

くし だ せい いち　維新　　　R4 当1
串田誠一　東京都大田区　S33・6・20
　　　　　勤4年9ヵ月（衆4年1ヵ月）（初/令4）[※1]

予算委、農水委、党政調副会長、前衆議院議員、弁護士、法政大学／64歳

〒231-0012　横浜市中区相生町2-27
　　　　　宇田川ビル3F　☎045(212)3327
〒100-8962　千代田区永田町2-1-1、会館　☎03(6550)1203

あお しま けん た　維新　　　R4 当1
青島健太　新潟県新潟市　S33・4・7
　　　　　勤8ヵ月　（初/令4）

予算委、環境委、資源エネ調委、元プロ野球選手、スポーツライター、慶大／64歳

〒340-0023　埼玉県草加市谷塚町952
　　　　　関マンション104号　☎048(954)6641
〒100-8962　千代田区永田町2-1-1、会館　☎03(6550)0405

つじ もと きよ み　立新　　　R4 当1
辻元清美　奈良県　S35・4・28
　　　　　勤22年5ヵ月（衆21年9ヵ月）（初/令4）[※2]

予算委、環境委、憲法審委、党副代表、衆予算委野党筆頭理事、党国対委員長、首相補佐官、国交副大臣、早大／62歳

〒569-0071　大阪府高槻市城北町1-5-23
　　　　　エクセレント城北　☎072(668)5655

おに き まこと　立新　　　R4 当1
鬼木　誠　福岡県筑紫野市　S38・12・7
　　　　　勤8ヵ月　（初/令4）

国交委、決算委、震災復興特委、自治労本部書記長、福岡県職員労働組合委員長、福岡県職員、福岡県立筑紫高校／59歳

〒102-0083　千代田区麹町4-7、宿舎

こ が ち かげ　立新　　　R4 当1
古賀千景　福岡県久留米市　S41・11・25
　　　　　勤8ヵ月　（初/令4）

文科委、予算委、倫選特委、憲法審委、党参議院比例第16総支部長、日教組特別中央執行委員、小学校教諭、熊本大／56歳

〒100-8962　千代田区永田町2-1-1、会館　☎03(6550)0409

比例代表
参 略歴

230　　　　　　　　　　※1 平29衆院初当選　※2 平8衆院初当選

しば　しん　いち
柴　　愼一　　立新　　　R4 当1
神奈川県　S39・9・14
勤8ヵ月　　（初/令4）

財金委、行監委、震災復興特委、国民生活調委、元JP労組中央副執行委員長、柿生高校／58歳

〒100-8962　千代田区永田町2-1-1、会館　☎03(6550)1009

むら　た　きょう　こ
村田享子　　立新　　　R4 当1
鹿児島県鹿児島市　S58・5・16
勤8ヵ月　　（初/令4）

予算委、経産委、消費者特委、基幹労連職員、参院議員秘書、東大／39歳

〒100-8962　千代田区永田町2-1-1、会館　☎03(6550)1222

あお　き　　あい
青木　　愛　　立前　　R4 当3(初/平19)※
東京都　S40・8・18
勤16年1ヵ月（衆7年2ヵ月）

行政監視委員長、元復興特委員長、元消費者特委員長、元国交委筆頭理事、保育士、社会福祉法人理事、千葉大院修了／57歳

〒114-0021　北区岸町1-2-9　☎03(5948)5038
〒100-8962　千代田区永田町2-1-1、会館　☎03(6550)0507

いし　ばし　みち　ひろ
石橋通宏　　立前　　　R4 当3
島根県　S40・7・1
勤12年10ヵ月（初/平22）

党国会対策委員長代理、予算委筆頭理事、ODA・沖北特委筆頭理事、厚労委、情報労連、元ILO専門官、米アラバマ大院、中大法／57歳

〒100-8962　千代田区永田町2-1-1、会館　☎03(6550)0523

たけ　うち　しん　じ
竹内真二　　公前　　　R4 当2
東京都　S39・3・19
勤5年6ヵ月（初/平29繰）

文科委、行監委、国民生活調理、拉致特委理、党遊説局長、団体局次長、公明新聞編集局次長、早大／58歳

〒102-0094　千代田区紀尾井町1-15、宿舎

よこ　やま　しん　いち
横山信一　　公前　　　R4 当3
北海道　S34・7・21
勤12年10ヵ月（初/平22）

党北海道本部代表代行、党東北方面副本部長、参国会対策委員長、党復興・防災部会長、復興副大臣、法務委員長、総務委員長、北大院／63歳

〒060-0001　札幌市中央区北1条西19丁目　緒方ビル3F　☎011(688)6222
〒102-0083　千代田区麹町4-7、宿舎

比例代表

参
略歴

たに あい まさ あき
谷合 正明 公前 ［R4］当4
埼玉県 S48・4・27
勤18年11ヵ月（初/平16）

党幹事長代理・参幹事長・広報委員長・中国方面本部長・岡山県本部代表、法務委理、倫選特委理、農水副大臣、NGO職員、京大院／49歳

〒702-8031 岡山市南区福富西1-20-48
クボタビル2F ☎086(262)3611
〒100-0094 千代田区紀尾井町1-15、宿舎

くぼ た てつ や
窪田 哲也 公新 ［R4］当1
愛媛県 S40・11・2
勤8ヵ月 （初/令4）

党参国対副委員長、党団体局次長、党沖縄21世紀委員会事務局次長、厚労委、議運委、元公明新聞九州支局長、明治大／57歳

〒100-8962 千代田区永田町2-1-1、会館 ☎03(6550)0202

うえ だ いさむ
上田 勇 公新 ［R4］当1
神奈川県横浜市 S33・8・5
勤21年8ヵ月(衆21年) (初/令4)※

党政調会長代理、財金委理、決算委、衆院議員7期、財務副大臣、法務総括政務次官、農水省、東大、米コーネル大学大学院／64歳

〒422-8077 静岡市駿河区大和1-5-26-101 ☎054(291)7600

みや ざき まさる
宮崎 勝 公元 ［R4］繰当2
埼玉県 S33・3・18
勤6年6ヵ月 （初/平28）

環境委、予算委、消費者特委、党埼玉県本部副代表、党税調事務局次長、元環境大臣政務官、元公明新聞編集局長、埼玉大／64歳

〒330-0063 さいたま市浦和区高砂3-7-4 2F
〒102-0083 千代田区麹町4-7、宿舎

た むら とも こ
田村 智子 共前 ［R4］当3
東京都 S40・7・4
勤12年10ヵ月 （初/平22）

党副委員長、政策委員長、国交委、予算委、元党東京都副委員長、参議院議員秘書、早大第一文学部／57歳

〒151-0053 渋谷区代々木1-44-11 ☎03(5304)5639
〒100-8962 千代田区永田町2-1-1、会館 ☎03(6550)0908

に ひ そう へい
仁比 聡平 共元 ［R4］当3
福岡県北九州市 S38・10・16
勤12年10ヵ月 （初/平16）

法務委、議運理事、災害特委、憲法審委、党参院国対副委員長、党中央委員、弁護士、九大法／59歳

〒810-0022 福岡市中央区薬院3-13-12-3F ☎092(526)1933
〒102-0083 千代田区麹町4-7、宿舎

※平5衆院初当選

比例代表

㉝略歴

いわ ぶち　　とも
岩渕　友　共前　　　R4 当2
福島県喜多方市　S51・10・3
勤6年9ヵ月　（初/平28）

党中央委員、党国会対策副委員長、経産委、復興特委、外交・安保調理、日本民主青年同盟福島県委員長、福島大／46歳

〒960-0112　福島市南矢野目字谷地65-3　☎024(555)0550
〒100-8962　千代田区永田町2-1-1、会館　☎03(6550)1002

たけ づめ　　ひとし
竹詰　仁　国新　　　R4 当1
東京都　S44・2・6
勤8ヵ月　（初/令4）

総務委、決算委、復興特委、東電労組中央執行委員長、全国電力総連副会長、在タイ日本大使館一等書記官、慶大経／54歳

〒100-8962　千代田区永田町2-1-1、会館　☎03(6550)0406

はま ぐち　　まこと
浜口　誠　国前　　　R4 当2
三重県松阪市　S40・5・18
勤6年9ヵ月　（初/平28）

国交委、ODA・沖北特委、外交・安保調理、情監審委、党役員室長、政調会長代理、自動車総連顧問、トヨタ自動車、筑波大／57歳

〒100-8962　千代田区永田町2-1-1、会館　☎03(6550)1022

かわ い　　たか のり
川合孝典　国前　　　R4 当3
京都府京都市　S39・1・29
勤12年10ヵ月　（初/平19）

法務委理、拉致特委、党幹事長代行、党拉致問題対策本部長、UAゼンセン政治顧問、立命館大法学部／59歳

〒152-0004　目黒区鷹番3-4-5(自宅)

てん ばた　　だい すけ
天畠大輔　れ新　　　R4 当1
広島県呉市　S56・12・29
勤8ヵ月　（初/令4）

厚労委、倫選特委、重度障がい者支援団体代表理事、ルーテル大、立命館大院（博士）／41歳

〒100-8962　千代田区永田町2-1-1、会館　☎03(6550)0316

おおしまく す お
大島九州男　れ元　　R4 繰当3
福岡県直方市　S36・6・11
勤12年4ヵ月　（初/平19）

内閣委、行監委、ODA・沖北特委、内閣委員長、予算委理、民主党副幹事長、直方市議3期、全国学習塾協会常任理事、日大法学部／61歳

〒902-0062　沖縄県那覇市松川2-16-1
〒100-8962　千代田区永田町2-1-1、会館　☎03(6550)0714

神谷宗幣（かみや そうへい） 参新　福井県　勤8ヵ月　R4 当1　S52・10・12　（初/令4）

財政金融委、参政党副代表、会社役員、吹田市議、関西大法科大学院／45歳

〒920-0967 金沢市菊川2-24-3　☎076(255)0177
〒102-0083 千代田区麹町4-7、宿舎

福島みずほ（ふくしま） 社前　宮崎県　勤25年　R4 当5　S30・12・24　（初/平10）

党首、法務委、予算委、憲法審委、前副党首、消費者庁・男女共同参画・少子化・食品安全担当大臣、弁護士、東大／67歳

〒100-8962 千代田区永田町2-1-1、会館　☎03(6550)1111

ガーシー N新　兵庫県西宮市　勤8ヵ月　R4 当1　S46・10・6　（初/令4）

総務委、YouTuber、元アパレル会社役員、実業家、阪南大学経済学部／51歳

〒100-8962 千代田区永田町2-1-1、会館　☎03(6550)0304

参議院比例代表（第26回選挙・令和4年7月10日施行）

全国有権者数	105,019,203人	全国投票者数　54,655,446人
男 〃	50,740,309人	男 〃　26,517,077人
女 〃	54,278,894人	女 〃　28,138,369人
		有効投票数　53,027,260

党別当選者数・党別個人別得票数・党別得票率

（※小数点以下の得票数は按分票です）

自 民 党　18人　18,256,245.412票　34.43%

政党名得票 13,713,427.488　個人名得票 4,542,817.924

当	氏名		得票	当	氏名		得票
当	藤井 一博	新	特定枠	当	越智 俊之	新	118,710.034
当	梶原 大介	新	特定枠	当	小川 克巳	現	118,222.945
当	赤松 健	新	528,053		木村 義雄	現	113,873.825
当	長谷川英晴	新	414,371.020		宇都 隆史	現	101,840.710
当	青山 繁晴	現	373,786		園田 修光	現	93,380
当	片山さつき	現	298,091.510		水落 敏栄	現	82,920
当	足立 敏之	現	247,755.055		藤末 健三	元	74,972
当	自見 英子	現	213,369		岩城 光英	元	63,714
当	藤木 真也	現	187,740.202		河村 建一	新	59,007.679
当	山田 宏	現	175,871.715		吉岡伸太郎	新	55,804
当	友納 理緒	新	174,335		英利アルフィヤ	新	54,646
当	山谷えり子	現	172,640.169		尾立 源幸	元	24,576
当	井上 義行	元	165,062.175		向山 淳	新	20,638
当	進藤金日子	現	150,759		有里 真穂	新	18,561
当	今井絵理子	現	148,630.162		高原 朗子	新	17,542.622
当	阿達 雅志	現	138,994.642		遠藤奈央子	新	7,762
当	神谷 政幸	新	127,188.459				

比例代表

⑧略歴

日本維新の会　8人　7,845,995.352票　14.80%

政党名得票　7,086,854.000　個人名得票　759,141.352

当	石井　章	現	123,279.274		松浦　大悟	元	20,222
当	石井　苗子	現	74,118.112		飯田　哲史	新	19,522
当	松野　明美	新	55,608		井上　一徳	元	18,370.158
当	中条きよし	新	47,420		山口　和之	元	18,175.008
当	猪瀬　直樹	新	44,211.978		石田　隆史	新	17,408.867
当	金子　道仁	新	36,944		西川　鎮央	新	16,722
当	串田　誠一	新	35,842		中川　健一	新	14,986.577
	青柳　健太	新	33,553		水ノ上成彰	新	11,701
	上野　蛍	新	29,095		木内　孝胤	新	11,313
	神谷　ゆり	新	27,215.249		小林　悟	新	9,370
	後藤　斎	新	24,874.182		西郷隆太郎	新	8,637
	森口あゆみ	新	23,664.322		八田　盛茂	新	8,346
	岸口　実	新	22,399		中村　悠基	新	6,143.625

立憲民主党　7人　6,771,945.011票　12.77%

政党名得票　5,204,394.497　個人名得票　1,567,550.514

当	辻元　清美	新	428,859.769		堀越　啓仁	新	39,631
当	鬼木　誠	新	171,619.697		栗下　善行	新	39,555
当	古賀　千景	新	144,344		はたともこ	元	18,208.635
当	柴　慎一	新	127,382.292		要　友紀子	新	17,529
当	村田　享子	新	125,340.850		森永　美樹	新	10,055
当	青木　愛	現	123,742		河野　麻美	新	7,941
当	石橋　通宏	現	111,703		沢邑　啓子	新	7,602
	白　真勲	現	84,242		木村　正弘	新	7,101.466
	石川　雅俊	新	48,702.805		田中　勝一	新	4,503
	有田　芳生	現	46,715		菅原　美香	新	2,773

公明党　6人　6,181,431.937票　11.66%

政党名得票　4,048,585.000　個人名得票　2,132,846.937

当	竹内　真二	現	437,228		水島　春香	新	9,058
当	横山　信一	現	415,718.606		河合　綾	新	5,417.599
当	谷合　正明	現	351,413		中嶋　健二	新	2,786
当	窪田　哲也	新	349,359.320		塩野　正貴	新	1,717
当	熊野　正士	現	269,048		深沢　淳	新	1,212
	（令4.9.30辞職）				伊大知孝一	新	797
	上田　勇	新	268,403		奈良　直記	新	738.014
繰	宮崎　勝	現	9,695		淀屋　伸雄	新	730
	（令4.10.6繰上）				光延　康治	新	426
	中北　京子	新	9,640.398				

共産党　3人　3,618,342.792票　6.82%

政党名得票　3,321,097.000　個人名得票　297,245.792

当	田村　智子	現	112,132.341		渡辺喜代子	新	2,199
当	仁比　聡平	元	36,098.530		上里　清美	新	2,141.184
	岩渕　友	現	35,392		花木　則彰	新	1,488
	大門実紀史	現	31,570		片岡　朗	新	1,453
	武田　良介	現	23,370.641		高橋真生子	新	1,416.760
	山本　訓子	新	11,736.820		赤田　勝紀	新	1,258
	小山　早紀	新	6,618		冨田　直樹	新	1,164.007
	今村あゆみ	新	5,768.646		西沢　博	新	968.268
	片山　和子	新	4,646.951		細野　真理	新	872
	佐々木とし子	新	4,635		堀川　朗子	新	736.367
	吉田　恭子	新	4,174.277		深田　秀美	新	583
	西田佐枝子	新	3,674		来田　時子	新	495
	丸本由美子	新	2,654				

国民民主党　3人　3,159,625.890票　5.96%

政党名得票 2,234,837.672　個人名得票 924,788.218

当	竹詰 仁	新	238,956.023		上松 正和	新	20,790
当	浜口 誠	現	234,744.965		樽井 良和	元	16,373.229
当	川合 孝典	現	211,783.997		城戸 佳織	新	16,078
	矢田 稚子	現	159,929.004		河辺 佳朗	新	3,822
	山下 容子	新	22,311				

れいわ新選組　2人　2,319,156.016票　4.37%

政党名得票 2,074,146.801　個人名得票 245,009.215

当	天畠 大輔	新	特定枠		辻 恵	新	18,393
当	水道橋博士	新	117,794		蓮池 透	新	17,684
	（令5.1.16辞職）				依田 花蓮	新	14,821
繰	大島九州男	元	28,123		高井 崇志	新	13,326.841
	（令5.1.17繰上）				金 泰泳	新	13,041
	長谷川羽衣子	新	21,826.374				

参 政 党　1人　1,768,385.409票　3.33%

政党名得票 1,370,215.000　個人名得票 398,170.409

当	神谷 宗幣	新	159,433.516		吉野 敏明	新	25,463
	武田 邦彦	新	128,257.022		赤尾 由美	新	11,344
	松田 学	新	73,672.871				

社 民 党　1人　1,258,501.715票　2.37%

政党名得票 963,899.000　個人名得票 294,602.715

当	福島 瑞穂	現	216,984		大椿 裕子	新	10,390
	宮城 一郎	新	22,309		秋葉 忠利	新	6,623
	岡崎 彩子	新	17,466		久保 孝喜	新	4,518
	山口わか子	新	13,793.548		村田 峻一	新	2,519.167

ＮＨＫ党　1人　1,253,872.467票　2.36%

政党名得票 834,995.000　個人名得票 418,877.467

当	東谷 義和	新	287,714.767		西村 斉	新	6,564.622
	山本 太郎	新	53,351.732		添田 真也	新	4,555.701
	黒川 敦彦	新	22,595		高橋 理洋	新	2,905.258
	斉藤健一郎	新	22,426.130		上妻 敬二	新	817
	久保田 学	新	17,947.257				

. . . .

その他の政党の得票総数・得票率等は下記のとおりです。
（当選者はいません。個人名得票の内訳は省略しました）

ごぼうの党　得票総数　193,724.387票（0.37%）
　　政党名得票 184,285.075　個人名得票 9,439.312

幸福実現党　得票総数　148,020.000票（0.28%）
　　政党名得票 129,662.000　個人名得票 18,358.000

日本第一党　得票総数　109,045.614票（0.21%）
　　政党名得票 76,912.000　個人名得票 32,133.614

新党くにもり　得票総数　77,861.000票（0.15%）
　　政党名得票 61,907.000　個人名得票 15,954.000

維新政党・新風　得票総数　65,107.000票（0.12%）
　　政党名得票 56,949.000　個人名得票 8,158.000

比例代表

参 略歴

第25回選挙
（令和元年7月21日施行／令和7年7月28日満了）
第26回選挙
（令和4年7月10日施行／令和10年7月25日満了）

北海道	6人

令和4年選挙得票数

当	595,033	長谷川 岳	自現	(25.5)
当	455,057	徳永 エリ	立現	(19.5)
当	447,232	船橋 利実	自新	(19.1)
▽	422,392	石川 知裕	立新	(18.1)
	163,252	畠山 和也	共新	(7.0)
	91,127	臼木 秀剛	国新	(3.9)
	75,299	大村小太郎	参新	(3.2)
	23,039	斉藤 忠行	N新	(1.0)
	18,831	石井 良恵	N新	(0.8)
	18,760	浜田 智	N新	(0.8)
	16,006	沢田 英一	諸新	(0.7)
	11,625	森山 佳則	諸新	(0.5)

令和元年選挙得票数

当	828,220	高橋はるみ	自新	(34.4)
当	523,737	勝部 賢志	立新	(21.7)
当	454,285	岩本 剛人	自新	(18.8)
▽	265,862	畠山 和也	共新	(11.0)
	227,174	原谷那美	国新	(9.4)
	63,308	山本 貴平	諸新	(2.6)

以下は P270 に掲載

たかはし
高橋はるみ　　自新［安］　　R1 当1
富山県富山市　S29・1・6
勤3年8ヵ月　（初／令元）

党副幹事長、予算委理、ODA・沖北特委理、文科委、北海道知事(4期)、北海道経済産業局長、一橋大学経済学部／69歳

〒060-0042 札幌市中央区大通西10丁目
南大通ビル4F　　☎011(200)8066

かつ べ けん じ
勝部 賢志　　立新　　R1 当1
北海道千歳市　S34・9・6
勤3年8ヵ月　（初／令元）

議運委理、財金委、ODA・沖北特委、党副幹事長、道議会副議長、道議会議員、小学校教員、北海道教育大札幌分校／63歳

〒060-0042 札幌市中央区大通西5丁目8番
昭和ビル5F　　☎011(596)7339
〒100-8962 千代田区永田町2-1-1、会館　☎03(6550)0608

いわ もと つよ ひと
岩 本 剛 人　　自新［二］　　R1 当1
北海道札幌市　S39・10・19
勤3年8ヵ月　（初／令元）

外交防衛委理、決算委、災害特委、北海道議会議員(5期)、元防衛大臣政務官、淑徳大学社会福祉学科／58歳

〒060-0041 札幌市中央区大通東2丁目3-1
第36桂和ビル7F　　☎011(211)8185
〒100-8962 千代田区永田町2-1-1、会館　☎03(6550)0205

は せ がわ がく
長谷川 岳　　自前［安］　　R4 当3
愛知県　S46・2・16
勤12年10ヵ月　（初／平22）

国交委筆頭理事、党副幹事長、農水委員長、党政調副会長、前総務副大臣、党法務部会長、財政金融委員長、党水産部会長、総務大臣政務官、北大／52歳

〒060-0004 札幌市中央区北4条西4丁目
ニュー札幌ビル7F　　☎011(223)7708
〒100-8962 千代田区永田町2-1-1、会館　☎03(6550)0619

北海道

参

略歴

※選挙区別の当日有権者数・投票数・投票率は 271 頁

237

とく なが
徳永エリ

立前　R4 当3
北海道札幌市　S37・1・1
勤12年10ヵ月（初／平22）

農林水産委理、国家基本委、震災復興特委、党常任幹事会議長、政調会長代理、TVリポーター、法大中退／61歳

〒060-0042　札幌市中央区大通西5-8
　　　　　　昭和ビル9F　　☎011（218）2133
〒100-8962　千代田区永田町2-1-1、会館☎03（6550）0701

ふな はし とし みつ
船橋利実

自新［麻］R4 当1（初／令4）※1
北海道北見市　S35・11・20
勤6年9ヵ月（衆6年1ヵ月）

農水委理、予算委、参議国対副委長、党農水関係団体副委長、衆議院2期、財務大臣政務官、北海道議、北見市議、北海商科大学大学院商学研究科修了／62歳

〒060-0042　札幌市中央区大通西8丁目2-32
　　　　　　ダイヤモンドビル　☎011（272）0171
〒100-8962　千代田区永田町2-1-1、会館☎03（6550）0424

青森県　2人

	令和元年選挙得票数				令和4年選挙得票数		
当	239,757	滝沢　　求	自現（51.5）	当	277,009	田名部匡代	立現（53.5）
▽	206,582	小田切　達	立新（44.4）	▽	216,265	斉藤直飛人	自新（41.7）
	19,310	小山日奈子	諸新（ 4.1）		13,607	中条栄太郎	参新（ 2.6）
					11,335	佐々木　晃	N新（ 2.2）

たき さわ もとめ
滝沢　求

自前［麻］R1 当2
青森県　S33・10・11
勤9年9ヵ月（初／平25）

環境委員長、復興特委、党環境部会長、党環境関係団体委員長、副幹事長、外務大臣政務官、元県議会副議長、中大法／64歳

〒031-0057　八戸市上徒士町15-1　☎0178（45）5858
〒100-8962　千代田区永田町2-1-1、会館☎03（6550）0522

た な ぶ まさよ
田名部匡代

立前　R4 当2（初／平28）※2
青森県八戸市　S44・7・10
勤14年4ヵ月（衆7年7ヵ月）

農水委、行監委理、党参院幹事長、党幹事長代理、党つながる本部参与、党農林水産部会長、元農水政務官、衆議員秘書、玉川学園女子短大／53歳

〒031-0088　八戸市岩泉町4-7　☎0178（44）1414
〒100-8962　千代田区永田町2-1-1、会館

岩手県　2人

	令和元年選挙得票数				令和4年選挙得票数		
当	288,239	横沢　高徳	無現（49.0）	当	264,422	広瀬めぐみ	自新（47.2）
▽	272,733	平野　達男	自現（46.3）	▽	242,174	木戸口英司	立現（43.2）
	27,658	梶谷　秀一	諸新（ 4.7）		26,960	白鳥　顕志	参新（ 4.8）
					13,637	大越　裕子	無新（ 2.4）
					13,352	松田　隆嗣	N新（ 2.4）

㊙略歴

※1 平24衆院初当選　※2 平15衆院初当選

よこ さわ たか のり
横沢 高徳

立新　　　　R1　当1
岩手県矢巾町　　S47・3・6
勤3年8ヵ月　（初/令元）

財金委理、議運委、震災復興特委、モトクロ
ス選手、バンクーバー・パラリンピックアル
ペンスキー日本代表、盛岡工業高校／50歳

〒020-0022　盛岡市大通3-1-24
　　　　　　第三菱和ビル5F　　　☎019(625)6601

ひろ せ
広瀬めぐみ

自新［麻］　　R4　当1
岩手県　　　　S41・6・27
勤8ヵ月　　　（初/令4）

内閣委、予算委、震災復興特委、弁護士、
上智大学外国語学部英文科／56歳

〒020-0024　盛岡市薬園1-11-4
　　　　　　樋下建設ビル3F　　　☎019(681)6686

宮城県　　2人

令和元年選挙得票数				令和4年選挙得票数			
当	474,692	石垣のり子	立新（48.6）	当	472,963	桜井　充	自現（51.9）
▽	465,194	愛知　治郎	自現（47.7）	▽	271,455	小畑　仁子	立新（29.8）
	36,321	三宅　紀昭	諸新（ 3.7）		91,924	平井みどり	維新（10.1）
					52,938	ローレンス綾子	参新（ 5.8）
					21,286	中江　友哉	N新（ 2.3）

いし がき
石垣のりこ

立新　　　　R1　当1
宮城県仙台市　S49・8・1
勤3年8ヵ月　（初/令元）

農水委、予算委、震災復興特委理、ラジ
オ局アナウンサー、宮城県第二女子高
等学校、宮城教育大学／48歳

〒980-0014　仙台市青葉区本町3丁目5-21
　　　　　　アーカス青葉ビル1F　☎022(355)9737
〒102-0083　千代田区麹町4-7、宿舎

さくら い　　みつる
櫻井　充

自前［無］　　R4　当5
宮城県仙台市　S31・5・12
勤25年　　　　（初/平10）

文科委、厚労副大臣、財務副大臣、医学
博士、東北大院／66歳

〒980-0811　仙台市青葉区一番町1-1-30
　　　　　　南町通有楽館ビル2F　☎022(723)4077
〒102-0083　千代田区麹町4-7、宿舎

秋田県　　2人

令和元年選挙得票数				令和4年選挙得票数			
当	242,286	寺田　静	無所（50.5）	当	194,949	石井　浩郎	自現（42.7）
▽	221,219	中泉　松司	自現（46.1）	▽	162,889	村岡　敏英	無新（35.6）
	16,683	石岡　隆治	諸新（ 3.5）		62,415	佐々百合子	無新（13.7）
					19,983	藤本　友里	共新（ 4.4）
					10,329	伊東万美子	参新（ 2.3）
					6,368	本田　幸久	N新（ 1.4）

寺田　静
てら　た　しずか

無 新　　R1 当1
秋田県横手市　S50・3・23
勤3年8ヵ月　（初/令元）

農水委、元議員秘書、早大／47歳

〒010-1424　秋田市御野場1-1-9　　☎018(853)9226

石井浩郎
いし　い　ひろ　お

自 前［茂］　　R4 当3
秋田県八郎潟町　S39・6・21
勤12年10ヵ月　（初/平22）

国交・内閣府・復興副大臣、国交委、国家基本委、復興特委、党副幹事長、党人事局長、倫選特委員長、文科委員、早大中退／58歳

〒010-0951　秋田市山王3-1-15　　☎018(883)1711
〒100-8962　千代田区永田町2-1-1、会館　☎03(6550)0713

山形県　2人

令和元年選挙得票数				令和4年選挙得票数			
当	279,709	芳賀　道也	無新 (50.2)	当	269,494	舟山　康江	国現 (49.0)
▽	263,185	大沼　瑞穂	自現 (47.3)	▽	242,433	大内　理加	自新 (44.0)
	13,800	小野沢健至	諸新 (2.5)		19,767	石川　渉	共新 (3.6)
					11,481	黒木　明	参新 (2.1)
					7,217	小泉　明	N新 (1.3)

芳賀道也
は　が　みち　や

無 新（国民）　　R1 当1
山形県　S33・3・2
勤3年8ヵ月　（初/令元）

厚労委、決算委、地方・デジ特委、政倫審委、キャスター、アナウンサー、日本大学文理学部／64歳

〒990-0825　山形市城北町1-24-15 2A　☎023(676)5115
〒100-8962　千代田区永田町2-1-1、会館　☎03(6550)0917

舟山康江
ふな　やま　やす　え

国 前　　R4 当3
埼玉県　S41・5・26
勤12年10ヵ月　（初/平19）

党参議院議員会長、農水理事、憲法審委、消費者特委員長、元党政調会長、元農水大臣政務官、農水省職員、北海道大／56歳

〒990-0039　山形市香澄町3-2-1
山交ビル8F
〒102-0083　千代田区麹町4-7、宿舎　☎023(627)2780

福島県　2人

令和元年選挙得票数				令和4年選挙得票数			
当	445,547	森　雅子	自現 (54.1)	当	419,701	星　北斗	自新 (51.6)
▽	345,001	水野さち子	無新 (41.9)	▽	320,151	小野寺彰子	無新 (39.3)
	33,326	田山　雅仁	諸新 (4.0)		30,913	佐藤　早百	無新 (3.8)
					23,027	窪山紗和子	参新 (2.8)
					19,829	皆川真紀子	N新 (2.4)

もり
森　まさこ

自 前［安］　　R1 当3
福島県いわき市 S39・8・22
勤15年10ヵ月（初/平19）

内閣総理大臣補佐官、法務大臣、国務大臣、環境・行政監視委員長、党環境・法務部会長、女性活躍推進本部長、弁護士、東北大/58歳

〒970-8026　いわき市平五色町1-103　☎0246(21)3700
〒100-8962　千代田区永田町2-1-1、会館　☎03(6550)0924

ほし　　ほく　と
星　北斗

自 新［無］　　R4 当1
福島県郡山市 S39・3・18
勤8ヵ月　　（初/令4）

厚労委、行監委、復興特委、国民生活調委、(公財)星総合病院理事長、福島県医師会参与、旧厚生省医系技官、東邦大学医学部/58歳

〒963-8071　郡山市富久山町久保田字久保田227-1
〒100-8962　千代田区永田町2-1-1、会館　☎03(6550)0322

茨城県　　　4人

令和元年選挙得票数					令和4年選挙得票数				
当	507,260	上月　良祐	自現	(47.9)	当	544,187	加藤　明良	自新	(49.9)
当	237,614	小沼　巧	立新	(22.4)	▽	197,292	堂込麻紀子	無新	(18.1)
▽	129,151	大内久美子	共新	(12.2)		159,017	佐々木里加	維新	(14.6)
▽	125,542	海野　徹	維新	(11.9)		105,735	大内久美子	共新	(9.7)
	58,978	田中　健	諸新	(5.6)		48,582	菊池　政也	参新	(4.5)
						16,966	村田　大地	N新	(1.6)
						14,724	丹羽　茂之	N新	(1.3)
						4,866	仲村渠哲勝	無新	(0.4)

こう　づきりょう　すけ
上月　良祐

自 前［茂］　　R1 当2
兵庫県神戸市 S37・12・26
勤9年9ヵ月（初/平25）

内閣委理事、党副幹事長、党農産物輸出促進対策委員長、農水委員長、農林水産大臣政務官、元総務省、茨城県副知事、東大法/60歳

〒310-0063　水戸市五軒町1-3-4
　　　　　渡辺ビル301　　　　　☎029(291)7231

お　ぬま　　たくみ
小沼　巧

立 新　　　　R1 当1
茨城県鉾田市 S60・12・21
勤3年8ヵ月　（初/令元）

国民生活調理、農水委、地方・デジ特委、党政調副会長、ボストン・コンサルティング、経産省、タフツ大院、早大/37歳

〒310-0851　水戸市千波町1150-1
　　　　　石川ビル105　　　　☎029(350)1815
〒100-8962　千代田区永田町2-1-1、会館　☎03(6550)1012

か　とう　あき　よし
加藤　明良

自 新［茂］　　R4 当1
茨城県水戸市 S43・2・7
勤8ヵ月　　（初/令4）

農林水産委、憲法審委、災害特委、議運委、茨城県議会議員(3期)、参議院議員秘書、専修大商学部/55歳

〒310-0817　水戸市柳町2-7-10　☎029(306)7778

福島・茨城

参略歴

	無新	R4 当1

堂込麻紀子
どうごみ まき こ

茨城県阿見町　S50・9・16
勤8ヵ月　（初/令4）

財金委、連合茨城執行委員、UAゼンセ
ン、イオンリテールワーカーズユニオ
ン、流通経済大／47歳

〒310-0022　水戸市梅香2-1-39
　　　　　　茨城県労働福祉会館3階　☎029(306)6444
〒100-8962　千代田区永田町2-1-1、会館　☎03(6550)0607

栃木県　2人

令和元年選挙得票数			令和4年選挙得票数		
当	373,099	高橋　克法	自現 (53.5)	当	414,456	上野　通子	自現 (56.2)
▽	285,681	加藤　千穂	立新 (41.0)	▽	127,628	板倉　京	立新 (17.3)
	38,508	町田　紀光	諸新 (5.5)		100,529	大久保裕美	維新 (13.6)
					44,310	岡村　恵子	共新 (6.0)
					30,864	大隈　広郷	参新 (4.2)
					19,090	高橋真佐子	N新 (2.6)

	自前[麻]	R1 当2

高橋克法
たか はし かつ のり

栃木県　S32・12・7
勤9年9ヵ月　（初/平25）

文教科学委員長、参党国対筆頭副委員長、議
運委理事、国交政務官、予算委理事、高根沢
町長、栃木県議、参院議員秘書、明大／65歳

〒329-1232　栃木県塩谷郡高根沢町光陽台1-1-2　☎028(675)6500
〒100-8962　千代田区永田町2-1-1、会館　☎03(6550)0324

	自前[安]	R4 当3

上野通子
うえ の みち こ

栃木県宇都宮市　S33・4・21
勤12年10ヵ月　（初/平22）

文科委理事、ODA・沖北特委、党広報本副
本部長、党総務、文科副大臣、文科委員長、
党女性局長、栃木県議、共立女子大／64歳

〒320-0034　宇都宮市泉町6-22　☎028(627)8801

群馬県　2人

令和元年選挙得票数			令和4年選挙得票数		
当	400,369	清水　真人	自新 (53.9)	当	476,017	中曽根弘文	自現 (63.8)
▽	286,651	斎藤　敦子	立新 (38.6)	▽	138,429	白井　桂子	無新 (18.6)
	55,209	前田みか子	諸新 (7.4)		69,490	高橋　保	共新 (9.3)
					39,523	新倉　哲郎	参新 (5.3)
					22,276	小島　糾史	N新 (3.0)

	自新[二]	R1 当1

清水真人
し みず まさ と

群馬県高崎市　S50・2・26
勤3年8ヵ月　（初/令元）

国土交通大臣政務官、参党副幹事長、内
閣第二副部会長、群馬県議2期、高崎市
議2期、明治学院大／48歳

〒371-0805　前橋市南町2-38-4
　　　　　　AMビル1F　☎027(212)9366
〒100-8962　千代田区永田町2-1-1、会館　☎03(6550)0923

茨城・栃木・群馬

参略歴

242

なか そ ね ひろ ふみ
中曽根弘文

自前[二]　　R4 当7
群馬県前橋市　S20・11・28
勤37年2ヵ月（初/昭61）

憲法審査会長、外防委、党総務、予算委
長、党参院議員会長、外務大臣、文相、科
技長官、慶大／77歳

〒371-0801　前橋市文京町1-1-14　　☎027（221）1133
〒100-8962　千代田区永田町2-1-1、会館　☎03（6550）1224

埼玉県	7人

（令和元、4年選挙で定数各1増）

令和元年選挙得票数

当	786,479	古川	俊治	自現	(28.2)
当	536,338	熊谷	裕人	立新	(19.3)
当	532,302	矢倉	克夫	公現	(19.1)
当	359,297	伊藤	岳	共新	(12.9)
▷	244,399	宍戸	千絵	国新	(8.8)
	204,075	沢田	良	維新	(7.3)

以下はP270に掲載

令和4年選挙得票数

当	727,232	関口	昌一	自現	(24.1)
当	501,820	上田	清司	無現	(16.6)
当	476,642	西田	実仁	公現	(15.8)
当	444,567	高木	真理	立新	(14.7)
▷	324,476	加来	武宜	維新	(10.7)
	236,899	梅村	早江子	共新	(7.8)
	121,769	沢田	良	維新	(4.0)
	89,693	堀込	仁志	無新	(3.0)
	22,613	高橋	易資	諸新	(0.7)
	18,194	湊	侑子	無新	(0.6)
	15,389	河合	悠祐	諸新	(0.5)
	13,966	小林	宏	N新	(0.5)
	12,279	宮川	直輝	N新	(0.4)
	8,588	堀切	笹美	N新	(0.3)
	7,178	池	高生	諸新	(0.2)

ふる かわ とし はる
古川俊治

自前[安]　　R1 当3
埼玉県　S38・1・14
勤15年10ヵ月（初/平19）

倫選特委員長、財金委、医師、弁護士、慶
大教授、博士（医学）、慶大医・文・法卒、
オックスフォード大院修／60歳

〒330-0063　さいたま市浦和区高砂3-12-24
小峰ビル3F　　☎048（788）8887

くま がい ひろ と
熊谷裕人

立新　　R1 当1
埼玉県さいたま市　S37・3・23
勤3年8ヵ月（初/令元）

文科委理、倫選特委、憲法審委、党政調副
会長、党埼玉県連合代表代行、さいたま市
議、国会議員政策担当秘書、中央大／60歳

〒330-0841　さいたま市大宮区東町2-289-2　☎048（640）5977

や くら かつ お
矢倉克夫

公前　　R1 当2
神奈川県横浜市　S50・1・11
勤9年9ヵ月（初/平25）

党青年委員会顧問、埼玉県本部副代表、予算
委理、ODA・沖北特委理、憲法審委、弁
護士、元経済産業省参事官補佐、東大／48歳

〒331-0815　さいたま市北区大成町4-81-201
〒100-8962　千代田区永田町2-1-1、会館　☎03（6550）0401

い とう がく
伊藤岳

共新　　R1 当1
埼玉県　S35・3・6
勤3年8ヵ月（初/令元）

総務委、地方・デジ特委、党中央委員、文
教大学人間科学部卒／62歳

〒330-0835　さいたま市大宮区北袋町1-171-1　☎048（658）5551
〒102-0083　千代田区麹町4-7、宿舎

※選挙区別の当日有権者数・投票者数・投票率は271頁

せき ぐち まさ かず
関口　昌一

自前[茂]　R4　当5
埼玉県　S28・6・4
勤19年9ヵ月(初/平15補)

党参院議員会長、環境委、政倫審委、党参国対委員長、地方創生特委員長、総務副大臣兼内閣府副大臣、外務政務官、城西歯大／69歳

〒369-1412 埼玉県秩父郡皆野町皆野2391-9 ☎0494(62)3535
〒102-0083 千代田区麹町4-7、宿舎 ☎03(3237)0341

うえ だ きよ し
上田　清司

無前(国民)R4 当2(初/令元)※
福岡県福岡市　S23・5・15
勤13年9ヵ月(衆10年3ヵ月)

内閣委、行監理委、国家基本委員長、埼玉県知事4期、全国知事会会長、衆議院議員3期、建設省建設大学校非常勤講師、早大院／74歳

〒100-8962 千代田区永田町2-1-1、会館 ☎03(6550)0618

にし だ まこと
西田　実仁

公前　R4　当4
東京都旧田無市　S37・8・27
勤18年11ヵ月(初/平16)

総務委、憲法審幹事、党参議院会長、税調会長、選対委員長、埼玉県本部代表、経済週刊誌副編集長、慶大経／60歳

〒330-0063 さいたま市浦和区高砂3-7-4 2F
〒102-0094 千代田区紀尾井町1-15、宿舎

たか ぎ ま り
高木　真理

立新　R4　当1
栃木県　S42・8・12
勤8ヵ月(初/令4)

厚労委、決算委、災害特委、国民生活調委、党県連副代表、さいたま市議、県議、衆院議員秘書、東大／55歳

〒331-0812 さいたま市北区宮原町
3-364-1
☎048(654)2559

千葉県　6人

令和元年選挙得票数

当	698,993	石井　準一	自現	(30.5)
当	661,224	長浜　博行	立現	(28.9)
当	436,182	豊田　俊郎	自現	(19.1)
▽	359,854	浅野　史子	共新	(15.7)
	89,941	平塚　正幸	諸新	(3.9)
	42,643	門田　正則	諸新	(1.9)

令和4年選挙得票数

当	656,952	臼井　正一	自新	(25.9)
当	587,809	猪口　邦子	自現	(23.1)
当	473,175	小西　洋之	立現	(18.6)
▽	251,416	佐藤　正和	参新	(9.9)
	194,475	斉藤　和子	共新	(7.7)
	161,648	礒部　裕和	国新	(6.4)
	86,147	宇津木　亮太	N新	(3.4)
	28,295	中村　典子	諸新	(1.1)
	22,834	多ケ谷　亮	れ新	(0.9)
	18,791	七海　ひろこ	諸新	(0.7)
	18,329	桜井　宏	N新	(0.7)
	17,511	梓　まり	諸新	(0.7)
	13,016	宮内　一宏	N新	(0.5)
	10,922	記内　恵	諸新	(0.4)

いし い じゅん いち
石井　準一

自前[茂]　RI　当3
千葉県　S32・11・23
勤15年10ヵ月(初/平19)

議運委員長、憲法審会長、予算委員長、国交委員長、党幹事長代理、党選対委員長代理、党国対委員長代行、県議5期、長生高／65歳

〒297-0035 茂原市下永吉964-2 ☎0475(25)2311
〒100-8962 千代田区永田町2-1-1、会館 ☎03(6550)0506

　※平5衆院初当選

長浜博行 なが はま ひろ ゆき 無前 R1 当3(初/平19)※1
東京都 S33・10・20
勤26年3ヵ月（衆10年5ヵ月）

参議院副議長、前環境委員長、元環境大臣、内閣官房副長官、厚労副大臣、国交委員長、衆院4期、松下政経塾、早大政経／64歳

〒277-0021 柏市中央町5-21-705 ☎04(7166)8333
〒100-8962 千代田区永田町2-1-1、会館 ☎03(6550)0606

豊田俊郎 とよ だ とし ろう 自前［麻］ R1 当2
千葉県 S27・8・21
勤9年9ヵ月 （初/平25）

国土交通副大臣、内閣府大臣政務官、千葉県議、八千代市長、中央工学校／70歳

〒276-0046 八千代市大和田新田310 ☎047(480)7777
〒100-8962 千代田区永田町2-1-1、会館 ☎03(6550)1213

臼井正一 うす い しょういち 自新［茂］ R4 当1
千葉県習志野市 S50・1・8
勤8ヵ月 （初/令4）

文科委、予算委、ODA・沖北特委、憲法審委、千葉県議5期、(公財)千葉県肢体不自由児協会理事長、株式会社オリエンタルランド、日本大学／48歳

〒261-0004 千葉市美浜区高洲1-9-7-2 ☎043(244)0033

猪口邦子 いの ぐち くに こ 自前［麻］ R4 当3(初/平22)※2
千葉県 S27・5・3
勤16年9ヵ月（衆3年11ヵ月）

外交・安保調査会長、予算委、外防委、党一億総活躍推進本部長、上智大名誉教授、元少子化・男女共同参画大臣、ジュネーブ軍縮大使、エール大博士号(Ph.D.)／70歳

〒260-0027 千葉市中央区新田町14-5
大野ビル101 ☎043(307)9001
〒100-8962 千代田区永田町2-1-1、会館 ☎03(6550)1105

小西洋之 こ にし ひろ ゆき 立前 R4 当3
徳島県 S47・1・28
勤12年10ヵ月 （初/平22）

憲法審会長代理・筆頭幹事、外防委筆頭理事、倫選特委、党政調会長代理、党外務・安保副部会長、総務省・経産課長補佐、徳島大医、東大、コロンビア大院修、東大医療人材講座／51歳

〒260-0012 千葉市中央区本町2-2-6
パークサイド小柴102 ☎043(441)3011
〒100-8962 千代田区永田町2-1-1、会館 ☎03(6550)0915

東京都　12人		

令和元年選挙得票数

当	1,143,458	丸山 珠代	自現 (19.9)
当	815,445	山口那津男	公現 (14.2)
当	706,532	吉良 佳子	共現 (12.3)
当	688,234	塩村 文夏	立新 (12.0)
当	526,575	音喜多 駿	維新 (9.2)
当	525,302	武見 敬三	自現 (9.1)
	496,347	山岸 一生	立新 (8.6)

以下は P270 に掲載

令和4年選挙得票数

当	922,793	朝日健太郎	自現 (14.7)
当	742,968	竹谷とし子	公現 (11.8)
当	685,224	山添 拓	共現 (10.9)
当	670,339	蓮 舫	立現 (10.6)
当	619,792	生稲 晃子	自新 (9.8)
当	565,925	山本 太郎	れ元 (9.0)
▽	530,361	海老沢由紀	維新 (8.4)
▽	372,064	松尾 明弘	立新 (5.9)
▽	322,904	乙武 洋匡	無新 (5.1)
▽	284,629	荒木 千陽	無新 (4.5)

以下は P270 に掲載

※1 平5衆院初当選　※2 平17衆院初当選

丸川珠代
まる　かわ　たま　よ

自前［安］　　RI 当3
兵庫県　S46・1・19
勤15年10ヵ月　（初/平19）

参党幹事長代行、党都連会長代行、憲法委、元東京オリパラ大臣、元広報本部長、前参拉致特委員、元環境大臣、厚労委員長、党厚労部会長、厚労政務官、元テレ朝アナ、東大/52歳

〒160-0004　新宿区四谷1-9-3
　　　　　　新盛ビル4F B室　　☎03(3350)9504

山口那津男
やまぐち　なつ　お

公前　　RI 当4(初/平13)※
茨城県　S27・7・12
勤28年7ヵ月（衆6年8ヵ月）

党代表、外防委、国家基本委、党政務調査会長、参行政監視委員長、予算委理事、防衛政務次官、弁護士、東大/70歳

〒100-8962　千代田区永田町2-1-1、会館　☎03(6550)0806

吉良よし子
きら

共前　　RI 当2
高知県高知市　S57・9・14
勤9年9ヵ月　（初/平25）

文教科学委、決算委、党青年・学生委員会責任者、早大第一文学部/40歳

〒151-0053　渋谷区代々木1-44-11　☎03(5302)6511

塩村あやか
しおむら

立新　　RI 当1
広島県　S53・7・6
勤3年8ヵ月　（初/令元）

予算委、内閣委、ODA・沖北特委、外交・安保調理、党青年局長代理、国際局副局長、東京都議、元放送作家、共立女子短大/44歳

〒154-0017　世田谷区世田谷4-18-3-202
〒100-8962　千代田区永田町2-1-1、会館　☎03(6550)0706

音喜多　駿
おと　き　た　しゅん

維新　　RI 当1
東京都北区　S58・9・21
勤3年8ヵ月　（初/令元）

党政調会長、東京維新の会幹事長、予算委、外交防衛委理、憲法審幹事、元東京都議、早大/39歳

〒114-0022　北区王子本町1-13-9
　　　　　　KSKサンパール203号室　☎03(3908)3121
〒100-8962　千代田区永田町2-1-1、会館　☎03(6550)0612

武見敬三
たけ　み　けい　ぞう

自前［麻］　　RI 当5
東京都　S26・11・5
勤22年7ヵ月　（初/平7）

外防委、党参院議員副会長、党国際保健戦略特委長、参院党政審会長、厚労副大臣、外務政務次官、ハーバード公衆衛生大学院研究員、慶大院/71歳

〒100-8962　千代田区永田町2-1-1、会館　☎03(6550)0413

※平2衆院初当選

朝日健太郎（あさひけんたろう）
自前［無］　R4 当2
熊本県　S50・9・19
勤6年9ヵ月　（初/平28）

予算委、環境委理、ODA・沖北特委、外交・安保調理、党政審副会長・国土交通部会長代理、法政大、早大院／47歳

〒100-8962 千代田区永田町2-1-1、会館　☎03(6550)0620

竹谷とし子（たけや とし こ）
公前　R4 当3
北海道　S44・9・30
勤12年10ヵ月　（初/平22）

復興副大臣、党女性局長、党都本部副代表、法務委長、総務委員、財務政務官、公認会計士、創価大／53歳

〒100-8962 千代田区永田町2-1-1、会館　☎03(6550)0517

山添　拓（やまぞえ たく）
共前　R4 当2
京都府京都市 S59・11・20
勤6年9ヵ月　（初/平28）

予算委、外交防衛委、憲法審幹事、党常任幹部会委員、弁護士、東大法、早大院／38歳

〒151-0053 渋谷区代々木1-44-11　☎03(5302)6511
〒102-0094 千代田区紀尾井町1-15、宿舎

蓮　舫（れん ほう）
立前　R4 当4
東京都目黒区 S42・11・28
勤18年11ヵ月　（初/平16）

国交委員長、党代表代行、国民運動・広報本部長、民進党代表、内閣府特命担当大臣、総理補佐官、報道キャスター、青学大／55歳

〒100-8962 千代田区永田町2-1-1、会館　☎03(6550)0411

生稲晃子（いく いな あき こ）
自新［安］　R4 当1
東京都小金井市 S43・4・28
勤8ヵ月　（初/令4）

厚労委、決算委、消費者特委、外交・安保調委、参院国対委、党女性局次長、党新聞局次長、恵泉女学園短大／54歳

〒100-8962 千代田区永田町2-1-1、会館　☎03(6550)0904

山本太郎（やま もと た ろう）
れ元　R4 当2
兵庫県宝塚市 S49・11・24
勤7年4ヵ月（衆7ヵ月）（初/平25）※

れいわ新選組代表、環境委、予算委、震災復興特委、憲法審、箕面自由学園高等学校中退／48歳

〒100-8962 千代田区永田町2-1-1、会館　☎03(6550)0602

神奈川県	8人

令和元年選挙得票数

当	917,058	島村 大	自現	(25.2)
当	742,658	牧山 弘恵	立現	(20.4)
当	615,417	佐々木さやか	公現	(16.9)
当	575,884	松沢 成文	維現	(15.8)
▽	422,603	浅賀 由香	共新	(11.6)
	126,672	乃木 涼介	国新	(3.5)

以下は P270 に掲載

令和4年選挙得票数

当	807,300	三原じゅん子	自現	(19.7)
当	605,248	松沢 成文	維元	(14.8)
当	547,028	三浦 信祐	公現	(13.4)
当	544,597	浅尾慶一郎	自元	(13.3)
▽	394,303	水野 素子	立新	(9.6)
	354,456	浅賀 由香	共新	(8.7)
	253,234	深作ヘスス	国新	(6.2)
	210,016	寺崎 雄介	立新	(5.1)
	120,471	藤村 晃子	参新	(2.9)
	49,787	内海 洋一	社新	(1.2)
	33,567	重黒木優平	平無	(0.8)
	24,389	秋田 恵	無新	(0.6)
	22,043	グリスタン・エズズ	諸新	(0.5)

以下は P270 に掲載

しまむら だい
島村 大
自前[無] R1 当2
千葉県 S35・8・11
勤9年9ヵ月 (初/平25)

厚労委筆頭理事、予算委、厚生労働大臣政務官、厚労委員長、東京歯科大客員教授、元日本歯科医師連盟理事長、東京歯科大/62歳

〒231-0011 横浜市中区太田町1-9-6F ☎045(306)5500
〒100-8962 千代田区永田町2-1-1、会館 ☎03(6550)0415

まきやま ひろえ
牧山ひろえ
立前 R1 当3
東京都 S39・9・29
勤15年10ヵ月 (初/平19)

法務委理、党ネクスト法務大臣、党参議院議員会長代行、米国弁護士、TBSディレクター、ICU、トーマス・クーリー法科大学院/58歳

〒231-0023 横浜市中区山下町108
小黒ビル403号室 ☎045(226)2393

ささき さやか
佐々木さやか
公前 R1 当2
青森県八戸市 S56・1・18
勤9年9ヵ月 (初/平25)

議運委理、法務委、憲法審委、党参国会対策筆頭副委員長、女性委副委員長、青年委副委員長、災害対策特委員長、文科大臣政務官、弁護士、税理士、創価大、同法科大学院修了/42歳

〒231-0002 横浜市中区海岸通4-22
関内カサハラビル3F ☎045(319)4945
〒100-8962 千代田区永田町2-1-1、会館 ☎03(6550)0514

みはら こ
三原じゅん子
自前[無] R4 当3
東京都 S39・9・13
勤12年10ヵ月 (初/平22)

ODA・沖北特委員長、環境委、内閣府大臣補佐官、厚生労働副大臣、党女性局長、厚労委員長、女優/58歳

〒231-0013 横浜市中区住吉町5-64-1
VELUTINA馬車道704 ☎045(228)9520
〒100-8962 千代田区永田町2-1-1、会館 ☎03(6550)0823

まつ ざわ しげ ふみ
松沢 成文
維元 R4 当3(初/平25)※
神奈川県川崎市 S33・4・2
勤18年9ヵ月 (衆9年10ヵ月)

消費者特委員長、文科委、聖マリアンナ医科大客員教授、神奈川大法学部非常勤講師、松下政経塾、慶大/64歳

〒231-0048 横浜市中区蓬莱町2-4-5
関内DOMONビル6階 ☎045(594)6991

※平5衆院初当選

三浦　信祐 み うら のぶ ひろ

公前　　　R4 当2
宮城県仙台市　S50・3・5
勤6年9ヵ月　（初/平28）

災害特委員長、内閣委、決算委、党青年局長、党安全保障部会長代理、県本部代表、博士（工学）、千葉工大／47歳

〒231-0033　横浜市中区長者町5-48-2
トローチャンビル303　☎045(341)3751
〒100-8962　千代田区永田町2-1-1、会館　☎03(6550)0804

浅尾慶一郎 あさ お けい いち ろう

自元［麻］　　R4 当3
東京都　S39・2・11
勤20年1ヵ月（衆8年2ヵ月）（初/平10）[※1]

財金委理、憲法審幹事、行監委、党国際局長代理、参財金委員長、外防委、衆予算委、決算行監委、銀行員、東大、スタンフォード院修了／59歳

〒247-0036　鎌倉市大船1-23-11
松岡ビル5F　☎0467(47)5682

水野素子 みず の もと こ

立新　　R4[※2] 当1
埼玉県久喜市　S45・4・3
勤8ヵ月　（初/令4）

内閣委、行監委、ODA・沖北特委、JAXA、東大非常勤講師、慶大非常勤講師、中小企業診断士、東大法、蘭ライデン大国際法修士／52歳

〒231-0014　横浜市中区常盤町3-21-501　☎050(8883)8488

新潟県　　2人

	令和元年選挙得票数			令和4年選挙得票数	
当	521,717	打越さく良 無新 (50.5)	当	517,581	小林　一大 自新 (51.0)
▽	479,050	塚田　一郎 自現 (46.4)	▽	448,651	森　　裕子 立現 (44.2)
	32,628	小島　糾史 諸新 (3.2)		32,500	遠藤　弘樹 参新 (3.2)
				17,098	越智　寛之 N新 (1.7)

打越さく良 うち こし ら

立新　　R1 当1
北海道旭川市　S43・1・6
勤3年7ヵ月　（初/令元）

厚労委、拉致特委理、憲法審委、弁護士、東大大学院教育学研究科博士課程中途退学／55歳

〒950-0916　新潟市中央区米山2-5-8米山プラザビル201　☎025(250)5915
〒100-8962　千代田区永田町2-1-1、会館　☎03(6550)0901

小林一大 こ ばやし かず ひろ

自新［無］　R4 当1
新潟県新潟市　S48・6・12
勤8ヵ月　（初/令4）

経産委、予算委、拉致特委、憲法審委、新潟県議、党新潟県連政調会長、普談寺副住職、東京海上日動火災保険(株)、東大／49歳

〒950-0941　新潟市中央区女池5-9-19
Charites1-2　☎025(383)6696
〒100-8962　千代田区永田町2-1-1、会館　☎03(6550)0416

神奈川・新潟

参

略歴

※1 平21衆院初当選　　※2 任期は令和7年まで

249

令和元年選挙得票数

当	270,000	堂故　　茂	自現	(66.7)
▽	134,625	西尾　政英	国新	(33.3)

令和4年選挙得票数

当	302,951	野上浩太郎	自現	(68.8)
	43,177	京谷　公友	維新	(9.8)
	40,735	山　登志浩	立新	(9.2)
	26,493	坂本　洋史	共新	(6.0)
	20,970	海老　克昌	参新	(4.8)
	6,209	小関　真二	N新	(1.4)

どう　こ　　しげる
堂 故　　茂　　自前［茂］　　R1 当2

富山県氷見市　S27・8・7
勤9年9ヵ月　（初/平25）

農水委筆頭理事、行監委、国際経済調委、
参党政審副会長、文科政務官、農水委長、
代議士秘書、県議、氷見市長、慶大/70歳

〒930-0095　富山県舟橋南町3-15
　　　　　　県自由民主会館4F　☎076(432)1217
〒100-8962　千代田区永田町2-1-1、会館　☎03(6550)1003

の　がみこうたろう
野上浩太郎　　自前［安］　　R4 当4

富山県富山市　S42・5・20
勤18年11ヵ月　（初/平13）

参党国会対策委員長、農林水産大臣、内閣
官房副長官、国交副大臣、財務政務官、文教
科学委長、三井不動産、県議、慶大/55歳

〒939-8272　富山市太郎丸本町3-1-12　☎076(491)7500

令和元年選挙得票数

当	288,040	山田　修路	自現	(67.2)
▽	140,279	田辺　　徹	国新	(32.8)

山田修路議員 令和3年12月24日辞職 補選(令和4.4.24)

当	189,503	宮本　周司	自現	(68.4)
	59,906	小山田経子	立新	(21.6)
	18,158	西村　祐士	共新	(6.6)
	9,430	斉藤健一郎	N新	(3.4)

令和4年選挙得票数

当	274,253	岡田　直樹	自現	(64.5)
▽	83,766	小山田経子	立新	(19.7)
	23,119	西村　祐士	共新	(5.4)
	21,567	先沖　仁志	参新	(5.1)
	12,120	山田　信一	N新	(2.9)
	10,188	針原　崇志	諸新	(2.4)

みや　もと　しゅう　じ
宮 本　周 司　　自前［安］　　R1 補当3

石川県能美市　S46・3・27
勤9年10ヵ月　（初/平25）

財務大臣政務官、参院党国会対策副委
員長、経済産業大臣政務官、全国商工会
連合会顧問、東経大/51歳

〒920-8203　石川県金沢市鞍月3-127　☎076(256)5623
〒100-8962　千代田区永田町2-1-1、会館　☎03(6550)1018

おか　だ　なお　き
岡 田 直 樹　　自前［安］　　R4 当4

石川県金沢市　S37・6・9
勤18年11ヵ月　（初/平16）

地方創生・沖縄・北方大臣、参党国対委長、内閣官房副
長官、参党幹事長代行、財務副大臣、国交委長、国交大
臣政務官、県議、北國新聞記者・論説委、東大/60歳

〒920-8203　金沢市鞍月4-115
　　　　　　金沢ジーサイドビル4F　☎076(255)1931
〒102-0094　千代田区紀尾井町1-15、宿舎

福井県　2人

	令和元年選挙得票数			
当	195,515	滝波　宏文	自現	(66.1)
▽	77,377	山田　和雄	共新	(26.2)
	22,719	嶋谷　昌美	諸新	(7.7)

	令和4年選挙得票数			
当	135,762	山崎　正昭	自現	(39.7)
▽	122,389	斉木　武志	無新	(35.8)
	31,228	笹岡　一彦	無新	(9.1)
	26,042	砂畑まみ恵	参新	(7.6)
	17,044	山田　和雄	共新	(5.0)
	9,203	ダニエル益資	N新	(2.7)

たき　なみ　ひろ　ふみ
滝波　宏文

自前[安]　　R1 当2
福井県　S46・10・20
勤9年9ヵ月　（初/平25）

党水産部会長、拉致特委筆頭理事、党原子力規制特委幹事長、経産政務官、党青年局長代理、財務省広報室長、早大院博士、シカゴ大院修士、東大法/51歳

〒910-0854　福井市御幸4-20-18
　　　　　　オノダニビル御幸5F　　☎0776(28)2815
〒100-8962　千代田区永田町2-1-1、会館　☎03(6550)0307

やま　ざき　まさ　あき
山崎　正昭

自前[安]　　R4 当6
福井県大野市　S17・5・24
勤31年1ヵ月　（初/平4）

法務委、参院議長、参院副議長、党参院幹事長、ODA特委長、内閣官房副長官、議運委長、大蔵政務次官、県議長、日大/80歳

〒912-0043　大野市国時町1205（自宅）　☎0779(65)3000
〒102-0083　千代田区麴町4-7、宿舎　☎03(5211)0248

山梨県　2人

	令和元年選挙得票数			
当	184,383	森屋　宏	自現	(53.0)
▽	150,327	市来　伴子	無新	(43.2)
	13,344	猪野　恵司	諸新	(3.8)

	令和4年選挙得票数			
当	183,073	永井　学	自新	(48.9)
▽	163,740	宮沢　由佳	立現	(43.8)
	20,291	渡辺　知彦	参新	(5.4)
	7,006	黒木　一郎	N新	(1.9)

もり　や　　ひろし
森屋　宏

自前[岸]　　R1 当2
山梨県　S32・7・21
勤9年9ヵ月　（初/平25）

内閣委筆頭理事、党内閣第一部会長、党県連会長、党副幹事長、内閣委員長、総務大臣政務官、県議会議長、北海道教育大、山梨学院大院/65歳

〒400-0031　山梨県甲府市丸の内1-17-18
　　　　　　東山ビル2F　　☎055(298)6357
〒102-0083　千代田区麴町4-7、宿舎

なが　い　　まなぶ
永井　学

自新[茂]　　R4 当1
山梨県甲府市　S49・5・7
勤8ヵ月　（初/令4）

国土交通委、拉致特委、党運輸交通関係団体副委員長、FM富士記者、旅行会社役員、県議、議員秘書、国学院大学法学部/48歳

〒400-0034　甲府市宝2-27-5　　☎055(267)6626
〒102-0083　千代田区麴町4-7、宿舎

福井・山梨

参略歴

長野県　2人

はた　じろう
羽田 次郎
立新　　R1　補当1
東京　S44・9・7
勤1年11ヵ月　(初/令3)

外防委、決算委、消費者特委、外交・安保調委、党参院国対副委員長、会社社長、衆議院議員秘書、米ウェイクフォレスト大学留学・53歳

〒386-0014　上田市材木町1-1-13　☎0268(22)0321
〒102-0094　千代田区紀尾井町1-15、宿舎

すぎ　お　ひでや
杉尾 秀哉
立前　　R4　当2
兵庫県明石市　S32・9・30
勤6年9ヵ月　(初/平28)

内閣委、予算委理、地方・デジ特委筆頭理事、元TBSテレビキャスター、東大文／65歳

〒380-0936　長野市中御所岡田102-28　☎026(236)1517
〒100-8962　千代田区永田町2-1-1、会館　☎03(6550)0724

岐阜県　2人

おお　の　やす　ただ
大野 泰正
自前[安]　R1　当2
岐阜県　S34・5・31
勤9年9ヵ月　(初/平25)

予算委理、災害特委筆頭理事、国交委、党国対副委員長、前党副幹事長、元国土交通大臣政務官、県議、全日空(株)、慶大法／63歳

〒501-6244　羽島市竹鼻町丸の内3-25-1　☎058(391)0273
〒100-8962　千代田区永田町2-1-1、会館　☎03(6550)0503

わた　なべ　たけ　ゆき
渡辺 猛之
自前[茂]　R4　当3
岐阜県　S43・4・18
勤12年10ヵ月　(初/平22)

議運委筆頭理事、環境委、国土交通副大臣兼内閣府副大臣兼復興副大臣、元県議、名古屋大経／54歳

〒505-0027　美濃加茂市本郷町6-11-12　☎0574(23)1511
〒100-8962　千代田区永田町2-1-1、会館　☎03(6550)0325

令和元年選挙得票数

当	585,271	牧野 京夫	自現	(38.5)	
当	445,866	榛葉賀津也	国現	(29.4)	
▽	301,895	徳川 家広	立新	(19.9)	
	136,623	鈴木 千佳	共新	(9.0)	
	48,739	畑山 浩一	諸新	(3.2)	

令和4年選挙得票数

当	622,141	若林 洋平	自新	(39.5)	
当	446,185	平山佐知子	無現	(28.4)	
▽	250,391	山崎真之輔	無現	(15.9)	
	137,835	鈴木 千佳	共新	(8.8)	
	72,662	山本 貴史	参新	(4.6)	
	19,023	堀川 圭輔	N新	(1.2)	
	14,640	舟橋 夢人	N新	(0.9)	
	10,666	船川 淳志	無新	(0.7)	

牧野たかお
まき の

自前［茂］　　R1 当3
静岡県島田市　S34・1・1
勤15年10ヵ月（初/平19）

総務委、党幹事長代理、国交副大臣、外務政務官、議運筆頭理事、党副幹事長、県議3期、民放記者、早大/64歳

〒422-8056　静岡市駿河区津島町11-25
　　　　　　山形ビル1F　☎054(285)9777

榛葉賀津也
しん ば かづ や

国前　　　　R1 当4
静岡県　　　S42・4・25
勤21年11ヵ月（初/平13）

党幹事長、外交防衛委、外務副大臣、防衛副大臣、党参国対委員、内閣委員、外防委、議運筆頭理事、予算委理、米オタバイン大/55歳

〒436-0022　掛川市上張862-1 FGKビル　☎0537(62)3355
〒100-8962　千代田区永田町2-1-1、会館　☎03(6550)1011

若林洋平
わか ばやし よう へい

自新［二］　　R4 当1
茨城県　　　S46・12・24
勤8ヵ月（初/令4）

予算委、農水委、震災復興特委、参党国対委員、御殿場市長、医療法人事務長、御殿場JC副理事長、埼玉大理学部/51歳

〒422-8065　静岡市駿河区宮本町1-9　☎054(272)1137

平山佐知子
ひらやま さ ち こ

無前　　　　R4 当2
静岡県　　　S46・1・3
勤6年9ヵ月（初/平28）

経産委、フリーアナウンサー、元NHK静岡放送局キャスター、日本福祉大学女子短大部/52歳

〒422-8061　静岡市駿河区森下町1-23　☎054(287)5511
〒100-8962　千代田区永田町2-1-1、会館　☎03(6550)0822

令和元年選挙得票数

当	737,317	酒井 庸行	自現	(25.7)	
当	506,817	大塚 耕平	国現	(17.7)	
当	461,531	田島麻衣子	立新	(16.1)	
当	453,246	安江 伸夫	公新	(15.8)	
▽	269,081	岬 麻紀	維新	(9.4)	
▽	216,674	須山 初美	共新	(7.6)	
	85,262	末永友香梨	諸新	(3.0)	
		以下は P270 に掲載			

令和4年選挙得票数

当	878,403	藤川 政人	自現	(28.4)	
当	443,250	里見 隆治	公現	(14.3)	
当	403,027	斎藤 嘉隆	立現	(13.0)	
当	391,757	伊藤 孝恵	国現	(12.7)	
	351,840	広沢 一郎	維新	(11.4)	
	198,962	須山 初美	共新	(6.4)	
	108,922	我喜屋宗司	れ新	(3.5)	
	107,387	伊藤 正哉	参新	(3.5)	
	40,868	石井 昭彦	社新	(1.3)	
	39,569	塚崎 海緒	N新	(1.3)	
		以下は P270 に掲載			

静岡・愛知

参

略歴

さかい やす ゆき
酒井庸行 自前[安] R1 当2
愛知県刈谷市　S27・2・14
勤9年9ヵ月　(初/平25)

財金委員長、内閣委員長、参党国対副委員長、党政調副会長、内閣府大臣政務官、愛知県議、刈谷市議、日大芸術学部／71歳

〒448-0003　刈谷市一ツ木町8-11-2　☎0566(25)3071
〒102-0083　千代田区麹町4-7、宿舎

おお つか こう へい
大塚耕平 国前 R1 当4
愛知県　S34・10・5
勤21年11ヵ月　(初/平13)

党代表代行、政調会長、税調・経済調査会長、早大・藤田医科大客員教授、元民進党代表、厚労・内閣府副大臣、日銀、早大院／63歳

〒464-0841　名古屋市千種区覚王山通9-19
　　　　　　覚王山プラザ2F　☎052(757)1955
〒100-8962　千代田区永田町2-1-1、会館☎03(6550)1121

た じま ま い こ
田島麻衣子 立新 R1 当1
東京都大田区　S51・12・20
勤3年8ヵ月　(初/令元)

経産委理、行監委、ODA・沖北特委、党副幹事長、党県連副代表、国連世界食糧計画(WFP)、英オックスフォード大院／46歳

〒461-0003　名古屋市東区筒井3-26-10
　　　　　　リムファースト5F　☎052(937)0151
〒100-8962　千代田区永田町2-1-1、会館☎03(6550)0410

やす え のぶ お
安江伸夫 公新 R1 当1
愛知県　S62・6・26
勤3年8ヵ月　(初/令元)

農水委、消費者特委理、憲法審委、党学生局長、青年委副委員長、県本部副代表、弁護士、創価大法科大学院／35歳

〒462-0044　名古屋市北区元志賀町1-68-1
　　　　　　ヴェルドミール志賀　☎052(908)3955
〒100-8962　千代田区永田町2-1-1、会館☎03(6550)0312

ふじ かわ まさ ひと
藤川政人 自前[麻] R4 当3
愛知県丹羽郡　S35・7・8
勤12年10ヵ月　(初/平22)

予算委筆頭理事、参党国対委員長代理、財務副大臣、総務大臣政務官、財金委長、党愛知県連会長、愛知県議、南山大／62歳

〒451-0042　名古屋市西区那古野2-23-21
　　　　　　デラ・ドーラ6C　☎052(485)8361
〒102-0094　千代田区紀尾井町1-15、宿舎

さと み りゅう じ
里見隆治 公前 R4 当2
京都府　S42・10・17
勤6年9ヵ月　(初/平28)

経済産業兼内閣府兼復興大臣政務官、党労働局長、党愛知県本部代表、日本語教育推進議連事務局長、協同労働推進議連事務局長、厚労省参事官、東大／55歳

〒451-0031　名古屋市西区城西1-9-5
　　　　　　寺島ビル1F　☎052(522)1666
〒100-8962　千代田区永田町2-1-1、会館☎03(6550)0301

さい とう よし たか
斎藤嘉隆

立前　　　　R4 当3
愛知県　S38・2・18
勤12年10ヵ月（初/平22）

文科委、国家基本委、党参院国対委員長、党県連代表、国土交通委員長、経産委員長、環境委員長、連合愛知副会長、愛教組委員長、愛知教育大/60歳

〒454-0976 名古屋市中川区服部3-507　☎052(439)0550
〒100-8962 千代田区永田町2-1-1、会館　☎03(6550)0707

い とう たか え
伊藤孝恵

国前　　　　R4 当2
愛知県犬山市　S50・6・30
勤6年9ヵ月（初/平28）

文科委理、国民生活調理、倫選特委、党副幹事長、金城学院大非常勤講師、テレビ大阪、リクルート、金城学院大/47歳

〒456-0002 名古屋市熱田区金山町1-5-3
　　　　　　トーワ金山ビル7F　☎052(683)1101
〒100-8962 千代田区永田町2-1-1、会館 ☎03(6550)1008

三重県　2人

令和元年選挙得票数				令和4年選挙得票数			
当	379,339	吉川 有美	自現 (50.3)	当	403,630	山本佐知子	自新 (53.4)
▽	334,353	芳野 正英	無新 (44.3)	▽	278,508	芳野 正英	無新 (36.9)
	40,906	門田 節代	諸新 (5.4)		51,069	堀江 珠恵	参新 (6.8)
					22,128	門田 節代	N新 (2.9)

よし かわ
吉川ゆうみ

自前［安］　　R1 当2
三重県桑名市　S48・9・4
勤9年9ヵ月（初/平25）

外務大臣政務官、経産大臣政務官、文科委員長、党女性局長、三井住友銀行、東京農工大院/49歳

〒510-0821 四日市市久保田2-8-1-103　☎059(356)8060
〒100-8962 千代田区永田町2-1-1、会館　☎03(6550)0412

やま もと さ ち こ
山本佐知子

自新［茂］　　R4 当1
三重県桑名市　S42・10・24
勤8ヵ月（初/令4）

国交委、議運委、党三重県連女性局長、三重県議、旅行会社員、住友銀行、神戸大学法学部、米オハイオ大学院修士/55歳

〒511-0836 三重県桑名市江場554　☎0594(86)7200
〒100-8962 千代田区永田町2-1-1、会館　☎03(6550)0203

滋賀県　2人

令和元年選挙得票数				令和4年選挙得票数			
当	291,072	嘉田由紀子	無新 (49.4)	当	315,249	小鑓 隆史	自現 (51.6)
▽	277,165	二之湯武史	自現 (47.0)	▽	190,700	田島 一成	無新 (31.2)
	21,358	服部 修	諸新 (3.6)		51,742	石堂 淳士	共新 (8.5)
					35,839	片岡 真	参新 (5.9)
					16,980	田野上勇人	N新 (2.8)

かだゆきこ
嘉田由紀子

無新（国民）　R1 当1
埼玉県本庄市　S25・5・18
勤3年8ヵ月　（初/令元）

予算委、国交委、災害特委、資源エネ調委、環境社会学者、滋賀県知事、びわこ成蹊スポーツ大学長、博士（農学）、京大／72歳

〒520-0044　滋賀県大津市京町2-4-23　☎077(509)7206
〒102-0083　千代田区麹町4-7、宿舎

たかし
こやり隆史

自前［岸］　R4 当2
滋賀県大津市　S41・9・9
勤6年9ヵ月　（初/平28）

厚労委理、消費者特委理、外交・安保調理、情報監視審委、党副幹事長、厚労政務官、経産省職員、京大院、インペリアルカレッジ大学院／56歳

〒520-0043　滋賀県大津市中央3-2-1
セザール大津森田ビル7F　☎077(523)5048
〒102-0094　千代田区紀尾井町1-15、宿舎

京都府　4人

にしだしょうじ
西田昌司

自前［安］　R1 当3
京都府　S33・9・19
勤15年10ヵ月（初/平19）

財金委理、党政調会長代理、党税調幹事、政調整備新幹線等鉄道調査会副会長、財金委員長、税理士、京都府議、滋賀大／64歳

〒601-8031　京都市南区烏丸通十条上ル西側　☎075(661)6100
〒102-0083　千代田区麹町4-7、宿舎

くらばやしあきこ
倉林明子

共前　R1 当2
福島県　S35・12・3
勤9年9ヵ月　（初/平25）

厚労委、行監委理、党副委員長、ジェンダー平等委員会責任者、看護師、京都府議、京都市議、京都市立看護短大／62歳

〒604-0092　京都市中京区丸太町新町大炊町186　☎075(231)5198

よしいあきら
吉井　章

自新［無］　R4 当1
京都府京都市　S42・1・2
勤8ヵ月　（初/令4）

国交委、議運委、拉致特委、参党国会対策委、党女性局次長、京都市会議員(4期)、衆院議員秘書、京都産業大学中退／56歳

〒600-8177　京都市下京区大坂町391　第10長谷ビル6階
☎075(341)5800

ふく やま てつ ろう
福山哲郎

立前　R4　当5
東京都　S37・1・19
勤25年　（初/平10）

国民生活調査会長、外交防衛委、党幹事長、内閣官房副長官、外務副大臣、外防委長、環境委長、松下政経塾、大和大院/61歳

〒602-0873　京都市上京区河原町通丸太町下ル伊勢屋町406
　　　　　　マツヲビル1F　　　　　　　　☎075（213）0988
〒100-8962　千代田区永田町2-1-1、会館　☎03（6550）0808

大阪府	8人	令和4年選挙得票数			

令和元年選挙得票数					令和4年選挙得票数			
当	729,818	梅村みずほ	維新 (20.9)	当	862,736	高木佳保里	維現 (23.1)
当	660,128	東　徹	維現 (18.9)	当	725,243	松川　るい	自現 (19.4)
当	591,664	杉　久武	公現 (16.9)	当	598,021	浅田　均	維現 (16.0)
当	559,709	太田　房江	自現 (16.0)	当	586,940	石川　博崇	公現 (15.7)
▽	381,854	辰巳孝太郎	共現 (10.9)	▽	337,467	辰巳孝太郎	共元 (9.0)
▽	356,177	亀石　倫子	立新 (10.2)	▽	197,975	石田　敏高	立新 (5.3)
		以下はP270に掲載			110,767	八幡　愛	れ新 (3.0)
					103,052	大谷由里子	国新 (2.7)
					97,426	油谷聖一郎	参新 (2.6)
						以下はP270に掲載	

うめむら
梅村みずほ

維新　R1　当1
愛知県名古屋市　S53・9・10
勤3年8ヵ月　（初/令元）

法務委、震災復興特委理、日本維新の会参議院大阪府選挙区第4支部代表、フリーアナウンサー、JTB、立命館大/44歳

〒532-0011　大阪市淀川区西中島5-1-4
　　　　　　モジュール新大阪1002号室　☎06（6379）3183
〒102-0094　千代田区紀尾井町1-15、宿舎

あずま　とおる
東　　徹

維前　R1　当2
大阪府大阪市住之江区　S41・9・16
勤9年9ヵ月　（初/平25）

議運委理、厚労委、拉致特委、参国対委員長、大阪府議3期、社会福祉士、福祉専門学校副学科長、東洋大修士課程修了/56歳

〒559-0012　大阪市住之江区東加賀屋4-5-19　☎06（6681）0350
〒100-8962　千代田区永田町2-1-1、会館　☎03（6550）0510

すぎ　ひさ　たけ
杉　久　武

公前　R1　当2
大阪府大阪市　S51・1・4
勤9年9ヵ月　（初/平25）

法務委員長、予算委理事、議運委理、財務大臣政務官、党参院国対副委員長、公認会計士、米国公認会計士、税理士、創価大/47歳

〒543-0033　大阪市天王寺区堂ヶ芝1-9-2-3B　☎06（6773）0234
〒102-0083　千代田区麹町4-7、宿舎

おお　た　ふさ　え
太田房江

自前[安]　R1　当2
広島県　S26・6・26
勤9年9ヵ月　（初/平25）

経産副大臣兼内閣府副大臣、党内閣第二部会長、党女性局長、厚労政務官、大阪府知事、通産省大臣官房審議官、岡山県副知事、通産省、東大/71歳

〒541-0046　大阪市中央区平野町2-5-14
　　　　　　FUKUビル三休橋502号室　☎06（4862）4822
〒102-0094　千代田区紀尾井町1-15、宿舎　☎03（3264）1351

たかぎ
高木かおり

維前　R4　当2
大阪府堺市　S47・10・10
勤6年9ヵ月　（初/平28）

内閣委、情監審委、党政調副会長、内閣部会長、ダイバーシティ推進局長、元堺市議2期、京都女子大／50歳

〒593-8311　堺市西区上439-8　☎072(349)3295
〒100-8962　千代田区永田町2-1-1、会館　☎03(6550)0306

まつ　かわ
松川るい

自前［安］　R4　当2
奈良県　S46・2・26
勤6年9ヵ月　（初/平28）

外交防衛委、党女性局長、党大阪関西万博推進本部事務局長、党外交部会長代理、防衛大臣政務官、外務省、東大法／52歳

〒571-0030　門真市末広町8-13-6階　☎06(6908)6677
〒100-8962　千代田区永田町2-1-1、会館　☎03(6550)0407

あさ　だ　　　　ひとし
浅田　均

維前　R4　当2
大阪府大阪市　S25・12・29
勤6年9ヵ月　（初/平28）

財金委、国家基本委、憲法審委、日本維新の会参議院会長、大阪府議、OECD日本政府代表、スタンフォード大院／72歳

〒536-0005　大阪市城東区中央1-13-13-218　☎06(6933)2300
〒102-0094　千代田区紀尾井町1-15、宿舎

いし　かわ　ひろ　たか
石川博崇

公前　R4　当3
大阪府　S48・9・12
勤12年10ヵ月　（初/平22）

決算委理、経産委、情報監視審委、党中央幹事、市民活動委員長、決算行政監視部会長、法務委員長、外務省職員、創価大／49歳

〒543-0021　大阪市天王寺区東高津町1-28　☎06(6766)1458
〒102-0083　千代田区麹町4-7、宿舎

兵庫県	6人

令和元年選挙得票数

当	573,427	清水	貴之	維現	(26.1)
当	503,790	高橋	光男	公新	(22.9)
当	466,161	加田	裕之	自新	(21.2)
▽	434,846	安田	真理	立新	(19.8)
	166,183	金田	峰生	共新	(7.6)
	54,152	原	博義	諸新	(2.5)

令和4年選挙得票数

当	652,384	片山	大介	維現	(28.3)
当	562,853	末松	信介	自現	(24.5)
当	454,962	伊藤	孝江	公現	(19.8)
▽	260,496	相崎佐和子		立新	(11.3)
	150,040	小村	潤	共新	(6.5)
	88,231	西村しのぶ		参新	(3.8)
	33,870	黒田	秀高	N新	(1.5)
	27,057	山崎	藍子	N新	(1.2)
	25,113	本原功仁哉		N無	(1.1)
	16,324	中曽千鶴子		無新	(0.7)
	14,323	速水	肇	諸新	(0.6)
	8,989	稲垣	秀哉	諸新	(0.4)
	7,263	里村	英一	諸新	(0.3)

し　みず　たか　ゆき
清水貴之

維前　R1　当2
福岡県筑紫野市　S49・6・29
勤9年9ヵ月　（初/平25）

環境委理、議運委、ODA・沖北特委理、朝日放送アナウンサー、早大、関西学院大学大学院修士／48歳

〒662-0916　西宮市戸田町4-23-202　☎0798(24)2426
〒102-0094　千代田区紀尾井町1-15、宿舎

大阪・兵庫

㊒ 略歴

高橋光男
<ruby>高<rt>たか</rt></ruby><ruby>橋<rt>はし</rt></ruby><ruby>光<rt>みつ</rt></ruby><ruby>男<rt>お</rt></ruby>

公新　　　　　R1　当1
兵庫県宝塚市　S52・2・15
勤3年8ヵ月　（初／令元）

国土交通委理事、決算委、外交・安保調委、党
青年委副委員長、党国際局次長、国土交通部
会長代理、元外務省職員、中央大学法／46歳

〒650-0015　神戸市中央区多聞通3-3-16-1102　☎078(367)6755
〒100-8962　千代田区永田町2-1-1、会館　☎03(6550)0614

加田裕之
<ruby>か<rt></rt></ruby><ruby>だ<rt></rt></ruby><ruby>裕<rt>ひろ</rt></ruby><ruby>之<rt>ゆき</rt></ruby>

自新［安］　　　R1　当1
兵庫県神戸市　S45・6・8
勤3年8ヵ月　（初／令元）

法務委理、決算委、災害特委、国民生活
調理委、法務大臣政務官、兵庫県議会副議
長、兵庫県議(4期)、甲南大／52歳

〒650-0001　神戸市中央区加納町2-4-10-603　☎078(262)1666
〒100-8962　千代田区永田町2-1-1、会館　☎03(6550)0819

片山大介
<ruby>かた<rt></rt></ruby><ruby>やま<rt></rt></ruby><ruby>だい<rt></rt></ruby><ruby>すけ<rt></rt></ruby>

維前　　　　　R4　当2
岡山県　　　　S41・10・6
勤6年9ヵ月　（初／平28）

予算委理、総務委、倫選特委、党国会議
員団政調副会長、NHK記者、慶大理工学
部、早大院公共経営研究科修了／56歳

〒650-0022　神戸市中央区元町通3-17-8
TOWA神戸元町ビル202号室　☎078(332)4224

末松信介
<ruby>すえ<rt></rt></ruby><ruby>まつ<rt></rt></ruby><ruby>しん<rt></rt></ruby><ruby>すけ<rt></rt></ruby>

自前［安］　　　R4　当4
兵庫県　　　　S30・12・17
勤18年11ヵ月　（初／平16）

予算委員長、文科委、文部科学大臣、参院国対委
員長、議運委員長、国土交通・内閣府・復興副大
臣、財務政務官、県議、全日空(株)、関学大／67歳

〒655-0044　神戸市垂水区舞子坂3-15-9　☎078(783)8682
〒102-0094　千代田区紀尾井町1-15、宿舎

伊藤孝江
<ruby>い<rt></rt></ruby><ruby>とう<rt></rt></ruby><ruby>たか<rt></rt></ruby><ruby>え<rt></rt></ruby>

公前　　　　　R4　当2
兵庫県尼崎市　S43・1・13
勤6年9ヵ月　（初／平28）

文部科学大臣政務官、党女性委員会副
委員長、弁護士、税理士、関西大／55歳

〒650-0015　神戸市中央区多聞通3-3-16
甲南第1ビル812号室　☎078(599)6619
〒102-0083　千代田区麹町4-7、宿舎

兵庫・奈良

参 略 歴

奈良県　2人

令和元年選挙得票数			令和4年選挙得票数		
当	301,201	堀井　　巌	自現(55.3)	当	256,139	佐藤　　啓	自現(41.7)
▽	219,244	西田　一美	無新(40.2)	▽	180,124	中川　　崇	維新(29.3)
	24,660	田中　孝子	諸新(4.5)		98,757	猪奥　美里	立新(16.1)
					42,609	北野伊津子	共新(6.9)
					28,919	中村　麻美	参新(4.7)
					8,161	冨田　哲之	N新(1.3)

ほり い　　　　いわお
堀井　巌

自前［安］　　R1 当2
奈良県橿原市 S40·10·22
勤9年9ヵ月　（初/平25）

党外交部会長、外防委、予算委、参党副幹事長、外務政務官、総務省、SF領事、内閣官房副長官秘書官、岡山県総務部長、東大/57歳

〒630-8114 奈良市芝辻町1-2-27乾ビル2F ☎0742(30)3838
〒100-8962 千代田区永田町2-1-1、会館　☎03(6550)0417

さ とう　　　　けい
佐藤　啓

自前［安］　　R4 当2
奈良県奈良市 S54·4·7
勤6年9ヵ月　（初/平28）

総務委理、党国対副委員長、党税調幹事、党青年局長代理、経産兼内閣府兼復興大臣政務官、首相官邸、総務省、東大/43歳

〒630-8012 奈良市二条大路南1-2-7
　　　　　 松岡ビル301
〒100-8962 千代田区永田町2-1-1、会館 ☎03(6550)0708

和歌山県　　　2人

令和元年選挙得票数			
当	295,608	世耕　弘成	自現 (73.8)
▽	105,081	藤井　幹雄	無新 (26.2)

令和4年選挙得票数			
当	283,965	鶴保　庸介	自現 (72.1)
	57,522	前　　久	共新 (14.6)
	22,967	加藤　充也	参新 (5.8)
	15,420	遠西　愛美	N新 (3.9)
	14,200	谷口　尚大	諸新 (3.6)

せ こう ひろ しげ
世耕弘成

自前［安］　　R1 当5
大阪府 S37·11·9
勤24年8ヵ月（初/平10補）

参党幹事長、経済産業大臣、官房副長官、参自政審会長、党政調会長代理、参自国対委長代理、総理補佐官、NTT、早大/60歳

〒640-8232 和歌山市南汀丁22 汀ビル2F ☎073(427)1515
〒100-8962 千代田区永田町2-1-1、会館 ☎03(6550)1017

つる ほ よう すけ
鶴保庸介

自前［二］　　R4 当5
大阪府大阪市 S42·2·5
勤25年　　　（初/平10）

地方・デジ特委員長、国交委、党捕鯨対策特委、国際経済調会長、沖北大臣、党参政審会長、国交副大臣、党水産部会長、議運・決算・厚労委、国交政務官2期、東大法/56歳

〒640-8341 和歌山市黒田107-1-503 ☎073(472)3311
〒100-8962 千代田区永田町2-1-1、会館 ☎03(6550)0313

鳥取県・島根県　　　2人

令和元年選挙得票数			
当	328,394	舞立　昇治	自現 (62.3)
▽	167,329	中林　佳子	無新 (31.7)
	31,770	黒瀬　信明	諸新 (6.0)

令和4年選挙得票数			
当	326,750	青木　一彦	自現 (62.5)
▽	118,063	村上泰二朗	立新 (22.6)
	37,723	福住　英行	共新 (7.2)
	26,718	前田　敬孝	参新 (5.1)
	13,517	黒瀬　信明	N新 (2.6)

奈良・和歌山・鳥取・島根

まい たち しょう じ
舞立 昇治

自前［無］　　RI 当2
鳥取県日吉津村　S50・8・13
勤9年1ヵ月　（初/平25）

総務委、行監委筆頭理、倫選特委、参党国対副委長、党水産総合調査会副会長、過疎対策特委幹事、党副幹事長、前水産部会長、元内閣府政務官、総務省、東大/47歳

〒683-0067　米子市東町177 東町ビル1F　☎0859(37)5016
〒100-8962　千代田区永田町2-1-1、会館　☎03(6550)0603

あお き かず ひこ
青木 一彦

自前［茂］　　R4 当3
島根県　S36・3・25
勤12年10ヵ月　（初/平22）

参党筆頭副幹事長・党副幹事長、国交委理事、ODA・沖北特委理事、議運委、予算委筆頭理事、国交副大臣、水産部会長代理、早大/61歳

〒690-0873　松江市内中原町140-2　☎0852(22)0111
〒100-8962　千代田区永田町2-1-1、会館　☎03(6550)0814

岡山県　2人

いし い まさ ひろ
石井 正弘

自前［安］市　　RI 当2
岡山県岡山市　S20・11・29
勤9年9ヵ月　（初/平25）

経産委理、党政調副・参政委副・税調幹事、経産兼内閣府副大臣、党国交部会長代理、内閣委員長、岡山県知事4期、建設省大臣官房審議官、東大法/77歳

〒700-0824　岡山市北区内山下1-9-15　☎086(233)6600
〒100-8962　千代田区永田町2-1-1、会館　☎03(6550)1214

お の だ き み
小野田紀美

自前［茂］　　R4 当2
岡山県　S57・12・7
勤6年9ヵ月　（初/平28）

防衛大臣政務官、党政調副会長、参政政審副会長、党農林副部会長、法務大臣政務官、党過疎特委次長、党青年局次長、都北区議、CD・ゲーム制作会社、拓殖大/40歳

〒700-0927　岡山市北区西古松2-2-27　☎086(243)8000
〒100-8962　千代田区永田町2-1-1、会館　☎03(6550)0318

広島県　4人

鳥取・島根・岡山・広島

参略歴

※選挙区別の当日有権者数・投票者数・投票率は 271 頁

もり もと しん じ
森本真治 立前 ⓇR1 当2
広島県広島市 S48・5・2
勤9年9ヵ月 （初/平25）

議運委理、経済委、政倫審幹事、党組織委員長、会派国対委員長代理、広島市議3期、弁護士秘書、松下政経塾、同志社大学文／49歳

〒739-1732 広島市安佐北区落合南1-3-12 ☎082(840)0801

みや ぐち はる こ
宮口治子 立新 ⓇR1 再当1
広島県福山市 S51・3・2
勤1年11ヵ月 （初/令3）

文科委、行監委、倫選特委、元ＴＶ局キャスター、フリーアナウンサー、声楽家、ヘルプマーク普及団体代表、大阪音大／46歳

〒720-0032 福山市三吉町南1-7-17 ☎084(926)4878
〒100-8962 千代田区永田町2-1-1、会館 ☎03(6550)0206

みや ざわ よう いち
宮沢洋一 自前[岸] ⓇR4 当3(初/平22)*
広島県福山市 S25・4・21
勤22年(衆9年2ヵ月)

資源エネ調査会長、財金委、党税調会長、党総務、経済産業大臣、党政調会長代理、元内閣府副大臣、元首相首席秘書官、大蔵省企画官、東大法／72歳

〒730-0017 広島市中区鉄砲町8-24
にしたやビル401号 ☎082(511)5541
〒100-8962 千代田区永田町2-1-1、会館 ☎03(6550)0820

み かみ
三上えり 無新(立憲) ⓇR4 当1
広島県 S45・6・11
勤8ヵ月 （初/令4）

国交委、決算委、拉致特委、外交・安保調委、TSSテレビ新広島アナウンサー、米サザンセミナリーカレッジ／52歳

〒732-0816 広島市南区比治山本町3-22 大保ビル201
☎082(250)8811
〒100-8962 千代田区永田町2-1-1、会館 ☎03(6550)0320

山口県　2人

令和元年選挙得票数		令和4年選挙得票数	
当 374,686 林　芳正 自現 (70.0)		当 327,153 江島　潔 自現 (63.0)
以下は P270 に掲載		61,853 秋山　賢治 立新 (11.9)
令3.8.16林議員辞職、補選 (令3.10.24)		53,990 大内　一也 国新 (10.4)
当 307,894 北村　経夫 自現 (75.6)		32,390 吉田　達彦 共新 (6.2)
92,532 河合　喜代 共新 (22.7)		20,441 大石　健一 参新 (3.9)
6,809 へずまりゅう N新 (1.7)		15,410 佐々木信夫 諸新 (3.0)
		8,298 二矢川珠紀 N新 (1.6)

きた むら つね お
北村経夫 自前[安] ⓇR1 補当3
山口県田布施町 S30・1・5
勤9年10ヵ月 （初/平25）

経産委、拉致特委理、党国防部会長代理、党安全保障調査会長、参外防委員長、経産政務官、産経新聞政治部長、中央大、ペンシルベニア大学院／68歳

〒753-0064 山口市神田町5-11 ☎083(928)8071
〒100-8962 千代田区永田町2-1-1、会館 ☎03(6550)1109

　　※平12衆院初当選

参略歴

え じま　　きよし
江島　潔

自前［安］　　R4　当3
山口県下関市　S32・4・2
勤10年1ヵ月（初/平25補）

党総務会副会長、元経産・内閣府副大臣、
農水委員長、復興特委員長、党水産部会
長、国交政務官、下関市長、東大院／65歳

〒754-0011　山口県小郡御幸町7-31
　　　　　　　アドレ・ビル103号　　☎083(976)4318
〒102-0083　千代田区麴町4-7、宿舎

徳島県・高知県　　2人

令和元年選挙得票数			
当	253,883	高野光二郎	自現 (50.3)
	201,820	松本　顕治	共新 (40.0)
	33,764	石川新一郎	諸新 (6.7)
	15,014	野村　秀邦	無新 (3.0)

令和4年選挙得票数			
当	287,609	中西　祐介	自現 (52.8)
	103,217	松本　顕治	共新 (15.4)
	62,001	藤本　健一	維新 (11.0)
	49,566	前田　　強	国新 (9.1)
	28,195	荒牧　国晴	参新 (5.2)
	14,006	中島　康治	N新 (2.6)

たか の　こう じ ろう
高野光二郎

自前［麻］　　R1　当2
高知県高知市　S49・9・30
勤9年9ヵ月　（初/平25）

党副幹事長、参党副幹事長、総務委、党水
産部会長代理、党林政対策委事務局長、
農水政務官、高知県議、東農大／48歳

〒780-0870　高知市本町5-6-35
　　　　　　　つちばしビル2F　　☎088(855)5223
〒100-8962　千代田区永田町2-1-1、会館　☎03(6550)0421

なか にし ゆう すけ
中西祐介

自前［麻］　　R4　当3
徳島県　S54・7・12
勤12年10ヵ月（初/平22）

総務委筆頭理事、総務副大臣、参党国対筆頭副委員
長、財政金融委員長、党水産部会長、党青年局長代理、
財務大臣政務官、銀行員、松下政経塾、慶大法／43歳

〒770-8056　徳島市問屋町31　　☎088(655)8852
〒100-8962　千代田区永田町2-1-1、会館　☎03(6550)0622

香川県　　2人

令和元年選挙得票数			
当	196,126	三宅　伸吾	自現 (54.0)
▽	151,107	尾田美和子	無新 (41.6)
	15,970	田中　邦明	諸新 (4.4)

令和4年選挙得票数			
当	199,135	磯崎　仁彦	自現 (51.5)
	59,614	三谷　祥子	国新 (15.4)
	52,897	茂木　邦夫	立新 (13.7)
	33,399	町川　順子	維新 (8.6)
	18,070	石田　真優	共新 (4.7)
	13,528	小林　直美	参新 (3.5)
	7,116	池田　順一	N新 (1.8)
	2,890	鹿島日出喜	諸新 (0.7)

み やけ しん ご
三宅伸吾

自前［無］　　R1　当2
香川県さぬき市S36・11・24
勤9年9ヵ月　（初/平25）

内閣委、地方・デジ特委理、決算委理、党環境部会
長、党安全保障関係団体委員長、外務大臣政務官、
日本経済新聞社記者、編集委員、東大大学院／61歳

〒760-0080　高松市木太町2343-4
　　　　　　　木下産業ビル2F　　☎087(802)3845

山口・徳島・高知・香川

参
略
歴

いそ ざき よし ひこ
磯﨑仁彦
自前[岸] 　R4 当3
香川県 S32・9・8
勤12年10ヵ月（初/平22）

内閣官房副長官、内閣委、党政調会長代理、経産副大臣兼内閣府副大臣、環境委員長、東大法／65歳

〒760-0068 高松市松島町1-13-14
九十九ビル4F ☎087（834）6301
〒102-0094 千代田区紀尾井町1-15、宿舎

愛媛県　　2人

令和元年選挙得票数					令和4年選挙得票数				
当	335,425	永江 孝子	無新	(56.0)	当	318,846	山本 順三	自現	(59.0)
▽	248,616	らくさぶろう	自新	(41.5)	▽	173,229	高見 知佳	無新	(32.1)
	14,943	椋本 薫	諸新	(2.5)		27,912	八木 邦靖	参新	(5.2)
						12,724	吉原 弘訓	N新	(2.4)
						7,350	松木 崇	諸新	(1.4)

　　　　たか こ
ながえ孝子
無新 　R1 当1(初/令元)※
愛媛県 S35・6・15
勤7年（衆3年4ヵ月）

環境委、衆議院議員1期、南海放送アナウンサー、神戸大学法学部／62歳

〒790-0802 松山市喜与町1-5-4 ☎089（941）8007

やま もと じゅん ぞう
山本順三
自前[安] 　R4 当4
愛媛県今治市 S29・10・27
勤18年11ヵ月（初/平16）

参議院議員副会長、予算委員長、国家公安委員長、内閣府特命担当大臣、議運委員長、党県連会長、国交・内閣府・復興副大臣、幹事長代理、決算委員長、国交政務官、県議、早大／68歳

〒794-0005 今治市大新田町2-2-50 ☎0898（31）7800
〒102-0094 千代田区紀尾井町1-15、宿舎

福岡県　　6人

令和元年選挙得票数					令和4年選挙得票数				
当	583,351	松山 政司	自現	(33.2)	当	586,217	大家 敏志	自現	(29.2)
当	401,495	下野 六太	公新	(22.8)	当	438,876	古賀 之士	立現	(21.9)
当	365,634	野田 国義	立現	(20.8)	当	348,700	秋野 公造	公現	(17.4)
▽	171,436	河野 祥子	自新	(9.8)	▽	158,772	龍野真由美	維新	(7.9)
▽	143,955	春田久美子	国新	(8.2)		133,900	大田 京子	国新	(6.7)
	46,362	川口 尚宏	諸新	(2.6)		98,746	真島 省三	共新	(4.9)
						82,333	奥田美代子	れ新	(4.1)
						72,263	野中しんすけ	諸新	(3.6)
		以下は P270 に掲載					以下は P270 に掲載		

香川・愛媛・福岡

まつ やま まさ じ
松山政司
自前[岸] 　R1 当4
福岡県福岡市 S34・1・20
勤21年11ヵ月（初/平13）

参党政審会長、弾劾裁判長、環境委、ODA・沖北特委、党外労特委長、一億・内特相、参党国対委長、外務副大臣、経産政務官、日本JC会頭、明治大商／64歳

〒810-0001 福岡市中央区天神3-8-20-1F ☎092（725）7739
〒100-8962 千代田区永田町2-1-1、会館 ☎03（6550）1124

 ※平21衆院初当選

参 略歴

しも の ろく た
下野六太
公新　　　　　　　　R1 当1
福岡県北九州市八幡西区　S39・5・1
勤3年8ヵ月　（初/令元）

農水委、党農林水産部会長、農水大臣政務官、中学校保健体育科教諭、国立福岡教育大学大学院修士課程／58歳

〒812-0873　福岡市博多区西春町3-2-21
　　　　　　島田ビル2F　　　　　　☎092(558)8910
〒100-8962　千代田区永田町2-1-1、会館　03(6550)0913

の だ くに よし
野田国義
立前　　　　　　　R1 当2(初/平25)※
福岡県　　　　　　S33・6・3
勤13年1ヵ月（衆3年4ヵ月）

決算委理、総務委、災害特委理、行政監視委員長、衆院議員、八女市長(4期)、日大法／64歳

〒834-0031　福岡県八女市本町2-81　　☎0943(24)4630
〒102-0094　千代田区紀尾井町1-15、宿舎

おお いえ さと し
大家敏志
自前［麻］　　　　　R4 当3
福岡県　　　　　　S42・7・17
勤12年10ヵ月（初/平22）

財金委筆頭理事、党政調会長代理、財務副大臣、議運筆頭理事、財金委員長、財務大臣政務官、予算理事、県議、北九州大／55歳

〒805-0019　北九州市八幡東区中央3-8-24 ☎093(681)5500
〒100-8962　千代田区永田町2-1-1、会館　03(6550)0518

こ が ゆき ひと
古賀之士
立前　　　　　　　R4 当2
福岡県久留米市　　S34・4・9
勤6年9ヵ月　（初/平28）

震災復興特委員長、総務委、党県連副代表、前国土交通委員長、FBS福岡放送キャスター、明治大政経／63歳

〒814-0015　福岡市早良区室見5-13-21
　　　　　　アローズ室見駅前201号　☎092(833)2288
〒102-0094　千代田区紀尾井町1-15、宿舎

あき の こう ぞう
秋野公造
公前　　　　　　　R4 当3
兵庫県　　　　　　S42・7・11
勤12年10ヵ月（初/平22）

財務副大臣、党九州方面本部長、党参国対委員長、総務・法務委員長、環境・内閣府大臣政務官、厚労省、医師、長崎大院／55歳

〒804-0066　北九州市戸畑区初音町6-7
　　　　　　中西ビル201　　　　　　☎093(873)7550
〒102-0083　千代田区麹町4-7、宿舎

福岡・佐賀

佐賀県　2人

令和元年選挙得票数				令和4年選挙得票数			
当	186,209	山下　雄平	自現 (61.6)	当	218,425	福岡　資麿	自現 (65.2)
▽	115,843	犬塚　直史	国元 (38.4)	▽	78,802	小野　司	立新 (23.5)
					18,008	稲葉　継男	参新 (5.4)
					13,442	上村　泰稔	共新 (4.0)
					6,383	真喜志雄一	N新 (1.9)

やま した ゆう へい
山下 雄平
自前［茂］　　R1　当2
佐賀県唐津市　S54・8・27
勤9年9ヵ月　（初/平25）

農林水産委員長、**倫選特委**、党副幹事長、党新聞出版局長、内閣府大臣政務官、日本経済新聞社記者、時事通信社記者、慶大／43歳

〒840-0801　佐賀市駅前中央3-6-11　　☎0952(37)8290
〒102-0083　千代田区麹町4-7、宿舎　　☎03(3237)0341

ふく おか たか まろ
福岡 資麿
自前［茂］R4当ら(初/平22)※
佐賀県　　S48・5・9
勤16年9ヵ月（衆3年11ヵ月）

党人事局長、**法務委**、**倫選特委**、議運委員長、党厚労部会長、内閣府副大臣、党政調・総務会長代理、衆院議員、慶大法／49歳

〒840-0826　佐賀市白山1-4-18　　☎0952(20)0111
〒100-8962　千代田区永田町2-1-1、会館　☎03(6550)0919

長崎県　　2人

令和元年選挙得票数				令和4年選挙得票数			
当	258,109	古賀友一郎	自現 (51.5)	当	261,554	山本　啓介	自新 (50.1)
▽	224,022	白川　鮎美	国新 (44.7)	▽	152,473	白川　鮎美	立新 (29.2)
	19,240	神谷幸太郎	諸新 (3.8)		53,715	山田　真美	維新 (10.3)
					26,281	安江　綾子	共新 (5.0)
					21,363	尾方　綾子	参新 (4.1)
					6,969	大熊　和人	N新 (1.3)

こ が ゆういちろう
古賀 友一郎
自前［岸］　　R1　当2
長崎県諫早市　S42・11・2
勤9年9ヵ月　（初/平25）

内閣委員長、**消費者特委**、党中央政治大学院副学院長、党政調副会長、総務大臣政務官兼内閣府大臣政務官、長崎市副市長、総務省室長、東大法／55歳

〒850-0033　長崎市万才町2-7松本ビル301 ☎095(832)6061
〒102-0083　千代田区麹町4-7、宿舎

やま もと けい すけ
山本 啓介
自新［岸］　　R4　当1
長崎県壱岐市　S50・6・21
勤8ヵ月　　　（初/令4）

農林水産委、**議運委**、党長崎県連幹事長、長崎県議会議員、衆議院議員秘書、皇學館大學文学部／47歳

〒850-0033　長崎市万才町7-1 TBM長崎ビル10階　☎095(818)6588

熊本県　　2人

令和元年選挙得票数				令和4年選挙得票数			
当	379,223	馬場　成志	自現 (56.4)	当	426,623	松村　祥史	自現 (62.2)
▽	262,664	阿部　広美	無新 (39.1)	▽	149,780	出口慎太郎	立新 (21.8)
	30,539	最勝寺辰也	諸新 (4.5)		78,101	高井　千鶴	参新 (11.4)
					31,734	本間　明子	N新 (4.6)

佐賀・長崎・熊本

参 略歴

266　　　　　　　　　　　　　※平17衆院初当選

馬場成志 (ばば せいし)

自前［岸］　Ｒ1 当2
熊本県熊本市 S39・11・30
勤9年9ヵ月　（初/平25）

議運委理事、財金委、党副幹事長、厚労大臣政務官、党国対副委員長、熊本県議会議長、全国都道府県議長会副会長、市議、県立熊工／58歳

〒861-8045　熊本市東区小山6-2-20　☎096(388)8855
〒102-0083　千代田区麴町4-7、宿舎

松村祥史 (まつ むら よし ふみ)

自前［茂］　Ｒ4 当4
熊本県 S39・4・22
勤18年11ヵ月　（初/平16）

党総務会長代理、経産委、議運委員長、経済産業副大臣、党水産部会長、環境委員長、全国商工会顧問、専修大／58歳

〒862-0950　熊本市中央区水前寺6-41-5
　　　　　　千代田レジデンス県庁東101　☎096(384)4423
〒100-8962　千代田区永田町2-1-1、会館　☎03(6550)1023

大分県　2人

令和元年選挙得票数				
当	236,153	安達　澄	無新	(49.6)
▽	219,498	礒崎 陽輔	自現	(46.1)
	20,909	牧原慶一郎	諸新	(4.4)

令和4年選挙得票数				
当	228,417	古庄　玄知	自新	(46.6)
▽	183,258	足立 信也	国現	(37.4)
	35,705	山下　魁	共新	(7.3)
	21,723	重松 雄子	参新	(4.4)
	10,770	二宮 大造	N新	(2.2)
	10,512	小手川裕市	無新	(2.1)

安達　澄 (あ だち きよし)

無新　Ｒ1 当1
大分県別府市 S44・12・14
勤3年8ヵ月　（初/令元）

財金委、(株)DMOジャパン代表取締役、朝日新聞社、新日本製鉄(現・日本製鉄)株式会社、上智大／53歳

〒874-0909　大分県別府市田の湯町3-6　☎0977(76)9008
〒100-8962　千代田区永田町2-1-1、会館　☎03(6550)0419

古庄玄知 (こ しょう はる とも)

自新［安］　Ｒ4 当1
大分県国東市 S32・12・23
勤8ヵ月　（初/令4）

予算委、法務委、憲法審、災害特委、元大分県弁護士会会長、元大分県暴力追放運動推進センター理事長、早大法／65歳

〒870-0047　大分市中島西2-5-20　☎097(540)6255
〒100-8962　千代田区永田町2-1-1、会館　☎03(6550)0907

宮崎県　2人

令和元年選挙得票数				
当	241,492	長峯　誠	自現	(64.4)
▽	110,782	園生 裕造	立新	(29.5)
	23,000	河野 一郎	諸新	(6.1)

令和4年選挙得票数				
当	200,565	松下 新平	自現	(48.0)
▽	150,911	黒田 奈々	立新	(36.1)
	30,162	黒木 章光	国新	(7.2)
	15,670	今村 幸史	参新	(3.8)
	12,260	白江 好友	共新	(2.9)
	8,255	森　大地	N新	(2.0)

熊本・大分・宮崎

参 略歴

※選挙区別の当日有権者数・投票者数・投票率は271頁

なが みね　まこと
長峯　誠　自前［安］　R1 当2
宮崎県都城市　S44・8・2
勤9年9ヵ月　（初/平25）

経産大臣政務官兼内閣府大臣政務官、党水産部会長、外防委員長、財務大臣政務官、都城市長、県議、早大政経／53歳

〒880-0805　宮崎市橘通東1-8-11 3F　☎0985(27)7677
〒100-8962　千代田区永田町2-1-1、会館　☎03(6550)0802

まつ した しん ぺい
松下 新平　自前［無］　R4 当4
宮崎県宮崎市（旧高岡町）　S41・8・18
勤18年11ヵ月　（初/平16）

政倫審会長、党財金・外交・総務部会長、総務兼内閣府副大臣、国交政務官、倫選特・ODA特・災害特委員、県議、県職員、法大／56歳

〒880-0813　宮崎市丸島町5-18
　　　　　　平和ビル丸島1F
〒102-0083　千代田区麴町4-7、宿舎　☎0985(61)1501

鹿児島県　2人

令和元年選挙得票数					令和4年選挙得票数				
当	290,844	尾辻	秀久	自現 (47.4)	当	291,169	野村	哲郎	自現 (46.0)
▽	211,301	合原	千尋	無新 (34.4)		185,055	柳	誠子	立新 (29.2)
▽	112,063	前田	終止	無新 (18.2)		93,372	西郷	歩美	無新 (14.8)
						47,479	昇	拓真	参新 (7.5)
						15,770	草尾	敦	N新 (2.5)

お つじ ひで ひさ
尾辻 秀久　無前　R1 当6
鹿児島県　S15・10・2
勤34年1ヵ月　（初/平1）

参議院議長、自民党両院議員総会長、元参議院副議長、党参議院議員会長、予算委員長、厚労大臣、財務副大臣、県議、防大、東大中退／82歳

〒890-0064　鹿児島市鴨池新町6-5-603　☎099(214)3754

の むら てつ ろう
野村 哲郎　自前［茂］　R4 当4
鹿児島県霧島市 S18・11・20
勤18年11ヵ月　（初/平16）

農林水産大臣、前参議院副議長、決算委員長、党農林部会長、党政調会長代理、農水委長、参議運庶務小委員、農水政務官、鹿児島県農協中央会常務、ラ・サール高／79歳

〒890-0064　鹿児島市鴨池新町6-5-404　☎099(206)7557
〒100-8962　千代田区永田町2-1-1、会館　☎03(6550)1120

沖縄県　2人

令和元年選挙得票数					令和4年選挙得票数				
当	298,831	髙良	鉄美	無新 (53.6)	当	274,235	伊波	洋一	無現 (46.9)
▽	234,928	安里	繁信	自新 (42.1)		271,347	古謝	玄太	自新 (46.4)
	12,382	玉利	朝輝	無新 (2.2)		22,585	河野	禎史	参新 (3.9)
	11,662	磯山	秀夫	諸新 (2.1)		11,034	山本	圭	N新 (1.9)
						5,644	金城	竜郎	諸新 (1.0)

宮崎・鹿児島・沖縄

参略歴

268

たから てつ み
髙良 鉄美

無新（沖縄）　R1　当1
沖縄県那覇市　S29・1・15
勤3年8ヵ月　（初/令元）

外防委、ODA・沖北特委、琉球大学名誉教授、琉球大学法科大学院院長、琉球大法文学部教授、九州大大学院博士課程／69歳

〒903-0803　沖縄県那覇市首里平良町1-18-102☎098(885)7171
〒100-8962　千代田区永田町2-1-1、会館　　☎03(6550)0712

い は よう いち
伊波 洋一

無前（沖縄）　R4　当2
沖縄県宜野湾市　S27・1・4
勤6年9ヵ月　（初/平28）

外交防衛委、行政監視委、倫選特委、外交・安保調委、宜野湾市長、沖縄県議、宜野湾市職員、琉球大／71歳

〒901-2203　沖縄県宜野湾市野嵩2-1-8-101　☎098(892)7734
〒100-8962　千代田区永田町2-1-1、会館　　☎03(6550)0519

沖縄

略歴

参議院議員選挙得票数（続き）

第25回選挙（令和元年）

北海道（P237 より）

	23,785	中村　治	諸新	(1.0)
	13,724	森山　佳則	諸新	(0.9)
	10,108	岩瀬　清次	無新	(0.4)

埼玉県（P243 より）

	80,741	佐藤恵理子	諸新	(2.9)
	21,153	鮫島　良司	諸新	(0.8)
	19,515	小島　一郎	諸新	(0.7)

東京都（P245 より）

▽	214,438	野原　善正	諸新	(3.7)
▽	186,667	水野　素子	国新	(3.2)
	129,628	大橋　昌信	諸新	(2.3)
	91,194	野末　陳平	無元	(1.6)
	86,355	朝倉　玲子	社新	(1.5)
	34,121	七海ひろこ	諸新	(0.6)
	26,958	佐藤　均	無新	(0.5)
	23,582	横山　昌弘	諸新	(0.4)
	18,123	溝口　晃一	諸新	(0.3)
	15,475	森　純	無新	(0.3)
	9,686	関口　安弘	無新	(0.2)
	9,562	西野　貞吉	無新	(0.2)
	3,586	大塚紀久雄	諸新	(0.1)

神奈川県（P248 より）

	79,208	林　大祐	諸新	(2.2)
	61,709	相原　倫子	諸新	(1.7)
	22,057	森下　正勝	無新	(0.6)
	21,755	壹岐　愛子	諸新	(0.6)
	21,598	加藤　友行	諸新	(0.6)
	17,170	榎本　太志	無新	(0.5)
	11,185	渋谷　貢	諸新	(0.3)
	8,514	圷　孝行	諸新	(0.2)

愛知県（P253 より）

	43,756	平山　良平	社新	(1.5)
	32,142	石井　均	無新	(1.1)
	25,219	牛田　宏幸	諸新	(0.9)
	17,905	古川　均	無新	(0.6)
	16,425	橋本　勉	諸新	(0.6)

大阪府（P257 より）

	129,587	にしゃんた	国新	(3.7)
	43,667	尾崎　全紀	諸新	(1.2)
	14,732	浜田　健	諸新	(0.4)
	11,203	数森　圭吾	無新	(0.3)
	9,314	足立美生代	諸新	(0.3)
	7,252	佐々木一郎	諸新	(0.2)

広島県（P261 より）

	70,886	高見　篤己	共新	(6.9)
	26,454	加賀　輝実	諸新	(2.6)
	15,253	玉田　憲勲	無新	(1.5)
	12,327	泉　安政	諸新	(1.2)

広島県再選挙（P261 より）

	20,848	佐藤　周一	無新	(2.7)
	16,114	山本　貴平	N新	(2.1)
	13,363	大山　宏	無新	(1.7)
	8,806	玉田　憲勲	無新	(1.1)

山口県（P262 より）

▽	118,491	大内　一也	国新	(22.1)
	24,131	河井美和子	諸新	(4.5)
	18,177	竹本　秀之	無新	(3.4)

福岡県（P264 より）

	15,511	本藤　昭子	諸新	(0.9)
	15,380	江夏　正敏	諸新	(0.9)
	14,586	浜武　振一	諸新	(0.8)

第26回選挙（令和4年）

東京都（P245 より）

	137,692	河西　泉緒	参新	(2.2)
	59,365	服部　良一	社新	(0.9)
	53,032	松田　美樹	N新	(0.8)
	50,661	斎木　陽平	諸新	(0.8)
	46,641	杏沢　亮治	諸新	(0.7)
	27,110	田村　真菜	N新	(0.4)
	25,209	及川　幸久	諸新	(0.4)
	22,306	河野　憲二	諸新	(0.4)
	20,758	安藤　裕	諸新	(0.3)
	19,287	田中　健	N新	(0.3)
	19,100	後藤　輝樹	諸新	(0.3)
	17,020	菅原　深雪	諸新	(0.3)
	14,845	青山　雅幸	諸新	(0.2)
	13,431	長谷川洋平	N新	(0.2)
	10,150	猪野　恵司	N新	(0.2)
	9,658	セッタケンジ	N新	(0.1)
	7,417	中村　高志	諸新	(0.1)
	7,203	中川　智晴	無新	(0.1)
	5,408	込山　洋行	諸新	(0.1)
	3,559	内藤　久遠	諸新	(0.1)
	3,370	油井　史正	N新	(0.1)
	3,283	小畑　治彦	諸新	(0.1)
	3,043	中村　之菊	諸新	(0.0)
	1,913	桑島　康文	諸新	(0.0)

神奈川県（P248 より）

	19,920	橋本　博幸	N新	(0.5)
	19,867	針谷　大輔	諸新	(0.5)
	19,155	藤沢あゆみ	無新	(0.5)
	17,609	飯田富和子	N新	(0.4)
	13,904	首藤　信彦	諸新	(0.3)
	11,623	小野塚清仁	N新	(0.3)
	11,073	壹岐　愛子	諸新	(0.3)
	10,268	久保田　京	諸新	(0.3)
	8,099	萩山あゆみ	諸新	(0.2)

愛知県（P253 より）

	36,370	山下　俊輔	無新	(1.2)
	27,497	末永友香梨	N新	(0.9)
	21,629	山田　健次	諸新	(0.7)
	16,359	平岡真奈美	諸新	(0.5)
	12,459	曽我　周作	N新	(0.4)
	9,841	斎藤　幸成	N新	(0.3)
	8,071	伝　三樹雄	諸新	(0.3)

大阪府（P257 より）

	37,088	西谷　久美	諸新	(1.0)
	21,663	吉田　宏之	N新	(0.6)
	13,234	西脇　京子	N新	(0.4)
	11,220	丸吉　孝文	N新	(0.3)
	9,138	本多　香織	諸新	(0.3)
	8,111	数森　圭吾	諸新	(0.2)
	7,254	高山純三朗	N新	(0.2)
	6,217	後藤　住弘	諸新	(0.2)
	2,440	押越　清悦	諸新	(0.1)

福岡県（P264 より）

	30,190	福本　貴紀	社新	(1.5)
	14,513	真島加央理	N新	(0.7)
	9,309	熊丸　英治	N新	(0.4)
	8,917	和田　昌子	N新	(0.4)
	7,962	江夏　正敏	諸新	(0.4)
	7,186	対馬　一誠	無新	(0.4)
	4,908	先崎　玲	諸新	(0.2)
	3,868	組坂　善昭	諸新	(0.2)

参議院議員選挙 選挙区別当日有権者数・投票者数・投票率

選挙区	第25回選挙(令和元年7月21日)			第26回選挙(令和4年7月10日)		
	当日有権者数	投票者数	投票率(%)	当日有権者数	投票者数	投票率(%)
北海道	4,569,237	2,456,307	53.76	4,465,577	2,410,392	53.98
青森県	1,109,105	476,241	42.94	1,073,060	531,101	49.49
岩手県	1,066,495	603,115	56.55	1,034,059	572,696	55.38
宮城県	1,942,518	993,990	51.17	1,921,486	937,723	48.80
秋田県	864,562	486,653	56.29	833,368	463,040	55.56
山形県	925,158	561,961	60.74	899,997	556,859	61.87
福島県	1,600,022	839,115	52.41	1,564,668	835,510	53.40
茨城県	2,431,531	1,094,580	45.02	2,409,541	1,137,768	47.22
栃木県	1,634,678	721,568	44.14	1,620,720	761,353	46.98
群馬県	1,630,505	785,514	48.18	1,608,605	780,048	48.49
埼玉県	6,121,021	2,845,047	46.48	6,146,072	3,088,514	50.25
千葉県	5,244,929	2,374,964	45.28	5,261,370	2,631,296	50.01
東京都	11,396,789	5,900,049	51.77	11,454,822	6,477,709	56.55
神奈川県	7,651,249	3,728,103	48.73	7,696,783	4,195,301	54.51
新潟県	1,919,522	1,061,606	55.31	1,866,525	1,032,469	55.32
富山県	891,171	417,762	46.88	875,460	449,734	51.37
石川県	952,304	447,560	47.00	941,362	436,850	46.41
福井県	646,976	308,201	47.64	635,127	351,323	55.32
山梨県	693,775	357,741	51.56	684,292	384,777	56.23
長野県	1,744,373	947,069	54.29	1,721,369	993,314	57.70
岐阜県	1,673,778	853,555	51.00	1,646,587	882,366	53.59
静岡県	3,074,712	1,551,423	50.46	3,037,295	1,608,958	52.97
愛知県	6,119,143	2,948,450	48.18	6,113,878	3,189,927	52.18
三重県	1,496,659	773,570	51.69	1,473,183	777,571	52.78
滋賀県	1,154,433	599,882	51.96	1,154,141	629,993	54.59
京都府	2,126,435	987,180	46.42	2,094,931	1,066,437	50.91
大阪府	7,311,131	3,555,053	48.63	7,299,848	3,828,471	52.45
兵庫県	4,603,272	2,237,085	48.60	4,558,268	2,352,776	51.62
奈良県	1,149,183	569,173	49.53	1,129,608	631,480	55.90
和歌山県	816,550	411,689	50.42	796,272	417,419	52.42
鳥取県・島根県	1,048,600	547,406	52.20	1,019,771	540,376	52.99
⎰ 鳥取	474,342	237,076	49.98	463,109	226,580	48.93
⎱ 島根	574,258	310,330	54.04	556,662	313,796	56.37
岡山県	1,587,953	715,907	45.08	1,562,505	737,981	47.23
広島県	2,346,879	1,048,374	44.67	2,313,406	1,082,510	46.79
山口県	1,162,683	550,186	47.32	1,132,957	539,213	47.59
徳島県・高知県	1,247,237	528,657	42.39	1,213,323	564,520	46.53
⎰ 徳島	636,739	245,745	38.59	619,194	283,122	45.72
⎱ 高知	610,498	282,912	46.34	594,129	281,398	47.36
香川県	825,466	373,999	45.31	808,630	390,269	49.22
愛媛県	1,161,978	608,817	52.39	1,135,046	554,056	48.81
福岡県	4,225,217	1,810,510	42.85	4,221,251	2,058,417	48.76
佐賀県	683,956	309,459	45.25	672,782	343,894	51.12
長崎県	1,137,066	516,939	45.46	1,107,592	539,595	48.72
熊本県	1,471,767	695,050	47.23	1,450,229	712,381	49.12
大分県	969,453	489,974	50.54	950,511	503,627	52.98
宮崎県	920,474	384,656	41.79	898,598	427,017	47.52
鹿児島県	1,371,428	627,480	45.75	1,337,184	650,267	48.63
沖縄県	1,163,784	570,305	49.00	1,177,144	595,192	50.56
合　計	105,886,063	51,671,922	48.80	105,019,203	54,660,242	52.05

参議院常任・特別委員一覧（令和5年1月23日現在）

【常任委員会】

内閣委員（22）
（自11）（立4）（公2）（維2）（国1）（共1）（れ1）

長	古賀友一郎	自
理	上月良祐	自
理	森屋宏	自
理	塩田博昭	公
理	山田太郎	自
幹	有村治子	自
幹	磯﨑仁彦	自
	衛藤晟一	自
	自見はなこ	自
	広瀬めぐみ	自
	三宅伸吾	自
	今井絵理子	自
	杉尾秀哉	立
	村田享子	立
	田島麻衣子	立
	水野素子	立
	三浦信祐	公
	柴田巧	維
	高木かおり	維
	上田清司	国
	井上哲士	共
	大島九州男	れ

総務委員（25）
（自12）（立4）（公3）（維2）（国1）（共1）（N2）

長	河野義博	公
理	藤川政人	自
理	西田実仁	公
理	三浦靖	自
理	沢本潔	自
幹	小沢雅仁	立
	上野通子	自
	植田光永	自
	川野芳昭	自
	立野たか	自
	野下新順	自
	谷賀田	自
	中三小山井江高長	立
	山舞松山岸	立
	古野西片	公
	柳ヶ瀬裕文	維
	竹詰仁	国
	伊藤岳	共
	ガーシー	N
	浜田聡	N

法務委員（21）
（自9）（立3）（公3）（維2）（国1）（共1）（無2）

長	杉久武	公
理	牧山ひろえ	立
理	谷合正明	公
理	加古裕之	自
理	山崎正昭	自
	古庄玄知	自
	山東昭子	自
	世耕弘成	自
	福岡資麿	自
	森まさこ	自
	山田宏	自
	和田政宗	自
	石川大我	立
	佐々木さやか	公
	鈴木宗男	維
	尾辻秀久	維
	比辻	共
	浜	無
	梅仁尾	無

外交防衛委員（21）
（自10）（立3）（公2）（維2）（国1）（共1）（沖2）

長	阿達雅志	自
理	岩本剛人	自
理	小西洋之	立
理	佐藤正久	自
理	松川るい	自
	小野田紀美	自
	猪口邦子	自
	小沼巧	自
	中曽根弘文	自
	堀井巌	自
	松山政司	自
	吉川ゆうみ	自
	羽田次郎	立
	福山哲郎	立
	山口那津男	公
	高橋光男	公
	音喜多駿	維
	金子道仁	維
	榛葉賀津也	国
	山添拓	共
	伊波洋一	沖
	高良鉄美	沖

㊗=委員長・会長、㊞=理事、㊞=幹事、議員氏名の右は会派名

財政金融委員(25)
(自12)(立3)(公3)(維2)
(国1)(共1)(無3)

㊝長 酒井庸行
㊝理 浅尾慶一郎
㊝理 西田昌司
㊝理 横山信一
㊝理 上田勇

大家敏志　岡田直樹　佐藤啓　野上浩太郎　馬場成志　藤川政人　古川俊治　宮沢洋一　宮本周司　勝部賢志　秋野公造　横沢高徳　浅田均　梅村みずほ　大塚耕平　小池晃　神谷宗幣　堂込麻紀子　柴慎一　西田実仁

（自／自／自／公／自／自／立／立／自／自／自／立／公／公／維／維／国／共／無／無／無）

厚生労働委員(25)
(自12)(立4)(公3)(維2)
(国2)(共1)(れ1)

㊝長 山田宏
㊝理 こやり隆史
㊝理 羽生田俊
㊝理 村田享子
㊝理 本田顕子

稲田朋美　友納理緒　石田昌宏　神谷政幸　比嘉奈津美　星北斗　生稲晃子　打越さく良　高木真理　川田龍平　若松謙維　山本博司　窪田哲也　東徹　梅村聡　田村まみ　芳賀道也　倉林明子　天畠大輔

（自／自／自／公／自／自／自／自／自／自／立／立／公／公／維／維／国／共／れ）

文教科学委員(21)
(自10)(立4)(公2)(維2)
(国1)(共1)(れ1)

㊝長 高橋克法
㊝理 赤池誠章
㊝理 今井絵理子
㊝理 熊谷裕人
㊝理 伊藤孝恵

橋本聖子　上野通子　赤松健　白坂亜紀　櫻井充　末松信介　古賀千景　斎藤嘉隆　宮口治子　竹内真二　松沢成文　中条きよし　吉良よし子　舩後靖彦

（自／自／自／自／国／自／自／立／立／公／公／維／維／共／れ）

農林水産委員(21)
(自10)(立4)(公2)(維1)
(国1)(共1)(無2)

㊝長 山下雄平
㊝理 堂故茂
㊝理 船橋利実
㊝理 宮崎雅夫
㊝理 滝波宏文

藤木真也　山田俊男　若林洋平　加田裕之　石垣のりこ　田名部匡代　野田国義　沼上　横沢　下野六太　安江伸夫　串田誠一　須藤元気　舟山康江　紙智子　寺田静

（自／自／自／自／国／自／自／自／自／立／立／立／立／公／公／維／無／共／無）

273

経済産業委員(21)
(自10)(立4)(公2)(維2)
(国1)(共1)(無1)

- (長) 吉川沙織（立）
- (理) 青山繁晴（自）
- (理) 石井正弘（自）
- (理) 越智俊之（自）
- (理) 森本真治（立）
- (理) 里見隆治（公）
- 中田宏（自）
- 太田房江（自）
- 片山さつき（自）
- 北村経夫（自）
- 小林一大（自）
- 長峯誠（自）
- 松村祥史（自）
- 田島麻衣子（立）
- 村田享子（立）
- 石川博崇（公）
- 猪瀬直樹（維）
- 石井章（維）
- 礒崎哲史（国）
- 岩渕友（共）
- 平山佐知子（無）

環境委員(21)
(自10)(立3)(公2)(維2)
(国1)(共1)(れ1)(無1)

- (長) 滝沢求（自）
- (理) 朝日健太郎（自）
- (理) 進藤金日子（自）
- (理) 丸川珠代（自）
- (理) 清水真人（自）
- 山下雄平（自）
- 石井準一（自）
- 関口昌一（自）
- 野村哲郎（自）
- 渡辺猛之（自）
- 青木愛（立）
- 辻元清美（立）
- 水野素子（立）
- 宮崎勝（公）
- 新妻秀規（公）
- 青島健太（維）
- 山本太郎（れ）
- 寺田静（無）
- 赤池誠章
- 浜野喜史（国）
- 岩渕友（共）

国土交通委員(25)
(自12)(立4)(公3)(維2)
(国2)(共1)(れ1)

- (長) 蓮舫（立）
- (理) 青木一彦（自）
- (理) 足立敏之（自）
- (理) 森屋隆（立）
- (理) 高橋光男（公）
- 川田龍平
- 屋良朝博
- 橋本聖子
- 井野俊郎
- 野上浩太郎
- 原田大二郎
- 水上保
- 保田
- 井上哲士（共）
- 本庄知史
- 木村英子（れ）
- 上田清司（国）
- 谷合正明（公）
- 倉林明子
- 井上義行
- 田村智子（共）
- 口村
- 村

国家基本政策委員(20)
(自10)(立2)(公2)(維2)
(国2)(共1)(れ1)

- (長) 室井邦彦（維）
- (理) 櫻井充（自）
- (理) 武見敬三（自）
- (理) 大塚耕平（国）
- (理) 小池晃（共）
- 井田
- 見田
- 塚田
- 池田
- 石井浩郎（自）
- 太田房江（自）
- 柏村
- 豊田俊郎（自）
- 宮本周司
- 吉川ゆうみ
- 斎藤嘉隆（立）
- 谷合正明
- 山口那津男（公）
- 浅田均（維）
- 榛葉賀津也（国）

予算委員(45)
(自22)(立8)(公5)(維4)
(国2)(共1)(れ1)(N1)

- (長) 末松信介（自）
- (理) 松下新平（自）
- (理) 足立敏之（自）
- (理) 山橋
- (理) 高橋
- (理) 藤川政人
- 石
- 信
- 介
- 正之
- きみ
- さはる
- 敏泰
- 宏
- 政通

立立公公公維維国国共
誠理郎り勇男祐男文仁也子
真次え　光信苗裕　道よし
木木上田橋浦井瀬詰賀良
鬼高羽三上高三石柳竹芳吉

行政監視委員(35)
(自17)(立7)(公4)(維2)
(国1)(共2)(れ1)(沖1)

㊑ 青木
㊑ 舞松　愛治史代規聡司行弘子茂学晴斗靖子二子作章子男一
㊑ 名新　部妻村田山尾上井野や故井川本井　浦谷沢　島野口内木本井　島波
㊑ 梅上　昇祥匡秀　清明繁慶義正通隆光　英聖一北　えり　雅慎麻素治真大博　智九洋
㊑ 谷倉　松新梅上倉青浅井石こ高堂永長橋星三山小柴田水宮竹平山石紙大伊
㊑

立自自自公国共立自自自自自自自自立自自自自自立自自自自自維維れ沖

決算委員(30)
(自15)(立5)(公4)
(維3)(国2)(共1)

㊑ 佐三
㊑ 藤和　宅田田川田稲井本智田藤藤波嘉屋田
㊑ 信野　伸政国博　晃絵剛俊裕　日宏奈雅　太
㊑ 秋石　吾宗義崇巧子子人之之啓子文美夫宏郎
㊑ 柴
㊑ 生今岩越加佐進滝比宮森山

自自自公維国自自自自公自自自自自

（この他、本文中の立・公・維・自・国・共・れ・N 等の略記は各会派を示す）

275

議院運営委員(25)

(自13)(立4)(公3)
(維2)(国2)(共1)

	委員	会派
(長)	石井 準一	自
(理)	石田 昌宏	自
(理)	馬場 成志	自
(理)	渡辺 猛之	自
(理)	勝部 賢志	立
(理)	森本 真治	立
(理)	佐々木 さやか	公
(理)	東 徹	維
	一宏 之史	自
	宏志 之	自
	治	自
	平彦	自
	健介	自
	良幸	自
	緒	自
	介	自
	章	自
	徳也	立
	太	公
	み	国

野村哲郎／比嘉奈津美／松原／藤本／納谷／井本／山山沢／田野村／吉牧横窪下清田

懲罰委員(10)

(自5)(立1)(公1)
(維1)(国1)(共1)

	委員	会派
(長)	鈴木 宗男	維
(理)	木村	自
(理)	野上 たかお	自

牧井 世耕 関口 上 山岡 山山 江／かお士成一郎一江／弘成 浩 政 信 康

- 自
- 共
- 自
- 自
- 自
- 立
- 公
- 国

【特別委員会】

災害対策特別委員(20)

(自10)(立3)(公3)
(維2)(国1)(共1)

	委員	会派
(長)	三浦 信祐	公
(理)	足立 敏之	自
(理)	大野 泰正	自
(理)	下野 六太	公
(理)	阿達 雅志	自

祐之正義太志人美之良／立 野田 野岩 本田 藤／小野 加加

- 公
- 自
- 自
- 立
- 自
- 自
- 立
- 自
- 自
- 自

（右段）

梶原 大介 自
古庄 玄知 自
宮崎 雅夫 自
高木 真理 立
吉川 沙織 立
塩田 博昭 公
柴田 巧 維
室井 邦彦 維
嘉田 由紀子 国
仁比 聡平 共

政府開発援助等及び沖縄・北方問題に関する特別委員(35)

(自17)(立6)(公4)(維3)
(国2)(共1)(れ1)(沖1)

	委員	会派
(長)	三原 じゅん子	自
(理)	青木 一彦	自
(理)	江島 潔	自
(理)	高野 光二郎	自
(理)	橋本 はるみ	自
(理)	倉林 通	自
(理)	山田 貴繁	自
(理)	日野 健治	自

井矢水山村野橋田山島田野野田窪上浜紙大髙／井家西山村塩吉野井木口上浜紙大髙／絵里通正敏庸克祐顕あや衣忠政賢祐麻素公義哲苗宗清智良鉄美男司誠子男九州男

- 自
- 自
- 自
- 立
- 立
- 立
- 立
- 立
- 立
- 公
- 公
- 公
- 公
- 維
- 維
- 維
- 国
- 国
- 共
- れ
- 沖

政治倫理の確立及び選挙制度に関する特別委員(35)

(自17)(立6)(公4)(維3)
(国2)(共1)(れ1)(沖1)

	委員	会派
(長)	古川 俊治	自
(理)	川井	自
(理)	西田 昌司	自
(理)	比 奈津	自

俊治弘司美／正昌嘉

地方創生及びデジタル社会の形成等に関する特別委員(20)

(自10)(立3)(公2)(維2)
(国1)(共1)(N1)

長	自	鶴保庸介
理	自	三宅伸吾
理	自	越智俊之
理	公	平木大作
	自	友納理緒
	自	長谷川英晴
	自	船橋利実
	自	山本佐知子
	自	山本啓介
	自	大家敏志
	自	山下雄平
	立	杉尾秀哉
	立	小沼巧
	立	岸真紀子
	公	上田勇
	維	猪瀬直樹
	維	柳ヶ瀬裕文
	国	芳賀道也
	共	伊藤岳
	N	浜田聡

消費者問題に関する特別委員(20)

(自10)(立4)(公2)
(維2)(国1)(共1)

長	維	松沢成文
理	自	こやり隆史
理	自	中川宏昌
理	立	田島麻衣子
	自	赤松健
	自	生稲晃子
	自	神谷政幸
	自	古庄玄知
	自	宮崎雅夫
	自	山田太郎
	自	山田宏
	自	羽生田俊
	立	村田享子
	立	石田昌宏
	立	宮口治子
	公	安江伸夫
	公	若松謙維
	維	梅村みずほ
	国	田村まみ
	共	倉林明子

東日本大震災復興特別委員(35)

(自17)(立6)(公4)(維2)
(国2)(共2)(れ1)(N1)

長	立	古賀之士
理	自	上月良祐
理	自	井上義行
理	自	櫻井充
理	自	村井
理	自	松村祥史
		…
	自	堀井巌
	自	石井正弘
	公	谷合正明
	沖	伊波洋一

北朝鮮による拉致問題等に関する特別委員(20)

(自10)(立3)(公2)(維2)
(国1)(共1)(れ1)

長	自	山谷えり子
理	自	北村経夫
理	自	滝波宏文
	公	竹内真二
	自	赤池誠章
	自	衛藤晟一
	自	小林一大
	自	永井学
	自	清水真人
	自	丸川珠代
	立	青木愛
	立	打越さく良
	立	宮口治子
	公	里見隆治
	維	東徹
	維	金子道仁
	国	川合孝典
	共	井上哲士
	れ	舩後靖彦

（右段上・前ページからの続き）

維　維　沖
仁　美　聡　一
道　明　洋
子　野　田　波
松　浜　伊

国民生活・経済及び地方に関する調査会委員（25）

（自13）（立4）（公3）（維2）
（国1）（共1）（れ1）

会長　福山哲郎（立）

〔党派〕自　自　公　維　国　共　れ　自　自　自　自　自　自　自　自　自　自　自　自　公　公　維　れ

（筆）（理）（理）（理）…

〔名簿（縦書き）〕
哲之祐巧二恵拓人茂緒介斗宗平一理也武し子よ
北啓佐政洋愼哲久き英
俊昌
裕良光真か孝
加上月沼高小竹伊山岩越田友星山和若柴高窪杉中木
田月野内木藤添本智中故納本本林木田条村

資源エネルギー・持続可能社会に関する調査会委員（25）

（自12）（立4）（公3）（維2）
（国2）（共1）（れ1）

会長　宮沢洋一（自）

〔党派〕自　自　自　立　公　国　共　自　自　自　自　自　自　自　自　自　自　公　公　維　維　れ　国　立　立

（筆）（理）（理）（理）…

〔名簿（縦書き）〕
佐藤啓　滝波宏文　三浦靖　岸真紀子　塩田博昭　梅村みずほ　竹谷とし子　吉川ゆうみ　有村治子　神谷政幸　自見はなこ　高橋はるみ　広瀬めぐみ　藤井一博　船橋利実　宮崎雅夫　鬼木誠　村田享子
〔字〕啓　宏文　靖　紀子　博昭　梅竹吉有神自高広藤船宮鬼村　啓文博みとゆ治政ははめ一利雅誠享

（左段上・前ページからの続き）

自　立　公　維　国　共　れ
石松井島藤沢田本瀬木沢
和梅石江進滝豊羽橋星森鬼柴徳横竹新横榛竹岩紙山浜
田垣松村井島藤沢田本瀬木沢林木永沢妻山野葉詰渕本田
宗こ維ほ郎潔子求郎俊子み也斗一こ平誠一り徳子規一美仁友子郎聡
政のり謙みず浩金俊聖め眞北洋ま洋慎エ高と秀信明賀智太

【調査会】

外交・安全保障に関する調査会委員（25）

（自12）（立4）（公2）（維3）
（国1）（共1）（N1）（沖1）

会長　猪口邦子（自）

〔党派〕自　自　自　自　公　維　国　共　N　沖　立　立　立　公　維　維　維　自　自　自　自　自　自　自　自

（筆）（理）（理）（理）…

〔名簿（縦書き）〕
猪口邦子
朝こや　日川村木田口渕松稲井野井川谷川田上野橋
やり作一誠友子学こみ郎り子男
いかあ大誠健隆るあ　晃絵通英さゆ次素光
平串浜岩赤今上永長森吉羽三水高
田木串浜岩赤今上永長森吉羽三水

（前ページからの続き）

森屋隆	立
河野義博	公
新妻秀規	公
青島健太	維
嘉田由紀子	国
舩後靖彦	れ

【憲法審査会】

憲法審査会委員（45）
（自22）（立8）（公5）（維4）
（国3）（共2）（れ1）

長 中曽根弘文	自
幹 衛藤晟一	自
幹 西田昌司	自
幹 古川俊治	自
幹 山本順三	自
幹 赤池誠章	自
幹 大家敏志	自
幹 加田裕之	自
幹 北村経夫	自
幹 佐藤正久	自
幹 進藤金日子	自
松川るい	自
松下新平	自
松山政司	自
丸川珠代	自
山下雄平	自
山田宏	自
和田政宗	自
石井準一	自
野上浩太郎	自
野村哲郎	自
牧野たかお	自
小西洋之	立
吉川沙織	立
杉尾秀哉	立
辻元清美	立
福山哲郎	立
古賀之士	立
打越さく良	立
熊谷裕人	立
西田実仁	公
谷合正明	公
下野六太	公
安江伸夫	公
矢倉克夫	公
音喜多駿	維
片山大介	維
猪瀬直樹	維
東徹	維
川合孝典	国
浜野喜史	国
矢田稚子	国
山添拓	共
井上哲士	共
山本太郎	れ

【情報監視審査会】

情報監視審査会委員（8）
（自4）（立1）（公1）
（維1）（国1）

長 有村治子	自
上野通子	自
こやり隆史	自
堀井巌	自
牧山ひろえ	立
石川博崇	公
高木かおり	維
浜口誠	国

【政治倫理審査会】

政治倫理審査会委員（15）
（自8）（立2）（公2）
（維1）（国1）（共1）

長 松山政司	自
幹 佐藤正久	自
幹 丸川珠代	自
森まさこ	自
世耕弘成	自
関口昌一	自
西田昌司	自
松下新平	自
蓮舫	立
野田国義	立
横山信一	公
谷合正明	公
室井邦彦	維
平山佐知子	国
山下芳生	共

会派名の表記は下記の通り。
自＝自由民主党
立＝立憲民主・社民
公＝公明党
維＝日本維新の会
国＝国民民主党・新緑風会
共＝日本共産党
れ＝れいわ新選組
N＝NHK党
沖＝沖縄の風
無＝各派に属しない議員
欠＝欠員

自由民主党
（昭和30年11月15日結成）

〒100-8910 千代田区永田町1-11-23
☎03-3581-6211

総　　　　　裁	岸　田　文　雄
副　総　裁	麻　生　太　郎
幹　事　長	茂　木　敏　充
幹 事 長 代 行	梶　山　弘　志
幹 事 長 代 理	上　川　陽　子
同	伊　藤　達　也
同	井　上　信　治
同	牧　野　たかお
副 幹 事 長	福田達夫（筆頭）、

坂本哲志、鷲尾英一郎、あかま
二郎、井林辰憲、大野敬太郎、
小林鷹之、小林史明、鈴木貴子、
田中英之、堀内詔子、宮澤博行、
山下貴司、谷川とむ、青木一彦、
片山さつき、長谷川岳、上月良
祐、馬場成志、高野光二郎、こ
やり隆史、高橋はるみ

人 事 局 長	福　岡　資　麿
経 理 局 長	若　宮　健　嗣
情 報 調 査 局 長	平　　　将　明
国 際 局 長	伊　藤　信太郎
財 務 委 員 長	林　　　幹　雄
両院議員総会長	橋　本　聖　子
衆議院議員総会長	船　田　　　元
党 紀 委 員 長	衛　藤　晟　一
中央政治大学院長	有　村　治　子
組織運動本部長	小　渕　優　子
同 本 部 長 代 理	金子恭之、奥野

信亮、松下新平

団 体 総 局 長	橋　　　慶一郎
法務・自治関係団体委員長	今　枝　宗一郎
財政・金融・証券関係団体委員長	中　山　展　宏
教育・文化・スポーツ関係団体委員長	井　原　　　巧
社会教育・宗教関係団体委員長	堀　井　　　学
厚生関係団体委員長	加　藤　鮎　子
環境関係団体委員長	朝　日　健太郎
労働関係団体委員長	田　所　嘉　德
農林水産関係団体委員長	宮　路　拓　馬
商工・中小企業関係団体委員長	冨　樫　博　之
運輸・交通関係団体委員長	長　坂　康　正
情報・通信関係団体委員長	藤　井　比早之
国土・建設関係団体委員長	細　田　健　一
安全保障関係団体委員長	三　宅　伸　吾
生活安全関係団体委員長	高　木　宏　壽
NPO・NGO関係団体委員長	石　川　昭　政
地方組織・議員総局長	上　田　英　俊
女 性 局 長	松　川　る　い
青 年 局 長	鈴　木　憲　和
労 政 局 長	森　　　英　介
遊 説 局 長	三　谷　英　弘
広 報 本 部 長	石　田　真　敏
同 本 部 長 代 理	土屋品子、平井

卓也、島村　大

広 報 戦 略 局 長	関　　　芳　弘
ネットメディア局長	平　　　将　明
新 聞 出 版 局 長	上　野　通　子
報 道 局 長	石　原　宏　高
国会対策委員長	高　木　　　毅
委 員 長 代 理	御法川　信　英
副 委 員 長	盛山正仁（筆頭）、

丹羽秀樹、武藤容治、伊東良孝、
柿沢未途、小泉進次郎、八木哲
也、熊田裕通、田野瀬太道、佐々
木紀、新谷正義、牧島かれん、
辻　清人、青山周平、三谷英弘、
鈴木隼人、佐藤正久、藤川政人

総 務 会 長	遠　藤　利　明
会 長 代 行	江　渡　聡　德
会 長 代 理	小里泰弘、金子

恭之、義家弘介、松村祥史

副 会 長	土屋品子、平沢

勝栄、江島　潔、山田俊男

総 務	東　国幹、五十

嵐清、石破　茂、衛藤征士郎、
北村誠吾、下村博文、根本幸典、
本田太郎、山本有二、若林健太、
有村治子、上野通子、中曽根弘
文、宮沢洋一、山本順三

政務調査会長	萩生田　光一
会 長 代 行	新藤　義孝
会 長 代 理	今村雅弘、平井卓也、宮下一郎、赤澤亮正、西田昌司、大家敏志
副 会 長	上野賢一郎、坂井学、大塚拓、松本洋平、鈴木馨祐、中西祐介、赤池誠章、石井正弘

部 会 長

内閣第一部会長	森屋　宏
〃 **部会長代理**	渡辺孝一、高木宏壽、山田太郎
内閣第二部会長	神田憲次
〃 **部会長代理**	工藤彰三、こやり隆史
国防部会長	國場幸之助
〃 **部会長代理**	小田原潔、大岡敏孝、北村経夫
総務部会長	武村展英
〃 **部会長代理**	斎藤洋明、鳩山二郎、堂故茂
法務部会長	宮﨑政久
〃 **部会長代理**	今枝宗一郎
外交部会長	堀井　巌
〃 **部会長代理**	若林健太、中川郁子、松川るい
財務金融部会長	中西健治
〃 **部会長代理**	中山展宏、宗清皇一
文部科学部会長	中村裕之
〃 **部会長代理**	堀井学、井原巧、今井絵理子
厚生労働部会長	田畑裕明
〃 **部会長代理**	加藤鮎子、島村大
農林部会長	武部　新
〃 **部会長代理**	根本幸典、宮路拓馬、馬場成志
水産部会長	滝波宏文
〃 **部会長代理**	宮路拓馬、高野光二郎
経済産業部会長	岩田和親
〃 **部会長代理**	今枝宗一郎、冨樫博之、青山繁晴
国土交通部会長	津島　淳
〃 **部会長代理**	菅家一郎、長坂康正、朝日健太郎
環境部会長	三宅伸吾
〃 **部会長代理**	務台俊介

調 査 会 長

税制調査会長	宮沢洋一
選挙制度調査会長	逢沢一郎
科学技術・イノベーション戦略調査会長	渡海紀三朗
ITS推進・道路調査会長	金子恭之
治安・テロ対策調査会長	岩屋毅
沖縄振興調査会長	小渕優子
消費者問題調査会長	船田元
障害児者問題調査会長	上川陽子
雇用問題調査会長	塩谷立
総合農林政策調査会長	江藤拓
水産総合調査会長	石破茂
金融調査会長	片山さつき
知的財産戦略調査会長	小林鷹之
中小企業・小規模事業者政策調査会長	伊藤達也
国際協力調査会長	牧島かれん
司法制度調査会長	古川禎久
スポーツ立国調査会長	橋本聖子
環境・温暖化対策調査会長	井上信治
住宅土地・都市政策調査会長	松島みどり
文化立国調査会長	山谷えり子
食育調査会長	土屋品子
観光立国調査会長	林幹雄
青少年健全育成推進調査会長	中曽根弘文
外交調査会長	衛藤征士郎
安全保障調査会長	小野寺五典
社会保障制度調査会長	田村憲久
総合エネルギー戦略調査会長	額賀福志郎
情報通信戦略調査会長	野田聖子
整備新幹線等鉄道調査会長	稲田朋美
競争政策調査会長	若宮健嗣
地方行政調査会長	佐藤信秋
教育・人材力強化調査会長	柴山昌彦
物流調査会長	今村雅弘
少子化対策調査会長	衛藤晟一

特 別 委 員 長

過疎対策特別委員長	宮下一郎

外国人労働者等特別委員長	松山　政司
たばこ特別委員長	江渡　聡徳
捕鯨対策特別委員長	鶴保　庸介
災害対策特別委員長	武田　良太
再犯防止推進特別委員長	田中　和徳
国際保健戦略特別委員長	武見　敬三
宇宙・海洋開発特別委員長	新藤　義孝
超電導リニア鉄道に関する特別委員長	古屋　圭司
航空政策特別委員長	梶山　弘志
海運・造船対策特別委員長	石田　真敏
都市公園緑地対策特別委員長	江﨑　鐵磨
山村振興特別委員長	奥野　信亮
離島振興特別委員長	谷川　弥一
半島振興特別委員長	北村　誠吾
インフラシステム輸出総合戦略特別委員長	二階　俊博
原子力規制に関する特別委員長	鈴木　淳司
鳥獣被害対策特別委員長	武藤　容治
奄美振興特別委員長	森山　裕
クールジャパン戦略推進特別委員長	世耕　弘成
領土に関する特別委員長	猪口　邦子
北海道総合開発特別委員長	伊東　良孝
交通安全対策特別委員長	田中　和徳
下水道・浄化槽対策特別委員長	山本　有二
社会的事業推進特別委員長	橘　慶一郎
所有者不明土地等に関する特別委員長	土井　亨
女性活躍推進特別委員長	丸川　珠代

特命委員長

郵政事業に関する特命委員長	森山　裕
戦没者遺骨帰還に関する特命委員長	福岡　資麿
日本の名誉と信頼を確立するための特命委員長	有村　治子
性的マイノリティに関する特命委員長	高階　恵美子
虐待等に関する特命委員長	平沢　勝栄
安全保障と土地法制に関する特命委員長	北村　経夫
医療情報政策・ゲノム医療推進本部長	古川　俊治
差別問題に関する特命委員長	堀井　巌
日本Well-being計画推進特命委員長	上野　通子
孤独・孤立対策特命委員長	坂本　哲志
2027横浜国際園芸博覧会（花博）推進特命委員長	坂井　学
PFI推進特命委員長	上野　賢一郎
全世代型社会保障に関する特命委員長	久一
令和の教育人材確保に関する特命委員長	萩生田　光一
防衛関係費の財源検討に関する特命委員長	萩生田　光一

本部長・PT座長

財政政策検討本部長	西田　昌司

新型コロナウイルス等感染症対策本部長	山際　大志郎
経済安全保障推進本部長	甘利　明
デジタル社会推進本部長	平井　卓也
自由で開かれたインド太平洋戦略本部長	麻生　太郎
社会機能移転分散型国づくり推進本部長	古屋　圭司
サイバーセキュリティ対策本部長	下村　博文
有明海・八代海再生PT座長	金子　恭之
終末期医療に関する検討会PT座長	山口　俊一
子どもの元気！農村漁村で育むPT座長	橘　慶一郎
二輪車問題対策PT座長	三原　じゅん子
国民歯科健康診断に関するPT座長	古屋　圭司
女性の生涯の健康に関するPT座長	高階　恵美子
佐渡島の金山世界遺産登録実現PT座長	橘　慶一郎
選挙対策委員長	森山　裕

参議院自由民主党

参議院議員会長	関口　昌一
副会長	武見　敬三
同	山本　順三
参議院幹事長	世耕　弘成
幹事長代行	丸川　珠代
幹事長代理	牧野　たかお
副幹事長	青木一彦（筆頭）、片山さつき、長谷川岳、上月良祐、馬場成志、堀井巌、高野光二郎、こやり隆史、高橋はるみ、宮崎雅夫
参議院政策審議会長	松山　政司
会長代理	西田　昌司
同	大家　敏志
副会長	中西祐介、赤池誠章、石井正弘、堂故茂、森屋宏、朝日健太郎、山田太郎
参議院国対委員長	野上　浩太郎
委員長代行	佐藤　正久
委員長代理	藤川　政人
副委員長	大野泰正、石田昌宏、舞立昇治、和田政宗、足立敏之、進藤金日子、佐藤啓、比嘉奈津美、船橋利実、加田裕之
会計	上月　良祐

特別機関

憲法改正実現本部長	古屋　圭司

党改革実行本部長　茂木　敏充
行政改革推進本部長　棚橋　泰文
新しい資本主義実行本部長　岸田　文雄
「こども・若者」輝く未来創造本部長　茂木　敏充
東日本大震災復興加速化本部長　額賀　福志郎
地方創生実行統合本部長　林　幹雄
国土強靭化推進本部長　二階　俊博
財政健全化推進本部長　額賀　福志郎
2025年大阪・関西万博推進本部長　二階　俊博
TPP・日EU・日米TAG等経済協定対策本部長　森山　裕
北朝鮮核実験・ミサイル問題対策本部長　江渡　聡徳
北朝鮮による拉致問題対策本部長　山谷　えり子
ウクライナ問題に関する対策本部長　茂木　敏充
GX実行本部長　萩生田　光一

立憲民主党

（令和2年9月15日結成）

〒100-0014 千代田区永田町1-11-1
三宅坂ビル　☎03-3595-9988

最高顧問　菅　直人
同　野田佳彦
代表　泉　健太
代表代行　西村智奈美
同　逢坂誠二
幹事長　岡田克也
幹事長代理　手塚仁雄
同　田名部匡代
総務局長／副幹事長　山岡達丸
財務局長／副幹事長　落合貴之
青年局長／副幹事長　青山大人
災害・緊急事態局長／副幹事長　森山浩行
国際局長／副幹事長　源馬謙太郎
副幹事長　石川香織、本庄知史、勝部賢志、田島麻衣子
常任幹事会議長　徳永エリ
参議院議員会長　水岡俊一
両院議員総会長　川田龍平
選挙対策委員長　大串博志
政務調査会長　長妻昭
政務調査会長代理　大西健介（筆頭代理）、城井崇、小西洋之
政務調査会副会長　小熊慎司、稲富修二、篠原豪、山崎誠、岡本あき子、櫻井周、中谷一馬、小沼巧、岸真紀子、熊谷裕人

国会対策委員長　安住淳
国会対策委員長代理　山井和則
同　斎藤嘉隆
国会対策副委員長　笠浩史（筆頭）、後藤祐一、吉川元、森山浩行、野間健、源馬謙太郎、森田俊和、おおつき紅葉
代表政務室長　渡辺周
代議士会長　寺田学
組織委員長　森本真治
企業・団体交流委員長　大島敦
参議院幹事長　田名部匡代
参議院議員会長代行　牧山ひろえ
参議院国会対策委員長　斎藤嘉隆
参議院政策審議会長　小西洋之
つながる本部本部長　泉健太
ジェンダー平等推進本部長　西村智奈美
政治改革推進本部長　渡辺周
広報本部長　逢坂誠二
拉致問題対策本部長　松原仁
東日本大震災復興対策本部長　玄葉光一郎
新型コロナウイルス対策本部長　小川淳也
子ども・若者応援本部長　泉健太
倫理委員長　吉田忠智
会計監査　金子恵美
同　野田国義
ハラスメント対策委員長　吉田忠智
旧統一教会被害対策本部長　西村智奈美
北海道ブロック常任幹事　岸真紀子
東北ブロック常任幹事　石垣のりこ
北関東ブロック常任幹事　福田昭夫
南関東ブロック常任幹事　田嶋要
東京ブロック常任幹事　手塚仁雄
北陸信越ブロック常任幹事　近藤和也
東海ブロック常任幹事　渡辺周
近畿ブロック常任幹事　徳永久志
中国ブロック常任幹事　湯原俊二
四国ブロック常任幹事　白石洋一
九州ブロック常任幹事　稲富修二

立憲民主党「次の内閣」

ネクスト総理大臣　泉　健太

各党役員

ネクスト内閣官房長官	長妻　昭
ネクスト内閣担当大臣	杉尾秀哉
ネクスト総務大臣	野田国義
ネクスト法務大臣	牧山ひろえ
ネクスト外務・安全保障大臣	玄葉光一郎
ネクスト財務金融大臣	階　猛
ネクスト文部科学大臣	菊田真紀子
ネクスト厚生労働大臣	早稲田ゆき
ネクスト農林水産大臣	金子恵美
ネクスト経済産業大臣	田嶋要
ネクスト国土交通・復興大臣	小宮山泰子
ネクスト環境大臣	近藤昭一
憲法調査会長	中川正春
税制調査会長	小川淳也
SOGIに関するPT座長	大河原まさこ
障がい・難病PT座長	横沢高徳
外国人受け入れ制度及び多文化共生社会のあり方に関する検討PT座長	石橋通宏
デジタル政策PT座長	中谷一馬
生殖補助医療PT座長	西村智奈美
離島対策PT座長	松原仁
外交・安全保障戦略PT座長	玄葉光一郎
公務員制度改革PT座長	大島敦
環境エネルギーPT座長	田嶋要
政府と野党連絡会議座長	小川淳也

日本維新の会
（※1、P287参照）

〒542-0082 大阪市中央区島之内1-17-16
三栄長堀ビル ☎06-4963-8800

代表	馬場伸幸
共同代表	吉村洋文
副代表	辻淳子
幹事長・選挙対策本部長	藤田文武
選挙対策本部長代行	井上英孝
選挙対策本部代理	浦野靖人
幹事長代行	河崎大樹
政務調査会長	音喜多駿
政務調査会長代行	藤田暁
総務会長	柳ヶ瀬裕文
総務会長代行	岡崎太
改革実行本部長	東徹
大阪府議会議員団の長	森和臣
大阪市会議員団の長	山下昌彦
堺市議会議員団の長	的場慎一
大阪府内市町村議会議員・首長団の長	吉村洋文
非常任役員	天野浩
同	松沢成文
学生局長	松本常広
ダイバーシティ推進局長	高木かおり
広報局長	伊良原勉
財務局長	高見りょう
党紀委員長	横倉廉幸
維新政治塾名誉塾長	馬場伸幸
維新政治塾塾長	音喜多駿
会計監査人代表	井上英孝

〔国会議員団〕

代表	馬場伸幸
副代表	鈴木宗男
幹事長	藤田文武
幹事長代理	三木圭恵
広報局長	柳ヶ瀬裕文
学生局長	沢田良
ダイバーシティ推進局長	高木かおり
政務調査会長	音喜多駿
政務調査会長代行	青柳仁士
政務調査会副会長	梅村聡、三木圭恵、小野泰輔、片山大介、高木かおり、沢田良、住吉寛紀、堀場幸子、吉田とも代、串田誠一、一谷勇一郎、漆間譲司
国会対策委員長	遠藤敬
国会対策委員長代行	東徹
国会対策委員代理	中司宏
国会対策副委員長	柴田巧、奥下剛光、金村龍那、遠藤良太、阿部司、岩谷良平、池畑浩太朗
代議士会長	市村浩一郎
参議院会長	浅田均
参議院会長代行	室井邦彦
参議院幹事長	猪瀬直樹
参議院国対委員長	東徹
参議院国対委員長代理	柴田巧
参議院政策審議会長	音喜多駿
両院議員総会長	石井章
党紀委員長	中司宏
党紀委員	浦野靖人、梅村聡、三木圭恵、柴田巧

選挙対策本部長代行　井上　英孝

公　明　党
（※2、P287参照）

〒160-0012 新宿区南元町17
☎03-3353-0111

代　　　　表　山口那津男
副　代　表　北側一雄、古屋
　範子、斉藤鉄夫
幹　事　長　石井啓一
中央幹事会会長　北側一雄
政務調査会長　高木陽介
中央幹事　竹内　譲（会長
　代理）、大口善徳、稲津　久、
　庄子賢一、塩田博昭、中川宏昌、
　中川康洋、山本香苗、山本博司、
　濱地雅一、河野義博、中島義雄、
　小笹正博、松葉多美子、金城裕
　司、山口広治、若松謙維、伊藤
　渉、石川博崇、岡本三成、國重
　徹
中央規律委員長　浮島智子
中央会計監査委員　佐々木さやか
　　　　同　　　杉　久武
幹事長代行　赤羽一嘉
幹事長代理　稲津　久
　　　　同　　　谷合正明
政務調査会長代理　大口善徳、古屋
　範子、伊藤　渉、上田　勇
国会対策委員長　佐藤茂樹
国会対策委員長代理　岡本三成
国対筆頭副委員長　中野洋昌
選挙対策委員長　西田実仁
組織委員長　大口善徳
組織局長　稲津　久
地方議会局長　奥水恵一
遊説局長　竹内真二
広報委員長　谷合正明
広報局長　國重　徹
宣伝局長　佐々木さやか
総務委員長　高鍋博之
財務委員長　石井啓一
機関紙委員長　吉本正史
機関紙推進委員長　若松謙維

国際委員長　岡本三成
国際局長　濱地雅一
団体渉外委員長　伊藤　渉
団体局長　中野洋昌
労働局長　佐藤英道
市民活動委員長　石川博崇
市民活動局長　石川博崇
文化芸術局長　浮島智子
NPO局長　鰐淵洋子
女性委員長　古屋範子
女性局長　竹谷とし子
青年委員長　國重　徹
青年局長　三浦信祐
学生局長　安江伸夫
常任顧問　太田昭宏、井上
　義久
アドバイザー　石田祝稔、桝屋
　敬悟、高木美智代、浜田昌良
参議院会長　西田実仁
参議院副会長　山本香苗
参議院幹事長　谷合正明
参院国会対策委員長　横山信一
参院国対筆頭副委員長　佐々木さやか
参院政策審議会長　石川博崇
全国地方議員団会議議長　中島義雄

日本共産党
（大正11年7月15日結成）

〒151-8586 渋谷区千駄ヶ谷4-26-7
☎03-3403-6111

幹部会委員長　志位和夫
書記局長　小池　晃
幹部会副委員長　山下芳生（筆頭）、
　市田忠義、緒方靖夫、倉林明子、
　田村智子、浜野忠夫
常任幹部会委員　市田忠義、岩井
　鐵也、浦田宣昭、太田善作、岡
　嵜郁子、緒方靖夫、笠井　亮、
　紙　智子、吉良よし子、倉林明
　子、小池　晃、小木曽陽司、穀
　田恵二、志位和夫、高橋千鶴子、
　田中　悠、田村智子、寺沢亜志
　也、中井作太郎、浜野忠夫、広
　井暢子、藤田　文、不破哲三、

山下芳生、山添拓、若林義春
書記局次長 中井作太郎（筆頭）、田中悠、若林義春、土井洋彦
訴願委員会責任者 太田善作
規律委員会責任者 田邊進子
監査委員会責任者 広井暢子
中央機関紙誌編集責任者 小木曽陽司
政策委員会委員長 田村智子
経済・社会保障政策委員会責任者 垣内亮
人権委員会責任者 倉林明子
ジェンダー平等委員会責任者 倉林明子
子どもの権利委員会責任者 梅村早江子
障害者の権利委員会責任者 高橋千鶴子
先住民（アイヌ）の権利委員会責任者 紙智子
在日外国人の権利委員会責任者 田川実
宣伝局長 田村一雄
広報部長 植木俊雄
国民の声責任者 藤原忠雄
国民運動委員会責任者 浦田宣昭
労働局長 大幡基夫
農林・漁民局長 紙智子
市民・住民運動・中小企業局長 堤文俊
平和運動局長 川田忠明
基地対策委員会責任者 小泉親司
災害問題対策委員会責任者 太田善作
学術・文化委員会責任者 土井洋彦
文教委員会責任者 藤森毅
宗教委員会責任者 土井洋彦
スポーツ委員会責任者 畑野君枝
選挙対策局長 中井作太郎
選挙対策委員会責任者 穀田恵二
自治体局長 岡嵜郁子
国際委員会責任者 緒方靖夫
党建委員会責任者 方下芳明
組織局長 土方明果
機関紙活動局長 田中悠
学習・教育局長 山谷富士雄
青年・学生委員会責任者 吉良よし子
中央党学校運営委員会責任者 山下芳生
法規対策部長 柳沢夫
人事局長 浜野忠夫
財務・業務委員会責任者 岩井鐵也

財政部長 大久保健三
機関紙誌業務部長 佐藤正美
管理部長 結城久志
厚生部長 三輪慎樹
コンピュータ・システム開発管理部長 田中芳司
赤旗まつり実行委員会責任者 小木曽陽司
社会科学研究所長 不破哲三
出版企画委員会責任者 岩井鐵也
出版局長 田代忠利
雑誌刊行委員会責任者 田代忠利
資料室責任者 菅原正伯
党史資料室責任者 岡宏
中央委員会事務室責任者 工藤充
第二事務室責任者 高宮正芳
赤旗編集局長 小木曽陽司
原発・気候変動・エネルギー問題対策委員会責任者 笠井亮
国会議員団総会長 紙智子
衆議院議員団長 高橋千鶴子
参議院議員団長 紙智子
参議院幹事長 井上哲士
国会対策委員長 穀田恵二
衆議院国会対策委員長 穀田恵二
参議院国会対策委員長 井上哲士
国会議員団事務局長 藤井正人

国民民主党
（令和2年9月15日結成）

〒102-0093 千代田区平河町2-5-3
永田町グリッド4F ☎03-3593-6229

代表 玉木雄一郎
代表代行 前原誠司
代表代行兼政務調査会長 大塚耕平
副代表兼選挙対策委員長代理 大野喜史
幹事長兼選挙対策委員長 榛葉賀津也
幹事長代行 川合孝典
国会対策委員長兼企業団体局長 古川元久
参議院議員会長兼両院議員総会長 舟山康江
役員室長 浜口誠
副代表 浜野喜史
同 磯崎哲史
幹事長代理 鈴木孝
副幹事長 西岡秀子
同 伊藤孝恵

国会対策委員長代理	浅野	哲
国会対策副委員長	鈴木	敦
同	田中	健
組織委員長	伊藤	孝恵
広報局長	礒崎	哲史
財務局長兼総務局長	浜口	誠
倫理委員長	西岡	秀子
国民運動局長	田村	まみ
青年局長	浅野	哲
国際局長	古川	元久
参議院幹事長	川合	孝典
参議院国会対策委員長	礒崎	哲史
政治改革・行政改革推進本部長	古川	元久
男女共同参画推進本部長	矢田	わか子
拉致問題対策本部長	川合	孝典
新型コロナウイルス対策本部長	玉木	雄一郎
災害対策局長	榛葉	賀津也
政務調査会長代理	西岡	秀子
同	浜口	誠

れいわ新選組

（平成31年4月1日結成）

〒102-0083 千代田区麹町2-5-20
押田ビル4F ☎03-6384-1974

代表	山本	太郎
共同代表	櫛渕	万里
同	大石	あきこ
副代表	舩後	靖彦
同	木村	英子
国会対策委員長	たがや	亮
政策審議会長	大石	あきこ
政策審議会長代理兼参議院会長	櫛渕	万里
幹事長	高井	たかし
幹事	天畠	大輔
同	水道橋博士	
参議院会長兼参議院国会対策委員長兼両院総会長	舩後	靖彦
参議院国会対策副委員長	木村	英子

社会民主党

（※3、P287参照）

〒104-0043 中央区湊3-18-17
マルキ榎本ビル5F ☎03-3553-3731

党首	福島	みずほ
副党首	新垣	邦男
副党首	大椿	裕子
幹事長	服部	良一
国会対策委員長（兼）	新垣	邦男
政策審議会長（兼）	新垣	邦男
選挙対策委員長（兼）	服部	良一
総務企画局長	中島	修
組織団体局長	渡辺	英明
機関紙宣伝局長（兼）	中島	修
常任幹事	山城博治、伊地智恭子、伊是名夏子	

N H K 党

（平成25年6月17日結成）

〒100-8962 千代田区永田町2-1-1
参議院議員会館403号
☎03-6550-0403

党首／選挙対策委員長／次期選挙戦略本部長	立花	孝志
副党首	丸山	穂高
副党首	齊藤	健一郎
政策調査会長	浜田	聡
幹事長／国会対策委員長	黒川	敦彦

参政党

（令和2年4月11日結成）

〒106-0041 港区麻布台2-2-12
三貴ビル3F
☎050-5490-1344

| 代表 | 松田 | 学 |
| 副代表・事務局長・選挙対策委員長 | 神谷 | 宗幣 |

※1 平成27年10月31日、おおさか維新の会結党。平成28年8月23日、日本維新の会へ党名変更
※2 昭和39年11月17日公明党結党。平成10年11月7日、「公明」と「新党平和」が合流して、新しい現在の「公明党」結成
※3 昭和20年11月2日、日本社会党結成。昭和30年10月13日、左右再統一。平成8年1月19日、社会民主党へ党名変更

衆議院議員勤続年数・当選回数表

(令和5年2月末現在)

氏名の前の(　)内の数字は参議院の通算在職年数、端数は切り上げてあります。
○内の数字は衆議院議員としての当選回数です。

勤続年数

54年 (1人)	**28年** (3人)	小渕　優子 ⑧
小沢　一郎 ⑱	塩谷　　立 ⑩	大島　　敦 ⑧
46年 (1人)	高市　早苗 ⑨	梶山　弘志 ⑧
(7)衛藤征士郎 ⑬	(27)林　　芳正 ①	金子　恭之 ⑧
44年 (1人)	**27年** (24人)	北村　誠吾 ⑧
中村喜四郎 ⑮	安住　　淳 ⑨	塩川　鉄也 ⑧
43年 (1人)	赤羽　一嘉 ⑨	高木　　毅 ⑧
菅　　直人 ⑭	伊藤　達也 ⑨	長妻　　昭 ⑧
41年 (1人)	今村　雅弘 ⑨	平井　卓也 ⑧
麻生　太郎 ⑭	岩屋　　毅 ⑨	細野　豪志 ⑧
40年 (3人)	遠藤　利明 ⑨	松野　博一 ⑧
甘利　　明 ⑬	大口　善德 ⑨	松原　　仁 ⑧
二階　俊博 ⑬	河野　太郎 ⑨	松本　剛明 ⑧
額賀福志郎 ⑬	近藤　昭一 ⑨	山井　和則 ⑧
37年 (4人)	佐藤　茂樹 ⑩	吉野　正芳 ⑧
逢沢　一郎 ⑫	佐藤　　勉 ⑨	**22年** (3人)
石破　　茂 ⑫	下村　博文 ⑨	小野寺五典 ⑧
船田　　元 ⑬	菅　　義偉 ⑨	海江田万里 ⑧
村上誠一郎 ⑫	田中　和德 ⑨	末松　義規 ⑦
34年 (7人)	田村　憲久 ⑨	**21年** (3人)
岡田　克也 ⑪	高木　陽介 ⑨	石田　真敏 ⑦
中谷　　元 ⑪	棚橋　泰文 ⑨	牧　　義夫 ⑦
古屋　圭司 ⑪	中川　正春 ⑨	山口　　壯 ⑦
細田　博之 ⑪	根本　　匠 ⑨	**20年** (20人)
森　　英介 ⑪	野田　佳彦 ⑨	井上　信治 ⑦
山口　俊一 ⑪	原口　一博 ⑨	泉　　健太 ⑧
山本　有二 ⑪	平沢　勝栄 ⑨	江藤　　拓 ⑦
30年 (15人)	古川　元久 ⑨	加藤　勝信 ⑦
石井　啓一 ⑩	渡辺　　周 ⑨	上川　陽子 ⑦
枝野　幸男 ⑩	**26年** (1人)	菊田真紀子 ⑦
岸田　文雄 ⑩	(13)金田　勝年 ⑤	小宮山泰子 ⑦
北側　一雄 ⑩	**25年** (2人)	後藤　茂之 ⑦
玄葉光一郎 ⑩	新藤　義孝 ⑧	篠原　　孝 ⑦
穀田　恵二 ⑩	(6)森山　　裕 ⑦	田嶋　　要 ⑦
斉藤　鉄夫 ⑩	**24年** (6人)	高橋千鶴子 ⑦
志位　和夫 ⑩	江﨑　鐵磨 ⑧	武田　良太 ⑦
鈴木　俊一 ⑩	江渡　聡德 ⑧	谷　　公一 ⑦
渡海紀三朗 ⑩	(7)笠井　　亮 ⑥	谷川　弥一 ⑦
野田　聖子 ⑩	櫻田　義孝 ⑧	長島　昭久 ⑦
浜田　靖一 ⑩	土屋　品子 ⑧	西村　康稔 ⑦
林　　幹雄 ⑩	渡辺　博道 ⑧	古川　禎久 ⑦
前原　誠司 ⑩	**23年** (17人)	古屋　範子 ⑦
茂木　敏充 ⑩	阿部　知子 ⑧	松島みどり ⑦
	赤嶺　政賢 ⑧	笠　　浩史 ⑦

19年 (6人)

伊藤　信太郎 ⑦
江田　憲司 ⑦
(9)岸　信夫 ④
小泉　龍司 ⑦
柴山　昌彦 ⑦
馬淵　澄夫 ⑦

18年 (17人)

あべ　俊子 ⑥
赤澤　亮正 ⑥
秋葉　賢也 ⑥
稲田　朋美 ⑥
小川　淳也 ⑥
小里　泰弘 ⑥
大串　博志 ⑥
吉良　州司 ⑥
坂本　哲志 ⑥
平　将明 ⑥
寺田　学 ⑥
永岡　桂子 ⑥
西村　智奈美 ⑥
福田　昭夫 ⑥
(7)宮本　岳志 ⑤
柚木　道義 ⑥
鷲尾　英一郎 ⑥

17年 (13人)

(7)浮島　智子 ④
奥野　信亮 ⑥
(7)佐藤　公治 ⑥
鈴木　淳司 ⑥
竹内　譲 ⑥
西村　明宏 ⑥
西銘　恒三郎 ⑥
葉梨　康弘 ⑥
萩生田　光一 ⑥
伴野　豊 ⑥
御法川　信英 ⑥
宮下　一郎 ⑥
山際　大志郎 ⑥

16年 (6人)

逢坂　誠二 ⑥
城内　実 ⑥
階　猛 ⑥
寺田　稔 ⑥
丹羽　秀樹 ⑥
(6)義家　弘介 ④

15年 (28人)

あかま　二郎 ⑤
伊藤　忠彦 ⑤
伊藤　渉 ⑤
石原　宏高 ⑤
上野　賢一郎 ⑤
越智　隆雄 ⑤
大塚　拓 ⑤
(7)金子　恵美 ③
亀岡　偉民 ⑤
木原　誠二 ⑤
木原　稔 ⑤
坂井　学 ⑤
下条　みつ ⑤
鈴木　馨祐 ⑤
関　芳弘 ⑤
田中　良生 ⑤
髙鳥　修一 ⑤
手塚　仁雄 ⑤
土井　亨 ⑤
中根　一幸 ⑤
橋本　岳 ⑤
平口　洋 ⑤
牧原　秀樹 ⑤
松本　洋平 ⑤
武藤　容治 ⑤
盛山　正仁 ⑤
山本　ともひろ ⑤
若宮　健嗣 ⑤

14年 (13人)

伊東　良孝 ⑤
稲津　久 ⑤
大西　健介 ⑤
奥野　総一郎 ⑤
柿沢　未途 ⑤
小泉　進次郎 ⑤
後藤　祐一 ⑤
齋藤　健 ⑤
橘　慶一郎 ⑤
玉木　雄一郎 ⑤
(13)塚田　一郎 ①
(13)前川　清成 ①
松木　けんこう ⑥

13年 (3人)

(3)小熊　慎司 ④
(12)髙階　恵美子 ①
(12)中西　健治 ④

12年 (2人)

(7)大河原　まさこ ②
(7)鰐淵　洋子 ②

11年 (89人)

足立　康史 ④
青柳　陽一郎 ④
秋本　真利 ④
井出　庸生 ④
井野　俊郎 ④
井上　貴博 ④
井上　英孝 ④
井林　辰憲 ④
伊佐　進一 ④
池田　佳隆 ④
石川　昭政 ④
市村　浩一郎 ④
今枝　宗一郎 ④
岩田　和親 ④
浦野　靖人 ④
遠藤　敬 ④
小倉　將信 ④
小田原　潔 ④
大岡　敏孝 ④
大串　正樹 ④
大西　英男 ④
大野　敬太郎 ④
岡本　三成 ④
鬼木　誠 ④
勝俣　孝明 ④
門山　宏哲 ④
神田　憲次 ④
菅家　一郎 ④
城井　崇 ④
黄川田　仁志 ④
北神　圭朗 ④
工藤　彰三 ④
國重　徹 ④
熊田　裕通 ④
小島　敏文 ④
小林　鷹之 ④
小林　史明 ④
古賀　篤 ④
國場　幸之助 ④
佐々木　紀 ④
佐藤　英道 ④
斎藤　洋明 ④
笹川　博義 ④
重徳　和彦 ④
(10)島尻　安伊子 ①
新谷　正義 ④
杉本　和巳 ④
鈴木　憲和 ④
田所　嘉徳 ④
田中　英之 ④

㊗勤続年数

289

（承前・④）

田野瀬太道 ④
田畑裕明 ④
武井俊輔 ④
武部新 ④
武村展英 ④
津島淳 ④
辻清人 ④
冨樫博之 ④
中谷真一 ④
中野洋昌 ④
中村裕之 ④
中山展宏 ④
長坂康正 ④
根本幸典 ④
野中厚 ④
馬場伸幸 ④
濱地雅一 ④
福田達夫 ④
藤井比早之 ④
藤丸敏 ④
藤原崇 ④
星野剛士 ④
細田健一 ④
堀井学 ④
堀内詔子 ④
牧島かれん ④
三ッ林裕巳 ④
宮内秀樹 ④
宮澤博行 ④
務台俊介 ④
村井英樹 ④
八木哲也 ④
簗和生 ④
山下貴司 ④
山田賢司 ④
山田美樹 ④
吉川元 ④
渡辺孝一 ④

10年（2人）
鈴木貴子 ④
宮崎政久 ④

9年（20人）
青山周平 ④
稲富修二 ④
尾身朝子 ④
落合貴之 ④
加藤鮎子 ④
近藤和也 ④
篠原豪 ③
白石洋一 ③
鈴木隼人 ③
宮路拓馬 ③
宮本徹 ③
宗清皇一 ③
本村伸子 ③
森山浩行 ③
山岡達丸 ③
山崎誠 ③
吉田統彦 ③

8年（10人）
(7)井原巧 ①
緒方林太郎 ③
小林茂樹 ③
小山展弘 ③
杉田水脈 ③
(7)徳永久志 ①
福島伸享 ③
三谷英弘 ③
谷田川元 ③
(7)若林健太 ①

7年（11人）
井坂信彦 ③
伊東信久 ③
奥下剛光 ③
坂本祐之輔 ③
鈴木義弘 ③
高木宏壽 ③
中川郁子 ③
野間健 ③
鳩山二郎 ③
吉川赳 ③
和田義明 ③

6年（27人）
青山大人 ②
浅野哲 ②
伊藤俊輔 ②
石川香織 ②
泉田裕彦 ②
上杉謙太郎 ②
岡本あき子 ②
金子俊平 ②
鎌田さゆり ②
神谷裕 ②
木村次郎 ②
国光あやの ②
源馬謙太郎 ②
小寺裕雄 ②
高村正大 ②
櫻井周 ②
中曽根康隆 ②
中谷一馬 ②
西岡秀子 ②
西田昭二 ②
穂坂泰 ②
本田太郎 ②
緑川貴士 ②
森田俊和 ②
早稲田ゆき ②

5年（10人）
櫛渕万里 ②
瀬戸隆一 ②
空本誠喜 ②
角田秀穂 ②
中川康洋 ②
仁木博文 ②
山本剛正 ②
湯原俊二 ②
吉田豊史 ②
吉田宣弘 ③

4年（3人）
畦元将吾 ②
藤田文武 ②
三木圭恵 ②

3年（2人）
深澤陽一 ②
美延映夫 ②

2年（87人）
阿部司 ①
阿部弘樹 ①
青柳仁士 ①
赤木正幸 ①
浅川義治 ①
東国幹 ①
荒井優 ①
新垣邦男 ①
五十嵐清 ①
池下卓 ①
池畑浩太朗 ①
石井拓 ①
石橋林太郎 ①
石原正敬 ①

① 勤続年数

一谷勇一郎 ①
岩谷良平 ①
上田英俊 ①
梅谷守 ①
漆間譲司 ①
遠藤良太 ①
おおつき紅葉 ①
小野泰輔 ①
尾崎正直 ①
大石あきこ ①
奥下剛光 ①
加藤竜祥 ①
河西宏一 ①
勝目康 ①
金村龍那 ①
神田潤一 ①
金城泰邦 ①
日下正喜 ①
国定勇人 ①
小森卓郎 ①
斎藤アレックス ①
沢田良 ①
塩崎彰久 ①
庄子賢一 ①
末次精一 ①
鈴木敦 ①
鈴木英敬 ①
鈴木庸介 ①
住吉寛紀 ①
たがや亮 ①
田中健 ①
高橋英明 ①
高見康裕 ①
土田慎 ①
堤かなめ ①
中川貴元 ①
中川宏昌 ①
中司宏 ①
中野英幸 ①
長友慎治 ①
西野太亮 ①
長谷川淳二 ①
馬場雄基 ①
早坂敦 ①
平沼正二郎 ①
平林晃 ①
福重隆浩 ①

藤岡隆雄 ①
藤巻健太 ①
古川直季 ①
堀場幸子 ①
本庄知史 ①
松本尚 ①
三反園訓 ①
岬麻紀 ①
保岡宏武 ①
柳本顕 ①
山岸一生 ①
山口晋 ①
山崎正恭 ①
山本左近 ①
山田勝彦 ①
米山隆一 ①
吉田久美子 ①
吉田とも代 ①
吉田はるみ ①
渡辺創 ①

291

参議院議員勤続年数・当選回数表

氏名の前の( )内の数字は衆議院の通算在職年数、端数は切り上げてあります。
○内の数字は参議院議員としての当選回数。

42年 (1人)
山東昭子 ⑧

38年 (1人)
中曽根弘文 ⑦

35年 (1人)
尾辻秀久 ⑥

32年 (1人)
山崎正昭 ⑥

29年 (3人)
(13)衛藤晟一 ③
(25)鈴木宗男 ①
(7)山口那津男 ④

28年 (1人)
橋本聖子 ⑤

27年 (1人)
(11)長浜博行 ③

25年 (5人)
櫻井充 ⑤
世耕弘成 ⑤
鶴保庸介 ⑤
福島みずほ ⑤
福山哲郎 ⑤

23年 (3人)
武見敬三 ⑤
(22)辻元清美 ①
(4)山谷えり子 ④

22年 (11人)
有村治子 ④
井上哲士 ④
(21)上田勇 ④
大塚耕平 ④
紙智子 ④
小池晃 ④
榛葉賀津也 ④
松山政司 ④
(10)宮沢洋一 ④
山下芳生 ④
山本香苗 ④

21年 (2人)
(9)浅尾慶一郎 ④
(11)若松謙維 ④

20年 (1人)
関口昌一 ④

19年 (11人)
岡田直樹 ④
末松信介 ④
谷合正明 ④
西田実仁 ④
野上浩太郎 ④
野村哲郎 ④
(10)松沢成文 ③
松下新平 ④
松村祥史 ④
山本順三 ④
蓮舫 ④

18年 (1人)
(2)室井邦彦 ③

17年 (4人)
(8)青木愛 ③
(4)猪口邦子 ③
(4)片山さつき ③
(4)福岡資麿 ③

16年 (14人)
石井準一 ③
川田龍平 ③
佐藤信秋 ③
佐藤正久 ③
西田昌司 ③
古川俊治 ③
牧野たかお ③
牧山ひろえ ③
丸川珠代 ③
水岡俊一 ③
森まさこ ③
山田俊男 ③
山本博司 ③
吉川沙織 ③

15年 (1人)
(8)田名部匡代 ②

14年 (3人)
(4)赤池誠章 ②
(11)上田清司 ①
(4)野田国義 ②

13年 (23人)
青木一彦 ③
秋野公造 ③
石井浩郎 ③
石川博崇 ③
石橋通宏 ③
磯崎仁彦 ③
上野通子 ③
大家敏志 ③
大島九州男 ③
川合孝典 ③
小西洋之 ③
斎藤嘉隆 ③
田村智子 ③
竹谷とし子 ③
徳永エリ ③
中西祐介 ③
仁比聡平 ③
長谷川岳 ③
藤川政人 ③
舟山康江 ③
三原じゅん子 ③
横山信一 ③
渡辺猛之 ③

12年 (2人)
(11)中田宏 ①
(6)山田宏 ②

11年 (2人)
(4)石井章 ③
江島潔 ③

10年 (43人)
東徹 ②
石井正弘 ②
石田昌宏 ②
磯崎哲史 ②
梅村聡 ②
大野泰正 ②
太田房江 ②
河野義博 ②
吉良よし子 ②
北村経夫 ③
倉林明子 ②
古賀友一郎 ②
上月良祐 ②
佐々木さやか ②
酒井庸行 ②
清水貴之 ②
柴田巧 ②

島村　大 ②
杉　久武 ②
高野　光二郎 ②
高橋　克法 ②
滝沢　求 ②
滝波　宏文 ②
柘植　芳文 ②
堂故　茂 ②
豊田　俊郎 ②
長峯　誠 ②
新妻　秀規 ②
羽生田　俊 ②
馬場　成志 ②
浜野　喜史 ②
平木　大作 ②
堀井　巌 ②
舞立　昇治 ②
三宅　伸吾 ②
宮本　周司 ②
森本　真治 ②
森屋　宏 ②
矢倉　克夫 ②
山下　雄平 ②
吉川　ゆうみ ②
吉田　忠智 ②
和田　政宗 ②

9年（1人）
阿達　雅志 ③

8年（2人）
山田　太郎 ②
(1)山本　太郎 ②

7年（31人）
足立　敏之 ②
青山　繁晴 ②
浅田　均 ②
朝日　健太郎 ②
井上　義行 ②
伊藤　孝江 ②
伊藤　孝恵 ②
伊波　洋一 ②
石井　苗子 ②
今井　絵理子 ②
岩渕　友 ②
小野田　紀美 ②
片山　大介 ②
こやり　隆史 ②
古賀　之士 ②
佐藤　啓 ②
里見　隆治 ②
自見　はなこ ②
進藤　金日子 ②
杉尾　秀哉 ②
高木　かおり ②
(4)ながえ　孝子 ①
浜口　誠 ①
(5)比嘉　奈津美 ①
平山　佐知子 ②
藤木　眞也 ②
(7)船橋　利実 ①
松川　るい ②
三浦　信祐 ②
宮崎　勝 ②
山添　拓 ②

6年（2人）
竹内　真二 ②
(2)三浦　靖 ①

5年（1人）
(5)串田　誠一 ①

4年（36人）
安達　澄 ①
伊藤　岳 ①
石垣　のりこ ①
石川　大我 ①
岩本　剛人 ①
打越　さく良 ①
梅村　みずほ ①
小沢　雅仁 ①
小沼　巧 ①
音喜多　駿 ①
加田　裕之 ①
嘉田　由紀子 ①
勝部　賢志 ①
木村　英子 ①
岸　真紀子 ①
熊谷　裕人 ①
清水　真人 ①
塩村　あやか ①
下野　六太 ①
須藤　元気 ①
田島　麻衣子 ①
田村　まみ ①
高橋　はるみ ①
高橋　光男 ①
高良　鉄美 ①
寺田　静 ①
芳賀　道也 ①
浜田　聡 ①
舩後　靖彦 ①
本田　顕子 ①
宮崎　雅夫 ①
森屋　隆 ①
安江　伸夫 ①
柳ヶ瀬　裕文 ①
横沢　高徳 ①

2年（2人）
羽田　次郎 ①
宮口　治子 ①

1年（38人）
青島　健太 ①
赤松　健 ①
生稲　晃子 ①
猪瀬　直樹 ①
臼井　正一 ①
越智　俊之 ①
鬼木　誠 ①
ガーシー ①
加藤　明良 ①
梶原　大介 ①
金子　道仁 ①
神谷　宗幣 ①
神谷　政幸 ①
窪田　哲也 ①
小林　一大 ①
古賀　千景 ①
古庄　玄知 ①
柴　愼一 ①
高木　真理 ①
竹詰　仁 ①
天畠　大輔 ①
堂込　麻紀子 ①
友納　理緒 ①
中条　きよし ①
永井　学 ①
長谷川　英晴 ①
広瀬　めぐみ ①
藤井　一博 ①
星　北斗 ①
松野　明美 ①
三上　えり ①
水野　素子 ①
村田　享子 ①
山本　佐知子 ①
山本　啓介 ①
吉井　章 ①
若林　洋平 ①

党派別国会議員一覧

※衆参の正副議長は無所属に含む。○内は当選回数・無所属には諸派を含む。
衆議院議員の（ ）内は参議院の当選回数。参議院議員の（ ）内は衆議院の当選回数。

党派別一覧

自民党　378人
（衆議院260人）

麻生太郎⑭
甘利明⑬
衛藤征士郎⑬(1)
二階俊博⑬
額賀福志郎⑬
船田元⑬
逢沢一郎⑫
石破茂⑫
村上誠一郎⑫
中谷元⑪
古屋圭司⑪
森山裕⑪
山口俊一⑪
山本有二⑪
岸田文雄⑩
塩谷立⑩
鈴木俊一⑩
渡海紀三朗⑩
野田聖子⑩
浜田靖一⑩
林幹雄⑩
茂木敏充⑩
伊藤達也⑨
今村雅弘⑨
岩屋毅⑨
遠藤利明⑨
河野太郎⑨
佐藤勉⑨
下村博文⑨
菅義偉⑨
田中和德⑨
田村憲久⑨
高市早苗⑨
棚橋泰文⑨
根本匠⑨
平沢勝栄⑧
石田真敏⑧
江﨑鐵磨⑧
江渡聡徳⑧
小野寺五典⑧

小渕優子⑧
梶山弘志⑧
金子恭之⑧
北村誠吾⑧
櫻田義孝⑧
新藤義孝⑧
高木毅⑧
土屋品子⑧
平井卓也⑧
細野豪志⑧
松野博一⑧
松本剛明⑧
吉野正芳⑧
渡辺博道⑧
秋葉賢也⑦
井上信治⑦
伊藤信太郎⑦
江藤拓⑦
加藤勝信⑦
上川陽子⑦
小泉龍司⑦
後藤茂之⑦
坂本哲志⑦
柴山昌彦⑦
武田良太⑦
谷公一⑦
長島昭久⑦
古川禎久⑦
松島みどり⑦(1)
山口壯⑦(1)
あべ俊子⑥
赤澤亮正⑥
稲田朋美⑥
小里泰弘⑥
奥野信亮⑥
鈴木淳司⑥
寺田稔⑥
永岡桂子⑥

丹羽秀樹⑥
西村明宏⑥
西銘恒三郎⑥
葉梨康弘⑥
萩生田光一⑥
御法川信英⑥
宮下一郎⑥
山際大志郎⑥
鷲尾英一郎⑥
あかま二郎⑤
伊東良孝⑤
伊藤忠彦⑤
石原宏高⑤
上野賢一郎⑤
越智隆雄⑤
大塚拓⑤
柿沢未途⑤
金田勝年⑤(2)
亀岡偉民⑤
木原誠二⑤
木原稔⑤
小泉進次郎⑤
齋藤健⑤
坂井学⑤
鈴木馨祐⑤
関芳弘⑤
田中良生⑤
髙鳥修一⑤
髙橋慶一郎⑤
土井亨⑤
中根一幸⑤
橋本岳⑤
平口洋⑤
牧原秀樹⑤
松本洋平⑤
武藤容治⑤
盛山正仁⑤
山本ともひろ⑤
若宮健嗣⑤
青山周平④
秋本真利④
井野俊郎④

党派別一覧

衆議院

井上 信治 ④
井林 辰憲 ④
池田 佳隆 ④
石田 真敏 ④
今枝 宗一郎 ④
岩田 和親 ④
小倉 將信 ④
小田原 潔 ④
大岡 敏孝 ④
大串 正樹 ④
大西 英男 ④
大野 敬太郎 ④
鬼木 誠 ④
勝俣 孝明 ④
門山 宏哲 ④
菅家 一郎 ④
黄川田 仁志 ④
岸 信夫 ④(2)
工藤 彰三 ④
熊田 裕通 ④
小島 敏文 ④
小林 鷹之 ④
小林 史明 ④
古賀 篤 ④
國場 幸之助 ④
佐々木 紀 ④
斎藤 洋明 ④
笹川 博義 ④
新谷 正義 ④
鈴木 貴子 ④
鈴木 憲和 ④
田所 嘉徳 ④
田中 英之 ④
田野瀬 太道 ④
田畑 裕明 ④
武井 俊輔 ④
武部 新 ④
武村 展英 ④
津島 淳 ④
辻 清人 ④
冨樫 博之 ④
中谷 真一 ④
中村 裕之 ④
中山 展宏 ④
長坂 康正 ④
根本 幸典 ④
野中 厚 ④

福田 達夫 ④
藤井 比早之 ④
藤丸 敏 ④
藤原 崇 ④
星野 剛士 ④
細田 健一 ④
堀井 学 ④
堀内 詔子 ④
牧島 かれん ④
三ッ林 裕巳 ④
宮内 秀樹 ④
宮﨑 政久 ④
宮澤 博行 ④
務台 俊介 ④
村井 英樹 ④
八木 哲也 ④
簗 和生 ④
山田 賢司 ④
義家 弘介 ④
渡辺 孝一 ③
尾身 朝子 ③
加藤 鮎子 ③
小林 茂樹 ③
杉田 水脈 ③
鈴木 隼人 ③
瀬戸 隆一 ③
髙木 宏壽 ③
中川 郁子 ③
鳩山 二郎 ③
古川 康 ③
三谷 英弘 ③
宮路 拓馬 ③
宗清 皇一 ③
和田 義明 ③
畦元 将吾 ②
上杉 謙太郎 ②
金子 俊平 ②
木村 次郎 ②
国光 あやの ②
小寺 裕雄 ②
高木 啓 ②
高村 正大 ②
中曽根 康隆 ②
西田 昭二 ②

深澤 陽一 ②
穂坂 泰 ②
本田 太郎 ②
東国 幹 ①
五十嵐 清 ①
井原 巧 ①(1)
石井 拓 ①
石橋 林太郎 ①
石原 正敬 ①
上田 英俊 ①
尾崎 正直 ①
加藤 竜祥 ①
勝目 康 ①
川﨑 ひでと ①
神田 潤一 ①
国定 勇人 ①
小森 卓郎 ①
塩崎 彰久 ①
島尻 安伊子 ①(2)
鈴木 英敬 ①
髙階 恵美子 ①(2)
髙見 康裕 ①
土田 慎 ①
中川 貴元 ①
中西 健治 ①(2)
中野 英幸 ①
西野 太亮 ①
長谷川 淳二 ①
林 芳正 ①(5)
平沼 正二郎 ①
古川 直季 ①
松本 尚 ①
保岡 宏武 ①
柳本 顕 ①
山口 晋 ①
山本 左近 ①(1)
若林 健太 ①(1)

（参議院118人）
（任期 R7.7.28）

山東 昭子 ⑧
世耕 弘成 ⑤
武見 敬三 ⑤
橋本 聖子 ⑤
有村 治子 ④
松山 政司 ④
石井 準一 ③
衛藤 晟一 ③(4)

党派別一覧

北村 経夫 ③
佐藤 信秋 ③
佐藤 正久 ③
西田 昌司 ③
古川 俊治 ③
牧野 たかお ③
丸川 珠代 ③
森 まさこ ③
山田 俊男 ③
赤池 誠章 ②(1)
石井 正弘 ②
石田 昌宏 ②
大野 泰正 ②
太田 房江 ②
古賀 友一郎 ②
上月 良祐 ②
酒井 庸行 ②
高橋 克法 ②
滝沢 求 ②
滝波 宏文 ②
柘植 芳文 ②
堂故 茂 ②
豊田 俊郎 ②
長峯 誠 ②
羽生田 俊 ②
馬場 成志 ②
堀井 巌 ②
舞立 昇治 ②
三宅 伸吾 ②
宮本 周司 ②
森屋 宏 ②
山下 雄平 ②
山田 太郎 ②
吉川 ゆうみ ②
和田 政宗 ②
岩本 剛人 ①
加田 裕之 ①
清水 真人 ①
田中 昌史 ①
高橋 はるみ ①
中田 宏 ①(4)
比嘉 奈津美 ①(2)
本田 顕子 ①
三浦 靖 ①(1)
宮崎 雅夫 ①

（任期 R10.7.25）
中曽根 弘文 ⑦
山崎 正昭 ⑥
櫻井 充 ⑤
関口 昌一 ⑤
鶴保 庸介 ⑤
岡田 直樹 ④
末松 信介 ④
野上 浩太郎 ④
野村 哲郎 ④
松下 新平 ④
山谷 えり子 ④(1)
山本 順三 ④
阿達 雅志 ③
青木 一彦 ③
浅尾 慶一郎 ③(3)
石井 浩郎 ③
磯崎 仁彦 ③
猪口 邦子 ③(1)
上野 通子 ③
江島 潔 ③
大家 敏志 ③
片山 さつき ③(1)
中西 祐介 ③
長谷川 岳 ③
福岡 資麿 ③(1)
藤川 政人 ③
三原 じゅん子 ③
宮沢 洋一 ③(3)
渡辺 猛之 ③
足立 敏之 ②
青山 繁晴 ②
朝日 健太郎 ②
井上 義行 ②
今井 絵理子 ②
小野田 紀美 ②
こやり 隆史 ②
佐藤 啓 ②
自見 はなこ ②
進藤 金日子 ②
藤木 眞也 ②
松川 るい ②
山田 宏 ②(2)
赤松 健 ①
生稲 晃子 ①
臼井 正一 ①
越智 俊之 ①
加藤 明良 ①
梶原 大介 ①
神谷 政幸 ①
小林 一大 ①
古庄 玄知 ①
友納 理緒 ①
永井 学 ①
長谷川 英晴 ①
広瀬 めぐみ ①
藤井 一博 ①
船橋 利実 ①(2)
星 北斗 ①
山本 啓介 ①
山本 佐知子 ①
吉井 章 ①
若林 洋平 ①

立憲民主党 135人
（衆議院96人）

小沢 一郎 ⑱
中村 喜四郎 ⑮
菅 直人 ⑭
岡田 克也 ⑪
枝野 幸男 ⑩
玄葉 光一郎 ⑩
安住 淳 ⑨
近藤 昭一 ⑨
中川 正春 ⑨
野田 佳彦 ⑨
原口 一博 ⑨
渡辺 周 ⑨
阿部 知子 ⑧
泉 健太 ⑧
大島 敦 ⑧
長妻 昭 ⑧
松原 仁 ⑧
山井 和則 ⑧
江田 憲司 ⑦
菊田 真紀子 ⑦
小宮山 泰子 ⑦
篠原 孝 ⑦
末松 義規 ⑦
田嶋 要 ⑦
馬淵 澄夫 ⑦
牧 義夫 ⑦
笠 浩史 ⑦
小川 淳也 ⑥
大串 博志 ⑥

党派別一覧

（立憲民主党 つづき）

階猛 ⑥
寺田学 ⑥
西村智奈美 ⑥
伴野豊 ⑥
福田昭夫 ⑥
松木けんこう ⑥
柚木道義 ⑥
大西健介 ⑤
逢坂誠二 ⑤
奥野総一郎 ⑤
後藤祐一 ⑤
下条みつ ⑤
手塚仁雄 ⑤
青柳陽一郎 ④
小熊慎司 ④(1)
城井崇 ④
佐藤公治 ④(1)
重徳和彦 ④
中島克仁 ④
井坂信彦 ③
稲富修二 ③
落合貴之 ③
金子恵美 ③(1)
鎌田さゆり ③
小山展弘 ③
近藤和也 ③
坂本祐之輔 ③
篠原豪 ③
白石洋一 ③
野間健 ③
森山浩行 ③
谷田川元 ③
山岡達丸 ③
山崎誠 ③
青山大人 ②
伊藤俊輔 ②
石川香織 ②
大河原まさこ ②(1)
岡本あき子 ②
神谷裕 ②
源馬謙太郎 ②
櫻井周 ②
中谷一馬 ②
道下大樹 ②
緑川貴士 ②
森田俊和 ②
湯原俊二 ②
早稲田ゆき ②
荒井優 ②
梅谷守 ②
おおつき紅葉 ②
神津たけし ②
末次精一 ①
鈴木庸介 ①
堤かなめ ①
徳永久志 ①(1)
馬場雄基 ①
藤岡隆雄 ①
太栄志 ①
本庄知史 ①
山岸一生 ①
山田勝彦 ①
吉田はるみ ①
米山隆一 ①
渡辺創 ①

（参議院38人）
（任期 R7.7.28）

川田龍平 ③
牧山ひろえ ③
水岡俊一 ③
吉川沙織 ③
野田国義 ②(1)
森本真治 ②
吉田忠智 ②
石垣のりこ ①
石川大我 ①
打越さく良 ①
小沢雅仁 ①
小沼巧 ①
勝部賢志 ①
岸真紀子 ①
熊谷裕人 ①
塩村あやか ①
田島麻衣子 ①
羽田次郎 ①
水野素子 ①
宮口治子 ①
森屋隆 ①
横沢高徳 ①

（任期 R10.7.25）

福山哲郎 ⑤
蓮舫 ④
青木愛 ③(3)
石橋通宏 ③
小西洋之 ③
斎藤嘉隆 ③
徳永エリ ③
古賀之士 ②
杉尾秀哉 ②
田名部匡代 ②(3)
鬼木誠 ①
古賀千景 ①
柴愼一 ①
高木真理 ①
辻元清美 ①(7)
村田享子 ①

日本維新の会 61人
（衆議院40人）

足立康史 ④
井上英孝 ④
市村浩一郎 ④
浦野靖人 ④
遠藤敬 ④
杉本和巳 ④
馬場伸幸 ④
伊東信久 ③
空本誠喜 ③
藤田文武 ③
三木圭恵 ②
美延映夫 ②
山本剛正 ②
阿部司 ①
阿部弘樹 ①
青柳仁士 ①
赤木正幸 ①
浅川義治 ①
池下卓 ①
池畑浩太朗 ①
一谷勇一郎 ①
岩谷良平 ①
漆間譲司 ①
遠藤良太 ①
小野泰輔 ①
奥下剛光 ①
金村龍那 ①
沢田良 ①
住吉寛紀 ①
髙橋英明 ①
中司宏 ①
早坂敦 ①
藤巻健太 ①

堀場	幸子	①	國重	徹	④	**共産党　21人**		
掘井	健智	①	佐藤	英道	④	（衆議院10人）		
前川	清成	①(2)	中野	洋昌	④	穀田	恵二	⑩
岬	麻紀	①	中濱地	雅一	④	志位	和夫	⑩
守島	正	①	輿水	恵一	③	赤嶺	政賢	⑧
吉田	とも代	①	吉田	宣弘	③	塩川	鉄也	⑧
和田	有一朗	①	角田	秀穂	③	高橋	千鶴子	⑦
（参議院21人）			中川	康洋	②	笠井	亮	⑥(1)
（任期　R7.7.28）			鰐淵	洋子	②(1)	宮本	岳志	⑤(1)
室井	邦彦	③(1)	河西	宏一	①	田村	貴昭	③
東	徹	③	金城	泰邦	①	宮本	徹	③
梅村	聡	②	日下	正喜	①	本村	伸子	③
清水	貴之	②	庄子	賢一	①	（参議院11人）		
柴田	巧	②	中川	宏昌	①	（任期　R7.7.28）		
梅村	みずほ	①	平林	晃	①	井上	哲士	④
音喜多	駿	①	福重	隆浩	①	紙	智子	④
鈴木	宗男	①(8)	山崎	正恭	①	小池	晃	④
柳ヶ瀬	裕文	①	吉田	久美子	①	山下	芳生	④
（任期　R10.7.25）			（参議院27人）			吉良	よし子	③
松沢	成文	③(3)	（任期　R7.7.28）			倉林	明子	②
浅田	均	②	山口	那津男	④(2)	伊藤	岳	①
石井	章	②(1)	山本	香苗	④	（任期　R10.7.25）		
石井	苗子	②	山本	博司	③	田村	智子	③
片山	大介	②	河野	義博	②	仁比	聡平	③
高木	かおり	②	佐々木	さやか	②	岩渕	友	②
青島	健太	①	杉	久武	②	山添	拓	②
猪瀬	直樹	①	新妻	秀規	②	**国民民主党　20人**		
金子	道仁	①	平木	大作	②	（衆議院10人）		
串田	誠一	①(1)	矢倉	克夫	②	前原	誠司	⑩
中条	きよし	①	若松	謙維	②(3)	古川	元久	⑨
松野	明美	①	塩田	博昭	①	玉木	雄一郎	③
公明党　59人			下野	六太	①	鈴木	義弘	③
（衆議院32人）			高橋	光男	①	浅野	哲	②
石井	啓一	⑩	安江	伸夫	①	西岡	秀子	②
北側	一雄	⑩	（任期　R10.7.25）			斎藤アレックス		①
佐藤	茂樹	⑩	谷合	正明	④	鈴木	敦	①
斉藤	鉄夫	⑩	西田	実仁	④	田中	健	①
赤羽	一嘉	⑨	秋野	公造	③	長友	慎治	①
大口	善徳	⑨	石川	博崇	③	（参議院10人）		
高木	陽介	⑨	竹谷	とし子	③	（任期　R7.7.28）		
古屋	範子	⑦	横山	信一	③	大塚	耕平	④
竹内	譲	⑥	伊藤	孝江	②	榛葉	賀津也	④
伊藤	渉	⑤	里見	隆治	②	礒崎	哲史	②
稲津	久	⑤	竹内	真二	②	浜野	喜史	②
伊佐	進一	④	三浦	信祐	②	田村	まみ	①
浮島	智子	④(1)	宮崎	勝	②			
岡本	三成	④	上田	勇	①(7)			
			窪田	哲也	①			

298

（任期　R10.7.25）

川合	孝典	③
舟山	康江	③
伊藤	孝恵	②
浜口	誠	②
竹詰	仁	①

れいわ新選組　8人

（衆議院3人）

櫛渕	万里	②
大石	あきこ	①
たがや	亮	①

（参議院5人）
（任期　R7.7.28）

木村	英子	①
舩後	靖彦	①

（任期　R10.7.25）

大島	九州男	③
山本	太郎	②(1)
天畠	大輔	①

社民党　2人

（衆議院1人）

新垣	邦男	①※1

（参議院1人）
（任期　R10.7.28）

福島	みずほ	④※3

NHK党　2人

（参議院2人）
（任期　R7.7.28）

浜田	聡	①

（任期　R10.7.25）

ガーシー		①

参政党　1人

（参議院1人）
（任期　R10.7.25）

神谷	宗幣	①

（会派は無所属）

無所属　24人

（衆議院10人）

細田	博之	⑪
海江田	万里	⑧
吉良	州司	⑥※2
北神	圭朗	④※2
緒方	林太郎	③※2

福島	伸享	③※2
吉川	赳	③
仁木	博文	②※2
吉田	豊史	②
三反園	訓	①

（参議院14人）
（任期　R7.7.28）

尾辻	秀久	⑥
長浜	博行	③(4)
安達	澄	①
嘉田	由紀子	①※4
須藤	元気	①
髙良	鉄美	①※5
寺田	静	①
ながえ	孝子	①
芳賀	道也	①※4

（任期　R10.7.25）

伊波	洋一	②※5
上田	清司	②(3)
平山	佐知子	①
堂込	麻紀子	①
三上	えり	①※3

※の議員の所属会派は
以下の通り。
衆議院
　※1 立憲民主党・
　　　無所属
　※2 有志の会
参議院
　※3 立憲民主・社民
　※4 国民民主党・新緑
　　　風会
　※5 沖縄の風

自由民主党内派閥一覧
（令和5年1月23日現在）

安倍派　97人

（衆議院59人）

議員名	当選回数
衛藤　征士郎	⑬(1)
塩谷　立	⑩
下村　博文	⑨
高木　毅	⑧
松野　博一	⑧
吉野　正芳	⑧
柴山　昌彦	⑦
谷川　弥一	⑦
西村　康稔	⑦
松島　みどり	⑦
稲田　朋美	⑥
奥野　信亮	⑥
鈴木　淳司	⑥
西村　明宏	⑥
萩生田　光一	⑥
宮下　一郎	⑥
越智　隆雄	⑤
大塚　拓	⑤
亀岡　偉民	⑤
関　芳弘	⑤
高鳥　修一	⑤
土井　亨	⑤
中根　一幸	⑤
青山　周平	④
池田　佳隆	④
小田原　潔	④
大西　英男	④
神田　憲次	④
菅家　一郎	④
岸　信夫	④(2)
佐々木　紀	④
田畑　裕明	④
根本　幸典	④
福田　達夫	④
藤原　崇	④
細田　健一	④
堀井　学	④
三ッ林　裕巳	④
宮澤　博行	④
山田　賢司	④
義家　弘介	④(1)
尾身　朝子	③
杉田　水脈	③
谷川　とむ	③
宗清　皇一	③
和田　義明	③
上杉　謙太郎	②
木村　次郎	②
高木　啓	②
井原　巧	①(1)
石井　拓	①
加藤　竜祥	①
小森　卓郎	①
塩崎　彰久	①
鈴木　英敬	①
高階　恵美子	①(2)
松本　尚	①
若林　健太	①(1)

（参議院38人）

（任期　R7.7.28）

議員名	当選回数
世耕　弘成	⑤
橋本　聖子	⑤
衛藤　晟一	③(4)
北村　経夫	③
西田　昌司	③
古川　俊治	③
丸川　珠代	③
宮本　周司	③
森　まさこ	③
赤池　誠章	②(1)
石井　正弘	②
石田　昌宏	②
大野　泰正	②
太田　房江	②
酒井　庸行	②
滝波　宏文	②
長峯　誠	②
羽生田　俊	②
堀井　巌	②
吉川　ゆうみ	①
加田　裕之	①
高橋　はるみ	①

（任期　R10.7.25）

議員名	当選回数
山崎　正昭	⑥
岡田　直樹	④
末松　信介	④
野上　浩太郎	④
山谷　えり子	④(1)
山下　雄平	③
上野　通子	③
江島　潔	③
長谷川　岳	③
井上　義行	②
佐藤　啓	②
松川　るい	②
山田　宏	②(2)
生稲　晃子	①
友納　理緒	①

茂木派　54人

（衆議院33人）

議員名	当選回数
額賀　福志郎	⑬
船田　元	⑬
茂木　敏充	⑩
伊藤　達也	⑨
小渕　優子	⑧
新藤　義孝	⑧
渡辺　博道	⑧
秋葉　賢也	⑦
加藤　勝信	⑦
古川　禎久	⑦
西銘　恒三郎	⑥
木原　稔	⑤
平口　洋	⑤
若宮　健嗣	⑤
笹川　博義	④
新谷　正義	④
鈴木　憲和	④
津島　淳	④
中谷　真一	④
中野　英幸	④
宮崎　政久	④
山下　貴司	④
古川　康	③
東　国幹	①
五十嵐　清	①
尾崎　正直	①
島尻　安伊子	①(2)
高見　康裕	①
高山　晋	①

（参議院21人）

（任期　R7.7.28）

議員名	当選回数
石井　準一	③
佐藤　信秋	③
佐藤　正久	③

（衆議院、続き）

高木宏壽 ③
中川郁子 ③
木村次郎 ③
山田美樹 ③
中曽根康隆 ①
国定勇人 ①
中野英幸 ①
平沼正二郎 ①

（参議院9人）
（任期 R7.7.28）
岩本剛人 ①
清水真人 ①
宮崎雅夫 ①
（任期 R10.7.25）
中曽根弘文 ⑤
鶴保庸介 ⑤
自見はなこ ②
進藤金日子 ②
梶原大介 ①
若林洋平 ①

岸田派　43人
（衆議院33人）

岸田文雄 ⑩
根本匠 ⑨
石田真敏 ⑧
小野寺五典 ⑧
金子恭之 ⑧
北村誠吾 ⑦
平井卓也 ⑦
上川陽子 ⑦
寺田稔 ⑥
葉梨康弘 ⑥
石原宏高 ⑤
木原誠二 ⑤
盛山正仁 ⑤
岩田和親 ④
小林史明 ④
小島敏文 ④
古賀篤 ④
國場幸之助 ④
武井俊輔 ④
辻清人 ④
藤丸敏 ④
堀内詔子 ④
村井英樹 ③
渡辺孝一 ③
畦元将吾 ②
金子俊平 ②
西田昭二 ②
国光あやの ②

（麻生派 衆議院、続き）

高村正大 ②
土田慎 ①
中西健治 ①(2)
山本左近 ①

（参議院16人）
（任期 R7.7.28）
山東昭子 ⑧
武見敬三 ④
有村治子 ④
高野光二郎 ②
高橋克法 ②
滝沢求 ②
豊田俊郎 ②
（任期 R10.7.25）
浅尾慶一郎 ③(3)
猪口邦子 ③(1)
大家敏志 ③
中西祐介 ③
藤川政人 ②
今井絵理子 ②
神谷政幸 ①
広瀬めぐみ ①
船橋利実 ①(2)

二階派　43人
（衆議院34人）

二階俊博 ⑬
林幹雄 ⑩
今村雅弘 ⑨
平沢勝栄 ⑨
江﨑鐵磨 ⑧
櫻田義孝 ⑧
細野豪志 ⑦
小泉龍司 ⑦
武田良太 ⑦
谷公一 ⑥
長島昭久 ⑥
山口壯 ⑥
鷲尾英一郎 ⑥
伊東良孝 ⑤
伊藤忠彦 ⑤
金田勝年 ⑤(2)
松本洋平 ⑤
小倉將信 ④
大岡敏孝 ④
勝俣孝明 ④
小宮山泰子 ④
武部新 ④
宮内秀樹 ④
小林茂樹 ③

（参議院、続き）

牧野たかお ③
上月良祐 ②
野上浩太郎 ②
山下雄平 ②
比嘉奈津美 ①(2)
三浦靖 ①
（任期 R10.7.25）
関口昌一 ⑤
野村哲郎 ④
松村祥史 ④
青木一彦 ③
石井浩郎 ③(1)
福岡資麿 ③(1)
渡辺猛之 ③
小野田紀美 ②
白坂亜紀 ①
加藤明良 ①
永井学 ①
山本佐知子 ①

麻生派　54人
（衆議院38人）

麻生太郎 ⑭
甘利明 ⑬
森英介 ⑪
山口俊一 ⑪
鈴木俊一 ⑩
岩屋毅 ⑨
河野太郎 ⑨
棚橋泰文 ⑧
江渡聡徳 ⑧
松本剛明 ⑧
伊藤信太郎 ⑦
永岡桂子 ⑥
山際大志郎 ⑥
あかま二郎 ⑤
鈴木馨祐 ⑤
武藤容治 ⑤
井上貴博 ④
井林辰憲 ④
今枝宗一郎 ④
工藤彰三 ④
斎藤洋明 ④
中村裕之 ④
中山展宏 ④
長坂康正 ④
牧島かれん ④
務台俊介 ③
山田賢司 ③
瀬戸隆一 ③

深澤陽一②
石橋林太郎①
石原正敬①
神田潤一①
林芳正①(5)
（参議院10人）
（任期 R7.7.28）
松山政司④
古賀友一郎②
馬場成志②
森屋宏②
（任期 R10.7.25）
磯崎仁彦③
宮沢洋一③(3)
足立敏之②
こやり隆史①
藤木眞也②
山本啓介①

森山派　7人

（衆議院6人）

森山裕⑦(1)
坂本哲志⑦
上野賢一郎⑤
鬼木誠④
田野瀬太道③
宮路拓馬③
（参議院1人）
（任期 R7.7.28）
山田俊男③

無派閥　81人

（衆議院58人）

逢沢一郎⑫
石破茂⑫
村上誠一郎⑫
中谷元⑪
古屋圭司⑪
山本有二⑪
渡海紀三朗⑩
浜田靖一⑩
遠藤利明⑨
佐藤勉⑨
菅義偉⑨
高市早苗⑨
梶山弘志⑧
土屋品子⑧
江藤拓⑦
後藤茂之⑥
あべ俊子⑥
赤澤亮正⑥
小里泰弘⑥
城内実⑥
平将明⑥
丹羽秀樹⑥
御法川信英⑥
小泉進次郎⑤
齋藤健⑤
坂井学⑤
田中良生⑤
橘慶一郎⑤
牧原秀樹⑤
山本ともひろ④
秋本真利④
石川昭政④
大串正樹④
大野敬太郎④
門山宏哲④
黄川田仁志④
熊田裕通④
田所嘉徳④
田中英之④
武村展英④
冨樫博之④
藤井比早之④
星野剛士④
八木哲也④
山下貴司④
加藤鮎子③
三谷英弘③
穂坂泰③
勝目康①
西野太亮①
長谷川淳二①
古川直季①
保岡宏武①
（参議院23人）
（任期 R7.7.28）
島村大②
柘植芳文②
舞立昇治②
三宅伸吾②
山田太郎②
和田政宗②
田中昌史①
本田顕子①
（任期 R10.7.25）
櫻井充④
松下新平④
阿達雅志④
片山さつき③(1)
三原じゅん子③
青山繁晴②
朝日健太郎①
赤松健①
越智俊之①
小林一大①
長谷川英晴①
藤井一博①
星北斗①
吉井章①

・・・

派閥住所・電話一覧

名　　称	郵便番号	住　　　　所	電話番号
清和政策研究会（安倍派）	102-0093	千,平河町2-7-1 塩崎ビル	3265-2941
平成研究会（茂木派）	100-0014	千,永田町1-11-32 全国町村会館西館3F	3580-1311
志　公　会（麻生派）	102-0093	千,平河町2-5-5 全国旅館会館3F	3237-1121
志　帥　会（二階派）	102-0093	千,平河町2-7-4 砂防会館別館3F	3263-3001
宏　池　会（岸田派）	100-0014	千,永田町1-11-32 全国町村会館6F	3508-0551
近未来政治研究会（森山派）	102-0093	千,平河町2-5-7 ビルクレスト平河町204号室	3288-9055

省庁幹部職員抄録

●編集要領
○ ゴシック書体は、両院議長、同副議長、常任・特別委員長並びに大臣・副大臣・政務官及び各省庁の役職名称。
○ 明朝書体は上記以外の氏名及び住所・電話番号。
○ 各主要ポジションについては緊急電話連絡用として**夜間電話**を記載。
○ 記載内容は原則として令和5年1月23日現在。

●目　次

国　会

〔衆　議　院〕

〒100-8960 千代田区永田町1-7-1
☎03(3581)5111

議　　　　長	細田　博之	
秘　　　　書	椎名　雄一	
同	石川　真一	
副　議　長	海江田万里	
秘　　　　書	清家　弘司	
同	中川　浩史	

〔常任委員長〕

内　　　　閣	大西　英男
総　　　　務	浮島　智子
法　　　　務	伊藤　忠彦
外　　　　務	黄川田仁志
財　務　金　融	塚田　一郎
文　部　科　学	宮内　秀樹
厚　生　労　働	三ッ林裕巳
農　林　水　産	笹川　博義
経　済　産　業	竹内　　譲
国　土　交　通	木原　　稔
環　　　　境	古賀　　篤
安　全　保　障	鬼木　　誠
国家基本政策	塩谷　　立
予　　　　算	根本　　匠
決算行政監視	江田　憲司
議　院　運　営	山口　俊一
懲　　　　罰	大串　博志

〔特別委員長〕

災　害　対　策	江藤　　拓
倫　理　公　選	平口　　洋
沖縄・北方問題	松本けんこう
拉　致　問　題	下条みつ
消費者問題	稲田　朋美
東日本大震災復興	長島　昭久
原子力問題調査	鈴木　淳司
地域・こども	橋本　　岳

〔憲法審査会〕

会　　　　長	森　英介

〔情報監視審査会〕

会　　　　長	小野寺五典

〔政治倫理審査会〕

会　　　　長	逢沢一郎

〔衆議院事務局〕

事　務　総　長		岡田　憲治
事　務　次　長		築山　信彦
秘書課長	事務取扱	石塚　公彦
統　括　監		佐藤　　浩
議長公邸長		田家裕一郎
副議長公邸長		森重　達也
議　事　部　長		片岡　義隆
副　部　長		石塚　公彦
同		大場　誉之
議　事　課　長		中居　健吾
議　案　課　長		高橋　裕介
請　願　課　長		東山　哲道
資料課長	事務取扱	大場　誉之
委　員　部　長		小林　英樹
副　部　長		木口　克浩
総　務　課　長		飯嶋　正雄
総　務　主　幹		鴻巣　正博
議院運営課長		近藤　弘康
議院運営主幹		濱島　幸男
第一課長	事務取扱	木口　克浩
第　二　課　長		近藤　英之
第三課長	(兼)	近藤　英之
第　四　課　長		小関　隆史
第五課長	(兼)	小関　隆史
調　整　主　幹		野一色裕二
第　六　課　長		平井　俊紀
第七課長	(兼)	平井　俊紀
調　整　主　幹		杉本　　守
調　査　課　長		吉田　一路
調査主幹	(兼)	鴻巣　正博
記　録　部　長		山本　麻美
副　部　長		温品多美子
総　務　主　幹		稲吉　明子
第一課長	事務取扱	温品多美子
会議録データ管理室長		森川　雅也
第　二　課　長		森田千賀子
第　三　課　長		志田　和子
第　四　課　長		渋谷　竜男
警　務　部　長		永瀬　方男
副　部　長		藤森　　隆
警　備　主　幹		宮内　　剛
警務課長	事務取扱	藤森　　隆
警　備　課　長		我妻　勝好

調 整 課 長	宮 市 和 明	
防 災 課 長	臼 井 俊 二	
防 災 主 幹(兼)	宮 内 剛	
庶 務 部 長	大 島 秀 悟	
副 部 長	梶 原 武	
	瀬良田祥二	
	柊 平 健	奥川 陽 一
	南 圭 次	
議 員 課 長	竹 内 聡 子	
企画調整主幹	平 子 由 美	
文 書 課 長	内 藤 義 人	
総 務 主 幹	大 戸 優 子	
広 報 課 長	佐 藤 順	
人 事 課 長	日 高 孝 一	
企 画 室 長	辻 岡 美 夏	
会 計 課 長	元 尾 竜 一	
監 査 主 幹	井 門 麻 子	
営 繕 課 長	嶋 津 伸 一	
契約監理主幹	山 田 弘 明	
PFI推進室長	山 口 憲 生	
電気施設課長	寺 田 稔	
契約監理主幹	草 野 知 洋	
情報管理監(兼)	瀬良田祥二	
情報基盤整備室長	秋 山 幸 司	
管 理 部 長	三 橋 善一郎	
副 部 長	菊 田 幸 夫	
	宮田正雄	松 本 邦 義
管 理 課 長 事務取扱	宮 田 正 雄	
議員会館課長 事務取扱	松 本 邦 義	
総 務 主 幹	貞 弘 浩太郎	
自 動 車 課 長	本 山 啓 登	
総 務 主 幹	長 島 義 明	
印 刷 課 長	渡 辺 豊	
厚生課長 事務取扱	菊 田 幸 夫	
厚 生 主 幹	髙 野 順 二	
業 務 課 長	小 久 保 尚 一	
国 際 部 長	山 本 浩 慎	
副 部 長	佐々木 利 明	
総務課長 事務取扱	佐々木 利 明	
議員外交支援室長	三 田 大 樹	
渉 外 課 長	四 方 明 行	
渉 外 主 幹	田 中 勇 毅	
国際会議課長 事務取扱	佐々木 利 明	
国際会議主幹	藤 田 博 光	
憲政記念館長	野 口 幸 彦	

副 館 長	青 山 卯 女	
資料管理課長 事務取扱	青 山 卯 女	
総 務 主 幹	神 薗 直 子	
憲法審査会事務局長	神 崎 一 郎	
事 務 局 次 長	白 藤 知 木	
総 務 課 長	髙 森 雅 樹	
情報監視審査会事務局長	寶 寺 浩	
総 務 課 長	牛 丸 禎 之	

〔**調 査 局**〕

調 査 局 長	宮 岡 宏 信	
総 括 調 整 監	田 中 仁	
特別調査監(兼)	大 島 悟	
同	梶 原 武	
総 務 課 長	仲 宗 根 一	
総 務 主 幹	小 室 芳 昭	
調査情報課長(兼)	南 圭 次	
内 閣 調 査 室 長	近 藤 博 人	
首 席 調 査 員	尾 本 高 広	
次 席 調 査 員	志 村 慶太郎	
総 務 調 査 室 長	阿 部 哲 也	
首 席 調 査 員	相 原 克 哉	
次 席 調 査 員	山 口 雅 之	
法 務 調 査 室 長	白 川 弘 基	
首 席 調 査 員	勝 部 雄	
次 席 調 査 員	及 川 英 宣	
外 務 調 査 室 長	大 野 雄一郎	
首 席 調 査 員	近 藤 真由美	
次 席 調 査 員	河 上 恵 子	
財務金融調査室長	二 階 堂 豊	
首 席 調 査 員	相 川 雅 樹	
次 席 調 査 員	本 多 基 宏	
文部科学調査室長	中 村 清	
首 席 調 査 員	藤 井 晃	
次 席 調 査 員	奈 良 誠 悦	
厚生労働調査室長	若 本 義 信	
首 席 調 査 員	須 澤 卓 士	
次 席 調 査 員	青 木 修 二	
同	辻 本 考 一	
農林水産調査室長	飯 野 伸 夫	
首 席 調 査 員	千 葉 論	
経済産業調査室長	藤 田 和 光	
首 席 調 査 員	中 川 博 史	
次 席 調 査 員	深 谷 陵 子	
国土交通調査室長	鈴 木 鉄 夫	
首 席 調 査 員	國 廣 勇 人	

305

次席調査員	竹田優司	財務金融委員会専門員	二階堂豊
環境調査室長	吉田はるみ	文部科学委員会専門員	中村清
首席調査員	鈴木努	厚生労働委員会専門員	若本義信
次席調査員	荒井コスモ	農林水産委員会専門員	飯野伸夫
安全保障調査室長	奥克彦	経済産業委員会専門員	藤田和光
首席調査員	小池洋子	国土交通委員会専門員	鈴木鉄夫
次席調査員	今井一晶	環境委員会専門員	吉田はるみ
国家基本政策調査室長	那須茂	安全保障委員会専門員	奥克彦
首席調査員	水谷一博	国家基本政策委員会専門員	那須茂
同	塩野剛	予算委員会専門員	齋藤育子
予算調査室長	齋藤育子	決算行政監視委員会専門員	花島克臣
首席調査員	浅見剛成		

〔衆議院法制局〕

法制局長	橘幸信
法制次長	笠井真一
法制企画調整部長事務取扱	笠井真一
副部長	吉田尚弘
企画調整監	尾形孝史
企画調整監長事務取扱	吉田尚弘
基本法制課長	牛山敦
総務課長	中谷幸司
調査課長	梶山知唯
第一部長	森恭子
副部長	片山敦嗣
第一課長事務取扱	片山敦嗣
第二課長	笠松珠美
第二部長	藤井宏治
第一課長	窪島春樹
第二課長	氏家正喜
第三部長	望月譲
副部長	栗原理恵紀
第一課長	中司光紀
第二課長事務取扱	栗原理恵紀
第四部長	吉澤紀子
副部長	津田樹見宗
同	正木寛也
第一課長事務取扱	正木寛也
第二課長事務取扱	津田樹見宗
第五部長	石原隆史
副部長	仁田山義明
第一課長事務取扱	仁田山義明
第二課長	中島陽
法制主幹	吉田早樹人
法制例規室長(兼)	梶山知唯

次席調査員	本部実香		
決算行政監視調査室長	花島克臣		
首席調査員	原田健成		
次席調査員	内田和正		
第一特別調査室長	菅野亨		
首席調査員 (沖縄・北方、消費者)	周藤英子		
次席調査員	安室恭子		
第二特別調査室長	大泉淳一		
首席調査員 (倫理・選挙)	花山房久美		
次席調査員	岸雅広		
第三特別調査室長	野﨑政栄		
首席調査員 (災害)	吉岡正廣		
次席調査員	小林和彦		
北朝鮮による拉致問題等に関する特別調査室長(兼)	那須茂		
首席調査員(兼)	水谷一博		
同 (兼)	塩野剛		
東日本大震災復興特別調査室長(兼)	野﨑政栄		
首席調査員(兼)	吉岡正廣		
次席調査員(兼)	小林和彦		
原子力問題調査特別調査室長(兼)	吉田はるみ		
首席調査員(兼)	鈴木努		
次席調査員(兼)	荒井コスモ		
地域活性化・こども政策・デジタル社会形成に関する特別調査室長(兼)	阿部哲也		
首席調査員(兼)	尾本高広		
同 (兼)	相原克哉		
次席調査員(兼)	青木修二		
同 (兼)	山口雅之		

〔常任委員会専門員〕

内閣委員会専門員	近藤博人
総務委員会専門員	阿部哲也
法務委員会専門員	白川弘基
外務委員会専門員	大野雄一郎

〔参　議　院〕

〒100-8961 千代田区永田町1-7-1
☎03(3581)3111

議　　　　長	尾辻秀久
秘　　　　書	尾辻朋実
同	石原　淳
副　議　長	長浜博行
秘　　　　書	副島　浩
同	外川裕之

〔常　任　委　員　長〕

内　　　　閣	古賀友一郎
総　　　務	河野義博
法　　　務	杉　久武
外　交　防　衛	阿達雅志
財　政　金　融	酒井庸行
文　教　科　学	高橋克法
厚　生　労　働	山田　宏
農　林　水　産	山下雄平
経　済　産　業	吉川沙織
国　土　交　通	蓮　舫
環　　　　境	滝沢　求
国　家　基　本　政　策	室井邦彦
予　　　　算	末松信介
決　　　　算	佐藤信秋
行　政　監　視	青木　愛
議　院　運　営	石井準一
懲　　　　罰	鈴木宗男

〔特　別　委　員　長〕

災　害　対　策	三浦信祐
政府開発援助及び沖縄北方	三原じゅん子
倫　理　選　挙	古川俊治
拉　致　問　題	山谷えり子
地方創生及び デジタル社会の形成	鶴保庸介
消　費　者　問　題	松沢成文
東日本大震災復興	古賀之士

〔調　査　会　長〕

外交・安全保障	猪口邦子
国民生活・経済	福山哲郎
資源エネルギー・持続可能社会	宮沢洋一

〔憲　法　審　査　会〕

会　　　　長	中曽根弘文

〔情報監視審査会〕

会　　　　長	有村治子

〔政治倫理審査会〕

会　　　　長	松下新平

〔参議院事務局〕

事　務　総　長	小林史武
事　務　次　長	伊藤文靖
秘書課長事務取扱	松下和史
秘　書　主　幹	頓所要介
議　長　公　邸　長	蜂谷　勉
副議長公邸長	田岡彦了
議　事　部　長	八鍬敬嗣
副　部　長	松下和史
議　事　課　長	内田衡純
議　事　主　幹	松井新介
議　案　課　長	篠窪有恒
請　願　課　長	橋本泰治
委　員　部　長	金子真実
副　部　長	藤原直幸
調　整　課　長	森下伊三夫
議院運営課長	鶴岡貴子
調　整　主　幹	小松由季
第　一　課　長	鎌野慎一
第　二　課　長	橋本貴義
第　三　課　長	桐谷淳司
第　四　課　長	加藤方五
第五課長(兼)	加藤方五
第　六　課　長	林　　晋
第　七　課　長	宇津木真理
第八課長(兼)	上村隆行
記　録　部　長	中内康夫
記録企画課長	大井田淳
記録企画主幹	大矢博昭
速記第一課長	町井直子
速記第二課長	岩本勝美
速記第三課長	馬場葉子
警　務　部　長	光地壱朗
警　務　課　長	根本修一
警　務　主　幹	佐藤　宏
警備第一課長	石塚雅人
警備第二課長	今井正広
警備第三課長	石井　剛
庶　務　部　長	黒川和良
副　部　長	森　黒土
	神戸敬行 加來賢一
文　書　課　長	大里慶子
調　整　主　幹	藥師寺聖一

国　会

参議院

307

総務主幹　宮澤　幸純正史
広報課長　鎌田　敦由史
議員課長　柴崎　将子
人事課長　富士山　綾久
人事主幹　杉山　啓之
会計課長　高嶋　博輝
会計主幹　渡邊　理恵
厚生課長　福嶋　達也
厚生主幹　栗原　理明
情報システム安全管理室　小林　孝明
管理部長　相澤　達也
副部長　光井　裕二
管理課長　正木　裕芳
麹町議員宿舎長　小林　一邦
清水谷議員宿舎長　山崎　邦洋
企画室長　鈴木　克讓
議員会館監理室長　佐久間　讓
業務課長　山下　彰人
営繕課長　桜田　由香里
電気施設課長　平田　哲道
電気施設主幹　鈴木　智力
自動車課長　高橋　力司
総務主幹　櫻井　真司
国際部長　大村　周太郎
国際交流課長　小野　浩隆
国際企画室長　松本　良起
国際会議課長　木暮　雅和

〔企画調整室〕
企画調整室長　金澤　真志
企画調整室次長　山田　千秀
調査情報担当室室長事務取扱　山田　千秀
総合調査担当室長　坂本　太郎
次席調査員　大澤　敦

〔常任委員会調査室〕
常任委員会専門員内閣委員会調査室　宮崎　一徳
首席調査員　三瓶　朋志
次席調査員　柿沼　重資
常任委員会専門員総務委員会調査室　佐藤　研一
首席調査員　皆川　健勝
同　三角　政行
次席調査員　牛上　直紀
同　鈴木　友志
常任委員会専門員法務委員会調査室　久保田　正美
首席調査員　本多　恵道
次席調査員　藤乗　一

外交防衛委員会専門員調査室　常任委員会専門員　神田　茂
首席調査員　宮崎　雅史
同　杳脱　和人
次席調査員　和喜多　裕一
常任財政金融委員会専門員調査室　小松　康志
首席調査員　小野澤　大介
次席調査員　藤井　一裁
常任文教科学委員会専門員調査室　武蔵　誠憲
首席調査員　有薗　裕章
次席調査員　吉田　博光
常任厚生労働委員会専門員調査室　佐伯　道子
首席調査員　寺澤　泰大
同　長谷　明弘
次席調査員　伊田　賢司
常任農林水産委員会専門員調査室　笹口　裕二
首席調査員　西村　尚敏
次席調査員　安藤　利昭
常任経済産業委員会専門員調査室　山口　秀樹
首席調査員　高野　智子
次席調査員　新妻　健一
常任国土交通委員会専門員調査室　清野　和彦
首席調査員　有安　洋樹
同　村田　和彦
次席調査員　瀬戸山　順一
常任環境委員会専門員調査室　金子　和裕
首席調査員　新井　賢治
常任予算委員会専門員調査室　星　正彦
首席調査員　崎山　建樹
常任決算委員会専門員調査室　亀澤　宏徳
首席調査員　折茂　建
次席調査員　松本　英樹
常任行政監視委員会専門員調査室　岩波　祐子
首席調査員　根岸　隆史

〔特別調査室〕
第一特別調査室長　中西　渉
首席調査員　澤井　勇人
第二特別調査室長　荒井　透雅
首席調査員　廣松　彰彦
第三特別調査室長　海野　耕太郎
首席調査員　泉水　健宏

〔憲法審査会事務局〕
事務局長　加賀谷　ちひろ

事務局次長　　　植木祐子
総務課長　　　　上村隆行
〔情報監視審査会事務局〕
事務局長　　　　北脇達也
総務課長 事務取扱 藤原直幸
〔参議院法制局〕
〒100-0014 千代田区永田町1-11-16
参議院第二別館内
法制局長　　　　川崎政司
法制次長　　　　村上たか
第一部長　　　　加藤敏博
副部長　　　　　滝川雄一
第一課長 事務取扱 滝川雄一
第二課長　　　　高澤和也
第二部長　　　　小野寺　理
第一課長　　　　齋藤陽夫
第二課長　　　　下野久欣
第三部長　　　　井上　勉明
第一課長　　　　桑原　明
第二課長　　　　伊庭みのり
第四部長　　　　宮澤宏幸
第一課長　　　　小沼　敦
第二課長　　　　又木奈菜子
第五部長 事務取扱 村上たか
第一課長　　　　坂本　光
第二課長　　　　尾崎陽一
法制主幹　　　　宇田川令子
総務課長　　　　伊藤正規
調査課長　　　　岩井美奈
情報管理主幹　　奈良優憲

裁判官弾劾裁判所

〒100-0014 千代田区永田町1-11-16
参議院第二別館内 ☎03(5521)7738
裁判長　　　　　松山政司
第一代理裁判長　船田　元
第二代理裁判長　小西洋之
裁判員　　　　　山本有二
　田中和德　　　山下貴司
　階　猛　　　　杉本和巳
　北側一雄　　　浅尾慶一郎
　福岡資麿　　　藤川政人
　安江伸夫　　　片山大介
〔事務局〕
事務局長　　　　鈴木千明

総務課長　　　　縄田康光
訟務課長　　　　光安陽子

裁判官訴追委員会

〒100-8982 千代田区永田町2-1-2
衆議院第二議員会館内 ☎03(3581)5111
委員長　　　　　新藤義孝
第一代理委員長　牧野たかお
第二代理委員長　近藤昭一
委員　　　　　　越智隆雄
　奥野信亮　　　柴山昌彦
　盛山正仁　　　中川正春
　美延映夫　　　大口善德
　片山さつき　　佐藤正久
　中西祐介　　　古川俊治
　打越さく良　　新妻秀規
　石井章　　　　上田清司
　浜野喜史
〔事務局〕
事務局長　　　　中村　実
事務局次長　　　澁谷美保
総務・議案課長　江成友幸

国立国会図書館

〒100-8924 千代田区永田町1-10-1
☎03(3581)2331(代)
(国会分館)
〒100-8961 千代田区永田町1-7-1
(国会議事堂内) ☎03(3581)9123
館長　　　　　　吉永元信
副館長　　　　　片山信子
〔総務部〕
部長　　　　　　山地康志
副部長　　　　　松浦　茂
　上保佳穂　　　竹内秀樹
　松山健二
司書監　　　　　紫藤美子
　同　　　　　　野口貴弘
主任参事　　　　小澤弘太
　織本尚志　　　小沼里亞
　田中敏　　　　水戸部由美
　宮本和彦　　　山﨑幹子
総務課長 事務取扱 松浦　茂
企画課長 事務取扱 上保佳穂
人事課長 事務取扱 竹内秀樹
人事課厚生室長(兼) 水戸部由美
会計課長 事務取扱 松山健二

309

管理課長　兼松　芳之
支部図書館・
協力課長　白石　郁子

〔調査及び立法考査局〕

局　　　長　寺倉　憲一
次　　　長　小澤　隆
専門調査員
総合調査室主任　小池　拓自
専門調査員
総合調査室付　秋山　信也
主　　幹　相原　信也
主任調査員　芦田　淳子
同　　　　　伊藤　淑子
同　　　　　松本　保子
専門調査員議会官庁
資料調査室主任　堀　純子
主　　幹　塚田　洋
主任調査員　大川　龍一
同　　　　　長谷川　卓
専門調査員
憲法調査室主任　小林　公夫
主　　幹　南　亮一
主任調査員　越田　崇夫
専門調査員政治議会
調査室主任(兼)　小林　公夫
専門調査員行政
法務調査室主任　小塩　智明
専門調査員外交
防衛調査室主任　鈴木　滋
専門調査員財政
金融調査室主任　深澤　映司
専門調査員経済
産業調査室主任　奥山　裕之
専門調査員農林
環境調査室主任　樋口　修
専門調査員国土
交通調査室主任　内田　竜雄
専門調査員文教科学
技術調査室主任　森田　倫子
主任調査員　東　弘子
専門調査員社会
労働調査室主任　小寺　正一
専門調査員社会
労働調査室主任　福井　祥人
主任調査員　鈴木　智
専門調査員海外立法
情報調査室主任　ローラーミカ
同　　　　　伊藤　信博
同　　　　　上　綱秀治
調査企画課長　小熊　幸美
調査企画課
連携協力室長(兼)　芦淳子
国会レファレンス課長　遠藤　真弘
議会官庁資料課長 事務取扱　塚田　洋
憲法課長 事務取扱　南　亮一
政治議会課長　川西　晶大
行政法務課長　苅込　照冬子
外交防衛課長　樋山　千冬子
財政金融課長　鎌倉　治子
経済産業課長　笹子　正成
農林環境課長　小笠原　美喜
国土交通課長　阿部　泰

文教科学技術課長　河合　美穂
文教科学技術課
科学技術室長(兼)　東　弘
社会労働課長　恩田　裕之
海外立法情報課長　内海　和美
国会分館長　中川　透

〔収集書誌部〕

部　　　長　木藤　淳子
副　部　長　藤本　和彦
司　書　監　川鍋　道子
同　　　　　諏訪　康子
主任司書　大柴　忠彦
　　　　　大原　裕子　竹林　晶子
　　　　　永井　善一
収集・書誌調整課長(兼)　諏訪　康子
国内資料課長　田中　智子
逐次刊行物・
特別資料課長　幡谷　祐子
外国資料課長(兼)　川鍋　道子
資料保存課長　村本　聡子

〔利用者サービス部〕

部　　　長　遊佐　啓之
司　書　監　倉橋　哲朗
　　　　　小林　裕之　林　直樹
主任司書　胡　龍子
　　　　　田中　譲　根岸　輝美子
　　　　　堀越　敬祐
サービス企画課長　立松　真希子
サービス運営課長(兼)　林　直樹
図書館resume整備課長(兼)　小林　裕之
図書館資料整備課
資料整備室長(兼)　根岸　輝美子
複写課長　石井　俊行
人文課長　小柏　良輔
科学技術・経済課長　高品　盛也
政治史料課長　大島　康作
音楽映像資料課長　金井　ゆき

〔電子情報部〕

部　　　長　大場　利康
副　部　長　木目沢　司
主任司書　井上　佐知子
　　　　　徳原　直子　西中山　隆
　　　　　村上　浩介
電子情報企画課長　伊東　敦子
電子情報企画課資料
デジタル化推進室長(兼)　村上　浩介
電子情報企画課次世代
システム開発研究室長(兼)　徳原　直子
電子情報流通課長　関根　美穂

310

電子情報サービス課長	竹鼻和夫
システム基盤課長	足立　潔

〔関西館〕

〒619-0287 京都府相楽郡精華町
精華台8-1-3 ☎0774(98)1200(代)

館　長	伊藤克尚
次　長	柴田昌樹
主任司書	渡邉斉志
総務課長(兼)	野口貴弘
文献提供課長	本多真紀子
アジア情報課長	前田直俊
収集整理課長	大橋邦生
図書館協力課長	小坂　昌
電子図書館課長	辰巳公一

〔国際子ども図書館〕

〒110-0007 台東区上野公園12-49
☎03(3827)2053(代)

館　長	三浦良治
主任司書	清水悦子
企画協力課長	堀内夏紀
資料情報課長	北村弥生
児童サービス課長	伊藤りさ

〔内　閣〕

〒100-0014 千代田区永田町2-3-1
総理官邸 ☎03(3581)0101

内閣総理大臣	岸田文雄
総務大臣	松本剛明
法務大臣	齋藤　健
外務大臣	林　芳正
財務大臣 内閣府特命担当大臣（金融） デフレ脱却担当	鈴木俊一
文部科学大臣 教育未来創造担当	永岡桂子
厚生労働大臣	加藤勝信
農林水産大臣	野村哲郎
経済産業大臣 原子力経済被害担当 産業競争力担当 ロシア経済分野協力担当 内閣府特命担当大臣 （原子力損害賠償・廃炉等支援機構）	西村康稔
国土交通大臣 水循環政策担当 国際園芸博覧会担当	斉藤鉄夫
環境大臣 内閣府特命担当大臣 （原子力防災）	西村明宏
防衛大臣	浜田靖一
内閣官房長官 沖縄基地負担軽減担当 拉致問題担当 ワクチン接種推進担当	松野博一
デジタル大臣 内閣府特命担当大臣 （デジタル改革） 消費者及び食品安全担当 国家公務員制度担当	河野太郎

復興大臣 福島原発事故再生総括担当 内閣府特命担当大臣 国土強靭化担当 防災担当 （防災　海洋政策）	渡辺博道
	谷　公一
こども政策担当 少子化対策担当 男女共同参画担当	小倉將信
新しい資本主義担当 スタートアップ担当 新型コロナ対策・健康危機管理担当 全世代型社会保障改革担当 （経済財政政策）	後藤茂之
経済安全保障担当 内閣府特命担当大臣 （知的財産戦略　科学技術政策 宇宙政策　経済安全保障）	高市早苗
内閣府特命担当大臣 （沖縄及び北方対策　規制改革） デジタル田園都市国家構想担当 （地方創生　アイヌ施策 国際博覧会担当 行政改革担当）	岡田直樹

〔内閣官房〕

〒100-8968 千代田区永田町1-6-1
〒100-8970 千代田区霞が関3-1-1
合同庁舎4号館
☎03(5253)2111

内閣総理大臣	岸田文雄
内閣官房長官	松野博一
内閣官房副長官	木原誠二
同	磯崎仁彦
同	栗生俊一
内閣危機管理監	村田　隆
国家安全保障局長	秋葉剛男
内閣官房副長官補	藤井健志
同	岡野正敬
同	髙橋憲一
内閣広報官	四方敬之
内閣情報官	瀧澤裕昭
内閣総理大臣補佐官 （国際人権問題担当）	岸　信夫
内閣総理大臣補佐官 （国内経済の他特命事項担当）	中谷　元
（国内経済その他特命事項担当）	村井英樹
（女性活躍担当）	森　まさこ
（国土強靭化及び復興等の社会資本整備並びに科学技術イノベーション政策その他特命事項担当）	森　昌文
内閣総理大臣秘書官	嶋田　隆
	岸田翔太郎　中嶋浩一郎
	宇波弘貴　荒井勝喜
	大鶴哲也　中山光輝
	逢阪貴士
内閣官房副長官秘書官	小澤貴仁
同　事務取扱	川埜　周
	南　順子　原　昌史
	田中勇人　安中　健
	堺　瑞崇　中原廣道

内　閣

安藤　誠

〔内閣総務官室〕
内閣総務官　松田浩樹
内閣審議官　溝口　洋
　　黒田秀郎　（併）佐藤正一
　内閣参事官　戸梶晃輔
　　西澤能之　山田章平
　（併）坂口常明　（併）吉田勝夫
　（併）山本元一　（併）熊谷勝美
　（併）千葉　均　（併）由布和嘉子
　（併）中嶋　護　（併）川本　登
　（併）三木忠一　（併）八木貴弘
　（併）梶　元伸　（併）吉野議章
　（併）松尾友彦　（併）竹内尚也
　（併）上杉和貴　（併）児玉泰明
　（併）浅賀　崇
　企画官　小林伸行
　御厨敷　寛　（併）錦織　誠
　（併）大久保敦　（併）高野　仁
　（併）高橋敏明　（併）岡野武司
　（併）萩原玲子　（併）石川廉郷
　（併）堀江典宏　（併）門　寛子
　調査官　西牧則和

（皇室典範改正準備室）
室長　溝口　洋
副室長　黒田秀郎
審議官（併）古賀浩史
参事官　戸梶晃輔
内閣参事官　西澤能之
参事官　佐藤昭一
　（併）坂口常明　（併）瀧川聡史
　（併）菅　潤一郎

（公文書監理官室）
室長　黒田秀郎
参事官　西澤能之

（総理大臣官邸事務所）
所長　三浦靖彦
副所長　春日英二

〔国家安全保障局〕
局長　秋葉剛男
次長(内閣官房副長官補)　岡野正敬
同　(同)　髙橋憲一

内閣審議官　加野幸司
　　高村泰夫　泉　恒有
　　徳永勝彦　室田幸靖
　（併）飯田陽一　（併）三貝　哲
　（併）宮坂祐介　（併）品川高浩
　内閣参事官　西山英将
　　米山栄一　柏原　裕
　　八塚　哲　岡本慎一郎
　　貝沼　諭　長谷部　潤
　　川上直人　岡井隼人
　　河野　太　（併）惠谷　修
　（併）北廣雅之　（併）山路栄作
　（併）江原康雄　（併）河村憲明
　（併）小新井太厚　（併）石原雄介
　（併）田中　博　（併）原　裕
　（併）田村亮平　（併）有田　純
　企画官　長野将光
　　山本武臣　阪口琢磨
　　中島　健　富田晃弘
　　土井千春　堀江雅司
　　武田　学　（併）佐々木渉
　（併）杉浦更朗　（併）舟津龍一
　（併）是永基樹　（併）金子尚也
　（併）近藤亮治　（併）中村晋士
　（併）小森貴文　（併）梅村元史
　（併）伊藤　拓　（併）三宅隆悟
　（併）森田健司　（併）髙田康弘
　（併）松澤理恵子

〔内閣官房副長官補〕
内閣官房副長官補　藤井健志
同　岡野正敬
同　髙橋憲一
内閣審議官　石川正一郎
　　新原浩朗　滝崎成樹
　　安藤晴彦　堀江宏之
　　道井緑一郎　大矢俊雄
　　武藤功哉　土生栄二
　　松尾泰樹　山本麻里
　　渡辺由美子　村手　聡
　　下田隆文　村山一弥
　　渡部良一　小宮義之
　　柳樂晃洋　市川篤志
　　岡崎　毅　青柳　肇
　　大西友弘　渡邊昇治

内
閣

内田 欽也　　深井 敦夫　　(併)永井春信　　(併)井上 学
菊池 善信　　齋藤 秀生　　(併)戸高秀史　　(併)黒田昌義
寺崎 秀俊　　宮崎 敦文　　(併)小川康則　　(併)佐久間正哉
岩松 潤　　　七條 浩二　　(併)品川 武　　(併)滝澤幹滋
出口 和宏　　小池 信之　　(併)加藤主税　　(併)榊原 毅
田原 芳幸　　坂本 修一　　(併)三橋一彦　　(併)内野洋次郎
迫井 正深　　田中 仁志　　(併)辻 貴博　　(併)湯下敦史
長田 敬　　　中島 朗洋　　(併)野村知司　　(併)松本 圭
佐々木 啓介　實國 慎一　　(併)森光敬子　　(併)飯田健太
長崎 敏志　　西 経子　　　(併)片岡宏一郎　(併)佐脇紀代志
(併)田和 宏　(併)福島靖正　(併)成田達治　　(併)三浦章豪
(併)井上裕之　(併)安彦広斉　(併)星野光明　　(併)橋本 幸
(併)瀧本 寛　(併)藤原章夫　(併)西山卓爾　　(併)保坂和人
(併)西辻 浩　(併)牛草哲朗　(併)田村公一　　(併)浅野敦行
(併)和田浩一　(併)長谷川秀司　(併)小林万里子　(併)西條正明
(併)林 幸宏　(併)船越健裕　(併)山口潤一郎　(併)田中哲也
(併)諏訪園健司　(併)松浦克巳　(併)西村秀隆　(併)蓮井智哉
(併)中村博治　(併)吉井 浩　(併)英 浩道　　(併)茂木 陽
(併)松尾剛彦　(併)小林 靖　(併)畠山貴晃　　(併)吉田健一郎
(併)秋川直也　(併)飯田祐二　(併)小林浩史　　(併)福原道雄
(併)野村 裕　(併)井上諭一　(併)大坪寛子
(併)吾郷俊樹　(併)鯰 博行　**内閣参事官**　廣瀬健司
(併)平井康夫　(併)杉浦久弘　麻山健太郎　　古矢一郎
(併)城 克文　(併)藤原朋子　松尾 徹　　　岡 素彦
(併)松澤 裕　(併)内田幸雄　梶山正司　　　河合宏一
(併)水野政義　(併)表 尚志　渋谷闘志彦　　中西礎之
(併)吾郷進平　(併)田村晩彦　松浦利之　　　小泉秀親
(併)淡野博久　(併)岡田恵子　神谷 隆　　　井関至康
(併)岩成博夫　(併)濱島秀夫　本田康秀　　　大場寛之
(併)布施田英生　(併)五味裕一　芹生太郎　　大場寛之
(併)的井宏樹　(併)吉住啓作　梶野友樹　　　田中伸彦
(併)奥 達雄　(併)彦谷直克　大田泰介　　　田中 良
(併)堀本善雄　(併)朝川知昭　水野敦志　　　今野 治
(併)鹿沼 均　(併)北波 孝　山下 護　　　三上卓矢
(併)長田浩志　(併)村山 誠　高木正人　　　松浦 直
(併)柏原恭子　(併)竹谷 厚　冨安健一郎　　青野正志
(併)奈須野太　(併)村上敬亮　後沢彰宏　　　東 高士
(併)村瀬佳史　(併)朝堀泰明　館 圭輔　　　岡野智将
(併)吉岡秀弥　(併)辻井利明　松岡輝昌　　　横山博久
(併)長野裕子　(併)柴田敬司　木庭 愛　　　前田彰久
(併)中村英正　(併)中村広樹　中井邦尚　　　横堀直子
(併)阿蘇隆之　(併)寺門成真　(併)竹内 聡　(併)柏尾倫哉
(併)内山博之　(併)鳥井陽一　(併)齊藤幸司　(併)寺譯潔司
(併)田中佐智子　(併)原口 剛　(併)溝渕将史　(併)石島光男
(併)宮本悦子　(併)谷村栄二　(併)河尻 恵　(併)中山知子

内閣

(併)川村謙一　(併)梶本洋之　(併)尾﨑　道　(併)伊藤正雄
(併)山内孝一郎　(併)山田正人　(併)宮原光穂　(併)岡本剛和
(併)中野穰治　(併)田邉　仁　(併)石川　悟　(併)宇野禎晃
(併)谷本信賢　(併)一瀬圭一　(併)小林健典　(併)塩手能景
(併)籠康太郎　(併)渡部保寿　(併)永澤　剛　(併)大辻　統
(併)岸本哲哉　(併)竹林悟史　(併)奈良裕信　(併)光安達也
(併)里平倫行　(併)澤瀨正明　(併)武田憲昌　(併)岩橋　保
(併)髙橋一成　(併)堂薗俊多　(併)安部憲明　(併)深堀　亮
(併)中尾　豊　(併)礒部哲郎　(併)尾﨑輝宏　(併)岩渕秀樹
(併)今福孝男　(併)神田忠雄　(併)黄地吉隆　(併)笠松淳也
(併)深町正徳　(併)牛山智弘　(併)小林秀幸　(併)本後　健
(併)今西　淳　(併)岸本織江　(併)高橋俊博　(併)峯村英児
(併)蒔苗浩司　(併)金澤正尚　(併)亀井明紀　(併)佐藤克文
(併)西脇　修　(併)中川雅章　(併)瀬井威公　(併)飯嶋威夫
(併)三浦良平　(併)舟本　浩　(併)手倉森一郎　(併)水谷忠由
(併)藪中克一　(併)本間和義　(併)渡辺正道　(併)神谷将広
(併)橋爪　淳　(併)津村　晃　(併)小柳太郎　(併)川村朋哉
(併)中山裕司　(併)鈴木達也　(併)玉越崇志　(併)大山　修
(併)町田鉄男　(併)有吉孝史　(併)池田　満　(併)小林　稔
(併)上田淳二　(併)大畠　大　(併)大西一義　(併)漆畑有浩
(併)小谷和浩　(併)田村真一　(併)佐藤人海　(併)篠田智志
(併)石川賢司　(併)野添剛司　(併)白鳥綱重　(併)小西香奈江
(併)菊川人吾　(併)平泉　洋　(併)鈴木健二　(併)津曲共和
(併)山影雅良　(併)長嶺行信　(併)吉田暁郎　(併)大貫繁樹
(併)八木俊樹　(併)清水浩太郎　(併)土屋博史　(併)寺本恒昌
(併)西村治彦　(併)上田　聖　(併)樋本　諭　(併)松本加代
(併)太田哲生　(併)菱山　大　(併)宮本康宏　(併)平井　滋
(併)尾原淳之　(併)河野琢次郎　(併)小柳津直哉　(併)森川　武
(併)本針和幸　(併)川野真稔　(併)下荒磯誠　(併)平岡泰幸
(併)吉田　綾　(併)河邑忠昭　(併)箭野拓士　(併)山本庸介
(併)高田英樹　(併)三ツ本晃代　(併)吉住秀夫　(併)板倉　寛
(併)中野理美　(併)渡邉倫子　(併)児玉大輔　(併)藤岡謙一
(併)眞鍋　馨　(併)三好　圭　(併)上田尚弘　(併)川口俊徳
(併)矢田貝泰之　(併)猪上誠介　(併)河村のり子　(併)平岡宏一
(併)尾室幸子　(併)井上誠一郎　(併)丸山浩二　(併)山口正行
(併)岡田智裕　(併)川上敏寛　(併)堀　泰雄　(併)鮫島大幸
(併)桃井謙祐　(併)田島聖一　(併)指田　徹　(併)堀信五朗
(併)飛田　亮　(併)日置潤一　(併)倉石誠司　(併)岡﨑雄太
(併)小林明生　(併)小堀厚司　(併)山形成彦　(併)野崎　彰
(併)大野　祥　(併)田中耕太郎　(併)佐藤勇輔　(併)前田典大
(併)中村武浩　(併)野村宗成　(併)見次正樹　(併)渡邉洋平
(併)山下智也　(併)井上睦子　(併)白水伸英　(併)小玉大輔
(併)高木秀人　(併)鍋島　豊　(併)羽柴愛砂　(併)加藤　淳
(併)江浪武志　(併)岡　英範　(併)久山淳爾　(併)田中義高
(併)尾崎守正　(併)姫野泰啓　(併)林修一郎　(併)原田朋弘

314

（併）菱谷文彦	（併）田村英康	（併）野坂佳伸
（併）磯貝敬智	（併）谷　直哉	（併）富田晃弘
（併）平野雄介	（併）阿部一貴	（併）佐藤　司
（併）北川伸太郎	（併）高松忠介	（併）島田志帆
（併）横山　玄	（併）中谷祐貴子	（併）筑紫正宏
（併）富田建蔵	（併）中橋宗一郎	（併）吉田貴典
（併）馬場裕子	（併）福永佳史	（併）角田憲亮
（併）山本圭子	（併）島津裕紀	（併）田代　毅
（併）田中彰子		（併）池田陽子

企 画 官　新川俊一
倭人岳彦　福田和樹
西川宜宏　北原加奈子
（併）渡邉慎二
（併）石井芳明　（併）奥出吉規
（併）吉行　崇　（併）田公和幸
（併）久保倉修　（併）中村充男
（併）渡部　崇　（併）上野裕大
（併）生田目尚美　（併）松田真吾
（併）藤山健人　（併）川島　均
（併）山下弘史　（併）竹中大剛
（併）宇田川徹　（併）下川徹也
（併）福田一博　（併）小西慶典
（併）古田暁人　（併）村上真祥
（併）谷川知実　（併）齋藤康平
（併）中村　希　（併）西澤洋行
（併）岡田博己　（併）髙木悠子
（併）原田　貴　（併）栗原正明
（併）川上悟史　（併）是永雄大
（併）安川　聡　（併）大塚久司
（併）工藤健一　（併）西村　卓
（併）藤沼広一　（併）河村玲央
（併）真弓智也　（併）櫻井理寛
（併）佐々木明彦　（併）西村泰子
（併）今泉　愛　（併）小澤幸生
（併）西澤栄晃　（併）土肥　学
（併）魚井宏泰　（併）中原茂仁
（併）田上陽也　（併）吉田弘毅
（併）立石浩司　（併）赤間圭祐
（併）北野　允　（併）髙見暁子
（併）高見英樹　（併）朝比奈祥子
（併）喜名昭子　（併）宮本賢一
（併）多田　聡　（併）永山玲奈
（併）岩崎林太郎　（併）鴨下　誠
（併）伊藤　拓　（併）藤野武広
（併）鈴木優香　（併）三宅隆悟

（併）野坂佳伸	（併）西田光宏
（併）富田晃弘	（併）森田健司
（併）佐藤　司	（併）東　善博
（併）島田志帆	（併）羽野嘉朗
（併）筑紫正宏	（併）納富史仁
（併）吉田貴典	（併）大石知広
（併）角田憲亮	（併）岡田　陽
（併）田代　毅	（併）長宗豊和
（併）池田陽子	（併）岩谷　卓
（併）笹尾一洋	（併）野田博之

（空港・港湾水際危機管理チーム）
参 事 官　髙木正人
（併）坂本誠志郎　（併）西山　良
（併）片山敏宏　（併）神谷昌文
（併）松尾真治　（併）早川剛史
（併）谷川仁彦　（併）小林　稔
（併）永瀬賢介　（併）西川健士
（併）谷　直哉

空港危機管理官（併）　泉澤　一
山口育也　奥田栄男
港湾危機管理官（併）　高橋亮司
相馬　淳　杉浦　毅
増田克樹　宮本順之
玉越哲治

（アイヌ総合政策室）

〒107-0052 港区赤坂1-9-13
三会堂ビル9F ☎03(5575)1044

室　　　　長（併）　吉井　浩
室 長 代 理（併）　橋本　幸
同　　　　（併）　杉浦久弘
次　　　　長　　佐々木啓介
同　　　　（併）　田村公一
参 事 官（併）　田仲教泰
梶本洋之　江口幹太
岸本哲哉　寺本耕一
八木俊樹　寺本恒昌
髙澤令則
企 画 官（併）　中村　希
北海道分室長（併）　池下一文

（郵政民営化推進室）

〒100-0014 千代田区永田町1-11-39
永田町合同庁舎3F ☎03(5251)8748
室　　　　長　岡崎　毅
副 室 長（併）　吾郷俊樹

同	(併)	牛山智弘	

政策企画室長(併)　大野　祥
総務・拉致被害者等
支援室企画官(併)　小西慶典
政策企画室企画官(併)　藤沼広一
情報室企画官(併)　渡部　崇

参 事 官(併)	中山裕司	
	松田昇剛	小林知也
	平岡泰幸	
企 画 官(併)	納富史仁	

(沖縄連絡室)

室長(内閣官房副長官)	栗生俊一	
室長代理(内閣官房副長官補)	藤井健志	
室 員	出口和宏	
	廣瀬健司	梶山正司
	井関至康	水野敦志
	三上卓矢	冨安健一郎
	後沢彰宏	(併)宮本康宏
	(併)小玉大輔	

(沖縄連絡室沖縄分室)

分 室 長(併)	田中愛智朗	
室 員(併)	宮崎　順	
同	(併)	梶田拓豊

(原子力発電所事故による経済被害対応室)

室 長(併)	片岡宏一郎	
参 事 官(併)	松浦重和	
同	(併)	梅北栄一

(国土強靱化推進室)

室長(内閣官房副長官)	栗生俊一	
次 長	村山一弥	
審 議 官(併)	五味裕一	
同	(併)	英　浩道
参 事 官(併)	堂薗俊多	
	神谷将広	朝田　将
	馬場裕子	山口博史
企 画 官(併)	藤山健人	
	西澤洋行	工藤健一
	土肥　学	

(拉致問題対策本部事務局)

☎03(3581)3885

事 務 局 長	石川正一郎	
審 議 官(併)	船越健裕	
	平井康夫	白井利明
参 事 官(併)	難波正樹	
	深堀　亮	前田勇太
情報室長(併)	一瀬圭一	
総務・拉致被害者等支援室長	大田泰介	

(行政改革推進本部事務局)

事 務 局 長	堀江宏之	
事 務 局 次 長	七條浩二	
同	(併)	湯下敦史
参 事 官(併)	柏尾倫哉	
	山田正人	平泉　洋
	長嶺行信	上田　聖
	尾原淳之	三ツ本晃代
	中村武浩	川村朋哉
	見久正樹	山形成彦
	渡邉洋平	髙松圭介
企 画 官(併)	宮本賢一	
同	(併)	角田憲亮

(領土・主権対策企画調整室)

室 長	渡部良一	
審 議 官(併)	伊藤　信	
参 事 官(併)	古矢一郎	
同	(併)	富永健嗣
企 画 官(併)	北川公也	
同	(併)	齋藤康平

(健康・医療戦略室)

室長(内閣官房副長官補)	藤井健志	
室 長 代 理(併)	福島靖正	
次 長(併)	森　晃憲	
	西辻　浩	八神敦雄
	赤堀　毅	榎本健太郎
	城　克文	長野裕子
	浅沼一成	佐原康之
	西村秀隆	茂木　正
	鈴木健彦	田中一成
	日下英司	大坪寛子
参 事 官	木庭　愛	
	(併)神田忠雄	(併)大畠　大
	(併)姫野泰啓	(併)宮原光穂
	(併)笠松淳也	(併)江副　聡
企 画 官(併)	西村　卓	
同	(併)	野坂佳伸

(TPP(環太平洋パートナーシップ)等政府対策本部)

本部長(経済再生担当大臣)　後藤茂之

首席交渉官(併)　滝崎成樹
国内調整統括官　武藤功哉
企画・推進審議官　道井緑一郎
審議官(併)　田村暁彦
同　谷村栄二
交渉官(併)　山口潤一郎
部員(併)　牛草哲朗
諏訪園健司　松尾剛彦
鯰博行　水野政義
竹谷厚　柴田敬司
柏原恭子
交渉官(併)　河邑忠昭
尾崎道　大西一義
田村英康　福永佳史
部員　小泉秀親
(併)齊藤幸司　(併)猪上誠介
(併)田中耕太郎
交渉官(併)　上野裕大
松田真吾　古田暁人
原田貴　安川聡
佐々木明彦　西村泰子
西澤栄晃　永山玲奈
部員(併)　中村充男
同　生田目尚美

(水循環政策本部事務局)
事務局長(併)　朝堀泰明
審議官(併)　永井春信
参事官(併)　緒方和之
川村謙一　向野陽一郎
名倉良雄　中川雅章
森本輝　大井通博
企画官(併)　谷川知実

(産業遺産の世界遺産登録推進室)
室長(併)　淡野博久
次長　西経子
(併)小林万里子　(併)岡野結城子
参事官(併)　中野穣治
岸本織江　今井新
大辻統　俣野敏道
企画官(併)　森山昌人
村上真祥　青山紘悦

(観光戦略実行推進室)
室長(内閣官房副長官)　栗生俊一

室長代理(内閣官房副長官補)　藤井健志
同(併)　和田浩一
次長　佐々木啓介
同(併)　萩川直也
審議官(併)　大村慎一
堀本善雄　黒田昌義
星野光明　池光崇
中村広樹
参事官(併)　河南正幸
大村真一　則久雅司
影山義人　杉山忠継
西中隆　河西修
真鍋英樹　桃井謙祐
鈴木章一郎　田島聖一
田部真史　高橋徹
上原龍　齋藤敬一郎
永瀬賢介　篠田智志
白鳥綱重　高宮裕介
指田徹　高橋泰史
廣田健久　髙松忠介
柿沼宏明　富田建蔵
俣野敏道
企画官(併)　大塚久司
仲澤純　佐藤司

(特定複合観光施設区域整備推進室)
室長(併)　和田浩一
次長(併)　萩川直也
参事官(併)　岩橋保
小林秀幸　佐藤克文
下荒磯誠　箭野拓士
堀信太朗

(地理空間情報活用推進室)
室長(併)　小林靖
室長代理　佐々木啓介
(併)吉田誠　(併)坂口昭一郎
参事官　後沢彰宏
(併)東出成記　(併)河瀬和重
(併)見坂茂範　(併)岩渕秀樹
(併)上田光幸　(併)上野麻子
(併)奥田誠子
企画官(併)　武馬慎
同(併)　伊奈康二

（ギャンブル等依存症対策推進本部事務局）

事務局長(内閣官房副長官)	栗生俊一	
事務局長代行(内閣官房副長官補)	藤井健志	
ギャンブル等依存症対策総括官(併)	黒田岳士	
審議官	出口和宏	
(併)清水康策	(併)榊原毅	
参事官	廣瀬健司	
山下護	(併)秋田未樹	
(併)神門純一	(併)水野秀信	
(併)小林秀幸	(併)加藤卓生	
(併)林修一郎	(併)小西香奈江	
(併)松下和彦	(併)安里賀奈子	
(併)平野雄介	(併)小林隼人	
企画官(併)	満永俊典	
橋爪優文	小澤幸生	

（就職氷河期世代支援推進室）

室長(内閣官房副長官補)	藤井健志	
室長代理(併)	中村博治	
同 (併)	村瀬圭史	
次長	中島朗洋	
(併)吉岡秀弥	(併)田中佐智子	
参事官	岡野智晃	
(併)大村真一	(併)駒木賢司	
(併)蒔苗浩司	(併)弓信幸	
(併)西中隆	(併)堤洋介	
(併)神山弘	(併)長良健二	
(併)尾室幸子	(併)井上誠一郎	
(併)松本圭介	(併)吉住秀夫	
(併)児玉大輔	(併)松井拓郎	
(併)島津裕紀		
企画官(併)	喜名明子	

（デジタル市場競争本部事務局）

局長(内閣官房副長官補)	藤井健志	
局長代理	新原浩朗	
次長(併)	濱島秀夫	
佐久間正哉	成田達治	
三浦章豪		
参事官	尾原知明	
深町正徳	河野琢次郎	
岡本剛和	高村信	
亀井明紀	吉屋拓之	
須賀千鶴		
企画官(併)	日置純子	
安藤元太	杉原光俊	

稲葉僚太　岩谷卓

（新型コロナウイルス等感染症対策推進室）

室長	迫井正深	
次長	柳樂晃洋	
審議官	大西友弘	
菊池善信	宮崎敦文	
岩松潤	小池信之	
田原芳幸	田中仁志	
實國慎一	(併)辻貴博	
参事官	麻山健太郎	
田中徹	本田康秀	
芹生太郎	大場寛之	
梶野友樹	田中良斉	
山下護	松岡輝昌	
横山博一	前田彰久	
(併)上野有子	(併)赤井久宣	
(併)谷直哉		
企画官	新川俊一	
倭島岳彦	福田和樹	
西川宜宏	北原加奈子	
(併)府川秀樹	(併)杉田香子	
(併)田上陽也	(併)鴨下誠	
(併)藤野武広		

（新型コロナウイルス等感染症対策推進室
新型インフルエンザ等対策室）

室長	大西友弘	
参事官	田中徹	
山下護	前田彰久	
(併)谷直哉		
企画官	西川宜宏	
北原加奈子	(併)野田博之	

（新型コロナウイルス感染症対策本部事務局）

事務局長(内閣官房副長官)	栗生俊一	
事務局長代理	秋葉剛男	
村田隆	藤井健志	
岡野正敬	高橋憲一	
(充)迫井正深	(併)福島靖正	
(併)大島一博		
次長	柳樂晃洋	
審議官	大西友弘	
宮崎敦文	菊池善信	
岩松潤	小池信之	
田原芳幸	田中仁志	
實國慎一	(併)辻貴博	

参 事 官 麻山健太郎	**（新しい資本主義実現本部事務局）**
田中　徹　本田康秀	**事務局長（内閣官房副長官）** 木原誠二
芹生太郎　大場寛之	**事務局長代行（同）** 磯崎仁彦
梶野友樹　田中良斉	**同**　　（同） 栗生俊一
山下　護　松岡輝昌	**事務局長代理** 藤井健志
横山博一　前田彰久	新原浩朗　松尾泰樹
（併）上野有子　（併）赤井久宣	（併）田和　宏
（併）谷　直哉	**事 務 局 次 長** 佐々木啓介
企 画 官 新川俊一	中島朗洋　（併）井上裕之
倭島岳彦　福田和樹	（併）松浦克巳　（併）林　幸宏
西川宜宏　北原加奈子	（併）大西証史　（併）野村　裕
（併）府川秀樹　（併）杉田香子	（併）彦谷直克　（併）堀本善雄
（併）田上陽也　（併）鴨下　誠	（併）村瀬佳史　（併）井上諭一
（併）藤野武広	（併）宮本悦子　（併）三浦章豪
	参 事 官（併） 齊藤幸司
（国際博覧会推進本部事務局）	籠　康太郎　深町正徳
局　長 新原浩朗	横山　直　今西　淳
局 長 代 理（併） 茂木　正	本間和義　上田淳二
次　長 長田　敬	小谷和浩　山影雅良
長﨑敏志　（併）竹谷　厚	真鍋英樹　菱山　良
（併）井上　学	奥家敏和　正田　聡
参 事 官（併） 齊藤幸司	神山　弘　高田英樹
中山知子　三浦良平	伊藤正雄　岡　英範
有吉孝史　川上　敏寛	宇野禎晃　峯村英児
土屋博史　吉住秀夫	垣見直彦　高橋俊博
小栁津直哉	渡辺正道　佐藤人海
	平井　滋　山本庸介
（孤独・孤立対策担当室）	吉住秀夫　堀　泰雄
室　長 山本麻里	鮫島大幸　岡崎雄太
室 長 代 理（併） 中村博治	菱谷文彦　磯貝敬智
同　　（併） 笹川　武	安藤元太　島津裕紀
次　長 出口和宏	**企 画 官（併）** 岡田博己
（併）滝澤幹滋　（併）榊原　毅	川上悟史　吉田弘毅
参 事 官 廣瀬健司	鈴木優香　眞柳秀人
岡野智晃　（併）清重隆信	筑紫正宏　岡田　陽
（併）上森康幹　（併）澤瀬正明	田代　毅　長宗豊和
（併）蒔苗浩司　（併）田村真一	池田陽子
（併）藤吉尚之　（併）筒井誠二	
（併）石川賢司　（併）中條絵里	**（新しい資本主義実現本部事務局**
（併）三好　圭　（併）鈴木あおい	**私的独占禁止法特例法担当室）**
（併）前田奈歩子　（併）手倉森一郎	**室　長** 新原浩朗
（併）児玉大輔　（併）安里賀奈子	**次　長** 堀本善雄
（併）中橋宗一郎	**参 事 官（併）** 深町正徳
企 画 官（併） 安田正人	**同**　　（併） 倉石誠司
同　　（併） 多田　聡	

内閣

319

(新しい資本主義実現本部事務局
フリーランス取引適正化法制準備室)

室　　　　　　　長	新原　浩朗	
室 長 代 理(併)	岩成　博夫	
	村山　　誠	飯田　健太
	三浦　章豪	
次　　　　　長(併)	吾郷　進平	
	宮本　悦子	品川　　武
	蓮井　智哉	小林　浩史
参　事　官	鮫島　大幸	
	渡辺　正道	堀　　泰雄
	島津裕紀	
企 画 官(併)	岡田　博己	

(デジタル田園都市国家構想実現会議事務局)

局　　　　　　長	土生　栄二	
事 務 局 長 代 行	松尾　泰樹	
次　　　　　長	村手　　聡	
	市川　篤志	(併)村上敬亮
審　議　官	坂本　修一	
	西　　経子	(併)野村　裕
	(併)井上諭一	(併)内田幸雄
	(併)布施田英生	(併)北波　孝
	(併)中村広樹	(併)黒田昌義
	(併)松本　圭	(併)佐脇紀代志
	(併)西條正明	(併)吉田健一郎
参　事　官(併)	竹内　　聡	
	石島　光男	田邉　　仁
	谷本　信賢	髙橋　一成
	金澤　正尚	吉田　恭子
	太田　哲生	中野　理美
	田島　聖一	日置　潤一
	山下　智也	石川　　悟
	塩手　能景	永澤　　剛
	奈良　裕信	飯嶋　威夫
	髙橋　俊博	篠田　智志
	鈴木　健二	平岡　宏一
	倉石　誠司	山　　薫
	白水伸英	中久山淳爾
	富田　建蔵	中橋宗一郎
企 画 官(併)	角南　　巌	
	木村　　剛	大塚　久司
	菊田　逸平	阪場　進一
	笹尾　一洋	

(経済安全保障法制準備室)

室　　　　　　長	泉　　恒有	
次　　　　　長	高村　泰夫	
	佐々木啓介	品川　高浩
参　事　官	神谷　　隆	
	田中　伸彦	岡本慎一郎
	(併)北廣雅之	(併)西山英将
	(併)八塚　哲	(併)小新井友厚
	(併)田中　博	(併)原　　裕
	(併)田村亮平	(併)有田　純
	(併)岡井隼人	
企 画 官(併)	是永　基樹	
	伊藤　　拓	三宅　隆悟
	富田　晃弘	森田　健司

(令和4年物価・賃金・生活総合対策世帯給付金及び
令和3年経済対策世帯給付金等事業企画室)

室　　　　　長(併)	井上　裕之	
次　　　　　長(併)	奥　　達雄	
	同　　　(併)	村瀬　佳史
審　議　官(併)	長谷川秀司	
	的井　宏樹	北波　　孝
	中村　英正	野村　知司
参　事　官	水野　敦志	
	(併)菱山　大	(併)尾﨑輝宏
	(併)吉住秀夫	(併)野崎　彰
	(併)田中義高	
企 画 官(併)	櫻井　理寛	
	今泉　　愛	吉田　貴典

(教育未来創造会議担当室)

室　　　　　長(併)	瀧本　　寛	
次　　　　　長(併)	寺門　成真	
参　事　官(併)	小谷　和浩	
	本針　和幸	川野　真稔
	尾室　幸子	白鳥　綱重
	吉田　暁郎	島津　裕紀
企 画 官(併)	渡邉　慎二	
	川上　悟史	河村　玲央
	赤間　圭祐	髙見　英樹

(こども家庭庁設立準備室)

室　　　　　　長	渡辺由美子	
次　　　　　長	小宮　義之	
	(併)藤原章夫	(併)藤原朋子
	(併)吉住啓作	
審　議　官(併)	安彦　広斉	

長田　浩志	北波　　孝
滝澤　幹滋	野村　知司
浅野　敦行	
参 事 官(併)	寺澤　潔司
河尻　恵里	平倫　行
津村　　晃	鈴木　達也
矢貝　泰之	岡田　智裕
小林　明生	高木　秀人
鍋島　　豊	尾崎　守正
黄地　吉隆	手倉森一郎
本後　　健	漆畑　有浩
津曲　共和	児玉　大輔
藤岡　謙一	河村のり子
丸山　浩二	山口　正行
佐藤　勇輔	中島　　薫
羽柴　愛砂	林　修一郎
山本　圭子	
企 画 官(併)	奥出　吉規
吉行　　崇	久保倉　修
川島　　均	竹中　大剛
栗原　正明	真弓　智也
小澤　幸生	魚井　宏泰
中原　茂仁	立石　浩司
岩﨑林太郎	東　　善博
羽野　嘉朗	吉田　貴典

(全世代型社会保障構築本部事務局)

局　　長(併)	中村　博治
審 議 官	中島　朗洋
(併)朝川　知昭	(併)鹿沼　　均
(併)北波　　孝	(併)的井宏樹
(併)中村　英正	(併)田中佐智子
参 事 官(併)	山内孝一郎
蒔苗　浩司	石川　賢司
大沢　元一	中野　孝浩
三好　　圭	近藤　貴幸
端本　秀夫	横山　　玄
企 画 官(併)	安田　正人

(船舶医療活用推進本部設立準備室)

室　　　長	内田　欽也
次　　　長(併)	五味　裕一
茂木　　陽	大坪　寛子
参 事 官	河合　宏一
企 画 官(併)	島田　志帆

(GX実行推進室)

室　　　長(併)	飯田　祐二
次　　　長(併)	松澤　　裕
同　　　(併)	奥　　達雄
参 事 官	冨安健一郎
(併)菊川　人吾	(併)清水浩太郎
(併)西村　治彦	(併)髙田　英樹
(併)光安　達也	(併)大貫　繁樹
(併)山本　庸介	(併)吉住　秀夫
(併)加藤　　淳	
企 画 官(併)	西田　光宏

(海外ビジネス投資支援室)

室　　　長	大矢　俊雄
次　　　長(併)	戸髙　秀史
参 事 官	中井　邦尚
横堀　直子	(併)渡部　保寿
(併)西脇　　修	(併)吉田　　陵
企 画 官(併)	田公　和幸
同　　　(併)	下川　徹也

(グローバル・スタートアップ・キャンパス構想推進室)

室　　　長(併)	松尾　泰樹
次　　　長(併)	奈須野　太
審 議 官	渡邊　昇治
坂本　修一	(併)阿蘇　隆之
(併)田中哲也	
参 事 官(併)	橋爪　　淳
渡邉　倫子	井上　睦子
武田　憲昌	
企 画 官(併)	石井　芳明
宇田川　徹	北野　　允
大石　知広	

(技能実習制度及び特定技能制度の在り方に関する検討室)

室　　　長(併)	西山　卓爾
次　　　長	中島　朗洋
審 議 官(併)	原口　　剛
同　　　(併)	(併)福原道雄
参 事 官	岡野　智晃
(併)礒部　哲郎	(併)本針　和幸
(併)吉田　晩郎	(併)川口　俊徳
(併)小玉大輔	

〔内 閣 広 報 室〕

内閣広報官	四方　敬之
内閣審議官(併)	中田　昌和

内
閣

内閣副広報官(併)　足立秀彰
　内閣参事官　小八木大成
　　坂入倫之　難波康修
　飯田修章　(併)小坂伸行
　(併)吉田充志　(併)坂本眞一
　企　画　官　松山理然
　(併)林慎一郎　(併)宮野光一郎
　調　査　官　佐藤忠美

(国際広報室)
　室　　長(併)　足立秀彰
　室　　　員　齋藤康平
　　飯田修章　松山理然

(総理大臣官邸報道室)
　室　　　　長　難波康修
　調　査　官　佐藤忠美

〔内閣情報調査室〕
内閣情報官　瀧澤裕昭
次長(内閣審議官)　柳　　淳
内閣審議官　福本茂伸
　河野　真　向山喜浩
　濱田　隆　(併)小柳誠二
　(併)大隅洋
内閣情報分析官
(内閣審議官)　加藤達也
同(内閣参事官)　梅田直嗣
　原塚勝洋　竹端昌宏
　(併)髙坂久夫　(併)丹野博信
　(併)佐藤隆司
　内閣参事官　上田泰宏
　矢野幸雄　海野敦史
　遠藤幹夫　水廣佳典
　(併)石井敬千
　調　査　官　服部重夫
　(併)髙橋真仁　(併)原大輔
　(併)森充広　(併)津村優介

(総務部門)
　内閣参事官　立﨑正夫
　苙坂壮栄　恒吉雄一
　野田哲之　(併)横田和道
　(併)北林利基　(併)圖師執二
　(併)髙野昌博　(併)安田貴司
　調　査　官　小林良弘
　島倉善広　鈴木亮作
　玉川達也　三野元靖

　(併)栁川浩介　(併)石川光泰

(国内部門)
　内閣参事官　野本祐二
　(併)山浦親一　(併)小西威夫
　調　査　官　川越政雄
　山田　修　(併)花岡一央

(国際部門)
　内閣参事官　金子直行
　(併)大山和伸　(併)山本幹二
　(併)松吉慎一郎　(併)吉越清人
　(併)鳩村康　(併)北村吉崇
　調　査　官　佐藤義実
　同　　　　　高瀬光将

(経済部門)
　内閣参事官　門井　誠
　澤井景子　中山隆介
　(併)西森雅樹

(内閣情報集約センター)
　内閣参事官(併)　出戸雅之
　山本　豊　三浦　宏

(カウンターインテリジェンス・センター)
センター長(内閣情報官)　瀧澤裕昭
副センター長　河野　真
同　　　(併)　小柳誠二
　参　事　官　立﨑正夫
　水廣佳典　(併)横田和道
　(併)北林利基　(併)加門俊彦
　(併)野村朋美

(国際テロ情報集約室)
室長(内閣官房副長官)　栗生俊一
室長代理(内閣情報官)　瀧澤裕昭
情報収集統括官　福本茂伸
次　　　　　長　柳　　淳
　河野　真　向山喜浩
　濱田　隆　(併)横尾洋一
　(併)栗田照久　(併)白石昌己
　(併)諏訪園健司　(併)増田和夫
　(併)安藤俊英　(併)原和也
　(併)新居雄介　(併)木村聡
　(併)宮澤康一　(併)大隅洋
　(併)田野尻猛　(併)西山卓爾
　参　事　官　立﨑正夫

芽坂壮栄	野田哲之
(併)佐藤隆司	(併)圖師執二
(併)榎下健司	

調 査 官	島倉善広
鈴木亮作	玉川達也
(併)滝澤庸子	(併)石川光泰

〔国際テロ対策・経済安全保障等情報共有センター〕

セ ン タ ー 長(併)	圖師執二
副 セ ン タ ー 長	鈴木亮作
同　　(併)	石川光泰

〔内閣衛星情報センター〕

所　　　　　　長	納冨　中
次　　　　　　長	植田秀人
管 理 部 長	森田治男
総 務 課 長	高橋美佐子
会 計 課 長	角田哲也
運用情報管理課長	安田貴司
分 析 部 長	中村耕一郎
管 理 課 長	西野　聰
主 任 分 析 官	西山孝行
佐藤卓也	見田達也
安藤暁史	小野理沙
割澤広一	
技 術 部 長	佐藤明生
企 画 課 長	古賀康之
管 制 課 長	唐澤宏喜
主 任 開 発 官	三木清香
森實克	大井勝義
総 括 開 発 官	末澤　洋
副 セ ン タ ー 所 長	小寺　章
北受信管制局長	森山真也
南受信管制局長	野呂真悦

(内閣サイバーセキュリティセンター)

セ ン タ ー 長 (内閣官房副長官補)	髙橋憲一
副センター長(内閣審議官)	吉川徹志
(併)小柳誠二	(充)下田隆文
内閣審議官(併)	内藤茂雄
内閣参事官	中溝和孝
中越一彰	佐伯宜昭
(併)加門俊彦	(併)山田剛士
(併)山口勇	(併)村井朋美
(併)紺野博行	(併)中野美夏
企 画 官	中川和信

(併)服部重夫	(併)松本　崇
(併)坪郷聡	(併)齋藤康裕
(併)鈴木健太郎	(併)渡邊修宏
(併)山田隆裕	(併)谷澤厚志

〔内 閣 人 事 局〕

〒100-8914 千代田区永田町1-6-1
中央合同庁舎8号館 ☎03(6257)3731

内閣人事局長 (内閣官房副長官)	栗生俊一
人事政策統括官	窪田　修
横田信孝	松田浩樹
内閣審議官	岡本誠司
黒田秀郎	滝澤依子
(併)松本敦司	

内閣参事官	阿南哲也
山村和也	後藤友宏
中里吉孝	西澤能之
越尾淳	五百籏頭千奈美
鈴木邦夫	浅尾久美子
飯村由香理	菅昌徹治
宮﨑孝一	佐藤昭一
若林伸佳	浅賀　崇
佐藤隆夫	(併)平沢克俊
(併)辻恭介	(併)大野由希
(併)菅潤一郎	

企 画 官	山本隆之
今井由紀子	西川奈緒
大堀芳文	神保一德
田中智史	渡邉瑠美子
本田英章	市川のり恵
(併)御厩敷寛	

調 査 官	深野淳一
長野浩二	石川義浩

(郵政民営化委員会事務局)

局　　　　　長	岡崎　毅
次　　　長(併)	吾郷俊樹
同　　(併)	牛山智弘
参 事 官(併)	中山裕司
松田昇剛	平岡泰幸
企 画 官(併)	納冨史仁

(原子力防災会議事務局)

次　　　長(併)	荒木真一
同　　(併)	秦　康之
審 議 官(併)	松下　整

内
閣

323

同　　　　　(併)　針田　　哲
参　事　官(併)　小山田　巧
　　新出　　晃　　根木桂三
　　野口康成　　鈴木章記
　　馬場康弘　　高橋裕輔

(特定複合観光施設区域整備推進本部事務局)
局　　　　　長(併)　和田浩一
次　　　　　長(併)　萩川直也
参　事　官　　岩橋　　保
　　小林秀幸　　佐藤克文
　　下荒磯　誠　　箭野拓士
　　堀　信太朗

〔内 閣 法 制 局〕
〒100-0013 千代田区霞が関3-1-1
中央合同庁舎4号館 ☎03(3581)7271

内閣法制局長官　近藤正春
内閣法制次長　　岩尾信行
長官秘書官　　　五十嵐　光
総務主幹　　　　嶋　一哉
総務課長　　　　照屋敦子
会計課長　　　　礒岡章子
調査官　　　　　久下富雄
公文書監理官(兼)　久下富雄
第一部長　　　　木村陽一
参事官　　　　　松谷一朗
　　乗越徹哉　　畑　佳秀
　　古渡善幸　　中澤吉博
法令調査官　　　宇田川利夫
憲法資料調査室長事務取扱　嶋　一哉
参事官(兼)　　　中澤吉博
第二部長　　　　平川　薫
参事官　　　　　衣斐瑞穂
　　渡邊哲至　　櫛瀬　隆
　　長谷浩之　　大野　敬
　　門元政治
第三部長　　　　佐藤則夫
参事官　　　　　佐々木克之
　　伊藤直人　　中田　響
　　野田恒平　　高橋慶太
　　永田将一
第四部長　　　　栗原秀忠
参事官　　　　　澁谷秀行
　　髙鹿秀明　　安倍暢宏

森大輔　堀和匡

〔国家安全保障会議〕
〒100-0014 千代田区永田町2-4-12
☎03(5253)2111
議長(内閣総理大臣)　岸田文雄
議　員
総務大臣　　　松本剛明
外務大臣　　　林　芳正
財務大臣　　　鈴木俊一
経済産業大臣　西村康稔
国土交通大臣　斉藤鉄夫
防衛大臣　　　浜田靖一
内閣官房長官　松野博一
国家公安委員長　谷　公一

人　事　院
〒100-8913 千代田区霞が関1-2-3
中央合同庁舎5号館別館
☎03(3581)5311

総　　裁　　川本裕子
人　事　官　古屋浩明
同　　　　　伊藤かつら
総裁秘書官　川浦　恵
〔事 務 総 局〕
事務総長　　　柴﨑澄哉
総括審議官　　幸　清聡
審議官　　　　原田三嘉
公文書監理官(併)　福西　謙
サイバーセキュリティ・情報化審議官　福田謙一
政策立案参事官　宮川豊治
事務総局付　　森川　武
総務課長　　　長谷川一也
企画法制課長　植村隆生
人事課長　　　髙尾憲司
会計課長　　　佐藤昌博
国際課長　　　前田聡子
国際人事行政専門官　徳山淳記
公文書監理室長(併)　福田圭介
情報管理室長　太田和樹
〔職 員 福 祉 局〕
局　　長　　荻野　剛
次　　長　　役田　平
職員団体審議官　大滝俊則
職員福祉課長事務取扱　役田　平
審査課長　　柳田健一

| 補償課長 | 野口孝宏 |
| 職員団体審議官付参事官 | 増尾秀樹 |

〔人　材　局〕

局　　　長	池本武広
審　議　官	箕浦正人
試験審議官	渡邊直一弘
参　事　官	神宮司英一
企画課長事務取扱	箕浦正人
試　験　課　長	澤田晃一
研修推進課長	西桜子
首席試験専門官	安部哲弥
	石水修　池田繭樹
	矢島恵理子　禮田英一

〔給　与　局〕

局　　　長	佐々木雅之
次　　　長	岩崎敏
給与第一課長	近藤明生
給与第二課長	三浦隆
給与第三課長	住吉威彦
生涯設計課長	藤原知朗

〔公平審査局〕

局　　　長	荒井仁志
審　議　官	鈴木敏之
調整課長	木村秀崇
職員相談課長	下川清利
首席審理官	森谷明浩
	奈良間貴洋　原田佳澄

〔公務員研修所〕

〒358-0014 入間市宮寺3131
☎04(2934)1291

所　　　長	米村猛
副　所　長	鈴木秀雄
同　　(併)	箕浦正人
主任教授	岸本康雄
教　　授	井手亮
教務部長	酒井元康
教務部政策研修分析官	小堀幸一
同	中山元太郎

〔国家公務員倫理審査会〕

会　　　長	秋吉淳一郎
委　　　員	青山佳世
	上野幹夫　潜道文子
	伊藤かつら
事務局長	練合聡
首席参事官	府川陽子

| 参　事　官 | 森奈美 |

┌─内　閣　府─┐

〒100-8914 千代田区永田町1-6-1
〒100-8914 千代田区永田町1-6-1
　　　　　中央合同庁舎8号館
〒100-8970 千代田区霞が関3-1-1
　　　　　中央合同庁舎4号館(分館)
☎03(5253)2111

内閣総理大臣	岸田文雄
内閣官房長官	松野博一
内閣府特命担当大臣（　金　融　）	鈴木俊一
内閣府特命担当大臣（原子力損害賠償・廃炉等支援機構）	西村康稔
内閣府特命担当大臣（原子力防災）	西村明宏
内閣府特命担当大臣（デジタル改革　消費者及び食品安全）	河野太郎
内閣府特命担当大臣（防災　海洋政策）	谷公一
内閣府特命担当大臣（少子化対策　男女共同参画）	小倉將信
内閣府特命担当大臣（経済財政政策）	後藤茂之
内閣府特命担当大臣（知的財産戦略　科学技術政策宇宙政策　経済安全保障）	高市早苗
内閣府特命担当大臣（沖縄及び北方対策　地方創生　産業政策改革　クールジャパン戦略　アイヌ施策）	岡田直樹
副　大　臣	藤丸敏
同	星野剛士
同	和田義明
同　(兼)	大串正樹
同　(兼)	伊佐進一
同　(兼)	中谷真一
同　(兼)	太田房江
同　(兼)	石井浩郎
同　(兼)	小林茂樹
同　(兼)	井野俊郎
大臣政務官	鈴木英敬
同	自見はなこ
同	中野英幸
同　(兼)	尾崎正直
同　(兼)	本田顕子
同　(兼)	長峯誠
同　(兼)	里見隆治
同　(兼)	西田昭二
同　(兼)	柳本顕
同　(兼)	木村次郎
事務次官	田和宏
内閣府審議官	大塚幸寛
同	井上裕之

〔大臣官房〕

大臣官房長	原 宏彰	人事課長	矢作修己
大臣官房政策立案総括審議官	長谷川秀司	参事官(人事担当)	水田 豊
大臣官房公文書管理官(併)	黒瀬敏文	(併)熊谷勝美	山口雄二
大臣官房サイバーセキュリティ・情報化審議官	佐藤正一	会計課長	由布和嘉子
大臣官房審議官(官房担当)	黒瀬敏文	参事官(会計担当)	山本元一
原 典久	(併)笹川 武	企画調整課長	伊藤誠一
(併)辻 貴博	(併)長谷川秀司	参事官(企画調整担当)	酒巻 浩
(併)三浦章豪	(併)畠山貴晃	(併)山影雅良	(併)北村 実
(併)林 伴子	(併)泉 恒有	(併)尾﨑真美子	(併)岡本信一
飯田陽一	(併)高村泰夫	同(拉致被害者等支援担当)	大田泰介
(併)佐々木啓介	(併)品川高浩	合理的根拠政策立案推進室長(併)	伊藤誠一
官房審議官(公文書監察担当)	原 典久	政策評価広報課長	瀧澤 謙
官房審議官(拉致被害者等支援担当)	平井康夫	参事官(政策評価広報担当)	千葉 均
総務課長	中嶋 護	同(同)(併)	菱山 大
参事官(総務課)(併)	冨岡勇哉	公文書管理課長	吉田真晃
伊藤誠一	千葉 均	参事官(公文書管理課担当)(併)	佐々木奈佳
久保大輔	上杉和貴	政府広報室長	中田昌和
菱山 大	田中駒子	参事官(政府広報室担当)	安藤 繁
田中宏和	児玉泰明	坂本眞一	(併)小坂伸行
富永健嗣	堀江典宏	(併)吉田充志	(併)小八木大成
管理室長(併)	堀江典宏	(併)飯田修章	(併)古矢一郎
西村国務大臣秘書官事務取扱	日暮正毅	(併)足立秀彰	(併)馬場裕子
西村国務大臣秘書官事務取扱	大川正人	厚生管理官	吉田勝夫
同 事務取扱	小林祐紀	拉致被害者等支援担当室長	大田泰介
松野国務大臣秘書官事務取扱	南 順子	サイバーセキュリティ・情報化推進室長(併)	高橋敏明
河野国務大臣秘書官	盛 純二	経済安全保障準備室長(併)	泉 恒有
同 事務取扱	阪口理司	同 次長	(併)高村泰夫
内野宏人	柳生正毅	(併)佐々木啓介	品川高浩
梅城崇師		同 参事官	(併)西山英将
谷国務大臣秘書官	磯 篤志	(併)岡井隼人	(併)小新井友厚
同 事務取扱	佐々木 舞	(併)八塚 哲	(併)岡本慎一郎
小倉国務大臣秘書官	棟方舞衣	(併)北廣雅之	(併)神谷 隆
同 事務取扱	田中麻理	(併)原 裕	有田 純
後藤国務大臣秘書官	波多野泰史	(併)田中 博	(併)田中伸孝
同 事務取扱	永原伯武	(併)田村亮平	(併)山下恭範
末光大毅	小園英俊	(併)河野 太	
小柳聡志			

〔政策統括官〕
〔政策統括官(経済財政運営担当)〕

高市国務大臣秘書官	髙市知嗣	政策統括官(経済財政運営担当)	村瀬佳史
同 事務取扱	有田 純	大臣官房審議官(経済財政運営担当)	吉岡秀弥
是永基樹	梅田裕介	榊原 毅	茂呂賢吾
岡田国務大臣秘書官	谷端臣文	(併)三橋一彦	(併)小川康則
同 事務取扱	中野浩二	(併)永井克郎	
大瀧 洋	橘 髙徹哉	参事官(総括担当)	菱山 大
谷口雄介			

	(併)佐藤伸樹	(併)井上誠一郎
	(併)関口祐司	(併)尾崎輝宏
	(併)野崎　彰	(併)水野敦志
	(併)田中義高	
同（経済対策・金融担当）	赤井久宣	
同　（同）（併）	菱山　大	
同（企画担当）（併）	吉中　孝	
参事官心得（経済見通し担当）	木村順治	
同　（同）	赤井久宣	
参事官（産業・雇用担当）	井上誠一郎	
	(併)垣見直彦	(併)佐藤人海
	(併)佐藤伸樹	(併)石川賢司
	(併)酒巻　浩	
同（予算編成基本方針担当）	佐藤伸樹	
同（国際経済担当）	田中茂樹	
同（地域経済活性化支援機構担当）（併）	田部真史	
政府調達苦情処理対策室長（併）	茂呂賢吾	
同　次　長（併）	佐藤伸樹	
対日直接投資推進室長（併）	永井克郎	
同　次　長（併）	井上誠一郎	
経済財政国際室長（併）	松多秀一	
同　参　事　官（併）	石橋英宣	
同	田中茂樹	
道州制特区担当室長（併）	加藤主税	
同　参　事　官（併）	佐藤伸樹	
地域経済活性化支援機構担当室室長（併）	石田晋也	
同　次　長（併）	新発田龍史	
同	細田　均	
同　参　事　官（併）	西中　隆	
	佐藤伸樹	田部真史
地域就業氷河期世代支援加速化事業推進室長（併）	村瀬佳史	
同　次　長（併）	吉岡秀弥	
同	河野恭子	小川康則
同　参　事　官（併）	井上誠一郎	
	石川賢司	佐藤伸樹
	酒巻　浩	
令和４年物価・賃金・生活総合対策世帯給付金及び令和3年経済対策給付金等事業推進室長（併）	村瀬佳史	
審　議　官（併）	中村英正	
	北波　孝	野村知司
	長谷川秀司	的井宏樹
参　事　官（併）	野崎　彰	
	水野敦志	菱山　大
	田中義高	

〔政策統括官（経済社会システム担当）〕

政策統括官（経済社会システム担当）	林　幸宏	
大臣官房審議官（経済社会システム担当）	英　浩道	
同	小川康則	榊原　毅
	野村　裕	(併)岡本直樹
	(併)中澤信吾	
参事官（総括担当）	横山　直	
同　（同）（併）	田村真一	
同　（企画担当）	平井　滋	
同（社会システム担当）	中野孝浩	
同　（同）（併）	山口　顕	
同（社会基盤担当）（併）	奈良裕信	
同（市場システム担当）	川村尚永	
	(併)黛　孝次	(併)松田博明
	(併)山口　顕	(併)木尾修文
同（財政運営基本担当）	下井善博	
同（共助社会づくり推進担当）	小川敦之	
同（民間資金等活用事業・成果連動型事業推進担当）	中井川季央	
民間資金等活用事業推進室長（併）	英　浩道	
同　参　事　官（併）	田村真一	
	(併)中井川季央	
規制改革推進室長（併）	林　幸宏	
同　次　長（併）	辻　貴博	
	山根英一郎	岡本直樹
	野村　裕	
同　参　事　官（併）	黛　孝次	
	川村尚永	松本博明
	木尾修文	
休眠預金等活用担当室室長（併）	小川康則	
同　参　事　官（併）	小川敦之	
	下井善博	田村真一
成果連動型事業推進室長（併）	英　浩道	
同　参　事　官（併）	中井川季央	
特定非営利活動法人に係る持続化給付金事前確認通調整室長（併）	林　幸宏	
同室長代理（併）	小川康則	
同　参　事　官（併）	横山　直	
同　　（併）	下井善博	

〔政策統括官（経済財政分析担当）〕

政策統括官（経済財政分析担当）	村山　裕	
大臣官房審議官（経済財政分析担当）	松多秀一	
	堤　雅彦	(併)山根英一郎
	(併)中澤信吾	
参事官（総括担当）	上野有子	
同　（企画担当）	吉中　孝	

同　　　（同）(併)	上　野　有　子	
同　　（地域担当）	谷　本　信　賢	
同　　（海外担当）	石　橋　英　宜	
計量分析室長(併)	中　澤　信　吾	
同 参事官事務代理	前　田　佐恵子	

（地方創生推進室）

〒100-0014 千代田区永田町1-11-39
永田町合同庁舎 ☎03(5510)2151

地方創生推進室長	淡　野　博　久	
同室長代理(併)	山　根　英一郎	
同　次　長(併)	村　手　　　聡	
三　浦　　　聡	内　田　幸　雄	
井　上　博　雄	小　森　　　繁	
辻　　　貴　博	白　石　隆　夫	
布施田　英　生	佐　脇　紀代志	
市　川　篤　志	吉　田　健一郎	
中　村　広　樹	岡　田　輝　彦	
西　　　経　子	井　上　諭　一	
同 参事官(併)	塩　手　能　景	
田　邉　　　仁	山　下　智　也	
菅　原　晋　也	谷　　　　　浩	
大　辻　　　統	喜多　功　彦	
鈴　木　健　二	今　野　治　夫	
清　水　　　充	髙　橋　一　成	
正　田　　　聡	田　村　真　一	
白　水　伸　英	岸　本　織　江	
石　川　　　悟	津　田　陽　子	
中　野　理　美	篠　田　智　志	
石　島　光　男	中　野　穣　治	
倉　石　誠　司	田　島　　　聖	
金　澤　正　尚	竹　内　　　聡	
飯　嶋　威　夫	中　橋　宗一郎	

〔政策統括官（防災担当）〕

政策統括官(防災担当)	榊　　　真　一	
大臣官房審議官(防災担当)	五　味　裕　一	
上　村　　　昇	(併)岡　本　裕　豪	
参事官(総括担当)	千　葉　信　義	
同(災害緊急事態対処担当)	北　澤　　　剛	
同(調査・企画担当)	朝　田　　　将	
同(防災計画担当)	山　口　博　史	
同(普及啓発・連携担当)	村　上　威　夫	
同(防災デジタル・物資支援担当)	木　原　栄　治	
同(避難生活担当)	小　野　雄　大	
同(被災者生活再建担当)(併)	髙　田　　　龍	

同(復旧・復興担当)	伊　藤　光　弘	
同　　　（併）	中　見　大　志	
立　岩　里生太	西　園　勝　英	
清　瀬　一　浩		

〔政策統括官（原子力防災担当）〕

政策統括官(原子力防災担当)	荒　木　真　一	
大臣官房審議官(原子力防災担当)	(併)松　下　　　整	
(併)針　田　　　哲	竹　島　　　睦	
(併)師　岡　晃彦	(併)吉　田　健一郎	
(併)須　藤　　　治		
参事官(総括担当)(併)	野　口　康　成	
同　　　（同）	小　山　田　　　巧	
同(企画・国際担当)	髙　橋　裕　輔	
同(地域防災担当)(併)	根　木　桂　三	
同(総合調整)(調整担当)	小　山　田　　　巧	

〔政策統括官（沖縄政策担当）〕

政策統括官(沖縄政策担当)	水　野　　　敦	
大臣官房審議官(沖縄政策担当)	相　川　哲　也	
参事官(総括担当)	久　保　大　輔	
同(政策調整担当)	鈴　木　哲　哉	
同　（企画担当）	田　村　十　一	
同(産業振興担当)	中　村　浩一郎	

〔政策統括官（政策調整担当）〕

政策統括官(政策調整担当)	笹　川　　　武	
大臣官房審議官(政策調整担当)	(併)北　波　　　孝	
滝　澤　幹　滋	黒　瀬　敏　文	
(併)石　田　晋　也	(併)覺　道　崇　文	
参事官(総括担当)	小　林　明　生	
同(総合調整担当)	手　倉　森　一　郎	
同(青少年企画担当)	児　玉　大　輔	
同(青少年支援担当)	児　玉　大　輔	
同(青少年環境整備担当)	鈴　木　達　也	
同(青年国際交流担当)	田　中　駒　子	
同(高齢社会対策担当)	手　倉　森　一　郎	
同(障害者施策担当)	立　石　祐　子	
同(交通安全対策担当)	児　玉　克　敏	
同(子どもの貧困対策担当)	手　倉　森　一　郎	
同(金融担当)(併)	太　田　原　和　房	
参　事　官	(併)安　里　賀奈子	
(併)河　村　のり子	大　條　成　太	
山　嵜　泰　徳	(併)園　田　雄　二	
(併)細　田　大　造	(併)木　村　宗　敬	
(併)谷　中　謙　一	(併)在　津　謙　作	

(併)阿部一貴	(併)野村謙一郎
(併)小柳太郎	(併)山村和也
(併)佐藤紀明	(併)泉　聡子
(併)進藤和澄	(併)梅北栄一
(併)中橋宗一郎	(併)阿部康幸

大臣官房審議官兼遺棄化学
兵器処理担当　　　　末永　広
同 参 事 官(併)　大條成太
同　　　(併)　山嵜泰徳
同参事官事務代理　小泉朋幸
原子力損害賠償・廃炉等
支援機構担当室長　奈須野太
同 次 長(併)　覺道崇文
片岡宏一郎　林　孝浩
小澤典明
同 参 事 官(併)　進藤和澄
梅北栄一　(併)阿部康幸

大臣官房審議官(地方
分権改革担当)地方分
権改革推進室長　　加藤主税
大臣官房審議官(地方
分権改革担当)地方分
権改革推進室長　　三橋一彦
大臣官房審議官(地方
分権改革担当)地方分
権改革推進室次長　小川康則
同 参 事 官(併)　園田雄二
谷中謙一　泉　聡子
細田大造　木村宗敬
山村和也　佐藤紀明
阿部一貴　野村謙一郎
在津謙作　小柳太郎
中橋宗一郎
同参事官事務代理　功刀岳秀
青年国際交流担当室長(併)　黒瀬敏文
同 参 事 官(併)　田中駒子
子供の貧困対策推進室長(併)　笹川　武
同 副 室 長(併)　黒瀬敏文
高口　努　野村知司
同 参 事 官(併)　安里賀奈子
河村のり子　手倉森一郎

〔政策統括官(重要土地担当)〕
政策統括官(重要土地担当)　三貝　哲
大臣官房審議官(重要土地担当)　宮坂祐介
参事官(総括担当)(併)　江原康雄
同(防衛施設担当)(併)　江原康雄
同(生活関連施設等担当)　惠谷　修
同(国境離島等担当)　常山修治
同(調査分析担当)　河村憲明
参 事 官(併)　伊藤大
独立公文書管理監(併)　森本加奈

独立公文書管理監付(併)　原　典久
独立公文書管理
監付参事官　　　阿部正興
髙橋徳嗣　(併)吉田真晃
公文書監察室長(併)　森本加奈
同 次 長(併)　原　典久
同参事官(併)　吉田真晃
情報保全監察室長(併)　森本加奈
同 参 事 官(併)　阿部正興
同　　　(併)　髙橋徳嗣

〔賞　勲　局〕
局　　　長　小野田壮
総 務 課 長　馬場純郎
審査官(賞勲局)　澤繁樹
菅原強　田中駒子

〔男女共同参画局〕
局　　　長　岡田恵子
大臣官房審議官
(男女共同参画担当)　畠山貴晃
同　(同)(併)　永井克郎
総 務 課 長　杉田和暁
推 進 課 長　花咲恵乃
男女間暴力対策課長　田中宏和
仕事と生活の調和推進室長(併)　岡田恵子
同 参 事 官(併)　花咲恵乃

〔沖縄振興局〕
局　　　長　望月明雄
大臣官房審議官(沖縄科学技術
大学院大学企画推進担当)　井上惠嗣
同 (同) 兼沖縄科学
技術大学院大学企画
推進室長(併)　　相川哲也
総 務 課 長　西尾尚記
参事官(振興第一担当)　野本英伸
同(振興第二担当)　森　寛敬
同(振興第三担当)　小澤康彦
同(調査金融担当)　原　寛之

〔食品安全委員会〕
〒107-6122 港区赤坂5-2-20
赤坂パークビル22F
☎03(6234)1166
委　員　長　佐藤貴
事 務 局 長　鋤柄卓夫
事 務 局 次 長　中　裕伸
総 務 課 長(併)　込山愛郎
評価第一課長　紀平哲也
評価第二課長　前間聡
情報・勧告広報課長　浜谷直史

329

〔国会等移転審議会〕

〒100-8918 千代田区霞が関2-1-2
中央合同庁舎2号館
(国土交通省国土政策局総合計画課内)
☎03(3501)5480

事務局次長(併)	小林	靖
参 事 官(併)	秋山	公城

〔公益認定等委員会〕

〒105-0001 港区虎ノ門3-5-1
虎ノ門37森ビル12F
☎03(5403)9555

委 員 長	佐久間総一郎	
事務局長兼大臣官房 公益法人行政担当室室長	北川	修
事務局長兼大臣官房 公益法人行政担当室次長	竹中	一人
総務課長兼大臣官房公益 法人行政担当室参事官	泉	吉顕
審査監督官兼大臣官房公 益法人行政担当室参事官	高角	健志

〔再就職等監視委員会〕

〒100-0004 千代田区大手町1-3-3
大手町合同庁舎3号館9F
☎03(6268)7657

委 員 長	井上	弘通
事 務 局 長	吉田	德幸
参 事 官	秋庭	能久
再就職等監察官	中川	知三
同 (併)	篠原	敦

〔消費者委員会〕

〒100-8970 千代田区霞が関3-1-1
中央合同庁舎4号館
☎03(3581)9176

委 員 長	後藤	巻則
事務局長(併)	小林	真一郎
官房審議官(消費者委員会担当)(併)	岡本	直樹
同 (同)(併)	長谷川	秀司
参 事 官	友行	啓子

〔経済社会総合研究所〕

〒100-8914 千代田区永田町1-6-1
中央合同庁舎8号館
☎03(5253)2111

所 長	増島	稔
次 長	林	伴子
総括政策研究官	山根	英一郎
	岡本 直樹	板倉 周一郎
	酒巻 哲朗	桑原 進
	永井 克郎	中澤 信吾
	畠山 貴晃	

総 務 部 長	丸山	達也
上席主任研究官	出口	恭子
尾﨑 真美子	萩野	覚
小島 宗一郎	中橋	宗一郎
	加納	克利
情報研究交流部長	鈴木	高文
景気統計部長	岩田	安晴
国民経済計算部長	多田	洋介
経済研修所総務部長	小林	真一郎

〔迎 賓 館〕

〒107-0051 港区元赤坂2-1-1
☎03(3478)1111

館 長	宮地	毅
次 長	岡本	信一
総 務 課 長	北村	実
接 遇 課 長	荒池	克彦
運 営 課 長	髙妻	博之
京都事務所長	佐々木	明

〔地方創生推進事務局〕

〒100-0014 千代田区永田町1-11-39
永田町合同庁舎6F・7F・8F
☎03(5510)2151

事 務 局 長	淡野	博久
事務局次長(併)	山根	英一郎
審 議 官(併)	黒田	昌義
内田 幸雄	井上	博雄
辻 貴博	小森	繁
布施田 英生	佐脇	紀代志
吉田 健一郎	三浦	聡
中村 広樹	西	経子
井上 諭一	西條	正明
参 事 官(併)	岡田	輝彦
同(総括担当)(併)	正田	聡
大辻 統	清水	充
田村 真一	中野	理美
同(中心市街地 活性化担当)(併)	谷	浩
同(併)	清水	充
同(都市再生担当)(併)	喜多	功治
同(併)	中野	穣治
同(構造改革特別 区域担当)(併)	田中	聡明
曽我 明裕	菅原	晋也
杉山 忠継	正田	聡
小山内 司		
同(地域再生担当)(併)	塩手	能景
荒木 太郎	永澤	剛

下 信一郎
津田陽子　石川　悟
金澤正尚　小谷克志
冨田晋司　伊藤康行
富田建蔵　堀上　勝
篠田智志　石島光男
田邉　仁　山下信一郎
飯嶋威夫　中橋宗一郎
久山淳爾　高橋俊博

（併）林　孝浩　（併）小澤典明
（併）坂本修一　（併）澤川和宏
（併）坂口昭一郎　（併）吉田幸三
（併）阿蘇隆之　（併）渡邊昇治
参事官(総括担当)　次田　彰
（併）有賀　理　（併）児玉泰明
同(統合戦略担当)　樋本　諭
（併）根本朋生　（併）北山浩士
（併）西川和見　（併）塩原誠志
（併）滝澤　豪　（併）川野真稔
（併）伯野春彦　（併）佐藤　紳
（併）見坂茂範　（併）羽子田知子
（併）辻原　浩　白井俊行
（併）神谷孝司　（併）江頭　基
（併）下田裕和　（併）工藤雄之
（併）稲田剛毅　（併）日置潤一
（併）宮本岩男
参事官事務代理(同)　（命）赤池伸一
参事官(イノベーション推進担当)　武田憲昌
同（併）　井上睦子
同(研究環境担当)　松木秀彰
平野　誠　佐野多紀子
同(教育・人材担当)　武田憲昌
同（大学改革・ファンド担当）　渡邉倫子
武田憲昌　生田知子
西平賢哉
参事官事務代理(同)　當間重光
参事官(重要課題担当)（併）　根本朋生
木村裕明　高村　信
伯野春彦　東出征記
山下恭範　羽子田知子
辻原　浩　廣田光恵
植木健司　朝田　将
大土井　智　江頭　基
畑田浩之　原　　裕
日置潤一　河野　太
田中伸彦
同(事業推進総括担当)（併）　根本朋生
同（同）（併）　植木健司
同(未来革新研究推進担当)　龍澤直樹
同(原子力担当)　進藤和澄
（併）梅北栄一　（併）二村英介
参事官（併）　吉田宏平
三島由佳　神田忠雄
宮原光穂　池谷　巌

三好　圭　山下智也
喜多功　影山義人
今野　治　清水　充
髙橋一成　白水伸英
津田陽子　石川　悟
金澤正尚　小谷克志
冨田晋司　伊藤康行
富田建蔵　堀上　勝
篠田智志　石島光男
田邉　仁　山下信一郎
飯嶋威夫　中橋宗一郎
久山淳爾　髙橋俊博
同(総合特別区域担当)（併）　田中聡明
曽我明裕　菅原晋也
杉山忠継　正田　聡
小山内　司
同（国家戦略特別区域担当）（併）　田中聡明
曽我明裕　菅原晋也
杉山忠継　正田　聡
小山内　司
同(産業遺産担当)（併）　今井　新
大辻　統　俣野敏道
岸本織江　中野穣治
同（地方大学・産業創生担当）（併）　中野理美

〔知的財産戦略推進事務局〕
〒100-0014　千代田区永田町1-6-1
内閣府本府庁舎3F
☎03(3581)0324
事務局長　田中茂明
事務局次長(併)　澤川和宏
中原裕彦　植松利夫
参事官(総括担当)（併）　池谷　巌
同（産業競争力強化担当）（併）　浜岸広明
同（コンテンツ振興担当）（併）　塩原誠志
同（クールジャパン戦略推進担当）（併）　小川祥直
同（国際標準化戦略推進担当）（併）　小川祥直
比良井慎司　浜岸広明
中里　学　波戸本　尚
見坂茂範　伊藤真澄
奥野　真　日置潤一

〔科学技術・イノベーション推進事務局〕
事務局長　松尾泰樹
統括官　赤須野太
審議官　覺道崇文
髙原　勇　井上　恵嗣

渡邉　淳　白﨑俊介
原子力政策担当室長(併)　奈須野　太
次　　　長(併)　覺道崇文
同　　　　(併)　林　孝浩
参　事　官(併)　進藤和澄
同　　　(同)　梅北栄一
大学改革・ファンド担当室長(併)　奈須野　太
次　　　長(併)　坂本修一
参　事　官(併)　渡邉倫子
　　　　武田憲昌　生田知子
　　　　西平賢哉
日本医療研究開発機構担当室長(併)　西辻　浩
次　　　長(併)　長野裕子
　　　　西村秀隆　城　克文
　　　　田中一成
参　事　官(併)　神田忠雄
　　　　宮原光穂　大畠　大
　　　　笠松淳也
標準活用推進室長(併)　田中茂明
次　　　長(併)　澤川和宏
参　事　官(併)　池谷　巌
　　　　浜岸広明　小川祥直

〔健康・医療戦略推進事務局〕

事　務　局　長　西辻　浩
事務局次長(併)　長野裕子
　　　　西村秀隆　城　克文
　　　　田中一成
参　事　官(併)　神田忠雄
　　　　宮原光穂　笠松淳也
　　　　姫野泰啓　込山愛郎
　　　　木庭　愛　大畠　大

〔宇宙開発戦略推進事務局〕

〒100-0013 千代田区霞が関3-7-1
霞が関急ビル16F
☎03(6205)7036
事　務　局　長　河西康之
審　議　官(併)　坂口昭一郎
参　事　官　渡邉　淳
　　(併)滝澤　豪　(併)加藤勝俊
　　(併)上野麻子　(併)斉藤　永
　　(併)田邊英介　(併)沼田健二
　　(併)上田光幸
準天頂衛星システム戦略室長(併)　上野麻子
同室長代理(併)　沼田健二

〔北方対策本部〕

〒100-8914 千代田区永田町1-6-1
中央合同庁舎8号館
☎03(5253)2111
本部長(特命担当大臣)　岡田直樹
審　議　官　伊藤　信
参　事　官　富永健嗣

〔子ども・子育て本部〕

〒100-8914 千代田区永田町1-6-1
中央合同庁舎8号館8F
☎03(5253)2111
子ども・子育て本部統括官　吉住啓作
子ども・子育て本部審議官　北波　孝
　　(併)野村知司　(併)西條正明
　　(併)安彦広斉
参事官(総括担当)(併)　小林明生
同(子ども・子育て支援担当)　丸山浩二
同(少子化対策担当)(併)　中島　薫
同(認定こども園担当)(併)　高木秀人
参　事　官(併)　児玉克敏
　　　　尾崎守正　藤岡謙一
　　　　本後　健　藤吉尚之
大学等修学支援担当室長(併)　西條正明
同　参　事　官(併)　藤吉尚之

〔総合海洋政策推進事務局〕

〒100-0013 千代田区霞が関3-7-1
霞が関東急ビル16F
☎03(6257)1767
事　務　局　長　村田茂樹
事務局次長(併)　吉田幸三
参事官(総括担当)(併)　白﨑俊介
同(安全保障・国際担当)(併)　佐藤　勝
同(資源・エネルギー担当)(併)　粕谷直樹
同(研究開発・人材育成担当)(併)　川口悦生
同(大陸棚・海洋調査担当)(併)　吉田　剛
同(水産・環境担当)(併)　久保寺聡之
同(離島(保全・管理)・沿岸域管理担当)(併)　常山修治
同(離島(地域社会維持)担当)(併)　熊谷友成
同　　　　(併)　冨山新一
　　　　大井通博　衛藤謙介
　　　　曳野　潔　能村幸輝
有人国境離島政策推進室長(併)　吉田幸三
同参事官(併)　熊谷友成
同　　　(併)　常山修治

〔国際平和協力本部〕
〒100-8970 千代田区霞が関3-1-1
中央合同庁舎4号館8F
☎03(3581)2550

事務局長　加納雄大
事務局次長　池松英浩
参事官　宮野理子
　同　後藤一也

〔日本学術会議〕
〒106-8555 港区六本木7-22-34
☎03(3403)3793

会　長　梶田隆章
副会長　望月眞弓
　　　菱田公一　髙村ゆかり
事務局長　三上明輝
事務局次長　金子昇一
企画課長　上村秀紀
管理課長　中里正明
参事官(審議第一担当)　増子則義
同(審議第二担当)　佐々木亨
同(国際事務担当)　寺内彩子

〔官民人材交流センター〕
〒100-0004 千代田区大手町1-3-3
大手町合同庁舎3号館9F
☎03(6268)7675

副センター長　松本敦司
審議官　上野進也
総務課長　荒木健司

〔沖縄総合事務局〕
〒900-0006 那覇市おもろまち2-1-1
那覇第2地方合同庁舎2号館 ☎098(866)0031

事務局長　田中愛智朗
事務局次長(総務等担当)　荻堂信代
事務局次長　畠中秀人
総務部長　水本圭祐
財務部長　鈴木徹
農林水産部長　福島央
経済産業部長　滝本浩二
開発建設部長　坂井功
運輸部長　星明彦

〔経済財政諮問会議〕
議　長　岸田文雄
議　員　松野博一
　　　後藤茂之　松本剛明

内閣府

鈴木俊一　西村康稔
黒田東彦　十倉雅和
中空麻奈　新浪剛史
柳川範之

〔総合科学技術・イノベーション会議〕
議　長　岸田文雄
議　員　松野博一
　高市早苗　松本剛明
　鈴木俊一　永岡桂子
　西村康稔　上山隆大
　梶原ゆみ子　佐藤康博
　篠原弘道　菅裕明
　波多野睦子　藤井輝夫
　梶田隆章

〔国家戦略特別区域諮問会議〕
議　長　岸田文雄
議　員　岡田直樹
　松野博一　鈴木俊一
　後藤茂之　垣内俊哉
　越塚登　菅原晶子
　中川雅之　南場智子

〔中央防災会議〕
会　長　岸田文雄
委　員　谷公一
　松本剛明　齋藤健
　林芳正　鈴木俊一
　永岡桂子　加藤勝信
　野村哲郎　西村康稔
　斉藤鉄夫　西村康宏
　浜田靖一　松野博一
　河野太郎　渡辺博道
　小倉将信　後藤茂之
　高市早苗　岡田直樹
　村田隆　黒田東彦
　清家篤　前田晃伸
　岡敦子　大原美保
　小室広佐子　黒岩祐治
　植田和生　松本吉郎

〔男女共同参画会議〕
議　長　松野博一
議　員　松本剛明
　齋藤健　林芳正
　鈴木俊一　永岡桂子

333

加藤　勝信　　野村　哲郎
西村　康稔　　斉藤　鉄夫
西村　明宏　　谷　　公一
小倉　將信　　魚谷　雅彦
小西　聖子　　佐々木かをり
佐藤　博樹　　白波瀬佐和子
鈴木　　準　　内藤佐和子
納米恵美子　　細川　珠生
山口慎太郎　　山田　昌弘
芳野　友子

〔規制改革推進会議〕

議　　長	大槻　奈那	
議　長　代　理	武井　一浩	
委　　員	岩下　直行	
佐藤　主光	菅原　晶子	
杉本　純子	中室　牧子	
本城慎之介	御手洗瑞子	

宮　内　庁

〒100-8111 千代田区千代田1-1
☎03(3213)1111

長　　　　官	西村　泰彦	
次　　　　長	池田　憲治	
長官秘書官	中川　　一	

〔長　官　官　房〕

審　議　官	古賀　浩史	
宮　務　主　管	諸橋　省明	
皇室経済主管	小山　永樹	
皇室医務主管	永井　良三	
参　事　官	梶ヶ谷洋一	
同	朝賀　　浩	
同	瀧川　聡史	
秘　書　課　長	五嶋　青也	
調査企画室長	金子雄樹彦	
総　務　課　長	鈴木　敏夫	
報　道　室　長	小林　勝也	
宮　務　課　長	荻野　修司	
主　計　課　長	小平　武史	
用　度　課　長	藤田　雅史	

〔侍　　従　　職〕

侍　従　長	別所　浩郎	
侍　従　次　長	坂根　工博	
侍従(事務主管)	松永　賢誕	
侍　　　医	井上　　暁	
女　官　長	西宮　幸一	

〔上　　皇　　職〕

上皇侍従長	河相　周夫	
上皇侍従次長	髙橋美佐男	
上皇侍従(事務主管)	岩井　一郎	
上皇侍医長	市倉　　隆	
上皇女官長	伊東　典子	

〔皇　　嗣　　職〕

皇嗣職大夫	加地　隆治	
皇嗣職宮務官長	石井　裕晶	
皇嗣職宮務官(事務主管)	河野　太郎	
皇嗣職侍医長	加藤　秀樹	

〔式　　部　　職〕

式　部　官　長	秋元　義孝	
式部副長(儀式)	櫛田　泰宏	
同(外事)	飯島　俊郎	
式部官(儀式)	中井　庸靖	
同(外事)	宮澤　保貴	
同(同)	犬飼　明美	

〔書　　陵　　部〕

部　　　長	野村　善樹	
図　書　課　長	久我　直樹	
編　修　課　長	鹿内　浩胤	
陵　墓　課　長	西尾　招久	

〔管　　理　　部〕

部　　　長	坂井　孝行	
管　理　課　長	武田　誠司	
工　務　課　長	西澤　一憲	
庭　園　課　長	牛場　雅己	
大　膳　課　長	湯原　　實	
車　馬　課　長	伊藤　良治	
宮殿管理官	野村　元一	

公正取引委員会

〒100-8987 千代田区霞が関1-1-1
中央合同庁舎6号館B棟☎03(3581)5471

委　　員　　長	古谷　一之	
委　　　員	山本　和史	
三　村　晶子	青木　玲子	
吉田　安志		

〔事　　務　　総　　局〕

事　務　総　長	小林　　渉	
審　判　官	西川　康一	
同	本村　理絵	
同	安藤　巨騎	
官房総括審議官	大胡　　勝	
官房政策立案総括審議官	岩成　博夫	

官房審議官（国際）　田中久美子
官房審議官（企業結合）　塚田益徳
官房サイバーセキュリティ・情報化参事官　西川康一
官房参事官　菱沼功
同　田邊貴紀
総務課長　稲熊克紀
会計室長　多田修
企画官　松風宏幸
同　栗谷康正
訟務研究官　石谷直久
経済研究官　
人事課長　向井康二
企画官　伊藤武利
国際課長　五十嵐俊子
企画官　藤谷義一秀
経済取引局長　藤本哲也
総務課長　深町正徳
企画室長　笠原慎吾
デジタル市場企画調査室長　稲葉僚太人
調整課長　天田弘人
企業結合課長　横手哲二子
上席企業結合調査官　中島菜央枝
同　相澤央太
同　鈴木健太
取引部長　品川武悟
取引企画課長　堀内悟宇
取引調査室長　吉川泰哉
相談指導室長　久保田卓哉
企業取引課長　守山宏
企画官　山本道慎
下請取引調査室長　山田卓男
上席下請取引検査官　白石文
　菅野善文　唐澤斉治
審査局長　田辺治
審査管理官　藤井宣明
同　片桐一幸
管理企画課長　宮本信彦
企画室長　下津秀幸
情報管理室長　神田哲也
公正競争監視室長　清水敬子
審査企画官　香城尚子
課徴金減免管理官　朝倉真一久
上席審査専門官　鈴木芳行
第一審査長　山口正
上席審査専門官　岡田博己
同（国際カルテル担当）　高橋佑美子
第二審査長　小室尚彦
上席審査専門官　十川雅彦
第三審査長　齋藤隆明
上席審査専門官　原田郁
第四審査長　岩下生知
上席審査専門官　岩渕権一
同（デジタルプラットフォーマー担当）　寺西直子
第五審査長　福田誠
訟務官　高居良平
犯則審査部長　大元慎二
第一特別審査官　遠藤光一
第二特別審査官　奥村豪

国家公安委員会

〒100-8974 千代田区霞が関2-1-2
中央合同庁舎2号館 ☎03(3581)0141

国家公安委員会委員長　谷公一
秘書官　磯篤志
同　事務取扱　大門雅弘
委員　小田尚
　櫻井敬子　横畠裕介
　宮崎緑　竹部幸夫

警察庁

〒100-8974 千代田区霞が関2-1-2
中央合同庁舎2号館 ☎03(3581)0141
長官　露木康浩
次長　緒方禎己

〔長官官房〕

官房長　楠芳伸
総括審議官　谷滋行
技術総括審議官　島崎俊隆
政策立案総括審議官兼公文書監理官　堀誠司
審議官（国際担当）　山田好孝
同（犯罪被害者等施策担当）　佐野裕子
同（生活安全局担当）　友井昌宏
同（刑事局・犯罪収益対策担当）　親家和仁
同（交通局担当）　小林豊
同（警備局・調整担当）　早川智之
同（サイバー警察局担当）　大橋一夫
参事官（情報化及び技術革新のIT化・統計総括担当）　中村彰泰
同（国際担当）　秋本泰志
同（情報化及び技術革新に関する総合調整担当）　小鷲達也

国家公安委　警察庁

335

同(犯罪被害者等施策担当)	関口　真美
同(高度道路交通政策担当)	池内　久晃
同(拉致問題対策担当)	髙岩　直樹
同(サイバー情報担当)	丸山　潤
同	稲盛　久人
同	前田　勇太
首席監察官	原田　義久
総務課長	遠藤　剛
広報室長	重成　浩司
情報公開・個人情報保護室長	
留置管理室長	増田　武志
企画課長	小堀龍一郎
政策企画管	
国際協力室長	石井　龍
技術企画課長	川畑　佳市
先端技術導入企画室長	齋藤　正憲
情報処理センター所長	沖田　誠央
情報セキュリティ対策官	大塚山祥央
情報セキュリティ監査官	來山　信康
人事課長	土屋　暁胤
人事総括企画官	森国　浩輔
人材戦略企画室長	吉田　知明
監察官	幡野　徹
同	髙橋　俊章
会計課長	重永　達矢
会計企画官	永山　貴大
監査室長	瀬戸口浩一
装備室長	松本　孝作
教養厚生課長	遠藤　顕史
厚生管理室長	
犯罪被害者支援室長	藤田　有祐
通信基盤課長	飯濱　誠
通信運用室長	工藤　健一
国家公安委員会会務	羽石　千代

〔生活安全局〕

局長	山本　仁
生活安全企画課長	石川　泰三
生活安全企画官	関口　澄夫
犯罪抑止対策室長	
地域警察指導室長	
人身安全・少年課長	阿波　拓洋
人身安全対策官	金柿　正志
少年保護対策官	助川　隆
保安課長	松下　和彦
風俗環境対策室長	仲村　健二

生活経済対策管理官	平居　秀一

〔刑事局〕

局長	渡邊　国佳
刑事企画課長	松田　哲也
刑事指導室長	田山　卓映
捜査第一課長	中山　仁
重大被害犯罪捜査企画官(兼)	崎山　慶
検視指導室長	崎山　慶
特殊事件捜査室長	山本　哲也
捜査第二課長	宮島　広成
捜査支援分析管理官	櫻井　美香
犯罪鑑識官	金澤　正和
指紋鑑定指導官	橋本　昭文
DNA型鑑定指導官 附属鑑識所主任研究官兼	
資料鑑定指導官	佐久間久喜

〔組織犯罪対策部〕

部長	猪原　誠司
組織犯罪対策第一課長	大濱　健志
犯罪組織情報官	髙井　良浩
暴力団排除対策官	内田晋太郎
国際連携対策官	
組織犯罪対策第二課長	宇田川佳宏
特殊詐欺対策室長	田中　靖之
国際捜査管理官	篠原　英樹

〔交通局〕

局長	太刀川浩一
交通企画課長	日下　真一
交通安全企画官	遠藤　健二
自動運転企画室長	伊藤　健一
交通指導課長	杉　俊弘
交通規制課長	岩瀬　聡
交通管制技術室長	吉田　和彦
特別交通対策室長	平松　伸二
運転免許課長	宮内　彰久
高齢運転者等支援室長	

〔警備局〕

局長	原　和也
警備企画課長	聖成　竜太
公安課長	蔵原　智行
公安対策企画官	角田　秀人

〔外事情報部〕

部長	宮沢　忠孝
外事課長	則包　卓嗣
外事情報調整室長	谷井　義正

経済安全保障室長	藤原 麻衣子	委　　　　員	氏兼 裕之
国際テロリズム対策課長	工藤 陽代	同	渡 路子
国際テロリズム情報官		北村 博文

〔警 備 運 用 部〕

		同　（非常勤）	石川 恵
部　　　　長	迫田 裕治	事 務 局 長	並木 稔也
警備第一課長	早川 剛史	事 務 局 次 長	坂口 拓也
警備第二課長	中島 寛	監 察 官	岩橋 保
警衛指導室長	藤野 秀彦	総務企画部長	清水 雄策
警護指導室長	宮川 恵三	公文書監理官(併)	箭野 拓士
警備第三課長	長村 順也	総 務 課 長	箭野 拓士
事態対処調整官	矢作 将人	企 画 官	小林 正史
災害対策室長	田崎 仁史	企 画 課 長	堀 信太朗

〔サイバー警察局〕

		国 際 室 長	下荒磯 誠
局　　　　長	河原 淳平	企 画 官	江上 智一
サイバー企画課長	佐野 朋毅	依存対策室長	小林 秀幸
サイバー捜査課長	阿久津 正好	監督調査部長	和田 薫
情報技術解析課長	野本 靖之	監督総括課長	堀内 尚
高度情報技術解析センター所長	山田 鎌司	企 画 官	鈴木 豪

個人情報保護委員会

〒100-0013 千代田区霞が関3-2-1
霞が関コモンゲート西館32F
☎03(6457)9680

		規制監督課長	水庭 誠一郎
委　　　員　　　長	丹野 美絵子	機器技術監督室長	竹本 林官
委　　員(常勤)	小川 克彦	犯罪収益移転防止対策室長	村瀬 剛太
中村 玲子	大島 周平	調 査 課 長	岡野 泰大
浅井 祐二		企 画 官	稲垣 吉博
同　（非常勤）	加藤 久和	調 査 官	大野 繁
藤原 静雄	梶田 恵美子	同	佐藤 正尚
髙村 浩		財務監督課長	中原 健一

専門委員(非常勤)	麻田 尚人
成川 哲夫	新保 史生
山地 昇	中湊 晃

金 融 庁

〒100-8967 千代田区霞が関3-2-1
中央合同庁舎7号館 ☎03(3506)6000

事 務 局 長	松元 照仁	大　　　　臣	鈴木 俊一
事 務 局 次 長	三原 祥二	副 大 臣	藤丸 敏
審 議 官	山澄 克	大臣政務官	鈴木 英敬
総 務 課 長	森川 世紀	秘 書 官	鈴木 俊太郎
参 事 官	栗原 淳	同　　事務取扱	齊藤 将彦
香月 健太郎	吉屋 拓之	長 官	中島 淳一
石田 聡	小嶋 道人	金融国際審議官	天谷 知子
政策立案参事官	片岡 秀実		

〔総 合 政 策 局〕

		局　　　　長	栗田 照久
		(官房部門)	

カジノ管理委員会

〒105-6090 港区虎ノ門4-3-1
城山トラストタワー12F、13F、☎03(6453)0201

		総 括 審 議 官	石田 晋也
委　　員　　長	北村 道夫	公文書監理官(兼)	
		参 事 官(兼)	川﨑 暁
		秘 書 官	岡田 大
		組織戦略監理官(兼) 人事企画室長(兼) 開発研修室長(兼)	小長谷 章人
		人事調査官	林 秀憲

337

〔長官官房〕

管理室長　織田 也一
　情報化統括室長
　ＩＦＩＡＲ戦略企画本部長
　ＩＦＩＡＲ戦略企画室長（兼）
　職員相談サポート室長　西 房之

総務課長　太田原 房
総括企画官
　広報室長（兼）　守屋 貴翔
総括管理官　矢野 真弘
　総括管理官（兼）
　公文書管理室長（兼）
　情報公開・個人情報保護室長（兼）　矢野 昌司
法令審査室長　太田 清
国会連絡室長
　審判手続室長（兼）
　法務支援室長（兼）　大澤 秀幸
審判官　大野 洋子
審判官　城處 琢也
　　　　高津戸 朱子
　　　　美濃口 真琴

〔総合政策局〕

政策立案総括審議官　堀本 善雄
総合政策課長　高田 英志
　チーフ・サステナブルファイナンス・オフィサー　池田 賢
総合政策監理官　岸本 学
資産運用高度化室長　安 ゆり
総合政策企画室長　大塚 誠
　サステナブルファイナンス推進室長　西田 勇樹

（国際部門）
国際総括官
　政策立案総括審議官（兼）　有泉 秀隆
審議官　長岡 暁
参事官　川崎 康
参事官　椎名 司
　国際政策管理官　山下 裕
　国際室長　永山 玲奈
　国際政策管理官　坂巻 綴

（モニタリング部門）
審議官　屋敷 利紀
参事官　柳瀬 護
リスク分析総括課長　森 拡光
　情報分析監理官
　データ分析統括室長（兼）
　マクロ分析室長（兼）
　チーフ・データ・オフィサー（兼）　村木 圭
情報・分析室長　宇根 賢治
検査監理官　野村 俊行
　リスク管理検査室長　山崎 勝博
検査企画官　信森 毅博
　コンダクト企画室長　今西 隆浩
　金融トラブル解決制度推進室長　青木 利和
　金融サービス利用者相談室長　小笠原 規人
主任統括検査官　田邊 亮二
　　　　　　　多賀 淳一
　　　　　　　竹内 信
　　　　　　　尾崎 寛
　　　　　　　白藤 文祐

統括検査官　児玉 紀秋
　　　　　　玉田 茂輝
　　　　　　坂井 平典
　　　　　　川路 智
サイバーセキュリティ対策企画調整室長　齊藤 剛
大手銀行モニタリング室長　佐藤 雅之
健全性基準室長　青崎 稔
　　　　　　　　萬場 大輔
経済安全保障室長　野原 哲也
貸金業室長　小畠 貴志
　　　　　　下 利春
フィンテック参事官　髙梨 遼
チーフ・フィンテック・オフィサー
イノベーション推進室長　牛田 佑介
フィンテックモニタリング室長（兼）　曽根 康司
暗号資産モニタリング室長（兼）
金融サービス仲介支援室長（兼）
電子決済等代行業室長（兼）　伊藤 公祐

〔企画市場局〕

局　　長　　井藤 英樹
審　議　官　田原 泰剛
　　同　　　井上 俊
参　事　官　尾崎 有雄
総務課長　　若原 幸宏
　調査室長　調整室長（兼）　白来 宏志
信用制度参事官　大満 永俊
　信用機構企画室長　安富 稔
　信用制度企画室長　玉川 英
　デジタル・分散型金融企画室長　児玉 勝
　銀行法制管理官　市崎 征
市場課長　　古田 壽
　市場機能強化室長　桑島 康尚
　市場企画管理官　中川 康夫
　市場業務監理官　廣川 斉
企業開示課長　齊藤 文
　開示業務室長　大谷 貴潤
　企業財務調査官　大谷口 哉
　企業統治改革推進管理官　大谷口 達哉

〔監督局〕

局　　長　　伊藤 豊
審　議　官　三好 敏之
参　事　官　新発田 龍史
　　同　　　野崎 英司
総務課長　　池田 賢志
　監督調査室長　日野 吉宣
　地域金融支援室長（兼）　今泉 宣親

金融庁（監督局）

信用機構対応室長／企画調整室長（兼）／ＲＲＰ室長（兼）　村口和人
監督管理官　清水茂央
監督企画調査官　橋本成敦
郵便貯金・保険監督総括参事官　飯澤準彦
郵便保険監督参事官　水谷征史
監督企画官　神山通史
銀行第一課長　山田正親
銀行第二課長　下部真宣
地域金融生産性向上支援室長／地域金融企画室長（兼）　今泉宣親
地域銀行調整官　柴田幹司
協同組織金融室長　松田泰幸
地域金融監理官　細田均
主任統括検査官　加藤光伸
同　山下智久
統括検査官　岡田実成
同　山岡英宏
保険課長　三浦知雄
損害保険・少額短期保険監督室長（兼）　政平
保険商品室長（兼）　白川藤路
保険モニタリング室長（兼）　清水洋一
主任統括検査官　八木瑞枝
証券課長／大手証券等モニタリング室長（兼）　中川彩子
参事官／監督総括参事官／市場仲介モニタリング室長（兼）／資産運用モニタリング室長（兼）　豊永康史

〔証券取引等監視委員会〕

委員長　中原亮一
委員　加藤さゆり
同　橋本尚
事務局長　油布志行
次長　石村幸三
同　大西勝滋
市場監視総括官　鈴木慎二郎
総務課長　木股英子
情報解析室長　西澤伸彦
市場監視管理官　岡崎洋太郎
ＩＴ戦略室長　境吉隆
市場分析審査室長／市場モニタリング室長（兼）　山谷浩昭
総括証券取引等審査官／統括特別調査官（兼）　湯ノ上竜典
証券検査長　有里貴夫
国際証券検査官（兼）／国際統括検査官（兼）　長谷川裕
統括検査官　萩藤博之
坂部一夫
東原都男

取引調査課長　甲斐英樹
統括調査課長　竹内肇
統括調査官／国際取引等調査室長（兼）　田中賢次
開示検査課長　森島英之
統括調査官　芳賀裕司
特別調査課長　大城健
特別調査管理官　今井誠
統括特別調査官　渡辺朋彦
同　澤田幸利

〔公認会計士・監査審査会〕

会長　松井隆幸
委員　青木雅明
浅見裕子　上田亮子
古布薫　玉井裕子
千葉通子　徳賀芳弘
皆川邦仁　吉田慶太
事務局長（兼）　長岡隆
総務試験課長　繁本賢也
審査検査課長　八木原栄二
金融研究センター長　吉野直行
同　顧問　大庫直樹
副センター長　高田英樹

消費者庁

〒100-8958　千代田区霞が関3-1-1
中央合同庁舎4号館　☎03(3507)8800

大臣　河野太郎
副大臣　野田正樹
大臣政務官　尾崎正直
長官　新井ゆたか
次長　黒田岳士
政策立案総括審議官　片岡進
審議官　相本浩志
真渕博　植田広信
依田学
参事官(人事・会計等担当)　小堀厚司
同(デジタル担当)　遠山明
総務課長　金澤直樹
消費者政策課長　尾原知明
消費者制度課長　黒木理恵
消費者教育推進課長　山あつ子
地方協力課長　加来卓生
消費者安全課長　大森崇利
取引対策課長　奥山剛
表示対策課長　南雅晴

食品表示企画課長　清水正雄
参事官事務代理（調査研究・国際担当）　爲藤里英子
同（公益通報・協議担当）　楢橋康英

〔消費者安全調査委員会〕

委員長　中川丈久
委員長代理　持丸正明
委員　小川武史
河村真紀子　小塚荘一郎
宗林さおり　東畠弘子

デジタル庁

〒102-0094 千代田区紀尾井町1-3
東京ガーデンテラス紀尾井町19F・20F
☎03(4477)6775

大臣　河野太郎
副大臣　大串正樹
大臣政務官　尾﨑正直
秘書官　盛純二
デジタル監　浅沼尚
デジタル審議官　赤石浩一
顧問　村井純
参与　遠藤紘一
同　向井治紀
同　伊藤伸

〔CxO〕

CA(Chief Architect)　本丸達也
CISO(Chief Information Security Officer)　坂明
CPO(Chief Product Officer)　水島壮太
CTO(Chief Technology Officer)　藤本真樹

〔シニアエキスパート〕

シニアエキスパート（アーキテクチャ）　江崎浩
同(カスタマーサクセス戦略)　住田智子
同(クラウドコンピューティング)　山本教仁
同(経営企画戦略)　岩澤俊典
同(国際戦略)　座間敏如
同(シビックテック)　関治之
同(デジタルエデュケーション)　中室牧子
同(デジタルヘルスケア)　矢作尚久
同(データ戦略)　平本健二
戦略・組織グループ長　冨安泰一郎
次長　平塚敦之
同　山本和徳
特命担当次長　湯本博信
デジタル社会共通機能グループ長　楠正憲
次長　阿部知明

国民向けサービスグループ長　村上敬亮
次長　犬童周作
同　内山博之
省庁業務サービスグループ長　二宮清治
次長　菅原希
同　早瀬千善
統括官付　上村昌博
辻貴博　鳥井陽一
中島朗洋　西辻浩
福永哲郎　藤田清太郎
統括官付参事官　淺岡孝充
浅野大介　阿部文彦
上仮屋尚　上田尚弘
大澤健　奥田直彦
菊川人吾　北間俊秀
木村公一　佐藤槇吾
志田一郎　渋谷闘志彦
須賀千鶴　瀧島勇樹
名越一郎　野崎彰
古川易史　帆足雅史
松田洋平　三島由佳
宮西健至　村上貴将
門馬圭一　矢崎剛吉
柳沢信高　山口真矢
山野哲也　山本寛繁
吉田恭子　吉田宏平
吉中孝　渡邉繁樹
渡辺琢也　渡邉洋平
統括官付参事官付企画官　五十棲浩二
占部祥　圓増正宏
大平利幸　岡部弘
小川力也　小田裕也
折田裕幸　梶山百合枝
加藤博之　城戸格
楠目聖　黒籔誠
佐々木淳一　須崎和馬
鈴木崇弘　関直樹
外山雅暁　中川尚志
根本学　能城均
濱口信彦　三田哲也
三好哲也　安田英司
山本武史　吉田泰己
吉田楼蘭

復興庁

〒100-0013 千代田区霞が関3-1-1
中央合同庁舎4号館 ☎03(6328)1111

大　　　臣		渡辺博道
副　大　臣		小島敏文
副　大　臣		竹谷とし子
副大臣(兼)		石井浩郎
大臣政務官(兼)		中野英幸
大臣政務官(兼)		山本左近
大臣政務官(兼)		里見隆治
大臣政務官(兼)		西田昭二
秘　書　官		井本　昇
同	事務取扱	大滝祥生
同	事務取扱(併)	沖川弘毅
事　務　次　官		石田　優
統　括　官		角田　隆
同		由良英雄
統括官付審議官		森　直稔
同		岡本裕豪
同	(併)	寺﨑秀俊
同	(併)	三好敏之
統括官付参事官		生田直樹

植草泰彦　佐藤守孝
寺田広紀　西園勝秀
原川忠典　山崎光輝
渡邊貴和　(併)石垣和子
(併)磯山武司　(併)今井和哉
(併)江口哲郎　(併)金子忠利
(併)栗田泰正　(併)佐藤宏昭
(併)佐藤将年　(併)杉田雅嗣
(併)関口訓央　(併)立岩里生太
(併)田中雄章　(併)鉄永正紀
(併)徳増伸二　(併)殿木文明
(併)道菅　稔　(併)中見大志
(併)西村　学　(併)野田幸裕
(併)原　崇　(併)坂内俊洋
(併)松浦利之　(併)宮下正己
(併)森若峰存

総務省

〒100-8926 千代田区霞が関2-1-2
中央合同庁舎2号館 ☎03(5253)5111

大　　　臣		松本剛明
副　大　臣		柘植芳文
副　大　臣		尾身朝子
大臣政務官		国光あやの
大臣政務官		中川貴元
大臣政務官		長谷川淳二
事　務　次　官		山下哲夫
総務審議官		内藤尚志
同		竹内芳明
同		吉田博史
秘　書　官		梅津徳之
同	事務取扱	松本浩典
		濱里　要
		安藤良将

〔大臣官房〕
夜間(5253)5085(総務課)

官　房　長		今川拓郎
官房総括審議官 (選挙制度、政策企画(副)担当)		山野　謙
官房総括審議官 (新型コロナウイルス感染症対策、政策企画(主)担当)		山越伸子
官房総括審議官 (情報通信担当)		鈴木信也
官房政策立案総括審議官 兼:大臣官房公文書監理官		武藤真郷
官房地域力創造審議官(併)		大村慎一
官房サイバーセキュリティ・情報化審議官		高地圭輔
官　房　審　議　官 (大臣官房調整部門、行政不服審査会事務局長)		河合　暁
秘　書　課　長		中井　亨
官房参事官		風早正毅
		柴山佳徳
総　務　課　長		福田　司
官房参事官:大臣官房公文書監理室長		黒田忠司
官房参事官:大臣官房総務管理室長		加藤　剛
官房参事官:大臣官房企画調整室長		島田勝則
官房参事官:行政管理局管理官		大西一禎
会計課長:大臣官房会計担当参事官		赤阪晋介
企　画　課　長		大村真一
政策評価広報課長:大臣官房政策立案支援室長		大嶋清次
広　報　室　長		君塚明宏
官　房　審　議　官 (行政評価局担当)(情報公開・個人情報保護審査会事務局長)		植山克郎
官房付(併):内閣官房内閣参事官(内閣官房副長官補付)併:内閣官房本州地方創生推進室次長併:内閣府地方創生推進事務局審議官命:内閣官房デジタル田園都市国家構想実現会議事務局審議官		布施田英生
官房付:内閣府本府地方分権改革推進室次長		加藤主税
官房付(併):内閣官房内閣参事官(内閣官房副長官補付)併:内閣官房デジタル市場競争本部事務局次長		濱島秀夫
官房付(併):デジタル庁統括官付参事官		湯本博信
官房付(併):デジタル庁統括官付参事官		犬童周作
官房付(併):内閣官房内閣参事官(内閣官房副長官補付)		池田　満

341

官房付(併:内閣官房内閣参事官)(併:内閣官房副長官補付)命 内閣官房全世代型社会保障制度改革推進室参事官(併:内閣府本府経済社会総合研究所総括政策研究官)　田中博晃

官房付(併:内閣官房内閣参事官)(併:内閣官房副長官補付)命 内閣官房こども家庭庁設立準備室参事官　津村伸晃

官房付(併:デジタル庁統括官付参事官)　梶元由哲

官房付(併:デジタル庁統括官付参事官)　三澤哲一

官房付(併:デジタル庁統括官付参事官)　大越寛易

官房付(併:デジタル庁統括官付参事官)　本川繁史

官房付(併:内閣官房内閣参事官)(併:内閣官房副長官補付)命 内閣官房デジタル田園都市国家構想実現会議事務局参事官(併:デジタル庁統括官付参事官)　渡邉洋平

官房付(併:内閣官房内閣参事官)(併:内閣官房副長官補付)命 内閣官房郵政民営化推進室参事官(併:郵政民営化委員会事務局参事官)　牛山弘司

官房付(併:内閣官房内閣参事官)(併:内閣官房副長官補付)命 内閣官房行政改革推進本部事務局参事官　中山裕義

官房付(併:行政評価局評価監視官付)(併:内閣官房副長官補付)命 内閣官房行政改革推進本部事務局参事官　本見正樹

官房付(併:統計改革実行推進室参事官)(併:内閣府本府統計委員会担当室参事官)　柏倫哉

官房付(併:内閣官房内閣参事官)(市場システム担当)(政策統括官(経済システム担当)付政策調整官)(併:内閣府本府政策統括官(経済社会システム担当)付参事官)　白水英夫

官房付(併:内閣府科学技術・イノベーション推進事務局参事官)(統合戦略担当)(重要課題担当)(併)　飯尾嶋威之

官房付(併:内閣府地方創生推進事務局参事官)(地方創生推進事務局参事官)　岡本原剛和次

官房付(併:内閣府本府地方分権改革推進室参事官)　根岡黛孝生

官房付(併:内閣府本府地方分権改革推進室参事官)　細木田輝彦

官房付(併:内閣府本府地方分権改革推進室参事官)　小阿部大宗太子

官房付(併:内閣府科学技術・イノベーション推進事務局参事官)(重要課題担当)　斉藤村裕明永

官房付(併:内閣府本府宇宙開発戦略推進事務局参事官)　木村敬郎貴子

官房付(併:復興庁統括官付参事官)　江口哲郎

官房付(併:復興庁統括官付参事官)　田中雄章

官房付(併:復興庁統括官付参事官)　鉄永正紀

〔行政管理局〕
夜間(5253)5308(企画調整課)

局長	稲山文男
業務改革特別研究官	澤田稔一
企画調整課長	佐藤紀明
調査法制課長	水野靖久
管理官(業務・システム改革総括)(併)	大西一禎
管理官(独法制度総括・特殊法人総括)(併)	佐藤隆夫
管理官(独法評価総括)	方健児
管理官(内閣府本府・個人情報保護委員会・金融・こども家庭・独法・財務)(併)	越尾淳
管理官(消費者・経済産業・環境・国公委・法務)(併)	五百籏頭千奈美
管理官(財務・防衛・公取委)	平沢克俊
管理官(国土交通・復興・カジノ管理委員会)(併)	若林伸佳
管理官(厚生労働・宮内)	山本宏樹

〔行政評価局〕
夜間(5253)5411(総務課)

局長	清水正博
官房審議官(行政評価局担当)	平池栄一
官房審議官(行政評価局担当)	砂山裕
総務課長	大槻大輔
企画課長	辻寛起
政策評価課長	山本宏樹
行政相談企画課長	渡邉浩之
評価監視官(内閣、総務等担当)	麻山晃邦
同(法務、外務、経済産業等担当)	玉置賢
同(財務、文部科学担当)(併)	柴沼雄一朗
同(厚生労働等担当)	安仲陽一
同(農水、防衛担当)	櫻井秀名
同(復興、国土交通担当)	徳満純一
同(連携調査、環境等担当)	柴沼雄一朗
行政相談管理官	高橋喜義

〔自治行政局〕
夜間(5253)5508(行政課)

局長	吉川浩民
新型コロナ対策地方連携総括官	大村慎一
官房審議官(地方行政・個人番号制度、地方公務員制度、選挙担当)	三橋一彦
官房審議官(新型コロナウイルス感染症対策・デジタル化推進等地方連携推進、地域振興担当)	足達雅英
行政課長	田中聖也
住民制度課長	寺田雅一
市町村課長	田中昇治
地域政策課長	西中隆

地域自立応援課長　小谷克志
参事官(併)　長谷川孝
公務員部長　大沢博
公務員課長　野村謙一郎
福利課長　笹野健
選挙部長　森源二
選挙課長　笠置隆範
管理課長　清田浩史
政治資金課長　北村朋生

〔自治財政局〕
夜間(5253)5611(総務室)
局長　原邦彰
官房審議官(財政制度・財務担当)　的井宏樹
官房審議官(公営企業担当)　馬場健
財政課長　新田一郎
調整課長　近藤貴幸
交付税課長　赤岩弘智
地方債課長　神門純一
公営企業課長　菊地健太郎
財務調査課長　伊藤正志

〔自治税務局〕
夜間(5253)5658(企画課)
局長　池田達雄
官房審議官(税務担当)　鈴木清
企画課長　山口最丈
都道府県税課長　市川靖之
市町村税課長　植田昌也
固定資産税課長　天利和紀

〔国際戦略局〕
夜間(5253)5718(情報通信政策課)
局長　田原康生
次長　小野寺修
官房審議官(国際技術、サイバーセキュリティ担当)　内藤茂雄
国際戦略課長　大森一顕
技術政策課長　川野真稔
通信規格課長　中里学
宇宙通信政策課長　小川裕之
国際展開課長(併)　寺村行生
国際経済課長　北神裕
国際協力課長　寺村行生
参事官　菱田光洋

〔情報流通行政局〕
夜間(5253)5709(総務課)
局長　小笠原陽一
官房審議官(情報流通行政局担当)(併)　山碕良志

官房審議官(情報流通行政局担当)　植村哲
総務課長　林弘郷
情報通信政策課長　山路栄作
情報流通振興課長　田邊光男
情報通信作品振興課長　井田俊輔
地域通信振興課長　折笠史典
放送政策課長　飯倉主税
放送技術課長　翁長久
地上放送課長　松井正幸
衛星・地域放送課長　安東高徳
参事官　高村信
郵政行政部長　藤野克
企画課長　松田昇剛
郵便課長　影山忠史
貯金保険課長　小林知也
信書便事業課長　藤井信英

〔総合通信基盤局〕
夜間(5253)5825(総務課)
局長　竹村晃一
総務課長　近藤玲子
電気通信事業部長　木村公彦
事業政策課長　飯村博之
料金サービス課長　片桐義博
データ通信課長　西潟暢央
電気通信技術システム課長　山口真吾
消費者行政第一課長　廣瀬照隆
消費者行政第二課長　井上淳
電波部長　豊嶋基暢
電波政策課長　荻原直彦
基幹・衛星移動通信課長　田中幸一
移動通信課長　中村裕治
電波環境課長　内藤新一

〔統計局〕
夜間(5273)1117(総務課)
局長　井上卓
統計高度利用特別研究官(統計書付)　佐伯修司
総務課長　阿向泰二郎
事業所情報管理課(併)　田村英昭
統計情報利用推進課長　上田聖
統計情報システム管理官　槙田直木
統計調査部長　岩佐哲也
調査企画課長　重里佳宏
国勢統計課長　小松聖
経済統計課長　中村英昭
消費統計課長　田村彰浩

総務省

〔政策統括官〕

政策統括官
(統計制度担当)(恩給担当)　阪本克彦
国際統計交渉官
(政策統括官付)　清水誠
官房審議官
(統計局、統計制度、統計
情報戦略推進、恩給担当)
命 統計改革実行推進室次長　北原久
統計企画管理官(併:統計
改革実行推進室参事官)(併:内閣官
房副長官補付命内閣官
房統計改革推進室参事官)　稲垣好展
統計審査官　内山昌也
統計基準担当審議官付
(政策統括官付)
室長　嶺行信
統計審査官
統計基準担当推進審議官
(内閣官房内閣参事官)
(命 内閣官房統計改革推
進本部事務局参事官)　山形成彦
統計調整官(併:統計
委員会担当室次長
(政策統括官付))　栗原直樹
国際統計管理官(併:
統計改革実行推進室
参事官(政策統括官付))　平野欧里絵
恩給管理官　柿原謙一郎

〔サイバーセキュリティ統括官〕
サイバーセキュリティ統括官　山内智生
参事官(総括担当)　小川久仁子
参事官(政策担当)　酒井雅之

〔審議会等〕
行政不服審査会事務局長(併)　河合暁
行政不服審査会
事務局総務課長　谷輪浩二
情報公開・個人情報保護
審査会事務局長(併)　植山克郎
情報公開・個人情報保護
審査会事務局長　大野卓
官民競争入札等監理
委員会事務局長　岡本直樹
官民競争入札等監理
委員会事務局参事官　長瀬正明
統計委員会担当室長(併)　萩野覚
電気通信紛争処理
委員会事務局長(併)　高地圭輔
電気通信紛争処理
委員会事務局参事官　片桐広逸
審理官(電波監理審議会)　村上聡

〔自治大学校〕
〒190-8581 立川市緑町10-1
☎042(540)4500
校長　滝川伸輔

〔情報通信政策研究所〕
〒185-8795 国分寺市泉町2-11-16
☎042(320)5800
所長　井幡晃三

〔統計研究研修所〕
〒185-0024 国分寺市泉町2-11-16
☎042(320)5870
所長　大島勝利

〔政治資金適正化委員会〕
委員長　伊藤鉄男

委員　小見山満
日出雄平　大竹邦実
田中秀明
事務局長　志田文毅
同参事官　清水久子

公害等調整委員会
〒100-0013 千代田区霞が関3-1-1
中央合同庁舎4号館 ☎03(3581)9601
委員長　永野厚郎
委員　若生俊彦
上家和子　若築政則
委員(非常勤)　大橋洋一
野中智子　加藤一実
事務局長　山内達矢
事務局次長　小原邦彦
総務課長　野竹司郎
審査官　長澤真吾
角田リサ　田中紀彦
駒井航　渡辺幹司
横田一磨　(併)松川春佳
(併)田之脇崇洋　(併)鈴木和孝
調査官　高野厚
同　内田亨

消防庁
〒100-8927 千代田区霞が関2-1-2
中央合同庁舎2号館 ☎03(5253)5111
長官　前田一浩
次長　澤田史朗
審議官　鈴木建一
総務課長　門前浩司
総務課政策評価広報官　泉修次規
消防・救急課長　荒竹宏之
救急企画室長　滝陽介
予防課長　白石暢彦
危険物保安室長　中本敦也
特殊災害室長　大嶋文彦
国民保護・防災部長　田辺康彦
防災課長　野村政樹
国民保護室長　信夫秀紀
国民保護運用室長　佐藤篤
地域防災室長　佐藤茂宗
広域応援室長　吉浜隆雄
防災情報室長　守谷謙一
応急対策室長　古本顕光

総務省　公害等調整委員会　消防庁

参　事　官	村川奏支
（併）田口幸信	（併）新田一郎

〔消 防 大 学 校〕

〒182-8508 調布市深大寺東町4-35-3
☎0422(46)1711

校　　　　長	鶴巻郁夫
副　校　長	大石正年
消防研究センター所長	鈴木康幸

（法 務 省）

〒100-8977 千代田区霞が関1-1-1
中央合同庁舎6号館 ☎03(3580)4111

大　　　　臣	齋藤　健
副　　大　　臣	門山宏哲
大臣政務官	高見康裕
事　務　次　官	川原隆司
秘　書　官	福田かおる
同　事務取扱	中村明日香

〔大　臣　官　房〕

夜間(3592)7002(秘書課)

官　房　長	佐藤　淳
政策立案総括審議官	上原　龍
公文書監理官	橋本洋子
サイバーセキュリティ・情報化審議官	押切久遠
官房審議官(国際・人権担当)	柴田紀子
同　　(民事局)	松井信憲
同　　(刑事局)	保坂和人
同　　(矯正局)	小山定明
同　　(訟務局)	小原一人
同　　(訟務局)	古宮久枝
官房参事官	小林隼人
杉原隆之	大谷　太
神渡史仁	石垣智子
森田強司	岡村佳明
谷中文彦	
秘　書　課　長	内野宗揮
人　事　課　長	佐藤　剛
会　計　課　長	民野健治
国　際　課　長	松本　剛
施　設　課　長	松本　麗
厚生管理官	池田　仁
司法法制部長	竹内　努
司法法制課長	加藤経将
審査監督課長	本多康昭
参　事　官	渡邊英夫

同	中野浩一

〔民　事　局〕

夜間(3581)1713(総務課)

局　　　　長	金子　修
総　務　課　長	村松秀樹
民事第一課長	櫻庭　倫
民事第二課長	藤田正人
商　事　課　長	土手敏行
民事法制管理官	竹林俊憲
参　事　官	笹井朋昭
北村治樹	国分貴之
佐藤隆幸	渡辺　諭
福田　敦	脇村真治

〔刑　事　局〕

夜間(3581)1048(総務課)

局　　　　長	松下裕子
総　務　課　長	是木　誠
刑　事　課　長	関　善貴
公　安　課　長	白井美果
刑事法制管理官	吉田雅之
国際刑事管理官	隈　良行
参　事　官	栗木　傑
棚瀬　誠	白鳥智彦
浅沼雄介	鶴鶴昌二

〔矯　正　局〕

夜間(3592)7365(総務課)

局　　　　長	花村博文
総　務　課　長	細川隆夫
成人矯正課長	大竹宏明
少年矯正課長	西岡潔子
更生支援管理官	谷口哲也
矯正医療管理官	宮本哲也
参　事　官	西岡慎介
同	坂元文彦

〔保　護　局〕

夜間(3581)1895(総務課)

局　　　　長	宮田祐良
総　務　課　長	瀧澤千都子
更生保護振興課長	杉山弘晃
観　察　課　長	滝田裕士
参　事　官	中臣裕之

〔人　権　擁　護　局〕

夜間(3581)1558(総務課)

局　　　　長	鎌田隆志
総　務　課　長	杉浦直紀
調査救済課長	江口幹太

法務省

人権啓発課長 高橋史典
参事官 唐澤英城
〔訟務局〕
局長 春名茂
訟務企画課長 松本真海
民事訟務課長 澁谷勝昭
行政訟務課長 新谷貴昭
租税訟務課長 吉田俊介
訟務支援課長 田原浩子
参事官 鈴木和孝
同 脇村真治
〔法務総合研究所〕
法務省内 ☎03(3580)4111
所長 上冨敏伸
総務企画部長 東山太郎
研究部長 外ノ池和弥
研修第一部長 北薗信孝
研修第二部長 大山邦士
研修第三部長 鳥丸忠彦
国際連合研修協力部長 森永太郎
国際協力部長 内藤晋太郎
〔矯正研修所〕
〒196-8580 昭島市もくせいの杜2-1-20
☎042(500)5261
所長 紀惠子

〔検察官適格審査会〕
法務省大臣官房人事課内 ☎03(3580)4111
会長 井上正仁
委員 金田勝年
牧原秀樹 稲富修二
遠藤敬 西田昭二
牧山ひろえ 安浪亮介
小林元治 川出敏裕
大野恒太郎
〔中央更生保護審査会〕
法務省保護局総務課内 ☎03(3580)4111
委員長 倉吉敬
委員 岡田幸之
伊藤冨士江 小野正弘
山脇晴子
〔公安審査委員会〕
法務省内 ☎03(3580)4111
委員長 貝阿彌誠
委員 外井浩志
遠藤みどり 和田洋一
秋山信将 鵜瀞惠子
西村篤子

事務局長 真崎亨

出入国在留管理庁

〒100-8973 千代田区霞が関1-1-1
☎03(3580)4111
長官 菊池浩
次長 西山卓爾
審議官(総合調整担当) 福原道雄
公文書監理官
審議官(国際担当) 中川勉
総務課長 大原義宏
参事官(研修企画) 藤田小織
研修企画調整官 横川なるみ
出入国在留監査指導室長 岡部昌一郎
情報システム管理室長 津留信弘
政策課長 礒部哲郎
参事官(法規) 猪股正貴
政策調整官 稲垣貴裕
外国人施策推進室長 木村俊生
出入国管理部長 丸山秀治
出入国管理課長 西山良
難民認定室長 菱田泰弘
審判課長 堀越健二
警備課長 宮尾芳彰
在留管理支援部長 君塚宏
在留管理課長 本針和幸
在留審査調整官 北山一輝
在留管理業務室長 川畑豊隆
在留支援課長 渡邉浩司
情報分析官 簾内友之

公安調査庁

〒100-0013 千代田区霞が関1-1-1
中央合同庁舎6号館 ☎03(3592)5711
長官 浦田啓一
次長 田野尻猛
総務部長 丸谷明彦
総務課長 前田敦史
人事課長 霜田仁
参事官 菊地真二
公文書監理官
調査第一部長 福田守雄
第一課長 二上英生
第二課長 吉田純平
公安調査管理官 横川智之
同 吉倉粒太
調査第二部長 竹田公政
第一課長 渡部亜由子

346

第 二 課 長　武田雅之
公安調査管理官　瀬下政行
　　　　　　　坂入吉昭　小川哲兵
研 修 所 長　赤木俊則

最 高 検 察 庁

〒100-0013 千代田区霞が関1-1-1
中央合同庁舎6号館 ☎03(3592)5611

検 事 総 長　甲斐行夫
次 長 検 事　山上秀明
総 務 部 長　加藤俊治
監察指導部長　松本裕
刑 事 部 長　中村孝
公 安 部 長　佐藤隆文
公 判 部 長　吉田誠治
検　　　事　工藤恭裕
　石井隆　中澤康夫
　古賀栄美　石山宏樹
　大串雅里　小池隆
　新河隆志　畑中良彦
　平光信隆　山下裕
　白井智之
検事総長秘書官　高橋かおり
事 務 局 長　大西忠広
総 務 課 長　江平博
会 計 課 長　猪木敏訓
企画調査課長　三善和則
検 察 課 長　浅野剛
情報システム管理室長　高橋正樹
監察指導室長　二村知典
刑事事務課長　宇美輝隆
公安事務課長　渡辺寿雄
公判事務課長　谷村均

外 務 省

〒100-8919 千代田区霞が関2-2-1
☎03(3580)3311

大　　　臣　林芳正
副 大 臣　山田賢司
副 大 臣　武井俊輔
大臣政務官　秋本真利
大臣政務官　高木啓
大臣政務官　吉川ゆうみ
事 務 次 官　森健良
大臣秘書官　宮本賢一

外務審議官(政務)　山田重夫
外務審議官(経済)　小野啓一
2025年日本国際博覧会政府代表[大使]　羽田浩二
特命全権大使(沖縄担当)　宮川学
特命全権大使(関西担当)　姫野勉
特命全権大使(アフリカ開発会議(TICAD)担当兼アフリカの角地域関連担当、国連安全保障理事会改革等非常任理事国選挙担当)　清水信介
特命全権大使(広報外交担当兼国際保健・組織犯罪対策協力担当)　伊藤直樹
特命全権大使(国際テロ対策・メコン協力担当)　杉山明
特命全権大使(北極担当兼国際腐蝕・経済担当)　竹若敬三
特命全権大使(人権担当兼国際平和貢献担当)　橋本尚文

〔大 臣 官 房〕

官 房 長　志水史雄
公文書監理官(兼)　石瀬素行
監察査察官　石原香代
官房審議官(総括担当)　石瀬素行
官房審議官　宮下匡之
官房審議官(危機管理担当)(兼)　實生泰介
官房政策立案参事官(兼)　岡野結城子
サイバーセキュリティ・情報化参事官(兼)　大槻耕太郎
官房参事官(危機管理担当)(兼)　西永知史
同 (同)(兼)　池上正喜
同 (同)(兼)　松尾裕敬
大臣秘書官 事務取扱　江碕智三郎
「改革推進本部」事務局長(兼)　三宅史人
考査・政策評価室長(兼)　木村泰次郎
国際機関評価室長(兼)　木村泰次郎
ODA評価室長(兼)　西野恭子
総 務 課 長　三宅史人
危機管理調整室長(兼)　柿原基男
地方連携推進室長(兼)　菱山聡
情報防護対策室長　北川洋
新型インフルエンザ対策調整室長(兼)　池上正喜
業務合理化推進室長　池田真亮
監察査察室長　林達郎
国会対策室長　手塚高宏
国会連絡調整室長　齋藤彰敏
公文書監理室長　松原一樹
外交史料館長　和田潔
図書館長　佐藤誠一
人 事 課 長　門脇仁一
調 査 官　横田賢司
人事企画室長(兼)　小長谷英揚
情報通信課長　森田光枝
デジタル化推進室長(兼)　森田光枝

最高検察庁　外務省

会計課長	貝原健太郎	国連政策課長	野々村海太郎
福利厚生室長	上田　晋	国連制裁室長	德　聡子
在外公館課長	吉田昌弘	人権人道課長	高澤令則
在外勤務支援室長	大田山信	人権条約履行室長（兼）	松井宏樹
警備対策室長	田辺　毅	女性参画推進室長（兼）	古来建彦
儀典長〔大使〕	島田丈裕	軍縮不拡散・科学部長〔大使〕	海部　篤
儀典総括官	石川　勇	審議官〔大使〕	伊藤茂樹
儀典調整官兼儀典外国公館室長	八木浩治	軍備管理軍縮課長	石井良実
儀典官兼儀典賓客室長	鍛治宗能恵	生物・化学兵器禁止条約室長	石甫秀臣
儀典官兼儀典訪問室長	足立博美	通常兵器室長（兼）	石井良実
G7広島サミット事務局長〔大使〕	北川克郎	不拡散・科学原子力課長	石井秀明
副事務局長（兼）	有吉孝史	国際科学協力室長	石川勝利
副事務局長（兼）	溝渕将史	国際原子力協力室長	佐藤慎市
事務局次長	原　琴乃	**〔アジア大洋州局〕**	
外務報道官	小野日子	局長	船越健裕
国際文化交流審議官〔大使〕	金井正彰	審議官	實生泰介
政策立案参事官／外務副報道官（報道・広報・文化交流担当）	岡野結城子	審議官〔大使〕	岩本桂一
広報文化外交戦略課長	小野　健	参事官	林　誠
国内広報室長	難波誠	政策立案参事官	岡野結城子
IT広報室長	本大介	地域政策参事官	村山未来仁
広聴室長（兼）	難波敦	地域協力室長	高水英子
戦略的対外発信拠点室長	折原茂晴	北東アジア第一課長	吉廣朋子
報道課長	花田貴裕	日韓請求権関連問題対策室長	
文化交流・海外広報課長	津田陽子	日韓交流室長（兼）	鈴木正人
対日理解促進交流室長	高水英郎	北東アジア第二課長	深堀　亮
国際文化協力室長	中島英登	中国・モンゴル第一課長	有馬孝典
人物交流室長	渡邉慎二	中国・モンゴル第二課長	園田庸人
国際報道官	塚本康弘	大洋州課長	神保諭
〔総合外交政策局〕		南部アジア部長	有馬裕
局長	市川恵一	審議官（兼）	竹谷厚
審議官〔大使〕	石月英雄	審議官（兼）	實生泰介
参事官〔大使〕（兼）	片平聡	審議官〔大使〕	岩本桂一
参事官〔大使〕	今福孝男	参事官（兼）	北村俊博
総務課長	藤本健太郎	参事官（兼）	林　誠
主任外交政策調整官	中井裕一	南東アジア第一課長	大塚建吾
政策企画室長	横田一文	南東アジア第二課長	太田　学
新興国外交推進室長（兼）	横田直文	南西アジア課長	堤　太郎
安全保障政策課長	高羽陽	**〔北米局〕**	
国際安全・治安対策協力室長	高山哲也	局長〔大使〕	河邉賢裕
国際平和・安全保障協力室長	佐藤大輔	参事官	宮本新吾
宇宙・海洋安全保障政策室長	塚田淳	北米第一課長	入谷貴之
経済安全保障政策室長	舟津龍一	北米交流室長	播本幸子
円滑化協定担当保障室長（兼）	山田哲也	北米第二課長	森尊俊
国連企画調整課長	安藤重実	北米経済調整官長代行	荻原宏
国際機関人事センター室長	山口忠彦	日米安全保障条約課長	前田修司

外務省

348

日米地位協定室長	馬場　隆治

〔中　南　米　局〕

局　　　長〔大使〕	小林　麻紀
審　　議　　官	中村　和彦
参　事　官(兼)	松尾　裕敬
中米カリブ課長	清水　知足
カリブ室長(兼)	清水　知足
南　米　課　長	豊田　尚吾

〔欧　　　州　　　局〕

局　　　　　長	中込　正志
参　事　官〔大使〕	池上　正喜
参　事　官〔大使〕	中村　仁威
政　策　課　長	齋藤　敦知
アジア欧州協力室長	水野　光明
西　欧　課　長	秋山　麻里
中・東欧課長	近藤　紀文
ロシア課長	山田　欣幸
中央アジア・コーカサス室長	市場　裕昭
日露経済室長(兼)	石川　亘
ロシア交流室長(兼)	石川　亘
日露共同経済活動推進室長(兼)	石川　亘

〔中東アフリカ局〕

局　　　長〔大使〕	長岡　寛介
審　議　官(兼)	原　圭一
参　　事　　官	西永　知史
中東第一課長	多田　昌弘
中東第二課長	黒宮　貴義
アフリカ部長〔大使〕	齋田　伸一
審　議　官(兼)	原　圭一
審　　議　　官	松林　健一郎
参　事　官(兼)	西永　知史
アフリカ第一課長	間瀬　博幸
アフリカ第二課長	古平　充

〔経　　　済　　　局〕

局　　　　　長	鯰　博行
審　議　官〔大使〕	竹谷　厚
審　議　官(兼)	日下部　英紀
審　議　官(兼)	北川　克郎
審議官〔大使〕(兼)	中村　和彦
参　事　官〔大使〕	大河内　昭博
政　策　課　長	有吉　孝史
官民連携推進室長	田　公和幸
資源安保障室長	菊地　信之
漁　業　室　長	中村　安志

2023年G7サミット準備委員会長(兼)	有吉　孝史
2025年日本国際博覧会担当室長(兼)	山山　公和幸
国際経済課長	中村　浩平
欧州連合経済室長	小山　武
経済協力開発機構室長	石川　真由美
国際貿易室長	泰松　昌樹
サービス貿易室長	原田　貴
知的財産室長	桝田　祥子
経済連携課長	大西　一義
南東アジア経済連携協定交渉室長(兼)	西村　泰子
アジア太平洋経済協力室長(兼)	永吉　昭一
投資政策室長(兼)	上野　裕大

〔国　際　協　力　局〕

局　　　　　長	遠藤　和也
審　　議　　官	日下部　英紀
審　　議　　官	原　圭一
審　議　官(兼)	松林　健一郎
参　事　官〔大使〕	北村　俊博
政　策　課　長	上田　肇
国際協力事業安全対策室長(兼)	角田　崇成
民間援助連携室長	松田　俊夫
開発協力総括課長	山﨑　文夫
開発協力企画室長	森　希朗
事業管理室長	角田　崇成
緊急・人道支援課長	井土　和志
国別開発協力第一課長	石丸　淳
国別開発協力第二課長	時田　裕士
国別開発協力第三課長	西野　修一
地球規模課題審議官〔大使〕	赤堀　毅
地球規模課題総括課長	松本　好一朗
専門機関室長	松居　眞司
国際保健戦略官	江副　聡
地球環境課長	小林　保幸
気候変動課長	加藤　淳

〔国　際　法　局〕

局　　　　　長	御巫　智洋
参　　事　　官	片平　聡
国際法課長	大平　真嗣
海洋法室長	杉浦　雅俊
国際裁判対策室長	長沼　善太郎
条　約　課　長	菅原　清行
経済条約課長	大西　進一
経済紛争処理課長	大神田　鉄平
経済紛争対策官	渡邊　真知子
社　会　条　約　官	久賀　百合子

外務省

〔領事局〕

局　　　長	安藤　俊英
審　議　官(兼)	石月　英雄
参　事　官	松尾　裕敬
政策課長	長尾　成敏
領事IT室長(兼)	廣渡　活幸
領事サービス室長	成嶌　秀男
ハーグ条約室長	谷垣　博保
領事体制強化室長(兼)	高橋　宗生
在外選挙室長(兼)	白鳥　和彦
帰国邦人新型コロナウイルス・ワクチン接種支援室長(兼)	鴨下　　誠
領事サービスセンター室長(兼)	成嶌　秀男
海外邦人安全課長	三角　崇人
邦人テロ対策室長	鴨下　　誠
旅券課長	廣瀬　愛子
外国人課長	永瀬　賢介

〔国際情報統括官組織〕

国際情報統括官	新居　雄介
参　事　官	大槻　耕太郎
国際情報官(第一担当)	堀田　　亨
同　(第二担当)	武田　善憲
同　(第三担当)	林　裕二郎
同　(第四担当)	島　　桂一

〔外務省研修所〕

〒252-0303 相模原市南区相模大野4-2-1
☎042(766)8101

所　　長〔大使〕	武藤　　顕
副　所　長	
総括指導官	服部　　優

財　務　省

〒100-8940 千代田区霞が関3-1-1
☎03(3581)4111

大　　臣	鈴木　俊一
副　大　臣	秋野　公造
同	井上　貴博
大臣政務官	宮本　周司
同	金子　俊平
事　務　次　官	茶谷　栄治
財　務　官	神田　眞人
秘　書　官	鈴木　俊太郎
同　事務取扱	菅野　裕人
同　事務取扱	佐藤　栄一郎

〔大臣官房〕

夜間(3581)2836(文書課)

官　房　長	青木　孝德
政策立案総括審議官兼企画調整総括審議官	渡部　　晶
公文書監理官兼審議官	金森　　敬
サイバーセキュリティ・情報化審議官	深澤　良光
審議官(大臣官房担当)	佐藤　宣之
同　(同)	高橋　秀誠
同　(同)	平池　栄一
同　(同)	吉野　維一郎
副　財　務　官	緒方　健太郎
同	今村　英章
秘書課長(兼)	吉野　維一郎
人事調整室長	木原　健史
人事企画室長兼首席監察官	島谷　和孝
人事調査官	岡田　芳明
財務官室長	藤中　康生
文　書　課　長	岩佐　　理
調　査　室　長	小嶋　龍亮
法令審査室長	渡辺　政勝
企画調整室長兼業務改善企画室長	阪井　聡至
情報公開・個人情報保護室長兼公文書監理室長	岩﨑　浩太郎
広報室長兼政策評価室長兼政策分析調整室長	原田　佳典
情報管理室長	清水　正雄
国会連絡調整官	中村　錠治
国会連絡室長	鈴木　準一
会計課長〔事務取扱〕(兼)	金森　　敬
調　整　室　長	富永　隼人
監　査　室　長	藤田　誠司
管　理　室　長	阿部　　正
厚生管理官	中島　和正
地方課長〔事務取扱〕	渡部　　晶
総務調整企画室長	石谷　良男
人事調整企画室長	北村　明仁
業務調整室長	林　　信裕
地方連携推進官	青木　　均
総括審議官	奥　　達雄
総合政策課長	関口　祐司
経済財政政策調整官	上田　淳二
企　画　室　長	谷　　雅彰
政策推進企画室長兼国際経済室長	石田　　良
政策推進室長	佐藤　浩一
政策金融課長	福島　秀生
信用機構課長(兼)	福島　秀生

財務省

機構業務室長(兼) 福島秀生

〔主 計 局〕
夜間(3581)4466(総務課)

局　　　　長	新川浩嗣
次　　　　長	寺岡光博
	中村英正	前田努
総 務 課 長	八幡道典
予算企画室長	篠田和哉
主計事務管理室長	副島茂
主計企画官(調整担当)	小野浩司
司 計 課 長	大久保誠
主計企画官兼予算執行企画室長	山岸徹
会計監査調整室長	前田賢二
法 規 課 長	渡邉和紀
主計企画官	鈴木大造
企画官兼公会計室長	園田雅宏
給与共済課長	尾崎輝宏
給与調査官	高田喜康
調 査 課 長	松本圭介
主計企画官(財政分析担当)(兼)	松本圭介
主計官(総務課)	一松旬
同(同)	三原健
同(内閣、デジタル、復興、外務、経済協力係担当)	佐久間寛道
同(司法・警察、経済産業、環境係担当)	有利浩一郎
同(総務、地方財政、財務係担当)	小澤研也
同(文部科学係担当)	寺崎寛之
同(厚生労働係、社会保障結担当)	大沢元一
社会保険企画室長	大神野貴史
主計官(厚生労働・子ども家庭係担当)	端本秀夫
同(農林水産係担当)	河口健児
同(国土交通、公共事業総括係担当)	坂本成範
公共事業企画調整室長	谷口逸生
主計官(防衛係担当)	渡辺公徳
主計監査官	内之倉進

〔主 税 局〕
夜間(3581)3036(総務課)

局　　　　長	住澤整
審 議 官	阿久澤孝
同	坂本基
総 務 課 長	吉沢浩二郎
税制企画室長	齊藤郁夫
企 画 官	松井誠二
調 査 課 長	河本光博
税制調査室長	野路允
税制第一課長	関禎一郎

法令企画室長	阿部敦壽
主税企画官	和田良隆
企 画 官	松汐利悟
同	宮下賢章
税制第二課長	佐藤大
企画調整室長	染谷浩史
主税企画官	山川清徳
税制第三課長	藤山智博
審 査 室 長	下高原徹
国際租税総括官	小宮敦史
主税局参事官(国際租税総合調整官)	西方建一
国際租税企画官	乾慶一郎
主税企画官	原田浩気

〔関 税 局〕
夜間(3581)3038(総務課)

局　　　　長	諏訪園健司
審 議 官	柴田敬司
同	山崎翼
総 務 課 長	河西修
政策推進室長	恵崎恵
事務管理室長	澤藤琢也
管 理 課 長	大関由美子
税関考査管理室長	正海伸幸
関 税 課 長	吉田英一郎
関税企画調整室長	北條敬貴
特殊関税調査室長	鈴木崇文
税関調査室長	荒巻英敏
原産地規則室長	近田春実
参 事 官	河邑忠昭
関税地域協力室長	西畠万季人
経済連携室長	松田真吾
企 画 官	玉木志
参 事 官	志賀佐保子
監 視 課 長	西川健士
業 務 課 長	小多章裕
知的財産調査室長	伊藤哲郎
調 査 課 長	馬場義郎

〔理 財 局〕
夜間(3581)1552(総務課)

局　　　　長	齋藤通雄
次　　　　長	彦谷直克
同	嶋田俊之
審 議 官	石田清
総 務 課 長	柴田智樹
政策調整室長	越中隆広

財務省

調査室長	中野利隆
たばこ塩事業室長	蓼沼宏晃
国庫課長	坂口和家男
通貨企画調整室長	堀納隆成
国庫企画官	横山好古
国債企画課長	吉田　修
国債政策情報官(兼)	中野利隆
国債企画官	豊田忠治
国債業務課長	西野　健
財政投融資総括課長	原田一寿
企画調整室長	佐藤智紀
資金企画室長	奥村健治
財政投融資企画官兼産業投資室長	原山康彦
国有財産企画課長	藤﨑雄二郎
企画推進室長	桑田　弦
国有財産企画官	小林正人
政府出資室長	田島秀樹
国有財産調整課長	木村　隆
国有財産有効活用推進室長	瀬川正志
国有財産監査室長	髙橋　智
国有財産業務課長	梅野雄一朗
国有財産審理室長	金ケ崎郁弘
管理課長	丸山隆幸
国有財産情報室長	石井克憲
電算システム室長	橋本祥也
計画官(内閣・財務、農林水産・環境、経済産業、海外投資審査担当)	佐野美波
計画官(厚生労働・文部科学、国土交通、地方財政、財務審査、地方口座関係担当)	大江賢造

〔国　　際　　局〕

夜間(3580)2688(総務課)

局長	三村　淳
次長	土谷晃浩
審議官	矢作友良
同	内野洋次郎
総務課長	藤井大輔
国際企画調整室長	上村晃嗣
調査課長	野村宗成
国際調査室長	杉浦達也
外国為替室長	土生健一
企画官	武士俣隆介
投資企画審査室長	髙橋洋明
為替実査室長	舟橋　聡
国際投資企画官	山下弘史
国際機構課長	木原大策
企画官	石﨑寛憲
資金移転対策室長	髙木悠子

地域協力課長	陣田直也
地域協力調整室長	日向寺裕芽子
国際調整室長	池田洋一郎
地域協力企画官	中西邦彦
為替市場課長	松本千城
資金管理室長	川本　敦
開発政策課長	飯塚正明
開発政策調整室長	冨永剛晴
参事官	德岡喜一郎
開発機関課長	大江　亨
企画官	城田郁子
開発企画官	久保拓馬

〔財務総合政策研究所〕

財務省内 ☎03(3581)4111

所長(兼)	江島一晶
副所長(兼)	渡部一晶
同	小野平八郎
同	西崎寿美
総務研究部長(兼)	上田淳二
総務課長	木村藍子
資料情報部長	岩井俊介
調査統計部長	米倉洋成
研修部長	山本　朗

〔会 計 セ ン タ ー〕

〒102-8486 千代田区九段南1-2-1
九段第三合同庁舎21F ☎03(3265)9141

所長	江島一晶
次長	寺澤毅彦
同(兼)	大久保誠
管理運用部長	新谷直久
会計管理部長	百瀬伸泰
研修部長	宮木偉喜

〔関税中央分析所〕

〒277-0882 柏市柏の葉6-3-5
☎04(7135)0160

所長	升平弘美

〔税 関 研 修 所〕

〒277-0882 柏市柏の葉6-4-2
☎04(7133)9611

所長(兼)	諏訪園健司
副所長	小阪好洋
研修・研究部長	大山文弘

国　税　庁

〒100-8978 千代田区霞が関3-1-1
☎03(3581)4161

長　　　官	阪田　　渉
次　　　長	星屋和彦

〔長　官　官　房〕

審議官(国際担当)	中村　　稔
同(酒税等担当)	植松利夫
参　事　官	菅　　哲人
同	櫻井淳真
総　務　課　長	杉山　　康
情報公開・個人情報保護室長・税理士監理室長・公文書監理室長	鈴木友康
広報広聴室長	児島範昭
調　整　室　長	中島隆仁
監督評価官室長	中原　郷子正
人　事　課　長	奈良井敦功
会　計　課　長	田島伸二
企　画　課　長	佐藤哲也規
国税企画官	植木裕一
同	大澤雄幸
海外税務分析官	大柳久樹
デジタル化・業務改革室長	大石田澤弘隆
データ活用推進室長	畑健貴
国際業務課長	安井欧覚
国際企画官	廣瀬　大中山
	入江玲美
国際課税分析官	鴇彰博
相互協議室長	磯見竜太
相互協議支援官	岩間英憲
厚生管理官(兼)	佐藤正子哲
主任税務相談官(兼)	榎本政彦
首席国税庁監察官	

〔課　税　部〕

課　税　部　長	堀内斉之
課税総括課長	山崎博之
課税企画官	下野哲史
国際課税企画官	門脇瞬有
消費税室長	上竹良彦
軽減税率・インボイス制度対応室長	福田あづさ
審理室長	木村正之
主任訟務専門官	山崎諭司
国税争訟分析官	千葉俊徳
個人課税課長	山縣哲也

資産課税課長	加藤千博
法人課税課長	村松洋介
酒　税　課　長	中田和幸
輸出促進室長	山下尚志
資産評価企画官	中島格志
財産評価手法研究官	藤田英理子
鑑定企画官	山脇幹善
酒類国際技術情報分析官	佐藤泰崇
分析鑑定技術支援官	山根善治

〔徴　収　部〕

徴　収　部　長	永田寛幸
管理運営課長	北村　厚
徴　収　課　長	磯村　建
徴収争訟分析官	二宮勝司

〔調　査　査　察　部〕

調査査察部長	木村秀美
調　査　課　長	松山清人
国際調査管理官	比田勝隆博
査　察　課　長	中西佳子

〔国税不服審判所〕

☎03(3581)4101

所　　　長	伊藤　　繁
次　　　長	牧田宗孝
部長審判官	森下幹夫
管　理　室　長	山本　　学

文部科学省

〒100-8959 千代田区霞が関3-2-2
☎03(5253)4111

大　　　臣	永岡桂子
副　大　臣	簗　和生
副　大　臣	井出庸生
大臣政務官	伊藤孝江
大臣政務官	山本左近
事務次官	柳　　孝
文部科学審議官	伯井美徳
同	増子　宏
秘　書　官	大越貴陽
同　事務取扱	石川仙太郎
同　事務取扱	国分政秀

〔大　臣　官　房〕

夜間(6734)2150(総務課)

官　房　長	望月　禎
総括審議官	井上諭一
サイバーセキュリティ・政策立案総括審議官	森田正信

国税庁

文部科学省

学習基盤審議官	寺門　成真
審議官(総合教育政策局担当)	里見　朋香
同(初等中等教育局担当)	安彦　広斉
同(科学技術・学術政策連携担当)	西條　正明
同(科学技術・学術政策局担当及び研究振興局及び高等教育政策連携担当)	阿蘇　隆之
同(研究振興局及び高等教育政策連携担当)	木村　直人
同(研究開発局担当)	林　孝浩
同(同)	原　克彦
文部科学戦略官	伊藤　学司
同	水田　功
参事官	清浦　隆
同	高橋　雅之
同	植木　誠
人事課長	佐藤　光次郎
総務課長	日向　信和
会計課長	髙谷　浩樹
政策課長	奥野　真
国際課長	村上　尚久
広報室長(文部科学広報官)	後藤　教至
総務調整官(国会担当)	高橋　雅之
同(同)	柳澤　好治
同(同)	寺坂　公佑
文教施設企画・防災部長	笠原　隆
技術参事官	野沢　和也
施設企画課長	藤井　隆
施設助成課長	春山　浩康
計画課長	齋藤　禎美
参事官(施設防災担当)	野口　健

〔総合教育政策局〕
夜間(6734)2640(政策課)

局長	藤江　陽子
社会教育振興総括官	森友　浩史
政策課長	森友　浩史
調査企画課長	枝　慶一
教育人材政策課長	小幡　泰弘
国際教育課長	石田　善顕
生涯学習推進課長	黄地　吉隆
地域学習推進課長	安里　賀奈子
男女共同参画共生社会学習・安全課長	安里　賀奈子

〔初等中等教育局〕
夜間(6734)2341(初等中等教育企画課)

局長	藤原　章夫
教育課程総括官	森友　浩史
初等中等教育企画課長	堀野　晶三

財務課長	村尾　崇
教育課程課長	常盤木　祐一
児童生徒課長	清重　隆信
幼児教育課長	藤岡　謙一
特別支援教育課長	山田　泰造
修学支援・教材課長	山田　哲也
教科書課長	安井　順一郎
健康教育・食育課長	南野　圭司
参事官(高校担当)	田中　義恭

〔高等教育局〕
夜間(3593)7192(高等教育企画課)

局長	池田　貴城
高等教育企画課長	山下　恭徳
大学教育・入試課長	古田　和之
専門教育課長	塩田　剛志
医学教育課長	伊藤　史恵
学生支援課長	藤吉　尚之
国立大学法人支援課長	平野　誠
参事官(国際担当)	渡辺　栄二
私学部長	茂里　毅
私学行政課長	滝波　泰
私学助成課長	八田　和嗣
参事官(学校法人担当)	村上　良行

〔科学技術・学術政策局〕
夜間(6734)4004(政策課)

局長	柿田　恭良
科学技術・学術総括官	北山　浩士
政策課長	北山　浩士
研究開発戦略課長	神谷　考司
人材政策課長	橋爪　淳
研究環境課長	古田　裕志
産業連携・地域振興課長	井上　睦子
参事官(国際戦略担当)	大土井　智
科学技術・学術戦略官(制度改革・調査担当)	佐野　多紀子

〔研究振興局〕
夜間(6734)4066(振興企画課)

局長	森　晃憲
振興企画課長	仙波　秀志
基礎・基盤研究課長	西山　崇志
大学研究基盤整備課長	黒沼　一郎
学術研究推進課長	永田　勝
ライフサイエンス課長	奥　篤史
参事官(情報担当)	工藤　雄之
同(ナノテクノロジー・物質・材料担当)	江頭　基
研究振興戦略官	大月　光康

〔研究開発局〕

夜間(6734)4128〔開発企画課〕

局　　　　　　長	千原由幸
もんじゅ・ふげん廃止措置対策監	二村英介
開発企画課長	松浦重和
地震・防災研究課長	小林洋介
海洋地球課長	山之内裕哉
環境エネルギー課長	轟　　　渉
宇宙開発利用課長	上田光幸
原子力課長	新井知彦
参事官(原子力損害賠償担当)	佐藤弘毅
研究開発戦略課(核融合・原子力国際協力担当)	稲田剛毅
同(核燃料サイクル・廃止措置担当)	嶋崎政一

〔国際統括官〕

国際統括官	岡村直子

〔国立教育政策研究所〕

〒100-8951 千代田区霞が関3-2-2
中央合同庁舎第7号館東館5〜6F
☎03(6733)6833

所　　　　　　長	永山裕二
次　　　　　　長	
総務部長	武井久幸
研究企画開発部長	田村寿浩
教育政策・評価研究部長	渡邊恵子
生涯学習政策研究部長	銀島　文
初等中等教育研究部長	藤原文雄
国際研究・協力部長	大野彰子

〔科学技術・学術政策研究所〕

〒100-0013 千代田区霞が関3-2-2
中央合同庁舎第7号館16F
☎03(3581)2391

所　　　　　　長	佐伯浩治
総務研究官	須藤憲司
総務課長	田島　亘

スポーツ庁

文部科学省内 ☎03(5253)4111

長　　　　　　官	室伏広治
次　　　　　　長	角田喜彦
審　議　官	星野芳隆
スポーツ総括官	大西啓介
政策課長	大西啓介
健康スポーツ課長	和田　訓
地域スポーツ課長	橋田　裕
競技スポーツ課長	西川由香
参事官(国際担当)	八木和広

参事官(地域振興担当)	田中一明
参事官(民間スポーツ担当)	渡辺隆史

文　化　庁

文部科学省内 ☎03(5253)4111

長　　　　　　官	都倉俊一
次　　　　　　長	杉浦久弘
同	合田哲雄
審　議　官	中原裕彦
同	小林万里子
文化財鑑査官	奥　健夫
政策課長	今井裕一
企画調整課長	寺本恒昌
文化経済・国際課長	板倉　寛
国語課長	圓入由美
著作権課長	吉田光成
文化資源活用課長	篠田智志
文化財第一課長	齋藤憲一郎
文化財第二課長	山下信一郎
宗務課長	石﨑宏明
参事官(芸術文化担当)	山田素子
同(文化創造担当)	髙田行紀
同(文化観光担当)	飛田　章
同(食文化担当)	野添剛司

厚生労働省

〒100-8916 千代田区霞が関1-2-2
中央合同庁舎第5号館本館 ☎03(5253)1111

大　　　　　臣		加藤勝信
副　　大　　臣		伊佐進一
副　　大　　臣		羽生田俊
大臣政務官		畦元将吾
大臣政務官		本田顕子
事　務　次　官		大島一博
厚生労働審議官		小林洋司
医　務　技　監		福島靖正
秘　書　官		桒原雄尚
同	事務取扱	佐藤康弘
同	事務取扱	火宮麻衣子

〔大　臣　官　房〕

夜間(3595)3036(総務課)

官　房　長		山田雅彦
総括審議官		間　隆一郎
同　(国際担当)		富田　望
危機管理・医務技術総括審議官		浅沼一成

厚生労働省

公文書監理官	河野 恭子
審議官（医政、精神保健医療担当）（老健局、保険局併任）	野坪 寛陽
同（健康、生活衛生、B型肝炎感染症対策健康障害対策、災害対策担当）	大鳥井 陽一
同（医薬担当）	山本 史子
同（労働条件政策、賃金担当）	青山 桂輝
同（労災、建設・自動車運送分野担当）	梶原 昭圭司
同（職業安定、労働市場整備担当）	松本 悦司
同（雇用環境、均等担当）	宮村 知恵
同（子ども家庭、少子化対策、児童虐待防止担当）	本多 則惠
同（社会、援護、地域共生・自殺対策、人道調査、福祉連携、就労支援連携担当）	斎須 朋之己
同（老健、障害保健福祉担当）	日原 知己
同（医療保険担当）	光 敬子
同（医療介護連携、データヘルス改革担当）（医政局、老健局併任）	森光 敬子
同（人材開発、外国人雇用、都道府県労働局担当）	原口 剛
同（総合政策、年金担当）（政策統括官代理併任）	朝川 知昭
地域福祉施策特別分析官	度山 徹
国際保健福祉交渉官	山下 英司
国際労働交渉官	福味 恵
人事課長	竹林 悟史
参事官（人事担当）	源河 真規子
人事調査官	河枝 栄一
調査官	床乃村 久一代
人事企画官	岸本 哲也
総務課長	巽 慎一
参事官（法務担当）（法務室長併任）	澁谷 亮
公文書監理・情報公開室長（管理室長併任）	上田 由美
広報室長	伊藤 洋平
国会連絡室長（併）	玉田 耕大人
会計課長	熊木 正人
会計管理官	安藤 英樹
監査指導室長	小保内 宏
経理室長	伊達 浩二
管理室長	櫻井 淳忠
厚生管理企画官（厚生管理室長併任）	奥平 豊文
首席営繕専門官（施設整備室長）（併）	安川 健次
地方課長（労働局業務改革推進室長併任）	石谷 祐
参事官（地方担当）（地方厚生局管理室長併任）	谷 次
地方企画課（地方支分部局法令遵守・労働分野業務改革推進室長代理、労働行政デジタル化企画室長併任）	千原 啓
国際課長	中村 かおり
国際企画・戦略官（併）	小澤 時男
国際保健・協力室長	井谷 哲也
国際労働・協力室長	西澤 栄晃
厚生科学課長	伯野 春彦
健康危機管理・災害対策室長	安濟江 崇
医療イノベーション推進室長	前澤 彰
研究企画官	高黒 慎
参事官（総括調整、包括調整、医政担当）	岡本 利久
参事官（総括調整、包括調整、医政担当）	中條 利絵
参事官（自殺対策担当）	江口 満
参事官（健康、医政、総括調整、医務指導担当）	山田 勝士
参事官（救急・周産期・災害医療等、医務指導担当）	堀 泰雄
参事官（雇用環境政策担当）	—

〔医政局〕

夜間(3595)2189（総務課）

局長	榎本 健太郎
総務課長（医政局医療経理室長併任）	岡本 利久
医療政策企画官	古川 弘剛
地域医療計画課長	鷲見 学
医療安全推進・医療指導室長（医療圏開業医併任）	梅木 和宣
医師確保等地域医療対策室長（併）	有賀 玲子
医療経営支援課長	和田 昌弘
国立ハンセン病療養所対策室長	藤岡 裕樹
医療独立行政法人支援室長	永田 勝則
政策医療推進室長（併）	中西 浩之
医事課長	山本 英紀久
試験免許室長	川畑 測
医師臨床研修推進室長	錦織 泰
死因究明等企画調査室長（併）	山本 紀之
歯科保健課長	小椋 正之志
歯科口腔保健推進室長	和田 康志
看護課長	習田 由美子
看護サービス推進室長	後藤 友美
看護職員確保対策官	草野 哲也
医療産業振興・医療情報審議官	城 克文
医療産業振興・医療情報審議官	安藤 公一
セルフケア・セルフメディケーション推進室長（併）	安藤 公一
医療機器政策室長	鶴田 真也
首席流通指導官（流通指導室長併任）	信沢 正和
医療用物資等確保対策物流連携官（併）	朝比奈 祥子
研究開発政策課長	荒木 裕人
治験推進室長	野村 由美子
参事官（特定医薬品開発支援・医療情報担当）	田中 彰子

〔健康局〕

夜間(3595)2207（総務課）

局長	佐原 康之
総務課長	伊澤 知法
指導調査室長	比嘉 敏充

原子爆弾被爆者援護対策課長(併)	岡野 和薫
健康課長	佐々木孝治
健康対策企画官	尾崎美弥子
保健指導官(保健指導室長併任)	五十嵐久美子
予防接種室長	鶴見真也
がん・疾病対策課長	中谷祐貴子
肝炎対策推進室長(B型肝炎訴訟対策室長併)	簑原哲弘
結核感染症課長	江浪武志
感染症情報管理官(感染症情報管理室長併)	今川正紀
難病対策課長	簑原哲弘
移植医療推進室長(併)	西嶋康浩
参事官(予防接種担当)	高城 亮

〔医薬・生活衛生局〕
夜間(3595)2377(総務課)

局長	八神敦雄
総務課長	衣笠秀一
国際薬事規制室長(併)	安田尚之
医薬品副作用被害対策室長(併)	渡邊由美子
薬事企画官(医薬情報室長併任)	太田美総
医薬品審査管理課長	吉田易範
医療機器審査管理課長	中山智紀
医薬安全対策課長	中井清人
監視指導・麻薬対策課長	佐藤大作
麻薬対策企画官(監視指導室長併任)	木村剛一郎
薬物取締調整官	小野原光康
血液対策課長	渡辺顕一郎
生活衛生・食品安全審議官	佐々木昌弘
生活衛生・食品安全企画課長	成松英範
食品基準審査課長	近藤恵子
食品監視安全課長	三木 朗
輸出先国規制対策室長(併)	三木 朗
輸入食品安全対策室長	森田剛史
検疫所業務課長	森田博通
検疫所業務企画調整官(検疫所管理室長併)	川崎信一
生活衛生課長	高宮裕介
生活衛生対策企画官(併)	原澤朋史
水道課長	倉良雄
水道計画指導室長	東 利博
水道水質管理官(水道水質管理室長併)	横井三賀貴

〔労働基準局〕
夜間(3595)3201(総務課)

局長	鈴木英二郎
総務課長	古舘哲生
石綿対策室長	村野伸介
主任労働保険専門調査官(労働保険審査会事務室長併任)	園部昌嗣

労働保険業務分析官	穴井元尚
労働条件政策課長	松原哲也
労働条件確保改善対策室長(併)	松原哲也
医療労働企画官	坪井宏徳
過労死等防止対策企画官	角南 巖
監督課長	竹野佑喜
過重労働特別対策室長	岡田直樹
主任中央労働基準監察監督官(労働基準監察室長併)	黒部恭志
労働関係法課長	吉村紀一郎
労働法規研究官	中嶋章浩
賃金課長	岡 英範
主任中央賃金指導官	友住弘一
最低賃金制度研究官	金刺義行
労災管理課長	平嶋壮州
労災保険財政数理室長(併)	小此木裕二
主任中央労災補償監察官(労災補償監察室長併)	栗尾保和
建設労働給付金認定等業務室長	先崎 誠
労働保険徴収課長	片淵仁文
労働保険徴収業務室長(併)	田中勝之
補償課長	西岡邦昭
労災補償訟務分析官	黒田 修
職業病認定対策室長	児屋野文男
労災保険審理室長	松浦直行
調査官	川又修司
労災保険業務課長	千葉茂雄
安全衛生部長	美濃芳郎
計画課長	松下和生
機構・団体管理室長(併)	小保内宏
調査官	樋口政純
安全課長	釜石英雄
建設安全対策室長	土井智史
主任中央産業安全専門官	佐藤 誠
労働衛生課長	石川直子
産業保健支援室長	中村宇一
治療と仕事の両立支援室長	立原 新
電離放射線労働者健康対策室長	渡 三佳
主任中央労働衛生専門官	城井裕司
主任中央じん肺診査医	丹藤昌治
職業性疾病分析官	佐々木邦臣
化学物質対策課長	安井省侍郎
化学物質評価室長	佐藤京子
環境改善室長	平川秀樹

357

〔職業安定局〕

夜間(3502)6768(総務課)

局　　　　長	田中　誠二
総 務 課 長	弓　信幸
訓練受講者支援室長	平川　雅浩
公共職業安定所運営企画室長	西海　国浩
首席職業指導官	澤口　浩司
主任中央職業安定監察官	福岡　洋志
人道調査室長(ハローワークサービス推進室長併任)	井上　英明
雇用政策課長	髙橋　俊博
労働移動支援室長	柴田栄二郎
民間人材サービス推進室長	髙西　盛登
雇用復興企画官(雇用開発企画課介護労働対策室長併任)	宮元　康一
労働市場分析官	武田　康祐
雇用保険課長	尾田　進
主任中央雇用保険監察官	田村和美子
調 査 官	山口　了子
需給調整事業課長	篠崎　拓也
派遣・請負労働企画官	林　歓
主任中央需給調整事業指導官	大塚陽太郎
外国人雇用対策課長	吉田　暁郎
海外人材受入就労対策室長	菊田　正明
国際労働力対策企画官(経済連携協定受入対策室長併任)	中野　響
労働市場センター業務室長	岩野　剛
主任システム計画官	笹　正光
高齢・障害者雇用開発審議官	堀井奈津子
雇用開発企画課長	小宅　栄作
就労支援室長	小林　学
農山村雇用対策室長(併)	小林　学
建設・港湾対策室長	佐藤　広道
高齢者雇用対策課長	宿里　明弘
障害者雇用対策課長	倉永圭介
地域就労支援室長	小倉　圭介
調 査 官	川端　輝彦
主任障害者雇用専門官	佐藤　悦子
地域雇用対策課長	竹内　聡

〔雇用環境・均等局〕

局　　　　長	村山　誠
総 務 課 長	牛島　聡
労働紛争処理業務室長	清野　晃平
主任中央雇用環境・均等監察官(雇用環境・均等監察官室長併任)	光永　圭子
雇用機会均等課長	石津　克己
ハラスメント防止対策室長	中込　左和
有期・短時間労働課長	田村　雅

多様な働き方進室長

多様な働き方進室長	火宮麻衣子
職業生活両立課長	平岡　宏一
在宅労働課長	原田　浩一
勤労者生活課長	大隈　俊弥
労働者協同組合業務室長	水野　嘉郎
労働金庫業務室長	原田　守康

〔子ども家庭局〕

局　　　　長	藤原　朋子
総 務 課 長	尾崎　守正
少子化総合対策室長	東　善博
児童福祉調査官(保育指導健全育成推進室長併任)	久保倉　修
保 育 課 長	本後　健
家庭福祉課長	河村のり子
虐待防止対策推進室長	羽野　嘉朗
子育て支援課長	里平　倫行
母子保健課長	山本　圭子

〔社会・援護局〕

夜間(3595)2612(総務課)

局　　　　長	川又竹男
総 務 課 長	駒木　賢司
自殺対策推進室長(併)	中條　絵里
保 護 課 長	池上　直樹
自立推進・指導監査室長	金原　辰夫
保護事業室長	河合　篤史
地域福祉課長	田仲　教泰
成年後見制度利用促進室長	松﨑　俊久
消費生活協同組合業務室長	井上　宏
生活困窮者自立支援室長(地域共生社会推進室長)	米田　隆史
福祉基盤課長	宮下　雅行
福祉人材確保対策室長	今泉　愛
援護企画課長	重元　博道
中国残留邦人等支援室長	田邉　幸夫
援護・業務課長	添田　徹郎
事 業 課 長	浅見　高嗣
事業推進室長	羽賀　隆之
戦没者遺骨鑑定推進室長	髙島　章好
障害保健福祉部長	辺見　聡
企画課長(アルコール健康障害対策推進室長併任)	矢田貝　泰之
自立支援振興室長	奥出　吉規
施設管理室長	佐藤　秀崇
障害福祉課長	津曲　共和
障害児・発達障害者支援室長	栗原　正明
精神・障害保健課長	林　修一郎
心の健康支援室長(公認心理師制度推進室長併任)	竹之内　秀吉

依存症対策推進室長（企画課障害福祉サービス等・企画室長併任）　小澤幸生

〔老　健　局〕
夜間（3591）0954（総務課）

局　　長　大西証史
総務課長　林　俊宏
介護保険指導室長　三浦正樹
介護保険計画課長　日野　力
高齢者支援課長　須藤明彦
介護運営効率化・生産性向上推進室長（併）　占部
認知症施策・地域介護推進課長　笹子宗一郎
認知症総合戦略企画室（地域づくり）推進室長　和田幸典
老人保健課長　古元重和

〔保　険　局〕
夜間（3595）2550（総務課）

局　　長　伊原和人
総務課長　吉森真弘
社会保険審査調整官　高田昌嗣
保険課長　原田朋弘
全国健康保険協会管理室長　愛須通裕
国民健康保険課長　高木有生
高齢者医療課長　田中義高
医療介護連携政策課長　水谷忠由
保険データ企画室長　中園和貴
医療課長　眞鍋　馨
歯科医療管理官　小嶺祐子
保険医療企画調査室長　荻原和宏
医療技術評価推進室長　中田勝己
医療保険制度改革推進官（命）　角園太一
医療指導監査室長　諸冨伸夫
薬剤管理官　安川孝志
調査課長　鈴木健二
数理企画官　江郷　敦
国際医療費動向分析官　川

〔年　金　局〕
夜間（3595）2862（総務課）

局　　長　橋本泰宏
総務課長　岡部史哉
年金広報企画室長（併）　岡部史哉
首席年金数理官　村田祐美子
年金数理官（企業年金・個人年金基金数理室長兼）　植田博信
年金課長　若林健吾
国際年金課長　山口高志
資金運用課長　西平賢哉
企業年金・個人年金課長　大竹雄二

数理課長　佐藤裕亮
数理調整管理官（数理調整室長併任）　村本剛
年金管理審議官　宮本直樹
事業企画課長　小野裕之子
システム室長　大楠裕哉
調査室長　前田裕樹
監査室長　川部浩宏
会計室長　服部口譲
事業管理課長　樋岡
給付事業室長（併）　岡

〔人材開発統括官〕

人材開発統括官　奈尾基弘
参事官（人材開発総務担当参事官室長併任）　長良禎晃二
参事官（人材開発政策担当参事官室長併任）　宇野陽子
訓練企画課長（訓練企画室長併任）　鶴谷政秀
特別支援企画官（特別支援企画室長併任）　菊地千正晶
就労支援訓練企画官（政策企画室長併任）　鈴木国純
主任職業能力開発指導官　宮口谷行
参事官（若年者・キャリア形成支援担当参事官室長併任）　谷國一弘
キャリア形成支援企画官（キャリア形成支援室長併任）　和田山達佳
企業内人材開発支援企画官（企業内人材開発室長併任）　安宇野浩
参事官（能力評価担当参事官室長併任）　宇川徳久
主任職業能力検定官　川大
参事官（海外人材育成担当参事官室長併任）　村俊倫
海外協力企画官（海外協力室長併任）

〔政　策　統　括　官〕

政策統括官（総合政策担当）（政策統括室長併任）　村木治昭
参事官（総合政策・年金担当）（政策統括室長併任）　川中博知
審議官（総合政策担当）（統計・総合政策室長併任）　朝川佐智子
政策立案総括審議官（統計・総合政策・情報政策担当室長併任）　田中達也
労働経済特別研究官　村松好圭司
参事官（総合政策担当）（政策統括室副室長併任）　三苗浩人
政策企画官　　同　安山田正博之

社会保障財政企画官　水古山忠幸史
労働経済調査官　屋田勝航
参事官（調査分析・評価担当）（政策立案・評価担当室長併任）　山飯島俊哉武史
政策立案・評価推進官　岸本島佐智子
政策統括官（統計・情報政策・労使関係担当）（政策立案総括審議官代理併任）　田中野利仁香
参事官（企画調整担当）（統計・情報総括室長併任）　牧戸淳弘藤
政策企画官　統計企画調整室長（統計企画調整室長併任）

農林水産省
中央労働委員会

審査解析官（審査解析室長兼任）　渡邉　学
統計管理官（人口動態・保健社会統計室長兼任）　鎌田真隆
保険統計官（保険統計室長兼任）（併）　高山　妍

社会統計室長　飯島智子
世帯統計官（世帯統計室長兼任）　奥垣雅章
統計管理官（雇用・賃金福祉統計室長兼任）　樋口智明
賃金福祉統計官（賃金福祉統計室長兼任）　角井伸一

調査官　村野卓男
参事官（労使関係担当参事官室長兼任）　大塚弘満
調査官　石崎琢也
サイバーセキュリティ情報化審議官　三田一博
参事官（情報化担当）（情報担当参事官室長兼任）　山内孝一郎
参事官（サイバーセキュリティ・情報システム管理担当）（サイバーセキュリティ担当参事官室長兼任）　小沼宏治
情報システム管理官（情報システム管理室長兼任）　菅野清人

〔国立医薬品食品衛生研究所〕
〒210-9501 川崎市川崎区殿町3-25-26
☎044（270）6600
所　長　合田幸広

〔国立保健医療科学院〕
〒351-0197 和光市南2-3-6
☎048（458）6111
院　長　曽根智史

〔国立社会保障・人口問題研究所〕
〒100-0011 千代田区内幸町2-2-3
日比谷国際ビル6F ☎03（3595）2984
所　長　田辺国昭

〔国立感染症研究所〕
〒162-8640 新宿区戸山1-23-1
☎03（5285）1111
所　長　脇田隆字

〔中央労働委員会〕
〒105-0011 港区芝公園1-5-32
労働委員会会館内 ☎（5403）2111
会　長　岩村正彦
会長代理　荒木尚志
　　　　　畠山　稔　両角道代
公益委員　柴田和史
鹿野菜穂子　沖野眞已
松下淳一　相原佳子
鹿士眞由美　守島基博
西川佳代　磯部　哲
小坾淳子　小西康之
労働者委員　有野正治
岩崎春良　小俣利通
山本和代　髙橋睦子

竹井京二　髙橋洋子
北口明代　六本木清子
宮本礼一　中島　徹
冨永雄一　池之谷　潤
金森美智子　岡本吉洋

使用者委員　御手洗尚樹
宮近清文　田中恭代
岩本　宏　長崎文康
小野寺敦子　成宮　治
小倉基弘　小山　茂
小林洋子　井上龍子
高山靖子　柳井秀朗
坂田甲一　布山祐子

事務局長（調整、企画広報担当）　荒木祥一
同（審査担当）　森川善樹
総務課長　山本博之
審査課長　田尻智幸
審査情報分析官　大隈由加里
和解手法分析官　松淵厚樹
審査総括官（第一部会担当審査総括官室長兼任）　木本律代
同（第二部会担当審査総括官室長兼任）　粟村勝彦
同（第三部会担当審査総括官室長兼任）　吉谷真治
調整第一課長　上野康博
調整第二課長　甲斐三照

農林水産省
〒100-8950 千代田区霞が関1-2-1
中央合同庁舎1号館 ☎03（3502）8111
大　臣　野村哲郎
副大臣　野中　厚
副大臣　勝俣孝明
大臣政務官　角田秀穂
大臣政務官　藤木眞也
事務次官　横山　紳
農林水産審議官　小川良介
秘書官　碇本博一
同　事務取扱　白石知隆

〔大臣官房〕
夜間（6744）2428（文書課）
官房長　渡邊　毅
総括審議官　杉中　淳
総括審議官（新事業・食品産業）　髙橋孝雄
技術総括審議官　川合豊彦
危機管理・政策立案総括審議官　前島明成

公文書監理官　菅家　秀人
サイバーセキュリティ・情報化審議官　菅家　秀人
輸出促進審議官（兼輸出・国際局）　山口　靖人
生産振興審議官（兼農産局）　安岡　澄人
審議官（技術・環境）　岩間　浩
同（兼消費・安全局）　坂田　進
同（兼消費・安全局兼輸出・国際局）　熊谷　法夫
同（兼輸出・国際局・交渉総括）　牛草　哲朗
同（兼輸出・国際局・新事業・食品産業部）　安楽岡　武
同　（兼畜産局）　伏見　啓二
同　（兼経営局）　松尾　浩則
同　（兼経営局）　長井　俊彦
同（兼農村振興局）　林　泰三
参事官（環境・兼輸出・国際局）　坂藤　勝浩
同（兼消費・安全局兼輸出・国際局）　佐藤　正司
国際食料情報特別分析官（兼輸出・国際局）　道野　英司
報　道　官　片貝　敏雄
秘　書　課　長　河南　健
文　書　課　長　髙橋　広道
予　算　課　長　押切　光弘
政　策　課　長　小林　大樹
技術政策室長　上原　健一
食料安全保障室長　宮長　郁夫
広報評価課長　坂本　延久
広報戦略グループ長　安川　徹
広　報　室　長　安川　徹
報　道　室　長　濱中　康人
情報管理室長　山田　智子
情報分析室長　牧之瀬　泰志
地　方　課　長　井上　計
災害総合対策室長　野中　振挙
環境バイオマス政策課長　清水　浩太郎
再生可能エネルギー室長　西尾　利哉
みどりの食料システム戦略グループ長　久保　牧衣子
地球環境対策室長　国枝　玄
参　事　官　仲澤　正
同　坂内　啓二
同　小峰　賢哉
デジタル戦略グループ長　窪山　富士男
参　事　官　窪山　富士男
企画グループ長　吉松　亨
参事官（兼大臣官房新事業・食品産業部）　吉松　亨
同　（新興地域）　吉岡　孝
国際戦略グループ長　久染　徹
参　事　官　久染　徹

検査・監察部長　増田　直弘
調整・監察課長　遠山　秀彦
審　査　室　長　谷口　前彦
行政監察室長　後藤　仁
会計監査室長　小鷲　博之
検　査　課　長　二宮　清彦
農林水産政策研究所長　浅川　京子
農林水産政策研究所次長　髙橋　仁志
農林水産研修所長　塚田　孝二

〔統　　計　　部〕

夜間 (3502) 5609 (管理課)

部　　　　長　山田　英也
管　理　課　長　玉原　雅史
統計品質向上室長　田中　弘明
経営・構造統計課長　三嶋　英一
センサス統計室長　清水　司郎
生産流通消費統計課長　橋本　陽子
消費統計室長　三浦　晃
統計企画管理官　木村　恵太郎

〔新事業・食品産業部〕

夜間 (3502) 7568 (新事業・食品産業政策課)

部　　　　長　宮浦　浩司
新事業・食品産業政策課長　萩原　英樹
ファイナンス室長　溝口　武志
商品取引グループ長　今野　憲太郎
商品取引室長　今野　憲太郎
食品流通課長　武田　裕紀
卸売市場室長　丹菊　直子
食品製造課長　渡邉　顕太郎
食品企業行動室長　髙畠　和子
基準認証室長　伊藤　里香子
外食・食文化課長　須永　新平
食品ロス・リサイクル対策室長　森　幸子
食文化室長　永濵　享

〔消　費　・　安　全　局〕

夜間 (3502) 8512 (総務課)

局　　　　長　森　健
総　務　課　長　平中　隆司
消費者行政・食育課長　伊佐　寛
食品表示調査室長　大久保　豊
米穀流通・食品表示監視室長　佐久間　浩
食品安全政策課長　古畑　徹
食品安全科学室長　浮穴　学宗
国際基準室長　古田　暁人
農産安全管理課長　石岡　知洋

農薬対策室長	楠川 雅史
畜水産安全管理課長	郷 達也
水産安全室長	阿部 智
植物防疫課長	尾室 義典
防疫対策室長	羽石 洋平
国際室長	小林 正寿
動物衛生課長	石川 清康
家畜防疫対策室長	星野 和久
国際衛生対策室長	沖田 賢治
参 事 官	前田 奈歩子

〔輸 出・国 際 局〕
夜間 (3502) 5851 (総務課)

局 長	水野 政義
輸出・国際局付 (兼内閣審議官)	谷村 栄二
総 務 課 長	髙山 成年
国際政策室長	新藤 光明
輸出企画課長	伊藤 優志
輸出支援課長	望月 光顕
輸出産地形成室長	大橋 聡
輸出環境整備室長	難波 良多
国際地域課長	黒井 哲也
参事官 (規制対策)	内田 博文
国際経済課長	尾﨑 道
知的財産課長	松本 修一
地理的表示保護 推 進 室 長	小坂田 章志
種苗室長	海老原 康仁

〔農 産 局〕
夜間 (3502) 5937 (総務課)

局 長	平形 雄策
総 務 課 長	高橋 一郎
生産推進室長	宮本 亮
国 際 室 長	荒木 智行
会 計 室 長	澁谷 和彦
穀 物 課 長	東野 昭浩
米流通加工対策室長	葛原 祐介
経営安定対策室長	村山 直和
園芸作物課長	今野 聡
園芸流通加工対策室長	野島 夕紀
花き産業・施設 園芸振興室長	小宮 英稔
地域作物課長	石田 大喜
果樹・茶グループ長	仙波 徹
地域対策官	仙波 徹
農産政策部長	松本 平
企 画 課 長	三野 敏克
米穀貿易企画室長	廣田 美香

水田農業対策室長	木村 崇之
貿易業務課長	平野 賢一
米麦品質保証室長	戸枝 義晴
技術普及課長	長峰 徹昭
生産資材対策室長	吉田 剛
農業環境対策課長	佐藤 夏人

〔畜 産 局〕
夜間 (6744) 0564 (総務課)

局 長	渡邉 洋一
総 務 課 長	天野 正治
畜産総合推進室長	馬場 淳
企 画 課 長	関村 静雄
畜産経営安定対策室長	廣岡 亮介
畜産振興課長	犬飼 史郎
畜産技術室長	葛谷 好弘
家畜遺伝資源 管理保護室長	相田 剛伸
飼 料 課 長	富澤 宗高
流通飼料対策室長	天野 宏之
牛乳乳製品課長	大熊 規義
食肉鶏卵課長	猪口 隼人
食肉需給対策室長	木下 雅人
競馬監督課長	水野 秀信

〔経 営 局〕
夜間 (3502) 6432 (総務課)

局 長	村井 正親
総 務 課 長	平山 潤一郎
調 整 室 長	高橋 浩吉
経営政策課長	日向 彰
担い手総合対策室長	藤田 裕一
農地政策課長	望月 健司
農地集積・集約化 促 進 室 長	前川 光春
就農・女性課長	尾室 幸子
女性活躍推進室長	渡邉 桃代
協同組織課長	姫野 崇範
経営・組織対策室長	菊地 護
金融調整課長	中尾 学
保 険 課 長	宮田 龍栄
農業経営収入保険室長	梅下 幸弘
保険監理官	土居下 充洋

〔農 村 振 興 局〕
夜間 (3502) 5997 (総務課)

局 長	青山 豊久
次 長	安部 伸治
総 務 課 長	神田 宜宏
農村政策部長	佐藤 一絵

農村計画課長	新川 元康	
農村政策推進室長	長田 恵理子	
都市農業室長	高橋 正智	
地域振興課長	冨田 晋吾	
中山間地域・日本型直接支払室長	岩下 幸司	
都市農村交流課長	影山 義人	
農泊推進室長	米田 太一	
農福連携推進室長	元木 一要	
鳥獣対策・農村環境課長	藤河 正英	
鳥獣対策室長	阿部 尚人	
農村環境対策室長	寺島 友子	
整 備 部 長	青山 健治	
設 計 課 長	石川 英一	
計画調整課長	瀧川 拓一哉	
施工企画調整室長	土屋 恒久	
海外土地改良技術室長	北田 裕道	
土地改良企画課長	河嶋 正敏	
水 資 源 課 長	緒方 和之	
農業用水対策室長	森井 秀之	
施設保全管理室長	吉田 健一	
農地資源課長	荻野 憲一	
経営体育成基盤整備推進室長	菊地 一要	
多面的機能支払推進室長	松本 勉	
地域整備課長	香山 泰久	
防 災 課 長	細井 和夫	
防災・減災対策室長	渡邊 雅彦	
災害対策室長	山根 伸司	

〔農林水産技術会議〕
夜間(3502)7399(研究調整課)

会 長	小林 芳雄	
事 務 局 長	川合 豊彦	
研究総務官	山田 広明	
同	中澤 克典	
研究調整課長	佐藤 紳	
研究企画課長	松本 賢英	
イノベーション戦略室長	下岡 豊	
研究推進課長	藤田 晋吾	
産学連携室長	大ների 武	
国際研究官	渡辺 裕子	
研究統括官	草場 新之助	
研究開発官	羽子田 知子	
研究調整官	(兼)前田英部	
(兼)長崎裕司	(兼)桂 真昭	
(兼)小沼明弘	閑念 麿聡	
(兼)内田真司		

林 野 庁

〒100-8952 千代田区霞が関1-2-1
中央合同庁舎1号館 ☎03(3502)8111
夜間(3502)7968(林政課)

長 官	織田 央	
次 長	森 重樹	
林 政 部 長	前田 剛志	
林 政 課 長	鳥海 貴之	
監 査 室 長	齋藤 哲	
企 画 課 長	森下 興	
経 営 課 長	渡邉 泰輔	
林業労働・経営対策室長	池田 秀明	
特用林産対策室長	塚田 直樹	
木材産業課長	齋藤 健一	
木材製品技術室長	土居 隆行	
木材利用課長	小島 裕章	
木材貿易対策室長	赤羽 元	
森林整備部長	小坂 善太郎	
計 画 課 長	長崎屋 圭太	
施工企画調整室長	高木 美貴	
海外林業協力室長	谷本 朗	
森林利用課長	川村 竜哉	
森林集積推進室長	福田 淳	
山村振興・緑化推進室長	安高 志穂	
整 備 課 長	石田 良行	
造林間伐対策室長	石井 洋	
治 山 課 長	箕輪 富男	
山地災害対策室長	門脇 裕樹	
研究指導課長	木下 仁	
技術開発推進室長	増田 義昭	
森林保護対策室長	河合 正宏	
国有林野部長	橘 政行	
管 理 課 長	石黒 裕規	
福利厚生室長	石原 嶋広行	
経営企画課長	眞城 英一	
国有林野総合利用推進室長	井本 真輝	
国有林野生態系保全室長	森山 田昌人	
業 務 課 長	嶋田 理	
国有林管理室長	善行 宏	

水 産 庁

〒100-8907 千代田区霞が関1-2-1
中央合同庁舎1号館 ☎03(3502)8111
夜間(3502)8397(漁政課)

長 官	神谷 崇	
次 長	安東 隆	

363

漁 政 部 長	山口 潤一郎
漁 政 課 長	河 村 仁
船舶管理室長	杉 原 正 夫
企 画 課 長	山 里 直 志
水産業体質強化推進室長	山 下 信
水産経営課長	魚 谷 敏 紀
指 導 室 長	小 幡 浩 一
加工流通課長	五十嵐 麻衣子
水産流通適正化推進室長	中 平 英 典
水産物貿易対策室長	中 川 島 哲 哉
漁業保険管理官	原 口 大 志
参 事 官	坂 本 清 一
資源管理部長	藤 田 仁 司
審 議 官	髙 瀬 美和子
管理調整課長	斎 藤 晃
資源管理推進室長	永 田 祥 久
沿岸・遊漁室長	松 尾 龍 則
国 際 課 長	水 川 大 明
捕 鯨 室 長	坂 本 孝 介
かつお・まぐろ漁業室長	成 澤 行 嗣
海外漁業協力室長	鹿 田 敏 嗣
漁業取締課長	髙 屋 繁 樹
外国漁船対策室長	今 井 浩 人
参 事 官	福 田 工
増殖推進部長	廣 野 淳
研究指導課長	長谷川 裕 康
海洋技術室長	南 克 洋
漁場資源課長	諸 貫 秀 樹
生態系保全室長	金 子 守 男
栽培養殖課長	櫻 井 政 和
内水面漁業振興室長	柿 沼 忠 秋
参 事 官	森 賢
漁港漁場整備部長	田 中 郁 也
計 画 課 長	横 山 純
整 備 課 長	中 村 隆
防災漁村課長	廣 山 久 志
水産施設災害対策室長	中 村 克 彦
(漁業取締本部)	
本 部 長	神 谷 崇
副 本 部 長	安 東 隆

（縦書き見出し）経済産業省

経済産業省

〒100-8901 千代田区霞が関1-3-1
（調査統計グループは〒100-8902）
☎03(3501)1511

大 臣	西 村 康 稔
副 大 臣	中 谷 真 一
同	太 田 房 江
大臣政務官	長 峯 誠
同	里 見 隆 治
事 務 次 官	多 田 明 弘
経済産業審議官	平 井 裕 秀
秘 書 官	岸 本 吉 生
同 事務取扱	日 暮 正 毅

〔大 臣 官 房〕
夜間(3501)1609(総務課)

官 房 長	藤 木 俊 光
総 括 審 議 官	新 居 泰 人
公文書監理官(併)	新 居 泰 人
サイバーセキュリティ・情報化審議官	上 村 昌 博
技術総括・保安審議官	辻 本 圭 助
審議官(政策総合調整担当)	田 尻 貴 裕
政策統括調整官(国際関係担当)(併)	福 永 哲 郎
秘 書 課 長	伊 藤 禎 則
参事官(技術・高度人材戦略担当)(併) 大臣官房務課危機管理・災害対策室長	宮 崎 貴 哉
人 事 企 画 官	茂 木 高 志
人 事 審 査 官	佐 竹 佳 典
企画官(労務担当)	難 波 豊
企 画 官	上 田 圭一郎
総 務 課 長	久 米 孝
国 会 業 務 室 長	宮 部 勝 弘
国会連絡室長(併)国会事務連絡調整官	山 本 剛
企 画 調 査 官	林 浩 一
業 務 管 理 官	天 野 博 之
文 書 室 長	小 手 僚 明
公文書監理室長	千 葉 嶌 浩 子
文 書 管 理 官	堂 谷 良 平
広 報 室 長	加 賀 義 弘
政策審議室長(併)	久 米 孝
首席経済安全保障政策統括調整官	木 村 聡
経済安全保障政策統括調整官(併)	猪 狩 克 朗
同 (併)	弓 削 州 司
経済安全保障室長(併)	畑 田 浩 之
グリーン成長戦略室長(併)	山 下 隆 一
グリーン成長戦略室長代理(併)	畠 山 陽二郎
グリーン成長戦略室統括戦略官(併)	木 原 晋 一

364

首席Web3.0推進政策統括調整官(併)　田郷　祐二

　中野　進一

Web3.0推進政策統括調整官(併)　山原　大

門松　貴

Web3.0推進政策室長　木戸　陽二郎

Web3.0推進政策総括企画調整官(併)　

首席資源自律経済戦略企画推進政策統括調整官(併)　晋

資源自律経済戦略統括企画調整官(併)　将吾

同(併)　史彦

サイバー国際経済政策統括調整官(併)　戸田　秀

経済・産業分析官　藤田　和左

国際戦略情報分析官(貿易・投資環境担当)　田口　亮一

グローバル産業室長(併)　藤田　徳輔

グローバル産業室企画官　福田　幹和

同(併)　川　

会計課長　小坂　里和

経理審査官　細谷　賢二

厚生企画室長(併)　佐竹　佳典

厚生審査官　平尾　砂絵子

業務改革推進室長(併)政策改革調整官(併)情報システム調整官(併)個人情報保護調整官(併)　佐野　究一郎

情報システム室長(併)デジタル・トランスフォーメーション室長　酒井　崇行

統括情報セキュリティ対策官　山下　毅

〔大臣官房調査統計グループ〕

調査統計グループ長(併)　笹路　健

参事官(調査統計グループ・総合調整官(併))総合調整官(併)　大道　道志

統括統計官　菅原　浩志

統計企画室長　守谷　敦子

統計情報システム室長　飯島　勇

調査分析支援室長　田村　秀一

業務管理室長　渡邉　幹夫

経済解析室長　竹永　祥久

構造統計室長　赤坂　俊之

鉱工業動態統計室長　木下　善雄

サービス動態統計室長　田邉　敬一

企業統計室長　杵渕　敦子

〔大臣官房福島復興推進グループ〕

大臣官房原子力事故災害処理調整総括官(併)廃炉・汚染水・処理水特別対策官　須藤　治

福島復興推進グループ長 地域経済産業審議官(併)廃炉・汚染水・処理水対策官(併)処理水説明戦略支援室長　片岡　宏一郎

原子力事故災害対処審議官　湯本　啓市

廃炉・汚染水・処理水対策現地事務所長　鈴木　啓之

原子力損害対応総合調整官(併)　阿部　康幸

原子力防災調整官(福島復興推進担当)　川崎　雅和

業務管理室長　

総合調整官(併)福島広報戦略・風評被害対策官(併)　佐々木　雅人

企画調査官(福島復興推進担当)　古川　雄一

グリーン成長戦略室総括企画調整官(併)　三輪　祐子

グリーン成長戦略プロジェクト推進企画官(併)　笠井　康樹

グリーン成長戦略産業戦略調整官(併)　三貫　繁宏

　西田　光也

グリーン成長戦略エネルギー政策統括調整官(併)　長谷川　裕亮

国際カーボンニュートラル政策戦略室長(併)　南　亮郎

国際カーボンニュートラル政策戦略室長代理(併)　**木原晋一**

　小林　出

国際カーボンニュートラル政策戦略室長(併)　長谷川　裕也

国際カーボンニュートラル政策戦略室企画官(併)　藤井　亮輔

　田村　英康　河原　圭一

　大貫　繁樹　川口　征洋

　髙濱　航　星野　昌志

　早田　豪　松野　大輔

首席ビジネス・人材政策統括調整官(併)　松尾　剛彦

ビジネス・人材政策統括調整官(併)　柏原　恭子

ビジネス・人材政策統括室長(併)　豊田　原幸

ビジネス・人材政策統括室長代理(併)　黒田　敏和

同(併)　奥家　哲哉

未来人材政策統括調整官(併)　蓮井

未来人材室長(併)　島村　美穂

未来人材室総括企画調整官(併)　川村

　市川　紀幸　荒　太郎

　太田　三音子　大石　知広

　三輪　祐子　大内　了司

　岡田　智裕　柴山　豊樹

　松井　拓郎　杉本　敬次

先端テクノロジー政策戦略統括調整官(併)　畠山　陽二郎

先端テクノロジー戦略室長(併)　田中　哲也

先端テクノロジー戦略室企画調整官(併)　大隅　一聡

EBPM推進政策統括調整官(併)　藤木　俊光

EBPM推進室長(併)　佐野　究一郎

EBPM推進室総括企画調整官(併)　坂本　里和

　大東　道郎　梶　直弘

　武田　伸二郎　酒井　崇行

スタートアップ創出推進政策統括調整官(併)　吾郷　進平

スタートアップ創出推進室長(併)　亀山　慎之介

スタートアップ創出推進室総括企画調整官(併)　南　知果

　(併)島川博行　(併)石井芳明

　(併)浅野大介　(併)小林大地

　(併)野澤泰志　(併)仁科雅弘

　(併)神崎忠彦

首席新型コロナウイルス感染症水際措置対応官(併)　松尾　剛彦

新型コロナウイルス感染症水際措置対応室長(併)　福永　哲郎

新型コロナウイルス感染症水際措置対応室長(併)　小林　大和

福島相双復興推進機構担当室長（併）	宮下正己
福島イノベーション・コースト構想推進機構担当室長（併）	宮下正己
参事官（併）福島新産業・雇用創出推進室長	宮下正己
企画官	平塚智章
福島事業・なりわい再建支援室長（併）	宮下正己
原子力発電所事故収束対応室長	福田光紀
原子力福島第一原子力発電所事故廃炉・汚染水・処理水対策官	山口雄三
企画官	舛田直樹
企画官	堤理仁
事故収束対応調整官	田辺有紀

〔経済産業政策局〕

夜間(3501)1674(総務課)

局長	飯田祐二
審議官（経済産業政策局担当）	蓮井智哉
同（同）	龍崎孝嗣
首席アジア新産業共創政策統括調整官	飯田祐二
アジア新産業共創政策統括調整官	木村聡
同（併）	松尾剛彦
業務管理官室長	高梨綾恵
総務課長	奥家敏和
政策企画官	眞柳秀人
調査課長	竹田憲一
産業政策分析官（経済産業政策担当）	伊藤公二
企業財務室長	井川良
産業構造課長	梶直弘
経済社会政策室長	川村美穂
産業組織課長	安藤太
競争環境整備室長	杉原光俊
知的財産政策室長	猪又明彦
産業創造課長	亀山慎之介
新規事業創造推進室長	石井芳明
産業資金課長（併）投資機構室長	浅野大介
産業人材課長	島津裕紀
企業行動課長	武田伸二郎
企業会計室長（併）	長宗豊和
アジア新産業共創政策室長	島川博行

〔地域経済産業グループ〕

地域経済産業グループ長（併）	新居泰人
地域経済産業グループ長補佐	飯田健太
地域経済産業政策統括調整官	吉田健一郎
業務管理官室長	神戸浩
地域経済政策課長	永澤剛
地域活性化戦略室長	市川紀幸
地域経済産業調査室長（併）	芳直樹
地方調整室長	臺則彦
地方調査企画室長（併）	臺則彦
地域企業高度化推進課長	荒木太郎
地域未来投資促進室長	荒木太郎
地域産業基盤整備課長（併）沖縄振興室長	向野陽一郎
統括地域活性化企画官（地域未来投資担当）地域活性化戦略室長	市川紀幸
工業用水道計画官	小林秀司
中心市街地活性化室長	古谷野義之

〔通商政策局〕

夜間(3501)1654(通商政策課)

局長	松尾剛彦
大臣官房審議官（通商政策局担当）	福永哲郎
大臣官房審議官（通商戦略担当）	杉浦正俊
通商戦略統括調整官	山下隆也
特別通商交渉官	（併）戸高秀史
同	本道和樹
通商交渉官	千代光一
同	桐山伸夫
通商法務官	米谷三以
業務管理官室長	大江健二
総務課長	小林豊
G7貿易大臣会合準備官	岡上宏之
通商渉外調整官	藤井亮輔
通商戦略室長	藤井亮輔
通商戦略室企画官	大和靖幸
企画調査室長	相田政志
デジタル通商ルール室長（併）	寺西規子
国際経済課長	藤田健
G7貿易大臣会合準備官	岡垣豊
アジア太平洋地域協力推進室長	新倉崇之史
経済連携課長	福永佳史
経済連携交渉官	田村英康
特別通商交渉官	田村英康
経済連携交渉官	長田稔秋
米州課長	佐伯耕三
中南米室長	三浦聡
欧州課長	吉川尚文
ロシア・中央アジア・コーカサス室長	黒須利彦
中東アフリカ課長	三宅保次郎
アフリカ室長（併）	三宅保次郎
アジア大洋州課長	福地真美
アジア大洋州通商企画室長	神谷幸男
東アジア経済統合推進室長	石川征幸
南西アジア室長	村山勝彦
北東アジア課長	大川龍郎

韓 国 室 長	出雲	晃
通商機構部長	柏原	恭子
参事官（総括）	木村	拓也
参 事 官	田村	英康
デジタル通商交渉官（併）	田村	英康
通商交渉調整官	石川	征幸
	西村	祥平
	高嵜	直子
国際知財制度調整官	安川	聡
国際経済紛争対策室長	寺西	規子
国際法務室長	清水	茉莉

〔貿易経済協力局〕

夜間（3501）1664（総務課）

局 長	木村	聡
大臣官房審議官（貿易経済協力局担当）	戸高	秀史
大臣官房審議官（貿易経済協力局・農林水産品輸出担当）	常盤	光正
大臣官房審議官（貿易経済協力局・国際技術戦略担当）	弓削	州司
業務管理官室長	村村	弘治
総 務 課 長	服部	桂
通商金融国際交渉官	中村	正大
参事官兼輸出輸入交渉官	西脇	修
貿易振興課長	阿部	一郎
企 画 官	上田	泰史
通商金融課長	河原	圭太
貿易保険監理官	市原	克典
資金協力室長	下川	徹也
国際金融交渉室長	木下	宏一
技術・人材協力課長	太田	三音子
投資促進課長	垣見	直彦
投資交流企画官	天野	富士子
対日投資総合相談室長（併）	垣見	直彦
投資交流調整官	天野	富士子
貿易管理部長	猪狩	克朗
貿易管理課長	黒田	紀幸
電子化・効率化推進室長（併）	黒田	紀幸
原産地証明室長	山口	純一
貿易審査課長	本城	浩子
農水産室長	熊田	純二
野生動植物貿易審査室長（併）	本城	浩子
特殊関税等調査室長	曽根	哲郎
安全保障貿易管理政策課長	畑田	浩之
参事官（国際担当）	西野	洋志
情報調査室長	西迎	堅太郎
技術調査室長	笠間	太介
国際投資管理室長	橘	雅浩
安全保障貿易管理課長	淺井	洋介

安全保障貿易国際室長	荒木	英輔
安全保障貿易検査官室長	縄田	俊之
安全保障貿易審査官	横田	純一
統括安全保障貿易審査官	溝田	健志

〔産業技術環境局〕

夜間（3501）1857（業務管理官室）

局 長	畠山	陽二郎
審議官（産業技術環境担当）	田中	哲也
同（環境問題担当）	木原	晋一
業務管理官室長	藤山	優子
総 務 課 長	福本	拓也
成果普及・連携推進室長	前田	幸裕
産業技術法人室長	田中	康久
技術政策企画室長	中野	善史
国 際 室 長	小川	雅臣
技術振興・大学連携推進室長	野澤	泰志
大学連携推進室長	大石	知広
研究開発課長	大隅	一聡
研究開発調整官	大堀	雅弘
研究開発企画調査官（先端テクノロジー戦略室長兼務）（併）	土屋	哲男
重要技術研究統括戦略官	戸田	始秀
技術評価調整官	金地	隆志
産業技術プロジェクト推進室長	高田	和幸
産業技術総合研究所室長（併）	中井	康裕
新エネルギー・産業技術総合開発機構室長（併）	中井	康裕
基準認証政策課長	比良井	慎司
国際標準担当調整官（基準認証調整室長兼務）（併）	上嶋	裕樹
標準情報分析官	坊田	佳紀
産業分析研究官（基準認証調査官）（併）	竹之内	修
基準認証調査広報室長	小嶋	誠
製品評価技術基盤機構室長	相沢	一宏
計量行政室長	大崎	美洋
国際標準課長	渡辺	真幸
国際電気標準課長	武重	竜男
環境政策課長	大貫	繁樹
カーボンニュートラルプロジェクト推進室長	高濱	航
地球環境対策室長	梶川	文博
環境経済室長	内野	泰明
企画（制度・金融担当）	井上	峰人
エネルギー環境イノベーション戦略室長（併）	三輪田	祐子
資源循環経済課長	田中	将吾
環境管理推進室長	齋藤	充

〔製造産業局〕

夜間(3501)1689(総務課)

局長	山下隆一
大臣官房審議官(製造産業局担当)首席通商政策統括調整官	藤本武士
大臣官房審議官(製造産業局担当)	恒藤晃吾
大臣官房審議官(製造産業局担当)	橋本真剛
業務管理官室長	西沢正文
総務課長	香山弘士
政策企画委員	片山弘士
製造産業戦略企画室長(併)	伊奈友子
参事官(併)ものづくり政策審議室長	伊奈征洋
参事官(カーボンニュートラル担当)	伊川香文子
大臣官房生活製品等供給確保戦略室長(併)	小川幹子
通商室長(併)国際プラント・インフラシステム・水ビジネス推進室長	小松川幹子
金属課長	野大輔
金属技術室長 企画官(国際担当)	伊藤庸二
化学物質管理戦略課長(化)化学物質リスク評価室長	橋野幸良
化学物質安全室長	高水藤澤久教
化学物質管理企画官	今太真聡司
化学兵器・麻薬原料等規制対策室長(オゾン層保護等推進室長)	濱口村絵元
化学物質リスク評価企画官 素材産業課長(併)アルコール室長	吉村千一
企画調査官	濱坂隆輔
革新素材室長	金井伸道
生活製品課長	田上博雄
住宅産業室長、企画官(国際担当)伝統的工芸品産業室長、企画官(併通商担当)	原塚富裕
産業機械課長	本田篤織
次世代空モビリティ産業室長	安宇香
ロボット政策室長(併)	安沼篤建
素形材産業室長	田舘清水淳太郎
自動車課長自動車部品・ソフトウェア産業室長	遣谷大金福
企画官(自動車戦略企画室長)	水淳国治
企画調査官(自動車通商担当)	今宏史
企画官(自動車リサイクル担当)	大谷明倫
ITS・自動走行推進室長	金永茂和
車両室長	福橘山
航空機武器宇宙産業課長	爪村益文生
企画官(防衛産業担当)	呉府崎純一
航空機部品・素材産業室長	川岩奈康
宇宙産業室長	崎奈二

〔商務情報政策局〕

夜間(3501)2964(総務課)

局長	野原諭
審議官(商務情報政策局・政策調整担当)	門松貴
審議官(IT戦略担当)	藤田清太郎
業務管理官室長	渡辺明夫
総務課長	西川和見
国際室長	目黒麻生子
国際戦略企画調整官	津田麻紀子
情報経済課長兼第四次産業革命政策室長	須賀千鶴
情報政策企画調整官	橘均憲
デジタル取引環境整備室長	日置純子
アーキテクチャ戦略企画調整官	和泉憲明
サイバーセキュリティ課長	奥田修司
国際サイバーセキュリティ企画官	星代介
情報技術利用促進課長	内田了司
デジタル高度化推進室長(併)	内田了司
デジタル経済安全保障金融室長(併)	大西啓仁
地域情報化人材育成推進室長(併)	大西啓仁
情報政策専門官	大西啓仁
情報産業課長	金指壽
デバイス・半導体戦略室長	荻野洋平
ソフトウェア・情報サービス戦略室長	渡辺琢也
高度情報通信技術産業戦略室長(併)	積田北辰
電池産業室長	武尾伸隆
コンテンツ産業課長	渡邊佳奈子

〔商務・サービスグループ〕

商務・サービス審議官	茂木正
審議官(商務・サービス担当)	澤井俊
商務・サービス政策統括調整官	田中一成
業務管理官室長	平松克啓
参事官(商務・サービスグループ担当)	宮本岩男
参事官(商務・サービス産業担当)	松隈健一
消費・流通政策課長大規模小売店立地法推進室長	中野剛志
消費者相談室長	水野市朗
消費経済企画室長(併)	降井寮治
物流企画室長(併)	中野剛志
キャッシュレス推進室長	降井寮治
官民一体型需要喚起推進室長	俣野敏道
商品市場整備室長	北村敦司
商品先物市場整備監視室長	北村敦司
商取引監督課長	刀禰正樹
商取引検査室長	平林純一
サービス政策課長	岡田智裕

教育産業室長	五十棲 浩 二
スポーツ産業室長(併)	吉 倉 秀 和
サービス産業室長	山 口 徳 彦
クールジャパン政策課長 (併)ファッション政策室長 (併)デザイン政策室長 (併)クールジャパン海外戦略室長	俣 野 敏 道
2025年国際博覧会統括調整官	
参 事 官 (併)博覧会推進室長	土 屋 博 史
国際博覧会上席企画調整官	菅 野 将 史
ヘルスケア産業課長	橋 本 泰 輔
ヘルスケア産業研究官	仁 賀 建 夫
企画官(ヘルス ケア産業担当)	飯 村 康 夫
医療・福祉機器産業室長	鍋 嶋 大 輔
国際展開推進室長(併)	橋 本 泰 輔
生物化学産業課長	下 田 裕 和
生物多様性・ 生物兵器対策室長	堀 部 敦 子

〔産業保安グループ〕

産業保安グループ長(併)	辻 本 圭 助
審議官(産業保安担当)	笹 路 健
業務管理室長	松 本 ゆかり
保 安 課 長	江 澤 正 名
産業保安企画室長	佐 藤 孝 一
高圧ガス保安室長	鯉 江 雅 人
ガス安全室長(併)	岡 本 繁 樹
電力安全課長	前 田 了
電気保安室長	沼 田 博 男
鉱山・火薬類監理官	岡 本 繁 樹
火薬専門職	小 池 勝 則
石炭保安室長	齊 藤 薫
製品安全課長	田 中 秀 明
製品事故対策室長	望 月 知 子

〔電力・ガス取引監視等委員会事務局〕

事 務 局 長	新 川 達 也
業務管理室長(併)	松 本 ゆかり
総 務 課 長	田 中 勇 己
取引監視課長	池 田 卓 郎
小売取引検査管理官	高 橋 章
取引制度企画室長	東 哲 也
ネットワーク事業監視課長	鍋 島 学
ネットワーク事業制度企画 室長(併)取引制度調整官	鍋 島 学
統括ネットワーク 事 業 管 理 官	伊 藤 春 樹

〔経済産業研修所〕

〒100-8901 千代田区霞が関1-3-1
☎03(3501)1511
〒189-0024 東村山市富士見町5-4-36
☎042(393)2521

所 長(併)	髙 橋 泰 三

次 長(併)	山 本 哲 也

資源エネルギー庁

〒100-8931 千代田区霞が関1-3-1
☎03(3501)1511
夜間(3501)2669(総合政策課)

長 官	保 坂 伸
次 長	小 澤 典 明
首席エネルギー・環境・ イノベーション政策 統 括 調 整 官	飯 田 祐 二
首席国際カーボンニュー トラル政策立案総括調整官	南 亮
エネルギーカーボンニュートラ ル政策統括調整官(併)	小 林 出
首席エネルギー・地域 政策統括調整官(併)	小 澤 典 明
資源エネルギー政策統括調整官	南 亮 仁

〔長 官 官 房〕

総 務 課 長	浦 上 健 一 朗
国際資源エネルギー 戦略統括調整官	小 林 出
エネルギー制度改革推 進総合調整官(併)	河 野 太 志
同 (併)	曳 野 潔
エネルギー制度改革 推進企画調整官(併)	石 井 大 貴
企画調査官(併)	前 田 博 貴
戦略企画室長	西 田 光 宏
需給政策室長(併) 調査広報室長	廣 田 大 輔
業務管理官室長	木 村 真 己
会 計 管 理 官 予 算 管 理 官	滝 沢 正 直
予算執行評価室長(併)	浦 上 健 一 朗
国際調整官(併)G7気候・エネル ギー・環境大臣会合準備室長	長谷川 裕 也
海外インフラ室長(併) インフラ室長	星 野 昌 志

〔省エネルギー・新エネルギー部〕

部 長	井 上 博 雄
政策課長(併)熱電 併給推進室長	曳 野 潔
系統整備・利用推進室長(併)	石 井 大 貴
再生可能エネルギー主力 電源化戦略調整室長	吉 瀬 周 作
国 際 室 長	星 野 昌 志
新エネルギーシステム課長	日 野 由香里
水素・燃料電池戦略室長	安 達 知 彦
省エネルギー課長(併) 新エネルギー課長	稲 邑 拓 馬
新エネルギー課長	能 村 幸 輝
再生可能エネルギー 主 力 推 進 室 長	潮 崎 雄 治
風力政策室長	石 井 孝 裕

〔資 源・燃 料 部〕

部 長	定 光 裕 樹
政策課長(併)海洋 政策企画室長	若 月 一 泰
企画官(石油政策担当)	渡 邉 雅 士
国際資源戦略交渉官	猪 口 相

経済産業省（資源エネルギー庁 つづき）

海洋資源開発交渉官	沖嶌弘芳
燃料政策企画室長	蓮沼佳和
石油・天然ガス課長	早田豪彦
企画官（CCUS政策担当）	佐伯徳己
石油精製備蓄課長	細川成也
企画官（石油・液化石油ガス備蓄政策担当）	古幡哲也
石油流通課長	永井岳彦
石油政策官官房カーボンリサイクル室長（併）	羽田由美子
鉱物資源課長	有馬伸明

〔電力・ガス事業部〕

部長	松山泰浩
政策課長	河野太志
制度企画調整官	市村拓斗
（併）石井大貴	（併）市川紀幸
政策企画官（立地総合調整担当）（併）／政策企画官（電源線等調整担当）（併）	森本要
電力産業・市場室長	吉瀬周作
ガス市場整備室長	野田太一
電力基盤整備室長	小川大貴
電力流通室長	石井英晴
電力供給室長	迫田量太
原子力政策課長（併）／原子力産業室長（併）	遠野登出
東京電力福島第一原子力発電所事故・汚染水・処理水対策官（併）	木林健治
原子力国際協力推進室長	小植松数紀
原子力戦略企画調査官	皆川重友
原子力基盤室長	堀友光
廃炉産業室長（併）／原子力発電所事故収束対応室長	福田啓紀
原子力発電所事故収束対応調整官（併）	鈴木仁史
原子力立地・核燃料サイクル産業課長	貴田広貴
核燃料サイクル産業立地対策室長／原子力立地政策室長（併）	前田博啓
原子力政策企画調査官	和田友和
放射性廃棄物対策課長（併）放射性廃棄物対策室長／廃棄物対策広報室長	下堀友

特許庁

〒100-8915　千代田区霞が関3-4-3
☎03（3581）1101
夜間（3593）0436（総務課）

長官	濱野幸一
特許技監	桂正憲
総務部長	清水幹治
秘書課長	石ケ休剛志
総務課長	吉澤隆
会計課長（併）	石ケ休剛志
企画調査課長	仁科雅弘
普及支援課長	加藤和昭
国際政策課長	福田聡
国際協力課長	冨澤武志
審査業務部長	野村栄悟
審査業務課長	花野元次
出願課長	高橋憲夫
商標課長	高野和行
商標審査長（化学）	根岸克弘
同（機械）	大島勉
同（雑貨繊維）	大島康浩
商標上席審査官（産業役務）	高橋幸志
審査第一部長	野仲松男
調査課長	諸岡健一
物理首席審査官（計測）	油池壮
物理上席審査官（分析部断）	谷香次郎
光学審査官（応用光学）	渋谷知子
光学審査官（事務機器）	神川洋史
社会基盤上席審査官（社会基盤）	小林英司
社会基盤首席審査官（住環境）	久保田大輔
意匠課長	下村圭子
意匠上席審査官（情報・交通意匠）	伊藤宏幸
意匠審査長（生活・流通意匠）	高原慎太郎
審査第二部長	本庄亮太郎
交通輸送首席審査官（自動制御）	草野顕子
交通輸送上席審査官（運輸）	遠藤秀明
生産基盤首席審査官（生産機械）	田口傑
生産基盤審査長（搬送）	金丸治之
同（繊維包装機械）	小松竜一
生活機械首席審査官（生活機器）	内山隆史
生活福祉審査官（医療機器）	前田仁志
審査第三部長	北村草樹
素材首席審査官（無機化学）	草野祐一
素材上席審査官（素材加工）	浅新奈
生命・環境首席審査官（医療）	松田成豊
生命・環境審査官（生命工学）	高岡裕正
応用化学上席審査官（有機化学）	平井裕彦
応用化学審査長（高分子）	大森伸一
同（プラスチック工学）	高橋宣博
審査第四部長	河合弘明
情報首席審査官（電子商取引）	小宮慎司
情報上席審査官（情報処理）	宮田繁仁
通信首席審査官（伝送システム）	
通信審査長（電力システム）	

同(デジタル通信) 高野 洋
画像上席審査長
(映像システム) 篠塚 隆
画像審査長
(電子デバイス) 殿川 雅也
審判部長 安田 太
首席審判長 田村 聖子

第1部門(計測)
部門長 岡田 吉美
審判長 中塚 直樹
同 波多江 進

第2部門(材料分析)
部門長 石井 哲
審判長 福島 浩司
同 三崎 仁

第3部門(アミューズメントマシン)
上席部門長 鉄 豊郎
審判長 長﨑 洋一
平城 俊雅 吉川 康史

第4部門(アミューズメント一般)
部門長 長井 真一
審判長 小林 俊久
藤田 年彦 樋口 宗彦

第5部門(自然資源、住環境)
部門長 居島 一仁
審判長 前川 慎喜
同 住田 秀弘

第6部門(応用光学)
部門長 松波 由美子
審判長 里村 利光

第7部門(事務機器)
部門長 藤本 義仁
審判長 吉村 尚
同 古屋野 浩志

第8部門(応用物理、光デバイス)
上席部門長 瀬川 勝久
審判長 山村 浩
加々美 一恵

第9部門(自動制御、生活機器)
部門長 佐々木 芳枝
審判長 窪田 治彦
同 柿崎 拓

第10部門(動力機械)
部門長 山本 信平
審判長 水野 治彦
同 河端 賢

第11部門(運輸、照明)
部門長 中村 則夫
審判長 一ノ瀬 覚
同 藤井 昇

第12部門(一般機械、搬送)
上席部門長 平田 信勝
審判長 小川 恭司
同 平瀬 知明

第13部門(生産機械)
上席部門長 見目 省二
審判長 刈間 宏信
鈴木 貴雄 森井 隆信

第14部門(繊維包装機械)
部門長 藤原 直欣
審判長 山崎 勝司
久保 克彦 井上 茂夫

第15部門(医療機器)
部門長 佐々木 正章
審判長 村上 聡
佐々木 一浩 内藤 真徳

第16部門(熱機器)
部門長 間中 耕治
審判長 松下 聡
同 西村 泰英

第17部門(無機化学、環境化学)
部門長 日比野 隆治
審判長 宮澤 尚之
同 原 賢一

第18部門(素材加工、金属電気化学)
部門長 粟野 正明
審判長 井上 猛
同 池渕 立

第19部門(高分子)
部門長 近野 光知
審判長 杉江 渉

第20部門(プラスチック工学)
上席部門長 平塚 政宏
審判長 大島 祥吾
同 加藤 友也

第21部門(化学応用)
部門長 亀ヶ谷 明弘
審判長 藏野 雅昭
同 門前 浩一

第22部門(有機化学)
部門長 阪野 誠司

371

審判長 瀬良聡機
　木村敏康　磯貝香苗
第23部門(医薬)
上席部門長 原田隆興
審判長 井上典之
　藤原浩子　前田佳与子
第24部門(バイオ医薬)
部門長 岡﨑美穂
審判長 上條肇
　冨永みどり　細井龍史
第25部門(生命工学)
部門長 福井悟
審判長 長井啓子
第26部門(電子商取引)
部門長 髙瀬勤
審判長 佐藤智康
　杉山輝和　渡邊聡
第27部門(インターフェイス)
部門長 吉田耕一
審判長 稲葉和生
　清水稔　中野裕二
第28部門(情報処理)
部門長 篠原功一
審判長 林毅
同 須田勝巳
第29部門(電子デバイス)
上席部門長 瀧内健夫
審判長 恩田春香
　河本充雄　関根裕
第30部門(映像システム)
部門長 國分直樹
審判長 五十嵐努
　千葉輝久　畑中高行
第31部門(伝送システム)
部門長 齋藤哲
審判長 中木努
　筑波茂樹　廣川浩
第32部門(電気機器、電力システム)
上席部門長 酒井朋広
審判長 井上信一
　吉澤英一　山田正文
第33部門(デジタル通信)
部門長 土居仁士
審判長 猪瀬隆広
同 角田慎治

第34部門(意匠)
上席部門長 前畑さおり
審判長 小林裕和
同 内藤弘樹
第35部門(商標(化学・食品))
上席部門長 佐藤淳
審判長 佐藤松江
同 豊瀬京太郎
第36部門(商標(機械・電気))
部門長(併)訟務室長 冨澤美加
審判長 森山啓
同 小松里美
第37部門(商標(雑貨繊維))
部門長 矢澤一幸
審判長 豊田純一
第38部門(商標(産業役務・一般役務))
部門長 旦克昌
審判長 岩崎安子
同 大森友子
審判課長 今村亘

中小企業庁

〒100-8912 千代田区霞が関1-3-1
☎03(3501)1511
長官 角野然生
次長 飯田健太

〔長官官房〕
総務課長 吉村直泰
企画官(給付金制度改革担当)(併)中小企業政策上席企画調整官 森喜彦
企画官(給付金制度管理担当)(併)訴訟・情報管理室長 杉山春男
企画官(給付金不正対応等担当) 福田一博
中小企業金融検査官室長 麻生賀寿夫
デジタル・トランスフォーメーション企画調整官 本由美子
業務管理官室長 松田剛
広報相談室長 工藤勝弘

〔事業環境部〕
部長 小林浩史
企画官(併)中小企業政策上席企画調整官 柴山豊樹
調査室長 芳田直樹
経営安定対策室長 井上哲郎
国際協力室長 渡邊郷
金融課長 神﨑忠彦
企画官(資金供給・企業法制担当) 鈴木貴詞
財務課長 木村拓也
取引課長 鮫島大幸

中小企業取引研究官　山下　善太郎
統括下請代金検査官　小金澤喜久雄
取引調査室長　久保田　浩

〔経営支援部〕
部　　　　長　横島　直彦
経営支援部長　松井　拓郎
経営力再構築伴走支援推進室長　林　隆行
小規模企業振興課長　杉本　敬次
創業・新事業促進課長　松本　真太郎
海外展開支援室長(併)　松本　真太郎
技術・経営革新課長(併)長官官房産業生産性室命推進室長　田辺　雄史
商　業　課　長　古谷野　義之

国土交通省

〒100-8918　千代田区霞が関2-1-3
中央合同庁舎3号館
千代田区霞が関2-1-2
中央合同庁舎2号館(分館)
☎03(5253)8111

大　　　　臣　斉藤　鉄夫
副　大　臣　石井　浩郎
副　大　臣　豊田　俊郎
大臣政務官　古川　康
大臣政務官　西田　昭二
大臣政務官　清水　真人
事　務　次　官　藤井　直樹
技　　　監　吉岡　幹夫
国土交通審議官　水嶋　智
同　　和田　信貴
同　　林　俊行
秘　書　官　城戸　一興
同　事務取扱　北村　朝一
同　事務取扱　齋藤　良太

〔大臣官房〕
夜間(5253)8181(総務課)
官　房　長　宇野　善昌
総括審議官　加藤　進
同　　高橋　謙司
技術総括審議官　加藤　雅啓
政策立案総括審議官　大澤　一夫
公共交通・物流政策審議官　鶴田　浩久
土地政策審議官　井上　誠
危機管理・運輸安全政策審議官　宮澤　康一
海外プロジェクト審議官　天野　雄介
公文書監理官　藤原　威一郎

政策評価審議官(兼)　頼　あゆみ
サイバーセキュリティ・情報化審議官　高杉　典弘
官房審議官(危機管理)(兼)　五十嵐　徹人
技術審議官　佐藤　寿延
秘書室長(兼)　頼　あゆみ
人　事　課　長　足立　基成
総　務　課　長　舟本　浩
広　報　課　長　安岡　義敏
会　計　課　長　須藤　明夫
地方室長(兼)　井崎　信也
福利厚生課長　平山　孝治
技術調査課長　見坂　茂範
参事官(人事)(兼)　井崎　信也
同　(会計)　木村　大
同　(労務管理)　福澤　隆人
同　(税制)　折原　英寛
同(運輸安全防災)　石崎　憲勝
調　査　官　渡邉　大明
総括監察官　岸谷　克己
危機管理官　谷川　仁彦
運輸安全監理官　西本　俊幸
官庁営繕部長　秋月　聡二郎
官房審議官(官庁営繕)　古川　陽
管　理　課　長　船木　隆
計　画　課　長　佐藤　由美
整　備　課　長　植木　暁司
設備・環境課長　村上　幸司

〔総合政策局〕
夜間(5253)8252(総務課)
局　　　長　瓦林　康人
次　　　長　岩月　理浩
官房審議官(総政)　小林　真央
官房審議官(公共交通・物流政策)　村田　茂樹
官房審議官(国際)(兼)　高栄　圭一
官房参事官(交通プロジェクト)　木本　仁史
同(地域戦略)　羽矢　憲史
同(グローバル戦略)　垣下　禎裕
同(国際物流)　大坪　弘敏
同(物流産業)　勘場　庸資
総　務　課　長　西海　重知
政　策　課　長　堤　洋介
社会資本整備政策課長　藤條　聡
バリアフリー政策課長　田中　賢二
環境政策課長　光安　達也
海洋政策課長　臼井　謙彰

交通政策課長　真　鍋　英　樹
地域交通課長　倉　石　誠　司
モビリティサービス推進課長　齋　藤　喬
物流政策課長　平　澤　崇　裕
公共事業企画調整課長　岩　崎　福　久
技術政策課長　伊　藤　真　澄
国際政策課長　山　下　雄　史
海外プロジェクト推進課長　盛　谷　幸一郎
国際建設管理官　村　瀬　勝　彦
情報政策課長　桑　田　龍太郎
行政情報化推進課長　笠　谷　雅　也
社会資本経済分析
特別研究官　杳　澤　隆　司

〔国　土　政　策　局〕
夜間(5253)8350(総務課)

局　　　　　長　木　村　　　実
官房審議官(国政)　田　中　幸　三
同　　(国政)　秋　山　公　城
同　(国政)(兼)　池　光　　　崇
総　務　課　長　佐　藤　弘　之
総合計画課長　松　家　新　治
広域地方政策課長　三　善　由　幸
地方振興課長　佐　藤　哲　也
離島振興課長　駒　田　義　誌
計　画　官　鮎　澤　良　史
特別地域振興官　宮　本　貴　章

〔不動産・建設経済局〕
夜間(5253)8373(総務課)

局　　　　　長　長　橋　和　久
次　　　　　長　川　野　　　豊
官房審議官(不動産・
建設経済)(兼)　笹　山　　　敬
同(不動産・建設経済)　増　田　嗣　郎
官房参事官(土地利用)　遠　山　英　子
総　務　課　長　川　埜　　　亮
国際市場課長　川　合　紀　子
情報活用推進課長　奥　田　誠　子
土地政策課長　髙　山　　　泰
地価調査課長　小　玉　典　彦
地籍整備課長　實　井　正　樹
不動産業課長　三　浦　逸　広
不動産市場整備課長　墳　崎　正　俊
建設業課長　岩　下　泰　善
建設市場整備課長　西　山　茂　樹
参　事　官　峰　村　浩　司

〔都　市　局〕
夜間(5253)8393(総務課)

局　　　　　長　天　河　宏　文
官房審議官(都市)　佐々木　俊　一
官房審議官(都市生活環境)　五十嵐　康　次
官房技術審議官(都市)　菊　池　雅　彦
官房参事官(宅地・盛土防災)　吉　田　信　博
総　務　課　長　小　林　正　典
都市政策課長　諏　訪　克　之
都市安全課長　武　井　利　行
まちづくり推進課長　喜　多　功　彦
都市計画課長　鈴　木　章一郎
市街地整備課長　鎌　田　秀　一
街路交通施設課長　服　部　卓　也
公園緑地・景観課長　伊　藤　康　行
参事官(国際園芸博覧会)　大　井　裕　子

〔水管理・国土保全局〕
夜間(5253)8434(総務課)

局　　　　　長　岡　村　次　郎
次　　　　　長　甲　川　壽　浩
官房審議官(防災・リスク
コミュニケーション)　草　野　愼　一
官房審議官(水・国)　永　井　春　信
総　務　課　長　古　橋　季　良
水　政　課　長　石　川　　　亨
河川計画課長　森　本　　　輝
河川環境課長　豊　口　佳　之
治　水　課　長　林　　　正　道
防　災　課　長　中　込　　　淳
水資源部長　朝　堀　泰　明
水資源政策課長　中　川　雅　章
水資源計画課長　川　村　謙　一
下　水　道　部　長　松　原　　　誠
下水道企画課長　鈴　木　　　毅
下水道事業課長　石　井　宏　幸
流域管理官　藤　井　政　人
砂　防　部　長　三　上　幸　三
砂防計画課長　國　友　　　優
保　全　課　長　城ケ崎　正　人

〔道　路　局〕
夜間(5253)8473(総務課)

局　　　　　長　丹　羽　克　彦
次　　　　　長　佐々木　正士郎
官房審議官(道路)　久保田　　　誉
総　務　課　長　鎌　原　宜　文
路　政　課　長　髙　藤　喜　文

道路交通管理課長	小田原雄一
企 画 課 長(兼)	沓 掛 敏 夫
国道・技術課長	長谷川朋弘
環境安全・防災課長	高 松　　諭
高速道路課長	橋 本 雅 道
参 事 官	金 籠 史 彦

〔住　宅　局〕

夜間(5253)8501(総務課)

局　　　　　長	塩 見 英 之
官房審議官(住宅)	石 坂　　聡
官房審議官(住宅)	楠 田 幹 人
総 務 課 長	山 本 泰 司
住宅経済・法制課長	武 藤 祥 郎
住宅総合整備課長	鈴 木 あおい
安心居住推進課長	上 森 康 幹
住宅生産課長	山 下 英 幸
建築指導課長	宿 本 尚 吾
市街地建築課長	成 田 潤 也
参事官(マンション・賃貸住宅)	矢 吹 周 平
参事官(建築企画)	今 村　　敬
参事官(住宅瑕疵担保対策)	二 俣 芳 美
住宅企画官	皆 川 武 士

〔鉄　道　局〕

夜間(5253)8521(総務課)

局　　　　　長	上 原　　淳
次　　　　　長	平 嶋 隆 司
官房審議官(鉄道)(兼)	髙 桒 圭 一
官房審議官(鉄道)	髙 原　　大
官房技術審議官(鉄道)	奥 田　　薫
官房参事官(新幹線建設)	中 野 智 行
官房参事官(海外高速鉄道プロジェクト)	石 原 洋 誠
官房参事官(地域調整)	吉 田
総 務 課 長	金 指 和 彦
幹線鉄道課長	川 島 雄一郎
都市鉄道政策課長	角 野 浩 之
鉄道事業課長	田 口 芳 郎
国 際 課 長	山 本 英 貴
技術企画課長	権 藤 宗 高
施 設 課 長	森　 信 哉
安全監理官	黒 川 和 浩

〔自　動　車　局〕

夜間(5253)8559(総務課)

局　　　　　長	堀 内 丈太郎
次　　　　　長	野 津 真 生
官房審議官(自動車)	住 友 一 仁

官房参事官(自動車(保障))	出 口 まきゆ
総 務 課 長	原 田 修 吾
安全政策課長	村 上 強 志
技術・環境政策課長	久保田秀暢
自動車情報課長	浅 井 俊 隆
旅 客 課 長	森　 哲 也
貨 物 課 長	小 熊 弘 明
車両基準・国際課長	猪 股 博 之
審査・リコール課長	是 則 武 志
整 備 課 長	佐 橋 真 人

〔海　事　局〕

夜間(5253)8608(総務課)

局　　　　　長	髙 橋 一 郎
次　　　　　長	宮 武 宜 史
官房審議官(海事)(兼)	五十嵐徹人
官房技術審議官(海事)	河 野　　順
総 務 課 長	秋 田 未 樹
安全政策課長	松 尾 真 治
海洋・環境政策課長	田 村 顕 治
船員政策課長	谷 口 礼 史
外 航 課 長	宮 沢 正 知
内 航 課 長	小 林 基 樹
船舶産業課長	今 井　　新
検査測度課長	小 磯　　康
海 技 課 長	中 井 智 洋
安全技術調査官	中 村 卓 司

〔港　湾　局〕

夜間(5253)8665(管理課)

局　　　　　長	堀 田　　治
官房技術参事官(港湾)	遠 藤 仁 彦
総 務 課 長	上 田 大 輔
港湾経済課長	奈 良 和 美
計 画 課 長	西 村　　拓
産業港湾課長	西 尾 保 志
技術企画課長	奥 谷　　憲
海洋・環境課長	衛 藤 謙 介
海岸・防災課長	神 谷 昌 文

〔航　空　局〕

夜間(5253)8692(総務課)

局　　　　　長	久保田雅晴
次　　　　　長	新 垣 慶 太
官房審議官(航空)	大 沼 俊 之
官房技術審議官(航空)	田 中 知 足
官房参事官(航空予算)	内 海 雄 介
同　　(航空戦略)	東 田 晃 拓

国土交通省

同　（安全企画）	渡　邉　　　敬	佐　藤　　　勉	高　木　陽　介
同（航空安全推進）	木　内　宏　一	林　　幹　雄	谷　合　正　明
総　務　課　長	片　山　敏　宏	野　上　浩太郎	松　山　政　司
航空ネットワーク部長	大　野　達　生	吉　田　忠　智	青　木　真理子
航空ネットワーク企画課長	上　手　研　治	池　邊　このみ	石　田　東　生
国際航空課長	髙　橋　　　徹	小田切　徳　美	垣　内　恵美子
航空事業課長	重　田　裕　彦	木　場　弘　子	河　野　俊　嗣
空港計画課長	中　原　正　顕	末　松　則　子	髙　村　典　子
空港技術課長	塩　田　昌　弘	田　澤　由　利	田　村　圭　子
首都圏空港課長	多　田　浩　人	柘　植　康　英	津　谷　典　子
近畿圏・中部圏空港課長	吉　岡　誠一郎	中　村　太　士	沼　尾　波　子
安　全　部　長	平　井　一　彦	村　尾　和　俊	山　野　目　章　夫
安全政策課長	北　澤　　　歩	渡　邉　紹　裕	

〔**運　輸　審　議　会**〕

無人航空機安全課長	梅　澤　大　輔	〒100-0013 千代田区霞が関3-1-1	
航空機安全課長	石　井　靖　男	中央合同庁舎4号館3F	
交通管制部長	髙　橋　広　治	☎03 (5253) 8141	
交通管制企画課長	渋　武　　　容	会　　　　　長	堀　川　義　弘
管　制　課　長	松　岡　慎　治	会　長　代　理	和　田　貴　志
運　用　課　長	髙　橋　健　一	委　員（非常勤）	山　田　攝　子
管制技術課長	河　合　良　則	二　村　真理子	三　浦　大　介

〔**北　海　道　局**〕

夜間(5253)8761(総務課)

局　　　　　長	橋　本　　　幸	大　石　美奈子	

〔**国土開発幹線自動車道建設会議**〕

官房審議官(北海道)	柿　崎　恒　美	国土交通省道路局総務課内	
官房審議官(北海道)	田　村　公　一	☎03 (5253) 8111	
総　務　課　長	寺　本　耕　一	委　　　　　員	泉　　健　太
予　算　課　長	松　原　英　憲	亀　井　亜紀子	岸　田　文　雄
地　政　課　長	遠　藤　　　平	鈴　木　俊　一	二　階　俊　博
水　政　課　長	宮　﨑　秀　之	岡　田　　　広	郡　司　　　彰
港　政　課　長	佐　藤　　　徹	武　見　敬　三	西　田　実　仁
農林水産課長	遠　藤　知　庸		

〔**国土交通政策研究所**〕

参　事　官	米　津　仁　司	〒160-0004 新宿区四谷1-6-1	

〔**政　策　統　括　官**〕

四谷タワー 15F ☎03 (5369) 6002

夜間(5253)8105～7

		所　　　　　長	三　浦　文　敬
政　策　統　括　官	小　林　　　靖	副　所　長	山　田　輝　希

〔**国土技術政策総合研究所**〕

同	吉　井　　　浩	〒305-0804 つくば市旭1	
政　策　評　価　官	久　保　麻紀子	☎029 (864) 2211	

〔**国　際　統　括　官**〕

		所　　　　　長	奥　村　康　博
国　際　統　括　官	平　岡　成　哲	副　所　長	長谷川　貴　彦
国際交通特別交渉官	三　宅　正　寿	同	髙　野　誠　紀

〔**国　土　審　議　会**〕

〔**国　土　交　通　大　学　校**〕

		〒187-8520 小平市喜平町2-2-1	
会　　　　　長	永　野　　　毅	☎042 (321) 1541	
会　長　代　理	増　田　寛　也	校　　　　　長	小　林　高　明
委　　　　　員	遠　藤　　　敬	副　校　長	岩　見　洋　一
梶　山　弘　志	小宮山　泰　子	同	長　谷　知　治

国土交通省

〔航空保安大学校〕
〒598-0047 泉佐野市りんくう往来南3-11
☎072(458)3010
校　　　長　成澤浩一

〔国　土　地　理　院〕
〒305-0811 つくば市北郷1
☎029(864)1111
院　　　長　高村裕平
参　事　官　大木章一

〔小笠原総合事務所〕
〒100-2101 東京都小笠原村父島字東町152
☎04998(2)2245
所　　　長　渡辺道治

〔海　難　審　判　所〕
〒102-0083 千代田区麹町2-1
☎03(6893)2400
所　　　長　福島千太郎
首席審判官　黒田拓幸
首席理事官　河野　守

観　光　庁

国土交通省内 ☎03(5253)8111
夜間(5253)8321

長　　　　　官	和田浩一
次　　　　　長	秡川直也
観光政策統括調整官(兼)	秡川直也
審　議　官(兼)	池光　崇
国際観光部長	星野光明
観光地域振興部長	中村広樹
観光政策調整官(兼)	星　明彦
同　　　　(兼)	富田建蔵
同　　　　(兼)	仲澤純
総　務　課　長	黒須　卓
総務課企画官	叶　雅仁
調　整　室　長	醍醐琢也
観光戦略課長	田島聖一
観光統計調査室長(兼)	梅井寿乃
観光産業課長	柿沼宏明
民泊業務適正化指導室長(兼)	遠藤健人
旅行業務適正化指導室長	貴田　晋
参　事　官	高橋泰史
同	白鳥綱重
同　　　　(兼)	桃井謙祐
国際観光課長	齊藤敬一郎
総合計画室長(兼)	寺井陽子
アジア市場推進室長(兼)	寺井陽子
欧米豪市場推進室長(兼)	鈴木清隆
新市場開発室長(兼)	鈴木清隆
外客安全対策室長(兼)	温品清司
参　事　官	廣田健久
同	佐藤克文
観光地域振興課長	河南正幸
観光地域づくり法人支援室長(兼)	大塚久司
観光地域振興企画室長(兼)	大塚久司
広域連携推進室長(兼)	大塚久司
持続可能な観光推進室長(兼)	廣田健久
観光資源課長	富田建蔵
自然資源活用推進室長(兼)	加藤麻理子
文化・歴史資源活用推進室長(兼)	遠藤　翼
新コンテンツ開発推進室長(兼)	佐藤　司
観光政策特別研究交渉官	榎本通也

気　　象　　庁

〒105-8431 港区虎ノ門3-6-9
☎03(6758)3900

長　　　　　官	大林正典
次　　　　　長	大髙豪太
気象防災監	森　隆志
総　務　部　長	石谷俊史
参　事　官	安田珠幾
参事官(気象・地震火山防災)	尾崎友亮
総　務　課　長	飯野晃悟
人　事　課　長	佐藤則彦
企　画　課　長	太原宗宏
経　理　管　理　官	中山泰宏
国際・航空気象管理官	益子直文
情報基盤部長	千葉　剛輝
情報政策課長	酒井喜敏
情報利用推進課長	佐藤　豊
数値予報課長	石田純一
情報通信基盤課長	立川英二
気象衛星課長	長谷川昌樹
大気海洋部長	野村竜一
業　務　課　長	榊原茂記
気象リスク対策課長	杉本悟史
予　報　課　長	黒良龍太
観測整備計画課長	八木勝昌
気候情報課長	竹川元章
環境・海洋気象課長	水野　孝則
地震火山部長	青木　元
管　理　課　長	加藤孝志
地震津波監視課長	鎌谷紀子

火山監視課長	中辻 剛	
地震火山技術・調査課長	束田進也	

運輸安全委員会

〒160-0004 新宿区四谷1-6-1
四谷タワー 15F ☎03(5367)5025

委 員 長	武田展雄	
委 員	早田久子	
島村 淳	丸井祐一	
奥村文直	石田弘明	
佐藤雄二		
同 (非常勤)	中西美和	
津田宏果	鈴木美緒	
新妻実保子	岡本満喜子	
事 務 局 長	柏木隆久	
審 議 官	岡野まさ子	
総 務 課 長	堀 真之助	
参 事 官	渡辺浩昭	
首席航空事故調査官	山田康弘	
首席鉄道事故調査官	森 宣夫	
首席船舶事故調査官	森 有司	

海 上 保 安 庁

国土交通省内 ☎03(3591)6361

長 官	石井昌平	
次 長	瀬口良夫	
海 上 保 安 監	白石 昌己	
総 務 部 長	勝山 潔	
参 事 官	長井総和	
日向弘基	奥 康彦	
政 務 課 長	武田一寧	
政策評価広報室長	中林久子	
予算執行管理室長	上栗泰一	
秘 書 課 長	小岩井 直	

夜間(3591)7944(秘書課)

人 事 課 長	鍬本浩司	
人事企画官	梅原吉広	
情報通信課長	髙橋裕之	
システム整備室長	中西健二	
システム管理室長	枝村和茂	
情報セキュリティ対策室長	恵本康弘	
教育訓練管理官	木川嘉将	
主計管理官	岩川 勝	
国際戦略官	河田敦弥	
危機管理官	勝谷大輔	
海上保安試験研究センター所長	栄 和志	

危機管理調整官	池上浩之	
職員相談室長	藤野達也	
装 備 技 術 部 長	矢頭康彦	
管 理 課 長	大達弘明	

夜間(3591)6367(管理課)

技術開発官	芝田裕紀	
施設補給課長	佐藤 博	
施設調整官	和田真一	
船 舶 課 長	大橋将太	
首席船舶工務官	池田和明	
船舶整備企画室長	田中裕二	
航 空 機 課 長	吉本直哉	
航空機整備室長	鬼塚勝昭	
警 備 救 難 部 長	渡邉保範	
管 理 課 長	澤井幸保	
航空業務管理室長	久保田昌行	
運用司令センター所長	松本孝典	

夜間(3591)9809(管理課)

刑 事 課 長	古川大輔	
外国人漁業対策官	村本克巳	
国際刑事課長	清水 巌	
海賊対策室長	喜志多健史	
警 備 課 長	坂本誠志郎	
領海警備対策室長	星﨑 隆	
警 備 企 画 官	對馬靖浩	
警 備 情 報 課 長	奥 武	
警備情報調整官	荒川直秀	
救 難 課 長	室田英樹	
環境防災課長	箕作幸治	

〔海 洋 情 報 部〕

〒135-0064 江東区青海2-5-18
青海総合庁舎
☎03(5500)7120

部 長	藤田雅之	
企 画 課 長	前野 明	

夜間(3541)3810(企画課)

海洋調査運用室長	遠山良和	
技術・国際課長	木下秀樹	
海洋研究室長	小原泰彦	
国際業務室長	中林 茂	
海洋情報技術調整室長	馬場典夫	
沿岸調査課長	矢吹哲一朗	
海洋防災調査室長	佐藤まりこ	
大洋調査室長	森下泰成	
海洋汚染調査室長	難波江 靖	
情報管理課長	冨山新一	

情報利用推進課長	小森達雄
水路通報室長	辰巳屋誠
海洋空間情報室長	山尾理
図誌調査室長	岡野博文
交通部長	君塚秀喜
企画課長	江原一太朗

夜間(3591)9807(企画課)

海上交通企画室長	宮本長宣
国際・技術開発室長	本田浩二
航行安全課長	麓裕樹
航行指導課長	近藤修志
交通管理室長	花野一誠
安全対策課長	松浦あずさ
安全情報提供センター所長	河田潔
整備課長	田中健彦
首席監察官	村田潔
監察官	本野勝則

〔海上保安大学校〕

〒737-8512 呉市若葉町5-1
☎0823(21)4961

校長	江口満
副校長	野久保薫

環境省

〒100-8975 千代田区霞が関1-2-2
中央合同庁舎5号館本館 ☎03(3581)3351

大臣	西村明宏
副大臣	山田美樹
同	小林茂樹
大臣政務官	国定勇人
同	柳本顕
事務次官	和田篤也
地球環境審議官	小野洋
秘書官	髙木哲哉
同 事務取扱	杉井威夫
同 事務取扱	小林祐紀

〔大臣官房〕

夜間(5521)8210(総務課)

官房長	鑓水洋
政策立案総括審議官	角倉一郎
公文書監理官(充)	神谷洋一
審議官	小森繁
	針田哲
	松本啓朗
	奥山祐矢
サイバーセキュリティ・情報化審議官	神谷洋一
秘書課長	中尾豊

調査官	中原敏正
地方環境室長	今井正之
総務課長	庄子真憲
広報室長	杉井威夫
企画官	吉口進朗
国会連絡室長	松本行央
環境情報室長	明石健吾
危機管理・災害対策室長(併)	吉口進朗
公文書監理室長	小林浩治
会計課長	飯田博文
監査指導室長	鳥毛暢茂
庁舎管理室長	大竹敦

〔総合環境政策統括官グループ〕

夜間(5521)8224(総合政策課)

総合環境政策統括官	上田康治
総合政策課長	西村治彦
計画官	岡村幸代
調査官	堤達也
企画評価・政策プロモーション室長	加藤聖
環境研究技術室長	加藤学
環境教育推進室長	河村玲央
民間活動支援室長(併)	佐々木真二郎
環境統計分析官	
環境経済課長	波戸本尚
市場メカニズム室長	山本泰生
環境影響評価課長	大倉紀彰
環境影響審査室長	相澤寛史

〔地域脱炭素推進審議官グループ〕

地域脱炭素推進審議官	白石隆夫
地域政策課長	松下雄介
地域循環共生圏推進室長	佐々木真二郎
地域脱炭素事業監理室長(併)	伊藤賢利
地域脱炭素事業推進調整官	犬丸淳
地域脱炭素政策調整担当参事官	木野修宏

〔大臣官房環境保健部〕

夜間(5521)8250(環境保健企画管理課)

環境保健部長	神ノ田昌博
環境保健企画管理課長	熊倉基之
保健業務室長	黒羽真吾
特殊疾病対策室長	海老名英治
石綿健康被害対策室長	木内哲平
化学物質審査室長	久保善哉
公害補償審査室長	手塚英明
水銀対策推進室長	吉﨑仁志
環境リスク情報分析官	

環境省

環境安全課長	高澤哲也	
環境リスク評価室長	清水貴也	
放射線健康管理担当参事官	鈴木章記	

〔地球環境局〕

夜間(5521)8241(総務課)

局　　　　長	松澤裕	
特別国際交渉官	瀬川恵子	
総務課長	小笠原靖	
脱炭素社会移行推進室長	伊藤史雄	
気候変動観測研究戦略室長(併)	山田浩司	
排出・吸収インベントリ算定企画官(併)	山田浩司	
気候変動適応室長	塚田源一郎	
地球温暖化対策事業監理室長(併)	伊藤賢利	
地球温暖化対策課長	井上和也	
地球温暖化対策事業室長	松﨑裕司	
脱炭素ビジネス推進室長	内藤冬美子	
フロン対策室長	住佳朝子	
事業監理官	伊藤賢利	
脱炭素ライフスタイル推進室長	井上雄祐	
低炭素物流推進室長(併)	豊住佳朝子	
国際連携課長	川又孝太郎	
気候変動国際交渉室長	青竹寛子	
地球環境情報分析官	中野正博	
国際脱炭素移行推進・環境インフラ担当参事官	水谷好洋	

〔水・大気環境局〕

夜間(5521)8289(総務課)

局　　　　長	秦康之	
総務課長	福島健彦	
調査官	鈴木延昌	
越境大気汚染情報分析官	東幸毅	
環境管理技術室長(併)	鈴木延昌	
大気環境課長	太田志津子	
大気生活環境室長	水原健介	
自動車環境対策課長(充)	福島健彦	
水環境課長	大井通博	
企画官	北村武紀	
閉鎖性海域対策室長	木村正伸	
海洋環境室長	杉本留三	
海洋プラスチック汚染対策室長	藤井好太郎	
土壌環境政策調整官(併)	堀内洋	
土壌環境室長	稲井康弘	
農薬環境管理室長	伊澤航	
地下水・地盤環境室長(充)	堀内洋	

〔自然環境局〕

夜間(5521)8269(総務課)

局　　　　長	奥田直久	
総務課長	細川真宏	
調査官	長田啓	
国民公園室長(併)	曽宮和夫	
動物愛護管理室長	野村環	
自然環境計画課長	堀上勝	
自然環境情報分析官		
生態系情報分析官	柴田泰邦	
生物多様性戦略推進室長	山本麻衣	
生物多様性主流化室長	浜島直子	
国立公園課長	則久雅司	
国立公園利用推進室長	岡野隆宏	
自然環境整備課長	萩原辰男	
温泉地保護利用推進室長	北橋義明	
野生生物課長	中澤圭一	
鳥獣保護管理室長	東岡礼治	
希少種保全推進室長	河野通治	
外来生物対策室長	大林圭司	

〔環境再生・資源循環局〕

夜間(5521)3152(総務課)

局　　　　長	土居健太郎	
次　　　　長	前佛和秀	
総務課長	鮎川智一	
循環指標情報分析官	外山洋一	
循環型社会推進室長(充)	水谷努	
循環型社会推進企画官(併)	岡野隆宏	
リサイクル推進課長	水谷努	
制度企画室長		
廃棄物適正処理推進課長	筒井誠二	
浄化槽推進室長	沼田正樹	
放射性物質汚染廃棄物対策室長	林里香	
廃棄物規制課長	松田尚之	
越境移動情報分析官	福田宏之	
参事官(総括)	新井田浩	
同(特定廃棄物)	馬場康弘	
同(除染)	馬場康弘	
同(中間貯蔵)	内藤冬美	
参事官	堀内洋	
企画官	布田洋史	
同	中野哲哉	
不法投棄原状回復事業対策室長(併)	松田尚之	
災害廃棄物対策室長(併)	筒井誠二	
福島再生・未来志向プロジェクト推進室長(併)	布田洋史	

原子力規制委員会　原子力規制庁

ポリ塩化ビフェニル
廃棄物処理推進室長(併)　松田尚之

原子力規制委員会

〒106-8450 港区六本木1-9-9
☎03(3581)3352

委員長	山中伸介
委員	田中知
	杉山智之　伴信彦
	石渡明

原子力規制庁

〒106-8450 港区六本木1-9-9
☎03(3581)3352

長官	片山啓
次長	金子修一
原子力規制技監	市村知也
緊急事態対策監	古金谷敏之
核物質・放射線総括審議官	佐藤暁
審議官	松下整
内閣府大臣官房審議官(原子力防災担当)(併)	松下整
審議官	森下泰
同	小野祐二
総務課長	黒川陽一郎
公文書監理官(併)	足立敏通
政策立案参事官	吉野亜文
サイバーセキュリティ・情報化参事官	足野村通子
監査・業務改善推進室長	野中桐優
広報室長	一井直人
国際室長	山口夫
事故対処室長	湯本淳通
法令審査室長	足立敏也
情報システム室長(併)	田口達介
人事課長	河原雄輔
参事官(会計担当)	平野信隆
参事官(法務担当)	杉本孝眞
緊急事案対策室長(併)	高橋山貴子
委員会運営支援室長	高遠田口京
技術基盤課長	山崎子
安全技術管理官(システム安全担当)	舟山史晃
同(シビアアクシデント担当)	萩沼真英
同(放射線・廃棄物担当)	内田宏
同(地震・津波担当)	新寺智博
放射線防護企画課長	寺崎俊
保障措置室長	今井亮
監視情報室長	竹本
放射線環境対策室長	中村振一郎
安全規制管理官(核セキュリティ担当)	

同(放射線規制担当)	吉川元浩
原子力規制部長	大島俊之
原子力規制企画課長	金城慎司
火災対策室長	齋藤健一
東京電力福島第一原子力発電所事故対策室長	竹内淳
安全規制管理官(実用炉審査担当)	渡邉桂一
同(研究炉等審査担当)	志間正和
同(核燃料施設審査担当)	長谷川清光
同(地震・津波審査担当)	内藤浩行
検査監督総括課長	武山松次
検査評価室長	清丸勝正
安全規制管理官(実用炉監視担当)	杉本孝信
同(核燃料施設等監視担当)	大向繁勝
同(専門検査担当)	髙須洋司
原子力安全人材育成センター所長(兼)	金子修一
副所長	迎隆

防衛省

〒162-8801 新宿区市谷本村町5-1
☎03(3268)3111

大臣	浜田靖一
副大臣	井野俊郎
大臣政務官	小野田紀美
大臣政務官	木村次郎
事務次官	鈴木敦夫
防衛審議官	岡真臣
秘書官	
同　事務取扱	花井剛

〔大臣官房〕

官房長	芹澤清
政策立案総括審議官	石川武
衛生監	鈴木健彦
施設監	杉山真人
報道官	青木至
公文書監理官	二又知彦
サイバーセキュリティ・情報化審議官	上田幸司
審議官	田部井貞明
	魚住聡　小杉裕一
	林美都子　茂木陽
	北尾昌也　(併)末冨理栄
米軍再編調整官	鋤先幸浩
参事官	丸山幹夫
	上原修二　原田道明
	伊藤和己　今田克彦
秘書課長(併)	小杉裕一

防衛省

〔統合幕僚監部〕

統合幕僚長	山崎幸二
統合幕僚副長	鈴木康郎
総括官	青木誠
総務部長	尼子将之
人事教育課長	中谷大輔
運用部長	伍賀祥裕
副部長	上野和士
運用第1課長	上村博之
運用第2課長	根本勉
運用第3課長	松本邦夫
防衛計画部長	南川信隆
副部長	白川訓通
防衛課長	佐瀬智之
計画課長	武者利勝
指揮通信システム部長	佐藤網夫
指揮通信システム企画課長	江畑泰孝
指揮通信システム運用課長	谷川修言
首席参事官	井草真登
参事官	見寛
報道官	國見泰二
首席法務官	野崎英幸
首席後方補給官	中島隆

〔陸上幕僚監部〕

陸上幕僚長	吉田圭秀
陸上幕僚副長	山根寿一
監理部長	岸良知樹
総務課長	黒川修彦
会計課長	宮崎紀久
人事教育部長	藤岡生士
人事教育計画課長	中村雄賢
補任課長	香川賢
募集・援護課長	不破悟
厚生課長	木原邦弘
運用支援・訓練部長	戒田重雄
運用支援課長	岡田豊徹
訓練課長	庭田浩二
防衛部長	松永浩等
防衛課長	岡田昌久
防衛協力課長	奥和幹
施設課長	末継智太
装備計画部長	上田和久
装備計画課長	今井健一
武器・化学課長	佐藤佳久
通信電子課長	川田義一
航空機課長	深水秀任

文書課長	吉野幸治
企画評価課長	山口剛
広報課長	安居院公仁
会計課長	西村聞多
監査課長	杉山浩誠
訟務管理官	岩脇誠

〔防衛政策局〕

局長	増田和夫史
次長	安藤敦
同	三浦潤
防衛政策課長	飯島秀俊
戦略企画課長	田邊英介
日米防衛協力課長	中間秀彦
国際政策課長	松尾智樹明
運用政策課長	中野滋
調査課長	中野憲幸
訓練課長	後藤章文也
参事官	海江田達也

〔整備計画局〕

局長	川嶋貴樹
防衛計画課長	伊藤晋哉
情報通信課長	瀬川篤史
施設計画課長	北岡亮
施設整備官	井上主勇
提供施設計画官	福島邦彦
施設技術管理官	櫻井淳

〔人事教育局〕

局長	町田一仁
人事計画・補任課長	家護谷昌徳
給与課長	齋藤敏幸
人材育成課長	荒木心平
厚生課長	坂部誠
服務管理官	鈴木雄智
衛生官	山本要

〔地方協力局〕

局長	深澤雅貴
次長	田中利則
総務課長	勝田志
地域社会協力総括課長	村上太正
東日本協力課長	藤井真己
西日本協力課長	鍋田克己
沖縄協力課長	折戸栄介
環境政策課長	池田眞人
在日米軍協力課長	熊野有文
労務管理課長	掛水雅俊

防衛省

指揮通信システム・情報部長	足立	吉樹
指揮通信システム課長	黒木	孝太郎
情報課長	東峰	昌生
衛生部長	森	知久
監察官	田中	仁朗
法務官	篠村	和也
警務管理官	長谷場	修也

〔海上幕僚監部〕

海上幕僚長	酒井	良
海上幕僚副長	真殿	知彦
総務部長	稲田	丈司
副部長	田	厚哉
総務課長	吉田	久樹
経理課長	菅谷	秀司
人事教育部長	金嶋	浩和
人事計画課長	德留	秀幸
補任課長	桐生	宏美
厚生課長	矢野	浩夫
援護業務課長	三宅	隆英
教育課長	赤岩	信明
防衛部長	中田	行司
防衛課長	横川	和公
装備体系課長	一柳	大崇
運用支援課長	安垣	永勉
施設課長	内山	猛
指揮通信情報部長	吉岡	芳洋
指揮通信長	澁谷	悟人
情報課長	本村	信記
装備計画部長	伊藤	秀典
装備開発課長	塚越	康人
艦船・武器課長	福塚	潤孝
航空機課長	大保科	裕俊
監察官	加治	明勇
首席法務官	西川	彦均
首席会計監査官	小川	
首席衛生官	小川	均

〔航空幕僚監部〕

航空幕僚長	井筒	俊司
航空幕僚副長	小笠原	卓人
総務部長	船倉	慶信
会計課長	木村	政和
人事教育部長	倉本	昌弘
人事教育計画課長	小川	貴也
補任課長	鈴木	大
厚生課長	聖德	麻未
募集・援護課長	兼木	大助

防衛部長	坂梨	弘明
防衛課長	富川	輝一
事業計画第1課長	南	賢正
事業計画第2課長	林	育二
施設課長	山﨑	浩二
運用支援・情報部長	稲月	秀正
運用支援課長	村上	博啓
情報課長	斎藤	和典
装備計画部長	小島	隆
装備課長	甲斐	隆裕
整備・補給課長	荻野	康匡
科学技術官	大谷	雄史
監理監察官	寺崎	隆行
首席法務官	山下	愛仁
首席衛生官	桒田	成雄

〔防衛研究所〕

〒162-8808 新宿区市谷本村町5-1
☎03(3260)3019

所長	川崎	方啓
副所長	木口	雄司

〔情報本部〕

本部長	尾崎	義典
副本部長(併)	田部井	貞明

〔防衛監察本部〕

防衛監察監	小川	新二
副監察監	竜﨑	一哲
総務課長	藤重	敦彦
統括監察官	中野	裕文
監察官	池田	頼昭
	大西	哲
	鮫島	建一

防衛装備庁

防衛省内 ☎03(3268)3111

長官	土本	英樹
防衛技監	三島	茂徳

〔長官官房〕

審議官	春日原	大樹
装備官(統合装備担当)	髙原	雄児
同 (陸上担当)	叶	謙二
同 (海上担当)	今吉	真一
同 (航空担当)	後藤	雅人
総務官	岩田	和昭
人事官	錦織	誠樹
会計官	鶴岡	俊也
監察監査・評価官	渡野	和也
装備開発官(統合装備担当)	木村	栄秀
同(陸上装備担当)	佐々木	秀明

同（艦船装備担当）　松本　慎也
同（航空装備担当）　及部　朋紀
同（次期戦闘機担当）　尾山　正樹
艦船設計官　山野　太資

〔装備政策部〕
部　　　長　萬浪　学
装備政策課長　松本　恭典
国際装備課長　荒木　孝裕
装備保全管理官　小松　克行

〔プロジェクト管理部〕
部　　　長　坂本　大祐
プロジェクト管理総括官（陸上担当）　大橋　智
同（海上担当）　石田　伸一樹
同（航空担当）　松﨑　勇樹
事業計画官　五味　賢至
事業監理官（誘導武器・統合装備担当）　海老根　巧
同（宇宙・地上装備担当）　吉岡　正嗣
同（艦船担当）　西村　浩二
同（航空担当）　射場　隆昌
装備技術官（陸上担当）　青木　圭介
同（海上担当）　田中　佳行
同（航空担当）　川口　礼人

〔技術戦略部〕
部　　　長　堀江　弘和
革新技術戦略官　片山　泰介
技術戦略課長　藤井　圭介
技術計画官　横山　映
技術振興官　南　亜樹
技術連携推進官　金子　学

〔調達管理部〕
部　　　長　森　卓生
調達企画課長　鈴木　信丈
原価管理官　塩山　泰聖
企業調査官　飯島　延高

〔調達事業部〕
部　　　長　柴田　直彦
調達総括官　星指　吉見
総括装備調達官（電子音響・艦船担当）　松浦　正裕
同（航空機・輸入担当）　秋本　康雄
需品調達官　板谷　裕司
武器調達官　久保　晃一
電子音響調達官　森　伊知朗
艦船調達官　穂垣　元孝
航空機調達官　芦塚　克洋
輸入調達官　芦塚　修
航空装備研究所長　市橋　孝浩
陸上装備研究所長　志村　明彦

艦艇装備研究所長　有澤　治幸
次世代装備研究所長　土志田　実

会計検査院

〒100-8941　千代田区霞が関3-2-2
中央合同庁舎第7号館　☎03(3581)3251

〔検査官会議〕
院　　　長　森田　祐司
検　査　官　岡村　肇
同　　　　　田中　弥生
院長秘書官　尾﨑　貴美

〔事務総局〕
事務総長　原田祐平
事務総長次長　篠原栄作

〔事務総長官房〕
総括審議官　佐々木　規人
サイバーセキュリティ・情報化審議官兼公文書監理官　星野　博
審議官（事務総長官房担当）　岩城　利明
同（　同　）　清水　享
同（第一局担当）　山崎　健
同（　同　）　豊岡　利昌
同（第二局担当）　鷹箸　博史
同（　同　）　中尾　英樹
同（第三局担当）　遠藤　厚志
同（　同　）　佐藤　稔久
同（第四局担当）　中村　和紀
同（　同　）　山岸　和永
同（第五局担当）　中川　浩
同（　同　）　冨士　博司
同（　同　）　風間　義光

総務課長　山崎　淳也
人事課長　柳瀬　太郎
調査課長　楢崎　義憲
会計課長　栗島　正彦
法規課長　篠﨑　智宏
上席検定調査官　小島　敏之
上席企画調査官　池谷　哲太
厚生管理官　青柳　彰
上席情報システム調査官　石川　猛
能力開発官　前川　博幸
技術参事官　堀田　博幸
蓮見　有敏　山田　稔

〔第一局〕
局　　　長　田中　克生
監　理　官　佐藤　宰
財務検査第一課長　奈良岡　憲治

最高裁判所

385

第 一 課 長　長田雅之史
第 二 課 長　川瀬孝雄
第 三 課 長　永井英雄
参 事 官　清藤健一
　(兼)内田　曉　内田哲也
　　南　宏幸　西岡慶記
　　塚田智大

〔人　事　局〕
局　　　　長　徳岡　治
総 務 課 長　富澤賢一郎
任 用 課 長　高田公輝
能 率 課 長　丸山又生
調 査 課 長(兼)　高田公輝
公 平 課 長(兼)　丸山又生
職 員 管 理 官　平泉信次
参 事 官　中村修輔
　大和谷　教　黒瀬宣輝

〔経　理　局〕
局　　　　長　氏本厚司
総 務 課 長　松川充康
主 計 課 長　真鍋浩之
営 繕 課 長　馬見田政公
用 度 課 長　嶋田直哉
監 査 課 長　楠木久史
管 理 課 長　市川陽一
厚 生 管 理 官　吉岡幸治
参 事 官　増子政恵

〔民　事　局〕
局　　　　長　門田友昌
第 一 課 長　楠松晴子
第 二 課 長　小津亮太
第三課長(兼)　楠松晴
参 事 官　橋爪　信
　(兼)内田哲也　(兼)不破大輔
　　河上基也

〔刑　事　局〕
局　　　　長　吉崎佳弥
第 一 課 長　横山浩典
第 二 課 長　近藤和久
第三課長(兼)　横山浩典
参 事 官(兼)　内田哲也

〔行　政　局〕
局　　　長(兼)　門田友昌
第 一 課 長　荒谷謙介
第 二 課 長　不破大輔

〔家　庭　局〕
局　　　　長　馬渡直史

第 一 課 長　戸苅左近
第 二 課 長　向井宣人
第 三 課 長　上馬場　靖
参 事 官(兼)　内田哲也

〔司 法 研 修 所〕
〒351-0194 和光市南2-3-8 ☎048(460)2000
所　　　　長　中山孝雄
事 務 局 長　一場康宏
事 務 局 次 長　川瀬弘之

〔裁判所職員総合研修所〕
〒351-0196 和光市南2-3-5 ☎048(452)5000
所　　　　長　後藤　健
事 務 局 長　布施敏幸
事 務 局 次 長　須栗克史

事業団・公庫等

(令和5年1月5日現在)
※1月6日以降の取材もあります。

日本私立学校振興・共済事業団

〒102-8145 千代田区富士見1-10-12
☎03(3230)1321
(共済事業本部)
〒113-8441 文京区湯島1-7-5
☎03(3813)5321

理　　事　　長	福原紀彦		
理　　　　事	舟橋　徹		
	齊藤　修	小瀬孝雄	
	松尾　勝	小松弘和	
同　　(非常勤)	小野祥子		
	川並弘純	近藤彰郎	
	高柳元明		
監　　　　事	鳥井幸雄		
同　　(非常勤)	永和田隆一		
企　画　室　長	金田泰行		
総　務　部　長	菊池裕明		
審　　議　　役	白井秀樹		
監　査　室　長	菊池裕明		
財　務　部　長	北村博史		
システム管理室長	小川泰正		
私学経営情報センター長	野田文克		
融　資　部　長	小林一之		
助　成　部　長	吉田秀樹		
数理統計室長	松澤秀彦		
資産運用部長	田代雅之		
業　務　部　長	大井桂子		
年　金　部　長	大須賀哲也		
福　祉　部　長	酒井浩二		
施　設　部　長	陣場　章		
広報相談センター長	山内克也		

沖縄振興開発金融公庫

〒900-8520 那覇市おもろまち1-2-26
☎098(941)1700
[東京本部] 〒105-0003 港区西新橋2-1-1
興和西新橋ビル10F ☎03(3581)3241

理　　事　　長	川上好久	
副　理　事　長	井口裕之	

理　　　　事	齊藤　馨		
	金城光俊	屋比久盛徳	
監　　　　事	二之宮義人		
総　務　部　長	外間　聡		
経　理　部　長	田中　透		
検　　査　　役	與那嶺茂雅		
秘　　書　　役	宮城　創		
審　　査　　役	比嘉　努		
庶　務　部　長	當間直治		
業務統括部長	崎山美香		
調　査　部　長	大西公一郎		
融資第一部長	新垣尚之		
融資第二部長	大城盛直		
融資第三部長	渡真利克久		
事業管理部長	山城興作		
情報システム統括室長	中村あやの		
信用リスク管理統括室長(兼)	比嘉　努		
産業振興出資室長	前村　司		

日　本　銀　行

〒103-8660 中央区日本橋本石町2-1-1
☎03(3279)1111

総　　　　　裁	黒田東彦		
副　　総　　裁	雨宮正佳		
同	若田部昌澄		
審　議　委　員	安達誠司		
	中村豊明	野口　旭	
	中川順子	高田　創	
	田村直樹		
監　　　　事	小野澤洋二		
	藤田博一	坂本哲也	
理　　　　事	内田眞一		
	清水季子	貝塚正彰	
	高口博英	加藤　毅	
	清水誠一		
政策委員会室長	千田英継		
秘　　書　　役	武田直己		
審議役(組織運営調整)	福田英司		

独 立 行 政 法 人

※1月6日以降の取材もあります。

※(独)は独立行政法人を略したものです。

内閣府所管

(独)国立公文書館

〒102-0091 千代田区北の丸公園3-2
☎03(3214)0621

館　　　長　鎌　田　薫

〔アジア歴史資料センター〕

〒113-0033 文京区本郷3-22-5
住友不動産本郷ビル10F
☎03(5805)8801

(独)北方領土問題対策協会

〒110-0014 台東区北上野1-9-12
住友不動産上野ビル9F ☎03(3843)3630

理　　事　　長　諸　星　衛

国立研究開発法人
日本医療研究開発機構

〒100-0004 千代田区大手町1-7-1
読売新聞ビル ☎03(6870)2200

理　　事　　長　三　島　良　直

消費者庁所管

(独)国民生活センター

相模原事務所
〒252-0229 相模原市中央区弥栄3-1-1
☎042(758)3161

東京事務所
〒108-8602 港区高輪3-13-22
☎03(3443)6211

理　　事　　長　山　田　昭　典

総務省所管

国立研究開発法人
情報通信研究機構

(本部)〒184-8795 小金井市貫井北町4-2-1
☎042(327)7429

理　　事　　長　徳　田　英　幸

(独)統計センター

〒162-8668 新宿区若松町19-1
☎03(5273)1200

理　　事　　長　笹　島　誉　行

(独)郵便貯金簡易生命保険管理・郵便局ネットワーク支援機構

〒105-0001 港区虎ノ門5-13-1
虎ノ門40MTビル3F ☎03(5472)7101

理　　事　　長　白　山　昭　彦

外務省所管

(独)国際協力機構

〒102-8012 千代田区二番町5-25
二番町センタービル ☎03(5226)6660

理　　事　　長　田　中　明　彦

(独)国際交流基金

〒160-0004 新宿区四谷1-6-4
コモレ四谷 ☎03(5369)6075

理　　事　　長　梅　本　和　義

財務省所管

(独)酒類総合研究所

〒739-0046 東広島市鏡山3-7-1
☎082(420)0800

理　　事　　長　福　田　央

(独)造幣局

〒530-0043 大阪市北区天満1-1-79
☎06(6351)5361

理　　事　　長　山　名　規　雄

(独)国立印刷局

〒105-8445 港区虎ノ門2-2-5
共同通信会館ビル ☎03(3582)4411

理　　事　　長　大　津　俊　哉

文部科学省所管

(独)国立特別支援教育総合研究所

〒239-8585 横須賀市野比5-1-1
☎046(839)6803

理　　事　　長　中　村　信　一

(独)大学入試センター

〒153-8501 目黒区駒場2 19-23
☎03(3468)3311

理　事　長　山口宏樹

(独)国立青少年教育振興機構

〒151-0052 渋谷区代々木神園町3-1
☎03(3467)7201

理　事　長　古川　和

(独)国立女性教育会館

〒355-0292 埼玉県比企郡嵐山町菅谷728
☎0493(62)6719(総務課)

理　事　長　萩原なつ子

(独)国立科学博物館

〒110-8718 台東区上野公園7-20
☎03(3822)0111

館　　長　篠田謙一

国立研究開発法人 物質・材料研究機構

〒305-0047 つくば市千現1-2-1
☎029(859)2000

理　事　長　宝野和博

国立研究開発法人 防災科学技術研究所

〒305-0006 つくば市天王台3-1
☎029(851)1611

理　事　長　林　春男

国立研究開発法人 量子科学技術研究開発機構

〒263-8555 千葉市稲毛区穴川4-9-1
☎043(382)8001

理　事　長　平野俊夫

(独)国立美術館

〒102-8322 千代田区北の丸公園3-1
☎03(3214)2561

理　事　長　逢坂惠理子

〔東京国立近代美術館〕

〒102-8322 千代田区北の丸公園3-1
☎03(3214)2561

〔京都国立近代美術館〕

〒606-8344 京都市左京区岡崎円勝寺町26-1
☎075(761)4111

〔国立映画アーカイブ〕

〒104-0031 中央区京橋3-7-6
☎03(3561)0823

〔国立西洋美術館〕

〒110-0007 台東区上野公園7-7
☎03(3828)5131

〔国立国際美術館〕

〒530-0005 大阪市北区中之島4-2-55
☎06(6447)4680

〔国立新美術館〕

〒106-8558 港区六本木7-22-2
☎03(6812)9900

(独)国立文化財機構

〒110-8712 台東区上野公園13-9
☎03(3822)1196

理　事　長　島谷弘幸

〔東京国立博物館〕

〒110-8712 台東区上野公園13-9
☎03(3822)1111

〔京都国立博物館〕

〒605-0931 京都市東山区茶屋町527
☎075(541)1151

〔奈良国立博物館〕

〒630-8213 奈良市登大路町50
☎0742(22)7771

〔九州国立博物館〕

〒818-0118 太宰府市石坂4-7-2
☎092(918)2807

〔東京文化財研究所〕

〒110-8713 台東区上野公園13-43
☎03(3823)2241

〔奈良文化財研究所〕

〒630-8577 奈良市二条町2-9-1
☎0742(30)6733

〔アジア太平洋無形文化 遺産研究センター〕

〒590-0802 堺市堺区百舌鳥夕雲町2丁
(堺市博物館内)
☎072(275)8050

（独）教職員支援機構

〒305-0802 つくば市立原3
☎029（879）6613

理　事　長　荒瀬克己

国立研究開発法人
科学技術振興機構

〒332-0012 川口市本町4-1-8
川口センタービル　☎048（226）5601

理　事　長　橋本和仁

（独）日本学術振興会

〒102-0083 千代田区麹町5-3-1
麹町ビジネスセンター　☎03（3263）1722

理　事　長　杉野　剛

国立研究開発法人
理化学研究所

〒351-0198 和光市広沢2-1
☎048（462）1111

理　事　長　五神　真

国立研究開発法人
宇宙航空研究開発機構

〒182-8522 調布市深大寺東町7-44-1
☎0422（40）3000
（東京事務所）
〒101-8008 千代田区神田駿河台4-6
御茶ノ水ソラシティ
☎03（5289）3600

理　事　長　山川　宏

（独）日本スポーツ振興センター

〒160-0013 新宿区霞ヶ丘町4-1
☎03（5410）9124

理　事　長　芦立　訓

（独）日本芸術文化振興会

〒102-8656 千代田区隼町4-1
☎03（3265）7411

理　事　長　河村潤子

（独）日本学生支援機構

〒226-8503 横浜市緑区長津田町4259 S-3
☎045（924）0812

理　事　長　吉岡知哉

国立研究開発法人
海洋研究開発機構

〒237-0061 横須賀市夏島町2-15
☎046（866）3811

理　事　長　大和裕幸

（独）国立高等専門学校機構

〒193-0834 八王子市東浅川町701-2
☎042（662）3120

理　事　長　谷口　功

（独）大学改革支援・学位授与機構

〒187-8587 小平市学園西町1-29-1
☎042（307）1500

機　構　長　福田秀樹

国立研究開発法人
日本原子力研究開発機構

〒319-1184 茨城県那珂郡東海村
大字舟石川765番地1
☎029（282）1122

理　事　長　小口正範

厚生労働省所管

（独）勤労者退職金共済機構

〒170-8055 豊島区東池袋1-24-1
ニッセイ池袋ビル
☎03（6907）1275（総務部）

理　事　長　水野正望

（独）高齢・障害・求職者雇用支援機構

〒261-8558 千葉市美浜区若葉3-1-2
☎043（213）6000

理　事　長　湯浅善樹

（独）福祉医療機構

〒105-8486 港区虎ノ門4-3-13
ヒューリック神谷町ビル　☎03（3438）0211

理　事　長　中村裕一

（独）国立重度知的障害者総合施設
のぞみの園

〒370-0865 高崎市寺尾町2120-2
☎027（325）1501

理　事　長　深代敬久

独立行政法人

(独)労働政策研究・研修機構

〒177-8502 練馬区上石神井4-8-23
☎03(5903)6111

理　事　長　樋口美雄

(独)労働者健康安全機構

〒211-0021 川崎市中原区木月住吉町1-1
☎044(431)8600(総務部)

理　事　長　有賀　徹

(独)国立病院機構

〒152-8621 目黒区東が丘2-5-21
☎03(5712)5050

理　事　長　楠岡英雄

(独)医薬品医療機器総合機構

〒100-0013 千代田区霞が関3-3-2
新霞が関ビル
☎03(3506)9541

理　事　長　藤原康弘

国立研究開発法人
医薬基盤・健康・栄養研究所

〒567-0085 茨木市彩都あさぎ7-6-8
☎072(641)9811

理　事　長　中村祐輔

(独)地域医療機能推進機構

〒108-8583 港区高輪3-22-12
☎03(5791)8220

理　事　長　山本修一

年金積立金管理運用(独)

〒105-6377 港区虎ノ門1-23-1
虎ノ門ヒルズ森タワー7F ☎03(3502)2480

理　事　長　宮園雅敬

国立研究開発法人
国立がん研究センター

〒104-0045 中央区築地5-1-1
☎03(3542)2511

理　事　長　中釜　斉

国立研究開発法人
国立循環器病研究センター

〒564-8565 吹田市岸部新町6-1
☎06(6170)1070

理　事　長　大津欣也

国立研究開発法人
国立精神・神経医療研究センター

〒187-8551 小平市小川東町4-1-1
☎042(341)2711

理　事　長　中込和幸

国立研究開発法人
国立国際医療研究センター

〒162-8655 新宿区戸山1-21-1
☎03(3202)7181

理　事　長　國土典宏

国立研究開発法人
国立成育医療研究センター

〒157-8535 世田谷区大蔵2-10-1
☎03(3416)0181

理　事　長　五十嵐　隆

国立研究開発法人
国立長寿医療研究センター

〒474-8511 大府市森岡町7-430
☎0562(46)2311

理　事　長　荒井秀典

農林水産省所管

(独)農林水産消費安全技術センター

〒330-9731 さいたま市中央区新都心2-1
さいたま新都心合同庁舎検査棟
☎050(3797)1830

理　事　長　木内岳志

(独)家畜改良センター

〒961-8511 福島県西白河郡西郷村
大字小田倉字小田倉原1
☎0248(25)2231

理　事　長　入江正和

国立研究開発法人
農業・食品産業技術総合研究機構

〒305-8517 つくば市観音台3-1-1
☎029(838)8998

理　事　長　久間和生

国立研究開発法人
国際農林水産業研究センター

〒305-8686 つくば市大わし1-1
☎029(838)6313

理　事　長　小山　修

国立研究開発法人
森林研究・整備機構

〒305-8687 つくば市松の里1
☎029(873)3211

理　事　長　浅　野　　透

国立研究開発法人
水産研究・教育機構

〒221-8529 横浜市神奈川区新浦島町1-1-25
テクノウェイブ100 6F　☎045(277)0120

理　事　長　中　山　一　郎

(独)農畜産業振興機構

〒106-8635 港区麻布台2-2-1
麻布台ビル　☎03(3583)8196(広報消費者課)

理　事　長　佐　藤　一　雄

(独)農業者年金基金

〒105-8010 港区西新橋1-6-21
NBF虎ノ門ビル5F　☎03(3502)3942

理　事　長　西　　惠　正

(独)農林漁業信用基金

〒105-6228 港区愛宕2-5-1 愛宕グリーンヒルズ
MORIタワー28F　☎03(3434)7813

理　事　長　今　井　　敏

経済産業省所管

(独)経済産業研究所

〒100-8901 千代田区霞が関1-3-1
経済産業省別館11F　☎03(3501)1363

理　事　長　浦　田　秀次郎

(独)工業所有権情報・研修館

〒105-6008 港区虎ノ門4-3-1
城山トラストタワー8F　☎03(3501)5765

理　事　長　久　保　浩　三

国立研究開発法人
産業技術総合研究所

〒100-8921 千代田区霞が関1-3-1
☎03(5501)0900

理　事　長　石　村　和　彦

(独)製品評価技術基盤機構

〒151-0066 渋谷区西原2-49-10
☎03(3481)1931

理　事　長　長谷川　史　彦

国立研究開発法人新エネルギー・
産業技術総合開発機構

〒212-8554 川崎市幸区大宮町1310
ミューザ川崎セントラルタワー16F～20F
☎044(520)5100(総務部)

理　事　長　石　塚　博　昭

(独)日本貿易振興機構

〒107-6006 港区赤坂1-12-32
アーク森ビル　☎03(3582)5511

理　事　長　佐々木　伸　彦

(独)情報処理推進機構

〒113-6591 文京区本駒込2-28-8
文京グリーンコートセンターオフィス16F
☎03(5978)7620

理　事　長　富　田　達　夫

**(独)エネルギー・
金属鉱物資源機構**

〒105-0001 港区虎ノ門2-10-1
虎ノ門ツインビルディング西棟
☎03(6758)8000

理　事　長　細　野　哲　弘

(独)中小企業基盤整備機構

〒105-8453 港区虎ノ門3-5-1
虎ノ門37森ビル
☎03(3433)8811

理　事　長　豊　永　厚　志

国土交通省所管

国立研究開発法人
土木研究所

〒305-8516 つくば市南原1-6
☎029(879)6700(総務課)

理　事　長　藤　田　光　一

国立研究開発法人
建築研究所

〒305-0802 つくば市立原1
☎029(864)2151

理　事　長　澤　地　孝　男

国立研究開発法人
海上・港湾・航空技術研究所

〒181-0004 三鷹市新川6-38-1
☎0422(41)3013

理　事　長　栗　山　善　昭

(独)海技教育機構

〒231-0003 横浜市中区北仲通5-57
横浜第2合同庁舎20F　☎045(211)7303

理　　事　　長　　田島哲明

(独)航空大学校

〒880-8580 宮崎市大字赤江字飛江田
652-2　☎0985(51)1211

理　　事　　長　　井戸川　眞

(独)自動車技術総合機構

〒160-0003 新宿区四谷本塩町4-41
住友生命四谷ビル4F
☎03(5363)3441

理　　事　　長　　木村隆秀

(独)鉄道建設・
運輸施設整備支援機構

〒231-8315 横浜市中区本町6-50-1
横浜アイランドタワー
☎045(222)9100(総務課)

理　　事　　長　　河内　隆

(独)国際観光振興機構

通称:日本政府観光局(JNTO)

〒160-0004 新宿区四谷1-6-4
☎03(5369)3342

理　　事　　長　　清野　智

(独)水資源機構

〒330-6008 さいたま市中央区新都心11-2
ランド・アクシス・タワー内
☎048(600)6500

理　　事　　長　　金尾健司

(独)自動車事故対策機構

〒130-0013 墨田区錦糸3-2-1
アルカイースト19F　☎03(5608)7560

理　　事　　長　　中村晃一郎

(独)空港周辺整備機構

〒812-0013 福岡市博多区博多駅東2-17-5
ARKビル9F　☎092(472)4591

理　　事　　長　　今野洋美

(独)都市再生機構

〒231-8315 横浜市中区本町6-50-1
横浜アイランドタワー　☎045(650)0111

理　　事　　長　　中島正弘

(独)奄美群島振興開発基金

〒894-0026 奄美市名瀬港町1-5
☎0997(52)4511

理　　事　　長　　本田勝規

(独)日本高速道路保有・
債務返済機構

〒220-0011 横浜市西区高島1-1-2
横浜三井ビルディング5F
☎045(228)5977

理　　事　　長　　高松　勝

(独)住宅金融支援機構

〒112-8570 文京区後楽1-4-10
☎03(3812)1111

理　　事　　長　　毛利信二

環境省所管

国立研究開発法人
国立環境研究所

〒305-8506 つくば市小野川16-2
☎029(850)2314

理　　事　　長　　木本昌秀

(独)環境再生保全機構

〒212-8554 川崎市幸区大宮町1310
ミューザ川崎セントラルタワー
☎044(520)9501

理　　事　　長　　小辻智之

防衛省所管

(独)駐留軍等労働者労務管理機構

〒108-0073 港区三田3-13-12
三田MTビル　☎03(5730)2163

理　　事　　長　　廣瀬行成

地 方 庁

北 海 道

〒060-8588 札幌市中央区北3条西6丁目
☎011(231)4111
〒100-0014 千代田区永田町2-17-17
永田町ほっかいどうスクエア1F
☎(3581)3411

議 長	小畑 保則
副 議 長	市橋 修治
知 事	鈴木 直道
副 知 事	浦本 元人
副 知 事	土屋 俊亮
副 知 事	小玉 俊宏
東京事務所長	加納 孝之

青 森 県

〒030-8570 青森市長島1-1-1
☎017(722)1111
〒102-0093 千代田区平河町2-6-3
都道府県会館7F ☎(5212)9113

議 長	三橋 一三
副 議 長	蛯沢 正勝
知 事	三村 申吾
副 知 事	青山 祐治
副 知 事	柏木 司
東京事務所長	荒関 浩巳

岩 手 県

〒020-8570 盛岡市内丸10-1
☎019(651)3111
〒104-0061 中央区銀座5-15-1
南海東京ビル2F ☎(3524)8316

議 長	五日市 王
副 議 長	小野 共
知 事	達増 拓也
副 知 事	菊池 哲
副 知 事	八重樫 幸治
東京事務所長	平井 省三

宮 城 県

〒980-8570 仙台市青葉区本町3-8-1
☎022(211)2111
〒102-0093 千代田区平河町2-6-3
都道府県会館12F ☎(5212)9045

議 長	菊地 恵一
副 議 長	池田 憲彦
知 事	村井 嘉浩
副 知 事	遠藤 信哉
副 知 事	池田 敬之
東京事務所長	梶村 和秀

秋 田 県

〒010-8570 秋田市山王4-1-1
☎018(860)1032(秘書課)
〒102-0093 千代田区平河町2-6-3
都道府県会館7F ☎(5212)9115

議 長	柴田 正敏
副 議 長	杉本 俊比古
知 事	佐竹 敬久
副 知 事	神部 秀行
副 知 事	猿田 和三
東京事務所長	成田 光明

山 形 県

〒990-8570 山形市松波2-8-1
☎023(630)2211
〒102-0093 千代田区平河町2-6-3
都道府県会館13F ☎(5212)9026

議 長	坂本 貴美雄
副 議 長	加賀 正和
知 事	吉村 美栄子
副 知 事	平山 雅之
東京事務所長	村山 朋也

福 島 県

〒960-8670 福島市杉妻町2-16
☎024(521)1111
〒102-0093 千代田区平河町2-6-3
都道府県会館12F ☎(5212)9050

| 議 長 | 渡辺 義信 |
| 副 議 長 | 佐藤 政隆 |

知　　　　事	内堀雅雄
副　知　事	鈴木正晃
副　知　事	井出孝利
東京事務所長	細川　了

茨城県

〒310-8555 水戸市笠原町978-6
☎029 (301) 1111
〒102-0093 千代田区平河町2-6-3
都道府県会館9F ☎ (5212) 9088

議　　　　長	石井邦一
副　議　長	村上典男
知　　　　事	大井川和彦
副　知　事	小野寺　俊
副　知　事	横山征成
東京渉外局長	綿引伸一

栃木県

〒320-8501 宇都宮市塙田1-1-20
☎028 (623) 2323
〒102-0093 千代田区平河町2-6-3
都道府県会館11F ☎ (5212) 9064

議　　　　長	山形修治
副　議　長	池田　忠
知　　　　事	福田富一
副　知　事	北村一郎
副　知　事	末永洋之
東京事務所長	上崎純一

群馬県

〒371-8570 前橋市大手町1-1-1
☎027 (223) 1111
〒102-0093 千代田区平河町2-6-3
都道府県会館8F ☎ (5212) 9102

議　　　　長	星名建市
副　議　長	井下泰伸
知　　　　事	山本一太
副　知　事	津久井治男
副　知　事	宇留賀敬一
東京事務所長	吉田功幸

埼玉県

〒330-9301 さいたま市浦和区高砂3-15-1
☎048 (824) 2111
〒102-0093 千代田区平河町2-6-3
都道府県会館8F ☎ (5212) 9104

議　　　　長	中屋敷慎一
副　議　長	武内政文
知　　　　事	大野元裕
副　知　事	砂川裕紀
副　知　事	高柳三郎
副　知　事	山本悟司
東京事務所長	山﨑明弘

千葉県

〒260-8667 千葉市中央区市場町1-1
☎043 (223) 2110
〒102-0093 千代田区平河町2-6-3
都道府県会館14F ☎ (5212) 9013

議　　　　長	佐野　彰
副　議　長	山本義一
知　　　　事	熊谷俊人
副　知　事	穴澤幸男
副　知　事	黒野嘉之
東京事務所長	相葉正宏

東京都

〒163-8001 新宿区西新宿2-8-1
☎ (5321) 1111

議　　　　長	三宅しげき
副　議　長	本橋ひろたか
知　　　　事	小池百合子
副　知　事	武市　敬
副　知　事	黒沼　靖
副　知　事	潮田　勉
副　知　事	宮坂　学

神奈川県

〒231-8588 横浜市中区日本大通1
☎045 (210) 1111
〒102-0093 千代田区平河町2-6-3
都道府県会館9F ☎ (5212) 9090

| 議　　　　長 | しきだ博昭 |
| 副　議　長 | 曽我部久美子 |

地方庁

左段

知 事	黒岩祐治
副 知 事	武井政二
副 知 事	小板橋聡士
副 知 事	首藤健治
東京事務所長	木口真治

新潟県

〒950-8570 新潟市中央区新光町4-1
☎025 (285) 5511
〒102-0093 千代田区平河町2-6-3
都道府県会館15F ☎ (5212) 9002

議 長	小島隆
副 議 長	楡井辰雄
知 事	花角英世
副 知 事	佐久間豊
副 知 事	橋本憲次郎
東京事務所長	綱島知子

富山県

〒930-8501 富山市新総曲輪1-7
☎076 (431) 4111
〒102-0093 千代田区平河町2-6-3
都道府県会館13F ☎ (5212) 9030

議 長	渡辺守人
副 議 長	瘠師富士夫
知 事	新田八朗
副 知 事	蔵堀祐一
副 知 事	横田美香
首都圏本部長	砂原賢司

石川県

〒920-8580 金沢市鞍月1-1
☎076 (225) 1111
〒102-0093 千代田区平河町2-6-3
都道府県会館14F ☎ (5212) 9016

議 長	石田忠夫
副 議 長	不破大仁
知 事	馳浩
副 知 事	徳田博
副 知 事	西垣淳子
東京事務所長	横川浩三

右段

福井県

〒910-8580 福井市大手3-17-1
☎0776 (21) 1111
〒102-0093 千代田区平河町2-6-3
都道府県会館10F ☎ (5212) 9074

議 長	大森哲男
副 議 長	小堀友廣
知 事	杉本達治
副 知 事	中村保博
副 知 事	櫻本宏
東京事務所長	白嵜淳

山梨県

〒400-8501 甲府市丸の内1-6-1
☎055 (237) 1111
〒102-0093 千代田区平河町2-6-3
都道府県会館13F ☎ (5212) 9033

議 長	久保田松幸
副 議 長	古屋雅夫
知 事	長崎幸太郎
副 知 事	渡邊和彦
東京事務所長	前島斉

長野県

〒380-8570 長野市大字南長野字幅下692-2 ☎026 (232) 0111
〒102-0093 千代田区平河町2-6-3
都道府県会館12F ☎ (5212) 9055

議 長	丸山栄一
副 議 長	髙島陽子
知 事	阿部守一
副 知 事	関昇一郎
東京事務所長	中村宏平

岐阜県

〒500-8570 岐阜市薮田南2-1-1
☎058 (272) 1111
〒102-0093 千代田区平河町2-6-3
都道府県会館14F ☎ (5212) 9020

議 長	平岩正光
副 議 長	加藤大博
知 事	古田肇
副 知 事	大森康宏
副 知 事	河合孝憲

地方庁

東京事務所長　片桐伸一

静 岡 県

〒420-8601 静岡市葵区追手町9-6
☎054(221)2455(総合案内)
〒102-0093 千代田区平河町2-6-3
都道府県会館13F ☎(5212)9035

議　　　　長	藪田宏行
副　議　長	和田篤夫
知　　　　事	川勝平太
副　知　事	出野　勉
副　知　事	森　貴志
ふじのくに大使館公使 (東 京 事 務 所 長)	芹澤真一

愛 知 県

〒460-8501 名古屋市中区三の丸3-1-2
☎052(961)2111
〒102-0093 千代田区平河町2-6-3
都道府県会館9F ☎(5212)9092

議　　　　長	須﨑かん
副　議　長	佐藤一志
知　　　　事	大村秀章
副　知　事	古本伸一郎
副　知　事	松井圭介
副　知　事	佐々木菜々子
副　知　事	林　全宏
東京事務所長	高橋伸至

三 重 県

〒514-8570 津市広明町13
☎059(224)3070
〒102-0093 千代田区平河町2-6-3
都道府県会館11F ☎(5212)9065

議　　　　長	前野和美
副　議　長	藤田宜三
知　　　　事	一見勝之
副　知　事	廣田恵子
副　知　事	服部　浩
東京事務所長	清水英彦

滋 賀 県

〒520-8577 大津市京町4-1-1
☎077(528)3993
〒102-0093 千代田区平河町2-6-3
都道府県会館8F ☎(5212)9107

議　　　　長	岩佐弘明
副　議　長	清水鉄次
知　　　　事	三日月大造
副　知　事	江島宏治
副　知　事	大杉住子
東京本部長	富家信次

京 都 府

〒602-8570 京都市上京区下立売通新町
西入藪ノ内町 ☎075(451)8111
〒102-0093 千代田区平河町2-6-3
都道府県会館8F ☎(5212)9109

議　　　　長	菅谷寛志
副　議　長	村井　弘
知　　　　事	西脇隆俊
副　知　事	山下晃正
副　知　事	古川博規
副　知　事	鈴木貴典
東京事務所長	嶋津誉子

大 阪 府

〒540-8570 大阪市中央区大手前2-1-22
☎06(6941)0351
〒102-0093 千代田区平河町2-6-3
都道府県会館7F ☎(5212)9118

議　　　　長	森　和臣
副　議　長	三宅史明
知　　　　事	吉村洋文
副　知　事	田中清剛
副　知　事	山口信彦
副　知　事	海老原論
東京事務所長	芳本竜一

兵 庫 県

〒650-8567 神戸市中央区下山手通5-10-1
☎078(341)7711
〒102-0093 千代田区平河町2-6-3
都道府県会館13F ☎(5212)9040

| 議　　　　長 | 小西隆紀 |

地方庁

副　議　長	水田 裕一郎	
知　　　　事	齋藤 元彦	
副　知　事	片山 安孝	
副　知　事	服部 洋平	
東京事務所長	今後 元彦	

奈　良　県

〒630-8501 奈良市登大路町30
☎0742(22)1101
〒102-0093 千代田区平河町2-6-3
都道府県会館9F ☎(5212)9096

議　　　　長	岩田 国夫	
副　議　長	西川　均	
知　　　　事	荒井 正吾	
副　知　事	村井　浩	
副　知　事	土屋 直毅	
東京事務所長	永井　聡	

和　歌　山　県

〒640-8585 和歌山市小松原通1-1
☎073(432)4111
〒102-0093 千代田区平河町2-6-3
都道府県会館12F ☎(5212)9057

議　　　　長	尾崎 要二	
副　議　長	岩田 弘彦	
知　　　　事	岸本 周平	
副　知　事	下　宏	
東京事務所長	日根 かがり	

鳥　取　県

〒680-8570 鳥取市東町1-220
☎0857(26)7111
〒102-0093 千代田区平河町2-6-3
都道府県会館10F ☎(5212)9077

議　　　　長	内田 博長	
副　議　長	広谷 直樹	
知　　　　事	平井 伸治	
副　知　事	亀井 一賀	
東京本部長	堀田 晶子	

島　根　県

〒690-8501 松江市殿町1
☎0852(22)5111
〒102-0093 千代田区平河町2-6-3
都道府県会館11F ☎(5212)9070

議　　　　長	田中 八洲男	
副　議　長	池田　一	
知　　　　事	丸山 達也	
副　知　事	松尾 紳次	
東京事務所長	清水 克典	

岡　山　県

〒700-8570 岡山市北区内山下7-2-4-6
☎086(224)2111
〒102-0093 千代田区平河町2-6-3
都道府県会館10F ☎(5212)9080

議　　　　長	加藤 浩久	
副　議　長	太田 正孝	
知　　　　事	伊原木 隆太	
副　知　事	横田 有次	
副　知　事	小谷　敦	
東京事務所長	玉置 明日夫	

広　島　県

〒730-8511 広島市中区基町10-52
☎082(228)2111
〒105-0001 港区虎ノ門1-2-8
虎ノ門琴平タワー22F ☎(3580)0851

議　　　　長	中本 隆志	
副　議　長	中原 好治	
知　　　　事	湯﨑 英彦	
副　知　事	田邉 昌彦	
副　知　事	玉井 優子	
東京事務所長	小早川 一英	

山　口　県

〒753-8501 山口市滝町1-1
☎083(922)3111
〒100-0013 千代田区霞が関3-3-1
尚友会館4F ☎(3502)3355

議　　　　長	柳居 俊学	
副　議　長	二木 健治	
知　　　　事	村岡 嗣政	
副　知　事	平屋 隆之	

東京事務所長　繁永俊之

徳島県

〒770-8570 徳島市万代町1-1
☎088(621)2500(案内係)
〒102-0093 千代田区平河町2-6-3
都道府県会館14F ☎(5212)9022

議　　　長	南　　恒　生
副　議　長	井　川　龍　二
知　　　事	飯　泉　嘉　門
副　知　事	酒　池　由　幸
副　知　事	勝　野　美　江
東京本部長	勝　川　雅　史

香川県

〒760-8570 高松市番町4-1-10
☎087(831)1111
〒102-0093 千代田区平河町2-6-3
都道府県会館9F ☎(5212)9100

議　　　長	高　城　宗　幸
副　議　長	新　田　耕　造
知　　　事	池　田　豊　人
副　知　事	西　原　義　一
東京事務所長	多　田　　仁

愛媛県

〒790-8570 松山市一番町4-4-2
☎089(941)2111
〒102-0093 千代田区平河町2-6-3
都道府県会館11F ☎(5212)9071

議　　　長	渡　部　　浩
副　議　長	古　川　拓　哉
知　　　事	中　村　時　広
副　知　事	田　中　英　樹
副　知　事	八　矢　　拓
東京事務所長	八　木　一　成

高知県

〒780-8570 高知市丸ノ内1-2-20
☎088(823)1111
〒100-0011 千代田区内幸町1-3-3
内幸町ダイビル7F ☎(3501)5541

議　　　長	明神健夫
副　議　長	西　内　隆　純
知　　　事	濱　田　省　司

副　知　事　井　上　浩　之
理事・東京事務所長　有　澤　功

福岡県

〒812-8577 福岡市博多区東公園7-7
☎092(651)1111
〒102-0093 千代田区麹町1-12-1
住友不動産ふくおか半蔵門ビル2F ☎(3261)9861

議　　　長	桐　明　和　久
副　議　長	井　上　博　隆
知　　　事	服　部　誠太郎
副　知　事	江　口　　勝
副　知　事	大　曲　昭　恵
副　知　事	生　嶋　亮　介
東京事務所長	山　口　洋　志

佐賀県

〒840-8570 佐賀市城内1-1-59
☎0952(24)2111
〒102-0093 千代田区平河町2-6-3
都道府県会館11F ☎(5212)9073

議　　　長	藤　木　卓一郎
副　議　長	宮　原　真　一
知　　　事	山　口　祥　義
副　知　事	坂　本　洋　介
副　知　事	南　里　　隆
首都圏事務所長	橋　口　泰　史

長崎県

〒850-8570 長崎市尾上町3-1
☎095(824)1111
〒102-0093 千代田区平河町2-6-3
都道府県会館14F ☎(5212)9025

議　　　長	中　島　廣　義
副　議　長	山　口　初　實
知　　　事	大　石　賢　吾
副　知　事	平　田　修　三
副　知　事	平　田　　研
東京事務所長	村　田　利　博

熊 本 県

〒862-8570 熊本市中央区水前寺6-18-1
☎096(383)1111
〒102-0093 千代田区平河町2-6-3
都道府県会館10F ☎(5212)9084

議　　　長	溝口幸治
副　議　長	髙野洋介
知　　　事	蒲島郁夫
副　知　事	田嶋　徹
副　知　事	木村　敬
東京事務所長	内田清之

大 分 県

〒870-8501 大分市大手町3-1-1
☎097(536)1111
〒102-0093 千代田区平河町2-6-3
都道府県会館4F
☎(6771)7011

議　　　長	御手洗吉生
副　議　長	古手川正治
知　　　事	広瀬勝貞
副　知　事	尾野賢治
副　知　事	吉田一生
東京事務所長	馬場真由美

宮 崎 県

〒880-8501 宮崎市橘通東2-10-1
☎0985(26)7111
〒102-0093 千代田区平河町2-6-3
都道府県会館15F ☎(5212)9007

議　　　長	中野一則
副　議　長	二見康之
知　　　事	河野俊嗣
副　知　事	日隈俊郎
副　知　事	永山寛理
東京事務所長	丸山裕太郎

鹿 児 島 県

〒890-8577 鹿児島市鴨池新町10-1
☎099(286)2111
〒102-0093 千代田区平河町2-6-3
都道府県会館12F ☎(5212)9060

議　　　長	田之上耕三
副　議　長	鶴薗真佐彦

知　　　事	塩田康一
副　知　事	藤本徳昭
副　知　事	須藤明裕
東京事務所長	富永信一

沖 縄 県

〒900-8570 那覇市泉崎1-2-2
☎098(866)2074(総務私学課)
〒102-0093 千代田区平河町2-6-3
都道府県会館10F ☎(5212)9087

議　　　長	赤嶺　昇
副　議　長	照屋守之
知　　　事	玉城デニー
副　知　事	照屋義実
副　知　事	池田竹州
東京事務所長	平田正志

札 幌 市

〒060-8611 札幌市中央区北1条西2
☎011(211)2111
〒100-0006 千代田区有楽町2-10-1
東京交通会館3F ☎(3216)5090

議　　　長	細川正人
副　議　長	峯廻紀昌
市　　　長	秋元克広
副　市　長	町田隆敏
副　市　長	吉岡　亨
副　市　長	石川敏也
東京事務所長	佐藤美賀

仙 台 市

〒980-8671 仙台市青葉区国分町3-7-1
☎022(261)1111
〒102-0093 千代田区平河町2-4-1
日本都市センター会館9F
☎(3262)5765

議　　　長	赤間次彦
副　議　長	村上かずひこ
市　　　長	郡　和子
副　市　長	藤本　章
副　市　長	髙橋新悦
東京事務所長	大上喜裕

地方庁

さいたま市

〒330-9588 さいたま市浦和区常盤6-4-4
☎048(829)1111
〒102-0093 千代田区平河町2-4-1
日本都市センター会館11F
☎(5215)7561

議		長	中島隆一
副	議	長	三神尊志
市		長	清水勇人
副	市	長	日野 徹
副	市	長	髙橋 篤
副	市	長	小川博之
東京事務所長			金子芳久

千 葉 市

〒260-8722 千葉市中央区千葉港1-1
☎043(245)5111
〒102-0093 千代田区平河町2-4-1
日本都市センター会館9F
☎(3261)6411

議		長	川村博章
副	議	長	森山和博
市		長	神谷俊一
副	市	長	大木正人
副	市	長	青柳 太
東京事務所長			青木 茂

横 浜 市

〒231-0005 横浜市中区本町6-50-10
☎045(671)2121
〒102-0093 千代田区平河町2-4-1
日本都市センター会館11F
☎(3264)4800

議		長	清水富雄
副	議	長	髙橋正治
市		長	山中竹春
副	市	長	平原敏英
副	市	長	城 博俊
副	市	長	伊地知英弘
副	市	長	大久保智子
東京プロモーション本部長			雨宮 勝

川 崎 市

〒210-8577 川崎市川崎区宮本町1
☎044(200)2111

議		長	橋本 勝
副	議	長	織田勝久
市		長	福田紀彦
副	市	長	伊藤 弘
副	市	長	加藤順一
副	市	長	藤倉茂起
東京事務所長			中岡祐一

相 模 原 市

〒252-5277 相模原市中央区中央2-11-15
☎042(754)1111
〒102-0093 千代田区平河町2-4-1
日本都市センター会館12F
☎(3222)1653

議		長	寺田弘子
副	議	長	加藤明徳
市		長	本村賢太郎
副	市	長	隠田展一
副	市	長	森 多可示
副	市	長	大川亜沙奈
東京事務所長			井出政之

新 潟 市

〒951-8550 新潟市中央区学校町通1-602-1
☎025(228)1000
〒102-0093 千代田区平河町2-4-1
日本都市センター会館9F
☎(5216)5133

議		長	古泉幸一
副	議	長	金子益夫
市		長	中原八一
副	市	長	朝妻 博
副	市	長	野島晶子
東京事務所長			丸山 寛

静 岡 市

〒420-8602 静岡市葵区追手町5-1
☎054(254)2111
〒102-0093 千代田区平河町2-4-1
日本都市センター会館9F
☎(3556)0865

議 長	望 月 俊 明
副 議 長	佐 藤 成 子
市 長	田 辺 信 宏
副 市 長	大 長 義 之
副 市 長	本 田 武 志
東京事務所長	小 島 憲 之

浜 松 市

〒430-8652 浜松市中区元城町103-2
☎053(457)2111
〒102-0093 千代田区平河町2-4-1
日本都市センター会館12F
☎(3556)2691

議 長	太 田 康 隆
副 議 長	倉 田 清 一
市 長	鈴 木 康 友
副 市 長	鈴 木 伸 幸
副 市 長	長 田 繁 喜
副 市 長	山 名 裕
東京事務所長	齊 田 一 朗

名 古 屋 市

〒460-8508 名古屋市中区三の丸3-1-1
☎052(961)1111
〒100-0013 千代田区霞が関3-3-2
新霞が関ビルディング1F ☎(3504)1738

議 長	岩 本 たかひろ
副 議 長	金 庭 宜 雄
市 長	河 村 たかし
副 市 長	中 田 英 雄
副 市 長	杉 野 みどり
副 市 長	松 雄 俊 憲
東京事務所長	長 屋 信 明

京 都 市

〒604-8571 京都市中京区寺町通
御池上る上本能寺前町488
☎075(222)3111
〒100-0005 千代田区丸の内1-6-5
丸の内北口ビル14F
☎(6551)2671

議 長	田 中 明 秀
副 議 長	吉 田 孝 雄
市 長	門 川 大 作
副 市 長	岡 田 憲 和
副 市 長	吉 田 良 比 呂
副 市 長	坂 越 健 一
東京事務所長	草 木 大

大 阪 市

〒530-8201 大阪市北区中之島1-3-20
☎06(6208)8181
〒102-0093 千代田区平河町2-6-3
都道府県会館7F(大阪府東京事務所内)
☎(3230)1631

議 長	大 橋 一 隆
副 議 長	西 﨑 照 明
市 長	松 井 一 郎
副 市 長	高 橋 徹
副 市 長	朝 川 晋
副 市 長	山 本 剛 史
東京事務所長	濵 ノ 園 英 樹

堺 市

〒590-0078 堺市堺区南瓦町3-1
☎072(233)1101
〒102-0093 千代田区平河町2-6-3
都道府県会館7F(大阪府東京事務所内)
☎(5276)2183

議 長	裏 山 正 利
副 議 長	上 村 太 一
市 長	永 藤 英 機
副 市 長	島 田 憲 明
副 市 長	中 野 時 浩
副 市 長	山 岡 由 佳
東京事務所長	坂 口 哲

神戸市

〒650-8570 神戸市中央区加納町6-5-1
☎078(331)8181
〒102-0093 千代田区平河町2-6-3
都道府県会館13F ☎(3263)3071

議　　　　長	安井 俊彦
副　議　長	坊池　　正
市　　　長	久元 喜造
副　市　長	今西 正男
副　市　長	油井 洋明
副　市　長	小原 一徳
東京事務所長	服部 哲也

岡山市

〒700-8544 岡山市北区大供1-1-1
☎086(803)1000
〒100-0005 千代田区丸の内2-5-2
三菱ビル9F973区 ☎(3201)3807

議　　　　長	和氣　　健
副　議　長	下市 このみ
市　　　長	大森 雅夫
副　市　長	林　　恭生
副　市　長	竹中 正博
東京事務所長	林原 瑞気

広島市

〒730-8586 広島市中区国泰寺町1-6-34
☎082(245)2111
〒100-0012 千代田区日比谷公園1-3
市政会館内 ☎(3591)1292

議　　　　長	佐々木 壽吉
副　議　長	母谷 龍典
市　　　長	松井 一實
副　市　長	前　　健一
副　市　長	及川　　享
東京事務所長	澤　　裕二

北九州市

〒803-8501 北九州市小倉北区城内1-1
☎093(582)2102
〒100-0006 千代田区有楽町2-10-1
東京交通会館ビル6F ☎(6213)0093

議　　　　長	鷹木 研一郎
副　議　長	成重 正丈

市　　　長	北橋 健治
副　市　長	梅本 和秀
副　市　長	稲原　　浩
副　市　長	西田 幸生
東京事務所長	大迫 道広

福岡市

〒810-8620 福岡市中央区天神1-8-1
☎092(711)4111
〒102-0093 千代田区平河町2-4-1
日本都市センター会館12F
☎(3261)9712

議　　　　長	伊藤 嘉人
副　議　長	山口 剛司
市　　　長	髙島 宗一郎
副　市　長	光山 裕朗
副　市　長	中村 英一
副　市　長	荒瀬 泰子
東京事務所長	三宅 宏治

熊本市

〒860-8601 熊本市中央区手取本町1-1
☎096(328)2111
〒102-0093 千代田区平河町2-4-1
日本都市センター会館9F
☎(3262)3840

議　　　　長	原　　亨
副　議　長	園川 良二
市　　　長	大西 一史
副　市　長	深水 政彦
副　市　長	中垣内 隆久
東京事務所長	金山 武史

全国都道府県議会議長会

〒102-0093 千代田区平河町2-6-3
都道府県会館5F ☎(5212)9155

会　　　　長	柴田 正敏
副　会　長	小畑 保則
五日市	王	石井 邦一
石田 忠夫		小西 隆紀
柳居 俊学		明神 健夫
田之上 耕三		
理　　　事	坂本 貴美雄

	しきだ博昭	藪田宏行
	菅谷寛志	加藤浩久
	南　恒生	溝口幸治
監　　　　事	三橋一三	
	前野和美	中本隆志
事 務 総 長	青木信之	
総 務 部 長	飯山尚人	
議事調査部長	下田正幸	
調 査 部 長	植野隆志	
共済会業務部長心得	今関安弘	

全国知事会

〒102-0093 千代田区平河町2-6-3
都道府県会館内 ☎(5212)9127

会　　　　長	平井伸治	
副 会 長	三村申吾	
	阿部守一	古田　肇
	荒井正吾	伊原木隆太
	蒲島郁夫	
理　　　　事	村井嘉浩	
	小池百合子	大村秀章
	三日月大造	丸山達也
	濱田省司	広瀬勝貞
監　　　　事	達増達也	
	吉村洋文	池田豊人
事 務 総 長	中島正信	
事 務 局 次 長	多田健一郎	
総 務 部 長	多田健一郎	
調 査 第 一 部 長	西川　享	
調 査 第 二 部 長	仙田康博	
調査第三部長(兼)地方自治政策センター長	鈴木　成	
事 務 局 部 長	猪鼻信雄	

全国市議会議長会

〒102-0093 千代田区平河町2-4-2
全国都市会館 ☎(3262)5234

会　　　　長	清水富雄	
副 会 長	篠原藤雄	
	宮崎雅人	円谷憲人

	浅野裕司	笹田　卓
	原　　亨	
事 務 総 長	橋本嘉一	
次　　　　長	上市直樹	
総 務 部 長	片岡智則	
政 務 第 一 部 長	福田将己	
政 務 第 二 部 長	見原　出	
企 画 議 事 部 長	目黒宏康	
共済会事務局長	橋本嘉一	

全国市長会

〒102-8635 千代田区平河町2-4-2
全国都市会館 ☎(3262)2310〜9

会　　　　長	立谷秀清	
副 会 長	三好　昇	
	穂積　志	村山　卓
	佐藤栄一	田辺信宏
	河上敢二	神出政巳
	真砂充敏	伊東香織
	福田良彦	野志克仁
	江里口秀次	
事 務 総 長	稲山博司	
事 務 局 次 長	横山忠弘	
企画調整室長(事務取扱)	事務局次長	
総 務 部 長	村上賢治	
行 政 部 長	百武和宏	
財 政 部 長	山本靖尚	
社 会 文 教 部 長	木村成仁	
経 済 部 長	山本宏明	
調 査 広 報 部 長	髙橋英俊	
共済保険部長(事務取扱)	事務局次長	

全国町村議会議長会

〒102-0082 千代田区一番町25番地
全国町村議員会館 ☎(3264)8181

会　　　　長	南雲　正	
副 会 長	中城重則	
副 会 長	八鍬　太	
事 務 総 長	望月達史	

事務局次長	三宅達也	財政部長	小野寺則博
企画調整部長	鈴木毅	経済農林部長	小野文明
議事調査部長	飯田厚	広報部長	田名網眞基
共済会業務部長	松浦貞治	事業部長	戸田隆康

全国町村会

〒100-0014 千代田区永田町1-11-35
全国町村会館 ☎(3581)0482

会　　　　長	荒木泰臣
副　会　　長	棚野孝夫
	船橋茂久　櫻井公一
	古口達也　岩田利雄
	羽田健一郎　西田健
	汐見明男　宮脇正道
	谷川俊博　永原讓二
事　務　総　長	横田真二
事務局次長（総務・事業・災害共済・生協担当）	直江史彦
事務局次長（政務担当）	角田秀夫
総　務　部　長	河野功
行　政　部　長	小出太朗

災害共済部長	坂中理人
保険部長(兼)	坂中理人
生協事務局長	佐川浩幸

指定都市市長会

〒100-0012 千代田区日比谷公園1-3
市政会館6F ☎(3591)4772

会　　　　長	久元喜造
副　会　　長	鈴木康友
	門川大作　北橋健治
	清水勇人　高島宗一郎
	松井一實
事　務　局　長	豊永太郎
次　　　　長	花房新也
同	嵯峨亜希子
同	枝元俊晴

全国都市東京事務所 （○は指定都市）

北海道市長会	〒100-0014 千,永田町2-17-17永田町ほっかいどうスクエア1F	☎(3500)3917
熊本県市長会	〒102-0093 千,平河町2-4-1日本都市センター11F	☎(3288)5235
○札 幌 市	〒100-0006 千,有楽町2-10-1東京交通会館3F	☎(3216)5090
○仙 台 市	〒102-0093 千,平河町2-4-1日本都市センター9F	☎(3262)5765
○さいたま市	〒102-0093 千,平河町2-4-1日本都市センター11F	☎(5215)7561
○千 葉 市	〒102-0093 千,平河町2-4-1日本都市センター9F	☎(3261)6411
○横 浜 市	〒102-0093 千,平河町2-4-1日本都市センター11F	☎(3264)4800
○川 崎 市	〒210-8577 川崎市川崎区宮本町1	☎044(200)0053
○相模原市	〒102-0093 千,平河町2-4-1日本都市センター12F	☎(3222)1653
○新 潟 市	〒102-0093 千,平河町2-4-1日本都市センター9F	☎(5216)5133
○静 岡 市	〒102-0093 千,平河町2-4-1日本都市センター9F	☎(3556)0865
○浜 松 市	〒102-0093 千,平河町2-4-1日本都市センター12F	☎(3556)2691
○名古屋市	〒100-0013 千,霞が関3-3-2新霞が関ビルディング1F	☎(3504)1738
○京 都 市	〒100-0005 千,丸の内1-6-5丸の内北口ビル14F	☎(6551)2671
○大 阪 市	〒102-0093 千,平河町2-6-3都道府県会館7F（大阪府東京事務所内）	☎(3230)1631
○堺 市	〒102-0093 千,平河町2-6-3都道府県会館7F（大阪府東京事務所内）	☎(5276)2183
○神 戸 市	〒102-0093 千,平河町2-6-3都道府県会館13F	☎(3263)3071
○岡 山 市	〒100-0005 千,丸の内2-5-2三菱ビル9F973区	☎(3201)3807
○広 島 市	〒100-0012 千,日比谷公園1-3市政会館4F	☎(3591)1292

地方庁

○北 九 州 市	〒100-0006	千,有楽町2-10-1東京交通会館ビル6F	☎(6213)0093
○福 岡 市	〒102-0093	千,平河町2-4-1日本都市センター12F	☎(3261)9712
○熊 本 市	〒102-0093	千,平河町2-4-1日本都市センター9F	☎(3262)3840
小 樽 市	〒100-0014	千,永田町2-17-17永田町ほっかいどうスクエア614	☎(6205)7760
釧 路 市	〒102-0093	千,平河町2-4-1日本都市センター9F	☎(3263)1992
帯 広 市	〒105-0003	港,西新橋1-16-4ノアックスビル6F	☎(3581)2415
苫 小 牧 市	〒102-0093	千,平河町2-4-2全国都市会館5F	☎(3265)8078
青 森 市	〒107-0052	港,赤坂3-13-7サクセス赤坂ビル	☎(5545)5652
八 戸 市	〒102-0093	千,平河町2-4-2全国都市会館5F	☎(3261)8973
盛 岡 市	〒100-0012	千,日比谷公園1-3市政会館5F	☎(3595)7101
秋 田 市	〒102-0093	千,平河町2-4-1日本都市センター11F	☎(3234)6871
鶴 岡 市	〒134-0088	江戸川区西葛西7-28-7	☎(5696)6821
いわき市	〒105-0004	港,新橋2-16-1ニュー新橋ビル7F	☎(5251)5181
金 沢 市	〒102-0093	千,平河町2-4-2全国都市会館5F	☎(3262)0444
福 井 市	〒100-0012	千,日比谷公園1-3市政会館5F	☎(6457)9181
長 野 市	〒100-0014	千,永田町2-17-17アイオス永田町509	☎(5501)0461
岐 阜 市	〒102-0093	千,平河町2-6-3都道府県会館14F県事務所内	☎(5210)2061
豊 橋 市	〒102-0093	千,平河町2-4-1日本都市センター9F	☎(5210)1484
豊 田 市	〒102-0093	千,平河町2-4-1日本都市センター11F	☎(3556)3861
四 日 市 市	〒102-0093	千,平河町2-4-1日本都市センター11F	☎(3263)3038
津 市	〒102-0093	千,平河町2-4-1日本都市センター11F	☎(6672)6868
姫 路 市	〒102-0093	千,平河町2-4-1日本都市センター12F	☎(6272)5690
和 歌 山 市	〒102-0093	千,平河町2-6-3都道府県会館12F県事務所内	☎(5212)9193
倉 敷 市	〒102-0093	千,平河町2-4-2全国都市会館5F	☎(3263)2686
呉 市	〒102-0093	千,平河町2-4-1日本都市センター11F	☎(6261)3746
福 山 市	〒102-0093	千,平河町2-4-1日本都市センター11F	☎(3263)0966
下 関 市	〒102-0093	千,平河町2-4-1日本都市センター12F	☎(3261)4098
松 山 市	〒102-0093	千,平河町2-4-1日本都市センター11F	☎(3262)0974
久 留 米 市	〒102-0093	千,平河町2-4-1日本都市センター11F	☎(3556)6900
長 崎 市	〒100-0012	千,日比谷公園1-3市政会館7F	☎(3591)7600
佐 世 保 市	〒102-0093	千,平河町2-4-1日本都市センター11F	☎(5213)9060
諫 早 市	〒112-0015	文,白山1-4-15	☎(3947)3296
大 分 市	〒102-0093	千,平河町2-4-1日本都市センター12F	☎(3221)5951
別 府 市	〒100-0014	千,永田町2-17-17アイオス永田町606号室	☎(6457)9971
宮 崎 市	〒102-0093	千,平河町2-4-1日本都市センター12F	☎(3234)9777
鹿 児 島 市	〒102-0093	千,平河町2-4-1日本都市センター12F	☎(3262)6684

（人口10万人以上の都市についての東京事務所を掲載。）

地方庁

特殊法人・主要団体等一覧

【特殊法人】

〔事業団〕

日本私立学校振興・共済事業団	102-8145	千，富士見1-10-12	3230-1321

〔公　庫〕

沖縄振興開発金融公庫	900-8520	那覇市おもろまち1-2-26	098-941-1700

〔特殊会社〕

日本電信電話㈱（NTT）	100-8116	千，大手町1-5-1 大手町ファーストスクエア イーストタワー	6838-5111
東日本電信電話㈱（NTT東日本）	163-8019	新，西新宿3-19-2 NTT東日本本社ビル	5359-5111
西日本電信電話㈱（NTT西日本）	534-0024	大阪市都島区東野田町4-15-82	06-4793-9111
日 本 郵 政 　㈱	100-8791	千，大手町2-3-1	3477-0111
日 本 郵 便 　㈱		同	
日 本 た ば こ 産 業 ㈱	105-6927	港，虎ノ門4-1-1	6636-2914
新 関 西 国 際 空 港 ㈱	549-0011	大阪府泉南郡田尻町泉州空港中1番地 関西国際空港航空会社北棟4F	072-455-4030
北 海 道 旅 客 鉄 道 ㈱	060-8644	札幌市中央区北11条西15丁目1-1	011-222-7111 （電話案内センター）
四 国 旅 客 鉄 道 ㈱	760-8580	高松市浜ノ町8-33	087-825-1600
日 本 貨 物 鉄 道 ㈱	151-0051	渋，千駄ヶ谷5-33-8 サウスゲート新宿	5367-7370 （総務部）
東京地下鉄㈱（東京メトロ）	110-8614	台，東上野3-19-6	3837-7041 （総務部）
成 田 国 際 空 港 ㈱	282-8601	成田市古込1-1 成田国際空港内	0476-34-5400 （総務人事部）
東 日 本 高 速 道 路 ㈱	100-8979	千，霞が関3-3-2 新霞が関ビルディング	3506-0111
中 日 本 高 速 道 路 ㈱	460-0003	名古屋市中区錦2-18-19 三井住友銀行名古屋ビル	052-222-1620
西 日 本 高 速 道 路 ㈱	530-0003	大阪市北区堂島1-6-20 堂島アバンザ18F	06-6344-4000
首 都 高 速 道 路 ㈱	100-8930	千，霞が関1-4-1 日土地ビル	3502-7311
阪 神 高 速 道 路 ㈱	530-0005	大阪市北区中之島3-2-4 中之島フェスティバルタワー・ウエスト	06-6203-8888
本州四国連絡高速道路㈱	651-0088	神戸市中央区小野柄通4-1-22 アーバンエース三宮ビル	078-291-1000
日 本 アルコール産業㈱	103-0024	中，日本橋小舟町6-6 小倉ビル6F	5641-5255
中間貯蔵・環境安全事業㈱	105-0014	港，芝1-7-17 住友不動産芝ビル3号館4F	5765-1911
㈱ 日 本 政 策 金 融 公 庫	100-0004	千，大手町1-9-4 大手町フィナンシャルシティ ノースタワー	3270-0636 （総務部）
㈱商工組合中央金庫（商工中金）	104-0028	中，八重洲2-10-17	3272-6111
㈱ 日 本 政 策 投 資 銀 行	100-8178	千，大手町1-9-6 大手町フィナンシャルシティ サウスタワー	3244-1900
輸入・港湾関連情報処理センター㈱	150-0013	渋，恵比寿1-3-1 浜離宮ザ タワー事務所棟6F	6732-6119 （総務部）
㈱ 国 際 協 力 銀 行	100-8144	千，大手町1-4-1	5218-3100

〔その他〕

日 本 放 送 協 会	150-8001	渋，神南2-2-1	3465-1111
放 送 大 学 学 園	261-8586	千葉市美浜区若葉2-11	043-276-5111
日 本 中 央 競 馬 会	105-0003	港，西新橋1-1-1	3591-5251
日 本 年 金 機 構	168-8505	杉，高井戸西3-5-24	5344-1100
沖縄科学技術大学院大学	904-0495	沖縄県国頭郡恩納村字谷茶1919-1	098-966-8711

【認可法人・地方共同法人・共済組合等】(50音順)

銀行等保有株式取得機構	104-0033	中，新川2-28-1 ザ・パークレックス新川4F	3553-1761 （運営企画室）
警 察 共 済 組 合	102-8588	千，三番町6-8 警察共済ビル	5213-8300

原子力損害賠償・廃炉等支援機構	105-0001	港，虎ノ門2-2-5 同通信会館5F	5575-3810 （総務グループ）
公立学校共済組合	101-0062	千，神田駿河台2-9-5	5259-0011
国家公務員共済組合連合会	102-0074	千，九段南1-1-10 九段合同庁舎	3222-1841
使用済燃料再処理機構	030-0812	青森市堤町2-1-7 堤町ファーストスクエアビル4F	017-763-5910
損害保険契約者保護機構	101-8335	千，神田淡路町2-9 損保会館3F	3255-1635
地方公務員共済組合連合会	100-0011	千，内幸町2-1-1 飯野ビルディング11F	6807-3677
地方公務員災害補償基金	102-0093	千，平河町2-16-1 平河町森タワー8F	5210-1341 （総務課）
地方職員共済組合	102-8601	千，平河町2-4-9 地共済センタービル	3261-9821
貯金保険機構 （農水産業協同組合貯金保険機構）	100-0005	千，丸の内3-3-1 新東京ビル9F	3285-1270
電力広域的運営推進機関	135-0061	江東，豊洲6-2-15	0570-044-777
日本貸金業協会	108-0074	港，高輪3-19-15 二葉高輪ビル2F・3F	5739-3011
日　本　銀　行	103-0021	中，日本橋本石町2-1-1	3279-1111
日本下水道事業団	113-0034	文，湯島2-31-27 湯島台ビル	6361-7800 （総務企画課）
日　本　赤　十　字　社	105-8521	港，芝大門1-1-3	3438-1311
預　金　保　険　機　構	100-0004	千，大手町1-9-2 大手町フィナンシャル シティグランキューブ13F	6262-7370

〔主 要 団 体〕(50音順)

(公社)＝公益社団法人、(一社)＝一般社団法人、(特社)＝特例社団法人、(公財)＝公益財団法人、(一財)＝一般財団法人、(特財)＝特例財団法人、(社福)＝社会福祉法人、(社医)＝社会医療法人財団

〔地 方 自 治〕

(一財)尾崎行雄記念財団	100-0014	千，永田町1-8-1 憲政記念館内（代替施設）	3581-1778
(公財)後藤・安田記念東京都市研究所	100-0012	千，日比谷公園1-3 市政会館	3591-1201
指定都市市長会	100-0012	千，日比谷公園1-3 市政会館6F	3591-4772
(一社)全国過疎地域連盟	101-0047	千，内神田1-5-4 加藤ビル3F	5244-5827
全国市議会議長会	102-0093	千，平河町2-4-2 全国都市会館6F	3262-5234
全　国　市　長　会	102-8635	千，平河町2-4-2 全国都市会館4F	3262-2313
(一財)全国自治協会	100-0014	千，永田町1-11-35 全国町村会館	3581-0476 （災害共済部庶務係）
全　国　知　事　会	102-0093	千，平河町2-6-3 都道府県会館6F	5212-9127
全　国　町　村　会	100-0014	千，永田町1-11-35 全国町村会館	3581-0482
全国町村議会議長会	102-0082	千，一番町25 全国町村議員会館4F	3264-8181
全国都道府県議会議長会	102-0093	千，平河町2-6-3 都道府県会館5F	5212-9155
(一財)地方財務協会	102-0093	千，平河町2-4-9 地共済センタービル6F	3261-8547
(一財)地方自治研究機構	104-0061	中，銀座7-14-16 太陽銀座ビル2F	5148-0661 （総務部）
都道府県選挙管理委員会連合会	160-0022	新，新宿1-1-2 東洋信新宿ビル3F	6273-0548
日本行政書士会連合会	105-0001	港，虎ノ門4-1-28 虎ノ門タワーズオフィス10F	6435-7330

〔財務省関係〕

(一財)産業経理協会	101-8333	千，神田淡路町1-15-6	3253-0361
信金中央金庫	103-0028	中，八重洲1-3-7	5202-7711
(一社)信託協会	100-0005	千，丸の内2-2-1 岸本ビル1F	6206-3981
(一社)生命保険協会	100-0005	千，丸の内3-4-1 新国際ビル3F	3286-2624
(一社)全国銀行協会	100-8216	千，丸の内1-3-1	3216-3761
全信組連(全国信用協同組合連合会)	104-8310	中，京橋1-9-5	3562-5111
(一社)全国信用金庫協会	103-0028	中，八重洲1-3-7	3517-5711

(一社)全国信用組合中央協会	104-0031	中, 京橋1-9-5	3567-2451
(一社)全国信用保証協会連合会	101-0048	千, 神田司町2-1 オーク神田ビル8F・9F	6823-1200
(一社)全国地方銀行協会	101-8509	千, 内神田3-1-2 地方銀行会館	3252-5171
(一社)全国労働金庫協会	101-0062	千, 神田駿河台2-5-15 労働金庫会館	3295-6721
損害保険料率算出機構	163-1029	新, 西新宿3-7-1 新宿パークタワー28F・29F	6758-1300
(一社)第二地方銀行協会	102-8356	千, 三番町5	3262-2181
㈱東京商品取引所	103-0026	中, 日本橋兜町2-1	3666-1361
㈱東京証券取引所	103-8224	中, 日本橋兜町2-1	3666-0141
(一社)投資信託協会	103-0026	中, 日本橋兜町2-1 東京証券取引所ビル6F	5614-8400
日本公認会計士協会	102-8264	千, 九段南4-4-1 公認会計士会館	3515-1120
日本証券業協会	103-0027	中, 日本橋2-11-2 太陽生命日本橋ビル(8F～11F)	6665-6800
日本税理士会連合会	141-0032	品, 大崎1-11-8 日本税理士会館8F	5435-0931
(一社)日本損害保険協会	101-8335	千, 神田淡路町2-9 損保会館内	3255-1844

〔経済産業省関係〕

板硝子協会	108-0074	港, 高輪1-3-13 NBF高輪ビル4F	6450-3926
(一社)海洋水産システム協会	103-0027	中, 日本橋3-15-8 アミノ酸合会館2F	6411-0021
(公社)関西経済連合会(関経連)	530-6691	大阪市北区中之島6-2-27 中之島センタービル30F	06-6441-0101
(一財)機械振興協会	105-0011	港, 芝公園3-5-8 機械振興会館	3434-8224
(公社)経済同友会	100-0005	千, 丸の内1-4-6 日本工業倶楽部別館5F	3211-1271 (総務部)
軽自動車検査協会	160-0023	新, 西新宿2-11 新宿三井ビル2号館15F	5324-6611
高圧ガス保安協会	105-8447	港, 虎ノ門4-3-13 ヒューリック神谷町ビル	3436-6100
(一社)自転車協会	107-0052	港, 赤坂1-8-1 赤坂インターシティ-AIR9F	6230-9896
(一財)製品安全協会	110-0012	台, 竜泉2-20-2 ミサワホームズ三ノ輪2F	5808-3300
(一財)石炭フロンティア機構	105-0003	港, 西新橋3-3-1 Daiwa西新橋ビル3F	6402-6100
石油化学工業協会	104-0033	中, 新川1-4-1 住友不動産六甲ビル8F	3297-2011 (総務部)
石油鉱業連盟	100-0004	千, 大手町1-3-2 経団連会館17F	3214-1701
石油連盟	100-0004	千, 大手町1-3-2 経団連会館17F	5218-2305
石灰石鉱業協会	101-0032	千, 岩本町1-7-1 瀬木ビル4F	5687-7650
(一社)セメント協会	104-0041	中, 新富1-5-5 RBM築地ビル2F	5540-6171
全国商工会連合会	100-0006	千, 有楽町1-7-1 有楽町電気ビル北館19F	6268-0088
全国商工団体連合会(全商連)	171-8575	豊, 目白2-36-13	3987-4391
全国石油業共済協同組合連合会	100-0014	千, 永田町2-17-14 石油会館	3593-5811
全国石油商業組合連合会	100-0014	千, 永田町2-17-14 石油会館	3593-5811
(公財)全国中小企業振興機関協会	104-0033	中, 新川2-1-9 石川ビル	5541-6688
全国中小企業団体中央会	104-0033	中, 新川1-26-19 全中・全味ビル	3523-4901 (総務企画部)
全国鍍金工業組合連合会	105-0011	港, 芝公園3-5-8 機械振興会館206	3433-3855
全日本印刷工業組合連合会(全印工連)	104-0041	中, 新富1-16-8 日本印刷会館4F	3552-4571
電気事業連合会	100-8118	千, 大手町1-3-2 経団連会館	5221-1440 (広報部)
(一社)電子情報技術産業協会	100-0004	千, 大手町1-1-3 大手センタービル	5218-1050 (総務部)
(一財)伝統的工芸品産業振興協会	107-0052	港, 赤坂8-1-22 2F	5785-1001
(一社)日本アルミニウム協会	104-0061	中, 銀座4-2-15 塚本素山ビル7F	3538-0221
(一社)日本ガス協会	105-0001	港, 虎ノ門1-15-12 日本ガス協会ビル9F	3502-0111

410

(一社) 日本化学工業協会	104-0033	中、新川1-4-1 住友不動産六甲ビル7F	3297-2550 (総務部)
(公社) 日本観光振興協会	105-0001	港、虎ノ門3-1-1 虎ノ門3丁目ビルディング6F	6435-8331
(一社) 日本機械工業連合会	105-0011	港、芝公園3-5-8 機械振興会館5F	3434-5381
(一社) 日本経済団体連合会(経団連)	100-8188	千、大手町1-3-2 経団連会館	6741-0111
(一社) 日本原子力産業協会	102-0084	千、二番町11-19 興和二番町ビル5F	6256-9311 (総務部)
日 本 鉱 業 協 会 (JMIA)	101-0054	千、神田錦町3-17-11 榮業ビル8F	5280-2322
(一社) 日 本 工 業 倶 楽 部	100-0005	千、丸の内1-4-6 日本工業倶楽部会館	3281-1711
(一社) 日本航空宇宙工業会	107-0052	港、赤坂2-5-8 ヒューリックJP赤坂ビル10F	3585-0511
(一社) 日本自動車会議所	105-0012	港、芝大門1-1-30 日本自動車会館15F	3578-3880
(一社) 日 本 自 動 車 工 業 会	105-0012	港、芝大門1-1-30 日本自動車会館16F	5405-6118 (総務統括部)
(一社)日本自動車販売協会連合会(自販連)	105-8530	港、芝大門1-1-30 日本自動車会館15F	5733-3100
日本司法書士会連合会	160-0003	新、四谷本塩町4-37 司法書士会館	3359-4171
日 本 商 工 会 議 所	100-0005	千、丸の内3-2-2 丸の内二重橋ビル6F	3283-7823
日本商品先物振興協会(JCFIA)	103-0013	中、日本橋人形町1-1-11 日庄ビル6F	3664-5731
日本商品先物取引協会	103-0013	中、日本橋人形町1-1-11 日庄ビル6F	3664-4731
日 本 消 防 検 定 協 会	182-0012	調布市深大寺東町4-35-16	0422-44-7471
(公社) 日 本 水 道 協 会	102-0074	千、九段南4-8-9	3264-2281 (総務部総務課)
(公財) 日 本 生 産 性 本 部	102-8643	千、平河町2-13-12	3511-4001
日 本 製 紙 連 合 会	104-8139	中、銀座3-9-11 紙パルプ会館	3248-4801
(公社) 日 本 青 年 会 議 所	102-0093	千、平河町2-14-3	3234-5601
日本製薬団体連合会(日薬連)	103-0023	中、日本橋本町3-7-2 MFPR日本橋本町ビル3F	3527-3154
(一社) 日 本 造 船 工 業 会	105-0001	港、虎ノ門1-15-12 日本ガス協会ビル3F	3580-1561
日本チェーンストア協会	105-0001	港、虎ノ門1-21-17 虎ノ門NNビル11F	5251-4600
(一社)日本中小企業団体中央会(中団連)	103-0025	中、日本橋茅場町2-8-4 全国会館4F	3668-2481
(一社) 日 本 鉄 鋼 連 盟	103-0025	中、日本橋茅場町3-2-10 鉄鋼会館	3669-4811 (総務部)
(一社) 日 本 電 気 協 会	100-0006	千、有楽町1-7-1 有楽町電気ビル北館4F	3216-0551 (総務部)
日本電気計器検定所(日電検)	108-0023	港、芝浦4-15-7	3451-1181
(一社) 日本電機工業会(JEMA)	102-0082	千、一番町17-4	3556-5881
(一社) 日 本 動 力 協 会	105-0003	港、西新橋1-5-8 川手ビル7F	3502-1261
(一社) 日 本 百 貨 店 協 会	103-0027	中、日本橋2-1-10 柳屋ビル2F	3272-1666
日本プラスチック工業連盟(プラ工連)	103-0012	中、日本橋茅場町3-5-2 アロマビル5F	6661-6811
(一社) 日 本 貿 易 会	100-0013	千、霞ヶ関3-2-1 霞ヶ関コモンゲート西館20F	5860-9350
日 本 紡 績 協 会	103-0023	中、日本橋本町3-1-11 繊維会館	6265-1501 (東京事務局)

〔国土交通省関係〕

自動車安全運転センター	102-0094	千、紀尾井町3-6 紀尾井町パークビル2F	3264-8600
(一社) 全 国 建 設 業 協 会	104-0032	中、八丁堀2-5-1 東京建設会館	3551-9396
(公社)全国宅地建物取引業協会連合会	101-0032	千、岩本町2-6-3 全宅連会館	5821-8111
(一社) 全 国 治 水 砂 防 協 会	102-0093	千、平河町2-7-4 砂防会館別館	3261-8386
(公社) 全 国 通 運 連 盟	101-0063	千、神田淡路町2-21 淡路町MHビル5F	5296-1670
(一社) 全日本航空事業連合会	105-0014	港、芝3-1-15 芝ボートビル8F	5445-1353
(公社) 全日本トラック協会	160-0004	新、四谷3-2-5	3354-1009

411

(公社) 鉄道貨物協会(RFA)	101-0048	千, 神田司町2-8-4 吹田屋ビル4F	5256-0577
(一社) 日本海運集会所	112-0002	文, 小石川2-22-2 和順ビル3F	5802-8361 (総務グループ)
(一財) 日本海事協会	102-8567	千, 紀尾井町4-7	3230-1201
(一財) 日本気象協会(JWA)	170-6055	豊, 東池袋3-1-1 サンシャイン60 55F	5958-8111
(一社) 日本建設業連合会(日建連)	104-0032	中, 八丁堀2-5-1 東京建設会館8F	3553-0701
(一社) 日本港運協会	105-8666	港, 新橋6-11-10 港運会館内	3432-1050
(一社) 日本交通協会	100-0005	千, 丸の内3-4-1 新国際ビル9F916号	3216-2200
(公社) 日本港湾協会	107-0052	港, 赤坂3-3-5 住友生命山王ビル8F	5549-9575
日本小型船舶検査機構(JCI)	102-0073	千, 九段北4-1-3 飛栄九段北ビル5F	3239-0821
(公財) 日 本 財 団	107-8404	港, 赤坂1-2-2 日本財団ビル	6229-5111
(一社) 日本船主協会	102-8603	千, 平河町2-6-4 海運ビル	3264-7171
(一社) 日本倉庫協会	135-8443	江東, 永代1-13-3 倉庫会館5F	3643-1221
(一財) 日本ダム協会	104-0061	中, 銀座2-14-2 銀座GTビル7F	3545-8361
(一社) 日本治山治水協会	100-0014	千, 永田町2-4-3 永田町ビル	3581-2288
(公社) 日本道路協会	100-8955	千, 霞が関3-3-1 尚友会館	3581-2211
日本土地家屋調査士会連合会	101-0061	千, 三崎町1-2-10 土地家屋調査士会館	3292-0050
日本内航海運組合総連合会	102-0093	千, 平河町2-6-4 海運ビル	3263-4741
(一社) 日本民営鉄道協会	102-0094	千, 紀尾井町3-6 紀尾井町パークビル6F	6371-1401
(一社) 日本旅客船協会	102-0093	千, 平河町2-6-4 海運ビル9F	3265-9681
(一 社) 不 動 産 協 会	100-6017	千, 霞が関3-2-5 霞が関ビル17F	3581-9421

〔農 林 水 産 省 関 係〕

JF全漁連(全国漁業協同組合連合会)	104-0033	中, 新川1-28-44 新川K・Tビル	6222-1301 (総合管理部)
製 粉 協 会	103-0026	中, 日本橋兜町15-6 製粉会館5F	3667-1011
(一 財) 製 粉 振 興 会	103-0026	中, 日本橋兜町15-6 製粉会館5F	3666-2712
全国共済農業協同組合連合会(JA共済連)	102-8630	千, 平河町2-7-9 JA共済ビル	5215-9100
(公社) 全国漁港漁場協会	101-0045	千, 神田鍛冶町3-6-7 ウンピン神田ビル2F	6206-0066
全国厚生農業協同組合連合会(JA厚生連)	100-6827	千, 大手町1-3-1 JAビル27F	3212-8000
(一社) 全国清涼飲料連合会	101-0041	千, 神田須田町2-9-2 PMO神田岩本町2F	6260-9260
全国たばこ耕作組合中央会	105-0012	港, 芝大門1-10-1	3432-4401
全国たばこ販売協同組合連合会	105-0014	港, 芝1-6-10 芝SIAビル7F	5476-7551
(一社) 全国農業会議所	102-0084	千, 二番町9-8 中央労働基準協会ビル2F	6910-1121
(公社) 全国農業共済協会	102-8411	千, 一番町19 全国農業共済会館	3263-6411
全国農業協同組合中央会(JA全中)	100-6837	千, 大手町1-3-1 JAビル	6665-6000
全国農業協同組合連合会(全農)	100-6832	千, 大手町1-3-1 JAビル	6271-8111
全国米穀販売事業共済協同組合 (全米販)	103-0001	中, 日本橋小伝馬町15-15 食糧会館	4334-2100
全麦連(全国精麦工業協同組合連合会)	135-0031	江東, 佐賀1-9-13 精麦会館	3641-1101
(一 財) 大 日 本 蚕 糸 会	100-0006	千, 有楽町1-9-4 蚕糸会館6F	3214-3411 (役員室・総務部)
(一社) 大 日 本 水 産 会	107-0052	港, 赤坂1-9-13 三会堂ビル8F	3585-6681
地方競馬全国協会	106-8639	港, 麻布台2-2-1 麻布台ビル	3583-6841
(公社) 中央畜産会(JLIA)	101-0021	千, 外神田2-16-2 第2ディーアイシービル9F	6206-0840
日本酒造組合中央会	105-0003	港, 西新橋1-6-15 日本酒造虎ノ門ビル	3501-0101
(公財) 日本醸造協会	114-0023	北, 滝野川2-6-30	3910-3853

412

団体名	郵便番号	住所	電話番号
日 本 醤 油 協 会	103-0016	中. 日本橋小網町3-11 日本橋SOYICビル	3666-3286
日本蒸留酒造組合	103-0025	中. 日本橋茅場町2-3-6 宗和ビル5F	3527-3707
(公社) 日本茶業中央会	105-0021	港. 東新橋2-8-5 東京茶業会館5F	3434-2001
農林漁業団体職員共済組合 (農 林 年 金)	110-8580	千. 秋葉原2-3 日本農業新聞本社ビル	6260-7800
ビ ー ル 酒 造 組 合	104-0061	中. 銀座1-16-7 銀座大栄ビル10F	3561-8386

〔厚生労働省関係〕

団体名	郵便番号	住所	電話番号
(公財) エイズ予防財団	101-0061	千. 神田猿楽町2-7-1 TOHYUビル3F	5259-1811
(公 財) 沖 縄 協 会	103-0001	中. 日本橋小伝馬町17-6 Siestaビル日本橋201	6231-1433
(社福) 恩賜財団 済生会	108-0073	港. 三田1-4-28 三田国際ビルヂング21F	3454-3311
(公財) がん研究会	135-8550	江東. 有明3-8-31	3520-0111
企 業 年 金 連 合 会	105-0011	港. 芝公園2-4-1 芝パークビルB館10F・11F	5401-8711
健保連(健康保険組合連合会)	107-0052	港. 赤坂8-5-26 住友不動産青山ビル西館	3403-0915
(公社)国民健康保険中央会	100-0014	千. 永田町1-11-35 全国町村会館	3581-6821
国民年金基金連合会	106-0032	港. 六本木6-1-21 三井住友銀行六本木ビル	5411-0211
国立障害者リハビリテーションセンター	359-8555	所沢市並木4-1	04-2995-3100
(一社) 産業環境管理協会	101-0044	千. 鍛冶町2-2-1 三井住友銀行神田駅前ビル	5209-7701
社会保険診療報酬支払基金	105-0004	港. 新橋2-1-3	3591-7441
主 婦 連 合 会	102-0085	千. 六番町15 主婦会館プラザエフ3F	3265-8121
消防団員等公務災害補償等共済基金	105-0003	港. 西新橋3-7-1 ランディック第2新橋ビル4F	5422-1710
(公社)全国自治体病院協議会	102-8556	千. 平河町2-7-5 砂防会館7F	3261-8555
(社福)全国社会福祉協議会	100-8980	千. 霞が関3-3-2 新霞が関ビル	3581-7820
(一社)全国社会保険協会連合会(全社連)	141-0031	品. 西五反田1-31-1 日本生命五反田ビル2F	5434-8577
全国社会保険労務士会連合会	103-8346	中. 日本橋本石町3-2-12 社会保険労務士会館	6225-4864
(一社)全国消費者団体連絡会	102-0085	千. 六番町15 プラザエフ6F	5216-6024
(公社) 全国私立保育連盟	111-0051	台. 蔵前4-11-10 全国保育会館	3865-3880
(一社)全国各受給者団体連盟(全年連)	160-0022	新. 新宿2-17-10 黒岩ビル3F	6709-8762
(一財)全国母子寡婦福祉団体協議会	140-0011	品. 東大井5-23-13	6718-4088
全国理容生活衛生同業組合連合会	151-0053	渋. 代々木1-36-4 全理連ビル	3379-4111
全 地 婦 連 (全国地域婦人団体連絡協議会)	150-0002	渋. 渋谷1-17-14 全国婦人会館3F	3407-4303
(公社)全日本医薬品登録販売者協会	112-0002	文. 小石川5-20-17 研修センター2F	3813-5353
全 旅 連 (全国旅館ホテル生活衛生同業組合連合会)	102-0093	千. 平河町2-5-5 全国旅館会館4F	3263-4428
(社福) 中央共同募金会	100-0013	千. 霞が関3-3-2 新霞が関ビル5F	3581-3846
中央職業能力開発協会(JAVADA)	160-8327	新. 西新宿7-5-25 西新宿プライムスクエア11F	6758-2880 (総務部)
中央労働災害防止協会	108-0014	港. 芝5-35-2 安全衛生総合会館	3452-6841
(公 社) 日 本 医 師 会	113-8621	文. 本駒込2-28-16	3946-2121
(一 財) 日 本 遺 族 会	102-0074	千. 九段南1-6-17 千代田会館3F	3261-5521
(一社)日本医療法人協会	102-0071	千. 富士見2-6-12 AMビル3F	3234-2438
(一社) 日 本 栄 養 士 会	105-0004	港. 新橋5-13-5 新橋MCVビル6F	5425-6555
(公社)日本環境保全協会	102-0073	千. 九段北1-10-9 九段VIGASビル	3264-7935
(公 社) 日 本 看 護 協 会	150-0001	渋. 神宮前5-8-2	5778-8831
(一社)日本救急救命士協会	102-0084	千. 二番町5-2 麹町駅プラザ901	6403-3892

団体等一覧

413

団体等一覧

(更生保護法人)日本更生保護協会	151-0051	渋, 千駄ケ谷5-10-9 更生保護会館内	3356-5721
(一社)日本郷友連盟	160-0001	新, 片町3-3 マンション壁装館4F402号	3353-2342
(公社)日本歯科医師会	102-0073	千, 九段北4-1-20 歯科医師会館	3262-9321
(公社)日本歯科衛生士会	169-0072	新, 大久保2-11-19	3209-8020
(公社)日本歯科技工士会	162-0846	新, 市谷左内町21-5 歯科技工士会館	3267-8681
(社福)日本肢体不自由児協会	173-0037	板, 小茂根1-1-7	5995-4511
(公社)日本柔道整復師会	110-0007	台, 上野公園16-9 日本柔整会館	3821-3511
(公社)日本食品衛生協会	150-0001	渋, 神宮前2-6-1	3403-2111
(公社)日本助産師会	111-0054	台, 鳥越2-12-2	3866-3054
日本生協連(日本生活協同組合連合会)	150-8913	渋, 渋谷3-29-8 コーププラザ	5778-8111
(公財)日本対がん協会	104-0045	中, 築地5-3-3 築地浜離宮ビル7階	3541-4771
日本母親大会連絡会	102-0084	千, 二番町12-1 全国教育文化会館B1F	3230-1836
(一社)日本病院会	102-8414	千, 三番町9-15 ホスピタルプラザビル	3265-0077
日本婦人団体連合会(婦団連)	151-0051	渋, 千駄ケ谷4-11-9-303	3401-6147
(社福)日本保育協会	102-0083	千, 麹町1-6-2 アーバンネット麹町ビル6F	3222-2111
(公社)日本薬剤師会	160-8389	新, 四谷3-3-1 四谷安田ビル7F	3353-1170
(公財)日本レクリエーション協会	110-0016	台, 台東1-1-14 ANTEX24ビル7F	3834-1091 (総務部)
(社医)白十字会	110-0016	台, 台東東4-20-6 T&Kビル301	3831-8075
(公財)放射線影響研究所(広島研究所)	732-0815	広島市南区比治山公園5-2	082-261-3131
(公財)放射線影響研究所(長崎研究所)	850-0013	長崎市中川1-8-6	095-823-1121

〔文部科学省関係〕

(一社)教科書協会	135-0015	江東, 千石1-9-28	5606-9781
(一社)公立大学協会	100-0013	千, 霞が関3-8-1 虎の門三井ビルB106	3501-3336
(一社)国立大学協会	101-0003	千, 一ツ橋2-1-2 学術総合センター4F	4212-3506
全国高等学校長協会	105-0003	港, 西新橋2-5-10 NBC西新橋ビル4F	3580-0570
(公社)全国公民館連合会	105-0001	港, 虎ノ門1-16-8 飯島ビル3F	3501-9666
全国公立学校事務長会	170-0013	豊, 東池袋1-36-3 池袋陽光ハイツ203号	5960-5666
全国専修学校各種学校総連合会	102-0073	千, 九段北4-2-25 私学会館別館11F	3230-4814
全国都道府県教育委員会連合会	100-0013	千, 霞が関3-3-1 尚友会館	3501-0575
全国連合小学校長会	105-0003	港, 西新橋1-22-14	3501-9288
全日本私立幼稚園連合会	102-0073	千, 九段北4-2-25 私学会館別館4F	3237-1080
全日本中学校長会	105-0003	港, 西新橋1-22-13 全日本中学校長会館	3580-0604
(一社)日本音楽著作権協会(JASRAC)	151-8540	渋, 上原3-6-12	3481-2121
日本私立小学校連合会	102-0073	千, 九段北4-2-25 私学会館別館6F	3261-2934
日本私立大学協会		同 9F	3261-7048
(一社)日本私立大学連盟(JAPUC)		同 7F	3262-2420
日本私立短期大学協会		同 6F	3261-9055
日本私立中学高等学校連合会		同 5F	3262-2828
(公財)日本相撲協会	130-0015	墨, 横網1-3-28	3623-5111
(公社)日本PTA全国協議会(日P)	107-0052	港, 赤坂7-5-38	5545-7151

〔その他〕

原水禁(原水爆禁止日本国民会議)	101-0062	千, 神田駿河台3-2-11 連合会館1F	5289-8224

414

全国麻雀業組合総連合会(全雀連)	101-0025	千，神田佐久間町2-14-7-3F	050-8881-5762
(公財)NIRA総合研究開発機構	150-6034	渋，恵比寿4-20-3 恵比寿ガーデンプレイスタワー34F	5448-1700 (総括管理部)
(公財)日本環境協会(JEA)	101-0032	千，岩本町1-10-5 TMMビル5F	5829-6524 (事務局)
日本原水協(原水爆禁止日本協議会)	113-8464	湯島2-4-4 平和と労働センター6F	5842-6031
日本弁護士連合会(日弁連)	100-0013	千，霞が関1-1-3 弁護士会館15F	3580-9841
(一財)ゆうちょ財団	101-0061	千，神田三崎町3-7-4 ゆうビル	5275-1810

【労働組合】(50音順)

印刷情報メディア産業労働組合連合会(印刷労連)	105-0014	港，芝2-20-12 友愛会館16F	5442-0191
運輸労連(全日本運輸産業労働組合連合会)	100-0013	千，霞が関3-3-3 全日通霞ヶ関ビル5F	3503-2171
NTT労組(旧全電通)	101-8320	千，神田駿河台3-6 全電通労働会館内	3219-2111
紙パ連合(日本紙パルプ紙加工産業労働組合連合会)	110-0008	台，池之端2-7-17 井門池之端ビル2F	5809-0482
基幹労連(日本基幹産業労働組合連合会)	104-0033	中，新川1-23-4 I・Sリバーサイドビル4F	3555-0401
金融労連(全国金融労働組合連合会)	102-0093	千，平河町1-9-9 レフラスック平河町ビル4F	3230-8415
建交労(全日本建設交運一般労働組合)	169-0073	新，百人町4-7-2 全日自労会館	3360-8021
航 空 連 合	144-0041	大，羽田空港1-6-5 第5綜合ビル5F	5708-7161
交通労連(全国交通運輸労働組合総連合会)	105-0014	港，芝2-20-12 友愛会館15F	3451-7243
国労(国鉄労働組合)	105-0004	港，新橋5-15-5 交通ビル7F	5403-1640
国公連合(国公関連労働組合連合会)	101-0062	千，神田駿河台3-2-11 連合会館5F 公務労協内	5209-6205
ゴム連合(日本ゴム産業労働組合連合)	171-0031	豊，目白2-3-3 ゴム産業会館2F	3984-5656
サービス連合(サービス・ツーリズム産業労働組合連合会)	160-0022	新，四谷坂町9-6 坂町Mビル2F	5919-3261
JR総連(全日本鉄道労働組合総連合会)	141-0021	品，西五反田3-2-13 目黒さつき会館	3491-7191
JR連合(日本鉄道労働組合連合会)	103-0022	中，日本橋室町1-8-10 東興ビル9F	3270-4590
JAM(ものづくり産業労働組合)	105-0014	港，芝2-20-12 友愛会館10F・11F	3451-2141
JEC連合(日本化学エネルギー産業労働組合連合会)	110-0008	台，池之端2-7-17 井門池之端ビル2F	5832-9612
JP労組(日本郵政グループ労働組合)	110-0015	台，東上野5-2-2	5830-2655
自治労(全日本自治団体労働組合)	102-8464	千，六番町1 自治労会館	3263-0262
私鉄総連(日本私鉄労働組合総連合会)	108-0074	港，高輪4-3-5 私鉄会館内	3473-0166
自動車総連(全日本自動車産業労働組合総連合会)	108-0074	港，高輪4-18-21 ビューウェルスクエア	5447-5811
情報労連(情報産業労働組合連合会)	101-0062	千，神田駿河台3-6 全電通労働会館5F	3219-2231
新聞労連(日本新聞労働組合連合)	113-0033	文，本郷2-17-17 井門本郷ビル6F	5842-2201
生保労連(全国生命保険労働組合連合会)	113-0034	文，湯島3-19-5 湯島三組坂ビル3F	3837-2031
セラミックス連合(セラミックス産業労働組合連合会)	467-0879	名古屋市瑞穂区下り松町3-11	052-882-4562
全教(全日本教職員組合)	102-0084	千，二番町12-1 全国教育文化会館3F	5211-0123
全銀連合(全国銀行員組合連合会議)	103-0027	中，日本橋2-1-3 アーバンネット 日本橋二丁目ビル10F	4446-5204
全建総連(全国建設労働組合総連合)	169-8650	新，高田馬場2-7-15 全建総連会館3F	3200-6221
全港湾(全日本港湾労働組合)	144-0052	大，蒲田5-10-2 日港福会館4F	3733-8821
全国一般(じちろう・全国一般評議会)	102-8464	千，六番町1 自治労会館5F	3263-0441
全国ガス(全国ガス労働組合連合会)	143-0015	大，大森西5-11-1	5493-8381
全国農団労(全国農林漁業団体職員労働組合連合)	105-0013	浜，浜松町1-19-4 佐藤ビル4F	3437-0931
全国林野関連労働組合	100-8952	千，霞が関1-2-1 農林水産省内	3519-5981
全自交労連(全国自動車交通労働組合総連合会)	151-0051	渋，千駄ヶ谷3-7-9	3408-0875

名称	郵便番号	住所	電話
全水道(全日本水道労働組合)	113-0033	文, 本郷1-4-1 全水道会館2F	3816-4132
全電線(全日本電線関連産業労働組合連合会)	142-0064	品, 旗の台1-11-6	3785-2991
全日教連(全日本教職員連盟)	102-0083	千, 麹町3-7 半蔵門村山ビル6F	3264-3861
全日農(全日本農民組合連合会)	169-0051	新, 西早稲田1-9-19-207	6233-9335
全日本海員組合	106-0032	港, 六本木7-15-26 海員ビル	5410-8329
全労金(全国労働金庫労働組合連合会)	101-0063	千, 神田淡路町1-11 淡路町MHアネックス3F	3256-1015
損保労連(損害保険労働組合連合会)	102-0083	千, 麹町5-3 麹町中田ビル3F	5276-0071
電機連合(全日本電機・電子・情報関連産業労働組合連合会)	108-8326	港, 三田1-10-3 電機連合会館	3455-6911
電力総連(全国電力関連産業労働組合総連合)	108-0073	港, 三田2-7-13 TDS三田3F	3454-0231
都労連(東京都労働組合連合会)	163-8001	新, 西新宿2-8-1 都庁第2本庁舎	3343-1301
日教組(日本教職員組合)	101-0003	千, 一ツ橋2-6-2 日本教育会館6F	3265-2171
日建協(日本建設産業職員労働組合協議会)	169-0075	新, 高田馬場1-31-16 ワイム高田馬場ビル3F	5285-3870
日高教(日本高等学校教職員組合)	101-0046	千, 神田多町2-11 青木ビル4F	5297-8371
日産労連(全日産・一般業種労働組合連合会)	105-0011	港, 芝公園2-4-1 芝パークビルB13F	3434-4721
日本医労連(日本医療労働組合連合会)	110-0014	台, 入谷1-9-5 日本医療労働会館3F	3875-5871
フード連合(日本食品関連産業労働組合総連合会)	108-0014	港, 芝5-26-30 専売ビル4F	6435-2882
ヘルスケア労協(保健医療福祉労働組合協議会)	105-0014	港, 芝2-17-20 日本赤十字労働組合会館内	3451-6025
民放労連	160-0008	新, 四谷三栄町6-5 木原ビル	3355-0461
UAゼンセン(全国繊維化学食品流通サービス一般労働組合同盟)	102-8273	千, 九段南4-8-16	3288-3737
連合(日本労働組合総連合会)	101-0062	千, 神田駿河台3-2-11 連合会館	5295-0550 (総務局)

【報道関係】

名称	郵便番号	住所	電話
(一社)共同通信社	105-7201	港, 東新橋1-7-1 汐留メディアタワー	6252-8000
(株)時事通信社	104-8178	中, 銀座5-15-8	6800-1111
(公社)日本外国特派員協会	100-0005	千, 丸の内3-2-3 丸の内二重橋ビル5F	3211-3161
(公社)日本記者クラブ	100-0011	千, 内幸町2-2-1 日本プレスセンタービル9F	3503-2722
(一社)日本雑誌協会	101-0051	千, 神田神保町1-32 出版クラブビル5F	3291-0775
(一社)日本新聞協会	100-8543	千, 内幸町2-2-1 日本プレスセンタービル7F	3591-4401
(公社)日本専門新聞協会	105-0001	港, 虎ノ門1-2-12 第二興業ビル	3597-8881
(一社)日本地方新聞協会	160-0008	新, 四谷三栄町2-14 四谷ビジネスガーデン224号	6856-6997
(一社)日本民間放送連盟(民放連)	102-8577	千, 紀尾井町3-23	5213-7711
民間放送報道協議会	100-0014	千, 永田町1-6-2 国会記者会館	3581-3875
(一財)ラヂオプレス	162-0056	新, 若松町33-8 アールビル新宿	5273-2171

【新聞社】

名称	郵便番号	住所	電話
(株)朝日新聞社	104-8011	中, 築地5-3-2	3545-0131
(株)産業経済新聞社	100-8077	千, 大手町1-7-2	3231-7111
(株)ジャパンタイムズ	102-0082	千, 一番町27 一番町第二TGビル2F	050-3646-0123
(株)中日新聞東京本社	100-0011	千, 内幸町2-1-4	6910-2211
(株)日刊工業新聞社	103-8548	中, 日本橋小網町14-1	5644-7000
(株)日本経済新聞社	100-8066	千, 大手町1-3-7	3270-0251
(株)日本工業新聞社	100-8125	千, 大手町1-7-2	3231-7111
(株)毎日新聞社	100-8051	千, 一ツ橋1-1-1	3212-0321
(株)読売新聞社	100-8055	千, 大手町1-7-1	3242-1111

416

〔北海道・東北〕

秋 田 魁 新 報 社	100-0011 千, 内幸町2-2-1 日本プレスセンタービル6F	5511-8261
岩 手 日 報 社	104-0061 中, 銀座7-12-14 大栄会館	3541-4346
河 北 新 報 社	105-0004 港, 新橋5-13-1 新橋菊栄ビル7F	6435-9059
デーリー東北新聞社	104-0061 中, 銀座7-13-21 銀座六洲ビル7F	3543-0248
東 奥 日 報 社	104-0061 中, 銀座8-11-5 正金ビル5F	3573-0701
福 島 民 報 社	104-0061 中, 銀座5-15-18 時事通信ビル9F	6226-1001
北 海 道 新 聞 社	105-8435 港, 虎ノ門2-2-5 共同通信会館1F	6229-0416
陸 奥 新 報 社	104-0061 中, 銀座2-8-5 石川ビル7F	3561-6733
山 形 新 聞 社	104-0061 中, 銀座6-13-16 ヒューリック銀座ウォールビル	3543-0821

〔関　東〕

茨 城 新 聞 社	104-0032 中, 八丁堀3-25-10 JR八丁堀ビル2F	3552-0505
神 奈 川 新 聞 社	104-0061 中, 銀座7-15-11 日宝銀座Kビル8F	3544-2507
埼 玉 新 聞 社	104-0045 中, 築地2-10-4 エミタ銀座イーストビル5F	3543-3371
下 野 新 聞 社	100-0011 千, 内幸町2-2-1 日本プレスセンタービル8F	5501-0520
上 毛 新 聞 社	105-0021 港, 東新橋2-16-1 ルーシスビル5F	5777-6677
千 葉 日 報 社	104-0061 中, 銀座4-10-12 銀座サマリヤビル4F	3545-1261

〔甲信・北陸〕

北 日 本 新 聞 社	104-0061 中, 銀座7-16-14 銀座イーストビル8F	6264-7381
信 濃 毎 日 新 聞 社	100-0011 千, 内幸町2-2-1 日本プレスセンタービル6F	5521-3000
富 山 新 聞 社	104-0045 中, 築地6-4-8 北國新聞東京会館	3541-7221
新 潟 日 報 社	100-0011 千, 内幸町2-2-1 日本プレスセンタービル2F	5510-5511
福 井 新 聞 社	105-0004 港, 新橋2-19-4 SNTビル5F	3571-2918
北 國 新 聞 社	104-0045 中, 築地6-4-8 北國新聞東京会館	3541-7221
山 梨 日 日 新 聞 社	104-0061 中, 銀座8-3-7 静新ビル	3572-6031

〔中部・近畿〕

伊 勢 新 聞 社	104-0045 中, 築地2-11-11 諸井ビル3F	5550-7911
岐 阜 新 聞 社	104-0061 中, 銀座8-166 銀座ストラパックビル2F	6278-8130
京 都 新 聞 社	104-0061 中, 銀座8-2-8 京都新聞銀座ビル	3572-5411
神 戸 新 聞 社	100-0011 千, 内幸町2-2-1 日本プレスセンタービル3F	6457-9650
静 岡 新 聞 社	104-0061 中, 銀座8-3-7 静岡新聞岡放送ビル	3571-5891
中日新聞東京本社	100-0011 千, 内幸町2-1-4	6910-2211
中 部 経 済 新 聞 社	104-0061 中, 銀座5-9-13 銀座菊正ビル8F	3572-3601
奈 良 新 聞 社	105-0003 港, 西新橋1-17-4 猪爪ビル3F	6811-2860

〔中国・四国〕

愛 媛 新 聞 社	105-0004 港, 新橋6-4-3 ル・グラシエルBLDG.7・6F	6435-7432
高 知 新 聞 社	100-0011 千, 内幸町2-2-1 日本プレスセンタービル3F	3506-7281
山 陰 中 央 新 報 社	104-0045 中, 築地4-1-1 東劇ビル17F	3248-1980
山 陽 新 聞 社	100-0011 千, 内幸町2-2-1 日本プレスセンタービル4F	5521-6861
四 国 新 聞 社	104-0061 中, 銀座7-14-13 日土地銀座ビル5F	6738-1377
新 日 本 海 新 聞 社	107-0051 港, 元赤坂1-1-7 モートサイドビル3F	5410-1871
中 国 新 聞 社	100-0011 千, 内幸町2-2-1 日本プレスセンタービル2F	3597-1611

| 徳 島 新 聞 社 | 104-0061 | 中，銀座7-11-6 徳島新聞ビル4F | 3573-2616 |
| 山 口 新 聞 社 | 104-0045 | 中，築地2-10-6 Daiwa築地駅前ビル8F | 6226-3720 |

〔九州・沖縄〕

大 分 合 同 新 聞 社	100-0011	中，内幸町2-2-1 日本プレスセンタービル4F	6205-7881
沖 縄 タ イ ム ス 社	104-0061	中，銀座8-18-1 銀座木挽атビル6F	6264-7878
熊 本 日 日 新 聞 社	100-6307	千，丸の内2-4-1 丸ビル7F	3212-2941
佐 賀 新 聞 社	104-0061	中，銀座8-18-11 銀座エスビービル9F	3545-1831
長 崎 新 聞 社	104-0061	中，銀座8-9-16 長崎センタービル7F	3571-4727
南 海 日 日 新 聞 社	104-0061	中，銀座5-15-8 時事通信社1305室	5565-3631
西 日 本 新 聞 社	100-0006	千，有楽町2-10-1 東京交通会館4F	3217-7071
南 日 本 新 聞 社	104-0061	中，銀座4-10-3 セントラルビル7F	6260-6131
宮 崎 日 日 新 聞 社	104-0061	中，銀座4-9-6 陽光銀座三原橋ビル4F	3543-3825
琉 球 新 報 社	104-0031	中，京橋1-17-2 昭美会館第1ビル3F	6264-0981

【放 送 局】

㈱アール・エフ・ラジオ日本	106-8039	港，麻布台2-2-1 麻布台ビル	3582-2351
㈱ エ フ エ ム 東 京	102-8080	千，麹町1-7	3221-0080
㈱ Ｊ － Ｗ Ａ Ｖ Ｅ	106-6188	港，六本木6-10-1 六本木ヒルズ森タワー33F	6832-1111
㈱ Ｔ Ｂ Ｓ テ レ ビ	107-8006	港，赤坂5-3-6	3746-1111
㈱ テ レ ビ 朝 日	106-8001	港，六本木6-9-1	6406-1111
㈱ テ レ ビ 東 京	106-8007	港，六本木3-2-1 六本木グランドタワー	6632-7777
㈱日経ラジオ社(ラジオNIKKEI)	105-8565	港，虎ノ門1-2-8 虎ノ門琴平タワー	6205-7810
㈱ ニ ッ ポ ン 放 送	100-8439	千，有楽町1-9-3	3287-1111
日本テレビ放送網㈱	105-7444	港，東新橋1-6-1	6215-4111
日本放送協会(NHK)	150-8001	渋，神南2-2-1	3465-1111
㈱フジテレビジョン	137-8088	港，台場2-4-8	5500-8888
㈱ 文 化 放 送	105-8002	港，浜松町1-31	5403-1111
毎 日 放 送	107-6328	港，赤坂5-3-1 赤坂Bizタワー28F	5561-1200
ラ ジ オ 日 本	106-8039	港，麻布台2-2-1 麻布台ビル	3582-2351

【タクシー・ハイヤー】

国 際 興 業 ㈱	103-0028	中，八重洲2-10-3	3273-1112
国 際 自 動 車 ㈱	107-0052	港，赤坂2-8-6 km赤坂ビル	3586-3611
大 和 自 動 車 交 通	135-0003	江東，猿江2-16-31	6757-7161
帝 都 自 動 車 交 通	103-0027	中，日本橋1-21-5 木村實業ビル	6262-3311
日 本 交 通 ㈱	102-0094	千，紀尾井町3-12 紀尾井町ビル	6265-6210
日 の 丸 リ ム ジ ン	112-0004	文，後楽1-1-8 水道橋外堀通7F	5689-0423
㈱ は と バ ス	143-0006	大，平和島5-4-1	3761-8111

【航 空 会 社】

日本航空(国内線)	0570-025-071	(国際線)	0570-025-031
全日空 (国内線)	0570-029-222	(国際線)	0570-029-333
東京シティ・エアターミナル㈱	103-0015	中，日本橋箱崎町42-1	3655-7111

団体等一覧

418

アエロフロート・ロシア航空	03-5532-8781	スイスエアラインズ	03-5156-8252
アエロメヒコ航空	0570-783-057	スカンジナビア	050-6864-8086
アシアナ航空	0570-082-555	スリランカ航空	03-3431-6600
アメリカン航空	03-4333-7675	大　韓　航　空	0570-05-2001
イベリア航空	03-3298-5238	タイ国際航空	0570-064-015
エア・インディア	03-3508-0261	チャイナエアライン	03-6378-8855
エア・カナダ	010-800-6699-2222	中国国際航空	0570-095-583
エアカラン	03-6205-7063	ターキッシュ エアラインズ航空	03-3435 0421
LOTポーランド航空	03-6277-6516	デルタ航空	0570-077-733
エールフランス	03-6634-4983	ニュージーランド航空	0570-015-424
エジプト航空	03-6869-5881	フィリピン航空	03-5157-4362
エミレーツ航空	03-6743-4567	フィンエアー	03-4579-0121
オーストリア航空	03-5402-5218	ブリティッシュエアウェイズ	03-3298-5238
カタール航空	03-5402-5282	ベトナム航空	03-3508-1481
ガルーダ・インドネシア航空	03-5521-1111	マカオ航空	06-6263-5383
カンタス航空	06-6833-0700	マレーシア航空	03-4477-4938
キャセイパシフィック航空	03-4578-4132	モンゴル航空	03-5615-4653
KLMオランダ航空	03-6634-4984	ユナイテッド航空	03-6732-5011
シンガポール航空	03-4578-4088	ルフトハンザ・ドイツ航空	0570-089-000

【鉄　道　会　社】

JR東日本お問い合わせセンター	050-2016-1600	相鉄お客様センター	045-319-2111
JR東海テレフォンセンター	050-3772-3910	東京メトロお客様センター	0120-104-106
小田急お客さまセンター	044-299-8200	都営交通お客様センター	3816-5700
京王お客さまセンター	042-357-6161	東急お客さまセンター	3477-0109
京急ご案内センター	5789-8686	東武鉄道お客さまセンター	5962-0102
京成お客様ダイヤル	0570-081-160	東京モノレールお客様センター	050-2016-1640
西武鉄道お客さまセンター	04-2996-2888	ゆりかもめお客さまセンター	3529-7221

【ホ　　テ　　ル】

赤坂エクセルホテル東急	100-0014	千，永田町2-14-3	3580-2311
ア　マ　ン　東　京	100-0004	千，大手町1-5-6 大手町タワー	5224 3333
ザ・キャピトルホテル東急	100-0014	千，永田町2-10-3	3503-0109
ザ・プリンスギャラリー 東京紀尾井町	102-8585	千，紀尾井町1-2	3234-1111
ザ・ペニンシュラ東京	100-0006	千，有楽町1-8-1	6270-2888
シャングリ・ラ東京	100-8283	千，丸の内1-8-3 丸の内トラストタワー本館	6739-7888
ダイヤモンドホテル	102-0083	千，麹町1-10-3	3263-2211
帝　国　ホ　テ　ル	100-8558	千，内幸町1-1-1	3504-1111
東京ステーションホテル	100-0005	千，丸の内1-9-1	5220-1111
都市センターホテル	102-0093	千，平河町2-4-1	3265-8211
パレスホテル東京	100-0005	千，丸の内1-1-1	3211-5211
フォーシーズンズホテル丸の内 東京	100-6277	千，丸の内1-11-1 パシフィックセンチュリープレイス丸の内	5222-7222
ホテルニューオータニ	102-8578	千，紀尾井町4-1	3265-1111

419

ホテルルポール麹町	102-0093	千,	平河町2-4-3	3265-5361
丸 の 内 ホ テ ル	100-0005	千,	丸の内1-6-3	3217-1111
マンダリンオリエンタル東京	103-8328	中,	日本橋室町2-1-1	3270-8800
ANAインターコンチネンタルホテル東京	107-0052	港,	赤坂1-12-33	3505-1111
ア ン ダ ー ズ 東 京	105-0001	港,	虎ノ門1-23-4	6830-1234
グランドニッコー東京 台場	135-8701	港,	台場2-6-1	5500-6711
グランド ハイアット 東京	106-0032	港,	六本木6-10-3	4333-1234
グランドプリンスホテル高輪	108-8612	港,	高輪3-13-1	3447-1111
京急ＥＸホテル高輪	108-0074	港,	高輪4-10-8	5423-3910
コ ン ラ ッ ド 東 京	105-7337	港,	東新橋1-9-1	6388-8000
ザ・プリンス さくらタワー東京	108-8612	港,	高輪3-13-1	5798-1111
ザ・プリンス パークタワー東京	105-8563	港,	芝公園4-8-1	5400-1111
ザ・リッツ・カールトン東京	107-6245	港,	赤坂9-7-1東京ミッドタウン	3423-8000
ザロイヤルパークホテルアイコニック東京汐留	105-8333	港,	東新橋1-6-3	6253-1111
シェラトン都ホテル東京	108-8640	港,	白金台1-1-50	3447-3111
芝 パ ー ク ホ テ ル	105-0011	港,	芝公園1-5-10	3433-4141
第 一 ホ テ ル 東 京	105-8621	港,	新橋1-2-6	3501-4411
東京グランドホテル	105-0014	港,	芝2-5-2	3456-2222
東京プリンスホテル	105-8560	港,	芝公園3-3-1	3432-1111
ヒルトン東京お台場	135-8625	港,	台場1-9-1	5500-5500
ホテルオークラ東京	105-0001	港,	虎ノ門2-10-4	3582-0111
ホテル ザ セレスティン東京芝	105-0014	港,	芝3-23-1	5441-4111
京 王 プ ラ ザ ホ テ ル	160-8330	新,	西新宿2-2-1	3344-0111
新宿プリンスホテル	160-8487	新,	歌舞伎町1-30-1	3205-1111
パークハイアット東京	163-1055	新,	西新宿3-7-1-2	5322-1234
ハイアットリージェンシー東京	160-0023	新,	西新宿2-7-2	3348-1234
ヒ ル ト ン 東 京	160-0023	新,	西新宿6-6-2	3344-5111
東京ドームホテル	112-8562	文,	後楽1-3-61	5805-2111
ホテル 椿山荘 東京	112-8680	文,	関口 2-10-8	3943-1111
渋谷エクセルホテル東急	150-0043	渋,	道玄坂1-12-2	5457-0109
羽田エクセルホテル東急	144-0041	大,	羽田空港3-4-2	5756-6000
ホテルメトロポリタン	171-8505	豊,	西池袋1-6-1	3980-1111

【そ の 他】

政府刊行物センター(霞が関)	100-0013	千,	霞が関1-4-1 日土地ビル1F	3504-3885
㈱ジェイティービー	140-0002	品,	東品川2-3-11 JTBビル	5479-2211
㈱ＪＴＢ国会内店	100-0014	千,	永田町2-2-1 衆議院第1議員会館B4F	3591-0044
東京中央郵便局(郵便)	100-8994	千,	丸の内2-7-2 JPタワー内	0570-001-736
りそな銀行参議院支店	100-8962	千,	永田町2-1-1参議院議員会館内	3581-0251
りそな銀行衆議院支店	100-8981	千,	永田町2-2-1 衆院第1議員会館内	3581-3754

衆議院・参議院案内図

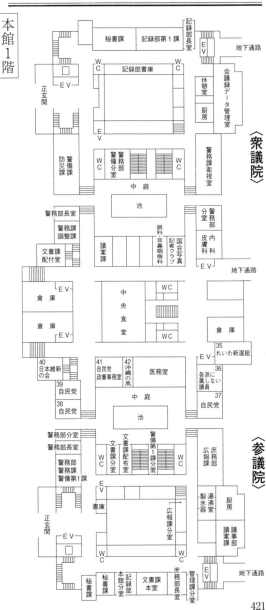

本館1階

〈衆議院〉

院内案内図

〈参議院〉

秘書課　記録部第1課　記録部長室　EV　地下通路

会議録データ管理室

正玄関　EV　記録部書庫　WC　WC

休憩室

厨房

防災課　警備課　警備部分室　WC　警備部分室　WC

警務課衛視室

中庭

池

警務部長室

警務部調整課

文書課配付室

議案課

国会写真記者クラブ

眼科・耳鼻咽喉科

皮膚科

分室　警務部

内科

EV　地下通路

倉庫　EV

中央食堂　WC

WC

倉庫

倉庫　EV

40　日本維新の会

41　自民党政審事務室

42　沖縄の風

医務室

35　れいわ新選組

36　各派に属しない議員

37　自民党

39　自民党

38　自民党

中庭

池

警務部分室

警務部長室

警務部警務課警備第1課

文書課配布室

文書課分室　WC

警備第1課分室　WC

庶務課

広報部

広報課

正玄関　EV

書庫

広報課分室

湯沸室

製氷室

厨房

議事部議案課

WC　WC

秘書課　秘書課　本館分室　記録部本室　文書課本室　庶務部分室　管理課分室　EV　地下通路

庶務部長室

421

衆議院・参議院案内図

〈衆議院〉

〈参議院〉

本館2階

議運委員長室
連
総務会長室
事務総長次室
議長次室
事務総長室
議長応接室
副議長室
副議長応接室
EV
陸橋

議理事会室
運
事務次長室
議事部長室
議事課
EV

WC
WC

本会議場
衆議院

1 公明党役員室
配膳
議員食堂

14 自民党
WC
15 自民党
16 民立主党
WC

2

立憲民主党

3 事務室

13 自民党

中　庭

4
立憲民主党
5

自民党国対
13

自民党幹事長室
12

5

平10河クラブ
9
国対事務局
8
7

6 公明党役員会議室

11

公明党

EV
総理大臣室

中央玄関
EV
EV

中央広場

WC
内閣報道室

会見室

大臣室

内閣記者会①
秘書官室

EV

11 自民党事務局

12 民立主党
13 立憲民主党
14 立憲民主党
15 NHK党
16 共産党
17 共産党

内閣総務官室

10 自民党

内閣記者会②

各派に属しない議員
43

国民民主党
国会議員
1
国対
2

9 自民党

7 自民党

3
立憲民主党
3

国対国対委員長室

政6策自民党審議会
6
5 立憲民主党
WC

中　庭

委員連長室

委6員党会審議会
WC

本会議場
参議院

配膳

警備第1分室
課

議員食堂

議事部長室

議事部
議事課
EV

WC
WC

事務次長室
事務総長室
秘書課
議長室
議長応接室
副議長室
副議長応接室
EV
陸橋

地下通路

422

衆議院・参議院案内図

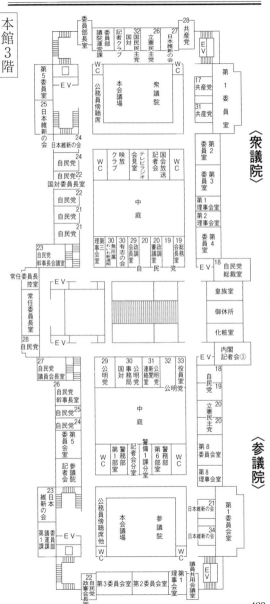

本館3階

〈衆議院〉

〈参議院〉

院内案内図

423

衆議院別館・分館案内図

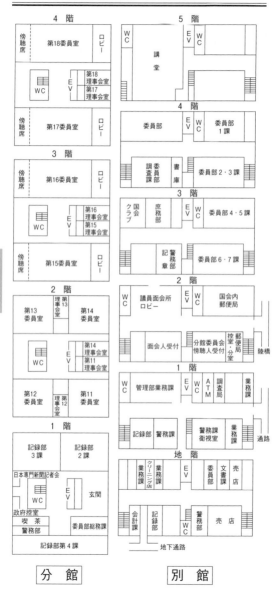

分館

4 階
| 傍聴席 | 第18委員室 | ロビー |

| WC | EV 第18理事会室 / 第17理事会室 |
| 傍聴席 | 第17委員室 | ロビー |

3 階
| 傍聴席 | 第16委員室 | ロビー |

| WC | EV 第16理事会室 / 第15理事会室 |
| 傍聴席 | 第15委員室 | ロビー |

2 階
| 第13委員室 | 第13理事会室 | 第14委員室 |

| WC | EV 第14理事会室 / 第11理事会室 |
| 第12委員室 | 第12理事会室 | 第11委員室 |

1 階
記録部3課	記録部2課
日本専門新聞記者会	WC / EV	玄関
政府控室 喫茶 警務部	委員部総務課
記録部第4課

別館

5 階
| WC | EV / WC | 講堂 |

4 階
| 委員部 | EV / WC | 委員部1課 |
| 調査課 委員部 書庫 | 委員部2・3課 |

3 階
| 国会クラブ 庶務部 | EV / WC | 委員部4・5課 |
| 記章 警務部 | 委員部6・7課 |

2 階
| WC | 議員面会所 ロビー | EV / WC | 国会内郵便局 |
| 面会人受付 | 分館委員会傍聴人受付 | 控室・分室 郵便局 | 陸橋 |

1 階
| WC | 管理部業務課 | EV / WC / ATM | 調査局 | 業務課 |
| 記録部 警務課 | 警務課衛視室 | 業務課 | 通路 |

地 階
| 業務課 クリーニング店 業務課 | EV | 委員部 文書課 売店 |
| 会計課 記録部 | WC 警務部 | 売店 |

地下通路

参議院別館・分館案内図

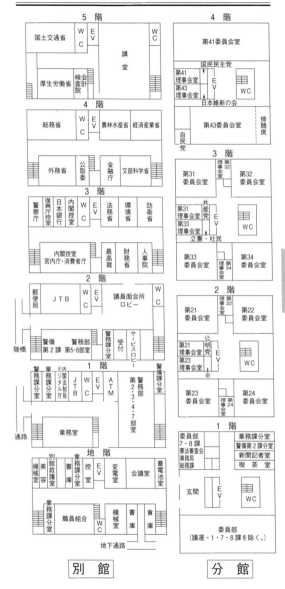

別館

5　階

国土交通省	WC	EV			WC
講堂					
厚生労働省	検査院 会計			

4　階

| 総務省 | WC | EV | 農林水産省 | 経済産業省 |
| 外務省 | 公取委 | 金融庁 | 文部科学省 | |

3　階

| 警察庁 | 復興庁 | 日本銀行 | 内閣控室 | WC | EV | 法務省 | 環境省 | 防衛省 |
| 内閣控室 宮内庁・消費者庁 | | | 最高裁 | 財務省 | 人事院 | |

2　階

| 郵便局 | JTB | WC | EV | 議員面会所 ロビー | WC |
| 陸橋 | 警備 第2課 | 警務部 第5・8部室 | 警務課分室 | 受付 | サービスロビー |

1　階

| 警務課分室 | 業務課分室 | JTB | 内閣法制局 デジタル庁 | WC | EV | ATM | 警務部 第2・3・4・7部室 | 警備課分室 |
| 通路 | 業務室 | | | |

地　階

| 機械室 | 別館救護室 | 美容 | 書庫 | 業務課分室 | 控室 | EV | 変電室 | 会議室 | 蓄電池室 |
| 業務課分室 | 職員組合 | | 機械室 WC | 書庫 | 倉庫 |

地下通路

分館

4　階

第41委員会室		傍聴席
第41理事会室	国民民主党	EV	WC	
第43理事会室	日本維新の会	
第43委員会室		
自民党		

3　階

第31委員会室	理事室	第32委員会室
	第32	
第31理事会室	共産党	EV	WC
第33理事会室		
立憲・社民		
第33委員会室	理事室 第34	第34委員会室

2　階

第21委員会室	理事室 第22	第22委員会室
第21理事会室	公明党	EV	WC
第23理事会室	※	
第23委員会室	理事室 第24	第24委員会室

1　階

委員部 7・8課 憲法審査会 事務局 総務課	警務課第2課分室
	新聞記者室
	喫茶室
玄関	EV	WC
委員部 （議運・1・7・8課を除く。）	

院内案内図

衆議院第1議員会館2階案内図

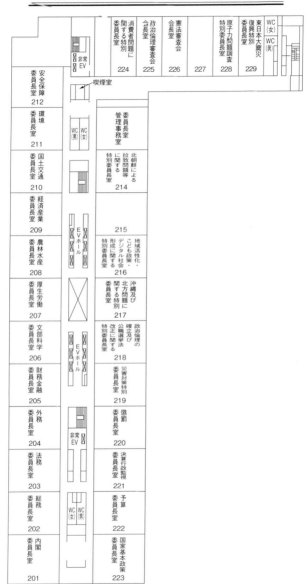

WC（女）
WC（男）

消費者問題に関する特別委員長室 224

政治倫理審査会会長室 225

憲法審査会会長室 226

227

原子力問題調査特別委員長室 228

東日本大震災復興特別委員長室 229

WC（女）
WC（男）

非常EV

安全保障委員長室 212

喫煙室

環境委員長室 211

WC（男） WC（女）

委員長室管理事務室

国土交通委員長室 210

北朝鮮による拉致問題等に関する特別委員長室 214

経済産業委員長室 209

EVホール

農林水産委員長室 208

地域活性化・こども政策・デジタル社会形成に関する特別委員長室 216

215

厚生労働委員長室 207

沖縄及び北方問題に関する特別委員長室 217

文部科学委員長室 206

EVホール

政治倫理の確立及び公職選挙法改正に関する特別委員長室 218

財務金融委員長室 205

災害対策特別委員長室 219

外務委員長室 204

非常EV

懲罰委員長室 220

法務委員長室 203

決算行政監視委員長室 221

総務委員長室 202

WC（女） WC（男）

予算委員長室 222

内閣委員長室 201

国家基本政策委員長室 223

国会議事堂側

426

衆議院第1議員会館1階案内図

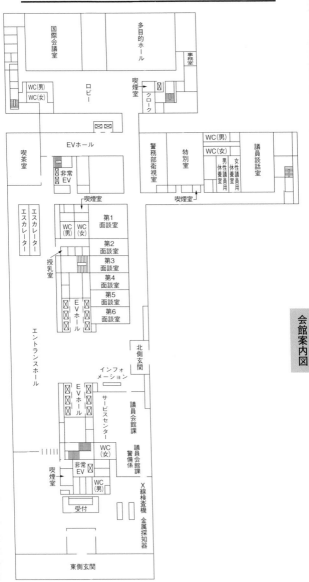

国際会議室

多目的ホール

事務室

WC(男)

WC(女)

ロビー

喫煙室

クローク

EVホール

喫茶室

非常 EV

喫煙室

警務部衛視室

特別室

WC(男)

WC(女)

男性議員用休養室

女性議員用休養室

議員談話室

喫煙室

エスカレーター

WC(男)

WC(女)

第1面談室

授乳室

第2面談室

第3面談室

第4面談室

第5面談室

EVホール

第6面談室

エントランスホール

北側玄関

インフォメーション

EVホール

サービスセンター

議員会館課

議員会館課 警備係

WC(女)

非常 EV

喫煙室

WC(男)

X線検査機

金属探知機

受付

東側玄関

国会議事堂側

衆議院第1議員会館地下1階案内図

大会議室

議事部
請願課

庶務部議員課
資産等報告書等
閲覧室

WC（男）
WC（女）

ホール

庶務部
議員課
研修室

歳費
支払室

ブリッジ

喫煙室

ブリッジ

前議員室

非常
EV

WC（女）
WC（男）

厨房
厨房

寿司カウンター

食堂

厨房
厨房

喫煙室

エスカレーター
エスカレーター

WC（男）
WC（女）

国会議員秘書
厚生年金基金
健康保険組合

テイクアウト
カフェ

特別室

EVホール

第1会議室

コンビニエンスストア
売店

第2会議室

喫煙室

第3会議室

EVホール

警務控室

地下駐車場通用口→

運転者控室

第4会議室

第5会議室

文書整理室

第6会議室

第7会議室

非常
EV

第8会議室

WC（女）
WC（男）

りそな銀行

←地下鉄入口

地下連絡通路

国会議事堂側

国会議事堂本館

衆議院第1議員会館地下2階案内図

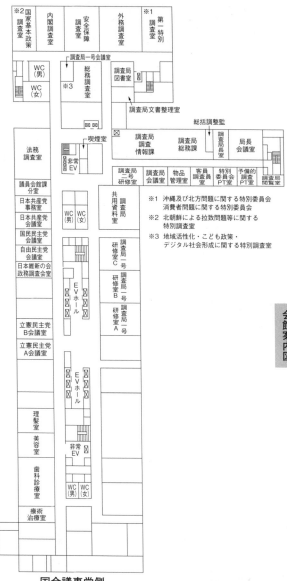

※2 国家基本政策調査室
内閣調査室
安全保障調査室
外務調査室
※1 第一特別調査室

調査局一号会議室
総務調査室
※3
WC（男）
WC（女）

調査局図書室

調査局文書整理室

総括調整監

喫煙室
非常EV

調査局調査情報課
調査局総務課
調査局長室
局長会議室

法務調査室

調査局二号研修室
調査局会議室
物品管理室
客員調査員室
特別委員会PT室
予備的調査PT室
調査局閲覧室

議員会館課分室
日本共産党事務室
日本共産党会議室
国民民主党会議室
自由民主党会議室
日本維新の会政務調査会室

共用資料室
調査局研修室C
調査局一号研修室B
研修室A

WC（男）
WC（女）

※1 沖縄及び北方問題に関する特別委員会
　　消費者問題に関する特別委員会

※2 北朝鮮による拉致問題等に関する
　　特別調査室

※3 地域活性化・こども政策・
　　デジタル社会形成に関する特別調査室

立憲民主党B会議室
立憲民主党A会議室

EVホール

理髪室
美容室
歯科診療室

EVホール

非常EV

WC（男）
WC（女）

療術治療室

国会議事堂側

衆議院第1議員会館地下3階案内図

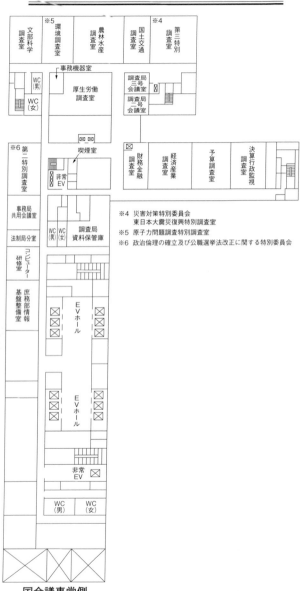

国会議事堂側

430

衆議院第2議員会館1階案内図

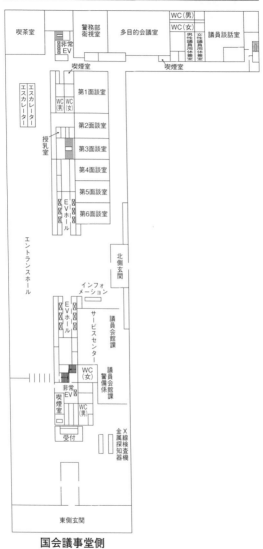

衆議院第2議員会館地下1階案内図

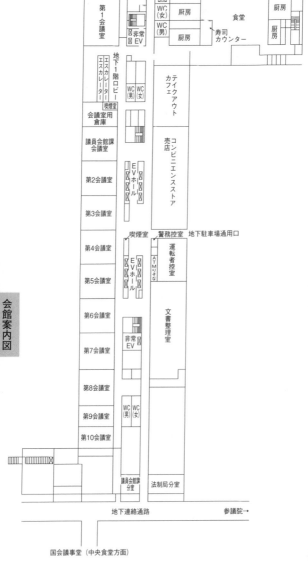

第1会議室

WC（女）

厨房

食堂

厨房

非常EV

寿司カウンター

厨房

地下1階ロビー

エスカレーター
エスカレーター
エスカレーター

WC（男）

WC（女）

テイクアウトカフェ

喫煙室

会議室用倉庫

議員会館課会議室

売店

コンビニエンスストア

第2会議室

EVホール

第3会議室

喫煙室

警務控室

地下駐車場通用口

第4会議室

EVホール

運転者控室

第5会議室

ATMりそな

第6会議室

文書整理室

第7会議室

非常EV

第8会議室

第9会議室

WC（男）

WC（女）

第10会議室

議員会館課分室

法制局分室

地下連絡通路

参議院→

国会議事堂（中央食堂方面）

国会議事堂側

会館案内図

432

衆議院第2議員会館地下2階案内図

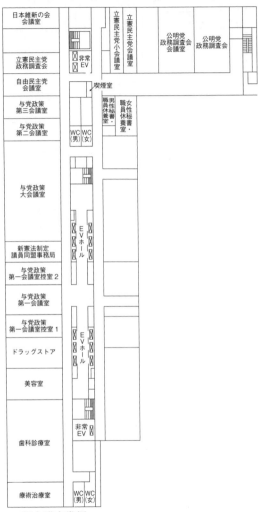

日本維新の会
会議室

立憲民主党
政務調査会

自由民主党
会議室

与党政策
第三会議室

与党政策
第二会議室

与党政策
大会議室

新憲法制定
議員同盟事務局

与党政策
第一会議室控室2

与党政策
第一会議室

与党政策
第一会議室控室1

ドラッグストア

美容室

歯科診療室

療術治療室

立憲民主党小会議室

公明党
政務調査会
会議室

公明党
政務調査会

喫煙室

男性秘書・
職員休養室

女性秘書・
職員休養室

非常
EV

WC
(男)

WC
(女)

EV
ホール

EV
ホール

非常
EV

WC
(男)

WC
(女)

国会議事堂側

参議院議員会館2階案内図

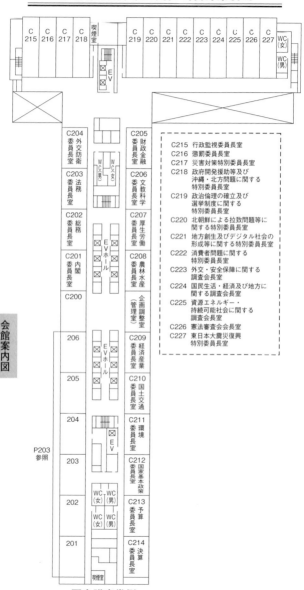

C215	行政監視委員長室
C216	懲罰委員長室
C217	災害対策特別委員長室
C218	政府開発援助等及び沖縄・北方問題に関する特別委員長室
C219	政治倫理の確立及び選挙制度に関する特別委員長室
C220	北朝鮮による拉致問題等に関する特別委員長室
C221	地方創生及びデジタル社会の形成等に関する特別委員長室
C222	消費者問題に関する特別委員長室
C223	外交・安全保障に関する調査会長室
C224	国民生活・経済及び地方に関する調査会長室
C225	資源エネルギー・持続可能社会に関する調査会長室
C226	憲法審査会会長室
C227	東日本大震災復興特別委員長室

C215 C216 C217 C218 喫煙室 C219 C220 C221 C222 C223 C224 C225 C226 C227 WC(女) WC(男)

EV

C204 外交防衛委員長室
C205 財政金融委員長室
WC(女) WC(男)
C203 法務委員長室
C206 文教科学委員長室
C202 総務委員長室
C207 厚生労働委員長室
EVホール
C201 内閣委員長室
C208 農林水産委員長室
C200
企画調整室(管理室)
C209 経済産業委員長室
206
EVホール
205
C210 国土交通委員長室
204
C211 環境委員長室
EV
P203参照
203
C212 国家基本政策委員長室
202
WC(女) WC(男)
WC(女) WC(男)
C213 予算委員長室
201
C214 決算委員長室
喫煙室

会館案内図

国会議事堂側

434

参議院議員会館 1 階案内図

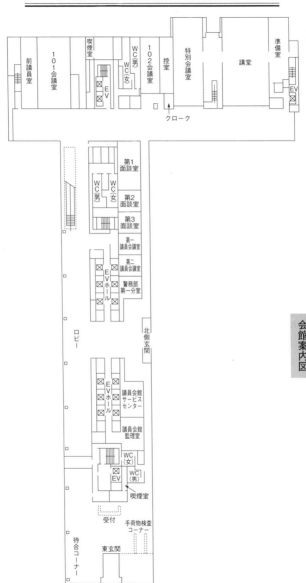

参議院議員会館地下1階案内図

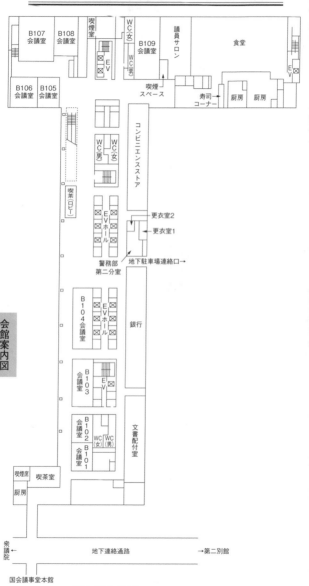

会館案内図

国会議事堂側

参議院議員会館地下２階案内図

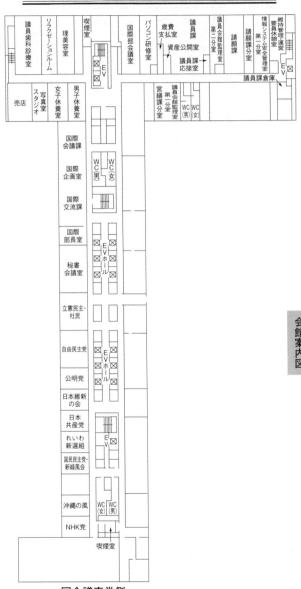

国会議事堂側

437

ドント方式による比例代表選挙当選順位

	A党 1500票	B党 900票	C党 720票
1で割る	1500①	900②	720④
2で割る	750③	450⑥	360
3で割る	500⑤	300	240
4で割る	375⑦	225	180
5で割る	300	180	144

（日本経済新聞より）

各党の得票数を1、2、3……と整数（各党に割り振る議席）で割っていき、商の大きい順に当選を決めていく。左の図は7議席を配分した例。当選順位を決定していく作業はどの政党の何人目の候補に議席を与えれば有権者の投票を最も反映するかを判断するとともに、各党の1議席当たりの得票数をなるべく公平にする意味がある。

第49回衆議院選挙（令和3年10月31日施行）

【北海道】(8人)
（P57参照）

自民党　4人
- ÷1　①　863,300
- ÷2　③　431,650
- ÷3　⑥　287,766
- ÷4　⑧　215,825

立憲民主党　3人
- ÷1　②　682,912
- ÷2　④　341,456
- ÷3　⑦　227,637

公明党　1人
- ÷1　⑤　294,371

【東北】(13人)
（P66参照）

自民党　6人
- ÷1　①　1,628,233
- ÷2　③　814,116
- ÷3　④　542,744
- ÷4　⑦　407,058
- ÷5　⑨　325,646
- ÷6　⑪　271,372

立憲民主党　4人
- ÷1　②　991,504
- ÷2　⑤　495,752
- ÷3　⑧　330,501
- ÷4　⑬　247,876

公明党　1人
- ÷1　⑥　456,287

共産党　1人
- ÷1　⑩　292,830

日本維新の会　1人
- ÷1　⑫　258,690

【北関東】(19人)
（P78参照）

自民党　7人
- ÷1　①　2,172,065
- ÷2　③　1,086,032
- ÷3　⑤　724,021
- ÷4　⑧　543,016
- ÷5　⑪　434,413
- ÷6　⑬　362,010
- ÷7　⑮　310,295

立憲民主党　5人
- ÷1　②　1,391,148
- ÷2　⑥　695,574
- ÷3　⑨　463,716
- ÷4　⑭　347,787
- ÷5　⑱　278,229

公明党　3人
- ÷1　④　823,930
- ÷2　⑫　411,965
- ÷3　⑲　274,643

日本維新の会　2人
- ÷1　⑦　617,531
- ÷2　⑯　308,765

共産党　1人
- ÷1　⑩　444,115

国民民主党　1人
- ÷1　⑰　298,056

【南関東】(22人)
（P92参照）

自民党　9人
- ÷1　①　2,590,787
- ÷2　③　1,295,393
- ÷3　⑤　863,595
- ÷4　⑧　647,696
- ÷5　⑪　518,157
- ÷6　⑬　431,797
- ÷7　⑰　370,112
- ÷8　⑲　323,848
- ÷9　㉒　287,865

立憲民主党　5人
- ÷1　②　1,651,562
- ÷2　⑦　825,781
- ÷3　⑨　550,520
- ÷4　⑮　412,890
- ÷5　⑱　330,312

日本維新の会　3人
- ÷1　④　863,897
- ÷2　⑫　431,948
- ÷3　㉑　287,965

公明党　2人
- ÷1　⑥　850,667
- ÷2　⑭　425,333

共産党　1人
- ÷1　⑩　534,493

国民民主党　1人
- ÷1　⑯　384,481

れいわ新選組　1人
- ÷1　⑳　302,675

【東京都】(17人)
（P102参照）

自民党　6人
- ÷1　①　2,000,084
- ÷2　③　1,000,042
- ÷3　⑦　666,694
- ÷4　⑨　500,021
- ÷5　⑬　400,016
- ÷6　⑯　333,347

立憲民主党　4人
- ÷1　②　1,293,281
- ÷2　⑧　646,640
- ÷3　⑩　431,093
- ÷4　⑰　323,320

日本維新の会　2人
- ÷1　④　858,577
- ÷2　⑫　429,288

公明党　2人
- ÷1　⑤　715,450
- ÷2　⑭　357,725

共産党　1人
- ÷1　⑥　670,340

(P110参照)
(P123参照)
(P141参照)
(P149参照)
(P154参照)
(P167参照)

÷2 ⑮ 335,170
れいわ新選組 1人
÷1 ⑬ 360,387

【北陸信越】(11人)
(P110参照)

自民党 6人
÷1 ① 1,468,380
÷2 ③ 734,190
÷3 ④ 489,460
÷4 ⑥ 367,095
÷5 ⑨ 293,676
÷6 ⑪ 244,730

立憲民主党 3人
÷1 ② 773,076
÷2 ⑤ 386,538
÷3 ⑩ 257,692

日本維新の会 1人
÷1 ⑦ 361,476

公明党 1人
÷1 ⑧ 322,535

【東海】(21人)
(P123参照)

自民党 9人
÷1 ① 2,515,841
÷2 ③ 1,257,920
÷3 ④ 838,613
÷4 ⑧ 628,960
÷5 ⑨ 503,168
÷6 ⑪ 419,306
÷7 ⑯ 359,405
÷8 ⑱ 314,480
÷9 ⑳ 279,537

立憲民主党 5人
÷1 ② 1,485,947
÷2 ⑥ 742,973
÷3 ⑩ 495,315
÷4 ⑮ 371,486
÷5 ⑲ 297,189

公明党 3人
÷1 ⑤ 784,976
÷2 ⑬ 392,488
÷3 ㉑ 261,658

日本維新の会 2人
÷1 ⑦ 694,630
÷2 ⑰ 347,315

共産党 1人
÷1 ⑫ 408,606

国民民主党 1人
÷1 ⑭ 382,733

れいわ新選組 1人
÷1 － 273,208

※れいわ新選組は1
議席分の票を獲得

したが、名簿登載者2人(重複立候補)がいずれも小選挙区で復活当選に必要な得票数(有効投票総数の10%)に満たなかった。このため、次点だった公明党に1議席が割り振られた。

【近畿】(28人)
(P141参照)

日本維新の会 10人
÷1 ① 3,180,219
÷2 ③ 1,590,109
÷3 ⑦ 1,060,073
÷4 ⑨ 795,054
÷5 ⑪ 636,043
÷6 ⑮ 530,036
÷7 ⑰ 454,317
÷8 ⑲ 397,527
÷9 ㉓ 353,357
÷10 ㉕ 318,021

自民党 8人
÷1 ② 2,407,699
÷2 ④ 1,203,849
÷3 ⑧ 802,566
÷4 ⑫ 601,924
÷5 ⑯ 481,539
÷6 ⑱ 401,283
÷7 ㉔ 343,957
÷8 ㉗ 300,962

公明党 3人
÷1 ⑤ 1,155,683
÷2 ⑬ 577,841
÷3 ⑳ 385,227

立憲民主党 3人
÷1 ⑥ 1,090,665
÷2 ⑭ 545,332
÷3 ㉒ 363,555

共産党 2人
÷1 ⑩ 736,156
÷2 ㉑ 368,078

国民民主党 1人
÷1 ㉖ 303,480

れいわ新選組 1人
÷1 ㉘ 292,483

【中国】(11人)
(P149参照)

自民党 6人
÷1 ① 1,352,723
÷2 ② 676,361
÷3 ④ 450,907

÷4 ⑥ 338,180
÷5 ⑩ 270,544
÷6 ⑭ 225,453

立憲民主党 2人
÷1 ③ 573,324
÷2 ⑦ 286,662

公明党 2人
÷1 ⑤ 436,220
÷2 ⑪ 218,110

日本維新の会 1人
÷1 ⑧ 286,302

【四国】(6人)
(P154参照)

自民党 3人
÷1 ① 664,805
÷2 ② 332,402
÷3 ⑤ 221,601

立憲民主党 1人
÷1 ③ 291,870

公明党 1人
÷1 ④ 233,407

日本維新の会 1人
÷1 ⑥ 173,826

【九州】(20人)
(P167参照)

自民党 8人
÷1 ① 2,250,966
÷2 ③ 1,125,483
÷3 ⑤ 750,322
÷4 ⑦ 562,741
÷5 ⑩ 450,193
÷6 ⑬ 375,161
÷7 ⑮ 321,566
÷8 ⑰ 281,370

立憲民主党 4人
÷1 ② 1,266,801
÷2 ⑨ 633,400
÷3 ⑪ 422,267
÷4 ⑯ 316,700

公明党 4人
÷1 ④ 1,040,756
÷2 ⑫ 520,378
÷3 ⑭ 346,918
÷4 ⑳ 260,189

日本維新の会 2人
÷1 ⑧ 540,338
÷2 ⑲ 270,169

共産党 1人
÷1 ⑱ 365,658

国民民主党 1人
÷1 ⑱ 279,509

(小数点以下は切り捨て)

第25回参議院選挙 (令和元年7月21日施行)

(P223参照)

自民党　19人
- ÷1　① 17,712,373
- ÷2　② 8,856,186
- ÷3　⑤ 5,904,124
- ÷4　⑧ 4,428,093
- ÷5　⑩ 3,542,474
- ÷6　⑬ 2,952,062
- ÷7　⑮ 2,530,339
- ÷8　⑲ 2,214,046
- ÷9　㉒ 1,968,041
- ÷10　㉓ 1,771,237
- ÷11　㉗ 1,610,215
- ÷12　㉚ 1,476,031
- ÷13　㉛ 1,362,490
- ÷14　㉞ 1,265,169
- ÷15　㊱ 1,180,824
- ÷16　㊶ 1,107,023
- ÷17　㊹ 1,041,904
- ÷18　㊼ 984,020
- ÷19　㊿ 932,230

立憲民主党　8人
- ÷1　③ 7,917,720
- ÷2　⑨ 3,958,860
- ÷3　⑭ 2,639,240
- ÷4　㉑ 1,979,430
- ÷5　㉘ 1,583,544
- ÷6　㉜ 1,319,620
- ÷7　㊴ 1,131,102
- ÷8　㊺ 989,715

公明党　7人
- ÷1　④ 6,536,336
- ÷2　⑫ 3,268,168
- ÷3　⑳ 2,178,778
- ÷4　㉖ 1,634,084
- ÷5　㉝ 1,307,267
- ÷6　㊷ 1,089,389
- ÷7　㊾ 933,762

日本維新の会　5人
- ÷1　⑥ 4,907,844
- ÷2　⑯ 2,453,922
- ÷3　㉕ 1,635,948
- ÷4　㉟ 1,226,961
- ÷5　㊽ 981,568

共産党　4人
- ÷1　⑦ 4,483,411
- ÷2　⑱ 2,241,705
- ÷3　㉙ 1,494,470
- ÷4　㊵ 1,120,852

国民民主党　3人
- ÷1　⑪ 3,481,078
- ÷2　㉔ 1,740,539
- ÷3　㊲ 1,160,359

れいわ新選組　2人
- ÷1　⑰ 2,280,252
- ÷2　㊳ 1,140,126

社民党　1人
- ÷1　㊸ 1,046,011

NHKから国民を守る党　1人
- ÷1　㊻ 987,885

(小数点以下は切り捨て)

第26回参議院選挙 (令和4年7月10日施行)

(P234参照)

自民党　18人
- ÷1　① 18,256,245
- ÷2　② 9,128,122
- ÷3　⑥ 6,085,415
- ÷4　⑦ 4,564,061
- ÷5　⑨ 3,651,249
- ÷6　⑭ 3,042,707
- ÷7　⑯ 2,608,035
- ÷8　⑱ 2,282,030
- ÷9　㉑ 2,028,471
- ÷10　㉓ 1,825,624
- ÷11　㉗ 1,659,658
- ÷12　㉛ 1,521,353
- ÷13　㉜ 1,404,326
- ÷14　㉟ 1,304,017
- ÷15　㊴ 1,217,083
- ÷16　㊷ 1,141,015
- ÷17　㊺ 1,073,896
- ÷18　㊽ 1,014,235

日本維新の会　8人
- ÷1　③ 7,845,995
- ÷2　⑧ 3,922,997
- ÷3　⑮ 2,615,331
- ÷4　㉒ 1,961,498
- ÷5　㉙ 1,569,199
- ÷6　㉞ 1,307,665
- ÷7　㊹ 1,120,856
- ÷8　㊾ 980,749

立憲民主党　7人
- ÷1　④ 6,771,945
- ÷2　⑪ 3,385,972
- ÷3　⑲ 2,257,315
- ÷4　㉖ 1,692,986
- ÷5　㉝ 1,354,389
- ÷6　㊸ 1,128,657
- ÷7　㊿ 967,420

公明党　6人
- ÷1　⑤ 6,181,431
- ÷2　⑬ 3,090,715
- ÷3　⑳ 2,060,477
- ÷4　㉚ 1,545,357
- ÷5　㊳ 1,236,286
- ÷6　㊼ 1,030,238

共産党　3人
- ÷1　⑩ 3,618,342
- ÷2　㉔ 1,809,171
- ÷3　㊵ 1,206,114

国民民主党　3人
- ÷1　⑫ 3,159,625
- ÷2　㉘ 1,579,812
- ÷3　㊻ 1,053,203

れいわ新選組　2人
- ÷1　⑰ 2,319,156
- ÷2　㊶ 1,159,578

参政党　1人
- ÷1　㉕ 1,768,385

社民党　1人
- ÷1　㊱ 1,258,501

NHK党　1人
- ÷1　㊲ 1,253,872

(小数点以下は切り捨て)

※　各党の得票数を1、2、3…の整数で割り、その「商」の大きい順に議席が配分されます。各党の得票数を1、2、3…の整数で割った「商」を掲載しています。丸なか数字はドント式当選順位です。

年齢早見表 (令和5年・西暦2023年・紀元2683年)

生まれ年	年齢	西暦	十干十二支	生まれ年	年齢	西暦	十干十二支
昭和8	90	1933	癸酉	昭和52	46	1977	丁巳
9	89	1934	甲戌	53	45	1978	戊午
10	88	1935	乙亥	54	44	1979	己未
11	87	1936	丙子	55	43	1980	庚申
12	86	1937	丁丑	56	42	1981	辛酉
13	85	1938	戊寅	57	41	1982	壬戌
14	84	1939	己卯	58	40	1983	癸亥
15	83	1940	庚辰	59	39	1984	甲子
16	82	1941	辛巳	60	38	1985	乙丑
17	81	1942	壬午	61	37	1986	丙寅
18	80	1943	癸未	62	36	1987	丁卯
19	79	1944	甲申	63	35	1988	戊辰
20	78	1945	乙酉	(昭64)平成元	34	1989	己巳
21	77	1946	丙戌	2	33	1990	庚午
22	76	1947	丁亥	3	32	1991	辛未
23	75	1948	戊子	4	31	1992	壬申
24	74	1949	己丑	5	30	1993	癸酉
25	73	1950	庚寅	6	29	1994	甲戌
26	72	1951	辛卯	7	28	1995	乙亥
27	71	1952	壬辰	8	27	1996	丙子
28	70	1953	癸巳	9	26	1997	丁丑
29	69	1954	甲午	10	25	1998	戊寅
30	68	1955	乙未	11	24	1999	己卯
31	67	1956	丙申	12	23	2000	庚辰
32	66	1957	丁酉	13	22	2001	辛巳
33	65	1958	戊戌	14	21	2002	壬午
34	64	1959	己亥	15	20	2003	癸未
35	63	1960	庚子	16	19	2004	甲申
36	62	1961	辛丑	17	18	2005	乙酉
37	61	1962	壬寅	18	17	2006	丙戌
38	60	1963	癸卯	19	16	2007	丁亥
39	59	1964	甲辰	20	15	2008	戊子
40	58	1965	乙巳	21	14	2009	己丑
41	57	1966	丙午	22	13	2010	庚寅
42	56	1967	丁未	23	12	2011	辛卯
43	55	1968	戊申	24	11	2012	壬辰
44	54	1969	己酉	25	10	2013	癸巳
45	53	1970	庚戌	26	9	2014	甲午
46	52	1971	辛亥	27	8	2015	乙未
47	51	1972	壬子	28	7	2016	丙申
48	50	1973	癸丑	29	6	2017	丁酉
49	49	1974	甲寅	30	5	2018	戊戌
50	48	1975	乙卯	(平31)令和元	4	2019	己亥
51	47	1976	丙辰	2	3	2020	庚子
				3	2	2021	辛丑
				4	1	2022	壬寅
				5	0	2023	癸卯

國會議員要覧® 令和五年二月版

商標登録番号　第4797602号

令和5年2月20日発行（第97版）

編集・発行人　中島孝司

発行所　**国政情報センター**

〒150-0044　東京都渋谷区円山町5-4　道玄坂ビル

電話　03 (3476) 4111（大代）

FAX　03 (3476) 4842

郵便振替　00150-1-24932

定価：2,992円（本体＋税10%）

送料別

※定期購読の場合は当社負担と致します。

ISBN978-4-87760-343-4 C2531 ¥2720E

自由民主党	〒100-8910	千代田区永田町1-11-23	☎03(3581)6211
立憲民主党	〒100-0014	千代田区永田町1-11-1	☎03(3595)9988
日本維新の会	〒542-0082	大阪市中央区島之内1-17-16 三栄長堀ビル	☎06(4963)8800
公 明 党	〒160-0012	新宿区南元町17	☎03(3353)0111
日本共産党	〒151-8586	渋谷区千駄ヶ谷4-26-7	☎03(3403)6111
国民民主党	〒102-0093	千代田区平河町2-5-3 永田町グリッド4F	☎03(3593)6229
れいわ新選組	〒102-0083	千代田区麹町2-5-20 押田ビル4F	☎03(6384)1974
社会民主党	〒104-0043	中央区湊3-18-17 マルキ榎本ビル5F	☎03(3553)3731
Ｎ Ｈ Ｋ 党	〒100-8962	千代田区永田町2-1-1参議院議員会館403号	☎03(6550)0403
参 政 党	〒106-0041	港区麻布台2-2-12 三貴ビル3F	☎050(5490)1344
衆 議 院	〒100-8960	千代田区永田町1-7-1	☎03(3581)5111
参 議 院	〒100-8961	千代田区永田町1-7-1	☎03(3581)3111
国立国会図書館	〒100-8924	千代田区永田町1-10-1	☎03(3581)2331
内 閣	〒100-0014	千代田区永田町2-3-1 総理官邸	☎03(3581)0101
内 閣 官 房	〒100-8968	千代田区永田町1-6-1	☎03(5253)2111
内 閣 法 制 局	〒100-0013	千代田区霞が関1-3-1 ㊣4号館	☎03(3581)7271
人 事 院	〒100-8913	千代田区霞が関1-2-3 ㊣5号館別館	☎03(3581)5311
内 閣 府	〒100-8914	千代田区霞が関1-6-1	☎03(5253)2111
宮 内 庁	〒100-8111	千代田区千代田1-1	☎03(3213)1111
公正取引委員会	〒100-8987	千代田区霞が関1-1-1 ㊣6号館B棟	☎03(3581)5471
警 察 庁	〒100-8974	千代田区霞が関1-2-1 ㊣2号館	☎03(3581)0141
個人情報保護委員会	〒100-0013	千代田区霞が関3-2-1 霞が関コモンゲート西館32F	☎03(6457)9680
カジノ管理委員会	〒105-6090	港区虎ノ門4-3-1 城山トラストタワー12F・13F	☎03(6453)0201
金 融 庁	〒100-8967	千代田区霞が関3-2-1 ㊣7号館	☎03(3506)6000
消 費 者 庁	〒100-8958	千代田区霞が関3-1-1 ㊣4号館	☎03(3507)8800
デ ジ タ ル 庁	〒102-0094	千代田区紀尾井町1-3 東京ガーデンテラス紀尾井町19F・20F	☎03(4477)6775
復 興 庁	〒100-0013	千代田区霞が関3-1-1 ㊣4号館	☎03(6328)1111
総 務 省	〒100-8926	千代田区霞が関1-2-2 ㊣2号館	☎03(5253)5111
消 防 庁	〒100-8927	〃	
法 務 省	〒100-8977	千代田区霞が関1-1-1 ㊣6号館	☎03(3580)4111
出入国在留管理庁			
公 安 調 査 庁	〒100-0013	〃	☎03(3592)5711
最 高 検 察 庁	〒100-0013	〃	☎03(3592)5611
外 務 省	〒100-8919	千代田区霞が関2-2-1	☎03(3580)3311
財 務 省	〒100-8940	千代田区霞が関3-1-1	☎03(3581)4111
国 税 庁	〒100-8978	〃	☎03(3581)4161
文 部 科 学 省	〒100-8959	千代田区霞が関3-2-2	☎03(5253)4111
ス ポ ー ツ 庁	〃		
文 化 庁	〃		
厚 生 労 働 省	〒100-8916	千代田区霞が関1-2-2 ㊣5号館本館	☎03(5253)1111
農 林 水 産 省	〒100-8950	千代田区霞が関1-2-1 ㊣1号館	☎03(3502)8111
林 野 庁	〒100-8952	〃	
水 産 庁	〒100-8907	〃	
経 済 産 業 省	〒100-8901	千代田区霞が関1-3-1	☎03(3501)1511
資源エネルギー庁	〒100-8901	〃	
特 許 庁	〒100-8915	千代田区霞が関3-4-3	☎03(3581)1101
中 小 企 業 庁	〒100-8912	千代田区霞が関1-3-1	☎03(3501)1511
国 土 交 通 省	〒100-8918	千代田区霞が関2-1-3 ㊣3号館	☎03(5253)8111
観 光 庁	〃		
気 象 庁	〒105-8431	港区虎ノ門3-6-9	☎03(6758)3900
海 上 保 安 庁		国土交通省内	☎03(3591)6361
環 境 省	〒100-8975	千代田区霞が関1-2-2 ㊣5号館本館	☎03(3581)3351
原 子 力 規 制 庁	〒106-8450	港区六本木1-9-9	☎03(3581)3352
防 衛 省	〒162-8801	新宿区市谷本村町5-1	☎03(3268)3111
防 衛 装 備 庁			
会 計 検 査 院	〒100-8941	千代田区霞が関3-2-2 ㊣7号館	☎03(3581)3251
最 高 裁 判 所	〒102-8651	千代田区隼町4-2	☎03(3264)8111

※㊣＝中央合同庁舎

●主要駅から国会議事堂周辺^

東京駅	地下鉄丸ノ内線約5分			霞ヶ関駅
	地下鉄丸ノ内線約7分			国会議事堂前駅
	JR山手線約2分	有楽町駅	地下鉄有楽町線約2分	桜田門駅
	JR山手線約2分	有楽町駅	地下鉄有楽町線約4分	永田町駅
	地下鉄丸ノ内線約3分	銀座駅	地下鉄銀座線約4分	虎ノ門駅
上野駅	地下鉄銀座線約15分			虎ノ門駅
	地下鉄日比谷線約20分			霞ヶ関駅

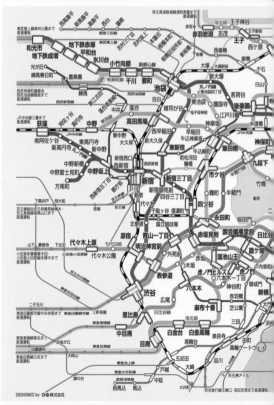

DESIGNED by ㈱株式会社